D1753607

Callejero de bolsillo de MADRID

- La realización de este callejero ha sido elaborada exclusivamente con tecnología digital, basada en datos oficiales.
- Los planos están a escala 1:12.500
- La información sobre direcciones y teléfonos que aparecen en este libro eran correctos en el momento del cierre de esta publicación.

© 2013, Ediciones La Librería
Mayor, 80. 28013-Madrid
Telf: 91 541 71 70 Fax: 91 542 58 89
e-mail: info@edicioneslalibreria.es
www.edicioneslalibreria.es

1ª Edición: 2000
13ª Edición: 2013

Distribución: Ediciones La Librería
Telf. pedidos: 91 541 66 70

I.S.B.N.: 978-84-9873-206-1
Depósito legal: M-41810-2012

Cualquier forma de reproducción, distribución, comunicación pública o transformación de esta obra solo puede ser realizada con la autorización de sus titulares, salvo excepción prevista por la ley. Diríjase a CEDRO (Centro Español de Derechos Reprográficos, www.cedro.org) si necesita fotocopiar, escanear o hacer copias digitales de algún fragmento de esta obra.

Callejero de bolsillo de MADRID

ediciones
LA LIBRERÍA

CÓMO UTILIZAR ESTE CALLEJERO

■ Comienza con un listado de los **teléfonos de interés** y el **índice alfabético de calles** con las coordenadas para su localización en el plano. A continuación un **mapa llave** con las divisiones (en hojas) y luego los **planos**, que van numerados a partir del 1 en adelante.

■ Los teléfonos de interés son una breve información que pretendemos sea realmente útil y por lo tanto no excesiva. Hoy ya no es necesario tener largos listados.

*CON SÓLO TRES NÚMEROS
TENDRÁ TODA LA INFORMACIÓN ACTUALIZADA:*

Ayuntamiento de Madrid: 010
Comunidad de Madrid: 012
Urgencias: 112

■ Cómo buscar una calle:

Localice la calle por orden alfabético. La primera columna indica el número del plano; la segunda su localización en este y la última, corresponde al Código Postal, cuyo prefijo va indicado en la parte superior.

ÍNDICE

Signos Convencionales-Abreviaturas **8**

Teléfonos de Interés **9**

MADRID

Información General **10**

Índice de calles **17**

Autobuses..**127**

Cercanías **161**

Metro **163**

Mapa Llave **165**

Planos..**166**

SIGNOS CONVENCIONALES

- VÍAS PRINCIPALES
- ZONAS VERDES
- EDIFICIOS
- EDIFICIOS DE INTERÉS
- ← SENTIDO DE CIRCULACIÓN
- *i* OFICINA DE INFORMACIÓN
- **P** APARCAMIENTOS MCPALS.
- ✚ HOSPITALES PÚBLICOS
- Ⓜ METRO
- ⊙ ESTACIÓN DE CERCANÍAS
- ⊛ ESTACIÓN DE RENFE
- — — LÍMITE TÉRMINO MUNICIPAL

ESCALA 1:12.500   0   100   200   300   400   **500 m**

ABREVIATURAS UTILIZADAS

Acceso .... Acc.	Ministerio .... Mtrio.
Arroyo .... Ayo.	Municipal .... Mcpal.
Avenida .... Avda. Av.	Nuestra .... Ntra.
Ayuntamiento .... Ayto.	Particular .... Part.
Barranco .... Bco.	Pasadizo .... Pzo.
Calle .... C.	Pasaje .... Pje.
Callejón .... Cjón.	Paseo .... P°.
Camino .... C°.	Plaza .... Pza.
Capitán .... Cptán.	Plazuela .... Pzla.
Carrera .... Cª.	Polígono .... Pol.
Carretera .... Ctra.	Postigo .... Post.
Ciudad .... Cdad.	Príncipe .... Ppe.
Colonia .... Col.	Puente .... Pte.
Comandante .... Cmte.	Puerta .... Pta.
Conde .... Cde.	Puerto .... Pto.
Corregidor .... Cdor.	Río .... R.
Costanilla .... Cost.	Rodríguez .... Rdguez.
Cuesta .... Cta.	Ronda .... Rda.
Distribuidor .... Dist.	Rotonda .... Rtda.
Doctor .... Dr.	Salvador .... Sdor.
Fernández .... Fdez.	San .... S.
Fernando .... Fdo.	Sánchez .... Schez.
Francisco .... Fco.	Santa .... Sta.
García .... Gcía.	Santiago .... Stgo.
General .... Gral.	Santo .... Sto.
Glorieta .... Gta.	Señor .... Sr.
González .... Glez.	Señora .... Sra.
Hermanos .... Hnos.	Señores .... Sres.
Hernández .... Hdez.	Sin Numerar .... s/n
Industrial .... Ind.	Subterráneo .... Sub.
Izquierdo .... Izqdo.	Teniente .... Tte.
Kilómetro .... K / km	Término .... T°.
Maestro .... Mtro.	Transversal .... Trvsal.
María .... Mª.	Travesía .... Trv.
Marqués .... Mqués.	Urbanización .... Urb.
Martínez .... Mtnez.	Virgen .... V.

TELÉFONOS DE INTERÉS

EMERGENCIAS:

Emergencias en General (Comunidad) 112
Urgencias sanitarias 061
Bomberos 112
Policía Nacional (denuncias) 902 102 112
Cruz Roja Madrid (Comunidad) 112
Policía Municipal 112
Samur 112
Guardia Civil (atención ciudadana) 900 101 062
(urgencias) 062
SUMMA 112

SERVICIOS PÚBLICOS:

Información Municipal .... 010 Línea Madrid
Información de la Comunidad de Madrid (Atención al Ciudadano) 012
Consorcio de Transportes .... 012 / 91 580 42 60 (líneas interurbanas)
Empresa Municipal de Transportes (E.M.T.) 902 507 850
Metro (Información al Usuario CIAC) 902 44 44 03
Cercanías RENFE 902 320 320
Correos y Telégrafos (Información General) 902 197 197
Aeropuerto de Barajas (AENA) 902 404 704
Servibería (Reserva y Venta de Billetes) 902 400 500
Dirección General de Tráfico (DGT)
(información general sobre el estado de las carreteras) 011
Atención al ciudadano 060

ABASTECIMIENTOS:

Telefónica (Linea atención) 1004
Telefónica (Servicios de atención) .... 11822 / 11818
Canal de Isabel II (Información al cliente) 91 545 12 34
Endesa (Atención al cliente - Tarifa último recurso) 800 760 333
Endesa (Atención al cliente - Mercado liberalizado) 800 760 909
Iberdrola 902 201 520
Gas Natural Fenosa (Atención al cliente) 902 200 850
Repsol (Atención al cliente) 901 10 15 20
Repsol (Asesoramiento) 901 10 01 25

INTERNET:

Ayuntamiento de Madrid .... www.munimadrid.es
Comunidad de Madrid .... www.madrid.org
Cámara de Comercio .... www.camaramadrid.es
Información sobre Madrid .... www.madridiario.es
Ediciones La Librería .... www.edicioneslalibreria.es

Información General

AUTOBUSES ÁREA METROPOLITANA
Servicio de Información del Consorcio 91 580 42 60
012
AUTOBUSES LÍNEAS INTERURBANAS
Servicio de Información del Consorcio 91 580 42 60
012

AYUNTAMIENTO DE MADRID
Plaza Cibeles, 1 ....91 588 10 00

BIBLIOTECAS MUNICIPALES

Arganzuela (Pío Baroja) (L-V / 8:30-21 h)
  Arganda, 12 ....91 474 16 03
Barajas (Gloria Fuertes) (L-V / 8:30-21 h)
  Avda. Logroño, 179 ....91 312 02 58
Carabanchel (L-V / 15-21 h; agosto cerrada)
  Hermanos del Moral, 15 ....91 472 60 64
Carabanchel (La Chata) (L-V / 8:30-21 h)
  General Ricardos, 252 ....91 422 05 33
Chamartín (L-V / 8:30-21 h)
  Mantuano, 51 ....91 510 37 56
C. Lineal (Islas Filipinas) (L-V / 8:30-21 h)
  Ntra. Sra. Villar, 6 ....91 403 63 22
C. Lineal (Pablo Neruda) (L-V / 8:30-21 h)
  Ascao, 4 ....91 406 14 72
C. Lineal (Pueblo Nuevo) (L-V / 8:30-21 h)
  Hnos. García Noblejas, 14 ....91 588 75 66
Dámaso Alonso (Chamartín) (L-V / 8:30-21 h)
  Manuel Ferrero, 1 ....91 350 31 50
Fuencarral (La Vaguada) (José Saramago)
  (L-V / 8:30-21 h)
  Monforte de Lemos, 36 ....91 588 68 91
Histórica (Víctor Espinós) (L-V / 8,30-14 h)
  Conde Duque, 9-11 ....91 588 57 37
Hortaleza (Huerta de la Salud) (L-V / 8:30-21 h)
  Mar de las Antillas, 9 ....91 764 52 43
Iván de Vargas (Centro) (L-V / 8:30-21 h; S / 9:10-17:50 h; D / 9:10-13:50 h; S y D de agosto cerrada)
  San Justo, 5 ....91 758 62 11
Latina (Aluche) (L-V / 8:30-21 h)
  Camarena, 10 ....91 719 89 96
Latina (Ángel González) (L-V / 8:30-21 h; S / 9:10-17:50 h; D / 9:10-13:50 h; S y D de agosto cerrada)
  Granja de Torrehermosa, 2 ....91 512 35 42
María Zambrano (Tetuán) (L-V / 8:30-21 h)
  Pza. Donoso, 5 ....91 733 90 43
Moratalaz (Miguel Delibes) (L-V / 8:30-21 h)
  Arroyo Belincoso, 11 ....91 328 73 00
Orcasur (L-V / 8:30-21 h)
  Pza. Pueblo, 2 ....91 318 86 91
Salamanca (Buenavista) (L-V / 8:30-21 h)
  Avda. de los Toreros, 5 ....91 724 08 04
San Blas (Canillejas) (L-V / 8:30-21 h)
  Boltaña, 23 ....91 741 11 34
San Blas (José Hierro) (L-V / 8:30-21 h)
  María Sevilla Diago, 13 ....91 313 55 28
Tetuán (Manuel Vázquez Montalbán) (L-V / 8:30-21 h)
  Francos Rodríguez, 67 ....91 398 07 23

Vallecas(L-V / 8:30-21 h)
  Puerto Monasterio, 1 ....91 588 60 51
Vallecas (Portazgo) (L-V / 8:30-21 h)
  Cantalapiedra, 11 ....91 757 03 23
Vallecas Villa (Gerardo Diego) (L-V / 8:30-21 h)
  Monte Aya, 12 ....91 380 66 33
Pozo del Tío Raimundo (L-V / 8:30-21 h)
  Avda. de las Glorietas, 19-21 ....91 507 07 34
San Blas (L-V / 8:30-21 h)
  San Román del Valle, 8 ....91 313 52 97
Vicálvaro (L-V / 8:30-21 h)
  Villardondiego, 36 ....91 775 31 43
Vicálvaro (Francisco Ayala) (L-V / 8:30-21 h)
  Bulevar Indalecio Prieto, 21 ....91 301 64 66

BIBLIOTECAS DE LA COMUNIDAD DE MADRID
Biblioteca Regional de Madrid (Joaquín Leguina)
  (L-V / 9-21 h)
  Ramírez de Prado, 3 ....91 720 88 50
Bibliobuses - 13 rutas
  Laboral, 15 ....91 795 17 61
Bibliometro (L-V / 13:30-20 h)
  Estaciones de metro de: Nuevos Ministerios, Canal, Aluche, Puerta del Sur, Moncloa, Sierra de Guadalupe, Puerta de Arganda, Mar de Cristal, Carabanchel Alto, Chamartín, Embajadores y Lepazpi.
Acuña (L-V / 9-21 h y S / 9-14 h)
  Quintana, 9 ....91 541 36 19
Antonio Mingote (L-V / 9-21 h y S / 9-13,45 h)
  Rafael Finat, 51 ....91 509 36 25
Canillejas (L-J-V / 9-14 h y L-M-X-J / 16-20:30 h)
  Las Musas, 11 ....91 742 44 99
Canillejas (L-J-V / 9-14 h y L-M-X-J / 16-20:30 h)
  Las Musas, 11 ....91 742 44 99
Carabanchel (Luis Rosales) (L-V / 9-21 h; S-D / 11-14 h)
  Antonia Rodríguez Sacristán, 7-9 ....91 276 02 33
Hortaleza (L-V / 9-20:30 h)
  Abertura, s/n 91 763 32 84
José Hierro (L-V / 8,30-20,45 h y S-D / 11-19 h)
  Avda. Rafaela Ibarra, 43 ....91 422 95 01
Manuel Alvar (L-V / 8,30-21 h y S-D / 11-19 h)
  Azcona, 42 ....91 726 37 01
María Moliner (L-V / 8,30-20,45 h y S / 9-13,45 h)
  Villalonso, 16 ....91 723 01 94
Moratalaz (L-V / 9-21 h y S / 9-14 h)
  Correg. A. Tobar, 5 ....91 439 46 88
Pedro Salinas (L-V / 9-21 h)
  Gl. Puerta de Toledo, 1 ....91 366 54 07
Rafael Alberti (L-V / 9-21 h y S / 9-14 h)
  Sangenjo, 38 ....91 731 95 52
Retiro (L-V / 9-21 h y S / 9-14 h)
  Doctor Esquerdo, 189 ....91 501 91 46
Ruiz Egea (L-V / 9-21 h)
  Raimundo Fdez. Villaverde, 6 ....91 534 90 29
Servicio Libroexpress. Dispensador de libros en préstamos de la Comunidad de Madrid
  Andén 1 (Vía 1) Estación Sol de Renfe Cercanías

Información General

Vallecas (L-V / 9-21 h y S / 9-14 h)
 Avda. Rafael Alberti, 36..........................91 303 31 95
Villa de Vallecas (Luis Martín Santos)
 (L-V / 9-20,45 h y S-D / 11-19 h)
 Pza. Antonio María Segovia, s/n 91 276 02 31

CENTROS DE SALUD-PLANIFICACIÓN FAMILIAR
Arganzuela
 Concejal Benito Martín Lozano, 1 ....91 354 18 26
                                                                        91 354 17 84
Carabanchel
 Eugenia de Montijo, 90 ....91 360 22 00
                                                                        91 369 60 72
Centro
 Navas de Tolosa, 10 ....91 588 96 60/61
Ciudad Lineal
 Agustín González, 1 ....91 406 65 94
                                                                        91 406 15 78
Chamberí
 Rafael Calvo, 6 ....91 588 67 83/84
Fuencarral
 Avda. Monforte de Lemos, 38 ....91 588 68 71/73
Hortaleza
 Juan Clemente Núñez, 3 ....91 716 09 39
Latina
 P.º Extremadura, 147 ....91 526 25 65
Retiro
 Gobernador, 39 ....91 360 15 30
San Blas
 Pobladura del Valle, 11................91 760 96 83/56/47
Tetuán
 Aguileñas, 1..................................91 588 66 75/89
Puente de Vallecas
 Concordia, 15.......................................91 588 60 16
Villa de Vallecas
 Sierra Gador, 68 ....91 779 13 12
Vicálvaro
 Calahorra, 11 ....91 760 24 01
Villaverde
 Avda. Felicidad, 17 ....91 318 88 27
                                                                        91 369 88 99
Usera
 Avena (esquina C/ Heno) 91 460 71 99/98 50

COMISARÍAS DE POLICÍA Y TRAMITACIÓN D.N.I.
Información y Atención al Ciudadano 902 247 634
Pasaporte (Oficina Central)
 Sta. Engracia, 18 ....91 593 10 81

COMUNIDAD AUTÓNOMA DE MADRID
Oficina de atención al ciudadano de la Comunidad de Madrid
 Gran Vía, 3 (L-V / 9-19 h y S / 9-13 h)................012
Asamblea de Madrid
 Pza. de la Asamblea,1 ....91 779 95 00
Presidencia del Gobierno. Presidente
 Puerta del Sol, 7
 (Real Casa de Correos).......................91 580 20 00
Consejería de Economía y Hacienda
 Carrera de San Jerónimo, 13 ....91 580 22 00
Consejería de Educación, Juventud y Deporte
 Alcalá, 30-32 012
Consejería de Sanidad
 Aduana, 29...91 586 70 00
Consejería de Empleo, Turismo y Cultura
 Pta. del Sol, 7 012
Consejería de Presidencia, Justicia y Portavocía
 Pontejos, 3...012
Consejería de Transportes, Infraestructuras y Vivienda
 Maudes, 17 ....91 580 31 00 / 35 59
Consejería de Medio Ambiente, Vivienda y Ordenación del Territorio
 Alcalá, 16...012
Consejería de Asuntos Sociales
 O'Donnell, 50 ....91 392 53 00

CORREOS Y TELÉGRAFOS
Información General
 ....902 19 71 97
Oficina Central
 P.º del Prado, 1....................................91 523 06 94

CRUZ ROJA
Socorros y Emergencias
 Avda. de Portugal, S/N 91 532 55 55
Ambulancias 91 522 22 22
Centro de Donación de Sangre
 (L-V / 9-20,30 h y S-D / 9-14 h)
 Juan Montalvo, 3 ....91 456 24 70
Hospital
 Avda. Reina Victoria, 22-26 ....91 453 83 00

EMBAJADAS Y CONSULADOS
Afganistán
 Nuria, 16-4 ....91 721 85 81
Albania
 Mª de Molina, 64-5ºB .,........................91 562 69 85
Alemania
 Fortuny, 8 ....91 557 90 00
Andorra
 Alcalá, 73 ....91 431 74 53
Angola
 Serrano, 64-3º 91 435 61 66
Arabia Saudí
 Doctor Álvarez Sierra, 3 ....91 383 43 00
Argelia
 General Oráa, 12 ....91 562 97 05
Argentina
 Serrano, 90-7º 91 771 05 19
Armenia
 Mayor, 81. Entrada drcha. 91 542 26 27
Australia
 Pº de la Castellana, 259.D planta 24
 Torre Espacio 91 353 66 00
Austria
 Pº. de la Castellana, 91-9º 91 556 53 15

Información General

Azerbaiyán
Ronda de la Avutarda, 38 ....91 759 60 10
Bangla-Desh
Diego de León, 69-2ºD 91 401 99 32
Bélgica
Pº. de la Castellana, 18-6º 91 577 63 00
Bolivia
Velázquez, 26-3ºA..............................91 578 08 35
Bosnia-Herzegovina
Lagasca, 24-2º izqda 91 575 08 70
Botswana (Consulado)
Claudio Coello, 78 - 3º
Brasil
Fernando El Santo, 6 ....91 700 46 50
Bulgaria
Santa María Magdalena, 15 ....91 345 57 61
Cabo Verde
Orense, 58. 2º C- 4º D 91 570 25 68
Camerún
Rosario Pino, 3..................................91 571 11 60
Canadá
Pº Castellana, 259 D..........................91 382 84 00
Colombia
General Martínez Campos, 48 ....91 700 47 70
Congo
Pº. de la Castellana, 255-1ºC 91 733 26 47
Corea
González Amigó, 15 ....91 353 20 00
Costa de Marfil
Serrano, 154......................................91 562 69 16
Costa Rica
Pº. de la Castellana, 178-2º Dcha. 91 345 96 22
Croacia
Claudio Coello, 78-2º 91 577 68 81
Cuba
Pº. de la Habana, 194 ....91 359 25 00
República Checa
Avda. Pío XII, 22-24 ....91 353 18 80
Chile
Lagasca, 88-6º...................................91 431 91 60
China
Arturo Soria, 113 ....91 519 42 42
Chipre
Pº Castellana, 45, 4-5.........................91 578 31 14
Dinamarca
Serrano,26-7ª 91 431 84 45
Ecuador
Velazquez, 114-2º dcha.....................91 562 72 15
Egipto
Velázquez, 69 ....91 577 63 08
El Salvador
Pº Castellana, 178-1ºD......................91 562 80 02
Emiratos Árabes Unidos
Hernández de Tejada, 7 ....91 570 10 03
Eslovaquia
Pinar, 20 ....91 590 38 61
Eslovenia
Hermanos Bécquer, 7-2º 91 411 68 93
Estados Unidos de América
Serrano, 75..91 587 22 00

Estonia
Claudio Coello, 91-1º dcha. 91 426 16 71
Etiopía (Consulado)
Velázquez, 24 - 4º I............................91 781 07 26
Filipinas
Eresma, 2 ....91 782 38 30
Finlandia
Pº. de la Castellana, 15-4º 91 319 61 72
Francia
Salustiano Olózaga, 9........................91 423 89 00
Gabón
Francisco Alcántara, 3 ....91 413 82 11
Gambia
Claudio Coello, 28-2º D 91 436 17 92
Georgia
Pza. de las Cortes, 4-5º dcha. 91 429 01 55
Ghana
Capitán Haya, 38-10º A 91 567 03 90
Grecia
Avda. Doctor Arce, 24 ....91 564 46 53
Guatemala
Rafael Salgado, 3-10º dcha. 91 344 03 47
Guinea Ecuatorial
Avda Pío XII, 14 ....91 353 21 69
Haití
Marqués del Duero, 3-1º izda. 91 575 26 24
Honduras
Pº de la Castellana, 164-2º B 91 353 18 06
Hungría
Fortuny, 6-4º......................................91 413 70 11
India
Avda. Pío XII, 30-32 ....902 90 10 10
Indonesia
Agastia, 65 ....91 413 02 94
Irán
Carril del Conde, 56 ....91 759 03 03
Iraq
Sotilla, 1 ....91 759 12 82
Irlanda
Pº. de la Castellana, 46-4º 91 436 40 93
Islandia (Consulado)
Zorrilla, 21 - 1º C 91 523 30 93
Islas Mauricio (Consulado)
Fernández de la Hoz, 62-Bajo B........91 399 46 44
Israel
Velázquez, 150-7º..............................91 782 95 00
Italia
Lagasca, 98 ....91 423 33 00
Jamaica (Consulado)
Villanueva, 35 - 2º 4ª.........................91 220 00 41
Japón
Serrano, 109......................................91 590 76 00
Jordania
Pº. General Martínez Campos, 41-5º ..91 319 11 00
Kazajstán
Sotillo, 10 ....91 721 62 90
Kenia
Jorge Juan, 9-3º dcha. 91 781 20 00

Información General

Kuwait
Miraflores, 61 ....91 386 96 66
Lesotho (Consulado)
Avda. Pesadilla, 42 (San Sebastián de los Reyes)
....91 623 60 67
Letonia
Alfonso XII, 52-1º 91 369 13 62
Líbano
Pº. de la Castellana, 178 bis-2º. 91 345 13 68
Libia
Comandante Franco, 32.......................91 563 57 53
Lituania
Pisuerga, 5 ....91 702 21 16
Luxemburgo
Claudio Coello, 78-1º 91 435 91 64
Macedonia
Don Ramón de la Cruz, 107-2º B 91 571 72 98
Malasia
Pº. de la Castellana, 91-10º 91 555 06 84
Mali
Padilla, 19-5º D.....................................91 781 72 12
Malta
Pº. de la Castellana, 45-6º dcha. 91 391 30 61
Marruecos
Serrano, 179..91 563 10 90
Mauritania
Velázquez, 90-3º...................................91 575 70 06
México
Carrera de San Jerónimo, 46 ....91 369 28 14
Moldavia
Pº Castellana, 178-5º D 91 828 45 30
Mónaco
Villanueva, 12-Entreplanta A 91 578 20 48
Mozambique
Velázquez, 109-4º D 91 577 36 82
Nepal (Consulado)
Capitán Haya, 35 - 2º B 91 541 87 87
Nicaragua
Pº. de la Castellana, 127-1ºB 91 417 16 49
Nigeria
Segre, 23 ....91 563 09 11
Noruega
Serrano. 26-5º 91 436 38 40
Nueva Zelanda
Pinar, 7-3º...91 523 02 26
Omán
Cardenal Herrera Oria, 138 ....91 736 44 45
Orden de Malta
Prado, 26 ....91 420 18 57
Países Bajos
Pº de la Castellana, 259 D-Planta 36
Torre Espacio 91 353 75 00
Palestina
Avda. Pío XII, 20 ....91 345 32 58
Pakistán
Pedro Valdivia, 16 ....91 345 89 95
Panamá
Claudio Coello, 86-Bajo dcha. 91 576 50 01

Paraguay
Doctor Fléming, 3-1º.............................91 457 24 56
Perú
Príncipe de Vergara, 36-5º dcha. 91 431 42 42
Polonia
Guisando, 23 Bis 91 373 66 05
Portugal
Pinar, 1 ....91 782 49 60
Qatar
Pº. de la Castellana, 15-5º 91 310 69 26
Reino Unido
Pº de la Castellana, 259 D
Torre Espacio 91 714 63 00
República Centroafricana (Consulado)
Santa Elvira, 25....................................91 715 16 07
República Dominicana
Pº. de la Castellana, 30-1º dcha. 91 431 53 95
República de Guinea
Luis Muriel, 4 ....91 435 29 28
República Serbia
Velázquez, 3 ....91 563 50 45
Rumania
Avda. de Alfonso XIII, 157 ....91 350 18 81
Rusia
Velázquez, 155 ....91 562 22 64
San Marino
Padre Jesús Ordóñez, 18-3º izda. 91 563 90 00
Santa Sede
Avda. Pío XII, 46 ....91 766 83 11
Senegal
Moralzarzal, 18 ....91 745 10 03
Sierra Leona (Consulado)
Hermosilla, 43 - 4ºA 91 575 66 08
Singapur (Consulado)
Avda. Bruselas, 28 (Alcobendas) 91 490 07 50
Siria
Pza. Platerías Martínez, 1-1º................91 420 39 46
Sri Lanka (Consulado)
Capitán Haya, 15-Esc. Izda. 1ºA..........670 84 39 69
Sudáfrica
Claudio Coello, 91-6º y 7º.....................91 436 37 80
Sudán
Pº de la Castellana, 115.......................91 417 49 03
Suecia
Caracas, 25 ....91 702 20 00
Suiza
Núñez de Balboa, 35 A-7º 91 436 39 60
Tailandia
Joaquín Costa, 29 ....91 563 29 03
Túnez
Avda. Alfonso XIII, 64-68......................91 447 35 08
Turquía
Rafael Calvo, 18-2º-A/B 91 310 39 04
Ucrania
Ronda Abubilla, 52 ....91 748 93 60
Uruguay
Pº. Pintor Rosales, 32-1ºD 91 758 04 75

13

Información General

Uzbekistán
  P° de la Castellana, 45-4° dcha. 91 310 16 39
Venezuela
  Capitán Haya, 1 ....91 598 12 00
Vietnam
  Segre, 5 ....91 510 28 67
Yemen
  P° de la Castellana, 117-8°..................91 411 99 50
Zambia (Consulado)
  Juan Hurtado de Mendoza, 5 ....91 350 15 32

GUARDIA CIVIL
Dirección General - Atención al ciudadano
  Guzmán el Bueno, 110 ....900 101 062
  Información del Tráfico 91 457 77 00
  Urgencias..062

HOSPITALES
Fundación Jiménez Díaz
  Avda. Reyes Católicos, 2 ....91 550 48 00
Hospital 12 de Octubre (Insalud)
  Avda. Córdoba, s/n 91 390 80 00
Hospital Carlos III
  Sinesio Delgado, 10 ....91 453 25 00
Hospital Dr. R. Laforal
  Ctra. Colmenar Viejo, Km. 13,800 ....91 586 75 000
Hospital General Universitario Gregorio Marañón (General)
  Doctor Esquerdo, 46 ....91 586 80 00
Hospital Gómez Ulla
  Glorieta del Ejército, s/n 91 422 20 00
Hospital Infanta Leonor
  Gran Vía del Este, 80 ....91 191 80 00
Hospital La Paz (Insalud)
  P°. de la Castellana, 261....................91 727 70 00
Hospital del Niño Jesús (Pediátrico) (Insalud)
  Avda. Menéndez Pelayo, 65 ....91 503 59 00
Hospital Puerta de Hierro
  Manuel de Falla, 1 (Majadahonda) 91 191 60 00
Hospital Ramón y Cajal
  Ctra. de Colmenar Viejo, km. 9,100 ....91 336 80 00
Hospital Santa Cristina (Insalud)
  Maestro Vives, 2 y 3 ....91 557 43 00
Hospital Universitario de la Princesa (Insalud)
  Diego de León, 62 ....91 520 22 00
Hospital Universitario San Carlos
  Profesor Martín Lagos, s/n 91 330 30 00
Hospital Virgen de la Torre
  C/ Puerto Lumbreras, 5 ....91 191 80 00

INSPECCIÓN TÉCNICA DE VEHÍCULOS (ITV)
Alcalá de Henares
  Ctra. M-100. Alcalá-Daganzo, km 4 ....91 881 80 63
Alcorcón
  C/ Las Fábricas, 17 ....91 643 56 18
Aranjuez
  Pol. Ind. Gonzalo Chacón, parc. 6 ......91 875 49 33
Arganda del Rey
  Camino del Puente Viejo, S/N..............91 871 41 14
Collado Villalba
  N-VI, km 37,600 ....91 851 16 87
Colmenar Viejo
  Ctra. M-607, km 23. P. I. Tres Cantos,
  sector A- parc. 6..................................91 803 11 93
Coslada
  Avda. San Pablo, 29 ....91 674 09 12
Getafe-Pinto
  N-IV, km 15,4 ....91 695 86 58
Las Rozas de Madrid
  N-VI, km 20,4 ....91 637 71 61
Leganés
  Esteban Terradas, s/n
  (Pol. Ind. Sierra Butarque)...................91 688 50 46
Lozoyuela
  N-I, km 67 ....91 869 42 12
Madrid
  Ctra. Villaverde a Vallecas, s/n 91 785 91 12
  Castelló, 66 ....91 431 01 94
Navalcarnero
  P. I. Alparrache, Dehesa de Mari Martín, s/n
  ....91 811 51 55
Navas del Rey
  Ctra. Alcorcón-Plasencia, km 41..........91 865 05 91
Parla
  Ctra. de Parla-Pinto, km 1 ....91 699 19 17
Pozuelo de Alarcón
  Avda. Europa, 17 ....91 351 13 14
San Sebastián de los Reyes
  N-I, km 23,500 ....91 652 71 77
Tres Cantos
  Pol. Ind. Tres Cantos-Avda. de la Industria, 51
  ....91 803 11 93
Villarejo de Salvanés
  N-III, km 48,3 ....91 874 53 63

SERVICIO PÚBLICO DE EMPLEO ESTATAL (SEPE)
Servicios Centrales
  Condesa de Venadito, 9 ....91 585 98 88
Dirección Provincial
  Victor de la Serna, 43 ....901 119 999

JUNTAS MUNICIPALES DE DISTRITO
Información 91 010 10 00
1. Centro
  Mayor, 72 ....91 010 23 43
2. Arganzuela
  P°. Chopera, 10 ....91 010 62 17
3. Retiro
  Avda. Ciudad de Barcelona, 162 ....91 010 63 98
4. Salamanca
  Velázquez, 52 ....91 010 64 31
5. Chamartín
  Príncipe de Vergara, 142 ....91 010 65 00
6. Tetuán
  Bravo Murillo, 357 ....91 010 66 00
7. Chamberí
  Pza. Chamberí, 4 ....91 010 67 68

8. Fuencarral-El Pardo
   Avda. Monforte de Lemos, 40 ....91 010 68 02
9. Moncloa-Aravaca
   Pza. Moncloa, 1 ....91 010 69 00
10. Latina
    Avda. Gral. Fanjul, 2 ....91 010 97 00
11. Carabanchel
    Pza. Carabanchel, 1 ....91 010 10 00
12. Usera
    Avda. Rafaela Ybarra, 41 ....91 010 72 11
13. Puente de Vallecas
    Avda. de la Albufera, 42 ....91 010 73 00
14. Moratalaz
    Fuente Carrantona, 8 ....91 010 74 00
15. Ciudad Lineal
    Hnos. García Noblejas, 14 ....91 010 75 00
16. Hortaleza
    Ctra. Canillas, 2 ....91 010 76 11
17. Villaverde
    Arroyo Bueno, 53 ....91 010 77 10
18. Villa de Vallecas
    Pº. Federico García Lorca, 12 ....91 010 78 38
19. Vicálvaro
    Pza. Doctor D. Antonio Andrés, 18 ......91 010 79 00
20. San Blas
    Avda. Arcentales, 28 ....91 010 80 00
21. Barajas
    Pza. Mercurio, 1 ....91 010 81 38

MINISTERIOS

MINISTERIO DE AGRICULTURA, ALIMENTACIÓN Y MEDIO AMBIENTE
Servicio de Información Administrativa
Pº. de Infanta Isabel, 1 ....91 347 53 68
MINISTERIO DE ASUNTOS EXTERIORES Y COOPERACIÓN
Oficina de Información
Pza. de la Provincia, 1 ....91 379 97 00
MINISTERIO DE DEFENSA
Centro de Información Administrativa
Pº. de la Castellana, 109....................91 395 50 00
MINISTERIO DE ECONOMÍA Y COMPETITIVIDAD
Servicio de Información Administrativa
Pº. de la Castellana, 162....................91 495 95 54
MINISTERIO DE EDUCACIÓN, CULTURA Y DEPORTE
Los Madrazo, 15 ....91 327 76 81
MINISTERIO DE FOMENTO
Área de Información y Asistencia al Ciudadano
Pº. de la Castellana, 67.....................91 597 70 00
MINISTERIO DE HACIENDA Y ADMINISTRACIONES PÚBLICAS
Centro de Información al Ciudadano
Alcalá, 9..900 567 765
MINISTERIO DE INDUSTRIA, ENERGÍA Y TURISMO
Servicio de Información Administrativa
Panamá, 1 ....91 349 46 40
MINISTERIO DEL INTERIOR
Oficina de Información y Atención al Ciudadano y Asistencia a las Víctimas del Terrorismo 060
Oposiciones.......................................902 150 002

MINISTERIO DE JUSTICIA
Atención al ciudadano
Pza de Jacinto Benavente, 3 ....902 007 214
MINISTERIO DE PRESIDENCIA Y PORTAVOCÍA DEL GOBIERNO
Complejo de la Moncloa. Avda. Puerta de Hierro, s/n.
MINISTERIO DE SANIDAD, SERVICIOS SOCIALES E IGUALDAD
Oficina de Información
Pº. del Prado, 18-20 ....901 400 100
MINISTERIO DE EMPLEO Y SEGURIDAD SOCIAL
Oficina de Información
Agustín de Bethencourt, 4 ....91 363 00 00

MUSEOS

Información general de Museos 91 701 72 56
Aeronáutica y Astronáutica
N-V. Ctra. Extremadura, km 10,5 (Cuatro Vientos)
....91 509 56 41
Africano
Arturo Soria, 101 ....91 415 24 12
América
Avda. Reyes Católicos, 6 ....91 549 26 41
Anatomía Comparada de Vertebrados
José Antonio Novais, 2.
Facultad de Ciencias Biológicas (UCM) 91 394 49 51
Ángel Nieto
Avda. Planetario, 4 ....91 468 02 24
Museo Nacional de Antropología
Alfonso XII, 68....................................91 530 64 18
Arqueológico Nacional
Serrano, 13 ....91 577 79 12
Artes Decorativas
Montalbán, 12 ....91 532 68 45
Artes y Tradiciones Populares (U. Autónoma)
Carlos Arniches 91 497 65 00
Biblioteca Nacional
Pº. Recoletos, 20-22 ....91 580 77 59
Bomberos
Boada, 4...91 478 65 72
CaixaForum
Pº del Prado, 36 ....91 330 73 00
Calcografía Nacional
Alcalá, 13 ....91 524 08 83
Casa de la Moneda y Timbre
Doctor Esquerdo, 36 ....91 566 65 44
Casa Lope de Vega
Cervantes, 11 ....91 429 92 16
Centro de Arte Reina Sofía
Santa Isabel, 52 ....91 774 10 00
Cera
Pº. de Recoletos, 41 ....91 319 26 49
Cerralbo
Ventura Rodríguez, 17 ....91 547 36 46
Ciencias Naturales
José Gutiérrez Abascal, 2 ....91 411 13 28
Museo de Arte Contemporaneo
Conde Duque, 9 y 11 ....91 588 59 28
Colección Thyssen-Bornemisza (P. Villahermosa)
Pº. Prado, 8 ....91 369 01 51

Información General

CosmoCaixa
Pintor Velázquez s/n. Alcobendas 91 484 52 00
Ermita de San Antonio de la Florida
Glorieta S. Antonio de la Florida, 5 ......91 542 07 22
Ferrocarril
Pº Delicias, 61 ....902 22 88 22
Geominero
Ríos Rosas, 23 ....91 349 57 59
Guardia Civil
Guzmán El Bueno, 110......................91 514 60 00
Metro (Andén 0)
Pza. de Chamberí, s/nº 902 444 403
Monasterio de la Encarnación
Pza. Encarnación, 1 ....91 454 88 00
Monasterio de las Descalzas Reales
Pza. de las Descalzas, 3.....................91 454 88 00
Museo de Historia Judía de Madrid
Balmes, 2 ....91 591 31 32
Museo de la Historia
Fuencarral, 78......................................91 701 18 63
Museo de los Orígenes (San Isidro)
Pza. San Andrés, 2.............................91 366 74 15
Museo de Pesas y Medidas
Alfar, 2 (Tres Cantos)..........................91 807 47 00
Naval
Pº. del Prado, 5 ....91 523 81 71
Observatorio Astronómico (Nacional)
Alfonso XII, 3..91 527 01 07
Palacio de El Pardo
Manuel Alonso, s/n El Pardo..............91 376 15 00
Palacio Real
Bailén, s/n..91 454 88 00
Panteón de Hombres Ilustres
Julián Gayarre, 3..................................91 454 88 00
Planetario
Avda. Planetario, 16 ....91 467 34 61
Postal y Telegráfico
Tapia de Casariego, 6 (Aravaca) 91 740 06 68
Prado
Pº. del Prado, s/n 91 330 28 00
Real Academia de Bellas Artes de S. Fernando
Alcalá, 13 ....91 524 08 64
Real Academia de la Historia
León, 21 ....91 429 06 11
Real Armería (Palacio Real)
Bailén, s/n...91 548 80 00
Real Basílica de San Francisco El Grande
Pza. San Francisco el Grande, s/n 91 365 38 00
Real Fábrica de Tapices
Fuenterrabía, 2 ....91 434 05 50
Real Jardín Botánico
Pza. Murillo, 2......................................91 420 30 17
Real Oficina de Farmacia (Palacio Real)
Bailén, s/n..91 454 88 00
Reproducciones Artísticas
Avda. Juan de Herrera, 2 ....91 549 66 18
Romántico
San Mateo, 13 ....91 448 10 45
San Antonio Abad
Hortaleza, 63 ....91 521 74 73
Sorolla
Pº. General Martínez Campos, 37........91 310 15 84
Taurino (Plaza de Toros de Las Ventas)
Alcalá, 237 ....91 725 18 57
Museo de las Telecomunicaciones
Gran Vía, 28 ....91 522 66 45
Traje
Avda. Juan de Herrera, 2 ....91 550 47 00
Templo de Debod
Pº Pintor Rosales, s/n 91 366 74 15
Tiflológico (Museo para Ver y Tocar) de la ONCE
Coruña, 18 ....91 589 42 00

ÓRGANOS DE JUSTICIA

DECANO EXCLUSIVO. DECANO
Capitán Haya, 66 ....91 397 15 98
TRIBUNAL SUPERIOR DE JUSTICIA. PRESIDENTE
General Castaños, 1 ....91 493 47 50
Civil-Penal
General Castaños, 1 ....91 493 48 48
Contencioso-Administrativo
General Castaños, 1 ....91 493 48 26
Social
General Martínez Campos, 27 ....91 493 19 00
Secretaría del Gobierno
General Castaños, 1 ....91 493 47 64
AUDIENCIA PROVINCIAL. PRESIDENTE
Santiago de Compostela, 96 ....91 493 45 52
JUZGADO DE GUARDIA PERMANENTE
Plaza de Castilla, 1 ....91 493 20 00

RENFE

Objetos perdidos Avda. Ciudad de Barcelona, 8-3º
(Estación Atocha) 91 506 69 69
Información general y billetes 902 32 03 20

SEGURIDAD SOCIAL

Dirección Provincial de Madrid
Serrano, 102..91 590 71 00

TAXIS

Oficina de Objetos Perdidos en Taxis
Pº Molino, 7-9.......................................91 480 46 13
Radio-Taxi. Asociación Gremial
Santa Engracia, 84-86 ....91 447 32 32
Radio-Taxi Independiente
San Lamberto, 7...................................91 405 12 13

Prefijo Postal 280 — MADRID

Nombre	Plano Parcial	C.P.
A-1, Autovía Madrid-Burgos	18	B-4
A-2, Autovía Madrid-Zaragoza	90	B-1
A-3, Autovía Madrid-Valencia	125	A-1
A-4, Autovía Madrid-Sevilla	141	A-4
A-5, Autovía Madrid-Badajoz	101	B-4
A-6, Autovía Madrid-Villalba	68	C-4
A-42, Autovía Madrid-Toledo	139	B-3
Abad Juan Catalán	112	A-4	32
" "	130	A-1	"
Abada	104	B-1	13
Abades	104	B-4	12
Abadesa	50	B-2	39
Ábalos	73	C-1	43
Abanico	94	A-3	37
Abantos	73	C-1	02
Abardero	17	B-2	34
Abarzuza	34	A-3	33
Abay	180	A-1	21
Abdón Terradas	87	C-1	15
Abedul	51	C-1	36
Abegondo	34	A-3	33
Abejaruco	65	C-2	23
Abejuela	137	B-1	47
Abelias, Las	75	C-1	42
Abel	70	A-1	39
Abella	152	C-2	44
Abertura	34	A-3	33
Abetal	11	A-4	50
"	19	B-1	"
Abeto	44	B-1	23
Abizanda	34	A-3	33
Abolengo	138	A-1	25
Abrantes, Avda.			
2 al 10	139	A-2	25
al 135 y al 106	138	C-3	"
final de calle	154	A-1	"
Abril	79	C-3	22
"	80	A-3	"
Abtao	124	B-1	07
Abubilla, La; Rda.			
1 al 39 y 2 al 10	75	B-1	43
al 51 y al 52	55	A-4	"
Abundio García Román	121	B-4	19
Abuñol	34	A-3	33
Acacias, Las; Pº	122	A-1	05
Academia	105	B-3	14
Academos	77	A-1	42
Acamar	44	C-4	23
Acantilado	86	B-3	08
Acantita	182	A-1	21
Acanto	124	B-4	45
Acceso a la Estación de O'Donnell Ctra.	78	A-3	22
Acceso a la Estación de Hortaleza Ctra.	33	C-3	33

Nombre	Plano Parcial	C.P.
Acceso a la A-1 Madrid-Burgos, Ctra. (M-603)	6	C-4	34
"	10	A-1	"
Acebeda, La	179	B-2	21
Acebedo	34	A-3	33
Acebes	172	A-4	21
Acebo	53	A-4	16
Acebuche	65	C-1	23
Acedera	121	A-1	11
Acentejo	93	A-2	17
Acereiro	135	C-1	24
Aceuchal	120	A-4	
"	138	A-1	

Códigos Postales

1 al 15 y 2 al 14		19
17 y 16 al final		25

Achicoria, Pza.	119	B-2	47
Achuri	92	C-3	17
Acierto	50	A-2	39
Aconcagua	55	B-1	43
Acónito	50	B-1	29
Acuarela	79	C-1	42
Acuario	39	A-3	42
Acueducto	70	A-1	39
Acueducto de Segovia	152	C-3	54
Acuerdo	88	A-3	15
Adam Smith	6	B-1	49
Adanero	117	A-4	24
Adela Balboa	70	A-2	39
Adelfas	124	C-1	07
Adelina Patti	3	C-1	48
Ademuz	138	B-2	25
Adolfo Bioy Casares	163	C-3	51
Adolfo Marsillach	163	C-4	51
" "	164	A-4	"
Adonis	135	B-1	24
Adora	157	B-2	41
Adra	144	A-1	38
Adrada, La	162	C-2	51
"	163	A-3	"
Adrada de Haza	144	A-1	38
Adrián Andrés	29	A-4	35
Adrián Pulido	50	A-4	39
"	70	A-1	"
Adriano de Utrecht	19	B-2	50
Aduana, La	104	C-2	13
Aeronave	38	B-4	42
"	58	B-1	"
Aeropuerto, Accesos	40	B-2	
Aeropuerto Madrid-Barajas	59	C-2	42
Aeropuerto Madrid-Cuatro Vientos	150	B-2	44
Afecto	157	A-4	41
"	173	A-1	"
Afluentes	171	B-3	21
Afueras a San Roque	17	C-2	34

MADRID

Prefijo Postal 280

A

Nombre	Plano Parcial	C.P.
Afueras a Valverde............	17 A-1	34
Agamí...............................	74 C-4	27
Agastia		
1 al 19 y 2 al 38	74 A-3	"
al 131 y al 128	73 C-2	"
al 135 y al 132	53 B-4	"
Códigos Postales		
1 al 31 y 2 al 58		27
33 y 60 al final		43
Ágata	172 A-4	21
Ágata, Pza.	172 A-4	21
Agatha Christie	197 A-3	55
Agave...............................	50 B-2	39
Ages	10 B-3	50
Agila	102 A-4	11
Agosto	79 C-4	22
"	80 A-4	"
Agracejo	50 B-1	39
Agramunt	38 B-4	42
Agreda	53 A-1	33
Aguacate	153 B-2	44
Aguador, El; Pza.	138 A-4	25
Aguadulce	38 B-4	42
Aguarón	44 B-1	23
Aguas, Las	103 C-4	05
Aguaviva	79 C-2	22
Águeda Díez	138 B-1	19
Águeda Díez, Pza.	138 B-1	19
Aguetol	38 C-4	42
Águila	103 C-4	05
Aguilafuente	49 C-2	39
"	50 A-2	"
Aguilar de Campóo	49 B-2	39
Aguilar del Río	152 B-2	44
Aguileñas, Las	51 A-1	29
Aguilón	122 B-3	45
Aguirre	105 C-1	09
Aguja.................................	94 A-4	37
Agustín de Betancourt.......	71 A-3	03
Agustín Calvo	54 A-2	43
Agustín Durán	90 B-1	28
Agustín de Foxá		
1 al 19	51 B-1	36
al 31 y 24	31 C-4	"
Agustín García Malla	146 B-3	31
Agustín González, Pza.	92 B-4	17
Agustín de Iturbide	54 B-1	43
Agustín Lara	45 A-3	23
Agustín Querol	123 C-1	14
Agustín Rodríguez Bonat...	121 A-4	19
Agustín de Rojas	72 B-3	02
Agustín Viñamata.............	124 B-2	07
Agustina de Aragón...........	90 B-2	06
Agustina Fierra	153 A-2	44
Ahijones	143 B-4	18
Ahillones, Pje.	34 A-3	33
Ahones, Avda.	54 C-4	43
"	74 C-1	"
Ahorro, Pza.	156 C-4	41
Ahumaos, Los	129 C-3	52
" "	147 C-1	"
Ailanto	31 A-4	29
"	51 A-1	"
Ainsa	94 C-3	22
Aire	38 A-4	42
Aizgom, Pza.	155 B-2	41
Aizgorri	107 A-1	28
Ajalvir	49 B-4	40
Ajenjo	65 C-1	23
Ajofrín	93 C-4	37
Alabarderos, Pº.	134 A-4	24
Alabastro	123 B-4	45
Aladierna	171 C-4	21
Alagón	38 B-4	42
"	58 B-1	"
Alajate	157 A-2	41
Alambique	94 A-4	37
Alameda	105 A-3	14
Alameda de la Fuente, La	129 A-2	32
Alameda de Osuna, Pº.	57 C-4	42
" " "	58 B-3	"
" " "	77 B-1	"
Alameda del Valle	162 A-3	51
Alameda, Cº.	111 C-1	32
Alamedilla	123 C-3	45
Alamedillas, Pº.	16 C-1	34
"	17 A-1	"
Alamillo	103 C-3	05
Alamillo, Pza.	103 C-3	05
Álamo	88 A-4	15
Alan Turing	145 C-1	31
Alanís	38 C-4	42
Alar del Rey	38 C-4	42
"	58 C-1	"
Alarico	120 C-4	19
Alaró	38 C-4	42
Alaró, Trv.	38 C-4	42
Alas	38 C-4	42
Alaterno	31 C-3	46
Álava	92 A-3	17
Alba.................................	53 C-3	43
Alba de Tormes	137 B-4	25
"	153 B-1	"
Albacete	73 C-4	27
Albadalejo	76 B-4	37
"	94 B-1	"
Albahaca	76 B-1	42
Albaicín	156 B-3	41
Albaida	94 C-2	37

Prefijo Postal 280 — MADRID

Nombre	Plano Parcial		C.P.
Albalá	94	B-1	37
Albalate del Arzobispo	142	C-2	53
" "	143	A-2	"
Albania	95	B-3	22
Albañilería, La	94	B-4	37
Albardín	139	B-4	26
Albares de la Ribera	153	C-1	25
Albaricoque	153	A-1	44
Albarracín	93	B-2	37
Albasanz			
1 al 63 y 2 al 74	93	B-1	37
al 75	76	A-4	"
Albatana	34	A-3	33
Albatros	137	C-1	25
Albelda	73	C-2	43
Albendiego	50	C-1	29
Albéniz	102	A-3	11
Albentosa	119	C-4	19
Alberca, La	27	A-2	35
Alberca de Záncara, La	153	C-1	25
Alberche	124	A-2	
Códigos Postales			
1 al 19 y 2 al 8			45
21 y 10 al final			07
Alberche, Pje.	124	A-2	07
Alberdi	50	A-1	29
Albericia, La	94	B-4	37
" "	110	C-1	"
Alberique	94	A-3	37
Albert Camus	139	B-1	19
Alberto Aguilera			
1 al 17 y 2 al 24	88	A-3	15
al 45 y al 66	87	C-3	"
Alberto Alcocer, Avda.			
1 al 27 y 2 al 28	51	C-3	
al 41 y al 46	52	A-3	
Códigos Postales			
1 al 33 y 2 al 36			36
35 y 38 al final			16
Alberto Bosch	105	B-3	14
Alberto de Palacio	20	B-3	55
Alberto Insúa	28	B-1	35
Alberto León Peralta	32	A-4	36
" "	52	A-1	"
Alberto Marcos	162	A-1	31
Alberto Martín Artajo	91	A-2	28
Alberto Palacios	179	C-1	21
Alberto Palacios, Pº.	171	C-4	21
" "	179	B-1	"
Alberto Sánchez	130	A-4	52
" "	147	C-1	"
Albino Hernández Lázaro	172	A-4	21
" "	180	A-1	"
Alborea	153	C-1	25

A

Nombre	Plano Parcial		C.P.
Albox	153	B-1	25
Albufera, La; Avda.			
1 al 7	124	C-3	
al 155 y al 132	125	B-4	
al 179 y al 240	143	C-1	
al 290	144	C-2	
al 447 y al 456	145	B-3	
al 492	146	A-4	
Códigos Postales			
1 al 337 y 2 al 250			38
252 al 302			18
339 y 304 al final			31
Albuñuelas	156	C-3	41
Alburquerque	88	B-2	10
Alcacer Tejares	129	A-2	32
Alcalá			
1 al 45 y 2 al 42	104	C-2	
al 111 y al 58	105	B-3	
al 117 y al 82	106	A-1	
al 205 y al 136	90	C-3	
al 309 y al 272	91	C-2	
al 417 y al 406	92	C-1	
al 443 y al 470	93	A-1	
al 535 y al 520	75	C-4	
al 631 y al 636	76	A-4	
al 646	77	A-2	
Códigos Postales			
1 al 69 y 2 al 58			14
71 al 195 y 60 al 150			09
197 al 237 y 152 al 212			28
239 al 551 y 214 al 550			27
553 al 552 al final			22
Alcalá, Puerta	105	B-1	01
Alcalá Galiano	89	A-4	10
Alcalá de Guadaira	143	B-1	18
Alcalde Alfonso Vázquez	125	A-4	53
Alcalde Álvarez de Villaamil	20	A-3	50
Alcalde Andrés Madrid Dávila	195	A-3	52
Alcalde Aristízábal Manchón	20	A-4	50
Alcalde Brell, Pza.	138	B-3	25
Alcalde Conde de Mayalde, Avda.	19	C-3	50
Alcalde Conde de Mirasol	20	A-4	50
Alcalde Garrido Juaristi	107	C-3	30
Alcalde Henche de la Plata	20	A-4	50
Alcalde Juan de la Mata Sevillano	130	B-2	52
Alcalde López Casero	91	C-2	27
Alcalde Luis Marichalar	107	B-4	30
Alcalde Luis Silvela	77	C-2	22
Alcalde Martín de Alzaga	49	B-2	39
Alcalde Moreno Torres	19	C-4	50
Alcalde Pedro Escarbasiere	129	C-3	52
Alcalde Pedro Gutiérrez	195	B-3	52
Alcalde Redondo Aceña	20	A-3	50

19

MADRID

Prefijo Postal 280

A

Nombre	Plano Parcial	C.P.
Alcalde Sáinz de Baranda		
1 al 89 y 2 al 86	106 B-2	
al 109 y al 86	107 A-1	
Códigos Postales		
1 al 65 y 2 al 64		09
67 y 66 al final		07
Alcancia, La	65 B-2	23
Alcántara	90 B-3	06
Alcañices	94 A-4	37
Alcañiz	38 B-3	42
"	58 B-1	"
Alcaraván	119 C-4	47
Alcaraz	34 A-3	33
Alcarria, La	173 A-3	21
Alcatraz	139 A-1	19
Alcaudete, Pza.	34 A-3	33
Alcaudón	120 B-3	19
Alcazaba, La	157 B-1	41
Alcázar de San Juan	102 B-4	11
" "	120 A-1	"
Alción	120 A-4	19
Alcira, Pza.	49 B-2	39
Alcobendas	34 C-2	33
Alcobendas a Barajas, Cº. Viejo	38 B-2	42
Alcobendas-El Goloso, Ctra. (M-616)	6 B-1	49
Alcocer	172 C-3	41
"	173 A-3	"
Alcolea	31 B-4	29
Alconera	94 B-2	37
Alcorcón a Carabanchel Bajo, Cº.	149 B-2	11
" "	150 A-2	"
Alcores	158 C-1	18
"	159 A-1	"
Alcorisa	54 C-2	43
Alcornoque	65 C-1	23
Aldapa	138 A-2	25
Aldaya	34 A-3	33
Aldea del Fresno	122 C-4	45
Aldea Real	28 A-4	35
Aldeanueva de la Vera	135 B-4	44
" "	151 A-1	"
Aldebarán	45 A-3	23
Aldonza Lorenzo	17 B-1	34
Alegría, La	138 B-2	25
Alegría de la Huerta, La	172 B-2	41
Alegría de Oria	75 A-3	27
Aleixandre	53 A-2	33
Alejandrina Morán	119 B-2	47
Alejandro Casona	28 B-1	35
Alejandro Chacón	53 B-4	43
Alejandro de la Sota, Avda.	36 B-2	55
Alejandro Dumas	121 B-2	05
Alejandro Ferrant	123 A-4	45
Alejandro González	91 A-3	28

Nombre	Plano Parcial	C.P.
Alejandro Humbolt	164 A-4	51
Alejandro Morán	138 B-2	25
Alejandro Navarro	117 C-4	24
Alejandro Rodríguez	49 C-4	39
"	70 A-1	"
Alejandro Saint Aubín	122 C-4	45
Alejandro Sánchez	139 A-1	19
Alejandro Sánchez, Trv.	139 B-1	19
Alejandro Villegas	54 A-2	43
Alemania	31 B-4	29
Alenza	70 C-3	03
Alerce	156 C-3	41
"	157 A-3	"
Alesanco	50 A-2	39
Alfa	59 A-4	42
"	79 A-1	42
Alfacar	34 B-3	33
Alfalfa, La	50 B-1	29
Alfambra	31 C-3	46
Alfar	44 B-4	23
Alfarería, La	65 B-2	23
Alfareros	94 B-3	37
Alfarnate	144 C-3	18
Alfaro	138 A-1	25
Alférez de España	120 C-3	19
Alférez Juan Usera	120 B-3	19
Alfonso VI	103 C-3	05
Alfonso VIII	52 B-1	16
Alfonso X	89 A-2	10
Alfonso XI	105 B-2	14
Alfonso XII	105 B-3	14
Alfonso XIII	125 A-2	38
Alfonso XIII, Avda.		
1 al 115 y 2 al 18	73 A-2	
al 75 y al 50	72 C-1	
al 147 y al 178	52 B-3	
Códigos Postales		
1 al 39 y 2 al 46		02
41 y 48 al final		16
Alfonso Cea	102 A-4	11
Alfonso Fernández	152 C-3	44
Alfonso Fernández Clausells	49 A-2	35
Alfonso Gómez		
1 al 25 y 2 al 10	75 B-4	37
al 35 y al 24	93 C-1	"
Alfonso Martínez Conde	138 B-3	25
Alfonso Paso	92 C-1	17
Alfonso Peña Boeuf, Avda.	80 B-2	22
Alfonso Rodríguez Castelao	28 B-1	35
Alfonso Rodríguez Santamaría	71 C-2	02
Alfonso Zamora Vicente	139 B-1	19
Alfredo Aleix	152 C-2	44
Alfredo Aleix, Trv.	152 B-3	44
Alfredo Brañas	107 B-3	30

20

Prefijo Postal 280 — MADRID

Nombre	Plano Parcial	C.P.
Alfredo Castro Camba	142 C-2	53
Alfredo Mahou, Pza.	89 C-2	06
Alfredo Marquerie	16 B-4	34
Algaba	120 A-4	19
"	138 A-1	"
Algabeño, El	55 B-3	43
Algaida	157 B-2	41
Algarrobo	8 B-4	34
Algeciras	103 B-4	05
Algemesí	38 C-4	42
"	39 A-4	"
Algemesí, Trv.	38 C-4	42
Algenib	45 B-3	23
Algete	141 A-1	45
Algodón	94 A-3	37
Algodonales	50 B-3	39
Algodre	120 A-4	
"	137 C-1	
Códigos Postales		
1 al 5 y 2 al 4		19
7 y 6 al final		25
Algorta	120 B-4	19
Alguacil, Cjón.	125 A-4	38
Alhabia, Gta.	58 B-1	42
Alhama de Almería, Pza.	33 B-3	33
Alhambra, La	119 B-1	47
Alhambra, Pje.	104 C-1	04
Alhaurín	38 C-3	42
Alhelies, Los; Avda.	53 A-4	16
Alhena	45 B-3	23
Alhóndiga	38 C-3	42
Aliaga	94 C-1	22
Alianza, La	173 B-1	41
Alicante	123 A-4	45
Alicia Baena	28 C-2	35
Alicún	33 B-2	33
Aligustre	50 B-1	39
Aliseda		
1 al 13	137 C-4	25
al 33	153 C-1	"
Alisios	38 A-4	42
Aljarafe	159 A-1	53
Allamanda	137 A-3	47
Allariz	152 C-3	44
Allende	135 B-2	24
Allendesalazar	53 A-3	43
Alloz, Pza.	138 A-4	25
Almadén	105 A-4	14
Almagro	89 A-2	10
Almanaque	80 A-4	22
Almansa	69 C-2	
"	70 A-2	
Códigos Postales		
1 al 61 y 2 al 68		39
63 y 70 al final		40

Nombre	Plano Parcial	C.P.
Almanzora	44 B-3	23
Almarza	53 B-1	33
Almazán	119 B-1	11
Almazara	94 B-4	37
Almedina	153 C-1	25
Almenas	1 C-2	48
Almendralejo	120 A-3	19
Almendrales	140 B-2	26
Almendrales, P°.	140 B-4	26
"	156 A-1	"
Almendrera, Gta.	37 C-3	42
Almendro	104 A-3	05
Almendro, Trv.	104 A-3	05
Almería	91 A-3	28
Almez	124 A-3	45
Almirante	105 A-1	04
Almirante Francisco Moreno	49 C-4	40
"	69 B-1	"
Almirante Requesens	102 A-3	11
Almogía	144 C-3	18
Almonacid	125 B-3	38
Almonte	161 B-2	31
Almoradí	153 C-1	25
Almorox	49 C-2	39
Almortas	50 B-1	39
Almudena, La	103 C-2	13
Almunia, Pza.	120 A-3	47
Almuñecar, Pza.	86 B-3	08
Almuradiel	142 B-4	53
Aloe Vera	114 C-4	52
"	132 C-1	"
Alondra, La	138 A-2	25
Alonso del Barco	122 B-1	12
Alonso Cano		
1 al 29 y 2 al 12	88 C-1	
al 193 y al 78	70 C-3	
Códigos Postales		
1 al 31 y 2 al 16		10
33 y 18 al final		03
Alonso Carbonell	122 C-4	45
Alonso Carbonell, Pje.	122 C-4	45
Alonso Castrillo	50 C-3	20
Alonso de Contreras	76 A-2	27
Alonso Fernández	102 C-3	11
Alonso Heredia	90 B-1	28
Alonso Martínez, Pza.	88 C-3	04
"	89 A-3	"
Alonso Martos	123 A-3	45
Alonso Núñez	50 A-3	39
Alonso Quijano	9 B-4	34
Alonso Saavedra	33 A-4	33
Alora	144 C-2	18
Alosno, Pza.	128 B-1	32
Alozaina	157 B-2	41

MADRID

Prefijo Postal 280

A

Nombre	Plano Parcial		C.P.
Alpedrete	123	C-3	45
Alpes, Los	95	B-3	22
Alpujarras	128	A-4	32
Alquimia, La	94	A-4	37
Alsacia, Pza.	110	A-2	32
Alsasua	43	C-2	23
Alta	143	C-2	18
Altair	24	C-4	23
Altamira	92	A-3	17
Altamirano	87	B-2	08
Altea	49	B-2	39
Alto, C°	12	C-4	55
Alto del Esparragal	132	A-1	52
Alto de Hortaleza, C°	35	C-3	50
Alto del León	125	B-3	38
Alto del Olivar, C°	17	C-4	34
Alto del Retiro	164	A-3	51
Alto de San Isidro, C°	121	A-3	19
Alto de la Sartenilla	162	C-3	51
Altos de Cabrejas	124	C-3	38
Altos de Lillo	162	A-1	31
Altos de Sacerueta	146	A-4	31
Altozano	45	A-3	23
Alucas	93	A-2	17
Aluminio	174	A-3	21
Alustante	72	C-4	02
Alvarado	70	B-1	39
Álvarez	30	C-4	29
Álvarez Avellán	138	B-2	25
Álvarez de Baena	71	B-4	06
"	89	B-1	"
Álvarez Cienfuegos	33	A-2	33
Álvarez Gato	104	B-3	12
Álvaro Caballero	21	B-3	23
Álvaro Cunqueiro	28	C-2	35
Alverja	118	C-2	11
Alzina	152	C-2	44
Alzola	155	C-3	41
Amadeo I	125	B-2	38
Amadeo I, Trv.	125	B-1	38
Amadeo Fernández	180	A-1	31
Amadeo Gómez	28	C-2	35
Amado Nervo	106	B-4	07
Amador y Fernando	49	B-4	40
Amador de los Ríos	89	A-3	10
Amador Valdés	92	A-3	17
Amalarico	120	C-4	19
Amalarico, Pje.	120	B-4	19
Amalia	51	A-2	20
Amalia Marcos	162	A-1	31
Amalia Marcos, Trv.	162	A-1	31
Amaltea	123	C-3	45
Amanecer	137	C-4	25
Amanecer en Méndez Álvaro, Pza.	123	C-3	45
Amaniel	88	A-4	15

Nombre	Plano Parcial		C.P.
Amaniel, Cta.	69	C-2	40
Amapolas	69	B-3	03
Amara	74	A-3	27
Amargura, La	102	A-4	11
Amaya	157	B-2	41
Amazonas	104	A-4	05
Ámbar	173	C-3	21
Amberes	56	B-2	42
Ambite, Pje.	109	B-4	30
Ambrós	91	A-4	28
Ambrosio Vallejo	50	A-4	39
Ambroz	129	A-1	32
Ambroz, C°	112	A-3	32
Ambroz, Trv.	129	B-1	32
América, Avda. (A-2)			
1 al 7 y 2 al 18	90	B-1	
al 55 y al 40	72	C-4	
al km. 5	73	C-2	
al km. 6	74	C-2	
al km. 7	75	C-2	
al km. 8	76	A-2	
al km. 10	77	B-2	
final de avenida	78	A-2	
CÓDIGOS POSTALES			
1 al km. 4,5 (impares)			02
2 al km. 4,5 (pares)			28
km. 4,51 al km. 7,5 (impares)			43
km. 4,51 al km. 7,5 (pares)			27
km. 7,51 al final (impares)			42
km. 7,51 al final (pares)			22
América, Puerta	106	A-1	09
América Española, Pza.	91	A-3	28
Americio	173	C-2	21
Américo Castro	19	C-2	50
"	20	C-1	"
Ameyugo	17	B-4	34
Amistad, La	138	A-1	25
Amnistía, La	103	C-2	13
Amor de Dios	104	C-3	14
Amor Hermoso	140	B-3	26
Amorebieta	22	C-4	23
"	23	A-4	"
"	23	B-4	"
"	43	A-1	"
Amorós	90	C-2	28
Amos de Escalante	92	C-1	17
Amparo			
1 al 81 y 2 al 70	104	B-4	12
al 95 y al 90	122	B-1	"
Amparo Usera	140	B-2	26
Ampélido	102	A-4	11
"	120	A-1	"
Amposta	94	A-4	37
"	110	B-1	"

22

Prefijo Postal 280 — MADRID

Nombre	Plano Parcial		C.P.
Ampuero	172	C-3	21
"	173	A-3	"
Amsterdam	56	B-2	42
Amurrio	45	A-2	23
Ana Albi	138	B-3	25
Ana de Austria	11	C-4	50
"	19	C-2	"
Ana María	50	B-2	39
Ana María Janer, Pza.	143	C-2	18
Ana Mariscal	128	A-4	32
Ana Teresa	44	C-2	23
"	45	A-3	"
Ánade	138	B-1	19
Anastasia López	17	A-2	34
Anastasia Aroca	72	B-4	02
Anastasio Herrero	50	B-4	20
Anchuelo, Pje.	127	A-1	30
Ancianos, Pje.	15	B-2	34
Anciu	138	A-4	25
"	154	A-1	"
Áncora	123	B-2	45
Áncora, Pje.	123	B-2	45
Andaluces	144	C-1	38
"	145	A-1	"
Andaluces del Pozo	159	B-2	53
Andalucía	124	B-2	07
Andalucía (A-4), Avda.	156	C-1	
"	157	A-3	
"	173	A-1	
"	181	A-1	
"	187	A-2	
Códigos Postales			
1 y 2 al km. 8,600			41
km. 8,601 al km. 12			21
Andalucía, Pte.	140	C-1	26
Andalucía, Rda.	101	B-3	11
Andarríos	55	B-4	43
"	75	B-1	"
Andes, Los; Avda.	56	B-4	42
"	75	C-1	"
Andévalo	158	C-1	53
Andorra	54	B-3	43
Andrea Jordán	173	B-3	21
Andrea Puech	50	B-2	39
Andrés Antón	92	A-3	17
Andrés Arteaga	140	A-1	26
Andrés Arteaga, Pza.	140	A-1	26
Andrés Bello	107	A-1	28
Andrés Borrego	88	A-4	04
Andrés Herranz	92	A-3	17
Andrés Jáuregui, Pza.	55	B-2	43
Andrés Loo	33	A-2	33
Andrés Manjón, Pza.	31	C-2	46

A

Nombre	Plano Parcial		C.P.
Andrés Mellado			
1 al 75 y 2 al 90	87	C-1	
al 89 y al 114	69	C-4	
Códigos Postales			
1 al 73 y 2 al 92			15
75 y 94 al final			03
Andrés Mellado, Trv.	87	C-1	15
Andrés Obispo	54	A-2	43
Andrés Segovia, Pza.	72	A-3	02
Andrés Soloaga, Pza.	117	C-4	24
Andrés Tamayo	90	C-1	28
Andrés Torrejón			
1 al 9 y 2 al 12	123	C-1	14
al 24	105	C-4	"
Andrés de Urdaneta	141	A-1	45
Andrómeda	44	C-4	23
Andújar	102	B-4	11
Anémonas	32	C-3	23
"	33	A-3	"
Ángel	103	C-4	05
Ángel, Puerta	102	B-3	11
Ángel, Pza.	104	B-3	12
Ángel del Alcázar	92	A-2	27
Ángel Beato	28	A-3	35
Ángel Caído, Gta.	105	C-4	09
Ángel Caído, Puerta	105	B-4	14
Ángel Carbajo, Pza.	51	A-2	20
Ángel Cavero	54	A-4	43
Ángel Díaz Zamorano	157	A-1	41
Ángel Diego Roldán	52	C-4	16
"	72	C-1	"
Ángel Domínguez	29	A-2	35
Ángel Fernández Labrada	102	C-4	11
Ángel Francés, Pza.	125	C-3	38
Ángel Ganivet	106	B-4	07
Ángel González Tejedor	91	C-2	17
Ángel Gordillo	53	A-2	33
Ángel de la Guarda	76	B-3	22
Ángel Hernández	73	A-2	02
Ángel Larra	74	B-4	27
Ángel Luis de la Herrán			
2 al 34	54	A-1	43
al 38	34	A-4	"
Ángel Martín Rodríguez	132	C-3	52
Ángel Múgica	17	B-4	34
Ángel Muñoz			
1 al 13 y 2 al 16	53	C-4	43
al 29 y 22	73	B-1	"
Ángel Pozas	87	C-2	15
Ángel Puech	50	B-2	39
Ángel Ripoll	138	B-3	25
Ángela González	125	B-3	38
Ángeles, Cost.	104	A-2	13
Ángeles Custodios, Pza.	49	C-3	39

MADRID

Prefijo Postal 280

A

Nombre	Plano Parcial		C.P.
Ángeles de las Heras	28	B-1	35
Angélica Señora, Pza.	140	C-3	26
Angelillo	144	B-3	18
Angelita Camarero	28	C-1	35
Angelita Cavero	74	B-2	27
Ángelus	140	B-3	26
Angosta	179	C-1	21
Angosta de los Mancebos	103	C-3	05
Anguiano, Pza.	73	C-1	43
Anguita	39	A-4	42
Aníbal	51	A-2	20
Aníbal González Álvarez, Gta.	37	A-2	55
Aniceto Marinas	86	C-4	08
" "	87	A-4	"
" "	103	A-1	"
Aniceto Pérez	141	A-3	41
Anillo Verde	111	A-4	32
" "	129	B-1	"
Anís	65	C-1	23
Anita Vindel	44	C-3	23
Ankara	109	C-4	30
Anna Frank	132	C-3	52
Anocibar, Pza.	138	A-4	25
Anoeta			
1 al 5 y 2 al 10	173	A-3	41
al 63 y al 54	172	C-3	"
Ansar	120	A-1	47
Antares	44	B-2	23
Antequera	157	A-2	41
Antequina, Cº.	66	C-4	11
" "	07	A-4	"
" "	84	C-1	"
Antigua del Pardo, Ctra.	86	A-1	40
Antiguo Camino del Aeropuerto	81	A-2	42
Antillón	102	C-3	11
Antimonio	172	A-4	21
Antioquía	75	A-3	27
Antolín Dompablo	49	A-2	35
Antolín García	118	C-2	47
Antolina Merino	137	B-2	25
Antón Martín, Pza.	104	C-3	12
Antonia Baena	28	C-1	35
Antonia Calas	124	C-3	53
Antonia Calvo	119	B-2	47
Antonia Domínguez	50	A-4	39
" "	70	A-1	"
Antonia Lancha	139	A-2	19
Antonia Lancha, Trv.	139	A-2	19
Antonia Mercé	90	B-4	09
Antonia Rodríguez Sacristán	153	B-1	44
Antonia Ruíz Soro	91	A-1	28
Antonia Usera	140	A-3	26
Antonio	51	A-1	29
Antonio Acuña	106	A-1	09
Antonio Aguilar	45	B-3	23

Nombre	Plano Parcial		C.P.
Antonio Antoranz	137	C-3	25
Antonio Arias	106	C-2	09
Antonio Bienvenida	106	B-4	07
Antonio Bonet, Gta.	199	C-1	55
Antonio Burgos	143	C-2	18
Antonio Cabezón	9	C-4	34
" "	17	C-1	"
" "	18	A-4	"
Antonio Calvo	91	C-1	27
Antonio Cantalejo	91	C-1	27
Antonio Casero	106	C-1	07
" "	107	A-1	"
Antonio Cavero	53	C-3	43
Antonio Corpas	139	C-1	19
Antonio Cumella	109	A-4	30
Antonio Chenel "Antoñete", Gta.	37	A-1	55
Antonio Díaz Cañabate	106	B-4	07
" "	124	B-1	"
Antonio Durán Tovar	143	A-1	53
Antonio Flores	88	C-3	04
Antonio Flórez	201	A-1	55
Antonio Folgueras	143	B-1	18
Antonio Fuentes	55	B-4	43
Antonio Gades	164	A-3	51
" "	191	C-1	"
Antonio Garisa, Gta.	143	B-3	18
Antonio Gistau	120	A-1	11
Antonio Gómez Galiana	69	C-1	39
Antonio González Echarte	51	A-1	29
Antonio González Porras	139	B-1	19
Antonio Grilo	88	A-4	15
Antonio Guzmán	72	B-4	02
Antonio Inclán	139	B-1	19
Antonio Lanzuela	50	B-1	29
Antonio Larrazabal	55	B-3	43
Antonio Leyva			
1 al 39 y 2 al 56	121	B-4	19
al 73 y al 92	139	B-1	"
Antonio López			
1 al 43 y 2 al 54	121	C-3	
al 97 y al 124	122	A-3	
al 219 y al 284	140	B-1	
al 247	141	A-4	
Códigos Postales			
1 al 67 y 2 al 100			19
69 al 229 y 102 al 252			26
231 y 254 al final			41
Antonio López Aguado	30	B-1	29
Antonio López Torres	35	C-2	50
Antonio López Torres, Trv.	35	C-3	50
Antonio Machado	29	A-4	35
" "	49	B-3	"
Antonio Maeso Joana	132	B-3	52
Antonio Mairena	144	C-1	38

Prefijo Postal 280 — MADRID

Nombre	Plano Parcial	C.P.
Antonio María Segovia, Pza.	146 / C-3	31
Antonio Maura	105 / B-2	14
Antonio Mira de Amescua	101 / B-4	11
Antonio Miró Valverde	200 / C-2	55
Antonio Molina	17 / B-1	34
Antonio Moreno	138 / C-2	25
Antonio Nebrija	86 / C-1	40
Antonio Nebrija (Retiro)	123 / C-1	07
Antonio Palomino	87 / C-2	15
Antonio Pérez	71 / C-3	02
" "	72 / A-4	"
Antonio Pérez Guzmán	17 / C-1	34
Antonio Perpiñá, Gta.	36 / B-2	55
Antonio Pinedo	101 / C-4	11
Antonio Pirala	91 / B-3	17
Antonio Ponz	92 / B-3	17
Antonio Prieto	139 / C-3	26
Antonio Reig	48 / C-1	35
Antonio Riera	50 / B-1	29
Antonio Rodríguez	153 / B-1	44
Antonio Rodríguez Villa	71 / C-3	02
" "	72 / A-3	"
Antonio Romero	154 / B-1	25
Antonio Rubio	30 / A-4	29
Antonio Salces	72 / C-3	02
Antonio Salvador	140 / B-2	26
Antonio Sancha	58 / B-3	42
Antonio Sanfiz	44 / B-3	23
Antonio Toledano	90 / C-4	28
" "	91 / A-4	"
Antonio Ulloa	102 / B-3	11
Antonio Valdés Glez. Roldán, Gta.	201 / A-4	55
Antonio Vega, Pzla.	88 / B-4	04
Antonio Velasco Zazo	140 / A-3	26
Antonio Vicent	121 / C-4	19
Antonio Vico	121 / A-3	19
Antonio Zamora	102 / C-3	11
Antonio Zapata	72 / C-3	02
Antoniorrobles	17 / A-4	34
Antoñita Jiménez	139 / B-1	19
Antracita, La	141 / B-1	45
Anturio	50 / A-4	39
Anunciación, La	106 / B-3	09
Anzuola	72 / C-3	02
Añafil	141 / A-3	26
Añastro		
1 al 33 y 2 al 74	53 / B-1	33
al 41 y al 74	33 / B-4	"
Añil	56 / B-4	42
Aparejadores	94 / B-4	37
Apeadero	129 / A-2	32
Apodaca	88 / C-3	04
Apolo	93 / A-1	37
Apolonio Morales	51 / C-2	36
" "	52 / A-2	"
Apóstol Santiago	91 / C-3	17

Nombre	Plano Parcial	C.P.
Apóstoles, Avda.	119 / C-1	11
Aprendices	94 / B-4	37
Aquiles	76 / C-4	22
"	94 / C-1	"
Aquilino Domínguez	70 / B-1	20
Aquitania	110 / C-1	32
Ara	64 / B-1	23
Arabell	44 / B-3	23
Aracataca	34 / C-4	33
Aracena	45 / B-3	23
Aracne	78 / B-3	22
Aragón	72 / A-2	02
Aragón, Avda. (A-2)		
al km. 11	78 / C-2	22
al km. 12	79 / C-2	"
al km. 13	80 / A-2	"
al km. 16	82 / A-3	"
Aragón, Pza.	70 / B-2	20
Aragoneses	144 / B-3	18
Aragonito	65 / A-1	23
Araiz	45 / A-3	23
Aralar	107 / A-1	28
Aralia	53 / A-4	16
Arama	172 / C-3	41
Aramayona	79 / A-3	22
Aramis	102 / B-4	11
Aramunt	44 / B-3	23
Arándano	50 / B-1	29
Arándiga	44 / B-3	23
Arandilla	45 / A-3	23
Aranjuez	70 / A-2	39
Aránzazu	54 / A-1	43
Aranzo	17 / C-3	34
Aranzueque	44 / B-2	23
Arapiles	88 / A-2	15
Araquil	45 / A-3	23
Arascues	44 / B-3	23
Aratoca, Pza.	35 / A-3	33
Arauca	35 / A-4	33
Araucaria, La	50 / C-3	39
Araujo Costa	145 / B-4	31
Aravaca	69 / C-2	40
Árbol del Cielo	136 / A-3	44
Arboleda, La	145 / C-2	31
Árboles	65 / C-1	23
Arbucias	8 / B-4	34
Arcadia	38 / C-4	42
Arcángel San Rafael	102 / A-4	11
Arcaute	79 / A-3	22
Arcentales, Avda.	94 / C-2	
"	95 / A-2	
CÓDIGOS POSTALES		
1 y 2 al cruce con la Avda. de Ajalvir		37
Avda. Ajalvir hasta la Pza. de Grecia		22

A

25

MADRID

Prefijo Postal 280

A

Nombre	Plano Parcial	C.P.
Arcentales, Gta.	94 / A-2	37
Arces, Avda.	56 / B-4	42
"	76 / A-1	"
Archanda.	43 / A-1	23
Archidona.	157 / B-3	41
Archiduque Alberto	19 / C-2	50
Archipiélago	86 / A-3	08
Archivo	146 / A-3	31
Archivo de Indias	152 / B-3	54
Arcilla, La	172 / A-4	21
Arciniega	49 / C-2	39
Arcipreste de Hita	87 / B-2	15
Arco del Triunfo	104 / A-2	12
Arco de la Victoria, Avda.	68 / C-2	40
"	87 / A-1	"
Arcos, Los	34 / B-2	33
Arcos de la Frontera	44 / C-3	23
" "	45 / A-3	"
Arcos del Jalón		
2 al 78	110 / A-1	37
al 118	94 / C-3	"
Ardales	44 / C-3	23
Ardemáns	90 / C-2	28
Ardite	152 / C-3	54
Arechavaleta	172 / C-3	41
Arechavaleta, Trv.	172 / C-3	41
Arenal	104 / A-2	13
Arenal, Trv.	104 / A-2	13
Arenal de Maudes	51 / C-2	36
Arenaria, La	139 / B-4	26
"	155 / B-1	"
Arenas.	179 / C-1	21
Arenas de Iguña	144 / B-1	38
Arenas y Navarro	23 / C-4	23
"	44 / A-1	"
Arenas del Rey	156 / C-3	41
Arenas de San Pedro	117 / A-4	24
Arequipa	54 / C-1	07
"	55 / A-1	"
Arévalo	137 / C-3	25
Arévalo Lara	75 / A-4	27
Arfe, Los	74 / A-4	27
Arga	72 / A-2	02
Arganda	122 / A-2	05
Arganzuela, La	103 / C-4	05
"	122 / A-1	"
Argensola	89 / A-4	04
Argenta, La	94 / B-4	37
"	110 / B-1	"
Argente	124 / C-4	53
Argentina.	92 / A-2	27
Argentina, P°.	105 / B-2	09
Argentona	46 / A-2	23
Argos	93 / A-1	37
Argüelles, Pza.	87 / B-3	08

Nombre	Plano Parcial	C.P.
Argüeso	138 / C-2	
Códigos Postales		
1 al 23 y 2 al 16		19
25 y 18 al final		25
Argumosa	104 / C-4	12
"	122 / C-1	"
Ariadna (M-11)	37 / B-4	42
"	57 / C-1	"
"	58 / B-1	"
"	59 / A-3	"
Arias Montano	106 / B-4	07
Ariel	124 / A-4	45
Aries	39 / B-4	42
Aristóteles	74 / A-3	27
Ariza	119 / C-3	47
Arizónicas	156 / C-3	41
Arjona	45 / A-3	23
Arlabán	104 / C-2	14
Arlanza	139 / B-2	19
Armando Palacio Valdés	71 / B-1	02
Armas, Las	1 / C-2	48
Armengot	121 / B-3	19
Armenteros	49 / C-2	39
Armería, Pza.	103 / C-2	13
Armilla, Pza.	152 / A-1	44
Arminza	23 / B-4	23
Armonía.	56 / C-4	42
"	76 / C-1	"
Armónica, La	195 / A-4	52
Arnedillo	8 / B-4	34
Arnedo	137 / C-3	25
Aro	135 / C-1	24
Arpa	195 / A-4	52
Arqueros, Los; Avda.	134 / A-3	24
Arquímedes	127 / C-4	32
Arquitecto Gaudí	52 / C-2	16
Arquitecto López Otero	68 / C-3	40
Arquitecto Rafael Leoz	64 / B-1	23
Arquitectura, La	122 / B-3	05
Arquitectura de Tarragona, La	152 / B-4	54
Arrastaría.	78 / B-2	22
Arrayanes, Los	119 / B-4	47
Arrefice	86 / A-3	08
Arregui y Aruej	124 / C-2	07
Arriaga	92 / C-4	17
Arriaga, Pje.	92 / C-4	17
Arriaza.	103 / B-1	08
Arriba España, Pza.	72 / B-1	02
Arrieta	103 / C-2	13
Arroyo	30 / B-4	29
"	50 / B-1	"
Arroyo, Trv.	30 / B-4	29
Arroyo Belincoso		
2 al 22	107 / C-4	30
al 46	108 / A-3	"

26

Prefijo Postal 280 — MADRID

Nombre	Plano Parcial		C.P.
Arroyo Bueno	172	B-4	21
Arroyo de Bulera	182	A-3	21
Arroyo Cañaveral	132	B-3	52
Arroyo del Charco del Pescador	19	C-4	50
Arroyo de la Elipa	92	B-2	17
Arroyo de la Gavia	182	A-2	21
Arroyo Fontarrón			
1 al 325	126	B-3	30
al 483	127	A-4	"
Arroyo del Hoyo	111	A-4	32
Arroyo Juncal	111	A-4	32
Arroyo de la Media Legua	107	C-3	
Códigos Postales			
1 al 79 y 2 al 80			30
81 y 82 al final			17
Arroyo del Olivar			
2 al 38	125	A-4	
al 85	144	A-2	
al 116	143	B-1	
Códigos Postales			
1 al 23 y 2 al 60			53
25 y 62 al final			18
Arroyo del Monte, Avda.	14	C-3	35
" "	15	A-2	35
Arroyo Opañel	139	B-1	19
Arroyo de las Pavas	119	C-4	19
Arroyo de las Pilillas	126	A-1	30
Arroyo de los Pos	19	C-4	50
Arroyo de Pozuelo	64	B-1	23
" "	65	A-4	"
Arroyo del Quinto	54	A-1	43
Arroyo del Santo, Avda.	76	A-1	42
Arroyo de Valdebebas	18	C-3	50
Arroyo de Valdebebas, Cº.	12	A-4	50
Arroyo Valdecelada	120	B-3	19
Arroyo Varhondillo	21	B-3	23
Arroyofresno	27	C-2	35
Arroyomolinos	38	C-3	42
Arroz	102	A-2	11
Arrozal	94	A-3	37
Artajona	49	B-2	39
Arte	32	C-1	33
Arte Abstracto	164	C-3	51
Arte Conceptual	164	B-4	51
Arte Expresionista	164	A-4	51
Arte Figurativo	192	B-1	51
Arte Hiperrealista	192	B-1	51
Arte Minimal	192	B-2	51
Arte Mudéjar de Teruel	152	C-4	54
Arte Pop	164	B-4	51
Arte Rupestre del Mediterráneo	152	A-4	54
Arteijo	45	A-2	23
Arteijo, Pza.	30	A-2	29
Artemisa	58	C-1	42

Nombre	Plano Parcial		C.P.
Artenera	93	B-3	17
Artesa de Segre	28	C-4	35
" "	48	C-1	"
Artesanía	171	C-4	21
Artesanos, Pza.	94	B-4	37
Artífices	94	A-4	37
Artilleros, Pº.	110	C-4	32
" "	128	C-1	"
" "	129	A-1	"
Artilleros, Pº. (post.)	129	A-1	32
Artistas, Los	70	C-2	20
Arturo Baldasano	53	B-4	43
Arturo Duperier	31	A-1	29
Arturo Marcos	162	A-1	31
Arturo Mélida	153	B-1	44
Arturo Soria			
1 al 15 y 2 al 8	92	C-1	
al 115 y al 140	74	A-2	
al 273 y al 266	53	B-3	
al 278	33	A-4	
al 323 y al 324	32	C-2	
al 327 y al 330	33	A-2	
Códigos Postales			
1 al 97 y 2 al 120			27
99 al 211 y 122 al 208			43
213 y 210 al final			33
Arzobispo Cos	75	A-4	27
" "	93	A-1	"
Arzobispo Morcillo	30	C-1	29
" "	31	B-2	"
Arzua	34	B-3	33
Asamblea de Madrid, Pza.	143	A-3	18
Asambleas, Pza.	156	A-3	41
Ascao			
1 al 57	92	C-3	17
al 63 y 86	93	A-2	"
Ascensión Bielsa	125	B-3	38
Asfalto	172	A-4	21
Asociación, Pza.	156	A-2	41
Aspariegos	94	A-4	37
Aster, Avda.	53	A-4	16
Asteroides	129	C-2	32
Astillero	179	C-1	21
Astorga	92	A-3	17
Astorga de las Cárcavas	35	B-1	50
Astrolabio	45	A-4	23
Astros, Los	106	C-4	07
Astros, Los; Pza.	106	C-4	07
Astún	45	B-1	23
Asturianos	144	C-3	18
Asturias, Avda.	30	A-4	29
" "	51	A-1	"
Asunción	140	B-3	26
Asunción Castell	50	B-4	20
Asunción Cuestablanca	11	C-3	50

MADRID

Prefijo Postal 280

A

Nombre	Plano Parcial	C.P.
Asunción Pérez Vizcaíno	53 A-2	33
Asura		
1 al 59	74 A-1	43
al 125 y al 134	53 C-4	"
Atajo	69 B-3	03
Atalaya	72 C-2	02
Atanagildo	120 C-3	19
Atapuerta	152 B-4	54
"	168 B-1	"
Ataquines	54 A-2	43
Atazar, El	123 B-3	45
Ateca	119 C-4	47
Atenas	127 C-2	30
Athletic	17 C-4	34
"	32 A-1	"
Athos	102 B-4	11
"	120 B-1	"
Atlético de Madrid	137 B-4	25
"	153 C-1	"
Atocha		
1 al 85 y 2 al 96	104 C-4	12
al 127 y al 114	105 A-4	"
Atocha, Rda.		
1 al 17	123 A-1	12
al 37	122 C-1	"
Augusto Figueroa	104 C-1	04
Augusto González Besada	108 B-4	30
Augustóbriga	173 C-1	21
Aulencia	44 A-4	23
Aunós, Pza.	72 A-2	02
Auñón	174 A-3	21
Aureliano Beruete	76 B-2	22
Aurelio González de Gregorio	17 B-2	34
Aurelio de la Torre	21 C-3	23
Auriga, El	45 A-1	23
Aurora	49 A-3	35
Aurora Boreal, Avda.	128 C-2	32
" "	129 B-3	"
Aurora Iglesias	125 A-3	38
Aurora Redondo	35 B-2	50
Austria	95 A-4	22
Autillo	65 C-2	23
Autogiro	38 C-4	42
Autogiro, Trv.	38 C-4	42
Autol	73 B-2	43
Ave María	104 C-3	12
Ave del Paraíso	64 B-1	23
Avecilla	138 A-1	25
Avefría	138 B-2	25
Aveiro	139 A-2	25
Avelino Fernández de la Poza	142 B-2	53
Avelino Montero Ríos	70 A-1	39
Avellana	74 C-4	27
Avena	139 B-4	26
"	155 B-1	"

Nombre	Plano Parcial	C.P.
Avendaño	106 B-4	07
Avenencia, Pje.	173 B-1	41
Averroes	106 B-4	07
Aves, Las	102 A-2	11
Avestruz	137 B-1	47
Aviación, Avda.	134 C-4	
"	151 C-1	
Códigos Postales		
1 al 9 y 2 al 10		24
11 y 12 al final		44
Aviación Española	69 C-4	03
Aviador Franco	49 A-2	35
Aviador Lindbergh	72 A-4	02
Avicultura	94 A-3	37
Ávila	70 C-1	20
Avilés	102 B-4	11
Avión Club	60 C-4	42
Avoceta	65 C-2	23
Avutarda, Rda.	75 A-1	43
Ayacucho	54 C-1	43
"	55 A-1	"
Ayala		
1 al 45 y 2 al 56	89 C-3	
al 121 y al 160	90 B-3	
Códigos Postales		
1 al 73 y 2 al 100		01
75 y 103 y 102 al 146		06
105 y 148 al final		09
Ayamonte	153 B-1	25
Ayerbe	39 A-4	42
"	58 C-1	"
"	59 A-1	"
Ayllón	117 B-3	24
Ayoluengo	11 A-4	50
Aytona	135 A-1	24
Azabache	120 C-4	19
Azafrán	66 A-2	23
Azagra	34 B-3	33
Azahar	51 A-2	25
Azaleas, Las	76 B-1	42
Azcoitia	152 C-1	44
Azcona	90 C-1	28
"	91 A-1	"
Azofra	18 C-1	50
Azor	117 C-3	24
Azorín, Gta.	103 A-3	13
Azpeitia	22 C-4	23
Azuaga	49 C-2	39
Azucenas, Las	50 C-2	39
Azufre	173 B-4	21
Azul, P°	102 C-1	11
Azulejo	91 A-4	25
Azulinas	51 C-2	36

Prefijo Postal 280 — MADRID

A

Nombre	Plano Parcial		C.P.
Azuqueca	174	A-4	21

Nombre	Plano Parcial		C.P.
Azurita	65	B-1	23

B

Nombre	Plano Parcial		C.P.
Babilafuente	161	C-2	31
Babilonia	58	C-1	42
Bacares	33	B-3	33
Bacoy	120	A-1	11
Badajoz, Avda.	74	A-3	27
Badalona	16	C-2	34
"	17	A-3	"
Baena	102	C-3	11
Baeza, La	72	C-3	02
Bahía	86	A-3	08
Bahía de Alcudia	58	A-2	42
Bahía de Algeciras	34	A-3	33
Bahía de Alicante	58	A-2	42
Bahía de Almería	58	A-3	42
Bahía de Cádiz	58	A-3	42
Bahía de Cartagena	58	A-3	42
Bahía de la Concha	58	A-2	42
Bahía de Gando	58	A-2	42
Bahía de Mahón	58	A-3	42
Bahía de Málaga	58	A-1	42
Bahía de Palma	58	A-3	42
Bahía de Pollensa	58	A-2	42
Bahía de Santa Pola	58	A-2	42
Bahía de Santander	58	A-1	42
Bahía de Santoña	58	A-2	42
Bailén	103	C-1	
Códigos Postales			
1 al 21 y 2 al 12			13
23 y 14 al final			05
Bailén, Cta.	103	C-3	05
Baja, Trv.	101	C-2	11
Baja de la Iglesia	44	C-3	23
Bajamar	171	B-2	21
Bajo Virgen del Puerto, Pº.	103	A-2	05
Balaguer	34	A-4	33
Balandro			
1 al 31 y 2 al 26	78	A-1	42
al 45 y al 40	58	B-4	"
Balbina Valverde	71	B-2	02
Balcánica	58	B-1	42
Balcón de Corralejos	58	B-1	42
Balear, Pº.	101	B-3	11
Baleares	121	C-4	19
"	139	C-1	"
Ballesta, La	104	B-1	04
Balmaseda	58	B-1	42
Balmes	88	C-1	10
Balsaminas	50	C-2	20

Nombre	Plano Parcial		C.P.
Baltanás	153	A-2	44
Baltasar	53	C-1	43
Baltasar del Alcázar	92	C-1	17
Baltasar Gracián	87	C-3	15
Baltasar Santos	125	B-2	38
Bambú	32	B-3	36
Barni, Pza.	91	C-3	17
Banana, La	153	A-2	44
Bande	58	B-2	42
Bandera, La	120	A-3	19
Baña, La	58	C-1	42
Bañeza, La	29	C-3	
Códigos Postales			
1 al 37 y 2 al 40			29
39 y 42 al final			35
Baños de Montemayor	122	B-3	05
Baños de Valdearados	162	C-3	51
Baracaldo	30	C-4	29
"	50	B-1	"
Barajas, Cº. Viejo	97	B-1	22
Barajas a Alcobendas, Ctra.	38	B-1	42
Baranoa	34	C-3	33
"	35	A-3	"
Barbadelo	6	B-4	50
Barbadillo	78	C-1	42
"	79	A-1	"
Barbados, Pza.	75	A-3	27
Bárbara de Braganza	89	A-4	04
Barbastro	76	C-3	22
Barbate	138	B-3	25
Barberán	28	B-2	35
Barberán y Collar	118	C-3	11
Barbieri	104	C-1	04
Barca, La	130	A-3	53
Barca, La; Cº.	131	C-3	52
Barcarrota	58	B-1	42
Barceló	88	C4	04
Barcelona	104	B-2	12
Barcenilla	77	A-1	42
Barco	88	B-4	04
"	104	B-1	"
Bardala	50	C-1	29
Bardegueral	65	C-1	23
Barichara	35	A-3	33
Barichara, Pza.	35	A-3	33
Bariloche	58	A-1	42
Bario	174	A-4	21
Barlovento	93	B-4	17

MADRID

Prefijo Postal 280

B

Nombre	Plano Parcial		C.P.
Barón del Castillo de Chirel	50	B-3	39
Barón de la Torre	54	C-3	43
"	55	A-3	"
Barquillas, Pº	37	C-3	42
Barquillo			
1 al 21	104	C-1	04
al 56	89	A-4	"
Barraco, El	162	C-1	51
Barrafón	102	B-3	11
Barragán, Pza.	153	A-1	44
Barranca, La	157	A-2	41
Barranco del Novillo	162	C-2	51
"	163	A-2	"
Barranquilla, La; Avda.	34	C-3	33
Barrencalle	23	A-4	23
"	43	B-1	"
Barrial, Cº	44	B-2	23
Barrilero	124	B-3	07
Barrio Camarillas	39	A-4	42
Barrio de la Fortuna, Ctra.	152	A-2	44
Barrionuevo	119	C-1	11
Barros, Los	142	C-4	53
"	158	C-1	"
"	159	A-1	"
Basalto, Pza.	140	B-3	26
Basauri	43	C-1	23
Bascones	50	C-3	29
"	51	A-1	"
Bascuñana	58	A-1	42
Bascuñuelos	179	C-2	21
Basella	58	B-2	42
Basilea, Pza.	91	A-1	28
Basílica, La	70	C-2	20
"	71	A-2	"
Basilio Paraíso	107	A-1	28
Basilio de Prado	28	C-2	35
Bastero	104	A-4	05
Batalla de Belchite, La	123	A-4	45
Batalla de Farsalia, La	113	A-4	52
Batalla de Garellano, La	44	A-4	23
Batalla de Mulgberg, La	70	B-3	03
Batalla de Otumba, La	70	B-3	03
Batalla del Salado, La	122	C-2	45
Batalla de Salamina, La	113	B-4	52
"	131	C-1	"
Batalla de las Termópilas, La	113	A-4	52
"	131	B-1	"
Batalla de Tesalia, La	113	B-4	52
"	131	B-1	"
Batalla de Torrijos, La	137	C-2	25
Batallón	1	C-2	48
Batán, Cº.	84	C-4	11
Batán, Ctra.	101	B-3	11
Batán, Pta.	118	B-2	11
Batel	78	B-1	42

Nombre	Plano Parcial		C.P.
Baterías	74	A-4	27
Batres	162	A-3	51
Bausá	32	C-4	33
"	52	C-1	"
"	53	A-1	"
Baviera, Avda.	73	A-4	28
Bayona	91	A-1	28
Bayunca	35	A-3	33
Baza	58	C-2	42
Beasaín	155	C-3	41
Beata María Ana de Jesús, Pza.	123	A-4	45
Beatas, Las; Trv.	88	A-4	15
"	104	A-1	"
Beato Berrio Ochoa	92	A-2	27
Beatriz Agredano	129	B-3	52
Beatriz de Bobadilla	69	C-2	40
Beatriz Galindo	103	B-3	05
Becerrea	29	C-4	29
Becerril de la Sierra	54	A-3	43
Beethoven	33	A-3	33
Begonias, Las	76	B-1	42
Begoña	107	A-1	28
Beire	70	A-1	39
Béjar	90	B-1	28
Belalcázar	71	B-3	06
Belalcázar, Pje.	71	B-3	06
Belén	88	C-4	04
Belén, Trv	88	C-4	04
Beleño	53	A-4	16
Belfast	79	A-2	22
Bélgica	05	D-0	22
Belianes	34	B-4	43
Belice	75	A-3	27
Belisana	53	C-3	43
Bella Altisidora, La	17	A-1	34
Belladona	135	C-1	24
Bellas Vistas, Pje.	50	A-4	39
Bellaterra	58	B-1	42
Bellatrix	45	C-4	23
Belleza, La	91	A-1	28
Bellver	50	B-2	39
Bellver, Trv.	50	B-2	39
Bélmez	142	B-4	53
Belmonte de Tajo	121	A-4	19
"	139	A-1	"
Belorado	17	C-4	34
Belt Figueras	199	C-1	55
Belvis	88	B-2	10
Belvis de la Jara	153	B-1	25
Belzunegui	137	C-4	25
"	153	C-1	"
Bembibre	33	B-3	33
Benadalid	144	C-2	18
Benalauria	144	C-2	18
Benalmádena	144	C-2	18

Prefijo Postal 280 — MADRID

Nombre	Plano Parcial	C.P.
Benamargosa	144 / C-3	18
Benamejí	142 / C-4	53
"	143 / A-4	"
Benarraba	144 / C-2	18
Bendición de los Campos	51 / C-2	36
Benéfica Belén	74 / C-4	27
Beneficencia, La	88 / C4	04
Benetúser	8 / B-4	34
"	16 / B-1	"
Benicarló	58 / B-1	42
Benicasim	102 / A-4	11
Benidorm	92 / A-2	17
Benifayó	58 / B-2	42
Beniferri	181 / A-1	21
Benigno Soto	72 / B-2	02
Benimamet	181 / B-1	21
Benisoda	58 / B-1	42
Benita Ávila	54 / A-2	43
Benita López	173 / B-4	21
Benítez	39 / A-4	42
Benito Asenjo	31 / C-1	34
Benito Castro	90 / C-4	28
Benito Gutiérrez	87 / B-2	08
Benito Monfort	58 / A-4	42
Benito Muñoz	35 / A-3	50
Benito Prieto	139 / A-2	19
Benito Valderas	122 / C-4	45
Benjamín	50 / B-2	39
Benjamín Palencia	125 / C-3	38
"	126 / B-4	"
Bentaiga	93 / A-2	17
Berango	23 / A-4	23
Berástegui	92 / C-4	17
Bercial	121 / B-1	05
Bercianos del Real Camino	10 / A-1	50
Berdún	10 / A-3	50
Berenisa	44 / C-3	23
"	45 / A-3	"
Berenjena, La	105 / A-3	14
Bergantín	58 / C-3	42
Berilo	123 / A-3	45
Berlanas	119 / A-2	47
Berlanga de Duero	33 / B-4	33
Berlín	73 / A-4	28
Bermeo	25 / B-4	23
"	45 / B-1	"
Bermúdez Cañete	52 / B-2	16
Berna (urb. Casa de Campo)	64 / B-3	23
Berna	73 / A-4	28
Bernarda García	130 / A-2	52
Bernardina Aranguren	137 / C-1	25
Bernardina García	119 / B-2	47
Bernardino de Antequera	140 / A-1	26
Bernardino Obregón	122 / C-1	12
Bernardino de Pantorba	163 / B-3	51

Nombre	Plano Parcial	C.P.
Bernardo López García	88 / A-4	15
Bernedo	78 / C-2	22
Berrioplana	154 / A-1	25
Berrocal	182 / B-2	21
Berrocales, C°	148 / C-4	31
Berrueco, El	179 / B-3	21
Berruguete	50 / B-4	39
Berruguete, Trv.	50 / B-3	39
Bertrand Russell	6 / C-1	49
Berzosa del Lozoya	179 / B-3	21
Besolla	138 / A-4	25
Besolla	154 / A-1	25
Betancuria	93 / B-4	17
Betania	124 / B-1	07
Betanzos, Avda.	29 / C-2	
Códigos Postales		
1 al 75 y 2 al 58		29
77 y 60 al final		34
Biarritz	91 / A-1	28
Bicicleta, La	128 / A-2	32
Bidasoa	71 / C-2	02
Bielsa	58 / A-1	42
Bigastro	135 / C-2	24
Bilbao, Gta.	88 / B-3	04
Binéfar	137 / B-3	25
Biombo	103 / C-2	13
Biombo, Pza.	103 / C-2	13
Biombo, Trv.	103 / C-2	13
Biosca	34 / A-4	43
Biosca, Trv.	34 / A-4	43
Biota	50 / C-3	39
Bisbal, La; Pje.	91 / A-3	28
Bismuto	180 / A-1	45
Bisutería	93 / C-4	37
Blanca, La	153 / A-3	54
Blanca de Castilla	44 / C-1	23
Blanca Luna, La	142 / C-1	53
Blanca de Navarra	89 / A-3	10
Blancafort	58 / B-1	42
Blandón	137 / C-1	25
Blanes	58 / B-1	42
Blas de Lezo, Avda.	114 / C-4	52
"	132 / C-1	"
Blasa Pérez	120 / C-4	19
Blasco de Garay		
1 al 67 y 2 al 82	87 / C-1	
al 75 y al 100	69 / C-4	
Códigos Postales		
1 al 71 y 2 al 92		15
73 y 94 al final		03
Blasco de Garay, Cjón.	87 / C-2	15
Blasón	137 / C-3	25
Blenda, La	65 / B-1	23
Blesa	94 / C-1	22

MADRID Prefijo Postal 280

B

Nombre	Plano Parcial		C.P.
Boada	125	C-4	38
Boadilla del Camino	10	C-4	50
" "	11	A-4	"
Boadilla del Monte	120	C-4	19
Boadilla del Monte, Cº.	115	A-4	24
" "	116	B-4	"
" "	133	C-1	"
Boadilla del Monte, Ctra.	117	C-3	
Códigos Postales			
1 y 2 al km. 1,200			24
km. 1,201 al km. 6			23
Boalo, El	162	B-3	51
Bobby Deglané	132	A-3	52
Bocángel	91	A-3	28
Boccherini, Gta.	103	B-3	13
Boch	30	A-4	29
Boch, Pje.	30	A-4	29
Bochalema	34	C-3	33
Boecillo	54	A-3	43
Bohemios			
1 al 7 y 2 al 4	173	A-2	41
al 15 y al 8	172	C-2	"
Bohonal	142	B-4	53
Boiro	58	C-1	42
Boix y Morer	70	A-4	03
Boj	56	B-4	42
Bola, La	103	C-1	13
Bola del Mundo, La	45	A-4	23
Bolaños	142	B-3	53
Bolarque	46	B-3	23
Boldano	74	C-4	27
"	92	C-1	"
Bolívar	123	B-4	45
"	141	A-1	"
Bolivia	52	A-3	16
Bolivia, Pº.	105	C-1	09
Bolonia	73	A-4	28
Bolsa, La	104	B-3	12
Boltaña			
2 al 80	76	C-2	22
al 116	77	A-2	"
Bombita	74	B-1	43
Bondad, La	91	A-1	28
Bonetero	52	A-3	16
Bonetillo	104	A-2	13
Bonn, Avda.			
1 al 13 y 2 al 10	73	A-4	28
al 12	91	B-1	"
Bordadores, Los	104	A-2	13
Borgoña	111	A-1	22
Borja	119	C-4	47
Borjas Blancas	34	A-4	33
Bormonia	93	A-1	37
Bornos	58	A-1	42

Nombre	Plano Parcial		C.P.
Borox	58	C-1	42
Bosco, El	125	C-2	38
"	126	A-3	"
Bosque	52	C-2	16
Boston	91	A-1	28
Boston, Pza.	91	A-1	28
Botánica, La	90	C-1	28
Botánico Mutis	140	A-1	26
Botica, La	39	A-4	42
Botijo	65	B-1	23
Botoneras	104	A-3	12
Boyaca	35	A-4	33
Boyer	130	B-1	52
Boyero, El	45	A-3	23
Braceros	94	B-3	37
Braganza	139	A-2	25
Braille	16	C-2	34
"	17	A-2	"
Braojos	28	A-1	35
Brasil, Avda.	51	A-3	20
"	71	A-1	"
Brasilia, Avda.	73	B-4	28
"	91	B-1	"
Braulio Gutiérrez	93	A-3	17
Bravo	79	A-1	42
Bravo Murillo			
1 al 37 y 2 al 38	88	B-1	
al 185 y al 172	70	B-2	
al 307 y al 308	50	C-3	
al 365 y al 338	51	A-2	
Códigos Postales			
1 al 47 y 2 al 40			15
49 al 99 y 42 al 94			03
101 y 96 al final			20
Brea de Tajo	119	C-2	47
Bremen	73	A-4	28
"	91	A-1	"
Breña	93	A-2	17
Brescia	91	B-1	28
Bretaña	95	B-3	22
Bretón de los Herreros			
1 al 47 y 2 al 46	70	C-4	03
al 61 y 70	71	A-1	"
Brezos, Los	58	C-3	42
Brígida Alonso	125	B-3	38
Brihuega	120	A-4	19
Bringas, Trv.	104	A-2	05
Briones	58	B-2	42
Brisa	69	B-3	03
Bristol	73	A-4	28
Briviesca	33	A-1	33
Brocado	94	A-3	37
Bronce	123	B-4	45
"	141	B-2	"
Brujas	127	C-2	30

Prefijo Postal 280 MADRID

B

Nombre	Plano Parcial		C.P.
Brújula	44	C-4	23
Brunete	4	A-3	48
Bruno Abúndez	145	B-3	31
Bruno Ayllón	70	C-1	20
Bruno García	137	C-1	25
Bruno Hernández	139	C-4	26
Bruselas, Avda.	73	A-4	28
"	91	A-1	"
Bubierca	162	A-1	31
Bucaramanga, Avda.	34	C-4	33
"	35	A-4	"
Bucarest	95	B-4	22
Budapest	95	B-4	22
Buen Gobernador	91	C-2	27
Buen Suceso	87	B-3	08
Buenafuente	46	A-3	23
Buenavista	104	C-4	12
Buendía	142	C-3	53
Buenos Aires, Avda.	143	C-3	
Códigos Postales			
1 al 11 y 2 al 30			38
13 y 32 al final			18
Bueso Pineda			
1 al 31 y 2 al 10	73	C-1	43
al 59 y 62	53	C-4	"
Buganvilla	32	A-4	36
Buganvilla del Rey, Rda.	46	A-4	23
Bugedo	78	C-1	42
Búho	65	C-2	23
Buitrago de Lozoya	29	B-4	35
Bujalance	102	C-4	11
Bujía, La	94	B-4	37
Bulevar Indalecio Prieto	128	A-2	32
Bulevar José Prat	128	A-2	32
Bulevar de la Naturaleza	161	B-2	31
Bulevar Norte	180	B-3	21
Bulevar Sur	180	B-4	21
Bulgaria	110	B-2	32
Burdeos, Pza.	91	A-1	28
Bureta, La	58	B-2	42
Burgo de Osma	33	A-4	33
"	53	B-1	"
Burgohondo	21	B-3	23
Burgos (Cuatro Caminos)	50	A-3	39
Burgos, Avda.	32	B-1	
"	52	B-1	
Códigos Postales			
1 al 59 y 2 al 58 (km. 4,500)			36
61 y 60 al final (km. 8,300)			50
Burgos, C°. Viejo	35	B-1	50
Burgos, Ctra. (A-1)			
al km. 10	18	C-2	50
al km. 11	19	B-1	"
al km. 13	11	B-3	"
Burguete	10	A-4	50
Buriticá	34	C-4	33
"	35	A-4	"
Burjasot	181	B-1	21
Burriana	58	C-2	42
Busaco	138	C-3	25
Buscón Don Pablos	58	C-1	42
"	59	A-1	"
Bustamante	123	B-2	45
Bustarviejo	51	A-2	20
Bustillo de Oro	50	A-3	39
Bustos	124	C-3	38
"	125	A-3	"
Butarque, Gta.	171	C-2	21
Butrón	94	C-4	22
"	95	A-4	"

C

Nombre	Plano Parcial		C.P.
Caballero Andante	181	A-4	21
Caballero de la Blanca Luna	9	B-3	34
Caballero del Bosque	181	A-4	21
Caballero de la Cruz	181	B-4	21
Caballero de los Espejos	9	B-3	34
Caballero de Gracia	104	B-1	13
Caballero de los Leones	9	B-4	34
Caballero de la Mancha, Rda.	9	B-4	34
"	17	B-1	"
Caballero de la Triste Figura	9	B-3	34
Caballero del Verde Gabán	181	A-4	21
Caballeros, Los	4	A-2	48
Cabanillas de la Sierra	29	B-4	35
Cabaña, La	162	A-2	31
Cabarrús	69	C-3	03
Cabellera de Berenice	24	B-4	23
"	25	A-4	"
Cabello Lapiedra	102	B-4	11
Cabestreros, Los	104	B-4	12
Cabestreros, Los; Trv.	104	B-4	12
Cabeza, La	104	B-3	12
Cabeza Grande	72	B-1	02
Cabeza de Hierro	48	C-2	35
Cabeza de Lijar	25	A-4	23
Cabeza de Manzaneda	45	A-2	23
Cabeza Mesada	161	C-1	31
Cabeza Reina	72	C-2	23
Cabeza de Villar	118	C-2	11

33

MADRID

Prefijo Postal 280

C

Nombre	Plano Parcial		C.P.
Cabezuelas	16	B-2	34
Caboalles	46	B-3	23
Cabo Cañaveral	46	A-1	23
Cabo de Creus	159	B-1	53
Cabo López Martínez	4	B-3	48
Cabo Machichaco	159	B-2	53
Cabo Nicolás Mur	120	A-4	19
Cabo Suceso Terrero	120	B-3	19
Cabo de Tarifa	159	B-2	53
Cabrera, La	29	B-4	35
Cacabelos	35	B-1	50
Cacereños, Los	171	B-4	21
"	179	B-1	"
Cacereños, Los; Trv.	179	B-1	21
Cáceres	122	C-3	45
"	123	A-3	"
Cachero	124	C-4	53
Cáchira	35	A-4	33
Cactus	50	C-3	39
Cadalso de los Vidrios	29	A-2	35
Cadaqués	144	B-1	38
Cadarso	103	C-1	08
Cadete Julio Llompart	120	A-3	19
Cádiz	104	B-2	12
Cádiz, Gta.	140	C-2	26
Cafeto, El	124	B-3	07
Caidos de la División Azul, Los	52	B-1	16
Cairo, El	127	C-1	30
Caja de Ahorros, Pje.	104	B-2	13
Cal, La	141	A-3	41
Cala Basa, Rda.	54	C-3	43
"	55	A-3	"
Calabria	95	B-2	22
Calahorra	110	C-4	32
"	128	C-1	"
Calamina, La	171	C-4	21
Calamocha	179	C-1	21
Calamón	117	C-3	24
Calanda	54	C-2	43
Calandria, La	65	C-2	23
Calas, Las	52	C-4	16
Calasparra	33	C-4	33
Calatañazor	94	C-3	22
Calatayud	102	B-4	11
Calatorao	94	C-3	22
Calatrava	103	C-4	05
Calcio	174	A-3	21
Calcografía, La	106	C-3	07
Caldas de Estrach	16	C-2	34
Caldera, La	39	B-3	42
Calderería, La	94	A-4	37
Calderera, La	130	A-3	52
Calderilla, La	153	C-3	54
Calderón	38	C-4	42
Calderón de la Barca	103	C-2	13

Nombre	Plano Parcial		C.P.
Calella	126	A-4	38
Calendario	80	A-3	22
Caléndula, La	35	B-2	50
Caleras, Las	72	A-2	02
Calero Pita	142	C-3	53
Calero, Cost.	91	C-1	27
Calero, Puente	91	B-1	27
Caleros, Cº	41	C-3	23
"	42	C-2	"
"	43	B-2	"
Caleruega	32	C-1	33
Caleruega, Pje.	32	B-2	33
Calesas, Las	140	B-1	26
Calí	35	A-4	33
Calicanto, Pza.	50	B-1	29
Calidón	74	A-2	43
California	124	B-3	07
Caliza	129	B-3	32
Callao, Pza.	104	A-1	13
Callejo	142	C-1	53
Calvario	104	B-3	12
Calverón a Fuencarral, Cº	7	C-2	34
Calvo Asensio	87	C-2	15
Calvo Sotelo	21	B-3	23
Cámaras	17	B-3	34
Camarena			
1 al 101 y 2 al 108	118	C-4	47
al 213 y 324	136	C-1	"
Camarillas	39	A-4	42
Camarines	45	C-3	23
Camarma de Esteruelas, Pje.	72	A-4	02
Camas, Las	182	A-2	21
Cambados	35	C-2	50
Camborio	171	C-2	21
Cambrijas	152	B-3	44
Cambrils	16	A-4	34
Camelias, Las	76	B-1	42
Camichi	137	C-1	25
Camilo José Cela, Avda.	72	C-4	28
" "	73	A-1	"
" "	90	C-1	"
Camino Ganapanes	29	C-4	35
Camino de Hormigueras			
inicio de calle	160	A-1	31
al 155 y 158	160	C-1	"
al 163 y al 164	161	A-1	"
al 173 y al 180	145	B-4	"
Camino del Río	156	B-2	41
Camino de Santiago, Avda.	10	B-4	50
"	11	A-2	"
"	18	B-1	"
Camino de los Talleres	145	C-4	31
Camino de los Vinateros			
1 al 59 y 2 al 40	107	C-4	30
al 105 y al 102	108	A-4	"
al 127 y al 196	126	B-1	"

34

Prefijo Postal 280 — MADRID

Nombre	Plano Parcial		C.P.
Camino Viejo deBurgos, C/	35	B-1	50
Camino Viejo de Leganés	121	A-4	
Códigos Postales			
1 al 109 y 2 al 80			19
111 y 82 al final			25
Camino Viejo de Vicálvaro, Calle	128	A-1	32
Camino Viejo de Villaverde	155	C-2	41
Caminos, Los	53	C-3	43
Camoens, Pº.	86	C-3	08
Camorritos, Pza.	92	A-2	27
Campamento, Cº.	101	B-4	11
"	118	C-1	"
Campanar	90	C-2	28
Campanar, Gta.	90	C-2	28
Campanas, Las	151	C-1	54
Campanillas, Las	72	C-2	02
Campánulas, Las	52	C-2	16
Campaña, La	1	C-3	48
Campaspero	54	A-3	43
Campeche	75	B-4	27
Campezo	78	C-2	22
Campillo, Del	102	B-4	11
"	120	B-1	"
Campillo de Arenas	158	C-1	53
"	159	A-1	"
Campillo del Mundo Nuevo, Pza.	122	A-1	05
Campiña, La	142	C-4	53
Campo (Casa de Campo)	101	C-3	11
Campo (Usera)	157	A-2	41
Campo de Calatrava, Avda.	9	B-4	34
"	17	A-1	"
Campo de Criptana, Pza.	140	C-3	26
Campo de la Estrella	10	B-4	50
Campo Florido	117	B-3	24
Campo de Montiel	17	B-1	34
Campo de la Paloma	144	B-3	18
Campo Real	50	A-3	39
Campo Real, Pje.	72	B-4	02
Campo de la Torre	129	A-3	32
Campoamor	88	C-4	04
"	89	A-4	"
Campomanes	104	A-2	13
Camporredondo	54	A-3	43
Campos de Castilla	152	C-4	54
Campos Ibáñez	173	B-3	21
Campotejar	156	B-2	41
Campus Sur, Avda.	145	C-1	31
Campuzano	92	C-3	17
Can Mayor, Pje.	106	C-3	07
"	107	A-3	"
Can Menor, Pje.	106	C-3	07
"	107	A-3	"
Canal, Cº.	109	B-2	17
Canal del Bósforo	76	C-4	22
"	77	A-4	"

Nombre	Plano Parcial		C.P.
Canal de Isabel II	69	C-1	39
Canal de Isabel II, Pza.	50	B-4	39
Canal de la Mancha	76	C-4	22
Canal de Mozambique	74	A-4	27
Canal de Panamá	74	A-4	27
Canal de Suez	39	A-3	42
Canal de Suez, Pje.	59	A-4	42
Canaleja, Cº.	166	B-1	44
Canalejas, Pza.	104	C-2	14
Canalillo	73	A-4	28
Canalización, Pje.	140	C-1	26
Canapiare	35	B-4	33
Canarias, Las			
1 al 9 y 2 al 10	122	C-2	45
al 61 y al 68	123	B-2	"
Canario, Pº	101	B-3	11
Canarios, Los	114	C-4	52
Canasteros	7	B-4	49
Cáncer	79	B-2	42
Canchal	174	A-4	21
Canchas del Manzanares	48	C-2	35
Cancillería, Pza.	86	B-2	08
Canción del Olvido, La	172	C-1	41
Candelaria Mora	141	A-2	45
Candeleda	48	C-2	35
Cándido Mateos	29	B-4	35
Candilejas	143	B-2	18
Canela, La	172	C-4	21
Canencia	33	A-2	33
Canencia de la Sierra	162	A-3	51
Canet de Mar	53	C-2	43
Cangas de Narcea	93	B-3	37
Cangas de Onís	93	B-3	37
Cangrejo	145	B-3	31
Canillas	72	C-3	02
Canillas, Cº.	72	B-4	28
"	90	B-1	"
Canillas, Ctra.			
1 al 13 y 2 al 12	53	C-2	43
al 119 y al 140	54	A-2	"
al 144	55	A-2	"
Canillejas a Vicálvaro, Avda. (M-602)			
1 al 39 y 2 al 24	76	B-4	
al 113 y al 190	94	C-2	
final de calle	110	C-1	
Códigos Postales			
1 al 147 y 2 al 190			22
149 y 192 al final			32
Canoa, La			
1 al 37 y 2 al 46	78	A-1	42
al 48	58	A-4	"
Cánovas del Castillo, Pza.	105	A-3	14
Cantabria, Avda.	58	C-4	42
"	78	B-1	"

35

MADRID

Prefijo Postal 280

Nombre	Plano Parcial		C.P.
Cantalapiedra	125	C-4	38
"	143	C-1	"
Cantalejo	27	C-3	35
"	28	A-3	"
Cántaro	65	B-1	23
Canteras, Cº	161	B-4	51
Canteras de las Peñuelas	195	A-3	52
Canteras de Tilly	129	B-2	32
Canteros, Los	94	B-4	37
Canto del Tolmo, Pje.	48	C-2	35
Cantoria, Pza.	121	A-4	19
Cantos Negros	21	B-3	23
Cantueso	50	B-1	
Códigos Postales			
1 al 51 y 2 al 40			39
53 y 42 al final			29
Cañada, La	126	B-1	30
Cañada Real Galiana	195	B-2	52
Cañada del Santísimo	163	B-4	51
Cañada del Santísimo, Cº	164	C-2	31
Cañada de Vicálvaro a San Fernando	114	B-4	52
Cañamar	53	C-3	43
Cañas	53	B-4	43
Cañas, Trv.	53	B-4	43
Cañaveral			
1 al 51	51	A-1	29
al 105	31	A-4	"
Cañete	120	A-4	19
Cañizares	104	B-3	12
Caño, Trv.	44	C-3	23
Cañón del Río Lobos	127	B-1	30
Caños, Los; Gta.	100	B-3	11
Caños del Peral	104	A-2	13
Caños Quebrados, Cº	4	C-3	48
Caños de San Pedro	129	B-2	32
Caños Viejos, Cta.	103	C-3	05
Caoba, La	122	A-2	05
Caolín	123	C-4	05
Capiscol	10	B-3	50
Capital de España-Madrid, Avda.	56	B-2	42
Capitán Blanco Argibay	29	C-4	29
"	50	B-1	"
Capitán Cortés	33	C-3	33
Capitán de la Gándara	138	B-1	19
Capitán Haya	71	A-1	20
Capitán de Oro	138	C-1	19
Capitán Salas	4	A-2	48
Capitán Salazar Martínez	103	C-4	05
"	121	C-1	"
Capote, Cjón.	91	C-2	27
Capri	110	B-2	32
Caprichos, Los; Avda.	120	C-1	11
Capricornio	80	A-2	42
Capuchina, La	66	A-1	23
Capuchinos, Cost.	104	C-1	04
Capuchinos, Pza.	4	A-2	48

Nombre	Plano Parcial		C.P.
Capuchinos, Puente (El Pardo)	3	C-1	48
Caquetá	35	B-4	33
Carabanchel, Pza.	137	C-3	25
Carabanchel Alto (M-421), Avda.	152	C-3	44
" " " "	153	A-1	"
Carabanchel Alto, Trv.	153	A-1	44
Carabanchel Alto a Villaverde, Cº	170	B-2	44
Carabanchel a Aravaca, (M-502), Ctra.	116	C-1	
" " " "	117	B-3	
Códigos Postales			
1 al 69 y 2 al 70			24
71 y 72 al final			23
Carabanchel Bajo	153	B-1	
Códigos Postales			
1 al 21 y 2 al 18			25
23 y 20 al final			44
Carabanchel a Villaverde (M-602), Ctra.	155	B-4	41
"	171	C-2	"
"	172	A-3	"
Carabaña	141	A-2	45
Carabela, La	58	A-4	42
Carabelos	157	B-1	41
Carabias	117	C-3	24
Cárabo	65	C-2	23
Caracas	88	C-2	10
"	89	A-3	"
Caracolí	35	A-3	33
Caramanta	35	B-4	33
Caramuel	102	C-3	11
"	120	B-1	"
Caranavajos	162	A-2	31
Carare	35	A-4	33
Caravaca	104	B-4	12
Carazo	117	C-3	24
Carballido	120	A-1	11
Carballino	117	C-3	24
Carballo, Pza.	30	B-2	29
Carboneras	119	A-3	47
Carbonero y Sol	71	B-3	06
Carboneros, Los	4	A-2	48
Carbono	173	B-3	21
Carburo	159	B-1	53
Carcagente	102	A-3	11
Carcastillo	138	A-4	25
Cardaño	117	C-3	24
Cardenal Belluga	91	A-3	28
Cardenal Cisneros	88	B-2	10
Cardenal Cisneros, Pza.	68	C-4	40
Cardenal Herrera Oria, Avda.			
1 al 65 y 2 al 116	17	B-3	
al 158	16	B-4	
al 257 y al 268	29	B-1	
al 381 y al 338	28	C-2	
al 380	27	B-3	

Prefijo Postal 280 — MADRID

Nombre	Plano Parcial		C.P.
CÓDIGOS POSTALES			
1 al 219 y 2 al 238			34
221 y 240 al final			35
Cardenal Marcelo Spínola	52	C-1	16
Cardenal Mendoza	102	C-3	11
Cardenal Pamcili, Pza.	138	B-4	25
Cardenal Silíceo	72	C-3	02
Cardenal Solís	122	C-2	12
Cardenal Tavera	19	B-2	50
Cardenal Vicente Enrique y Tarancón	164	A-3	51
Cardencha	117	A-3	24
Cardenio	17	B-1	34
Cardeña	142	C-4	53
Cardeñosa	142	C-2	53
Cardeñuela de Riopico	10	C-4	50
Carena, Pje.	106	C-4	07
Caribe	73	C-4	27
Caridad, La	124	B-2	07
Cariñena	117	C-3	24
Carlina	119	A-1	11
Carlos II	95	A-3	22
Carlos II, Trv.	95	A-3	22
Carlos III	103	C-2	13
Carlos III, Pº.	105	A-4	14
Carlos IV	94	B-1	37
Carlos Arniches	104	A-4	05
"	122	A-1	"
Carlos Arniches Moltó	37	A-2	55
Carlos Aurioles	142	C-3	18
"	143	A-3	"
Carlos Balenchana	72	C-3	02
Carlos Bravo	17	B-1	34
Carlos Caamaño	52	C-2	16
Carlos Cambronero, Pza.	88	B-4	04
Carlos Dabán	120	B-3	19
Carlos Domingo	137	B-1	47
Carlos Dubois	22	A-4	23
Carlos Fernández Casado	36	C-1	55
"	200	C-4	"
Carlos Fuentes	119	C-2	47
Carlos Gardel	44	A-3	23
Carlos y Guillermo Fdez-Shaw	124	C-1	07
Carlos Heredero	138	B-3	25
Carlos Hernández	92	A-3	17
Carlos Latorre	70	A-2	39
Carlos Llamas, Gta.	77	A-2	22
Carlos María Castro, Pza.	71	C-4	06
Carlos Marín	140	A-3	26
Carlos Martín Álvarez	143	A-1	18
Carlos Maurrás	51	B-2	36
Carlos Paino	137	C-2	47
Carlos Pereyra	73	A-1	02
Carlos Rubio	70	A-2	39
Carlos Ruiz	22	A-4	23
Carlos San José	44	C-2	23
"	45	A-1	"

Nombre	Plano Parcial		C.P.
Carlos Solé	126	A-4	38
"	144	A-1	"
Carlos Trías Bertrán, Pza. (Sub.)	71	A-1	20
Carmelitas, Las	173	C-3	21
Carmen	104	B-2	13
Carmen, Cjón.	173	C-3	21
Carmen, Pza.	104	B-2	13
Carmen Amaya	107	C-3	30
Carmen Barrios	119	A-1	11
Carmen Bordiú	179	C-1	21
Carmen Bruguera	140	B-1	26
Carmen de Burgos	173	C-1	21
Carmen Portones	50	A-2	39
Carmen Cobeña	121	C-2	05
Carmen Conde, Pza.	35	C-4	50
Carmen Martín Gaite	152	A-1	44
Carmen Montoya	30	C-4	29
Carmen Laforet	81	B-3	22
Carmen Portones	50	A-2	39
Carmen Rico Godoy	35	A-2	55
Carmen del Río, Pza.	140	B-1	26
Carmen Sánchez Carrascosa	51	B-1	46
Cármenes, Los; Gta.	119	B-4	47
Carmona, Pza.	117	C-3	24
Carnero	104	A-4	05
Carnicer	70	B-2	39
Caroli	44	C-3	23
Caroli, Trv.	44	C-3	23
Carolina, La; Pza.	29	C-1	34
Carolina Baeza	152	B-3	44
Carolina Coronado	92	B-3	17
Carolina Paino	137	C-2	25
Carolinas, Las	70	B-1	39
Carondelet, Avda.	74	C-2	43
" "	75	A-1	"
Caronte	121	A-3	19
Carpesa	117	C-4	24
Carpintería, La	94	A-4	37
Carpio y Torta	152	C-4	54
Carpio y Torta, Trv.	152	C-3	54
Carracedo	117	C-4	24
Carranque	155	C-1	25
Carranza	88	B-3	04
Carrasca, La	162	A-2	31
Carrascales, Los	140	A-3	26
Carrero Juan Ramón	138	B-3	25
Carretas	104	B-2	12
Carretería	94	B-4	37
Carril de los Caleros	44	A-2	23
Carril del Conde	53	C-3	43
"	53	C-4	"
Carrión de los Condes	33	B-3	33
Carrocería, La	94	A-4	37
Carros, Los; Pza.	103	C-3	05

MADRID

Prefijo Postal 280

C

Nombre	Plano Parcial	C.P.
Cartagena		
1 al 93 y 2 al 90	90 C-2	
al 131 y 142	72 B-4	
Códigos Postales		
1 al 93 y 2 al 92		28
95 y 94 al final		02
Cartago	77 A-3	22
Cartama	144 C-2	18
Cartaya	117 C-3	24
Cartaya, Pza.	118 A-3	24
Carvajales	122 B-2	05
Casablanca	182 A-3	21
Casa del Cerro del Coto, Ctra.	21 B-4	23
Casa Milá, La	152 B-4	54
Casa de Murcia, La; Cº.	184 B-3	21
Casa Quemada, Avda.	21 B-2	23
Casa Quemada, Cº.	21 C-2	23
" "	22 A-1	"
Casa de Tilly, La	195 A-1	52
Casa de Vacas	66 B-2	11
Casabermeja	145 A-2	18
Casado del Alisal	105 B-3	14
Casalarreina		
1 al 29 y 2 al 20	110 C-4	32
al 37	128 B-1	"
Casanare	35 A-4	33
Casar de Cáceres, Pza.	123 A-3	45
Casar de Palomero	120 B-4	19
" "	138 B-1	"
Casarabonela	157 B-3	41
Casarrubuoloc	00 A-2	15
Casas de Miravete	160 C-1	31
Casatejada	152 B-3	44
Cascada, La; Trv.	173 B-3	21
Cascaes	138 C-3	25
Cascajares	119 A-2	47
Cascanueces		
1 al 29 y 2 al 20	55 B-4	43
al 37	75 B-1	"
Casco Antiguo	129 A-2	32
Cascorro, Pza.	104 A-4	05
Casildea de Vandalia	17 B-	34
Casimiro Escudero	137 B-1	25
Casimiro Gómez Ortega, Pº.	105 A-4	14
Casino	122 B-1	05
Casiopea	24 A-4	23
"	44 B-1	"
Casón, Cº.	86 B-4	11
"	102 B-1	"
Casón, Pza.	102 A-1	11
Casón de Comedias	129 A-2	32
Caspe	77 A-2	22
Castalia (Canillejas)	77 A-2	22
Castalia (Vallecas)	125 B-4	38

Nombre	Plano Parcial	C.P.
Castañares, Pza.	73 B-1	43
Castaños, Pº.	102 A-2	11
Castejón de Henares	161 A-2	31
Castelar	91 A-3	28
Castelflorite	120 A-4	19
Castellana, La	128 B-1	32
Castellana, La; Pº.		
1 al 51 y 2 al 68	89 B-2	46
al 93 y al 144	71 B-1	"
al 209 y 234	51 B-2	"
al 261 y al 300	31 C-2	"
Castellano	152 C-4	54
Castellanos, Pº.		
1 al 33	137 B-4	25
al 65 y al 52	153 B-1	"
Castelló		
1 al 9 y 2 al 10	105 C-1	
al 113 y 128	90 A-1	
Códigos Postales		
1 al 73 y 2 al 70		01
75 y 72 al final		06
Castellón de la Plana	71 C-4	06
Castelo Branco	138 C-3	25
Castelo Branco, Pje.	138 C-3	25
Castiello de Jaca	10 A-3	50
Castilla	70 B-1	39
Castilla, Ctra. (M-500)	46 A-4	
" "	66 C-2	
" "	67 B-4	
" "	85 C-1	
Códigos Postales		
km. 2,301 al km. 5		40
resto		23
Castilla, Puente	86 A-1	08
Castilla, Pza.	51 B-1	46
Castillejos	50 A-4	39
Castillo	88 C-2	10
Castillo de Arévalo	93 B-3	37
Castillo de Aysa	55 A-3	43
Castillo de Candanchú	10 A-4	50
" "	18 B-1	"
Castillo de Coca	93 C-3	37
Castillo Madrigal de las Altas Torres	93 C-3	37
Castillo de Manzanares	93 C-3	37
Castillo de la Mota, Pza.	93 B-3	37
Castillo de Oropesa	93 B-4	37
" "	93 C-3	"
Castillo de Simancas	93 C-3	37
Castillo de Uclés	93 C-3	37
"	94 A-2	"
Castillo de Peñafiel	93 C-3	37
Castillo de Piñeiro	70 A-2	39
Casto Fernández Shaw, Pza.	200 C-2	55
Casto Plasencia	88 C-4	04
Castor	76 C-3	22

MADRID

Prefijo Postal 280

Nombre	Plano Parcial		C.P.
Cástor y Pólux	123	B-3	45
Castrejón	72	C-1	02
Castrillo de Aza			
1 al 19 y 2 al 10	147	A-2	31
al 32	146	C-3	"
Castrillo de Polvazares	6	B-4	50
" "	10	A-1	"
Castro de Oro	138	B-1	19
Castro de Vigo	102	A-4	11
" "	120	A-1	"
Castrobarto	78	C-1	42
Castrogeriz	137	C-2	25
Castromonte	54	A-2	43
Castronuño	54	A-2	43
Castropol	93	B-3	37
Castroserna	119	A-2	47
Castroverde	94	A-4	37
"	110	A-1	"
Castuera	119	B-2	47
Casuarina, La	136	A-3	47
Casuario	137	C-2	25
Catalina de Austria	19	B-1	50
Catalina Suárez	124	C-2	07
Cataluña, Pº.	101	A-3	11
Cataluña, Pza.	72	A-2	02
Catamarán	78	A-1	42
Catania	95	A-2	22
Catedral de Burgos, La	152	B-4	54
Catedral de Cuenca, La	152	B-4	54
Catedral de S. de Compostela, La	152	B-2	54
Catedral de Toledo, La	152	B-4	54
Catorce Olivas, Las	153	C-3	54
Cauca	35	A-4	33
Caucho	94	B-4	37
Caudillo, Pza.	4	A-2	48
Caunedo	93	A-1	37
Cava Alta, La	104	A-3	05
Cava Baja, La	104	A-3	05
Cava de San Miguel, La	104	A-2	05
Cavanilles	124	B-1	07
Cavanilles, Cjón.	124	B-1	07
Cavanilles, Pje.	124	B-1	07
Cavilas, Los	130	B-2	52
Cayetano Pando	119	B-2	47
Cayetano Rodríguez	117	C-4	24
Cazador, El; Pza.	138	B-4	25
Cazalegas	154	C-1	25
Cazorla	142	C-4	53
"	143	A-4	"
"	159	A-1	"
Cea Bermúdez	69	C-4	03
"	70	A-4	"
Cebada, La	103	C-4	05
Cebada, La; Pza.	104	A-4	05
Cebreiro	11	B-3	50
Cebreros	118	C-2	11
"	119	A-1	"
Cecilio Perucha	125	A-3	38
Cedaceros	104	C-2	14
Cedillo del Condado	136	A-2	47
Cedros, Los	31	B-4	29
"	51	A-1	"
Cefeo	121	B-3	19
Ceferino Ávila	117	B-4	24
Ceferino Rodríguez	50	C-1	29
Céfiro, Pza.	77	A-2	22
Ceiba, La	122	A-2	05
Celanova	29	C-4	29
Celenque, Pza.	104	A-2	13
Celeorama Gómez	14	B-1	49
Celeste	53	B-4	43
Celestino Mutis, Pº.	105	B-4	14
Celindas	53	A-4	16
"	73	A-1	"
Celio Villalba, Avda.	34	C-3	33
" "	35	A-3	"
Cella	179	C-1	21
Cementerio, Cº.	136	C-3	47
Cementerio de Carabanchel	154	B-3	44
Cementerio de Ntra. Sra. de la Almudena	108	B-2	17
Cemento	141	A-3	41
Cenagales	35	A-2	55
Cenicero	105	A-4	14
Cenicienta, La	143	B-3	18
Cenicientos	50	B-3	39
Censo	156	A-2	41
Centauro	45	B-3	23
Centén	152	C-4	25
Centenera	92	C-2	17
Centeno	139	C-4	26
Central, Avda.	58	C-4	42
"	59	A-4	"
"	79	B-1	"
"	80	B-1	"
Central, Pza.	30	A-2	29
Centrúm, Avda. (sub.)	71	A-2	20
Cerámica, La	125	C-1	38
Ceramistas, Los	94	B-4	37
Cerceda	113	A-3	52
"	131	A-1	"
Cercedilla	88	B-1	15
Cerceta, La	65	C-2	23
Cercis	46	A-1	23
Cereales, Los	94	B-2	37
Cerecinos	139	C-2	26
Cereda	72	B-1	16
Ceres, Pza.	111	B-4	32
"	129	B-1	"
Cereza, La	139	C-3	26

MADRID — Prefijo Postal 280

C

Nombre	Plano Parcial		C.P.
Cerezal	110	A-1	37
Cerezos, P.º	53	A-4	16
"	73	A-1	"
Cerezuela	44	C-3	23
Cerler	46	A-2	23
Cerraja	117	B-3	24
Cerrajería, La	94	A-4	37
Cerilleras, Las	154	C-1	54
Cerrillo	17	B-2	34
Cerro	32	C-2	33
Cerro del Águila, C.º	66	B-1	23
Cerro del Aire	12	A-1	50
Cerro del Almodóvar, C.º	147	C-2	47
Cerro de los Ángeles	173	C-3	21
Cerro de los Ángeles, Avda.	139	C-1	26
Cerro de Álamos Blancos	14	C-4	35
Cerro de la Alcazaba	142	B-3	53
Cerro Bermejo	102	B-4	11
Cerro Bermejo, Pza.	102	B-4	11
Cerro Blanco	139	B-3	26
Cerro del Campo	195	A-1	52
Cerro de los Caños	172	A-2	41
Cerro Carrasco	146	A-4	31
Cerro de la Carrasqueta	14	C-4	35
" "	15	A-4	"
Cerro del Castañar			
1 al 17 y 2 al 28	16	A-4	34
al 23 y al 60	15	C-2	"
Cerro Castelo, Pza.	144	A-4	38
Cerro Garabitas	124	C-3	53
Cerro de los Hombres	193	A-4	52
Cerro Milano, Avda.	162	C-4	51
"	163	B-4	"
"	164	C-3	"
"	191	C-2	"
"	192	C-1	"
Cerro Minguete	14	C-4	35
"	15	B-4	"
Cerro del Monte	195	A-1	52
Cerro del Murmullo	164	C-4	51
Cerro Negro	124	B-3	07
Cerro Ortigoso	16	A-4	34
Cerro Piñonero	15	B-4	35
Cerro de la Plata	124	B-2	07
Cerro de San Pedro	25	B-4	23
Cerro del Tesoro	195	A-1	52
Cerro de Valdecahonde	64	B-2	23
Cerro de Valdemartín	16	A-3	34
Cerros, Los; C.º	196	B-2	52
Cervantes	104	C-3	14
"	105	A-3	"
Cervantes, Avda.	4	A-1	48
Cervera	34	A-4	33
César Cort Botí	200	C-2	55
César González Ruano	73	C-4	27

Nombre	Plano Parcial		C.P.
César González Ruano, Trv.	73	C-4	27
César Manrique	29	A-4	35
César Pastor Llopis	146	B-3	31
Cestona	155	C-2	41
Ceuta	50	C-2	39
Chalaneros, Los	7	B-4	49
"	15	B-1	"
Chamberí, Pza.	88	C-2	10
Champagnat, Avda.	74	C-1	43
Chantada	29	B-4	"
Chaparral — Códigos Postales			
1 al 39 y 2 al 34			29
41 y 36 al final			35
Chaparral	34	C-4	33
"	35	A-4	"
Chapinería	27	C-3	35
Chapistería, La	93	C-4	37
Charalá, Gta.	34	C-4	33
Charca Verde, La	72	B-2	02
Charco Alto	195	B-2	52
Charco Hondo	195	B-2	52
Charleroi	145	B-3	31
Charlie	59	A-4	42
"	79	A-1	42
Charquilla, La	195	B-2	52
Chavasca	17	B-2	34
Chiclana	138	B-2	25
Chicuelo	55	B-3	43
Chile	52	B-3	16
Chile, P.º	105	C-2	09
Chima	35	A-3	33
Chimbo	138	C-3	25
Chimenea	129	B-3	32
Chimichagua	35	A-4	33
China, C.º	160	A-4	31
"	175	C-1	"
Chinchilla	104	B-1	13
Chinchón, Pje.	127	A-1	30
Chindasvinto	120	B-4	19
Chindasvinto, Pje.	120	C-4	19
Chipiona	33	C-3	33
Chiquinquirá	34	C-4	33
"	35	A-4	"
Chiquita, La	172	B-4	21
Chirimoya, La	153	A-2	44
Chirivel	33	B-2	33
Chirivita	153	B-1	44
Chisperos	120	B-1	47
Choco	34	C-3	33
Choconta	35	B-4	33
Chopera, La; P.º	122	C-4	45
"	140	C-1	"
Chopera, La; P.º (Retiro)	105	B-3	05
Chopo	65	C-1	23
Chopos, P.º	102	B-1	11

40

Prefijo Postal 280 — MADRID

Nombre	Plano Parcial	C.P.
Chorrillo, C°.	29 C-4	29
"	49 C-1	"
Chozas de Canales, Pza.	173 A-3	21
Chozas de la Sierra	73 A-2	02
Chucurí	35 A-4	33
Chueca, Pza.	104 C-1	04
Chulapona, La	172 C-1	41
Chulapos, Los	103 A-4	11
Chumbera	50 A-3	39
Chunga, La	174 B-1	18
Churruca	88 B-3	04
Cibeles, Pza.	105 A-1	14
Cicerón	70 B-2	20
Ciclón	38 A-4	42
Ciconia	74 B-4	27
Cid	105 B-1	01
Cidacos	71 C-1	02
Cidamón	73 C-1	43
Cidamón, Pza.	73 C-1	43
Cidra, La	74 B-4	27
Cidro	153 B-3	44
Ciegos, Cta.	103 B-3	05
Ciencias, Pza.	68 C-1	40
Ciento Cinco	158 C-4	53
Ciento Cuatro	158 C-3	53
Ciento Dos	158 C-3	53
Ciento Seis	158 C-4	53
Ciento Siete	158 B-4	53
Ciento Tres	158 C-3	53
Ciento Uno	159 A-3	53
Cierzo	38 A-3	42
Cieza, Pza.	29 C-1	34
Cifuentes	172 C-4	21
"	173 A-4	"
Cigarreras, Las	122 A-1	05
Cigoitia	79 A-2	22
Cigüeña	139 A-1	19
Cilantro	114 B-4	52
Cimarra	21 C-3	23
Cinabrio	65 B-1	23
Cinca	72 A-2	02
Cinceladores, Los	94 B-4	37
Cinco	77 C-2	22
Cinco Lagunas	44 B-3	23
Cincovillas	161 C 3	51
Cincuentín	153 A-4	53
Cine	117 B-4	24
Cine, Pza.	143 C-4	18
Cine París, Pza.	143 A-2	05
Cintra	138 C-2	25
Cipreses, Los	51 C-2	36
Cipriano Sancho	91 C-2	17
Cirauqui	18 B-1	50
Circe	76 C-4	22
"	77 A-4	"

Nombre	Plano Parcial	C.P.
Circón	123 B-3	45
Circonita	123 A-4	45
Circular, Pza.	52 A-1	36
Círculo	157 A-4	41
Cirilo Martínez Novillo	147 B-4	31
Ciruela, La	153 A-2	44
Cisne, El	25 A-4	23
"	45 A-1	"
Ciudad de Águilas	109 B-4	30
Ciudad de Barcelona, La; Avda.	124 A-2	07
Ciudad Encantada	109 C-4	30
Ciudad de Frías	179 B-3	21
Ciudad Lineal, Pza.	92 C-1	27
Ciudad de Plasencia, La; P°.	103 B-3	05
Ciudad Real	122 C-2	45
"	123 A-2	"
Ciudad Rodrigo	104 A-2	12
Ciudad de Salta, La; Pza.	53 B-4	43
Ciudad Vieja de Cáceres, La	152 B-3	54
Ciudad de Viena, La; Pza.	69 B-2	40
Ciudad Universitaria, La; Ctra.	66 B-2	11
"	84 A-1	"
"	100 C-2	"
Ciudadanía	173 A-2	41
Cívica, Pza.	94 B-3	37
Civiles, Cjón.	124 C-3	53
Clara Campoamor	138 B-3	25
Clara del Rey	72 C-3	02
Clara Schumann	173 B-2	21
Clarinetes, Los	152 A-2	54
Clarisas	138 C-1	19
Claudio Coello		
1 al 25 y 2 al 20	105 B-1	
al 177 y al 132	89 C-1	
Códigos Postales		
1 al 89 y 2 al 84		01
91 y 86 al final		06
Claudio Ferrero Ferrero	146 B-3	31
Claudio Moyano	105 B-4	14
Claudio Sánchez Albornoz	117 B-3	24
Clavel	104 C-1	
Códigos Postales		
1 y 2		13
3 y 4 al final		04
Clavellinas, Las	50 C-1	29
Clavijo	128 B-1	32
Clavileño	72 C-1	02
Clemente Alonso	137 C-2	25
Clemente Fernández	102 A-4	11
"	120 A-1	"
Cleopatra	143 C-3	18
Clivia	120 B-4	19
Coalición	157 B-4	41
"	173 B-1	"
Cobalto	172 B-4	21
"	180 B-1	"

MADRID — Prefijo Postal 280

C

Nombre	Plano Parcial		C.P.
Cobeña, Pje.	127	B-1	30
Cobos de Segovia	121	B-1	05
Cobre	123	B-4	45
Coca	119	B-3	47
Cochabamba	52	A-4	16
Cocheras	124	A-2	07
Cocherón de la Villa	145	A-3	31
Cocheros, Los	139	C-3	26
Coco Chanel	132	B-3	52
Cocuy	35	A-4	33
Codo	104	A-2	05
Codorniz, La	137	A-3	47
Cogolludo	174	A-3	21
Coimbra, Pje.	138	C-3	25
Coimbra, Pza.	139	A-3	25
Coín	144	C-2	18
Colada del Congosto, C°	191	B-2	51
Colada de la Torrecilla, C°	190	B-4	51
Colada de Valdeculebra, C°	192	C-3	51
Colegiata, La	104	A-3	12
Colegiata de Cervatos	9	A-2	34
Colegiata de Elines	9	C-2	34
Colegiata de Lebeña	9	A-1	34
Colegiata de Sar	8	C-4	34
Colegio Ateneo Politécnico, Pza.	172	B-3	02
Colina, La	86	A-3	08
Colindres	32	A-1	34
Colios	76	B-1	42
Collado Albo	15	A-3	35
Collado Bajo	142	C-2	53
Collado Cerro Malejo	15	B-3	34
Collado del Hornillo	15	B-3	35
Collado de Marichiva	15	B-3	35
Collado Mediano	15	C-3	35
Collado de la Mina	15	B-3	35
Collado Mostajo	15	A-3	35
Collado del Piornal	15	B-2	34
Collado de Tirobarra	15	B-2	34
Collado de las Vertientes	124	C-4	53
" " "	142	C-1	"
Collado del Viento	16	B-3	34
Collado Villalba, Pje.	72	A-4	02
Collados, Los	92	A-2	17
Colmenar Viejo	162	A-1	35
Colmenar Viejo, Ctra. (M-605)	1	C-3	48
" "	2	A-4	"
" "	4	B-1	"
Colmenar Viejo, Ctra. (M-607)	5	B-2	
" "	9	B-2	
" "	16	C-2	
Códigos Postales			
1 y 2 al km. 11,650			34
km. 11,651 al km. 20,300			49
Colmenarejo	48	B-2	35
Colmenarejo, Pje.	48	B-2	35
Colmenares	104	C-1	04

Nombre	Plano Parcial		C.P.
Colombia	52	C-4	16
Colombia, P°.	105	C-2	09
Colomer	91	A-2	28
Colón	88	B-4	04
Colón, Pza.	89	B-4	46
Colorantes	94	B-4	37
Coloreros	104	A-2	13
Columba	130	C-2	52
Columela	105	B-1	01
Columnas, Las; Pza.	101	C-3	11
Comadre, Trv.	104	B-4	12
Comandante Azcárraga	52	C-3	16
Comandante Benítez	122	C-3	45
Comandante Fontanes			
1 al 17	121	A-4	19
al 75 y al 38	120	C-4	"
Comandante Fortea, P°.	86	B-4	08
Comandante Franco, Avda.	52	B-2	16
Comandante Las Moreras, Pza.	104	A-2	13
Comandante Zorita	70	C-1	20
Comendadoras, Las; Pza.	88	A-3	15
Comercial	143	C-2	18
Comercial, Pza.	94	A-3	37
Comercio	123	C-2	07
Códigos Postales			
1 al 7 y 2 al 8			07
9 y 10 al final			45
Comercio, Pje.	104	B-2	13
Cometa	39	A-4	42
Complutense, Avda.	48	C-4	40
"	68	C-3	"
Comuneros de Castilla, Los	121	A-3	19
Comunidades, Avda.	128	C-4	32
"	129	A-4	"
Concejal Benito Martín Lozano	121	A-3	05
Concejal Fco. José Jiménez Martín	118	C-2	47
" " " "	119	B-2	"
Concejal Ginés Meléndez	79	B-4	22
Concejal Julio Gómez	92	A-2	27
Concejal Victorino Granizo	132	B-2	52
Concejales	14	C-4	35
Concejo de Teverga	142	B-2	53
Concepción, La	143	C-3	18
Concepción Arenal	104	B-1	04
Concepción Ávila	117	B-4	24
Concepción Bahamonde	91	A-4	28
Concepción Jerónima	104	A-3	12
Concepción Jerónima, Cjón.	104	A-3	12
Concepción de la Oliva	173	C-2	21
Concha Espina, Avda.			
1 al 47 y 2 al 28	71	C-1	
al 69 y al 48	72	A-1	
Códigos Postales			
1 al 3 y 2 al 16			36
5 y 18 al final			16

42

Prefijo Postal 280 — MADRID

Nombre	Plano Parcial		C.P.
Conchas, Las	104	A-2	13
Conchita Montenegro	132	A-2	52
Conchita Montes	35	B-2	50
Concierto	102	C-3	11
Conciliación, La	173	B-1	41
Concordia, La	125	A-4	53
Condado de Treviño	32	C-2	33
Condado de Treviño, Trv.	32	C-2	33
Conde	103	C-3	05
Conde, Trv.	103	C-3	05
Conde de Aranda	105	C-1	01
Conde de Barajas, Pza.	104	A-3	05
Conde Belchite	74	B-3	27
Conde Belchite, Pje.	74	B-3	27
Conde de Benavente, Pza.	138	B-4	25
Conde de Cartagena	106	B-4	07
"	124	B-1	"
Conde Casal, Pza.	124	C-1	07
Conde de la Cimera	69	C-2	40
Conde de Covatillas, Pza.	126	B-2	30
Conde Duque	88	A-3	15
Conde Duque, Trv.	87	C-4	15
Conde de Elda	91	A-2	28
Conde Eleta	137	B-3	25
Conde Eleta, Pza.	137	B-3	25
Conde de Lemos	103	C-2	13
Conde Miranda	104	A-2	05
Conde Miranda, Pza.	104	A-3	05
Conde de Morphy	137	B-4	25
Conde de Peñalver	90	B-2	06
Conde de las Posadas	76	C-1	42
Conde Rodríguez de San Pedro	142	B-2	53
Conde de Romanones	104	B-3	12
Conde del Serrallo	51	A-1	29
Conde de Toreno, Pza.	88	A-4	15
Conde de Torralba	31	C-2	46
Conde Valle de Suchil, Pza.	88	A-2	15
Conde Vallellano	50	C-2	39
Conde de Vilches	90	C-4	28
Conde de Vistahermosa	121	C-4	19
Conde de Xiquena	89	A-4	04
"	105	C-1	"
Condes de Barcelona, Los	121	C-4	19
Condes de Torreanaz	106	C-1	28
"	107	A-1	"
Condes del Val	51	C-4	36
Condesa de Gavia, La; Pza.	70	B-2	20
Condesa de Santamarca, La	72	B-2	02
Condesa de Teba, La	152	B-1	44
Condesa Trifaldi	9	B-3	34
Condesa Vega del Pozo, La	129	A-2	32
Condesa de Venadito, La	73	C-3	27
"	74	A-3	"
Condestables	17	C-3	34
Cóndor	137	C-1	25
Conformidad, La	173	B-2	41
Confucio	6	B-3	49
Congosto	162	A-2	31
Coníferas	156	C-3	11
Conil	44	A-4	23
Conocimiento, El; Avda.	158	C-3	53
Conrado del Campo	75	A-4	27
Consejo de Europa, Avda.	56	B-3	42
Consenso	157	B-4	41
"	173	B-1	"
Conserveros	94	B-4	37
Constancia, La	72	C-3	02
Constelación, La	39	B-3	42
Constitución, P°.	5	B-1	49
Constitución, Pza.	5	C-2	49
Consuegra	32	B-3	36
Consuelo Guzmán	136	C-4	44
Consuelo Guzmán	152	C-1	44
Consuelo Rubio	94	B-3	29
Continente	86	A-3	08
Contrabajos, Los	152	A-3	54
Convenio	124	B-4	53
"	142	C-2	"
Conventín de Valdedios	9	B-1	34
Convivencia, La; Pza.	146	B-3	31
Cooperativa Eléctrica, La	159	B-1	53
Cooperativas, Rda.	156	A-3	41
Cooperativistas, Los; Pza.	128	A-4	32
Copérnico	128	A-4	32
Coraceros, Los	133	C-4	24
Corazón de María			
1 al 33 y 2 al 30	72	C-4	02
al 75 y 72	73	A-2	"
Corbeta, La	58	B-4	42
Corcubión, Pza.	30	A-3	29
Cordel de Pavones	128	A-3	32
Cordillera, La	86	A-3	08
Cordillera de Cuera, La	142	C-1	53
Córdoba, Avda.	140	C-4	
Códigos Postales			
1 y 2 hasta el Puente Ciudad Sanitaria 12 de Octubre			26
resto			41
Cordobanes	94	B-2	37
Cordón	103	C-3	05
Cordón, Pza.	103	C-3	05
Cordovín	110	C-4	19
Corella	157	B-2	41
Coreses, Pza.	152	A-1	44
Coria	119	B-1	11
Corindón	157	B-3	41
Cormorán	74	C-4	27
Corona, La	153	A-4	54
Corona Austral, La	64	B-1	23

MADRID

Prefijo Postal 280

Nombre	Plano Parcial		C.P.
Corona Boreal, Pza.	44	C-3	23
Corona de Navarra, La	153	A-4	54
Coronel Blanco	91	A-4	28
Coronel Valenzuela	122	A-4	19
Coronila	135	B-1	24
Corozal	35	A-3	33
Corral de Almaguer	163	A-2	51
Corral de Cantos	142	C-1	53
Corrala, La; Pza.	104	B-4	12
Corredera Alta de San Pablo	88	B-4	04
Corredera Baja de San Pablo	88	B-4	04
"	104	B-1	"
Corregidor Alonso de Aguilar, Pza.	125	B-1	30
Corregidor Alonso de Tobar	126	A-2	30
Corregidor Alonso de Tobar, Pza.	108	B-4	30
Corregidor Conde Maceda Taboada, Pza.	126	B-2	30
Corregidor Diego Cabeza de Vaca	107	C-4	30
Corregidor Diego Valderrábano	107	B-4	30
Corregidor José de Pasamonte	108	B-4	30
Corregidor Juan de Bobadilla	126	B-1	30
Corregidor Juan Francisco de Luján	126	A-2	30
Corregidor Licenciado Antonio de Mena, Pza.	108	C-4	30
Corregidor Mendo Zúñiga	107	B-4	30
Corregidor Rodrigo Rodríguez	107	B-4	30
Corregidor Sancho de Córdoba	125	C-1	30
Corregidor Sancho de Córdoba, Pza.	107	C-4	30
Corregidor Señor de la Elipa	108	A-4	30
Correo	104	B-2	12
Corta	92	B-3	17
Corte del Faraón, La	156	C-4	41
"	157	A-4	"
Cortes, Las	104	C-2	14
Cortijillo	195	B-1	52
Cortijo	180	C-3	21
"	181	A-3	"
Corumba	74	C-3	27
"	75	A-3	"
Coruña, La	50	C-4	20
Coruña, La; Ctra.	21	A-3	"
Códigos Postales			
1 y 2 al km. 7			40
km. 7 al km. 15			23
Coslada	90	B-1	28
Coslada, Cº.	80	A-2	22
Coslada a Rejas, Cº.	80	A-4	22
" "	97	C-1	"
Coslada y San Fernando de Henares (M-215), Ctra.	112	C-4	52
" "	113	A-2	"
Cosmos	50	A-1	39
Costa Azul	127	B-1	30

Nombre	Plano Parcial		C.P.
Costa Blanca	109	C-4	30
"	127	C-1	"
Costa Brava			
1 al 43 y 2 al 22	16	B-2	34
al 53	15	C-1	"
Costa Brava, Trv.	16	C-2	34
Costa Rica	52	C-3	16
Costa Rica, Pza.	105	C-1	09
Costa del Sol, La	34	A-4	33
Costa Verde	50	C-1	29
"	51	A-1	29
Costillares	74	C-1	43
Costureras	94	B-3	37
Cotos, Los	72	B-1	02
Covachuelas	172	A-4	21
Covaleda	33	A-4	33
Covarrubias	88	C-3	10
Covatillas	65	B-1	23
Covatillas, Cº.	66	A-3	11
Cracovia	95	A-4	22
"	111	A-1	"
Crevillente	71	C-1	36
Crisantemo	50	A-2	39
Cristina	30	C-4	29
Cristino Martos, Pza.	87	C-4	15
Cristo	88	A-3	15
Cristo del Camino	123	A-2	45
Cristo de la Fe	140	C-3	26
Cristo de la Guía	128	C-1	32
Cristo de Lepanto	140	B-3	26
Cristo de las Limpias	140	B-3	26
Cristo de la Luz	140	B-3	26
Cristo de El Pardo, Ctra.	3	B-2	48
Cristo Rey, Pza.	69	B-4	40
Cristo de Serradilla	138	C-2	19
Cristo de la Vega	140	B-4	26
Cristo de la Vera Cruz	17	C-2	34
Cristo de la Victoria	140	A-4	26
Cristóbal Aguilera	137	B-2	25
Cristóbal Bordiú	70	C-3	03
"	71	A-3	"
Croat	153	A-4	54
Cromo	141	B-1	45
Cronos	76	B-4	37
"	94	A-1	"
Cronos, Pza.	76	B-4	37
Crotón	50	A-1	
Códigos Postales			
1 al 39 y 2 al 32			39
41 y 34 al final			29
Crucero 25 de Mayo	52	C-3	16
Crucero Baleares	125	B-4	38
Cruces, Cº.	152	B-2	44
Cruz, La	104	B-2	12

Prefijo Postal 280 — MADRID

C

Nombre	Plano Parcial	C.P.
Cruz, La; C°.	44 C-3	23
Cruz del Carnero, La	129 A-2	32
Cruz Latina, La; Pza.	33 B-3	33
Cruz de la Misa, La	129 A-2	32
Cruz del Sur, La		
1 al 27 y 2 al 30	106 C-4	07
al 31	124 C-1	"
Cruz Verde, La	88 A-4	04
Cruz Verde, La; Pza.	103 C-3	05
Cruz Verde, La; Trv.	88 A-4	04
Cruzada, La	103 C-2	13
Cuacos de Yuste, Pza.	135 A-4	44
Cuart de Poblet	119 A-3	47
Cuarta	52 C-4	16
Cuarta, Avda.	77 C-2	22
Cuartel de Simancas	125 A-4	18
Cuartel, C°.	59 A-1	42
Cuarto	153 A-4	54
Cuarzo, Gta.	91 A-2	28
Cuatro	77 C-2	22
Cuatro Amigos	51 A-1	29
Cuatro Caminos, Gta.	70 B-2	20
Cubillos	110 A-1	37
Cuchilleros	104 A-3	05
Cuclillo	138 B-1	19
Cucuta	34 C-3	33
Cuelgamuros, Pza.	125 B-1	38
Cuéllar	28 B-2	35
Cuenca	70 B-2	20
Cuerda, La; C°. (Chamartín)	32 C-3	33
Cuesta	140 A-1	26
Cuesta de Amaniel	69 C-1	40
Cuesta de los Ciegos	103 B-3	05
Cuesta de las Descargas	103 C-4	05
Cuesta del Galbán	65 C-3	23
Cuesta Nueva	101 C-3	11
Cuesta de Ramón	103 C-3	05
Cuesta de la Vega	103 B-3	05
Cuesta del Villorio	195 B-2	52
Cueva de Montesinos	17 B-1	34
Cueva Valiente	72 C-1	02
Cuevas	50 C-2	39
Cuevas de Almanzora	33 B-3	33
Cuevas de Altamira, Las	152 B-4	54
Cuevas Bajas	157 A-2	41
Cuevas del Valle	21 B-4	23
Culla	162 A-2	31
Cullera	119 B-3	47
Cultura, La	32 C-2	33
"	33 A-2	"
Cumare	35 A-4	33
Cundinamarca	35 B-4	33
Cupido, Pza.	76 C-3	22
Cuqueña Vieja	130 A-4	52
"	148 A-1	"
Curití	35 A-4	33
Curruca, Cjón.	137 C-3	25
Custodio Moreno, Gta.	199 A-1	55
Cutanga	35 A-4	33
Cuzco, Pza.	51 B-3	46
Cyesa	91 C-3	17

D

Nombre	Plano Parcial	C.P.
Daganzo	72 B-4	02
Dagua	35 A-4	33
Daimiel	103 A-4	11
Dalia, La	33 A-2	33
Damasco	127 C-2	30
Dámaso Alonso	197 A-3	55
Damasquillo	136 A-3	44
Daniel	51 C-1	36
Daniel Segovia	117 B-4	24
Daniel Urrabieta	71 B-2	02
Daniel Vázquez Díaz	31 C-3	46
Daniel Zuazo, Pza.	117 C-4	24
Daniel Zuloaga	107 A-1	28
Dante	101 B-4	24
Danza, La	151 B-1	54
Daoiz	88 B-3	04
Daoiz (Retiro)	105 B-3	09
Darío Aparicio	25 C-4	23
"	46 A-1	"
Darío Gazapo	117 A-4	24
"	135 A-1	"
Daroca, Avda.	91 C-3	
"	92 C-4	
"	108 C-3	
"	109 B-2	
"	110 B-4	
"	128 C-1	
Códigos Postales		
1 al 99 y 2 al 98		17
101 y 100 al final		32
Darro	71 C-1	02
Darwin	6 C-2	49

MADRID

Prefijo Postal 280

D

Nombre	Plano Parcial		C.P.
Dátil	137	A-4	25
"	153	B-1	"
David Lara	125	A-4	53
Dávilas, Los; Pza.	128	A-1	32
Décima	52	C-4	16
Decoradores	94	B-4	37
Dédalo	76	B-4	37
Dehesa de Vicálvaro	128	C-3	32
" "	129	A-3	"
Dehesa Vieja	130	A-4	52
" "	148	C-1	"
Dehesa de la Villa, Ctra.	48	A-4	40
" "	49	A-3	"
Delfín	51	A-1	29
Delicias	123	A-1	45
Delicias, Las; Pº	123	A-1	45
Delineantes, Los	94	B-4	37
Delmira Agustini	173	B-2	17
Delta	79	A-1	42
Demetrio López	91	C-1	27
Demetrio Sánchez	91	A-4	28
Democracia, Avda.	128	B-2	
"	146	A-1	
Códigos Postales			
1 y 2 al km. 2			32
km. 2,001 al final			31
Denia	49	C-2	39
Deportistas, Los	94	A-3	37
Deportividad, La	35	B-2	50
Depósito del Agua	159	B-1	53
Dopóoito de Aguas, Oª.	85	B-I	I I
Depósito de Renfe, Pje.	87	A-3	08
Derechos Humanos	73	C-4	27
"	91	C-1	"
Desagüe del Canal	54	A-2	43
Desamparados, Los; Cost.	104	C-3	14
Descalzas, Las; Pza.	104	A-2	13
Descargas, Las; Cta.	103	C-4	05
Descubridor Diego de Ordás, Pza.	70	C-4	03
Desengaño	104	B-1	04
Desfiladero, Trv.	173	A-3	21
Destilerías, Las	94	B-4	37
"	110	B-1	"
Deusto	23	B-4	23
Deva	155	C-2	41
Deyanira	78	C-4	22
Diagonal	31	A-4	29
Diálogo	132	C-1	54
Diamante	173	B-3	21
Diana	76	C-3	22
Diario de La Nación	137	B-4	25
Díaz Zorita	73	A-2	02
Dibujantes, Los	94	B-4	37
Diciembre	79	C-3	22
Diego Ayllón	74	A-1	43

Nombre	Plano Parcial		C.P.
Diego Bahamonde	91	A-4	28
Diego Hurtado de Mendoza	19	C-3	50
Diego de León	90	A-2	06
Diego López García-Gallo	46	A-3	23
Diego Manchado	144	A-1	38
Diego Olivera Victorio	146	B-3	31
Diego de Vargas	76	C-2	22
Diez	77	C-3	22
Digital	117	A-3	24
Diligencia, La	143	C-3	18
Dinamarca, Pza.	64	B-3	23
Dinero	153	A-4	54
Dionisio Inca Yupanqui	55	B-3	43
Dionisio Ridruejo	28	A-1	35
Diplomáticos, Los	45	B-4	23
Dirección, La; Pº	30	B-4	
" "	50	A-3	
Códigos Postales			
1 al 235 y 2 al 260			39
237 y 262 al final			29
Discóbolo	76	C-3	22
"	77	A-4	"
Divina Pastora	17	B-2	34
Divino Pastor	88	B-3	04
Divino Redentor	50	B-1	29
Divino Vallés	122	C-3	45
"	123	A-3	"
Dobla, La	153	C-1	54
Doblada	38	C-3	42
Dobler	153	A-4	54
Uoblon	38	C-3	42
"	39	A-3	"
Doce Estrellas, Las; Pº	56	C-3	42
Doce de Octubre	106	B-2	09
Doctor Álvarez Sierra	53	A-1	33
Doctor Arce, Avda.	72	A-2	02
Doctor Balmis	44	A-3	23
Doctor Barraquer, Pza.	29	B-2	35
Doctor Bellido	142	C-3	18
Doctor Blanco Nájera	101	B-4	11
Doctor Blanco Soler	135	C-1	44
Doctor Calvo Pérez, Pza.	34	C-3	33
Doctor Cármena Ruíz	139	C-1	26
"	140	A-1	"
Doctor Carracido	103	C-1	13
Doctor Casal	86	B-3	08
Doctor Castelo	106	B-1	09
Doctor Catalina	33	B-2	33
Doctor Cirajas	92	C-1	17
"	93	A-1	"
Doctor Cortés, Pza.	17	B-3	34
Doctor Cortezo	104	B-3	12
Doctor Criado	172	B-4	21
Doctor Drumen	105	A-4	12
Doctor Espina	138	C-1	19

Prefijo Postal 280 — MADRID

Nombre	Plano Parcial		C.P.
Doctor Esquerdo			
1 al 39 y 2 al 34	90	C-4	
al 173 y al 130	106	C-3	
al 221 y al 186	124	B-1	
Códigos Postales			
1 al 53 y 2 al 42			28
55 y 44 al final			07
Doctor Esquerdo, Pje.	90	C-4	28
Doctor Federico Rubio y Galí, Avda.			
1 al 45 y 2 al 50	70	A-1	
al 61 y al 72	69	C-1	
al 79 y al 112	49	C-4	
Códigos Postales			
1 al 53 y 2 al 74			39
55 y 76 al final			40
Doctor Fernando Primo de Rivera	125	A-4	53
Doctor Ferrán	140	A-2	26
Doctor Fléming	51	B-2	36
Doctor Fléming, Trv.	51	B-4	36
Doctor Fourquet	104	C-4	12
"	122	C-1	"
Doctor García Tapia, Avda.			
2 al 74	107	C-3	30
al 123 y al 128	108	B-4	"
al 147 y al 208	109	A-4	"
final de calle	127	C-1	"
Doctor Gómez Ulla	90	C-3	28
Doctor Guiu	28	A-2	35
Doctor Huertas	31	B-4	46
Doctor Iglesias Fernández	172	A-4	21
Doctor Jerónimo Iborra	153	A-1	44
Doctor Jiménez Díaz	69	B-4	40
Doctor José Eugenio de Olavide	44	A-3	23
Doctor Juan Bravo	17	B-2	34
Doctor Juan José López Ibor	28	C-4	35
" "	48	C-1	35
Doctor Juan Pedro Moreno Glez.	69	A-3	40
Doctor Laguna, Pza.	106	B-3	09
Doctor Larra y Cerezo	102	A-4	11
Doctor Letamendi	103	C-3	05
Doctor Lozano	125	B-2	38
Doctor Lozano, Pza.	125	B-1	38
Doctor Marañón	31	C-4	46
Doctor Marañón, Pza.	89	B-1	46
Doctor Marco Corera	72	A-1	02
Doctor Mariani	50	B-4	39
Doctor Martín Arévalo	172	B-4	21
Doctor Mata	105	A-4	12
Doctor Mazuchelli	28	C-2	35
Doctor Mediavilla	4	A-2	48
Doctor Olóriz	91	B-4	"
Doctor Pérez Domínguez	172	A-4	21
Doctor Piga	104	C-4	12
Doctor Ramón Castroviejo	28	B-4	35
"	29	C-2	"

Nombre	Plano Parcial		C.P.
Doctor Reinosa	28	B-2	35
Doctor Salgado	125	A-2	38
"	125	A-3	"
Doctor Sánchez	142	C-3	18
"	143	A-3	"
Doctor Sánchez, Trv.	142	C-3	18
Doctor Sanchís Banús	140	A-2	26
Doctor Santero	70	A-2	39
Doctor Severo Ochoa	68	C-4	40
"	69	A-3	"
Doctor Teófilo Hernando Ortega	69	C-2	40
Doctor Thebussen	91	A-1	28
Doctor Tolosa Latour	140	C-4	41
"	156	B-1	"
Doctor Urquiola	137	B-2	25
Doctor Vallejo	74	B-4	27
"	92	B-1	"
Doctor Vallejo Nágera, P°.	122	B-2	05
Doctor Velasco	105	B-4	14
Doctor Zamenhof	75	C-3	27
Doctor Zofío	120	A-4	19
Dodge	155	C-3	41
Dolores	50	B-3	39
Dolores, Los; Pje.	73	A-2	02
Dolores Armengot	137	C-2	25
Dolores Barranco	140	A-3	26
Dolores Bejarano	50	C-2	29
Dolores Coca	137	C-2	25
Dolores Folgueras	125	B-4	38
Dolores Romero	91	A-4	28
Dolores Sánchez Carrascosa	52	A-1	36
Dolores Sopeña	140	A-1	26
Dolorosa, La	173	A-2	41
Doménico Scarlatti	69	B-4	03
Dómine, Cjón.	17	C-2	34
Dominicos, Los; Pte.	11	B-4	35
Domingo de Alboraya	137	B-4	23
Domingo Álvarez	21	B-3	25
Domingo Fernández	51	C-3	36
Domingo Fontán	91	A-4	28
Domingo Garrido	22	B-4	23
Domingo Mendizábal, Pza.	93	C-3	37
Domingo Parraga	179	C-1	21
Domingo Pérez del Val	122	C-4	45
Domingo de Silva	101	C-4	11
Domingo Zaizita	101	C-4	11
Don Álvaro de Bazán	70	B-3	03
Don Antonio de Andrés, Pza.	129	A-2	32
Don Bosco, Rda.	152	C-1	45
"	153	A-1	"
Don Felipe	88	B-4	04
Don Justo	52	B-2	16
Don Pedro	103	C-3	05
Don Quijote	70	C-2	20

MADRID

Prefijo Postal 280

D

Nombre	Plano Parcial		C.P.
Don Ramón de la Cruz	90	A-3	
CÓDIGOS POSTALES			
1 al 79 y 2 al 68			01
81 y 70 al final			06
Don Rodrigo	120	C-3	19
Donados, Los	104	A-3	13
Donato Bañares	17	B-2	34
Dondiego	117	B-3	34
Donflor	179	C-2	21
Donoso, Pza.	50	C-1	29
Donoso Cortés	88	B-1	15
Donoso Montesinos	51	C-1	36
Donostiarra, Avda.	91	C-2	27
Doña Berenguela	102	C-3	11
Doña Carlota, Pje.	73	A-2	02
Doña Francisquita	172	B-2	41
Doña Guiomar	33	C-3	33
Doña Juana I de Castilla	75	B-2	27
Doña Leonor de Cortina	39	B-3	42
Doña Mencía	102	C-3	11
Doña Urraca	102	C-3	11
Doña Urraca, Trv.	102	C-3	11
Dora	121	A-4	19
Dorado, Pje.	106	C-3	07
Doré, Pje.	104	C-3	12
Dorotea	9	B-3	34
Doroteo Benache	49	B-2	39
Doroteo Laborda	179	B-1	21
Dos (Campamento)	117	B-4	24
Dos (Ciudad Pegaso)	77	C-2	22
Dos Amigos	87	C-4	15
Dos Caballos	156	A-3	41
Dos Castillas, Las; Pº	101	A-3	15
Dos Castillas, Las; Pza.	92	A-2	27
Dos Castillas, Las; Vía (M-503)	65	C-2	23
Dos Hermanas	104	A-4	12
Dos de Mayo	88	B-4	04
Dos de Mayo, Pza.	88	B-3	04
Dos Ríos, Los	17	B-2	34

Nombre	Plano Parcial		C.P.
Drácena	52	C-2	16
Dragón	45	A-3	23
Dresde	110	C-1	32
Drogeros, Los	94	B-4	37
Dublín, Vía	56	C-2	42
Ducado	153	A-4	54
Dulce	156	C-2	41
Dulce Chacón	18	C-4	33
"	33	A-1	"
Dulce Nombre de María	125	A-1	38
Dulcinea	70	C-1	20
Dulzaina	33	A-2	33
Dulzura	173	B-1	41
Duque	39	A-4	42
Duque de Alba	104	A-3	12
Duque de Alba, Pza.	104	A-3	12
Duque de Fernán Núñez	104	C-3	12
Duque de Fernán Núñez, Pº	106	A-3	09
Duque de Liria	87	C-4	15
Duque de Medinaceli	104	C-3	14
Duque de Módena, Pza.	138	B-3	25
Duque de Nájera	103	C-3	05
Duque de Osuna	87	C-4	15
Duque de Pastrana, Pza.	52	C-1	36
Duque de Rivas	104	A-3	12
Duque de Sesto	106	B-1	09
Duque de Sevilla	72	A-4	02
Duque del Sevillano	129	A-2	32
Duque de Tamames	73	C-2	43
Duque de Tovar	121	A-2	05
Duquesa de Castrejón	53	B-2	33
Duquesa de Parcent	119	A-3	47
Duquesa de Santoña	140	A-1	26
Duquesa de Tamames	153	A-2	44
Durán	72	A-3	02
Durango	22	A-4	23
Duratón	119	B-1	11
Durazno	153	A-1	44
Dúrcal	156	C-2	41
Duro	153	B-4	54

E

Nombre	Plano Parcial		C.P.
Ebanistería	94	A-4	37
Ébano	65	C-1	23
Ebro	71	C-2	02
Echegaray	104	C-3	14
Echo	79	A-1	42
Écija	87	A-2	08
Edimburgo, Gta.	55	C-1	42
Edison	72	A-4	06
Eduardo Adaro	49	C-4	39
"	69	C-1	"

Nombre	Plano Parcial		C.P.
Eduardo Aunós	107	A-1	28
Eduardo Barreiros, Avda.	156	C-3	41
"	172	B-1	"
Eduardo Benot	103	B-1	08
Eduardo Chillida	164	B-4	51
"	192	B-1	"
Eduardo Dato, Pº			
1 al 5 y 2	88	C-2	10
al 27 y al 20	89	A-2	"
Eduardo Haro Tegglen	35	B-1	55

Prefijo Postal 280 — MADRID

Nombre	Plano Parcial	C.P.
Eduardo Maristany	173 C-3	21
Eduardo Marquina	121 C-4	19
"	140 A-1	"
Eduardo Mazón	76 C-1	42
Eduardo Minguito	173 B-4	21
Eduardo Minguito nº. 2, Cjón.	173 B-4	21
Eduardo Minguito nº. 3, Cjón.	173 B-4	21
Eduardo Morales	138 A-1	25
Eduardo del Palacio	71 B-2	02
Eduardo Requenas	143 A-1	53
Eduardo Rivas	139 C-1	19
Eduardo Rojo	143 A-2	18
Eduardo Saavedra	68 A-2	40
Eduardo Sanz	124 C-4	53
Eduardo Terán	76 B-3	22
Eduardo Urosa	137 B-1	25
Eduardo Vela	45 A-2	23
Eduardo Vicente	72 B-4	28
"	90 C-1	"
Educación, La	33 A-2	33
Efigenia	129 C-1	32
Ega	71 C-2	02
Egaña, Pza.	102 C-4	11
Egea	77 A-2	22
Egica	102 A-4	11
Egipto	93 C-2	37
Eguilaz	88 B-3	10
Eibar	22 C-4	23
"	23 A-4	"
Eider	74 C-4	27
Eisenhower, Pza.	78 B-2	22
Eistein	6 B-1	49
Eje Aueropuerto (M-12)	37 B-3	
Eje O'Donnell	108 C-3	30
"	109 B-3	"
Eje Sureste (M-31), Conexión M-40..	159 C-1	
" "	176 C-2	
Ejército, Gta.	137 B-4	47
Eladio López Vilches	32 C-4	33
" "	33 A-3	"
Elba	95 B-4	22
Elche	173 B-3	21
Elciego, Pza.	155 B-2	41
Elda	173 B-3	21
Electra	76 A-4	37
Electricistas	94 C-4	37
Electrónica	73 C-4	27
Elena	29 B-4	35
Elena Fortún	35 C-3	50
Elfo	92 C-1	27
Elgóibar	22 C-4	23
"	23 A-4	"
Elías Ahuja y Andría, Gta.	69 B-2	40
Elías Dupuy	92 B-1	27
Elisa	139 C-2	26
Elisa Ochoa	139 C-3	26
Elizondo	157 A-1	41
"	157 A-2	"
Eloísa de la Hera	48 C-2	35
Eloy Gonzalo	88 B-2	10
Elvas	138 C-2	25
Elvira	107 A-1	28
Elvira Barrios	120 A-4	19
Embajadores		
1 al 43 y 2 al 60	104 B-4	
al 169 y 174	122 B-2	
al 179 y 198	123 A-4	
al 261 y 276	141 B-3	
s/n	157 C-1	
s/n	158 B-3	
Códigos Postales		
1 al 85 y 2 al 112		12
87 al 225 y 114 al 274		45
227 y 276 al final		53
Embajadores, Gta.	122 B-1	12
Embalse de El Vellón	163 C-4	51
Embalse de La Jarosa	163 B-4	51
Embalse de Manzanares	191 C-1	51
Embalse de Navacerrada	163 B-4	51
" "	191 C-1	"
Embalse de Picadas	163 B-4	51
Embalse de Pinilla	191 C-1	51
Embalse de San Juan	163 B-4	51
" "	191 B-1	"
Embalse de Valmayor	163 B-4	51
Embarcadero, Pº.	102 C-2	11
"	103 A-2	"
Emerenciana Zurilla	49 C-1	39
Emeterio Castaños	53 A-2	33
Emigrantes, Los	55 A-1	43
Emilia	30 C-4	29
"	31 A-4	"
"	51 C-4	"
Emilia Ballester	171 C-4	21
"	179 C-1	"
Emiliano Barral	73 B-2	43
Emilio Campión	72 A-3	02
Emilio Carrere	88 A-2	15
Emilio Castelar, Gta.	89 B-1	46
Emilio Domínguez	29 A-1	35
Emilio Ferrari		
1 al 99 y 2 al 98	92 C-3	17
al 147 y al 136	93 A-4	"
Emilio Gastesi Fernández	92 B-1	27
Emilio Jiménez Millas, Pza.	87 C-4	08
Emilio Mario	73 A-1	02
Emilio Muñoz	93 C-2	37
Emilio Ortuño	124 C-3	38
"	125 A-3	"
Emilio Raboso	124 C-4	53

MADRID

Prefijo Postal 280

E

Nombre	Plano Parcial		C.P.
Emilio Rubín	53	B-3	33
Emilio Vargas			
1 al 7 y 2 al 6	73	C-2	43
al 19	74	A-2	"
Emma Penella	35	C-2	55
Empedrada	39	A-3	42
Emperador Carlos V, Gta.	105	A-4	12
Emperatriz, Pza.	153	A-1	44
Emperatriz Isabel, Avda.	121	B-3	19
Empleo Juvenil	156	A-3	41
Encajeras	94	A-3	37
Encarnación	103	C-1	13
Encarnación, Pza.	103	C-1	13
Encarnación Andrés	29	A-4	35
Encarnación González	142	C-1	53
Encarnación López "Argentinita"	14	B-3	35
Encarnación Oviol	173	B-3	21
Encarnación del Pino	171	B-4	21
Encierros, Los	156	A-2	41
Encinar, Puente	12	A-3	50
Encinas, Las	52	B-3	16
Encinas, Las; Trv.	52	B-3	16
Enciso	128	B-1	32
Encomienda	104	A-4	12
Encomienda, Trv.	104	A-4	12
Encomienda de Palacios			
1 al 217 y 2 al 250	126	B-2	30
al 235 y al 380	127	A-3	"
Encuentro, Pza.	126	A-1	30
Endrinas, Las	53	A-4	16
Enebro	65	C-1	23
Enero	80	A-2	22
Enlace entre M-30 y Ctra. de			
Andalucía, Ctra.	182	A-3	
Enlace entre M-30 y A-4, Ctra.	174	B-3	
" "	187	B-1	
Enlace entre M-30/M-40 y A-4, Ctra.	158	A-3	
Enlace A-5 y M-40, Ctra.	149	C-4	
Enrique I	70	A-1	39
Enrique Aguilar	50	A-3	39
Enrique de Aldama	28	A-3	35
Enrique Azcoaga	11	C-4	50
Enrique Borrás	119	C-1	11
Enrique D'Almonte	107	A-4	28
Enrique Fuentes	139	C-2	26
Enrique García Álvarez	146	B-3	31
Enrique Granados	102	A-4	11
Enrique Jardiel Poncela	52	C-3	16
Enrique Lafuente Ferrari	12	C-3	55
Enrique Larreta	51	B-1	36
Enrique Leyra	28	B-2	35
Enrique López	76	C-2	22
Enrique Martínez	152	C-3	54
Enrique de la Mata			
Gorostizaga, Puente	89	B-2	46

Nombre	Plano Parcial		C.P.
Enrique de Mesa, Pza.	146	C-3	31
Enrique Moyano	139	C-1	19
Enrique de Oro	153	C-2	54
Enrique de Prada	56	C-4	42
"	76	C-1	"
"	77	A-1	"
Enrique Ruiz	70	A-1	39
Enrique Simonis	141	A-2	45
Enrique Trompeta	122	C-4	45
Enrique Urquijo	132	B-2	52
Enrique Velasco	125	B-4	38
Enrique Velasco, Pje.	125	A-3	38
Enrique Velasco, Trv.	125	A-3	38
Ensanche de Vallecas, Avda.	146	C-4	51
"	162	B-2	
"	163	B-4	"
"	192	A-1	"
Ensidesa, Pza.	75	C-3	27
Entre Arroyos	107	C-4	30
Entrena	73	B-2	43
Entrepeñas	162	C-3	51
"	163	A-2	"
Entrevías, Avda.	142	C-3	53
"	143	A-4	"
"	159	A-4	"
Eolo, Gta.	76	B-2	22
Epifanía	93	C-3	37
Época, La	137	B-4	25
Eras, Las	34	C-3	33
Eras Altas	146	A-3	31
Erasmo de Rotterdam	6	C-2	49
Eraso	90	C-1	28
Ercilla	122	B-2	05
Eresma	71	C-2	02
Erial de la Abuela	193	A-4	52
"	195	A-1	"
Erica	136	C-4	47
"	137	A-3	"
Eridano	44	C-4	23
Ermita, La; Pº	45	A-2	23
Ermita del Santo, La; Pº.			
1 al 17 y 2 al 22	103	A-4	
al 70	120	C-1	
Códigos Postales			
1 al 63 y 2 al 70			11
65 y 72 al final			18
Ermita de la soledad	129	B-2	52
Ermita Virgen de la Soledad, La; Gta.	58	C-1	42
Ermua, Pza.	155	B-2	41
Ernest Hemingway	139	B-1	19
Eros	124	A-4	45
"	142	A-1	45
Ernestina Manuel de Villena	140	A-1	26
Ervigio	120	B-4	19

Prefijo Postal 280 MADRID

Nombre	Plano Parcial	C.P.
Escala	144 B-1	38
Escalerilla de Piedra	104 A-3	12
Escalinata	104 A-2	13
Escalinata del Fotógrafo Alfonso	103 C-3	05
Escalinata del General Aranda	30 C-4	29
Escalona	118 B-3	24
Escalonilla	119 C-3	47
Escandón	179 C-1	21
Escaramujo	50 B-1	29
Escocia	120 C-4	19
Escorial, El	88 B-4	04
Escoriaza	172 C-3	41
"	173 A-3	"
Escorpión	79 C-2	42
Escorzonera, Ctra.	42 A-1	23
Escosura	88 A-1	15
Escribanos, Los	179 C-1	21
Escritor, El	143 C-1	38
Escuadra	104 C-4	12
Escuadrón	1 C-2	48
Escudo, Pje.	106 C-4	07
Escudo de Oro	153 B-4	54
Escuelas, Las	140 A-1	26
Ecuela de Vallecas, La	192 A-1	51
Esculano	93 C-4	37
Escultor Peresejo	44 B-4	23
"	64 A-1	"
Escultores, Los	94 B-4	37
Esencieros	94 B-4	37
Esfinge	76 C-3	22
"	77 A-4	"
Esgrima	104 B-4	12
Esmaltina	182 B-1	21
Esmeralda	139 C-2	26
Espada	104 B-3	12
Espalter	105 B-3	14
España, Pza.	87 C-4	08
"	103 C-1	"
España, Puerta	105 B-2	09
Español, Pje.	121 C-4	19
Española, Pje.	109 B-1	17
Española, La	88 C-2	10
Españoleto	89 A-2	"
Esparta	76 B-2	22
Esparteros	104 B-2	12
Espartinas	90 A-4	01
Espejo	104 A-2	13
Esperanza, La	104 C-4	12
Esperanza, La; P°	122 B-3	05
Esperanza García	162 A-1	31
Esperanza Macarena	173 A-3	21
Esperanza Sánchez Carrascosa	50 B-1	29
Espinal	18 C-1	50
Espinar	137 C-3	
Códigos Postales		
1 al 19 y 2 al 14		47
21 y 16 al final		25

Nombre	Plano Parcial	C.P.
Espinela, Avda.	172 A-4	21
"	179 C-1	"
Espinillo, C°.	148 A-2	31
Espino	122 B-1	12
Espinos	45 B-2	23
Espirea	76 B-1	42
Espíritu Santo	88 B-4	04
Espliego	33 A-3	33
Espoz y Mina	104 B-2	12
Espronceda		
1 al 19 y 2 al 22	70 C-4	03
al 39 y al 40	71 A-4	"
Espuela, La	75 C-1	42
Esquilache	70 B-3	03
Esquivel	88 A-2	15
Esquivias, Pza.	29 C-1	34
Estación, La; (Latina)	134 B-4	24
Estación, La; Avda.	21 A-3	23
Estación, La; C°. (Moncloa)	21 B-4	23
Estación, La; P°.	173 C-2	21
Estación Depuradora Santa Catalina	158 A-3	18
Estación de Hortaleza, Ctra.	33 C-3	33
Estación de la Ristra	129 A-3	32
Estaciones	79 C-2	22
Estafeta, La	157 A-2	41
Estanislao Figueras	103 B-1	08
Estanislao Gómez	76 C-1	42
"	77 A-1	"
Estanislao Pérez Pira	200 C-4	55
"	201 A-4	"
Estanque, P°.	105 C-2	09
Estaño	180 B-1	21
Este (Las Cumbres)	164 C-3	31
Este, Pza.	31 B-4	29
Esteban de Arteaga	122 A-4	19
Esteban Carros	159 B-2	53
Esteban Collantes	92 C-2	17
"	93 A-2	"
Esteban Mora	73 C-4	27
"	91 C-1	"
Esteban Palacios	56 A-4	43
Esteban Terradas	51 C-1	36
Estébanez Calderón	51 B-2	20
Estefanita	174 B-4	21
"	182 B-1	"
Estella	18 B-1	50
Estepal	17 C-3	34
Estévez	72 A-2	02
Estibaliz	34 A-4	43
"	53 C-1	"
"	54 A-1	"
Estigia, La	75 B-4	37
Estocolmo	95 B-3	22
Estoril	139 A-2	25
Estoril, Pje.	139 A-2	25
Estoril, Pza.	139 A-2	25

MADRID — Prefijo Postal 280

E

Nombre	Plano Parcial		C.P.
Estrada, La	17	A-3	34
Estrasburgo	56	B-2	42
Estrecho de Corea	74	A-4	27
Estrecho de Gibraltar	92	C-1	27
Estrecho de Mesina	74	A-1	43
Estrecho de Ormuz	34	B-4	33
Estrecho de Torres	54	A-4	43
Estrella, La	104	A-1	04
Estrella, La; Puente	107	A-4	30
Estrella Denébola	123	C-4	45
Estrella Hadar	124	A-4	45
Estrella Naos	123	C-3	45
Estrella Polar, La			
2 al 8	106	C-4	07
al 17	107	C-4	"
Estrella Shaula	123	C-4	45
Estrellita Castro	127	C-4	32
Estremera	162	B-3	51
Estroncio	173	B-4	21
Estudiantes	69	C-3	40
Estudio	44	C-3	23
Estudios, Los	104	A-3	12
Etna	144	B-2	38
Etreros	121	B-1	05
Etruria	94	C-1	22
"	95	A-1	"
Eucalipto	53	A-4	16
"	73	A-1	"
Eudides	6	C-1	49
Eugenia de Montijo			
1 al 73 y 2 al 98	137	B-4	
al 103 y 106	153	A-1	
Códigos Postales			
1 al 79 y 2 al 96			25
81 y 98 al final			44
Eugenio	31	B-4	29
Eugenio Caxes	122	B-4	26
"	140	B-1	"
Eugenio D'Ors	107	C-3	30
Eugenio María de Hostos, Pza.	69	A-3	40
Eugenio Pérez	4	A-2	48
Eugenio Salazar	72	B-3	02

Nombre	Plano Parcial		C.P.
Eugenio Sellés	122	C-3	45
Eugenio Zubia	125	A-2	38
Eulalia Ayúcar	118	A-3	24
Eulalia Gil	137	C-2	25
Eulalia Paino	138	B-3	25
Eulogio Pedrero	162	A-2	31
Eunate	10	A-3	50
Eurico	120	C-4	19
Eurípides, Pza.	77	A-2	22
Euro, Avda.	153	C-3	54
Europa	51	C-1	36
Europa, Avda.	64	C-3	23
Eusebio Blasco	121	B-3	
Eusebio Isidro	29	A-1	35
Eusebio Martínez Barona	53	B-4	43
Eusebio Morán	139	A-2	19
Euskalduna	173	C-2	21
Eustaquio Rodríguez	70	A-4	03
Euterpe	78	A-2	22
Evangelina Sobredo Galanes	45	B-2	23
Evangelios	140	B-3	26
Evaristo San Miguel	87	B-4	08
Évora	139	B-2	19
Excelente	153	A-4	54
Explanada, La	69	C-2	40
Expropiación, La	156	A-2	41
Extremadura, Pº.			
1 al 171 y 2 al 184	102	C-3	
al 247 y 246 (A-5)	119	A-1	
al 387 y 308 (A-5)	118	A-3	
al 439 y 368 (A-5)	117	C-3	
al 461 y 390 (A-5)	135	A-1	
al 543 y 396 (A-5)	134	C-3	
s/n (A-5)	149	C-1	
Códigos Postales			
1 al 351 y 2 al 298			11
353 y 300 al final			24
Extremeños, Los	144	B-2	18
Ezcaray	110	C-4	32
Ezequiel Peñalver	80	C-2	42
Ezequiel Solana	92	B-2	17

F

Nombre	Plano Parcial		C.P.
Fábrica de Mosaicos	182	B-2	21
Factor	103	C-2	13
Fagot	152	A-2	54
Faisanes, Los	128	A-2	32
Falcinelo	138	B-3	25
Falúa	58	B-4	42
Fantasía	143	C-4	18

Nombre	Plano Parcial		C.P.
Faraday	6	C-1	49
Farmacia	88	C-4	04
Faro	138	C-3	25
Farolillo	120	B-4	19
Fausta Elorz	140	A-1	26
Faustina Calvo	119	B-2	47
Faustina Mena	14	C-4	35

Prefijo Postal 280 — MADRID

Nombre	Plano Parcial		C.P.
Faustina Peñalver	73	B-1	43
Faustino Cordón Bonet	134	C-2	24
Faustino Garijo	22	A-4	23
Faustino López	31	C-4	46
Faustino Osorio	120	B-1	47
Fausto Domingo	138	B-3	25
Favila	120	C-4	19
Fe, La	104	C-4	12
Febrero	79	C-3	22
"	80	A-3	"
Federica Montseny	14	C-3	35
Federico Agustí	21	B-3	23
Federico Carlos Sainz de Robles	49	A-1	35
Federico García Lorca, Pº	146	A-4	31
"	162	A-1	"
Federico García Sanchiz	51	C-4	36
Federico Grases			
1 al 21 y 2 al 42	137	B-4	25
al 39 y al 56	153	B-1	"
Federico Gutiérrez	92	B-1	27
Federico Mayo	101	C-4	11
"	120	A-1	"
Federico Mompou	10	A-2	50
Federico Moreno Torroba	124	C-1	07
Federico Núñez	54	A-1	43
Federico Oriol	21	A-3	23
Federico Romero	44	A-4	23
Federico Salmón	52	C-2	16
Feijoo	88	B-1	10
Felicidad, La; Avda.	173	B-1	41
Felipe II, Avda.	90	B-4	09
Felipe III	104	A-2	12
Felipe IV	105	B-2	14
Felipe IV, Puerta	105	B-2	09
Felipe V	103	C-2	13
Felipe Álvarez	146	A-3	31
Felipe Campos	72	A-3	02
Felipe Castro	140	A-2	26
Felipe Díaz	140	C-2	26
Felipe de Diego	143	A-4	18
Felipe de Diego, Trv.	143	B-4	18
Felipe Fraile	125	A-3	38
Felipe González	29	A-4	35
Felipe El Hermoso	88	C-1	10
Felipe Herranz	34	A-3	33
Felipe Juvara, Puente	75	C-2	27
Felipe Mora	50	A-1	39
Felipe Moratilla	86	B-3	08
Felipe Pérez y González	71	B-3	06
Felipe Pingarrón	171	C-4	21
Felipe Trigo	73	C-4	27
Felisa Méndez	124	C-4	53
Felisa Pizarro	28	B-3	35
Félix Avellar Beotero, Pº	105	B-4	14
Félix Boix	51	B-2	36
Félix Candela	200	A-2	55

Nombre	Plano Parcial		C.P.
Félix López	138	B-2	25
Félix Portones	50	A-3	39
Félix Rodríguez de la Fuente	107	B-3	
Códigos Postales			
1 al 85 y 2 al 24			17
87 y 26 al final			30
Fenelón	77	A-4	22
"	94	C-1	"
"	95	A-1	"
Fénix	45	B-4	23
Fereluz	50	B-2	39
Ferenc Puskas	132	C-4	52
"	195	B-3	"
Feria	94	A-3	37
Ferial	102	B-3	11
Ferial, Pº	102	B-3	11
Feriantes, Los	39	A-4	42
"	59	A-1	"
Fermín Caballero			
1 al 23 y 2 al 22	16	B-4	
al 51 y al 52	30	A-1	
al 90	29	B-2	
Códigos Postales			
1 al 75 y 2 al 80			34
77 y 82 al final			35
Fermín Domínguez Ortiz	92	A-2	17
Fermín Donaire	139	C-4	26
Fermín Izquierdo	50	B-1	29
Fermina Sevillano	79	C-3	22
"	80	A-2	"
Fernán Caballero	121	C-4	19
"	139	C-1	"
Fernán González			
1 al 11 y 2 al 12	90	B-4	09
al 75 y al 76	106	B-1	"
Fernán Núñez	52	C-4	16
Fernández Cancela	52	B-2	16
Fernández Caro	74	B-3	27
Fernández Cid	28	B-2	35
Fernández de la Hoz			
1 al 41 y 2 al 62	89	A-1	
al 59 y al 92	71	A-4	
Códigos Postales			
1 al 47 y 2 al 66			10
49 y 68 al final			03
Fernández Ladreda, Pza.	139	B-2	26
Fernández Llamazares	53	C-2	43
"	54	A-1	"
Fernández Navarrete	76	C-2	22
Fernández de Oviedo	72	B-2	02
Fernández de los Ríos			
1 al 17 y 2 al 46	88	A-1	15
al 91 y al 108	87	C-1	"
Fernández Shaw (Carlos y Guillermo)	124	C-1	07

MADRID
Prefijo Postal 280

F

Nombre	Plano Parcial		C.P.
Fernández Silvestre	31	C-3	46
Fernando VI	88	C-4	04
Fernando VII	94	B-2	37
Fernando Arbós	201	A-2	55
Fernando de Castro Rodríguez	68	C-3	40
Fernando el Católico			
1 al 21 y 2 al 22	88	A-2	15
al 77 y al 88	87	C-2	"
Fernando Chueca Goitia	164	A-3	51
Fernando Delgado	137	A-3	47
Fernando Díaz de Mendoza	121	C-4	19
Fernando Díaz de Mendoza, Pje.	121	C-4	19
Fernando Gabriel	92	C-4	17
"	93	A-4	"
Fernando García Mercadal, Pza.	200	C-2	55
" "	201	A-2	"
Fernando Garrido	88	A-2	15
Fernando Giráldez	125	B-2	38
Fernando González	121	A-4	19
"	139	A-1	"
Fernando Higueras	36	C-1	55
"	37	A-1	"
Fernando Mijares	76	B-2	22
Fernando Mora	120	A-4	19
Fernando Lázaro Carreter	44	A-3	23
Fernando Oriol	21	A-3	23
Fernando Ortiz	156	B-3	41
Fernando Ossorio	50	B-4	39
Fernando Pastor	125	B-2	38
Fernando Pessoa	73	C-4	27
Fernando Poo	122	C-3	45
Fernando de Rojas	20	A-3	50
Fernando el Santo	89	A-3	10
Fernando Vizcaíno Casas	44	A-3	23
Fernanflor	104	C-2	14
Ferraz	87	B-4	08
"	103	C-1	"
Ferreira	138	B-1	19
Ferrer del Río	90	C-1	28
Ferretería, La	94	A-4	37
Ferrocarril			
1 al 13 y 2 al 16	123	A-2	45
al 43 y al 44	122	C-2	"
Ferrocarril del Tajuña	129	C-1	52
Ferrol, El; Avda.	30	A-3	29
Ferroviarios, Los	140	B-3	26
Ferroviarios, Los; Pº.			
1 al 37	171	B-4	21
al 69	179	B-1	"
Fidias	102	B-4	11
Figueras	144	B-1	38
Filadelfia	76	B-3	22
Filipinas	51	C-1	36
Filipinas, Avda.	70	A-4	03
Fin de Semana, Avda.	80	A-2	22

Nombre	Plano Parcial		C.P.
Fina de Calderón	200	B-2	55
Finisterre	30	B-3	29
Finlandia	111	B-1	22
Fitero	157	B-2	41
Fivé	52	A-1	16
Flamisell	49	B-4	40
Flandes	109	B-4	30
"	127	B-1	"
Flautas, Las	152	A-2	54
Flecha	72	C-2	02
Flor Alta	104	A-1	04
Flor Baja	103	C-1	13
Flor de Lis	31	B-4	29
Flora	104	A-2	13
Flora Tristán	173	C-2	21
Florencia	127	C-2	30
Florencia Pinar	15	A-2	35
Florencio Cano Cristóbal	109	B-4	30
Florencio Castillo	55	C-3	43
"	56	A-3	"
Florencio Díaz	91	A-4	28
Florencio García	74	C-4	27
"	92	C-1	"
Florencio Llorente	91	C-2	27
"	92	A-2	"
Florencio Rodríguez	45	A-3	23
Florencio Sanz	137	C-1	25
Florentino Gascón	54	A-1	43
Flores, Las; Pza.	102	C-2	11
Flores, Las; Rda.	66	A-2	23
Florestán Aguilar	90	C-3	28
Florida, La; Pº	86	C-4	08
"	87	A-4	"
"	103	A-1	"
Florida, La; Trv.	88	C-3	04
Floridablanca	104	C-2	14
Florín	153	B-4	54
Fluorita	65	A-1	23
Fobos	109	A-4	30
Focha, La	65	C-2	23
Fomento	103	C-1	13
"	104	A-1	"
Fompedraza	54	A-3	43
Fondón	33	C-2	33
Fonsagrada, Pza.	30	A-2	29
Fontanería	54	A-4	43
Fontiveros	137	B-2	25
Forges	129	B-1	32
Forjas	130	C-2	52
Forment	74	B-4	27
Formigal	45	B-2	23
Fornillos	139	C-3	26
Fornitura, La	94	A-4	37
Foresta	18	C-1	50
"	19	A-1	50

Prefijo Postal 280 — MADRID

Nombre	Plano Parcial		C.P.
Foronda	17	B-3	34
Forsitia	152	C-3	54
Fortaleza, La	1	C-2	48
Fortín	1	C-2	48
Fortuna, La	102	A-4	11
Fortuna, La; Ctra.	167	B-2	44
Fortuna, La; Pje.	138	B-1	19
Fortuny	89	B-2	10
Fósforo	103	A-4	05
Fósil	141	A-4	41
Fotografía	94	A-4	37
Foxtrot	79	A-1	42
Fraga	76	C-3	22
Fragata	120	A-4	19
Fraguas, Las	39	B-4	42
Frambuesa, La	153	A-1	44
Franceses, Puente	86	A-2	40
Francfort	95	A-4	22
"	111	A-3	48
Francisca Armada	119	C-1	47
"	120	A-2	"
Francisca Calonge	50	B-1	29
Francisca Conde	50	C-1	29
Francisca Moreno	90	A-4	01
Francisca Pacheco, Pza.	138	B-4	25
Francisca de Torres Catalán	112	A-4	32
"	130	A-1	"
Franciscanos, Los; Pza.	119	A-1	11
Francisco Abril	124	C-2	07
Francisco Alcántara	71	B-2	02
Francisco Altimiras	91	A-2	28
Francisco Álvarez	164	C-3	51
Francisco Andrés	49	A-1	35
Francisco de Asís Méndez Casariego	71	B-2	02
Francisco Asís Cabrero, Pza.	200	C-3	55
Francisco Balseiro	69	C-1	39
Francisco Bayeu y Subias, Gta.	28	A-4	35
Francisco Brizuela	101	C-4	11
Francisco de las Cabezas, Gta.	75	A-2	27
Francisco Cabo	51	A-4	35
Francisco Campos	72	A-3	02
Francisco de Diego	49	B-4	40
Francisco Fatou	146	A-3	31
Francisco Fernández Ordóñez, Gta.	54	A-1	43
Francisco de la Fuente	162	A-1	31
Francisco García	138	A-2	25
Francisco Gervás	51	A-3	20
Francisco Giner de los Ríos	73	C-4	17
"	91	C-1	"
Francisco Giralte	72	A-4	02
Francisco de Goya	52	A-3	16
Francisco Grande Covián	132	B-2	52
Francisco Gutiérrez	53	A-2	33
Francisco Guzmán	138	B-2	25
Francisco Huesca	91	C-4	17

Nombre	Plano Parcial		C.P.
Francisco de Icaza	138	C-2	25
Francisco Iglesias	124	C-3	38
"	125	A-3	"
Francisco Íñiguez Almech	94	C-3	37
Francisco y Jacinto Alcántara	87	A-3	08
Frco. Javier Sáenz de Oíza, Avda.	20	C-2	55
"	199	B-2	"
"	201	A-1	"
Francisco Javier Torronteras Gadea	121	B-4	19
Francisco Jareño, Gta.	200	B-2	55
Francisco José Arroyo	76	C-1	42
Francisco Laguna	142	C-1	53
Francisco Largo Caballero, Avda.	93	B-4	17
"	108	A-1	"
"	109	A-1	"
Francisco Lastres	91	A-4	28
Francisco Lezcano	134	B-3	24
Francisco Lizcano	152	B-3	44
Francisco López	139	C-3	26
Francisco Lozano	87	A-2	08
Francisco Luján	74	B-4	27
Francisco Madariaga	92	C-1	17
Francisco Medrano	50	C-3	20
Francisco Morano, Pza.	121	B-1	05
Francisco Morejón	56	A-3	43
Francisco Mosqueda	55	C-2	43
Francisco Navacerrada	90	C-2	28
"	91	A-2	"
Francisco Ordóñez	172	A-4	21
Francisco Paino	138	B-3	25
Francisco Palomo	34	A-3	33
Francisco Pi y Margall, Avda.	19	B-3	50
"	20	A-4	"
Francisco del Pino	173	B-3	21
Francisco Piquer	104	A-2	13
Francisco del Pozo	17	B-2	34
Francisco Puertas	119	C-4	19
"	90	C-1	28
Francisco Remiro	90	C-1	28
"	91	A-1	"
Francisco Requena	91	C-4	17
Francisco Ricci	87	C-2	15
Francisco Rioja	92	C-3	17
"	93	A-3	"
Francisco Rodríguez	153	B-1	44
Francisco Rojas	88	C-3	10
Francisco Romero	137	C-3	25
Francisco Ronquillo	101	C-4	11
Francisco Ruano, Pza.	140	A-1	26
Francisco Ruiz	140	B-3	26
Francisco Salas	70	A-1	39
Francisco Sancha	16	C-3	34
"	17	B-4	"
Francisco Sanfiz	45	B-3	23
Francisco Santos	90	C-1	28
"	91	A-2	"

MADRID

Prefijo Postal 280

F

Nombre	Plano Parcial		C.P.
Francisco Silvela	90	B-2	
Códigos Postales			
1 al 87 y 2 al 86			28
89 y 88 al final			02
Francisco Suárez	51	C-2	36
"	52	A-2	"
Francisco Tárrega	10	B-2	50
Francisco Tejada	101	C-4	11
Francisco Tomás y Valiente	6	C-1	49
Francisco Umbral	35	C-2	55
Francisco Villaespesa	92	B-3	17
Francisco Vitoria	106	B-4	07
"	124	B-1	"
Francisco Vivancos	73	A-2	02
Francisco Zea	90	C-2	28
Franco	71	C-3	02
Francolín	137	C-2	25
Francos Rodríguez			
1 al 57 y 2 al 82	50	A-4	39
al 101 y al 112	49	C-3	"
Frascuelo	54	C-4	43
Fray Bernardino de Sahagún	51	C-3	36
Fray Ceferino González	104	A-4	05
Fray José Cerdeiriña	134	C-2	24
"	135	A-2	"
Fray Juan Gil	71	B-2	02
Fray Junípero Serra	50	C-2	39
Fray Luis de León	122	C-1	12
Fresa, La	104	A-3	12
Fresneda	11	A-4	50
"	19	A-1	50
Fresnedillas	27	C-2	35
Fresno de Cantespino	163	A-1	51
Fresno de la Vega	54	A-1	43
Freud	6	B-2	49
Frías	78	C-1	42
Frida Kahlo	164	A-3	51
Frigiliana	141	A-1	45
Frómista	10	B-2	50
Fronteras de Portugal	38	A-3	42
Fruela	102	B-3	11
Frutos, Los	101	C-3	11
Fúcar	104	C-4	14
Fucsia, La	66	A-2	23
Fuembellida	79	B-2	22
Fuencaliente	93	B-3	17
Fuencarral			
1 al 49 y 2 al 42	104	B-1	
al 145 y al 158	88	B-3	
Códigos postales			
1 al 107 y 2 al 110			04
109 y 112 al final			10
Fuencarral, C°.	28	B-2	35
Fuencarral a Hortaleza, C°.	10	A-3	50
"	18	A-1	"

Nombre	Plano Parcial		C.P.
Fuencemillán	79	B-2	22
Fuendetodos	120	B-1	47
Fuengirola	144	C-2	18
Fuenlabrada	121	B-3	19
Fuensalida	48	C-1	35
Fuensaviñán	79	C-2	22
Fuente, La	172	A-4	21
Fuente, La; Cjón.	58	A-4	42
Fuente, La; C°.	100	B-2	11
Fuente, La; Pza.	58	A-4	42
Fuente de Aravaca, La	44	C-4	23
Fuente de Arriba, La; C°.	128	C-2	32
" "	129	A-2	"
Fuente del Berro, La	90	C-4	09
Fuente de la Capona, La	173	C-2	21
Fuente del Carolo, La	66	A-1	23
Fuente de la Carra, La; Gta.	17	B-1	34
Fuente Carrantona, La	109	B-4	30
"	126	C-3	"
"	127	A-2	"
Fuente Chica, La	17	A-2	34
"	17	B-2	"
Fuente de los Cinco Caños, La	128	C-2	32
Fuente de la Cuesta, La	66	A-1	23
Fuente de Lima, La			
1 al 7 y 2 al 22	134	C-3	24
al 39 y al 44	135	A-3	"
Fuente del Molino, La	25	C-4	23
Fuente de la Mora, La; Avda.	19	A-4	50
Fuente de la Mora, La; C°.	19	B-4	33
Fuente del Pavo, La	58	C-3	42
Fuente del Peral, La	66	A-1	23
Fuente de Piedra, La	144	C-3	18
Fuente del Rey, La	45	B-4	23
Fuente del Romero, La	66	A-1	23
Fuente de San Juan	129	A-2	32
Fuente San Pedro, La	129	B-2	32
Fuente del Saz, La	72	A-1	16
Fuente del Tiro, La	134	C-2	24
"	135	A-3	"
Fuente de Torrejona, La	39	A-4	42
Fuentelahiguera	79	C-2	22
Fuentelapeña	110	A-1	37
Fuentelarreina, Avda.	27	B-3	35
Fuentelencina	79	C-2	22
Fuentelviejo	79	B-2	22
Fuentemilanos	27	B-3	35
Fuentemilanos, Avda.	27	A-3	35
Fuentenebro	78	C-1	42
Fuentenovilla	79	C-2	22
Fuenteovejuna	102	C-4	11
Fuentepelayo	17	B-3	34
Fuenterrabía	123	C-1	14
Fuentes, Las	104	A-2	13
Fuentes Claras, Pza.	94	C-1	22

Prefijo Postal 280 — MADRID

Nombre	Plano Parcial	C.P.
Fuentes de San Jorge	129 / A-2	32
Fuentesauco	117 / C-3	24
Fuentespina	147 / A-4	31
Fuentidueña	162 / A-2	31
Fuentidueñas, Gta.	106 / B-4	07
Fueros, Los; Avda.	157 / B-2	41
Fuerte Navidad	136 / A-3	44
Fuerzas Armadas, Las; Avda.	34 / C-1	55
" "	36 / A-2	"
" "	37 / A-2	"

Nombre	Plano Parcial	C.P.
Fulgencio de Miguel	50 / B-4	39
Fumistería, La	94 / A-4	37
Fundación, La; Pje.	91 / A-2	28
Fundadores, Los		
1 al 15 y 2 al 10	90 / C-4	28
al 29	91 / A-4	"
Fundiciones, Las	130 / C-3	52
Furelos	11 / A-3	50

Nombre	Plano Parcial	C.P.
G (Vallecas)	145 / B-3	31
G, Trv. (Vallecas)	145 / B-3	31
Gabasti	92 / B-1	27
Gabino Jimeno	140 / A-2	26
Gabriel Abreu	91 / B-4	28
Gabriel Cisneros	146 / A-2	31
Gabriel Díez	70 / C-1	20
Gabriel y Galán	72 / C-1	02
Gabriel Gómez	152 / B-3	44
Gabriel Lobo	72 / A-3	02
Gabriel Miró, Pza.	103 / B-3	05
Gabriel Montero	93 / B-4	17
Gabriel Portadales	50 / C-1	29
Gabriel Ruiz	140 / A-2	26
Gabriel Usera	140 / A-2	26
Gabriela Mistral	28 / A-1	35
Gaínza	155 / B-2	41
Gaira	35 / A-3	33
Galapa	34 / C-3	33
"	35 / A-3	"
Galatea, La	76 / C-1	42
Galaxia, Avda.	44 / C-4	23
Galbán, Cta.	65 / A-3	23
Galdo	104 / B-2	13
Galena	181 / A-3	21
Galeón	58 / C-4	42
"	78 / B-1	"
Galeotes, Los	129 / A-2	32
Gales	132 / C-3	52
"	195 / A-3	"
Galera, La	58 / B-4	42
"	78 / B-1	"
Galería de Robles, La	88 / B-3	04
Galerías de Vallehermoso	70 / A-4	03
Galiana	102 / B-4	11
Galicia	117 / C-3	24
Galicia, Pza.	105 / C-3	09
Galileo		
1 al 85 y 2 al 100	87 / C-1	"
al 93 y al 110	70 / A-4	"

Nombre	Plano Parcial	C.P.
Códigos Postales		
1 al 85 y 2 al 100		15
87 y 102 al final		03
Gallarza	72 / A-3	02
Gallegos, Los	128 / C-2	32
"	129 / A-2	"
Gallo (Vicálvaro)	128 / C-1	32
Gallo, El (Hortaleza)	74 / B-1	43
Gallur	120 / A-3	47
Gálvez	152 / B-1	44
Gamonal	160 / C-1	31
Ganadería, La	102 / B-2	11
Ganados del Salobral	182 / A-2	21
Gándara de Oro, Pza.	138 / B-1	19
Gandhi	93 / A-4	17
Gandía	124 / C-2	07
Gando	136 / A-4	44
"	151 / C-1	"
Ganges	91 / C-2	27
Ganímedes	44 / C-1	23
"	45 / A-1	"
Ganímedes, Trv.	25 / A-4	23
"	45 / A-1	"
Garabitas, Cº	84 / C-1	11
"	85 / A-2	"
Garabitas, Ctra.	84 / C-2	11
"	85 / A-2	"
Garabitas, Pº	84 / A-2	11
Garapalo	136 / A-4	44
Garceta, La	120 / B-3	19
García Cea, Cjón.	50 / C-3	20
García Gutiérrez	89 / A-4	04
García Llamas	142 / C-2	53
García Luna	72 / B-2	02
García Miranda	143 / A-3	18
García Molinas	104 / A-1	15
García Morato	134 / B-4	24
García de Paredes		
1 al 49 y 2 al 66	88 / C-1	10
al 65 y 94	89 / A-1	"

MADRID — Prefijo Postal 280

G

Nombre	Plano Parcial	C.P.
García de la Parra	45 A-3	23
García Plaza, Gta.	137 B-4	25
García Quintanilla	74 C-3	27
García Salazar	92 C-4	17
García Treviño	44 A-4	23
Garcilaso	88 C-2	10
Garci-Nuño	50 B-1	29
Gardenias, Las	50 A-2	39
Garellano	70 A-2	39
Garganchón	78 C-1	42
"	79 A-1	"
Garganta de Aisa, La	125 B-2	38
Garganta de los Montes	123 C-2	45
Gargantas, Las	72 C-1	02
Gargantilla	122 B-3	05
Garibay	124 C-2	07
Garita	1	48
Garmur	92 C-1	27
Garrovillas	135 A-3	44
Garza, La	65 C-1	23
Gascones	28 A-3	35
Gascueña	79 C-2	32
Gasómetro	122 A-2	05
Gastería	120 C-4	19
Gavia, La; Avda.	147 A-4	51
"	162 B-2	"
"	163 A-1	"
Gavia, La; Trv.	146 A-3	31
Gavia Seca, La	146 A-4	31
Gavia Seca, La; Trv.	146 A-4	31
Gavilanes, Los	28 A-2	35
Gaviota, La	138 A-1	25
Gazania, La	66 A-2	23
Gaztambide		
1 al 77 y 2 al 64	87 B-1	
al 91 y 78	69 B-4	
Códigos Postales		
1 al 77 y 2 al 64		15
79 y 66 al final		03
Gelsa de Ebro, Pza.	119 C-4	47
Géminis	38 C-3	42
"	39 A-3	"
Genciana, La	50 B-1	39
General, Avda.	39 A-4	47
General Álvarez de Castro	88 B-1	10
General Álvarez de Castro, Gta.	88 B-1	10
General Ampudia	69 B-3	03
General Aranaz		
1 al 29 y 2 al 40	75 A-4	
al 83 y al 78	74 C-3	
Códigos Postales		
1 al 107 y 2 al 88		27
109 y 90 al final		43
General Aranda	31 A-4	29
General Aranda, Escalinata	30 C-4	29
General Arrando		
1 al 9 y 2 al 18	88 C-2	10
al 19 y al 24	89 A-2	"
General Asensio Cabanillas	69 B-3	03
General Cabrera	50 C-4	20
"	70 C-1	"
General Cadenas Campos	49 C-3	39
General Castaños	89 A-4	04
General Dávila	69 C-3	03
General Díaz Porlier	90 B-2	
Códigos Postales		
1 al 53 y 2 al 56		01
55 y 58 al final		06
General Fanjul, Avda.		
1 al 17	136 A-2	44
al 149 y 14	135 A-3	"
al 175	134 C-3	"
General Gallegos	51 C-3	36
General García Escámez	135 C-3	44
General García de la Herranz	138 C-1	19
General Hierro Martínez, Trv.	49 C-3	39
General Ibáñez Ibero	69 C-3	03
General Juan Van-Halen	107 C-3	30
General Kirkpatrick	74 A-3	27
General Lacy	123 A-2	45
General López Pozas	51 C-2	36
General Lorenzo	102 B-4	11
General Manso	102 A-4	11
General Margallo	50 C-3	20
"	51 A-3	"
General Maroto, Pza.	122 C-4	45
General Martín Cerezo	121 B-4	19
General Martínez Campos, P°.		
1 al 15 y 2 al 22	88 C-1	10
al 33 y al 48	89 A-1	"
General Marvá	140 A-1	26
General Millán Astray		
1 al 35 y 2 al 38	136 A-4	44
al 57 y al 66	152 A-1	"
General Mitre	88 A-4	15
General Mola, Pje.	90 A-4	01
General Moscardó	70 C-1	20
General Oráa	90 A-1	06
General Orgaz	50 C-4	20
"	51 A-4	"
"	70 C-1	"
"	71 A-1	"
General Palanca	122 C-3	45
"	123 A-3	"
General Pardiñas	90 A-3	
Códigos Postales		
1 al 47 y 2 al 66		01
49 y 68 al final		06

Prefijo Postal 280 — MADRID

Nombre	Plano Parcial		C.P.
General Perón, Avda.	70	C-1	20
"	71	A-1	"
General Pintos	31	A-4	29
General Prim	49	A-2	35
General Ramírez de Madrid	50	C-4	20
" "	51	A-4	"
" "	70	C-1	"
General Ricardos			
1 al 95 y 2 al 82	121	A-4	
al 119 y al 122	120	C-4	
al 179 y al 220	138	B-1	
al 195 y al 266	137	C-2	
Códigos Postales			
1 al 155 y 2 al 164			19
157 y 166 al final			25
General Rodrigo	69	C-3	03
General Romero Basart	135	C-4	44
"	136	A-4	"
General Sagardía Ramos, Pº.	49	C-3	39
General Saliquet	135	B-4	44
"	151	C-1	"
General San Martín, Gta.	87	A-1	08
General Serrano Orive	122	A-4	19
General Urrutia	4	A-3	48
General Vara del Rey, Pza.	104	A-4	05
General Varela	51	A-3	20
"	71	A-1	"
General Velarde	124	A-2	07
General Yagüe	50	C-4	20
"	51	A-4	"
General Zabala	72	B-3	02
Generalife	157	A-1	41
Generosidad, La	173	B-1	41
Genil	72	A-2	02
Genista	102	C-4	11
"	103	A-4	"
Génova	89	A-4	04
Genserico	102	A-4	11
Geología, La	179	C-1	21
Geólogos, Los; Pza.	92	A-2	27
Geranios, Los	31	A-4	29
Gerardo Baena	17	B-2	34
Gerardo Cordón	91	C-4	17
Gerardo Cordón, Trv.	91	C-4	17
Gerardo de Diego	144	B-2	18
Gerardo Rueda	125	A-2	38
Gerardo Sáinz	29	A-4	35
Germán Pérez Carrasco	92	B-1	27
Gerona	104	A-3	12
Gesaleico	120	C-4	19
Getafe	180	A-1	21
Getafe a Villaverde (M-403), Ctra.	185	A-2	21
Getafe, Pza.	72	C-3	02
Getino	54	A-1	43
Gigantes y Cabezudos, Pº.	173	A-2	41
Gijón	102	B-4	11

Nombre	Plano Parcial		C.P.
Gil Imón	103	B-4	05
"	121	B-1	"
Gil Imón, Trv.	103	B-4	05
"	121	C-1	"
Gil de Ontañón	74	B-4	27
Gil Polo	92	C-3	17
Gil de Santivañes	105	B-1	01
Gilena	180	A-1	21
Ginebra, Pº.	95	A-4	22
"	111	B-1	"
Ginebro	156	C-3	41
Ginés y Navarro	21	C-3	23
Ginzo de Limia	30	B-2	
Códigos Postales			
1 al 41 y 2 al 58			29
43 y 60 al final			34
Giralda, La	157	A-1	41
Girasol	153	A-2	44
Gladiolo	50	B-2	39
Glasgow	110	C-2	32
Glicinias	33	A-3	33
Gloria Fuertes	14	B-3	35
"	15	A-1	"
Glorietas, Las; Avda.	159	B-2	53
Gloxinia, La	50	A-3	39
Glycera	139	B-4	26
Gobelas	22	A-3	23
Gobelinos, Los; Pza.	76	C-3	22
Gobernador	104	C-3	14
"	105	A-3	"
Gobernador Carlos Ruiz, Pza.	125	A-4	53
Godella	181	B-1	21
Goiri	50	B-4	39
"	70	B-1	"
Goitia	74	C-3	27
Goleta, La; Pza.	58	C-3	42
Golf	79	A-1	42
Golfo de Darien	144	A-3	18
Golfo de Guayaquil	144	A-2	18
Golfo de Salónica	33	A-2	33
Golmayo, Pza.	53	B-1	33
Golondrina, La	44	C-4	23
"	45	A-4	"
"	64	C-1	"
Goloso	21	B-2	23
Gómez Acebo	179	C-1	21
Gómez Acebo, Cjón.	180	A-1	21
Gómez Acebo, Trv.	180	A-1	21
Gómez de Arteche	152	C-2	44
Gómez Avellaneda	92	C-2	17
Gómez de Baquero	53	C-2	43
Gómez Cano	72	A-2	02
Gómez Hemans	33	A-4	33
Gómez Mora	104	A-3	05
Gómez Ortega	72	A-3	02

MADRID — Prefijo Postal 280

G

Nombre	Plano Parcial	C.P.
Gomeznarro	54 A-3	43
Gomeznarro, Trv.	54 B-3	43
Góndola, La	78 B-1	09
González Amigó	53 A-1	33
González Arias	140 A-3	26
González Dávila	144 C-4	31
"	160 C-1	"
"	161 A-1	"
González Feito	141 A-4	41
González Sola	51 A-1	29
González de Soto	125 A-2	38
Gonzalo de Berceo	92 C-3	17
Gonzalo de Céspedes	39 A-4	42
Gonzalo de Córdoba	88 B-2	10
Gonzalo Herrero	50 C-2	39
Gonzalo Jiménez de Quesada	104 B-1	04
Gonzalo López	138 B-2	25
Gonzalo Sandino	50 C-2	39
Gonzalo Torrente Ballester	77 A-3	22
Gordejuela, Gta.	43 A-1	23
Gordolobo	135 C-1	24
Gorrión	120 C-3	19
Gotarrendura	120 A-2	47
Goya	90 A-4	
Códigos Postales		
1 al 89 y 2 al 70		01
91 y 72 al final		09
Goyeneche	140 A-1	26
Grabadores, Los	94 A-4	37
Gracita Morales, Gta.	14 B-4	35
Graduado, El	143 B-4	18
Graena	156 C-2	41
Grafal	104 A-3	05
Grafito	171 B-4	21
"	179 B-1	"
Grama	35 C-2	50
Gran Avenida	156 A-2	41
Gran Capitán, Gta.	88 A-3	15
Gran Plaza	30 A-2	29
Gran Poder	38 B-4	42
Gran Vía	104 B-1	13
Gran Vía del Este, Avda. (Vicálvaro)	129 B-3	32
" (Vallecas)	146 A-3	31
" (Vicálvaro)	147 A-1	32
Gran Vía de Hortaleza	53 C-1	
"	54 A-1	
Códigos Postales		
Del 1 al 13 y del 2 al 26		33
Del 15 al final y del 28 al final		43
Gran Vía de San Francisco	103 C-4	05
Gran Vía del Sureste, La; Avda (Cañaveral)	132 C-3	52
Gran Vía del Sureste, La; Avda (Vallecas)	164 B-4	51
"	192 A-1	"
Gran Vía de Villaverde	173 B-4	21
"	180 B-2	"
Granada	124 B-2	07
Granada, Puerta	106 A-3	09
Granaderos, Los	134 B-3	24
Granadilla, La	93 B-3	17
Granado	103 C-3	05
Granado, Pza.	103 C-3	05
Grande, Puerta	102 A-3	11
Grandeza Española, La	102 B-3	11
Granito	123 B-4	45
Granito de Oro	14 B-1	49
Granja, La	69 B-3	03
Granja de San Ildefonso, La	162 A-3	51
Granja de Torrehermosa, La	118 A-3	24
Granjilla, La	90 B-1	28
Granjuela, La; Gta.	161 C-1	31
Grañón	10 B-3	50
Gravina		
1 al 13 y 2 al 6	88 C4	04
al 19 y al 16	104 C-1	"
Grazia Deledda	173 C-1	21
Grecia, Pza.	95 A-1	22
Greco, El (Latina)	101 B-4	11
Gregoria Hernández	49 B-1	39
Gregoria Morales	30 B-4	29
Gregorio del Amo, Avda.	69 A-3	40
Gregorio Benítez	74 A-3	43
Gregorio Donas	92 C-3	17
"	93 A-3	"
Gregorio López Madera	94 C-3	37
Gregorio Navas	142 C-1	53
Gregorio Ortiz	180 A-1	21
Gregorio Sánchez Herráez	34 C-3	33
" "	35 A-2	"
Gregorio Sanz	124 C-4	53
Gregorio Vacas	119 B-2	47
Gremios	94 B-4	37
Grifería, La	94 B-4	37
Grijalba	71 B-3	06
Grijalba, Pje.	71 B-3	06
Griñón	72 A-4	02
"	90 A-1	"
Guabairo	137 B-2	47
Guabairo, Trv.	137 B-2	47
Guacamayo	137 C-1	25
Guadaira	144 A-2	18
Guadajara	76 B-1	42
Guadalajara, Avda.	95 A-3	32
"	110 C-1	"
Guadalajara, Avda. (posterior)	110 A-1	32
Guadalaviar	179 C-1	21
Guadalcázar	142 C-4	53
Guadalete	139 B-1	19
Guadalix	50 A-4	39
Guadalquivir	71 B-2	02
Guadarrama	102 B-3	11

Prefijo Postal 280 — MADRID

G

Nombre	Plano Parcial	C.P.
Guadiana	71 C-2	02
Guadiato	144 B-2	38
Guadix	156 B-2	41
Guaimaral	35 A-3	33
Guajaro	35 A-3	33
Gualanday	35 B-4	33
Gualda	79 C-2	22
Guamo	35 B-4	33
Guancha, La	93 A-2	17
Guapotá	34 C-4	33
"	35 A-4	"
Guaramillos, Los	72 C-1	02
Guardia, La; Avda.	4 B-3	48
Guardia Civil, La	4 A-2	48
Guardia Municipal, La	28 C-3	35
Guardías de Corps, Los; Pza.	87 C-3	15
Guareña	136 A-2	44
Guarnicioneros	94 B-2	37
Guarromán	159 A-1	53
Guatavita	35 A-4	43
Guatemala	52 C-3	16
Guatemala, Pza.	106 A-2	09
Guayaba, La	153 B-2	44
Guayabal	35 A-4	33
Guecho	22 A-3	23
Guernica	22 C-4	23
Guerrero y Mendoza	72 C-1	02
Guetaria	155 B-2	41
Guilhou, Pza.	50 B-1	39
Guillén de Castro	92 B-3	17
Guillermo de Osma	122 C-4	45
Guillermo Pingarrón	144 A-2	18
Guillermo Rolland	103 C-1	13
Guindalera, La; Avda.	73 A-4	28
Guindos, Los	50 C-1	29
Guipúzcoa	70 B-2	20

Nombre	Plano Parcial	C.P.
Guisando		
1 al 7 y 2 al 20	48 C-1	35
al 25	28 B-4	"
Guisando, Pje.	28 B-4	35
Guisona	53 C-1	33
Guitarra, La	152 C-2	44
Guitarra, La; Trv.	153 A-2	44
Gumersinda Rosillo	140 A-2	26
Gumersindo Azcárate	139 C-2	26
"	140 A-2	"
Gumersindo Llorente, Avda.	80 A-3	22
Gumiel, Pza.	17 C-3	34
Gundemaro	120 C-3	19
Gunderico	102 A-4	11
Gurtubay	105 C-1	01
Gustavo Fernández Balbuena	72 C-2	02
Gustavo Pérez Puig	37 A-1	55
" "	201 A-3	"
Gutenberg	106 A-4	14
"	124 A-1	"
Gutierre de Cetina		
1 al 111 y 2 al 138	92 C-2	17
al 159	93 A-4	"
Gutiérrez Canales	76 C-2	22
Garapalo	136 A-4	44
Gutiérrez Mellado	200 A-2	55
Gutiérrez Sañudo	125 C-2	38
Gutiérrez Solana	71 B-1	36
Guzmán el Bueno		
1 al 89 y 2 al 74	87 C-1	
al 159 y al 136	69 C-4	
CÓDIGOS POSTALES		
1 al 101 y 2 al 76		15
103 y 78 al final		03
Guzmán el Bueno, Gta.	69 C-4	03
Guzmania	50 B-1	39

H

Nombre	Plano Parcial	C.P.
Habana, La; P°.		
1 al 41 y 2 al 72	71 C-1	36
al 141 y al 152	51 C-4	"
al 189 y al 208	52 A-1	"
Hachero	142 C-1	53
Hacienda, La	121 A-2	19
Hacienda de Pavones, La		
1 al 121 y 2 al 244	126 A-1	30
al 253 y al 306	127 A-2	"
Haendel	55 C-2	43
Haití	54 B-1	43
Halcón	137 C-1	25
Halconero del Rey	154 B-2	54
Hamburgo, Gta.	56 C-2	42
Haro	54 A-1	43

Nombre	Plano Parcial	C.P.
Hartzenbusch	88 B-3	10
Haya, La	153 B-3	44
Hayedo	11 A-4	50
"	19 A-1	"
Heaes	33 A-3	33
Helecho	71 C-3	02
Helena de Troya	129 C-1	32
Hélices	38 B-4	42
Heliófilo	179 C-1	21
Heliotropo	31 B-4	29
Hellín, Avda.	94 B-3	37
Helsinki	95 B-4	22
Henares	71 C-2	02
Heno	139 B-4	26
Henri Dunant	51 C-3	36

MADRID Prefijo Postal 280

H

Nombre	Plano Parcial		C.P.
Herbolarios, Los	94	B-4	37
Herce	128	C-1	32
Hércules, Pza.	138	B-4	25
Herencia	94	C-3	37
Hermanas Alonso Barceló (part.)	137	C-2	25
Hermandad, La	138	C-3	25
Hermandad de Donantes de Sangre, La	172	B-2	41
Hermandades del Trabajo	121	B-4	19
Hermano Gárate	50	C-3	20
Hermanos Álvarez Quintero, Los	88	C-3	04
Hermanos de Andrés, Los	31	B-4	29
Hermanos Bécquer, Los	89	B-1	06
Hermanos Carpi, Los	124	C-2	38
" "	125	A-2	"
Hermanos Falcó y Álvarez de Toledo Manuel y Tristán, Los; Pza.	39	A-4	42
Hermanos García, Los	143	C-3	18
Hermanos García Noblejas, Los			
1 al 95 y 2 al 128	93	B-3	37
al 145 y al 196	109	C-1	"
final de calle	110	A-3	"
Hermanos Gascón, Los	35	A-1	50
Hermanos Gómez, Los	92	A-3	17
Hermanos Granda, Los; Avda.	80	B-3	22
Hermanos Machado, Los	92	A-3	17
Hermanos del Moral, Los	121	A-4	19
" "	139	A-1	"
Hermanos de Pablo, Los	92	B-1	27
Hermanos Picado, Los	117	C-4	24
Hermanos Pinzón, Los	71	B-2	06
Hermanos Roldán, Los	92	B-1	27
Hermanos Ruiz, Los	124	B-2	07
Hermanos Tercero, Los; Trv.	52	A-2	16
Hermanos Trueba, Los	143	A-2	18
Hermenegilda Martínez	72	B-3	02
Hermenegildo Bielsa	140	B-1	26
Herminio Mínguez, Pza.	31	C-2	46
Herminio Puertas	102	A-4	44
" "	120	A-1	"
Hermosilla	90	A-4	
"	91	A-4	
Códigos Postales			
1 al 93 y 2 al 88			01
95 al 101 y 90 al 94			06
103 al 137 y 96 al 122			09
139 y 124 al final			28
Hernán Cortés	88	C-4	04
Hernández Colón	34	B-4	43
"	54	B-1	"
Hernández Iglesias	74	B-4	27
Hernández Mas	142	C-3	53
Hernández Requena	140	C-4	26
Hernández Rubín	74	A-2	43

Nombre	Plano Parcial		C.P.
Hernández de Tejada	74	A-2	27
Hernani	70	C-2	20
"	71	A-2	"
Hernani, Puerta	105	B-1	09
Héroes del Alcázar	125	A-1	38
Heroísmo	1	C-2	48
Herradores, Pza.	104	A-2	13
Herradura, La	102	C-2	11
Herramienta, La; Pza.	94	B-4	37
Herrera	50	C-1	29
Herrera, Trv.	50	C-1	29
Herrería, La	93	C-4	37
Herreros de Tejada	51	C-4	16
" "	71	C-1	"
" "	72	A-1	"
Hervás	119	C-1	11
Hexágonos, Los	101	C-3	11
Hidra, La	45	B-4	23
Hidratos, Los	181	A-3	21
Hidrógeno, Pza.	140	A-3	26
Hiedra, La	32	A-4	36
" "	51	C-1	"
Hiendelaencina	46	A-3	23
Hierbabuena, La	50	C-2	39
Hierbas, Las	65	C-1	23
Hierro	141	B-2	45
Higinio Rodríguez	143	A-2	18
Higuera, La	29	B-3	35
Higueras, Las	101	C-4	
" "	119	B-1	
Códigos Postales			
1 al 49 y 2 al 26			11
51 y 28 al final			47
Hijas de Jesús, Las	140	B-2	26
Hilanderas, Las; Pza.	154	B-1	25
Hilario Herranz Establos	125	C-1	54
Hilario Peñasco	76	C-2	22
Hilario Sangrador	101	C-4	11
Hilarión Eslava	69	B-4	15
" "	87	B-1	"
Hileras	104	A-2	13
Hinojal	94	C-2	37
Hinojo	65	B-1	23
Hinojosa del Duque	94	C-2	37
Hipódromo, Ctra.	46	B-2	23
Hipólito Aragonés	35	C-2	50
Hiruela, La	29	B-4	35
Hispanidad, La; Avda. (M-14)	58	C-4	42
" "	59	A-3	"
" "	78	B-3	"
Hispanidad, La; Pza.	101	A-3	11
Historias de la Radio	143	C-4	18
Hobbes	6	C-2	49
Hocco de la Hermida	45	C-3	23

62

Prefijo Postal 280 — MADRID

H

Nombre	Plano Parcial		C.P.
Hogar de Belén	93	C-3	37
Hojalatería, La	94	A-4	37
Homero	106	B-4	07
Honduras	52	A-3	16
Honduras, Pza.	105	C-3	09
Honrubia	161	B-2	31
Hontalvilla	17	B-3	34
Hontanares	27	A-3	35
Hontanas	10	B-3	50
Hontoria del Pinar	32	C-2	33
Horcajo	179	B-1	21
Horcajuelo	72	A-4	02
Horche	46	A-3	23
Horizon	156	A-3	41
Hornachos	157	C-1	53
Hornero	139	A-1	19
Hornillos	54	A-3	43
Horno de Labradores	129	B-2	32
Horno de la Mata, Trv.	104	B-1	04
Hortaleza			
1 al 51 y 2 al 68	104	C-1	04
al 79 y al 106	88	C-4	"
Hortaleza, Cº. Alto	35	C-3	50
Hortaleza, Cº. Viejo	38	B-3	42
Hortelano	48	C-2	35
Hortensias, Las	52	B-2	16
Hospital	104	C-4	12
"	105	A-4	"
Hospital de Órbigo	10	C-2	50
Hospital de San Pau	152	A-2	54
Hospitalet de Llobregat	16	C-2	34
"	17	A-2	"
Hospitalet de Llobregat, Trv.	16	C-2	34
"	17	A-2	"
Hospitalidad, La; Avda.	151	C-4	44
Hotel	79	A-1	42
Hoyo de Manzanares, Pje.	72	A-4	02
Hoyo de Pinares	117	A-4	24
Hoyos, Pje.	48	B-1	35
Hoyos del Espino	28	B-4	35
"	48	B-1	"
Hoyuelo	124	A-2	07
Hoyuelo, Pje.	124	B-2	07
Huarte de San Juan, Pza.	102	C-3	11

Nombre	Plano Parcial		C.P.
Huelga, La	162	A-2	31
Huelva	73	A-2	02
Huerta, La; Cº	12	C-3	55
Huerta de Ambroz, La	111	B-4	32
"	129	B-1	"
Huerta del Bayo, La	104	A-4	05
Huerta de Castañeda, La	101	C-4	11
"	119	C-1	"
Huerta del Convento, La	129	A-2	32
Huerta del Obispo, La	50	B-3	39
Huerta del Obispo, La; Trv.	50	B-2	39
Huerta de los Rueda	130	B-4	52
"	148	A-1	"
Huerta de Villaverde, La	171	C-4	21
Huertas	104	C-3	
"	105	A-3	
Códigos Postales			
1 al 17 y 2 al 20			12
19 y 22 al final			14
Huertas, Cº.	182	C-1	21
"	183	A-2	"
Huertas del Río	182	A-2	21
Huesca	50	C-3	20
"	51	A-4	"
Huesa	158	C-1	53
Huésped del Sevillano	172	C-2	41
Hulla, La	182	A-2	21
Humanes	126	B-4	38
Humanes, Trv.	126	B-4	38
Humanitarias	137	C-2	25
Humanitarias, Trv.	137	C-2	25
Húmera	44	C-4	23
"	64	C-1	"
Húmera a Aravaca, Ctra.	45	A-4	23
"	65	A-1	"
Humildad, La	132	B-1	52
Humilladero	103	C-4	05
Humilladero, Pza.	103	C-3	05
Hungría	110	B-2	32
Huracán	38	A-4	42
Hurtumpascual	119	C-2	47
Húsares, Pº.	134	B-3	24

I

Nombre	Plano Parcial		C.P.
Ibaiondo	22	B-4	23
Ibáñez Marín	120	B-3	19
Ibarra	155	B-2	41
Iberia	39	A-3	42
Ibiza	106	B-2	09

Nombre	Plano Parcial		C.P.
Ibor	157	C-1	53
Ibros	159	A-1	53
Iceberg	171	C-3	21
Ichaso	155	B-2	41
Idioma Esperanto	109	C-2	17

MADRID

Prefijo Postal 280

Nombre	Plano Parcial	C.P.
Iduna	74 C-4	27
Iglesia, La (Carabanchel)	121 B-3	19
Iglesia, La; Pza.	34 C-4	33
Iglesias Extramuros, Las	152 A-3	54
Ignacio Aldecoa	20 A-1	50
Ignacio Ellacuría	91 C-3	17
Ignacio García	76 C-3	22
Ignacio Sánchez Mejías	74 B-2	43
Ignacio Santos Viñuelas	173 B-3	21
Ignacio Ugalde, Pza.	94 C-3	37
Ignacio Villalonga, Pza.	53 C-1	33
Igualdad, La	132 C-1	52
Ildefonso Cerdá, Gta.	199 C-1	55
Ildefonso González Valencia	155 A-2	44
Iliada, La		
1 al 21	94 C-1	22
al 33	95 A-1	"
Illescas		
1 al 183 y 2 al 78	118 B-4	"
al 213 y al 90	136 C-1	"
al 215 y al 100	137 A-1	"
Códigos Postales		
1 al 147 y 2 al 62		24
149 y 64 al final		47
Illora	156 C-3	41
Ilusión, La	132 C-1	52
Ilustración, La	103 B-1	08
Ilustración, La; Avda. (M-30)	27 C-3	
" "	28 C-4	
" "	29 C-2	
" "	30 B-1	
Códigos Postales		
1 al 207		29
2 al 68		39
209 y 70 al final		35
Imagen, La	142 C-3	18
Impala	35 A-4	33
Imperial	104 A-3	12
Imperial, Pº.	121 B-2	05
Imperio Argentina	132 B-2	52
Indalecio Fernández	141 A-3	41
Indalecio Prieto, Bulevar	128 A-2	32
Independencia, La	104 A-2	13
Independencia, La; Pza.	105 B-1	01
Independencia, La; Puerta	105 B-1	09
India	79 B-1	42
Indulgencia, La	74 A-4	27
Industria, La	102 B-4	11
Infancia, La; Pza.	32 A-4	36
Infanta Catalina Micaela	19 C-4	50
Infanta Isabel, Pº.	105 B-4	14
" "	123 B-1	"
Infanta María	19 A-3	50

Nombre	Plano Parcial	C.P.
Infanta María Teresa, La	51 C-4	16
" "	72 A-1	"
Infanta Mercedes, La		
1 al 13 y 2 al 20	70 C-1	20
al 73 y 62	50 C-3	"
al 103 y al 96	51 A-2	"
Infanta Mercedes, La; Trv.	50 C-2	20
Infantas, Las	104 C-1	04
Infante	104 C-3	14
Infante Diego	19 C-1	50
Infante Fernando	19 A-3	50
Infante Jaime	19 C-1	50
Infiesto	93 B-3	37
Ingeniero Conde de Torroja, Avda.	80 B-2	22
Ingeniero Torres Quevedo	80 B-3	22
Ingenieros, Cº.	137 B-2	47
Ingenioso Hidalgo, Rda.	9 B-4	34
" "	17 B-1	"
Inglaterra, Pº. (Aravaca)	64 B-3	23
Inglaterra (San Isidro)	121 A-4	19
Inmaculada Concepción, La	139 C-1	19
Inmaculada Concepción, La; Pza.	121 C-1	19
Innovación, La; Avda.	158 C-3	53
Inocencia Sánchez	152 C-3	44
Inocencio Fernández	28 B-3	35
Inocenta de Mesa	76 B-4	37
Ínsula Barataria, La	9 B-3	34
Intermedia Norte	180 B-3	21
Intermedia Sur	180 B-4	21
Invencibles, Los	121 A-3	19
Inventores	94 B-2	37
Invernadero, Pte.	122 B-4	26
Invierno, Avda.	79 B-4	22
Íñigo Cavero, Gta.	55 A-2	43
Iquitos	75 C-4	27
Irabia, Pza.	157 A-3	41
Irati	71 C-2	02
Irene Caba Alba	14 B-4	35
Irene Gutiérrez Caba, Gta.	14 A-4	35
Iriarte	90 C-1	28
Iridio	182 A-1	21
Iris	120 B-4	19
Irlanda, Pº. (Aravaca)	64 C-3	23
Irlanda (Carabanchel)	121 A-4	19
Irlandeses	103 C-4	05
Irún	103 B-1	08
Isaac Albéniz	121 A-3	19
Isaac Jiménez	93 B-1	37
Isaac Peral	69 B-4	
"	87 A-1	
Códigos Postales		
1 al 11 y 2 al 42		15
13 y 44 al final		40
Isaac Rabín, Gta.	28 C-4	35
Isaac Ramos	93 C-1	37
Isabel	29 B-4	35

64

Prefijo Postal 280 — MADRID

Nombre	Plano Parcial	C.P.
Isabel II, Pza.	104 A-2	13
Isabel Ana	120 C-4	19
Isabel Baeza	138 B-2	25
Isabel la Católica	104 A-1	13
Isabel Clara Eugenia	19 C-2	50
" "	20 A-3	"
Isabel Colbrand	10 C-1	50
Isabel Fornieles	140 A-2	26
Isabel de las Heras	19 A-1	50
Isabel Méndez	125 A-3	38
Isabel Patacón	153 B-2	44
Isabel Serrano	50 B-1	29
Isabel Tintero	103 C-4	05
Isabel de Valois, Avda.	19 C-1	50
Isabela, La	136 A-3	44
Isabela Saverana	152 B-2	44
Isabelita Usera	140 A-3	26
Isandro	93 C-4	37
Iscar, Pza.	54 A-2	43
Isidra Jiménez	140 A-3	26
Isidro Dompablo	49 A-2	35
Isidro Fernández	31 B-1	34
Isidro González Velázquez, Gta.	35 C-1	55
Isis	76 C-2	42
Isla de Alborán, La; Pza.	69 B-2	40
Isla de la Alegranza, La	49 A-2	35
Isla de Arosa, La; (Fuencarral)	29 B-2	35
Isla de Arosa, La; (Hortaleza)	35 A-3	50
Isla Barber, La	29 A-3	35
Isla Bisagos, La	49 B-1	39
Isla de Ceilán, La	32 A-1	34
Isla de Cerdeña, La	28 C-3	35
Isla de Chipre, La	17 B-1	34
Isla de Comores, La	28 B-4	35
Isla de Córcega, La	50 A-3	35
Isla de Creta, La	28 B-4	35
Isla Cristina, La	28 C-4	35
Isla de Cuba, La	76 C-1	42
Isla de Formosa, La	17 B-1	34
Isla de Formosa, La; Trv.	17 B-1	34
Isla de Fuerteventura, La; Pza.	17 B-3	34
Isla de Galápagos, La	28 C-2	35
Isla de Gomera, La	50 A-3	39
Isla Graciosa, La	17 C-2	34
Isla de Hierro, La	128 A-4	32
Isla de Jamaica, La	17 C-3	34
Isla de Java, La	17 C-4	34
Isla de Lanzarote, La; Pza.	17 B-3	34
Isla de Long, La	49 B-2	39
Isla Malaita, La	29 A-3	35
Isla de Malta, La	31 C-1	34
Isla de Mindanao, La	17 C-2	34
Isla de Mindoro, La	49 A-2	35
Isla de Nelson, La	49 A-2	35
Isla de Ons, La	29 A-2	35

Nombre	Plano Parcial	C.P.
Isla de Oza, La	48 C-2	35
" "	49 A-2	"
Isla Palmira, La	29 A-3	35
Isla de Paragua, La	17 B-2	34
Isla de Rodas, La	17 A-2	34
Isla de Saipán, La	28 B-3	35
Isla de Sálvora, La	17 B-2	34
Isla de Sicilia, La	17 A-3	34
Isla de la Soledad, La	48 C-1	35
" "	49 A-1	"
Isla Sumatra, La	17 C-2	34
Isla de Tabarca, La	29 A-2	35
Isla de Tagomago, La	49 A-2	35
Isla de Tavira, La	29 B-1	35
Isla Timor, La	17 C-2	34
Isla Trinidad, La	17 A-1	34
Isla de Yeso, La	29 A-2	35
Isla de Zanzíbar, La	29 A-3	35
Islandia	11 B-4	50
Islas, Las	171 B-2	21
Islas Aleutianas, Las	28 C-2	35
" "	28 C-3	"
Islas Almirantes, Las	49 C-2	39
Islas Antípodas, Las	17 B-2	34
Islas Azores, Las; Pza.	17 B-2	34
Islas Bahamas, Las	29 A-3	35
Islas Bermudas, Las	17 B-2	34
Islas Bikini, Las	28 C-3	35
Islas Británicas, Las	17 B-2	34
Islas de Cabo Verde, Las	28 A-2	35
Islas de Cabo Verde, Las; Trv.	28 B-2	35
Islas Célebes, Las	49 C-1	39
Islas Chafarinas, Las	28 A-2	35
Islas Chagos, Las	29 B-4	35
Islas Cíes, Las	29 B-2	35
Islas Columbretes, Las	17 C-1	34
Islas Gilbert, Las	50 A-3	39
Islas Hébridas, Las	28 C-2	35
" "	29 A-2	"
Islas Jarvi, Las	17 B-3	34
Islas Kuriles, Las	28 B-3	35
Islas Luisiadas, Las	17 A-2	34
Islas Marianas, Las	49 A-2	35
Islas Marquesas, Las	28 C-3	35
Islas Marshall, Las	28 C-2	35
Islas Mascareñas, Las	28 B-2	35
Islas Molucas, Las	18 A-4	34
" "	32 A-1	"
Islas Palaos, Las	17 C-1	34
Islas Samoa, Las	17 B-2	34
Islas Vírgenes, Las	17 B-2	34
Istúriz	70 B-2	20
Italia, Pza.	141 A-1	45
Itálica	52 A-3	16
Itero de la Vega	6 A-4	50

MADRID

Prefijo Postal 280

I

Nombre	Plano Parcial		C.P.
Iturbe	106	C-1	28
Iván Pavlov	6	C-2	49

Nombre	Plano Parcial		C.P.
Iván de Vargas, Trv.	121	A-2	19
Izarra	43	A-1	23

J

Nombre	Plano Parcial		C.P.
Jabino	156	C-3	41
Jabirú	137	C-2	25
Jaca, Avda.	76	C-2	22
Jacaranda, La	124	A-3	45
Jacinto Benavente, Pza.	104	B-3	12
Jacinto Camarero	121	B-3	19
Jacinto Verdaguer	121	B-3	19
Jacintos, Pº.	53	A-4	16
"	73	A-1	"
Jacobeo	152	A-3	54
Jacobinia	136	C-4	47
"	137	A-4	"
Jacobo de Armijo	60	B-4	42
Jacometrezo	104	A-1	13
Jadraque	126	A-3	38
Jaén	70	C-1	20
Jaenar	74	A-1	43
Jaime Campmany, Gta.	73	A-4	28
Jaime el Conquistador	122	C-3	45
Jaime Hermida	93	A-1	37
Jaime Tercero	102	B-4	11
Jaime Vera	102	C-4	11
Jaizquibel, Pza.	155	B-2	41
Jaraiz de la Vera	119	C-1	11
Jarama (Chamartín)	71	C-2	02
Jarama (Vicálvaro)	130	C-1	52
Jaramagos	30	B-4	29
"	50	B-1	"
Jarandilla	135	A-4	44
"	151	A-1	"
Jardín Botánico (Cdad. Universitaria)	68	C-2	40
Jardín Botánico (Pº. del Prado)	105	B-4	14
Jardín Campo del Toro	145	A-3	38
Jardín Casa Miranda	152	B-4	54
Jardín Cerro Ventoso	72	C-1	02
Jardín de la Chocolatera	152	A-4	54
Jardín Concejal Alejandro Muñoz Revenga	87	C-2	15
Jardín Cuartel Grande	168	B-1	54
Jardín de las Cuestas	153	B-3	54
Jardín de las Delicias	141	B-1	45
Jardín de la Duquesa	129	B-1	32
Jardín de Gregorio Ordóñez	90	A-2	06
Jardín de la Hidalga	152	A-4	54
Jardín las Lluvias	56	C-3	43
Jardín Luis de Trelles	73	A-3	02
Jardín Monotomáticos	57	A-3	42

Nombre	Plano Parcial		C.P.
Jardín de los Parrales	152	A-3	54
Jardín del Párroco Sánchez Cámara	122	B-2	05
Jardín de los Pozuelos	154	C-1	25
Jardín del Rastro	122	A-1	05
Jardín de San Federico	90	C-4	09
Jardín de San Miguel	17	B-2	34
Jardín de las Tres Culturas	57	B-2	42
Jardinera, La	145	B-3	31
Jardines, Los	104	A-2	13
Jardines de Aranjuez	77	B-1	42
Jardines del Arquitecto Herrero Palacios	106	A-3	09
Jardines del Arquitecto Ribera	88	C-4	04
Jardines del Cabo Noval	103	C-2	13
Jardines del Campo de la Paloma	144	B-3	38
Jardines de Cecilio Rodríguez	106	A-3	09
Jardines de la Constitución Española	127	A-3	30
Jardines del Descubrimiento	89	B-4	01
Jardines de Dionisio Ridruejo	108	C-4	30
Jardines de Doña Concha Piquer	121	C-2	05
Jardines de Enrique Herreros	70	B-4	03
Jardines de Ferraz	103	B-1	08
Jardines de Gloria Fuertes	52	B-3	16
Jardines Guardia Civil Miguel Miranda Puertas	127	A-2	30
Jardines de Lepanto	103	C-2	13
Jardines del Maestro Padilla	121	A-1	05
Jardines Mari Luz Nájera	58	C-3	42
Jardines de Mª Eva Duarte de Perón	90	C-3	28
Jardines del Palacio Real	103	C-1	13
Jardines de Sabatini	103	C-1	13
Jardines de San Fernando	51	B-3	36
Jardines de Sancho Dávila	91	B-3	28
Jardines de las Vistillas	103	B-3	05
Jarilla	75	C-1	43
Jarro	65	C-2	23
Jaspe	140	A-4	26
Játiva	124	A-3	07
Javalquinto, Cta.	103	B-3	05
Javier Bellosillo, Gta.	201	A-3	55
Javier de Burgos	146	A-4	31
Javier Ferrero	72	C-2	02
Javier de Miguel	143	B-2	18
Javier del Quinto	54	C-1	43
Javier Tusell	28	A-3	35
Jayena	156	B-2	41
Jazmín	32	C-2	33
"	33	A-1	"

66

Prefijo Postal 280 — MADRID

Nombre	Plano Parcial	C.P.
Jemenuño	103 B-4	05
Jenara Gómez	152 B-3	44
Jenglbre	114 C-4	52
"	132 C-1	"
Jenner	89 B-2	10
Jerez	52 A-2	16
Jerez de los Caballeros	39 A-4	42
Jericó	106 C-4	07
Jerónima Llorente		
1 al 21 y 2 al 38	50 A-4	39
al 63 y al 48	70 A-1	"
Jerónimo de la Quintana	88 B-2	10
Jerte	103 B-4	05
Jerusalén	139 C-1	26
Jesuitas, Los; P°.	102 B-4	11
"	120 A-1	"
Jesús	104 C-3	14
Jesús, Pza.	104 C-3	14
Jesús Aprendiz	106 C-4	
Códigos Postales		
1 al 5 y 2 al 6		09
7 y 8 al final		07
Jesús Carrizo	125 B-2	38
Jesús Castellanos	137 C-2	25
Jesús Fernández Santos	11 C-4	50
Jesús del Fresno	120 C-4	19
Jesús Goldero	141 A-4	45
Jesús del Gran Poder	140 B-2	26
Jesús Jiménez	143 C-1	18
Jesús Maestro	69 C-4	03
Jesús y María	104 B-4	12
Jesús Méndez	90 C-2	28
Jesús Montoya	139 C-3	26
Jesús del Pino	145 C-3	31
"	146 A-3	"
Jesús de Polanco	28 B-3	35
Jesús del Valle	88 B-4	04
Jilguero	138 B-3	25
Jiloca	72 A-1	16
Jimena	138 B-3	25
Jimena Menéndez Pidal	26 A-4	23
Jirafa, La	50 B-1	29
Joan Miró, Pza.	71 A-1	03
Joaquín Arjona	50 A-4	39
"	70 A-1	"
Joaquín Arroyo	53 A-1	33
Joaquín Bau	51 B-2	36
Joaquín Cimas	34 A-3	33
Joaquín Costa	71 C-3	02
Joaquín Dicenta	31 A-4	29
Joaquín Dicenta, Pje.	31 A-4	29
Joaquín Dicenta, Pza.	31 A-4	29
Joaquín Fernández Leiva	55 B-2	43
Joaquín Garrigues Walker, Avda.	159 B-2	31
Joaquín Garrigues Walker, Trv.	159 A-2	53

Nombre	Plano Parcial	C.P.
Joaquín Ibarra	58 A-4	42
Joaquín Jorge de Alarcón	28 C-3	35
" "	29 A-3	"
Joaquín Lorenzo	28 B-3	35
"	29 A-3	"
Joaquín María López	87 C-1	15
Joaquín Márquez	140 A-2	26
Joaquín Martín	121 A-4	19
Joaquín Martínez Borreguero	121 C-4	19
" "	139 C-1	"
Joaquín Montes Jovellar	72 A-3	02
Joaquín Pol	28 B-3	35
Joaquín Reig	48 C-1	35
Joaquín Rivero	153 A-1	44
Joaquín Rodrigo, Pza.	72 A-3	02
Joaquín Ruiz-Giménez Cortés	146 A-2	31
Joaquín Turina	152 B-2	44
"	153 A-1	"
John Lennon, P°.	106 C-2	07
"	107 A-2	"
Jordán	88 B-2	10
Jordi Solé Tura	200 C-3	55
"	201 A-3	"
Jorge Guillén	197 B-4	55
Jorge Juan		
1 al 45 y 2 al 40	89 C-4	
al 99 y al 48	90 A-4	
al 139 y al 112	106 C-1	
al 175 y al 156	107 A-1	
Códigos Postales		
1 al 61 y 2 al 60		01
63 al 133 y 62 al 108		09
135 y 110 al final		28
Jorge Luis Borges	197 B-4	55
Jorge Manrique	71 B-3	06
José	50 C-1	29
"	51 A-1	"
José Abascal		
1 al 29	70 B-4	03
2 al 38	88 C-1	"
al 65 y al 58	89 A-1	"
José Álvarez de Toledo	55 B-3	43
José Andrés	153 B-2	44
José Anduiza	17 C-4	34
José Anespere	140 A-2	26
José Anselmo Clavé	123 C-1	55
José Antonio Coderch	200 A-2	55
José Antonio Corrales, Avda.	36 C-1	55
" "	37 A-1	"
José Antonio de Armona	122 C-1	12
José Antonio Egido Puerta, Gta.	107 B-3	30
José Antonio Fernández Ordóñez	200 C-3	55
" "	201 A-3	"
José Antonio Jiménez Salas, Gta.	200 C-4	55
José Antonio Navarrete	55 A-3	43

MADRID

Prefijo Postal 280

J

Nombre	Plano Parcial		C.P.
José Antonio Novais	68	C-2	40
José Antonio Rebolledo y Palma	164	B-3	51
José Antonio Zapata	141	A-2	45
José Arcones Gil			
2 al 40	92	C-1	17
al 155 y al 156	93	B-4	"
José Arcones Gil, Trv.	92	C-1	17
José Banús, Pza.	91	C-2	27
José Barbastre	92	A-3	17
José Bardasano Baos	52	B-1	02
José Barriales	29	C-4	35
José Bastos	24	B-4	23
"	25	A-3	"
José Benito de Churriguera, Gta.	200	C-3	55
José Bergamín			
2 al 30	108	C-4	30
al 56	109	A-4	"
José Bielsa	140	A-3	26
José de Blas	93	C-4	37
José Cabrera	152	B-1	44
José Cabrera, Cjón.	153	A-1	44
José de Cadalso			
2 al 80	135	C-4	44
al 130	151	C-1	"
José Calvo	50	A-4	39
José Camíns	125	A-3	38
José Cano Heredia	76	C-2	22
José Cárdenas	137	B-4	25
José Castán Tobeñas	51	A-2	20
José Celestino Mutis	91	A-4	28
" "	107	A-1	"
José Cubero "Yiyo"	76	B-4	37
José Die y Más	55	A-2	43
José Domingo Rus	55	A-4	43
José Donoso	20	A-1	50
José Escobar y Saliente	132	A-1	52
José Espelius	102	A-4	11
José Fentanes	48	C-2	35
José Francisco de la Isla, Gta.	29	C-4	35
José Francisco Iturzaeta e Izaguirre	50	B-2	39
José García Granda	126	A-4	38
José García Vara	152	B-1	44
José Garrido	120	A-4	19
José Granero	35	C-1	55
José Grases Riera	35	B-1	55
José Gutiérrez Abascal	71	B-4	06
José Gutiérrez Maroto	163	B-3	51
José del Hierro			
2 al 10	92	A-1	27
al 61 y al 62	74	C-4	"
José Ignacio Ávila	55	C-3	43
José Inzenga	121	C-4	19
José Joaquín Ortiz	55	A-3	43
José Jordán	152	B-1	44

Nombre	Plano Parcial		C.P.
José Lázaro Galdiano	51	B-4	36
José Lombana Iglesias	21	C-4	23
José Luis Arrese	108	A-1	17
José Luis Arrese, Trv.	91	C-4	17
" "	107	C-1	"
José Luis Bermúdez Sologuren, Pza.	54	A-2	43
José Luis Coll	35	B-1	55
José Luis de Hoys, Pza.	140	A-2	26
José Luis Fernández del Amo, Gta.	34	C-4	55
José Luis Ozores, Gta.	143	C-3	38
José Luis Pécker	35	A-1	55
José Macías	137	B-2	47
José Marañón	88	C-3	10
José María Aguirre Gonzalo	200	B-1	55
José María del Boto	120	A-1	11
José María Cavero	74	B-2	27
José María de Castro	70	C-1	20
José María Fernández Lanseros	91	B-2	17
José María Galván	120	C-4	19
José María García de Paredes, Gta.	36	B-1	55
José María Morelos	34	A-4	43
" "	54	A-1	"
José María Pemán	120	A-4	19
José María Pereda	92	A-3	17
José María Rodero	109	C-1	17
José María Roquero	123	A-2	45
José María Sánchez-Silva	73	A-4	28
José María Soler, Pza.	52	C-3	16
José Martínez de Velasco	106	C-2	07
José Massó	52	A-3	16
José Maurelo	110	D-4	47
"	137	B-1	"
José Miguel Gordoa	122	C-4	45
José Miguel Guridi	55	A-3	43
" "	55	B-3	"
José Montalvo	120	B-3	19
José Moñino Conde			
de Floridablanca, Pza.	30	C-1	29
José Noriega	91	C-4	17
José Noriega, Trv.	91	C-4	17
José Ortega y Gasset	90	A-3	06
José Ortuño Ponce	172	A-4	21
José Paulete	125	C-4	38
José Paz Maroto, Gta.	201	A-2	55
José Pérez	172	A-2	41
José Pérez Pla, Pje.	70	A-4	03
José Picón	90	C-1	28
José del Pino	173	B-3	21
José del Pino Jiménez	171	B-4	21
" "	179	B-1	"
José del Prado y Palacio	107	C-4	30
José Prat, Bulevar	128	A-3	32
José Quer, P°	105	A-4	14
José Ramón Vizcaíno	94	B-3	37
José Ribera	72	B-2	02

68

MADRID

Prefijo Postal 280

NOMBRE	PLANO PARCIAL		C.P.
José del Río	120	C-4	19
José Rodríguez Pinilla	52	A-3	
Códigos Postales			
1 al 9 y 2 al 6			36
11 y 8 al final			16
José Romero	49	C-3	39
José Sánchez Pescador	124	A-1	07
José Sánchez Pescador, Pje.	124	A-1	07
José Serrano	142	C-2	53
José Silva	53	B-4	43
José Tamayo	163	B-3	51
José Urioste y Velada	155	A-2	44
José Vasconcelos	31	C-4	46
José de Villarreal, Pza.	122	C-4	45
José Villena	91	C-3	17
Josemaría Escrivá de Balaguer, Pza.	54	C-2	43
Josefa Alonso	119	C-1	47
Josefa Díaz	125	B-4	38
Josefa Fernández Buterga	139	B-1	19
Josefa Herradón	54	A-2	43
Josefa Honrado	119	C-4	47
"	137	C-1	"
Josefa Valcárcel	74	C-2	27
"	75	C-2	"
"	76	B-2	"
Josefina Aldecoa	200	B-2	55
Josefina Carabias	35	B-2	50
Josefina García	162	A-1	31
Josefina Veredas	140	A-3	26
Joselito	74	C-1	43
Josep Pla	72	A-3	02
Josué Lillo	142	C-2	53
Jovellanos	104	C-2	14
Joyería, La	94	A-4	37
Juan XXIII, Pº.	69	B-2	40
Juan Agüí	11	A-4	50
"	19	A-1	"
Juan Alonso	137	B-2	47
Juan Álvarez de Mendizábal	87	B-3	08
Juan de Andrés, Avda.			
2 al 26	49	A-1	35
al 64	29	A-4	"
Juan Antón	102	A-4	11
Juan Antonio Bardem	163	C-3	51
Juan Antonio Maroto	143	C-2	18
Juan Antonio Samaranch, Avda.	36	B-1	55
"	200	B-2	"
Juan Antonio Suances, Pza.	75	C-3	27
Juan Arespacochaga y Felipe	93	C-2	37
Juan de Arolas	92	B-3	17
Juan de Austria	88	C-2	10
Juan Bautista Sacchetti	123	B-1	14
Juan Bautista de Toledo	72	B-3	02
Juan Belmonte	54	C-1	43
"	74	C-1	"
Juan Benet, Pza.	128	A-2	32

NOMBRE	PLANO PARCIAL		C.P.
Juan Boscán	92	C-3	17
"	93	A-3	"
Juan Bravo	90	A-2	06
Juan Carlos Onetti, Pza.	128	A-2	32
Juan Carreño de Miranda	132	B-3	52
Juan de la Cierva	71	C-3	06
Juan Clemente Núñez	55	C-2	43
Juan Daniel Fullaondo	35	C-2	55
Juan de La Cosa, Pza.	52	A-4	16
Juan de la Cueva	106	B-4	07
Juan de Dios	87	C-4	15
Juan Duque	103	B-3	05
Juan de la Encina	50	A-4	39
Juan Español	139	C-2	26
"	140	A-2	"
Juan Esplandiú	107	A-2	07
Juan Francisco	138	B-2	
Códigos Postales			
1 y 2			19
3 y 4 al final			25
Juan Francisco, Trv.	138	B-2	19
Juan Francisco Pascual	34	A-3	33
Juan de la Fuente	162	A-1	31
Juan García Hortelano	197	B-4	55
Juan de las Heras	31	C-4	46
Juan de Herrera	103	C-2	13
Juan de Herrera, Avda.	68	C-4	40
Juan de la Hoz	90	B-1	28
Juan Hurtado de Mendoza	51	B-3	36
Juan Ignacio Luca de Tena	75	B-2	27
Juan de Izíar	91	C-3	17
Juan de Jáuregui	106	B-4	07
Juan José Bautista	120	B-3	19
Juan José Gureña	55	C-4	43
Juan José Martínez Seco	173	B-3	21
Juan de Juanes	124	C-2	07
Juan Limón	143	C-2	18
Juan Lozano	31	C-1	34
Juan de Malasaña, Pza.	146	A-4	31
Juan de Mariana	123	B-3	45
Juan Martín el Empecinado	123	B-2	45
Juan Martínez Arroyo	56	B-4	42
"	76	B-1	"
Juan de la Mata Gómez, Cjón.	92	B-2	17
Juan Mazo	143	B-2	18
Juan Mazo, Trv.	143	B-2	18
Juan Meig	154	C-2	54
Juan de Mena	105	B-2	14
Juan Montalvo	69	C-2	40
"	70	A-2	"
Juan Navarro	124	C-3	53
Juan de Olías	70	B-1	20
Juan Pablo Forner, Pza.	30	A-1	34
Juan Pantoja	70	B-1	39
Juan Pascual	92	C-2	17

MADRID

Prefijo Postal 280

Nombre	Plano Parcial		C.P.
Juan Pascual de Mena	101	C-4	11
Juan Peña	28	B-2	35
Juan Peñalver			
1 al 43 y 2 al 34	171	C-4	21
al 58	179	C-1	"
Juan Peñalver, Trv.	179	B-1	21
Juan Pérez Almeida	139	B-1	19
Juan Pérez Zúñiga	74	B-3	27
Juan Portas	143	A-1	53
Juan Pradillo	70	A-1	39
Juan Pujol, Pza.	88	B-4	04
Juan Ramón Jiménez	51	B-3	36
Juan de los Ríos	91	A-2	28
Juan del Risco	50	B-3	39
Juan Rizi	75	A-2	27
Juan Rof Carballo, Pza.	128	A-3	32
Juan Ron	154	B-1	54
Juan del Rosal	68	B-1	40
Juan Salas	140	A-3	26
Juan Sánchez	29	B-3	35
Juan Sánchez Ron	53	B-2	33
Juan Tornero	102	C-3	11
Juan de Urbieta			
1 al 41 y 2 al 44	124	A-1	07
al 71	106	B-4	"
Juan Valera	105	C-4	14
Juan de Vera	123	A-3	45
Juan Vigón	69	C-4	03
Juan Zapata	80	B-2	42
Juan Zofio	139	C-3	26
Juan Zorrilla, Pza.	70	B-4	03
Juana Elorza	125	A-4	53
Juana Fuentes	120	B-3	19
Juana Montero	31	C-4	46
Juana Urosa	137	B-2	25
Juanelo	104	A-4	12
Juanita	137	B-2	25
Juanita Cruz	15	A-2	35
Jubilado, Pza.	39	A-3	42
Juego de Bolos	129	B-2	32
Juglares, Los	128	A-2	32
Juguetería, La	94	A-4	37
Julia Balenchana	53	A-2	33
Julia García Boután	94	C-3	22
" "	95	A-3	"
Julia Mediavilla	142	C-1	53
" "	143	A-1	"
Julia Moreno	172	B-4	21
Julia Nebot	138	A-2	25
Julia Solá	173	C-2	21
Julián Carnarillo			
1 al 41 y 2 al 30	93	C-1	37
al 55 y al 42	94	B-1	"
al 83	76	B-4	"
Julián del Cerro	125	A-1	38
Julián Gascón	54	A-2	43
Julián Gayarre	105	C-4	14
"	123	C-1	"
Julián González	121	B-3	19
Julián González Barbero	11	A-4	50
Julián González Segador	54	B-1	43
Julián Hernández			
1 al 13	73	C-1	43
al 25 y al 28	54	A-4	"
Julián Marías, Pza.	140	A-2	26
Julián Otamendi, Gta.	37	B-1	55
Julián Rabanedo	141	A-2	45
Julián Romea	69	B-3	03
Juliana Sancho	143	C-2	18
Juliette	79	C-1	42
Julio	79	C-4	22
"	80	A-4	"
Julio Aguirre	140	C-2	26
Julio Antonio	138	B-3	25
Julio Calvo	29	A-1	35
Julio Camba	91	A-2	28
Julio Cano Laso	37	B-1	55
" "	201	B-3	"
Julio Caro Baroja	12	B-3	55
Julio Casares	20	B-3	50
Julio Chellini	125	B-4	38
Julio Cortázar, Pza.	120	B-3	19
Jullo Danviia	33	A-4	33
Julio Domingo	139	A-2	19
Julio López	73	A-2	02
Julio Merino	140	B-3	26
Julio Montero	17	B-2	34
Julio Montero, Trv.	17	B-2	34
Julio Nombela	87	C-2	15
Julio Palacios	31	A-1	29
Julio Rey Pastor	106	B-4	07
Julio Romero de Torres, Pº	106	A-3	09
Junco	172	A-4	21
Junio	79	C-3	22
"	80	A-3	"
Junquera, La	94	A-4	37
Júpiter	39	A-3	42
Justa García	140	A-3	26
Justicia, La; Pza.	72	C-1	02
Justina de la Fuente	162	A-1	31
Justiniano	89	A-4	04
Justo Dorado	69	C-2	40
Justo Martínez	53	B-4	33
Juventud, La; Pza.	111	A-4	32

Prefijo Postal 280 — MADRID

K

Nombre	Plano Parcial		C.P.
Kant	6	C-1	49
Kelsen	6	C-2	49
Kentia, La	124	B-4	45

Nombre	Plano Parcial		C.P.
Keynes	6	B-1	49
Kilo	79	C-1	42
Kriptón	173	C-2	21

L

Nombre	Plano Parcial		C.P.
Labajos	17	B-3	34
Labastida	17	B-3	34
Laboral, Avda.	180	C-1	21
"	181	A-1	"
Laboratorio	94	B-4	37
"	110	B-1	"
Labrador	122	B-2	05
Labradores	94	B-2	37
Lacoma	29	A-1	35
Ladera, La	50	B-1	29
Ladera de los Almendros	127	C-3	32
Lagartera, La	142	B-3	53
Lagartijo	74	B-1	43
Lagasca			
1 al 19 y 2 al 24	105	C-1	
al 127 y al 144	89	C-1	
Códigos Postales			
1 al 75 y 2 al 88			01
77 y 90 al final			06
Lago, Rda.	102	A-2	11
Lago Balatón	129	B-2	32
Lago Calafate	144	A-3	18
Lago Como	129	A-2	32
Lago Constanza	92	B-3	17
Lago Enara	129	B-2	32
Lago Erie	129	A-1	32
Lago Iseo	129	B-2	32
Lago Lemán	129	A-1	32
Lago Maracaibo	144	A-3	18
Lago Mirim	144	A-3	18
Lago Nicaragua	144	A-3	18
Lago Salado	93	A-2	17
Lago San Martín	144	A-3	18
Lago Sanabria	129	A-2	32
Lago Titicaca	129	A-2	32
Lago Van	111	A-4	32
"	129	A-1	"
Laguardia	78	C-3	22
"	79	A-3	"
Laguna, La	119	C-4	
"	137	C-1	
Códigos Postales			
1 al 81 y 2 al 12			47
83 y 14 al final			25
Laguna de Cameros, La	179	C-4	21
Laguna Dalga, La	180	B-4	21

Nombre	Plano Parcial		C.P.
Laguna del Duero, La; Pza.	54	A-3	43
Laguna Grande	16	A-4	34
Laguna del Marquesado, La	180	B-4	21
Laguna Negra	127	B-1	30
Laguna de los Pájaros, La	24	B-4	23
Laguna Rodrigo, La	172	A-3	21
Laguna de Santiago, La	172	A-3	21
Lagunas de Neila, Las	172	A-3	21
Laín Calvo	102	C-3	11
Lalín, Gta.	10	C-2	50
Lamiaco	22	A-3	23
Lanceros, Pº.	134	A-4	24
Lanjarón	156	B-3	41
Lanuza	91	A-4	28
Lanzada, La	86	A-3	08
Lanzahita	48	C-2	35
Laponia	127	C-1	30
Larango	136	A-4	44
Lardero	110	C-4	32
Laredo	137	C-2	25
Larra	88	C4	04
Las Cruces, Cº.	152	C-1	32
Lasarte	22	C-4	23
"	23	A-4	"
Latina	119	A-2	47
Latoneros	104	A-3	05
Laud	33	A-1	33
Laureano Leonor	120	C-4	19
Laurel	122	B-2	05
Laurín	54	A-4	43
Lavadero	50	A-3	39
Lavadero, Cº.	25	B-4	23
"	45	B-1	"
Lavadero Viejo	128	C-2	32
Lavanda, La	35	B-2	50
Lavanderas, Las	128	C-2	32
Lavapiés	104	B-4	12
Lavapiés, Pza.	104	B-4	12
Laviana	93	B-3	37
Lavoisier	6	B-1	49
Lazaga	50	C-3	20
Lazarillo de Tormes, Pº.	101	B-3	11
Lazcano	173	A-3	41
Lazo	103	C-2	13
Lealtad, La; Pza.	105	A-2	14
Leandro Silva	200	C-1	55

71

MADRID

Prefijo Postal 280

L

Nombre	Plano Parcial		C.P.
Lebreles	152	C-2	44
Lebrillo	65	B-1	23
Lechuga, La	104	A-3	12
Lecumberri	157	B-2	41
Ledesma	92	B-3	17
Leganés	123	C-3	45
Leganés (M-425), Ctra.	169	B-1	
Leganés, Cº. (Villaverde)	179	C-1	21
Leganés, Cº. Viejo	121	A-4	
Códigos Postales			
1 al 109 y 2 al 80			19
111 y 82 al final			25
Leganés, Trv.	179	C-1	21
Leganitos	104	A-1	13
Legazpi, Pza.	140	C-1	45
"	141	A-1	"
Legionario Poeta Queixa	120	B-3	19
Leibniz	6	B-1	49
Leira	54	A-2	43
Leire, Pza.	157	B-2	41
Leiria	139	A-2	25
Leitariegos	46	A-2	23
Leiza	155	C-2	41
Leizarán	71	C-2	02
Lele del Pozo	159	B-1	53
Lenceros, Los	94	B-3	37
Lenguas	180	B-1	21
Leñeros	50	A-4	39
"	70	A-1	"
Leo	106	C-4	07
"	124	C-1	"
León	104	C-3	14
León V de Armenia	119	B-4	47
"	137	C-1	"
León Bonat	107	A-1	28
León Felipe	144	C-2	38
"	145	A-2	"
León Gil de Palacio	124	A-2	07
León Pinelo	101	C-4	11
Leonardo Prieto Castro	69	A-1	40
Leoncio Bautista	120	B-3	19
Leoneses, Los	144	B-3	18
Leonor de Austria	19	A-2	50
Leonor Góngora	173	B-3	21
Leonor González	125	A-2	38
Leonor López de Córdoba	15	A-2	35
Leonor de la Vega	121	B-1	05
Leopoldo Alas "Clarín"	28	A-2	35
Leopoldo Calvo Sotelo	146	B-2	31
Leopoldo Torres Balbás, Gta.	201	A-4	55
Leovigildo	120	C-3	19
Lepanto	103	C-2	13
Lequeitio	22	C-4	23
"	42	C-1	"
Lérez	71	C-2	02

Nombre	Plano Parcial		C.P.
Lérida			
1 al 35 y 2 al 24	70	B-1	20
al 95 y al 94	50	C-3	"
Lesaca	155	C-2	41
Letras, Las; Pza.	105	A-4	14
Letrillas	110	A-1	37
Levante	52	A-4	36
Levante, Avda.	53	A-4	16
Levante, Rda.	101	B-3	11
Lezama	17	B-3	34
Lezo	173	A-3	41
Liberación, La	34	C-4	33
Libertad, La	104	C-1	04
Libra	45	B-3	23
Libreros, Los	104	A-1	04
Licenciado Vidrieras	142	C-2	53
Liceo	54	C-4	43
Liceo, Pza.	54	B-4	43
Lido	54	A-4	43
Liebre, La	54	A-4	43
Lignito	181	A-3	21
Ligonde	10	C-2	50
Lígula	51	C-3	36
Lilas, Las	51	C-1	36
Lili Álvarez	14	A-4	35
Lillo	156	C-4	41
Lima, Pza.	71	B-1	46
Limón	88	A-3	15
Limonero	50	C-2	20
"	51	A-2	"
Limonita	182	B-1	21
Linares	138	A-1	25
Lince, Pje.	106	C-4	07
Lineo	103	A-3	05
Lino	50	C-3	20
Lira	106	C-4	07
"	107	A-4	"
Lira, Puente	107	A-4	30
Lirios, Los	53	A-3	16
Lisboa	87	A-2	08
Litago	172	A-4	21
Litio	141	B-1	45
Litos	172	B-4	21
Lituania	107	B-4	30
Liverpool	95	B-2	22
Llanes	93	B-3	37
Llano Castellano, Avda.	17	C-4	34
Llanos, Los	182	A-2	21
Llanos de Escudero	92	C-4	17
" "	93	A-3	"
Llansá	144	B-1	38
Llodio	17	B-3	34
Lodosa	157	B-2	41
Loeches	86	B-2	08

Prefijo Postal 280 — MADRID

Nombre	Plano Parcial		C.P.
Logroño, Avda. (M-110)	38	C-4	42
" "	57	C-3	"
" "	76	C-2	"
" "	77	B-1	"
Logrosán	151	A-1	44
Loja	156	B-3	41
Lola Flores	81	B-3	22
Lola Membrives	121	B-3	19
Loma, La	69	B-3	03
Loma de los Bailanderos, La	25	A-3	23
Lomas Horcajo, Las	125	A-4	53
Lombia	90	B-4	09
Londres	90	C-2	28
"	91	A-2	"
Longares	94	C-2	22
"	95	A-3	"
Longares, Trv.	94	C-3	22
Lonja de la Seda, La	152	B-3	54
Lope de Haro	50	B-4	39
Lope de Rueda	106	A-1	09
Lope de Vega	104	C-3	14
"	105	A-3	"
López de Aranda	74	C-4	27
" "	75	A-3	"
López de Aranda, Trv.	75	A-4	27
López Grass	125	B-3	38
López de Hoyos			
1 al 15 y 2 al 22	89	B-1	
al 149 y al 202	72	B-3	
al 171 y al 222	73	A-2	
al 341 y al 450	53	B-3	
al 357 y al 468	54	A-1	
al 409 y al 500	34	A-4	
Códigos Postales			
1 al 33 y 2 al 58			06
35 al 215 y 60 al 252			02
217 al 223			16
225 y 254 al final			43
López de Hoyos, Gta.	72	A-4	02
López Mezquía	120	A-4	19
López de la Plata, Pza.	55	C-3	43
López Puigcerver	48	C-2	35
López Recuero	125	A-3	38
López Silva	104	A-4	05
Lorca	33	C-4	33
Lorenza Correa	50	A-4	39
"	70	A-1	"
Lorenzana	50	A-4	39
Lorenzo Castresana	92	C-3	17
Lorenzo González	92	A-2	17
Lorenzo San Nicolás	92	C-2	17
Lorenzo Solano Tendero	73	C-1	43
" "	74	A-1	"
Loreto y Chicote	104	B-1	04
Lóriga	72	A-3	02

Nombre	Plano Parcial		C.P.
Lóriga, Pje.	72	A-3	02
Loto	50	C-1	29
Lourdes	17	C-1	34
Loyola	140	B-3	26
Loza	94	B-4	37
Lozano	124	C-4	53
Lozares, Gta.	180	A-2	21
Lozoya	88	B-1	15
Lozoyuela	91	A-1	28
Lubián	180	A-1	21
Luca de Tena, Pza.	123	A-2	45
Lucano	76	C-4	22
"	94	C-1	"
Lucas Mallada	94	B-3	37
Lucena, Pza.	102	C-3	11
Lucero	119	B-1	47
Lucero, Pje.	119	B-2	47
Luces de Bohemia	143	B-2	18
Luchana	88	C-2	10
Luciente	103	C-4	05
Lucio del Valle	70	A-4	03
Lugo	102	B-4	11
Luis I	144	C-4	31
"	160	B-1	"
Luis Adaro	90	C-2	28
Luis Blanco Soler, Gta.	36	B-3	55
Luis Buitrago	34	A-4	33
Luis Buñuel	144	B-2	18
Luis Cabrera	72	C-3	02
Luis Calvo	91	A-1	28
Luis Camoens	105	C-4	14
Luis Campos	93	B-3	17
Luis Carandell	73	A-4	28
Luis Carlos Vázquez	53	C-4	43
Luis Cernuda	73	C-4	27
Luis Chamizo	136	A-2	44
Luis Claudio	152	B-2	44
Luis Cubillo, Gta.	35	B-2	55
Luis Díaz Cobeña	90	C-2	28
Luis Domingo	138	C-3	25
Luis Esteban	31	B-4	29
Luis Feito	119	B-4	47
"	137	B-1	"
Luis de la Fuente	162	A-1	31
Luis García Berlanga, Gta.	201	A-1	55
Luis Gómez	138	B-2	25
Luis de Góngora	88	C-4	04
Luis Gutiérrez Soto	60	C-4	42
Luis de Hoyos Sáinz	126	C-1	30
" "	127	B-2	"
Luis Jiménez de Asúa	19	C-3	50
Luis Lacasa, Gta.	200	B-3	55
Luis Larrainza	72	C-1	02
Luis López	124	C-4	53
"	142	C-1	"

MADRID — Prefijo Postal 280

L

Nombre	Plano Parcial		C.P.
Luis Marín			
2 al 6	126	C-4	38
al 12	144	C-1	"
Luis Martínez Feduchi	20	C-1	55
" "	199	B-1	"
Luis de la Mata	76	C-1	42
Luis Missón	50	A-3	39
Luis Mitjans	124	C-2	07
Luis de Moya Blanco	200	B-2	55
Luis Muriel	71	B-2	02
Luis Ocaña	132	C-3	52
"	195	A-4	"
Luis Pando	119	B-2	47
Luis de Oro	153	B-4	54
Luis Paret	123	A-4	45
Luis Peidró	124	B-3	07
Luis Pernas	49	C-1	39
Luis Piernas	91	C-4	17
Luis Portones	50	B-2	39
Luis Rosales, Gta.	53	C-1	43
Luis Ruiz			
1 al 23 y 2 al 38	92	C-2	17
al 89 y al 82	93	A-4	"
Luis Salazar	72	C-2	02
"	73	A-2	"
Luis Sánchez Polack "Tip"	93	C-1	37

Nombre	Plano Parcial		C.P.
Luis Sánchez Zorrilla	76	B-4	37
Luis de la Torre	140	A-3	26
Luis Usera	140	A-4	26
Luis Vélez de Guevara	104	B-3	12
Luis Villa	90	C-4	09
Luis Vives	72	B-3	02
Luis de Zulueta	153	A-1	44
Luisa Andrés	49	A-1	35
Luisa Carvajal	94	B-1	37
Luisa Fernanda	87	C-4	08
Luisa Muñoz	138	B-1	19
Luisa Muriel	120	B-1	47
Lumbrales	161	C-2	31
Lumbreras	128	B-1	32
Luna, La	88	A-4	04
"	104	B-1	"
Luruaco	35	A-4	33
Luscinda	17	B-1	34
Luva	92	C-1	27
Luxenburgo, Gta.	56	A-2	42
Luz, La; Cjón.	17	B-2	34
Luz Casanova	44	A-3	23
Luzmela	144	B-1	38
Lyón	109	C-4	30
"	127	C-1	"

M

Nombre	Plano Parcial	
M-11. Acc. Aeropuerto desde Manoteras	32	C-1
M-12. (Eje Aeropuerto)	37	B-3
M-13 (Eje Aeropuerto, E-O)	38	A-2
M-14. Acc. Aeropuerto desde Eisenhower	78	C-1
M-21. Variante de A-2 (Coslada)	78	B-4
M-23. Prolongación de O'Donnell	108	B-3
M-31. Eje Sureste	159	C-1
M-30. Nudos:		
1: Manoteras (Avda. Paz)	32	B-1
2: Pío XII (Avda. Paz)	32	B-4
3: Cta. Sagrado Corazón (Avda. Paz)	52	B-1
4: Costa Rica (Avda. Paz)	53	A-3
5: Ramón y Cajal (Avda. Paz)	73	B-1
6: A-2 Barcelona (Avda. Paz)	73	B-3
7: Parque Avenidas (Avda. Paz)	91	B-1
8: Puente de Ventas (Avda. Paz)	91	B-3
9: O'Donnell (Avda. Paz)	107	B-2
Túnel Acceso/Salida By-Pass Sur	107	A-4
10: A-3 Valencia (Avda. Paz)	125	A-1
11: Pte. de Vallecas (Avda. Paz)	124	C-3
12: Méndez Álvaro (Avda. Paz)	124	B-4
13: Sur	141	B-3
Túnel Acceso/Salida Soterramiento M-30	140	C-1

Nombre	Plano Parcial	
14: A-42 Toledo (Avda. Manzanares)	122	B-4
15: Pirámides (Avda. Manzanares)	121	C-3
16: A-5 Extremadura (Pº. Mqués. de Monistrol)	103	A-2
Túnel Acceso/Salida Soterramiento M-30	102	C-1
17: Pte. de los Franceses (Pº. Mqués. de Monistrol)	86	A-1
18: A-6 La Coruña (Ctra. de Madrid a El Pardo)	47	C-4
19: Ctra. del Pardo (Ctra. de Madrid a El Pardo)	27	A-3
20: Cantalejo (Avda. Ilustración)	28	A-3
21: Isla Tabarca (Avda. Ilustración)	29	A-3
Túnel Ventisquero de la Condesa	29	C-2
22: Betanzos (Avda. Ilustración)	29	C-2
23: Ginzo de Limia (Avda. Ilustración)	30	B-1
24: Ctra. Colmenar	17	A-4
25: Norte	31	C-1
M-40. Nudos:		
1: Supernorte (Dist. Norte)	11	B-2

Prefijo Postal 280 — MADRID

Nombre	Plano Parcial	
R-2: Radial Madrid-Guadalajara	168	B-2
2: Acc. Aeropuerto (Dist. Norte)	34	C-2
3: Gran Vía de Hortaleza (Avda. de Manuel Azaña)	55	C-1
4: Silvano (Avda. de Manuel Azaña)	56	A-2
5: Recintos Feriales (Avda. de Manuel Azaña)	56	B-4
Túnel Eje Aeropuerto (M-12)	56	C-4
6: Avda. de Logroño (Avda. de Manuel Azaña)	77	A-1
7: Variante A-2 (Avda. M. Azaña)	78	A-4
8: Coslada-Las Musas (Distribuidor Este)	95	C-3
9: Ajalvir-Vicálvaro (Dist. Este)	110	C-2
10: Eje O'Donnell (Dist. Este)	110	B-3
R-3: Radial Madrid-Arganda del Rey	110	B-4
11: Moratalaz-Vicálvaro (Dist. Este)	128	A-1
12: A-3 Valencia (Dist. Sur)	127	B-4
13: Avda. de la Albufera (Dist. Sur)	145	B-2
Eje SurEste (M-31)	159	C-1
14: Mercamadrid (Dist. Sur)	159	B-3
15: Supersur	158	C-4
16: Avda. de Andalucía	157	A-3
17: A-42 Toledo (Dist. Sur)	153	B-4
18: Ctra. de Leganés (Dist. Sur)	153	B-4
R-5: Radial Madrid-Navalcarnero	153	B-2
19: Avda. Carabanchel (Dist. Sur)	168	C-1
20: Bº. de la Fortuna (Dist. Sur)	151	A-4
21: A-5 Extremadura (Dist. Sur)	149	B-2

Nombre	Plano Parcial	
22: M-511 Boadilla (Término Mcpal. de Pozuelo)		
23: Eje Pinar (Término Mcpal. de Pozuelo)		
24: Pozuelo (Dist. Oeste)	42	C-3
25: El Barrial (Distribuidor Oeste)	44	A-2
26: M-605 El Pardo (Dist. Norte)	27	A-3
Conexión Ventisquero de la Condesa	15	A-1
27: M-607 Colmenar (Dist. Norte)	5	B-4
M-45. Nudos:		
1: M-40/A-5 (Madrid-Extremadura)	168	A-1
2: Radial R-5 (Madrid-Navalcarnero)	168	B-2
3: M-421/M-425 (Carabanchel-Leganés)	169	A-3
4: A-2 (Madrid-Toledo)	178	C-4
5: M-403 (Villaverde Alto-Getafe)	185	B-1
6: A-4 (Madrid-Andalucía)	187	B-2
7: M-301 (Villaverde-San Martín de la Vega)	182	C-3
8: M-31 Eje Sureste	176	C-4
9: Villa de Vallecas	190	C-1
10: A-3 (Madrid-Valencia)	163	C-2
11: M-203 (Vallecas/Santa Eugenia, Vicálvaro y Mejorada del Campo)	148	B-3
12: Radial R-3 (Madrid-Arganda del Rey)	131	C-2
13: Coslada	114	C-4

	Plano Parcial		C.P.
Macarena	52	A-3	16
Machaquito	55	C-4	43
Machupichu, Avda.	55	B-3	43
" "	56	A-4	"
Macuaje	55	B-1	33
Madagascar	19	A-3	50
Madarcos	54	A-2	43
Madera, La	88	B-4	04
" "	104	A-1	"
Maderuelo	17	B-3	34
Madrazo, Los	104	C-2	14
" "	105	A-2	"
Madre Antonia París, La	74	A-3	27
Madre Cándida María de Jesús, La	140	B-3	26
Madre del Carmen del Niño Jesús, La	72	A-1	02
Madre Celeste, La	152	C-1	44
Madre de Dios, La	52	B-2	16
Madre Isabel Larrañaga, La; Pza.	180	A-1	21
Madre María Ana Mogas, La; Pza.	17	B-3	34
Madre Molas, La; Pza.	51	C-2	36
Madre Nazaria	153	A-1	44
Madre Rosa Blanco, La	156	B-2	41
Madre Teresa de Calcuta, La	14	C-3	35
" "	15	A-2	35

	Plano Parcial		C.P.
Madres Plaza de Mayo, Las	92	C-2	17
Madreselva	52	B-2	16
Madrid	103	C-3	05
Madrid, Puerta	105	C-1	09
Madrid a Alcorcón, Cº. Viejo	166	B-1	44
Madrid a Boadilla del Monte (M-511), Ctra.	116	A-3	24
" "	117	C-3	"
Madrid a Leganés (M-421), Ctra.	168	C-2	44
Madrid a El Pardo, Ctra. (M-30)	47	B-2	35
Madrid a El Pardo, Ctra. (M-605)	4	B-4	35
" "	13	A-4	"
" "	27	A-1	"
Madridejos	140	A-3	26
Madrigal	48	C-2	35
Madrigal de la Vera	135	A-4	44
Madroños, Los; Avda.			
2 al 14	74	B-1	43
al 35 y al 30	55	C-4	"
al 75 y al 88	55	B-4	"
Maese Nicolás	142	C-2	53
Maestra Dolores Marco	35	B-1	55
Maestra Felisa Lozano	77	A-1	42

MADRID

Prefijo Postal 280

Nombre	Plano Parcial		C.P.
Maestro, Gta.	86	C-2	08
Maestro Alonso	91	A-3	28
Maestro Arbós	140	C-1	45
"	141	A-1	"
Maestro Chapí	52	B-2	16
Maestro García Navarro	164	A-4	51
Maestro Guerrero	87	C-4	15
Maestro Guridi	92	C-4	17
Maestro Lassalle	52	B-2	16
Maestro Navas	102	A-4	11
Maestro Ripoll	71	B-3	06
Maestro Sorozábal	103	A-1	08
Maestro Tellería	105	A-3	14
Maestro Victoria	104	A-2	13
Maestro Villa	104	A-3	05
Maestro Villa, Pza.	105	C-1	09
Maestro Vives	106	C-1	09
Maestros Ladrilleros, Pje.	50	C-2	39
Magacela	157	A-3	41
Magallanes	88	A-1	15
Magallón	119	C-4	47
Magallón, Pza.	119	C-4	47
Magangué	35	A-3	33
Magdalena, La	104	B-3	12
Magdalena, La; Cº.	160	C-4	31
" "	161	C-4	"
" "	175	C-3	"
" "	176	C-1	"
Magdalena Díaz	29	A-4	35
Magdalena Díez	50	C-2	39
Magín Calvo	102	A-4	11
Magnesia, La	180	B-1	21
Magnolias, Las	31	B-4	29
"	51	A-1	"
Mahonia	56	A-4	43
Maicara	130	C-1	52
Maiquez	106	B-1	09
Maíz	139	B-4	26
"	155	B-1	"
Majuelo, El	122	A-2	05
Málaga	71	A-4	03
Málaga, Gta.	157	A-1	41
Malagón	54	C-1	43
Malagosto	72	B-2	02
Malaquita, La	65	B-1	23
Malcampo	72	B-2	02
Maldonadas, Las	104	A-4	05
Maldonado	90	B-2	06
Malecón, Cº.	174	B-3	51
"	175	A-4	"
"	183	B-2	"
"	184	A-4	"
Malgrat de Mar	126	C-4	38
Maliciosa, La; Pza.	92	A-3	27
Malinche	54	A-1	43

Nombre	Plano Parcial		C.P.
Mallorca	122	C-1	12
Malmoe	110	A-3	22
Malpica de Tajo	162	A-2	31
Malva, La	31	C-3	46
Malvaloca, La	66	A-1	23
Mamerto López	140	B-3	26
Mamolar	17	C-3	34
Mampostería, La	94	B-4	37
Manantial	86	A-3	08
Manantiales, Los	111	A-4	32
Manatí	35	A-3	33
Mancebos, Los	103	C-3	05
Mancha, La	142	C-3	53
Manchegos, Los	50	C-1	29
Manchester	95	B-3	22
Manco de Lepanto	125	A-2	38
Mandarina, La	74	B-4	27
"	92	B-1	"
Manganeso	173	C-3	21
Mangirón, Pje.	72	B-4	02
Manipa	74	C-4	27
Manises	152	A-1	44
Manizales	35	A-4	33
Manojo de Rosas, La del	172	C-2	41
Manola y Rosario	179	C-1	21
Manolete, Pza.	51	A-4	20
Manoteras, Avda.	18	C-4	50
" "	19	B-4	"
Manresa	17	A-3	34
Mansilla	17	C-3	34
Mantuano	72	B-3	02
Manuel (Centro)	87	C-4	15
Manuel (Manoteras)	33	A-2	33
Manuel Aguilar Muñoz	58	B-3	42
Manuel Aleixandre	141	A-1	45
Manuel Alonso	4	A-1	48
Manuel Altolaguirre	197	B-3	55
Manuel Álvarez	137	B-1	25
Manuel Arranz	125	B-1	38
Manuel Azaña, Avda. (M-11)	33	B-1	
" "	34	B-2	
Manuel Azaña, Avda. (M-40)	35	B-4	
" "	56	B-4	
" "	77	C-4	
Manuel Badía	144	A-2	18
Manuel Bartolomé Cossío	69	A-4	40
Manuel Becerra, Pza.	90	C-3	28
Manuel Benedito	51	C-3	36
Manuel de Bofarull	117	C-4	24
Manuel Caldeiro	31	C-3	46
Manuel Canales	121	B-4	19
Manuel Cano	145	C-4	31
Manuel Carmona	121	B-3	19
Manuel Cavero	74	A-2	27
Manuel Comín	74	A-1	43

Prefijo Postal 280 — MADRID

Nombre	Plano Parcial		C.P.
Manuel Cortina	88	C-2	10
Manuel Escobar, Pza.	76	C-4	22
Manuel de Falla	51	B-4	36
Manuel Fernández Caballero	121	B-3	19
Manuel Fernández y González	104	C-3	14
Manuel Ferrero	51	C-1	36
Manuel Fraga Iribarne, Avda.	37	A-1	55
" "	201	A-3	"
Manuel Galindo	138	A-2	25
Manuel García	117	B-4	24
Manuel Garrido	28	D-3	35
Manuel Gascón	54	A-1	43
Manuel Gómez Moreno, Pza.	71	A-2	20
Manuel González Longoria	88	C-3	10
Manuel Granero, Rda.	55	C-4	43
Manuel Laborda	173	C-3	21
Manuel Laguna	143	A-3	18
Manuel Lamela	138	B-2	25
Manuel Linares	92	A-3	17
Manuel Luna	50	B-4	20
Manuel Machado	107	B-3	30
Manuel Marañón	53	C-4	43
Manuel Marchamalo	51	A-1	29
Manuel María Arrillaga	125	B-1	30
Manuel María Iglesias	73	C-1	43
Manuel Maroto	142	C-1	53
Manuel Mateo, Pza.	152	B-1	44
Manuel Montero Vallejo	140	C-2	26
Manuel Montilla	52	B-2	16
Manuel Muiño Arroyo	102	B-4	11
" "	120	B-1	"
Manuel Muñoz	140	B-2	26
Manuel Muñoz Monasterio, Gta.	35	C-3	55
Manuel Nieto	48	C-1	35
Manuel Nogueiro	125	B-3	38
Manuel Noya	139	C-1	26
Manuel Pavía	146	A-3	31
Manuel Pombo Angulo	11	C-3	50
Manuel de la Quintana, Pza.	108	B-4	30
Manuel Rodrigo, Pza.	55	B-3	43
Manuel Sarrión (Cuatro Caminos)	70	A-1	39
Manuel Sarrión (Ventas)	92	A-1	27
Manuel Silvela	88	C-3	10
Manuel Tovar	17	B-4	34
Manuel Uribe	53	A-2	33
Manuel del Valle	73	C-1	43
Manuel Vázquez Montalbán	81	C-3	22
Manuel Vélez	146	A-4	31
Manuel Villarta	17	C-1	34
Manuela Malasaña	88	B-3	10
Manuela Mínguez	30	B-4	29
" "	50	B-1	"
Manuela Torregrosa	91	A-4	28
Manzana, La	88	A-4	15
Manzanar	54	A-2	43

Nombre	Plano Parcial		C.P.
Manzanares	103	B-3	05
Manzanares, Avda. (M-30)			
2 al 24	103	A-4	
al 158	121	A-2	
al 202	122	A-4	
al 216	140	C-1	
final de avda.	141	A-2	
CÓDIGOS POSTALES			
1 al 53 y 2 al 54			11
55 al 179 y 56 al 180			19
181 y 182 al final			26
Manzanilla, La	65	B-1	23
Maño	143	C-1	18
Maqueda			
1 al 41 y 2 al 56	118	A-4	24
al 149 y al 134	136	B-2	"
Maquileros	94	A-4	37
Maquinaria, La	94	A-4	37
Maquinilla, La	145	A-4	31
Mar, Pza.	78	B-1	42
Mar Adriático	34	C-4	33
Mar Amarillo	34	C-3	33
Mar de las Antillas	34	B-3	33
Mar de Aral	34	C-3	33
Mar Báltico	34	C-4	33
Mar de Bering	34	C-4	33
Mar Cantábrico	34	C-4	33
Mar Caribe, Gta.	56	A-4	42
" "	76	A-1	"
Mar Caspio	34	B-4	33
Mar del Coral	34	C-3	33
Mar de Cristal, Gta.	54	C-1	43
" "	55	A-1	"
Mar del Japón	34	C-3	33
Mar de Kara	34	B-4	33
Mar Mediterráneo	34	C-4	33
Mar Menor	34	B-3	33
Mar Negro	34	B-3	33
Mar de Omán	34	C-4	33
Mar de la Plata, Pza.	34	C-3	33
Mar de la Sonda	34	C-4	33
Mar Tirreno	34	B-4	33
Maracena	156	C-2	41
Maragatería	35	A-1	50
Marañosa, La	125	B-4	18
Marathón, La	75	C-4	37
Maravedí	153	A-4	54
Maravilla	135	C-1	24
Marbella	16	A-2	34
Marceliano Santa María	71	B-1	36
Marcelina	50	C-1	29
" "	51	A-1	"
Marcelino, Pº.	101	A-3	11
Marcelino Álvarez	91	C-3	17
Marcelino Castillo	119	B-4	47

MADRID

Prefijo Postal 280

Nombre	Plano Parcial		C.P.
Marcelino Roa Vázquez	92	C-3	17
Marcelino Muñoz Díaz	140	C-3	26
Marcelo Usera			
1 al 121 y 2 al 116	140	A-2	26
al 171 y al 176	139	C-2	"
Marcenado	72	B-3	02
Marchamalo	126	B-3	38
Marconi	33	A-2	33
Marconi, Avda.	180	C-3	21
Marconi, Avda.	181	A-3	21
Marcos de Orueta	31	C-1	34
Marcudos	140	B-1	26
Marcudos, Pje.	140	B-1	26
Mareas, Las	171	C-2	21
Margarita Nelken	14	C-3	35
Margarita Lugo	162	A-1	31
Margarita de Parma	19	B-1	50
Margarita Xirgu	35	C-4	50
Margaritas, Las	50	A-4	39
Mari Luz, Pza.	155	B-2	41
Mari Pepa Colomer	14	B-3	35
María Alonso	29	A-2	35
María Antonia	139	C-2	26
María Auxiliadora	49	C-3	40
María Barrientos	173	B-2	21
María Blanchard	35	B-3	50
María Blanco	48	C-1	35
María Bosch	124	C-3	53
María Callas	173	B-2	21
María del Carmen	102	B-4	11
"	120	B-1	"
María Cagaroo	15	A-2	35
María Domingo	138	B-2	25
María Droc, Pº.	181	A-1	21
María de Echarri	173	C-1	21
María Encinas	142	C-1	53
María Francisca	72	A-3	02
María Gilhou	52	A-1	16
María Goyri	14	B-4	35
María Guerrero	121	C-4	19
"	139	C-1	"
María Guerrero, Pza.	71	B-2	02
María de Guzmán	70	C-3	03
María Ignacia	70	A-1	39
María Isabel	102	B-4	11
María Isabel Navarro	14	C-3	35
María Isidra	29	A-1	35
María Isidra, Trv.	29	A-1	35
María Jenara	124	C-3	18
María Jesús	120	B-3	19
María Josefa	172	A-4	21
María Juana	50	B-3	39
María Juana, Trv.	50	B-3	39
María Lejarraga	137	C-3	25
María Lombillo	74	C-3	27
"	75	A-3	"

Nombre	Plano Parcial		C.P.
María Luisa	50	B-3	39
María de Maeztu	14	C-3	35
"	15	A-2	"
María Malibrán	71	B-2	02
María Martínez	138	B-3	25
María Martínez Oviol	173	A-3	21
María de las Mercedes de Borbón	36	B-1	55
" "	200	B-3	"
María de Molina	89	C-1	06
María Moliner	35	B-3	50
María Montessori	14	C-3	35
María Nistal	91	C-1	27
María Odiaga	137	C-4	25
"	153	B-1	"
María Orúe	173	C-3	21
María Panés	70	C-3	03
María Paz Unciti	125	A-4	53
María Pedraza	69	C-1	39
"	70	A-1	"
María Pérez	31	C-1	46
María Pérez Medel	146	B-4	31
María Pignatelli, Gta.	90	C-1	28
María Pita	132	C-3	52
María de Portugal	19	A-2	50
María Reiche	200	C-4	55
"	201	A-4	"
María Reina, Gta.	44	B-3	23
María Sevilla de Diago	94	C-2	22
"	95	A-2	"
María Tarín	76	A-2	22
María Torooa	90	C-1	28
María Teresa Acosta	102	B-4	11
María Teresa León	163	C-4	51
María Teresa Madrazo	49	C-4	40
María Teresa Robledo	143	B-2	18
María Teresa Sáenz Heredia			
1 al 11 y 2 al 16	107	C-1	17
al 22	91	A-4	"
al 48	92	A-4	"
María Tubau	10	B-1	50
María Tudor	19	C-1	50
María Zambrano	74	A-4	27
María Zambrano, Trv.	74	A-4	27
María Zayas	50	B-3	39
María Zayas, Trv.	50	B-3	39
María Zurita	152	C-3	44
Mariana Pineda, Pza.	125	C-4	38
"	143	C-1	"
Marianela	70	A-1	39
Marianistas	152	B-2	44
Mariano Agüi	17	B-3	34
Mariano Benlliure	142	C-2	53
Mariano Carderera	102	B-4	11
Mariano de Cavia, Pza.	106	A-4	07
"	124	A-1	"

MADRID

Prefijo Postal 280

NOMBRE	PLANO PARCIAL		C.P.
Mariano Díaz Alonso	74	B-4	27
Mariano Fernández	50	B-4	39
Mariano Lanuza, Pza.	101	C-4	11
Mariano Matesanz	173	C-2	21
Mariano Salvador Maella, Gta.	29	A-3	35
Mariano Serrano	30	B-4	29
Mariano Usera	140	A-3	26
Mariano Vela	139	C-3	26
Maricara	182	A-3	21
Mariblanca	140	A-1	26
Marie Curie	6	B-2	49
Marina Española, La; Pza.	103	C-1	13
Marina Lavandeira	137	C-2	25
Marina Usera	139	C-4	26
Marina Vega	139	C-4	26
Marina Vega, Trv.	139	B-4	26
Marineros, Los	94	B-2	37
Mario Cabré	126	C-1	30
"	127	A-1	"
Mario Moreno "Cantinflas"	132	B-1	52
Mario Recuero	28	C-2	35
Mario Roso de Luna	80	A-2	22
Mariscal Gutiérrez de Otero	180	A-1	21
Marismas, Las	125	C-2	38
Mármol	121	A-1	05
Marmolina	128	C-4	32
"	129	A-3	"
Marmolistas, Los	94	C-3	37
Marojal	19	A-1	50
Marqués de Ahumada	90	C-1	28
Marqués de Altamira	32	C-3	33
"	33	A-3	"
Marqués de Berna	58	B-1	42
Marqués de Camarines, Pza.	44	C-3	23
Marqués de Casa Jiménez	137	B-4	25
Marqués de Casa Riera	104	C-2	14
Marqués de Casa Tilly	195	A-1	52
Marqués de Cerralbo, Pza.	87	B-4	08
Marqués de Comillas, Pza.	69	B-3	40
Marqués de Corbera, Avda.			
1 al 5 y 2 al 10	107	C-1	17
al 25 y 18	91	C-4	"
al 62	92	A-4	"
Marqués de Cortina	51	A-2	20
Marqués de Cubas	104	C-2	14
"	105	A-2	"
Marqués del Duero	105	A-1	01
Marqués de Encinares	31	B-4	29
Marqués de la Ensenada	89	A-4	04
Marqués de Fontalba	36	C-1	55
"	200	C-4	"
Marqués de la Hermida	107	A-1	28
Marqués de Hoyos	74	C-3	27
Marqués de Jura Real	122	A-4	19
"	139	C-1	"
Marqués de Leganés	104	A-1	04

NOMBRE	PLANO PARCIAL		C.P.
Marqués de Leis	50	C-4	20
Marqués de Lema	70	A-3	03
Marqués de Lozoya	106	C-2	07
"	107	A-2	"
Marqués de Monasterio	105	A-1	04
Marqués de Mondéjar	90	C-4	28
"	91	A-3	"
Marqués de Monistrol, Pº. (M-30)	86	A-3	
"	102	C-1	
CÓDIGOS POSTALES			
1 al 7 y 2 al 6			11
9 y 8 al final			08
Marqués de Monteagudo	90	C-1	28
Marqués de Pico de Velasco	74	B-4	27
Marqués de Pontejos	105	B-3	09
Marqués de Portugalete	74	B-3	27
Marqués de Riscal	89	A-3	10
Marqués de la Romana	88	C-1	10
Marqués de Salamanca, Pza.	90	A-3	06
Marqués de San Gregorio	140	A-3	26
Marqués de Santa Ana	88	B-4	04
Marqués de Santillana	72	B-2	02
Marqués de Toca	104	C-4	12
Marqués de Torrelaguna	31	C-4	46
Marqués de Torroja	32	B-4	36
Marqués de Urquijo	87	B-3	08
Marqués de Vadillo, Gta.	121	B-3	19
Marqués de la Valdavia	122	C-1	12
Marqués de Valdecilla	72	A-3	02
Marqués de Valdeiglesias	104	C-1	04
Marqués de Vallejo	107	A-1	28
Marqués del Vasto	70	B-3	03
Marqués de Viana	50	B-2	39
Marqués de Villabrágima	28	B-3	35
Marqués de Villamagna	89	B-3	01
Marqués de Villamejor	89	B-3	06
Marqués Viudo de Pontejos	104	B-2	12
Marqués de Zafra	91	A-4	28
Marqués de Zafra, Gta.	91	B-4	28
Marqués de Zafra, Pº.			
2 al 6	90	C-4	28
al 39 y al 64	91	A-4	"
Marqués de Zurgena (part.)	89	B-4	01
Marquesa de Argüeso, La	121	A-4	19
"	138	C-1	"
"	139	A-1	"
Marquesa de Silvela, La	139	B-2	26
Marquesa de Torrecilla, La	74	C-4	27
"	92	C-1	"
Marquesado de Santa Marta	76	A-2	27
Marroquina, La			
1 al 21 y 2 al 6	126	A-1	30
al 63 y al 114	108	B-4	"
Marsella	110	C-1	22
"	111	A-1	"

MADRID

Prefijo Postal 280

Nombre	Plano Parcial		C.P.
Marte	39	B-4	42
Martell	142	C-2	
Códigos Postales			
1 al 29 y 2 al 34			53
31 y 36 al final			18
Martí	90	C-3	06
Martín Ferreiro	76	B-2	22
Martín Fierro, Avda.	86	B-1	40
Martín de los Heros	87	B-3	08
Martín Machío	73	A-2	02
Martín Martínez	72	B-2	02
Martín Mora	125	A-4	53
Martín Muñoz de las Posadas	161	C-1	31
Martín Pescador	42	C-1	23
Martín Sarmiento	106	B-4	07
Martín Soler	122	C-2	45
Martín de Vargas	122	B-2	05
Martina Díaz	18	C-3	02
Martínez	50	B-3	39
Martínez Corrochano	124	C-2	07
Martínez Izquierdo			
1 al 49 y 2 al 36	90	C-2	28
al 87 y al 88	91	A-1	"
Martínez Molina	75	A-4	27
Martínez Olmedilla, Pza.	146	C-4	31
Martínez Oviol	173	B-3	21
Martínez Page	51	A-1	29
Martínez de la Riva			
1 al 21 y 2 al 18	124	C-4	
al 32	125	A-4	
al 103 y al 72	143	A-2	
Códigos Postales			
1 al 95 y 2 al final			53
97 al final			18
Martínez de la Riva, Pza.	143	A-1	53
Martínez de la Rosa	89	B-2	06
Martínez Seco	171	C-4	21
Martínez Villergas			
1 al 3 y 2 al 6	74	A-4	27
al 22	73	C-4	"
Mártires, Los; Pza.	17	C-1	34
Mártires de Alcalá, Los	87	C-3	15
Mártires Concepcionistas, Los	90	C-3	06
Mártires Maristas, Los; Avda.	48	C-3	35
" "	49	A-2	"
Mártires de Paracuellos, Los	70	C-1	20
Mártires de la Ventilla, Los	31	A-4	29
Martos	159	A-1	53
Maruja García Romero	125	B-2	38
Maruja Mallo, Avda.	35	A-3	50
Marx	6	B-1	49
Marzo	79	C-3	22
"	80	A-3	"
Mascaraque	152	B-1	44

Nombre	Plano Parcial		C.P.
Maseda	50	A-3	39
Masilla, La	94	B-4	37
Maslama, Pza.	72	C-1	16
Masó, La			
1 al 41 y 2 al 14	16	A-2	34
al 101 y al 78	15	C-3	"
al 103	29	C-1	"
Mastelero	33	B-4	33
Mata del Agua, La	162	A-2	31
Matacán, Pza.	152	A-1	44
Matachel	173	C-3	21
Matadero	50	B-2	39
Matadero, Pte.	140	C-1	45
Matadero Viejo	129	A-2	32
Mataelpino	72	B-4	02
Matamorosa	109	C-1	17
Matapozuelos	54	A-3	43
Mataró	17	A-2	34
Matas, Las	50	A-3	39
Mateo, Trv.	50	A-1	39
Mateo García	91	C-3	17
Mateo Guill	101	C-4	11
Mateo Inurria			
1 al 29 y 2 al 30	51	C-1	36
al 37	52	A-1	"
Mateo López	106	C-1	07
Matheu, Pje.	104	B-2	12
Matías de la Fuente	17	B-2	34
Matías Turrión	53	B-3	43
Matilde Díez	72	B-3	02
Matilde Gayo	140	B-1	26
Matilde González Estúa	102	A-4	11
Matilde Hernández			
2 al 24	120	B-4	
al 49 y al 80	138	A-1	
Códigos Postales			
1 al 35 y 2 al 54			19
37 y 56 al final			25
Matilde Téllez	17	C-1	34
Matillas	161	C-2	31
Matute, Pza.	104	C-3	12
Maudes	70	C-3	03
Mauregato	102	A-4	11
Mauricio Legendre	31	C-2	46
"	51	B-1	"
Mauricio Ravel	31	B-4	46
Mauro	72	C-3	02
Máximo Blázquez	48	C-1	35
Máximo Carazo	139	C-3	26
Máximo San Juan	92	A-2	17
Mayo	79	C-3	22
"	80	A-3	"
Mayólicas	94	B-4	37
Mayor	104	A-2	13
Mayor, Pza. (Centro)	104	A-2	12

Prefijo Postal 280 MADRID

Nombre	Plano Parcial		C.P.
Mayor, Pza. (Villaverde)	172	A-4	21
Mayor de Ciudad Pegaso, Pza.	77	C-2	22
Mayorazgo, Avda.	161	C-3	51
" "	162	B-4	"
" "	190	B-1	"
Mayorazgo de Duarte	193	A-4	52
" "	195	B-1	"
Mayorga	54	A-3	43
Mazarambroz	154	C-1	25
Mazarredo	103	B-3	05
Mazaterón	147	A-4	51
"	163	A-1	"
Mazo	93	A-2	17
Mealla, La	153	B-3	54
Mecánico Rada	49	A-2	35
Medea	76	A-4	37
Medellín	88	C-1	10
Media, La	140	A-2	26
Medidas	94	A-3	37
Medina del Campo	134	B-4	24
Medina Pomar	78	C-1	42
Medina Sidonia	137	B-3	25
Medinilla	77	A-1	42
Mediodía, Ctra.	12	A-2	50
Mediodía Chica	103	C-4	05
Mediodía Grande	103	C-4	05
Mediterráneo, Avda. (A-3)			
1 al 35 y 2 al 58	124	C-1	
al km 4	125	C-1	
al km 5	126	C-4	
al km 6	127	B-4	
al km 8	146	C-1	
al km 10	147	B-4	
al km 12	164	B-3	
Códigos Postales			
1 al 71 y 2 al 62			07
73 y 64 al km 6,700			30
km 6,701 al km. 12,000			31
km 12,001 al final			51
Mediterráneo, Puente	125	A-1	30
Médulas, Las	152	B-4	54
Medusa, La; Gta.	76	C-1	42
Megeces	54	A-3	43
Mejía Lequerica	88	C-3	04
Méjico	90	B-1	28
Méjico, Avda.	105	B-2	09
Mejorada del Campo	123	C-3	45
Mejorana	142	B-2	53
Melancólicos, P°	103	B-4	05
" "	121	B-2	"
Melchor Cano	86	B-3	08
Melchor Fernández Almagro	30	B-3	29
" " "	31	A-2	"
Meléndez Valdés	87	C-2	15
Melide	29	B-4	35
Melilla	122	A-2	05
Meliloto	135	C-1	24
Melisa	137	C-3	25
Mellizo, Cjón.	104	A-4	05
Melquiades Biencinto	124	C-3	53
Membézar	142	C-4	18
Membrillo	32	A-4	36
"	51	C-1	"
Memoria Vinculante, La; Pza.	155	C-2	41
Menasalvas	156	C-1	41
Menchu Ajamil	14	C-2	35
Méndez Álvaro			
1 al 73 y 2 al 60	123	B-2	
al 72	124	A-4	
final de calle	142	B-1	
Códigos Postales			
1 al 83 y 2 al 80			45
85 y 82 al final			53
Méndez Núñez	105	B-2	14
Méndez Parada, Pza.	138	B-2	25
Mendívil	125	A-3	38
Menéndez Pelayo, Avda.			
1 al 91	106	A-2	
al 44 y al 109	124	A-1	
Códigos Postales			
1 al 69 y 2 al 14			09
71 y 16 al final			07
Menéndez Pelayo, Pza.	68	B-2	40
Menéndez Pidal			
1 al 23	51	C-3	36
al 39	52	A-2	"
Meneses	123	C-3	45
"	123	C-4	"
"	141	C-1	"
Meninas, Las; Pza.	138	B-4	25
Menorca	106	B-1	09
Menta, La	65	B-1	23
Méntrida	54	A-3	43
Mequinenza	77	A-2	22
Mercancías	182	A-2	21
Mercator	145	B-2	31
Mercedes, Las	50	B-4	20
Mercedes Arteaga	121	A-4	19
" "	139	A-1	"
Mercedes Domingo	139	A-2	19
Mercedes Manjón	140	A-2	26
Mercedes Rodríguez	152	C-3	44
Mercedes Salvador	30	A-4	29
Mercurio	129	A-1	32
Mercurio, Pza.	39	A-3	42
Mérida	109	A-4	30
"	127	A-1	"
Mesejo, Los	124	C-2	07
Mesena			
1 al 71 y 2 al 108	53	B-2	33
al 89 y al 140	33	A-4	"
Meseta, La; Pza.	86	A-3	08

MADRID

Prefijo Postal 280

Nombre	Plano Parcial		C.P.
Mesías, Pza.	93	C-3	37
Mesón de Paños	104	A-2	13
Mesón de Paredes			
1 al 73 y 2 al 70	104	B-4	12
al 83 y al 80	122	B-1	"
Mesonero Romanos	104	B-1	
Códigos Postales			
1 al 11 y 2 al 16			13
13 y 18 al final			04
Mestanza	142	B-3	53
Metal	173	C-3	21
Metales, Pza.	182	B-2	21
Metro, Pza.	30	B-2	29
Mezquita, La	157	A-1	41
Mezquita de Córdoba, La	152	B-3	54
Mezquite	123	C-3	45
Miami	75	B-3	27
Mica, La	174	A-3	21
Mieres	93	B-3	37
Miguel Ángel	89	A-1	10
Miguel Ángel Asturias	20	B-4	50
Miguel Ángel de la Peña	33	B-2	33
Miguel Aracil	28	C-3	35
" "	29	A-3	"
Miguel Arredondo	122	C-4	45
Miguel Delibes, Avda.	113	C-4	52
" "	132	C-2	"
Miguel Fisac	28	B-3	35
Miguel Fleta	93	B-2	37
Miguel Gila	44	B-1	23
Miguel Hernández, Avda.			
2 al 6	126	C-4	
al 8	127	A-4	
al 50	145	A-1	
al 92	144	C-3	
Códigos Postales			
1 al 49 y 2 al 50			38
51 y 52 al final			18
Miguel Hidalgo	54	A-1	43
Miguel de la Iglesia	74	B-4	27
Miguel Mayor	139	B-1	19
Miguel Miura, Gta.	90	C-1	28
Miguel Moya	104	A-1	04
Miguel Palacios	125	A-2	38
Miguel Riesco	55	B-2	43
Miguel de la Roca	142	B-3	53
Miguel Rubiales, Gta.	70	A-1	39
Miguel San Narciso	143	C-2	18
Miguel Servet	122	B-1	12
Miguel Solas	174	A-3	21
Miguel Soriano	139	C-1	19
Miguel Unamuno	92	A-3	17
Miguel Yuste			
1 al 21 y 2 al 30	75	C-4	37
al 37 y al 62	94	A-1	"

Nombre	Plano Parcial		C.P.
Mijancas	79	A-2	22
Mijas	144	C-3	18
Mijo	139	B-4	26
Mike	80	A-1	42
Mil Delegados, Los; Pza.	156	A-2	41
Milagros, Los; Cjón.	124	C-3	53
Milagrosa, La	102	A-4	11
Milán	54	B-4	43
Milaneses, Los	104	A-2	13
Milanos, Los	114	B-4	52
Milenrama	135	B-2	24
Milmarcos	162	A-1	31
Milquinientas, Las	156	A-2	41
Mimosa, La	66	A-2	23
Minarete, Pza.	157	A-1	41
Minas, Las	88	A-4	04
Minaya	55	A-1	43
Minerales, Los	65	A-1	23
Minería, La	94	A-4	37
Mineros, Los; Avda.	138	C-3	25
Minerva	129	B-3	32
Mingorria	117	A-4	24
Mingorrubio, Ctra.	1	B-1	48
Ministriles	104	B-4	12
Ministriles Chica	104	B-4	12
Ministro Ibáñez Martín	87	B-1	15
Miño	71	C-2	02
Miosotis	50	C-2	39
Mir	130	C-3	52
"	131	A-4	"
Mira Ceti	45	B-3	23
Mira el Río	4	A-2	48
Mira el Río Alta	104	A-4	05
Mira el Río Baja	104	A-4	05
" "	122	A-1	"
Mira el Sol	104	B-4	05
" "	122	A-1	"
Mirabel	135	A-4	44
Mirador de Orcasitas, Pza.	140	A-4	26
Mirador de la Reina	14	C-4	35
" "	15	A-3	"
Mirador de la Sierra	49	A-2	35
Mirador del Sur, Gta.	171	B-4	21
Miraflores, Avda.	28	B-4	35
" "	48	B-1	"
Mirallos	11	A-3	50
Miramadrid	140	A-3	26
Miramelindos	30	A-4	29
" "	50	A-1	"
Miranda de Arga	34	A-3	33
Mirasierra	140	B-1	26
Miravalles, Avda.	23	C-4	23
Mirlo	117	C-3	24
Mirto	50	C-1	29
Mirueña	117	A-4	24
Misericordia	104	A-2	13

Prefijo Postal 280 — MADRID

Nombre	Plano Parcial		C.P.
Misterios, Los	74	C-4	27
"	92	C-1	"
Mistral	37	C-4	42
"	58	A-1	"
Mitra	56	A-1	43
Mizar	44	C-4	23
Mocetes, Los	128	B-3	32
Mochuelo	120	A-3	19
Modesto Alonso	125	A-3	38
Modesto Lafuente			
1 al 11 y 2 al 18	88	C-1	
al 65 y al 54	70	C-4	
CÓDIGOS POSTALES			
1 al 11 y 2 al 22			10
13 y 24 al final			03
Modistas, Las	94	A-3	37
Mogambo	143	C-4	18
Moguer	49	C-4	40
Mohernando	126	A-3	38
Mojácar	33	B-2	33
Molar	70	A-1	39
Molina	30	C-4	29
"	50	C-1	"
Molina de Aragón	45	B-2	23
Molina de Segura	109	A-4	30
" "	127	A-1	"
Molinaseca	10	B-2	50
Molino, Cº	181	C-4	21
"	182	C-2	"
Molino, Pº	141	A-1	45
Molino Viejo	129	A-3	32
Molino de Viento	88	B-4	04
Molinos, Los	50	B-3	39
Molins de Rey	17	A-2	34
Molturadores	94	B-4	37
Mombeltrán, Pje.	28	B-4	35
Mombuey	35	A-1	50
Mompós	35	A-4	33
Mónaco	95	B-3	22
Monasterio de Arlanza	9	B-3	34
Monasterio de Batuecas	8	B-3	34
Monasterio de Caaveiro	8	C-3	34
" "	9	A-4	"
Monasterio de El Escorial, Avda.	8	C-3	34
" "	9	A-2	"
Monasterio de El Paular	8	B-4	34
" "	8	C-4	"
" "	16	A-1	"
" "	16	C-1	"
Monasterio de Guadalupe	8	B-3	34
Monasterio de La Rábida	8	B-4	34
Monasterio de Las Huelgas	8	A-3	34
" "	16	A-1	"
Monasterio de Leyre	50	C-2	29
" "	51	A-2	"

Nombre	Plano Parcial		C.P.
Monasterio de Liébana	9	A-3	34
Monasterio de Montesclaros	8	B-3	34
Monasterio de Oseira	8	C-2	34
"	9	A-2	"
Monasterio de Poblet	152	B-4	54
Monasterio de Poyo	8	C-2	34
"	9	A-3	"
Monasterio de Samos	8	C-3	34
"	9	A-3	"
Monasterio de Silos, Avda.	8	A-4	34
" "	9	B-2	"
" "	15	C-1	"
Monasterio de Sobrado	9	A-2	34
Monasterios de Suso y Yuso	8	C-4	34
"	9	A-3	"
Moncada	181	A-2	21
Moncloa, La; Avda.	69	B-2	03
Moncloa, La; Pza.	87	B-2	08
Mondariz, Pza.	30	B-2	29
Mondoñedo, Pza.	30	B-2	29
Mondragón	23	A-4	23
"	43	A-1	"
Moneda, La	106	C-3	07
Monederos	140	B-2	26
Monforte de Lemos, Avda.	29	C-2	29
" "	30	B-2	"
" "	31	B-3	"
Monjas, Las; Rda.	65	B-1	23
Monleón	125	C-4	38
Monoceros	45	B-4	23
Monóvar	33	C-2	33
Monroy	134	C-4	44
Monsalupe	118	C-2	47
"	119	A-2	"
Monseñor Óscar Romero	137	A-3	
CÓDIGOS POSTALES			
1 al 43 y 2 al 84			25
43 y 86 al final			47
Montalbán	105	B-2	14
Montalbos	54	C-2	43
"	55	A-2	"
Montamarta	94	A-4	37
"	110	A-1	"
Montana	157	B-2	41
Montánchez	157	C-1	53
Montaña, La; Gta.	76	B-3	22
Monte Alberes	144	A-1	38
Monte Aya	146	A-4	31
"	162	A-1	"
Monte Blanco	143	A-2	18
Monte Buyo	144	A-1	38
Monte Calobro	143	A-1	18
Monte Carmelo, Cº	13	C-3	49
Monte Esquinza	89	A-3	10
Monte del Gozo, Gta.	10	C-2	50

MADRID — Prefijo Postal 280

M

Nombre	Plano Parcial		C.P.
Monte Gris	143	C-1	38
Monte Iguendo, Avda.			
1 al 91 y 2 al 80	124	C-4	53
al 117 y al 112	142	C-1	"
Monte Montjuich	146	B-4	31
Monte Naranco	142	C-1	53
Monte Olivetti	124	C-3	38
"	125	A-3	"
Monte Parnaso	79	C-2	42
Monte Perdido	124	C-4	53
"	125	A-4	"
Monte de Piedad	91	A-2	28
Monte del Pilar, Ctra. (part.)	21	C-4	23
" "	41	B-1	"
Monte de Ponga	143	C-1	38
Monte San Marcial	125	A-4	53
Monte Santo	145	C-4	31
"	161	C-1	"
Monte Tejo	144	A-1	38
Monte Torozo	144	A-1	38
Monte Ulía	124	C-3	18
Monte Urgull	125	A-3	38
Montearagón	53	B-2	33
Montecarmelo, Avda.	8	C-4	34
Montefrío	156	C-3	41
Montehermoso	117	B-4	24
Montejo	179	C-3	21
Montejurra	91	C-4	17
Monteleón	88	B-2	
Códigos Postales			
1 al 21 y 2 al 30			04
23 y 32 al final			10
Montemayor de Pililla	54	A-3	43
Montemor, La	138	C-2	25
Montera, La	104	B-2	13
Monterde	179	C-1	21
Montería, La	34	C-4	33
Montero Calvo	21	C-4	23
Monteros, Los	17	B-1	34
Monterrey, Pza.	33	B-4	33
Montes Alberes, Los	162	A-1	31
Montes de la Barbanza, Los	146	A-4	31
"	162	A-1	"
Montes Carpetanos, Los	146	A-4	31
Montes Claros, Los	144	B-1	38
Montes Pirineos, Los	143	A-2	18
Montes de Toledo, Los	146	A-4	31
Montes Universales, Los	143	A-3	18
Montesa	90	B-3	06
Montesa, Pje.	90	B-3	06
Monteverde	57	B-4	33
Montevideo	70	C-1	20
"	71	A-4	"
Montfragüe	127	B-1	30
Montiel	142	B-3	53

Nombre	Plano Parcial		C.P.
Montiel, Pza.	142	B-4	53
Montilla, Pza.	102	C-3	11
Montón de Trigo	25	B-4	23
Montoro	102	C-3	11
Montoro, C°	35	C-1	50
Montoya	30	C-4	29
"	50	C-1	"
Montpellier	127	B-1	30
Montseny	125	A-2	38
Montserrat	88	A-3	15
Montserrat, Pje.	121	C-3	19
Montuenga	135	C-1	44
Monumental de Arganzuela, Pte.	121	C-3	05
Monumentos de Asturias, Los	152	C-4	54
Monumentos de Oviedo, Los	152	C-4	54
Monzón	38	A-4	34
Moquetas	50	C-1	29
Mora de Rubielos, Pza.	76	C-3	22
Moraleja de Coca	161	C-2	31
Moraleja de Enmedio, La; Pje.	72	A-4	02
Morales, Cjón.	52	A-1	36
Morales, Los	152	C-3	54
"	168	C-1	"
Morales del Rey	110	A-1	37
Moralzarzal			
1 al 15 y 2 al 50	16	A-3	34
al 179 y al 104	15	C-2	"
Morando	50	C-1	29
Moras, Las	127	C-3	32
Moratalaz, Avda.			
1 al 91 y 2 al 40	125	C-1	30
al 151 y al 162	126	B-1	"
al 199 y al 196	108	C-1	"
Moratalaz-Vicálvaro, Ctra.	128	A-1	30
Moratalla	33	C-4	33
Moratilla de Henares	163	A-1	51
Moratín	104	C-3	14
"	105	A-3	"
Moratines	122	B-2	05
Moreja	156	C-3	41
Morejón	88	C-1	10
Morena Clara	143	A-3	18
Morenés Arteaga	121	A-4	19
"	139	A-1	"
Moreno	137	C-4	25
Moreno Nieto	103	A-3	05
Moreno Navarro, Cjón.	125	A-4	18
Moreras, Las	125	A-2	38
Moreras, Las; Avda.	69	C-1	40
Moreras, Las; P°	171	C-4	21
Morería, La	103	C-3	05
Morería, La; Pza.	103	C-3	05
Moreruela	35	B-1	50
Moret, P°	86	C-2	08
"	87	A-2	"

84

Prefijo Postal 280 MADRID

M

Nombre	Plano Parcial		C.P.
Moreto	105	B-3	14
Moriles	102	C-4	11
Mortero	65	B-1	23
Moscareta	120	B-1	44
Moscatelar	54	B-4	11
Moscú	95	B-4	22
Mosqueta	117	A-3	24
Mostenses, Los; Pza.	88	A-4	15
Móstoles	72	C-1	
CÓDIGOS POSTALES			
1 y 2 al 24			02
3 y 26 al final			16
Mota del Cuervo	55	B-2	43
Motilla del Palancar	55	B-2	43
Motrico	22	C-4	23
"	23	A-4	"
Motril	157	A-3	41
Movimiento Ciudadano, Pza.	156	A-2	41
Movinda	93	A-1	37
Mozart	87	A-4	08
"	103	A-1	"
Mudela	142	A-4	53
Muela de San Juan	162	B-1	31
Muelas de Pan, Las	110	A-1	37
Muelle	145	B-4	31
Muguet	153	B-2	44
Müller	50	C-1	
CÓDIGOS POSTALES			
1 al 45 y 2 al 36			39
47 y 38 al final			29

Nombre	Plano Parcial		C.P.
Mundillo	50	C-2	29
Mungia, Pza.	155	C-2	41
Munich	127	C-1	30
Munilla, Pza.	128	B-1	32
Muntadas	152	A-1	44
Muñana	135	C-1	24
Muñico	119	C-2	47
Muñopedro	121	C-1	05
Muñoz Grandes, Pº.	137	C-2	25
Muñoz Torrero	104	B-1	04
Muñoza, La; Ctra.	62	A-4	22
"	82	A-1	"
Muralla, La	1	C-3	48
Murallas de Ávila, Las	152	C-3	54
Murallas de Lugo, Las	152	C-3	54
Murcia	123	A-1	45
Murcia, Cjón.	92	B-3	17
Murias	29	B-4	35
Murias de Paredes	35	A-1	50
Murillo	88	B-2	10
Murillo, Pza.	105	A-3	14
Murillo, Puerta	105	B-3	09
Muro	38	C-4	42
"	58	C-1	"
Musas, Las	95	A-1	22
Musgo	43	C-1	23
Música, La	94	A-4	37
Mutual, La	153	B-4	54

N

Nombre	Plano Parcial		C.P.
Nacimiento	93	C-3	37
Naciones, Las	90	B-4	06
Nadir	44	B-2	23
Nador	31	A-4	29
Najarra	159	B-1	53
Nájera	137	B-3	25
Nalda, Pza.	73	C-1	43
Nanclares de Oca	78	C-3	22
" "	79	A-3	"
Nantes	95	A-2	22
Nao, La	104	B-1	04
Nápoles	54	B-3	43
Naranjo	50	C-3	39
Naranjo de Bulnes	143	A-2	18
Narcís Monturiol	30	C-1	34
Narciso López	30	A-4	29
Narciso Serra	124	A-1	07
Narcisos, Los	53	A-4	16
"	73	A-1	"
Nardo	51	A-1	29

Nombre	Plano Parcial		C.P.
Nardo, Trv.	51	A-1	29
Narváez			
1 al 7 y 2 al 6	90	B-4	09
al 67 y al 90	106	B-1	"
Natalia de Silva	74	B-3	27
Natividad, La	93	C-3	37
Nava de Roa, La	17	B-3	34
Navacepedilla	135	C-1	24
Navacerrada, Gta.	91	A-2	28
Navafría, Pza.	92	A-2	27
Navahermosa, Cº.	1	C-1	48
Navahonda	121	B-4	19
Navalafuente	72	C-2	02
Navalcán	64	B-2	23
Navalcarnero, Pje.	72	A-4	02
Navaleno	33	B-4	33
"	53	B-1	"
Navalmanzano	27	B-3	35
Navalmoral de la Mata	135	A-4	44
" "	151	A-1	"

85

MADRID — Prefijo Postal 280

N

Nombre	Plano Parcial		C.P.
Navalmorales, Los	152	B-1	44
Navalperal	48	C-3	35
Navaluenga	27	B-3	35
Navamures	161	C-1	31
Navaridas	78	C-3	22
"	79	A-2	"
Navarra	70	B-1	39
Navarredonda de Gredos	27	C-2	35
Navarrete	18	C-1	50
Navarro Amandi	53	B-3	33
Navarros, Los; Pza.	153	C-1	25
Navas, Las	50	C-2	39
Navas de Buitrago, Las	179	B-3	21
Navas de Oro	25	B-4	23
Navas del Rey	102	A-4	11
Navas del Rey	120	A-1	11
Navas de Tolosa	104	A-1	13
Navascués	157	B-2	41
Navasecas	21	A-2	23
Navegación, La	171	B-3	21
Naves, Las	122	A-3	05
Navia	136	A-2	24
Navío, Pza.	58	B-4	42
Nazaret, Avda.	106	B-4	09
Nebli	137	C-3	25
Nebreda	17	C-3	34
Nebulosas	123	C-4	45
Néctar	76	C-3	22
Negras, Las	87	C-4	15
Neguilla	102	C-4	11
"	103	A-4	"
Neguri	179	C-1	21
Nelly Sachs	173	B-2	21
Nenúfar	50	B-2	39
Nereida	124	A-4	45
Nerine	120	C-4	19
Nerja	141	A-1	45
Nervión	71	C-2	02
Nestares	141	A-2	45
Néstor	77	A-2	22
Nevado del Cumbal	35	B-4	43
"	55	B-1	"
Nevado del Ruiz	35	A-4	33
"	55	A-1	"
Newton	6	C-1	49
Nicaragua	52	C-4	16
Nicaragua, Pza.	105	C-2	09
Nicasio Gallego	88	C-3	10
Niceto Alcalá Zamora, Avda.	19	C-1	50
" " "	20	B-3	"
" " "	34	A-1	"
Nicolás Arocena	50	A-3	39
Nicolás Cabrera	6	C-1	49
Nicolás Godoy	140	C-2	26
Nicolás María Urgoiti	28	B-2	35

Nombre	Plano Parcial		C.P.
Nicolás Morales	138	B-1	19
Nicolás Salmerón	109	B-2	17
Nicolás Sánchez	140	A-3	26
Nicolás Usera	140	A-3	26
Nicolasa Gómez	76	C-4	22
"	94	C-1	"
Nielfa	72	A-4	02
Nieremberg	72	C-2	02
Nikola Tesla	145	C-1	31
Nimes	110	B-2	32
Niño	129	B-2	32
Niño Jesús, Pza.	106	B-4	09
Níquel	174	A-3	21
Níscalo	46	A-1	23
Níspero	52	A-1	36
Nivar	156	B-2	41
Niza, Avda.	95	A-3	22
Nobelio	173	C-2	21
Noblejas	103	C-2	13
Nochebuena, La	139	C-1	26
Noez	172	C-3	41
Nogal	50	B-2	39
Nogales, Los	122	A-2	05
Nopalera	135	C-1	24
Noray	77	C-1	42
Norberto	142	C-1	53
Normandía	95	C-2	22
Normas, Las	73	B-1	43
Norte	88	A-3	15
Norte (Las Cumbres)	104	C-3	31
Norte, Pza.	31	A-4	29
Noruega	94	C-2	22
Novecento	143	C-4	18
November	60	B-4	42
"	80	A-1	42
Novena	52	C-4	16
Noviciado	88	A-4	15
Noviembre	79	C-2	22
Nuestra Señora de las Angustias	52	A-1	36
Nuestra Señora de la Antigua	137	C-4	25
Nuestra Señora de Araceli	39	A-4	42
" " "	59	A-1	"
Nuestra Señora de Begoña	179	C-1	21
Nuestra Señora de Begoña, Avda.	23	A-4	23
" " "	43	A-1	"
Nuestra Señora de la Blanca	77	A-2	22
Nuestra Sª del Buen Camino, Pza.	45	A-3	23
Nuestra Señora del Buen Consejo, Pza.	45	A-3	23
Nuestra Sª de la Candelaria, Pza.	91	B-2	37
Nuestra Señora del Carmen	50	B-3	39
Nuestra Señora de los Dolores	50	B-1	39
Nuestra Señora de la Esperanza	121	A-4	19
Nuestra Señora de Fátima, Avda.	137	B-2	47

86

Prefijo Postal 280 MADRID

NOMBRE	PLANO PARCIAL	C.P.
Nuestra Señora de Gracia	152 C-3	44
Nuestra Señora de Guadalupe	91 A-2	28
Nuestra Señora de Loreto, Pza.	38 B-4	42
Nuestra Señora de Luján	52 A-3	16
Nuestra Señora de la Luz	137 A-2	
CÓDIGOS POSTALES		
1 al 37 y 2 al 54		25
39 y 56 al final		47
Nuestra Señora de las Mercedes	125 A-3	38
Nuestra Señora de la Paz	124 B-1	07
Nuestra Sª del Perpetuo Socorro	125 A-4	53
Nuestra Señora del Pilar, Pza.	72 B-4	02
Nuestra Señora del Prado, Pza.	29 C-1	34
Nuestra Señora del Recuerdo	52 C-4	36
Nuestra Señora del Rosario	152 C-1	44
" "	153 A-1	"
Nuestra Señora de la Soledad	153 A-2	44
Nuestra Señora de la Torre	145 C-4	31
Nuestra Señora del Tránsito, Pza.	54 B-3	43
Nuestra Señora de Valvanera, Avda.		
1 al 101 y 2 al 102	138 A-1	25
al 179 y al 158	119 C-4	"
CÓDIGOS POSTALES		
1 al 121 y 2 al 118		25
123 y 120 al final		47
Nuestra Señora de Valverde	9 C-3	34
" "	17 B-2	"

NOMBRE	PLANO PARCIAL	C.P.
Nuestra Señora del Villar	92 A-4	17
" "	107 C-1	"
Nueva Almodóvar, Pza.	138 A-1	19
Nueva Caledonia	49 A-2	35
Nueva de El Pardo	4 A-1	48
Nueva Orleans, Pza.	73 C-3	27
Nueva Zelanda	49 A-2	35
Nueve	77 C-3	22
Nueve, Los; Trv.	50 B-1	39
Nuevo Baztán	124 C-2	07
Nuevos Ministerios, Pza.	71 A-4	03
Numancia	49 C-4	39
Nuncio	104 A-3	05
Nuncio, Trv.	103 C-3	05
Núñez de Arce	104 B-3	12
Núñez de Balboa		
1 al 15 y 2 al 12	105 C-1	06
al 133 y al 122	89 C-2	"
CÓDIGOS POSTALES		
1 al 73 y 2 al 68		01
75 y 70 al final		06
Núñez Morgado	51 C-1	36
Nuño Gómez	179 B-1	21
Nuñomoral	135 A-4	44
Núremberg	110 B-2	32
Nuria		
1 al 83 y 2 al 64	16 B-3	34
al 93 y al 80	15 C-2	"

NOMBRE	PLANO PARCIAL	C.P.
Oasis	171 C-4	21
"	179 C-1	"
Obanos	18 B-1	50
Obenque	78 A-1	42
Oberón	109 A-4	30
"	127 A-1	"
Obertura	102 C-3	11
Obispo, Pje.	104 A-3	05
Obispo Trejo	86 C-1	40
Oblicuo, Pte.	103 A-3	11
Oboe	33 A-1	33
Óbolo	153 C-2	54
Obra, La; Pza.	94 B-4	37
Obradoiro, Pza.	11 B-1	50
Oca, La	138 A-1	25
Ocaña		
1 al 147 y 2 al 88	136 C-2	44
al 207 y al 106	137 A-1	"
Occidente	137 B-4	25
Ochagavía	49 B-2	39

NOMBRE	PLANO PARCIAL	C.P.
Ochandiano	22 B-4	23
"	42 B-1	"
Ocho	78 A-2	22
Ocho amigos	134 B-3	24
Octava	52 C-4	16
Octavio Paz	19 C-3	50
Octubre	79 C-3	22
O'Donnell	106 B-1	
"	107 A-1	
CÓDIGOS POSTALES		
1 al 63 y 2 al 52		09
65 y 54 al final		07
O'Donnell, Eje.	108 C-3	30
"	109 B-3	"
O'Donnell, Puente	107 B-2	30
Oeste (Las Cumbres)	164 C-3	31
Oeste, Pza.	30 C-4	29
Ofelia Nieto	50 A-3	39
Ojos de las Mezquitas, Los; Pza.	157 A-1	41
Olas, Las	171 C-3	21

MADRID

Prefijo Postal 280

O

Nombre	Plano Parcial		C.P.
Olavide, Pza.	88	B-2	10
Óleo	94	B-4	37
Olesa de Monserrat	17	A-3	34
Olga Ramos, Gta.	15	A-3	35
Oliana	34	A-4	33
Olid	88	B-2	10
Oligisto	157	B-3	41
Olimpiada, La	69	C-1	40
Olimpio López	54	A-1	43
Olimpo	54	B-4	43
Olite	70	A-1	39
Oliva de Plasencia	135	A-4	44
Olivar	104	B-3	12
Olivar, Cº	35	C-3	50
Olivas, Las; Pza.	75	C-3	27
Olivillo	119	B-1	11
Olivino	65	B-1	23
Olivino, Pje.	65	B-1	23
Olivo	44	C-3	23
"	45	A-3	"
Olivos, Los	69	B-3	03
Olivos, Los; Cost.	120	A-1	11
Olivos, Los; Pº.	120	A-1	11
Olmeda	11	A-4	50
"	19	A-1	50
Olmo	104	C-3	12
Olmos, Los; Pº.	121	C-1	05
Olombrada	17	B-3	34
Oltra	73	A-4	28
"	91	A-1	"
Olvoga	53	B-I	33
Olvido	140	B-3	26
Olvido, Trv.	140	B-2	26
Ombú	124	A-4	45
Omega	129	B-2	32
Once	77	C-3	22
Once Vigas, Las	153	A-4	54
Ondárroa	22	B-4	23
Ónice	123	B-4	45
"	141	B-1	"
Onil	136	A-2	24
Ontaneda	144	B-1	38
Ontanilla	154	B-1	25
Oña	18	C-4	50
"	19	B-3	"
Oñate	51	A-2	20
Ópalo	172	B-4	21
Opañel, Trv.	139	A-1	19
Opón	34	C-4	33
Oporto, Avda.	139	A-2	19
Ópticos	94	B-4	37
Oquendo	71	C-4	06
Orcasitas	91	A-1	28
Orcasur, Avda.	156	B-2	41
Orcasur, Pº.	156	A-1	26

Nombre	Plano Parcial		C.P.
Orden	70	B-2	20
Ordizia	155	C-3	41
Ordóñez	31	A-4	29
Ordoño	102	A-4	11
Ordoño, Pza.	102	A-4	11
Orduña	17	B-3	34
Orégano	65	B-1	23
Oreja, La	155	B-2	41
Orellana	88	C-4	04
"	89	A-4	"
Orense			
1 al 35 y 2 al 30	71	A-1	20
al 83 y al 70	51	A-3	"
Orfebrería, La	93	C-4	37
Orfeo	76	B-3	22
Orfila	89	A-3	10
Orgaz	121	C-3	19
Oria	71	C-2	02
Oriana	123	C-4	45
Oriente	103	C-4	05
Oriente, Pza.	103	C-2	13
Orio	172	C-3	41
Orión	39	A-3	42
Orizaba	75	B-4	27
Órjiva	156	B-3	41
Oro	174	A-3	21
Oropéndola, La	138	B-3	25
Orotava, La; Pza.	93	A-2	17
Orovilla, Avda.	157	B-4	41
" "	173	B-1	"
Oroya	120	C-4	19
Orquídeas, Las	50	B-2	39
Ortega y Munilla, Pza.	121	C-2	05
Ortigosa, Pza.	73	B-1	43
Ortiz Campos	140	A-2	26
Oruro	52	A-4	16
Orusco, Pje.	109	B-4	30
Orza, La	65	B-1	23
Osa Mayor, La; Avda.			
1 al 61 y 2 al 44	45	A-3	23
al 95 y al 84	44	B-3	"
Osa Menor, La	45	A-3	23
Osa de la Vega, La	151	B-1	44
Óscar	80	B-1	42
Osiris	76	B-4	37
Oslo	95	B-4	22
Oso	104	B-4	12
Otamendi	50	A-4	39
Oteiza	157	B-2	41
Otero	91	A-1	28
Otero y Delage	28	C-3	35
" "	29	A-3	"
Otero de los Herreros	17	B-3	34
Oteruelo del Valle	14	B-2	49
Otoño	79	C-3	22

88

Prefijo Postal 280 — MADRID

Nombre	Plano Parcial		C.P.
Oudrid	50	A-4	39
Oviedo	70	C-2	20
Oxalis	120	B-4	19

Nombre	Plano Parcial		C.P.
Oxígeno	172	B-4	21
Oxígeno, Trv.	172	A-4	21
Oyarzun, Pza.	155	B-3	41

Nombre	Plano Parcial		C.P.
Pablo Aranda	71	C-4	06
Pablo Casals	102	C-4	11
"	103	A-3	"
Pablo Gargallo	28	A-3	35
Pablo Iglesias, Avda.	49	C-4	17
" "	69	C-1	"
Pablo Iglesias, Avda.	70	A-2	
Códigos Postales			
1 al 19 y 2 al 26			03
21 y 28 al final			39
Pablo Jiménez Cano	92	A-2	17
Pablo Lafargue	107	C-1	17
Pablo Luna	31	C-2	46
Pablo Montesinos	121	B-3	15
Pablo Neruda, Avda.			
2	126	C-4	
al 55 y al 102	144	B-2	
al 75 y al 116	143	C-3	
Códigos Postales			
1 al 23 y 2 al 68			38
25 y 70 al final			18
Pablo Ortiz	140	A-2	26
Pablo Rica	142	C-1	53
Pablo Sánchez	73	C-4	27
Pablo Sarasate	120	B-1	47
Pablo Serrano (Hortaleza)	34	B-4	43
" "	54	B-1	"
Pablo Serrano (part.) (Fuencarral)	14	B-1	49
Pablo Vidal	53	B-3	43
Paca Díaz	45	A-3	23
Pacífico, Puerta	106	A-4	09
Paco Martínez Soria, Gta.	143	B-3	18
Pacorro	138	B-1	19
Padilla	90	A-2	06
Padilla de Duero	34	A-4	43
Padornelo	11	A-3	50
Padre Amigó	137	C-4	25
Padre Arrupe	197	A-4	55
Padre Cipriano, Avda.	4	A-2	48
Padre Claret	73	A-2	02
Padre Coloma	73	C-4	27
Padre Damián	51	C-3	36
"	71	B-1	"
Padre Francisco Palau y Quer, Avda.	31	C-3	46
Padre Gregorio de Céspedes	132	C-3	52
Padre Huidobro, Avda. (A-6)			
al km. 7	47	B-4	

Nombre	Plano Parcial		C.P.
al km. 8	46	B-3	
al km. 10	45	B-2	
al km. 11	44	C-1	
al km. 12	43	C-1	
al km. 13	42	C-1	
al km. 14	22	A-4	
Códigos Postales			
1 y 2 al km. 7,000			40
km. 7,001 al final			23
Padre Indalecio Hernández	72	B-4	02
Padre Jesús Ordóñez	72	A-4	02
Padre José María	156	C-3	41
Padre Llanos, Avda.	159	C-1	53
Padre Oltra	121	C-4	19
Padre Piquer, Avda.			
1 al 23 y 2 al 36	117	C-4	24
al 57 y al 56	136	A-1	"
Padre Poveda	81	B-3	22
Padre Rubio	30	C-4	29
"	31	A-4	"
Padre Rubio, Trv.	31	A-4	29
Padre Xifré	72	B-4	02
Padres Dominicos	11	C-4	50
Padrino, El	143	B-3	18
Padrón, Pza.	30	A-3	29
Padul	156	C-3	41
Paisaje de Aranjuez	152	B-2	54
Paipa	35	A-4	33
Paja, La; Pza.	103	C-3	05
Pajarera Real	137	C-3	25
Pajaritos, Los	124	C-1	07
Pajarones, Los	38	C-3	42
Pajarones (part.)	38	C-3	42
Pajarones, Pza.	38	C-3	42
Palacio, Avda.	4	B-3	48
Palacio de la Zarzuela, Cº	3	C-3	48
Palacios	50	B-3	39
Palafox	88	B-3	10
Palamós	144	B-1	38
Palanquinos	94	A-4	37
Palas de Rey	10	C-2	50
"	11	A-3	"
Palau de la Música	152	A-4	54
Palazuelos	162	A-2	31
Palencia	70	C-2	20
Palermo	54	B-3	43
Palestina	145	C-3	31
Palma del Río	51	C-1	36

MADRID

Prefijo Postal 280

Nombre	Plano Parcial		C.P.
Palma, La	88	B-4	
Códigos Postales			
1 al 55 y 2 al 48			04
57 y 50 al final			15
Palmas, Las	90	C-2	28
Palmera, La	31	A-4	29
Palmeral de Elche	152	A-3	54
Palmeros	7	B-4	49
Palmípedo	119	B-1	47
Palmito	52	B-2	16
Palo de la Rosa	122	A-2	05
Paloma, La	103	C-4	05
Paloma de la Paz, Pza.	181	B-1	21
Palomares	171	C-4	21
"	172	A-4	"
Palomares, Trv.	172	A-4	21
Palomeras	142	C-1	53
"	143	A-1	"
Palomeras, Avda.	144	A-2	
Códigos Postales			
1 al 101 y 2 al 98			18
103 y 100 al final			38
Palomeras, Trv.	142	C-1	53
Palos de la Frontera	122	C-2	
"	123	A-2	
Códigos Postales			
1 al 13 y 2 al 28			12
15 y 30 al final			45
Palosanto	65	C-1	23
Pamplona	50	A-4	39
Pan	94	D-2	37
Pan de Azúcar	16	A-3	34
Pan y Toros	173	A-1	41
Panaderos	28	C-2	35
Panaderos, Cº.	25	A-1	23
Panamá	51	B-4	36
Pancorbo	17	C-4	34
Pando	50	A-1	29
Pando, Trv.	50	B-1	29
Pandora	76	B-3	47
Panecillo, Pzo.	104	A-3	05
Panizo	50	B-3	39
Panticosa	16	B-4	34
Pantoja	72	C-2	02
Pañería, La	94	B-3	37
Papa	60	B-4	42
"	80	B-1	42
Papa Negro, Avda.	55	C-4	43
" "	75	B-1	"
Papagayo	138	B-3	25
Papelería, La	94	A-4	37
Paquitín, Pje.	75	C-4	37
Parada, Trv.	104	A-1	15
Paradinas	121	B-1	05
Parador de Santa Lucía	76	C-2	22
Parador del Sol	121	C-4	19
" "	139	C-1	"
Paradores, Los	21	C-2	23
Paraguay	52	C-3	16
Paraguay, Pº.	105	C-2	09
Paraguaya, La	152	C-1	44
Paraíso	128	C-2	32
Paramento	94	C-3	37
Paraninfo, Avda.	68	C-1	40
Paravicinos	50	A-4	39
Pardo, Pº.	1	C-4	48
"	4	A-1	"
Pardo Bazán	72	C-1	16
Pardo, El; Ctra. (M-30)	67	C-3	
"	86	A-1	
Códigos Postales			
Puente de Castilla al km. 3,500			35
km. 3,501 al final			48
Pardo, El; Ctra. (antigua)	86	A-1	40
Pardo a Fuencarral, Ctra. (M-612)			
al km. 2	7	B-3	
al km. 7	4	C-3	
Códigos Postales			
Inicio al F.F. C.C. de enlace			34
F.F. C.C. al Canal de Isabel II			49
Canal de Isabel II al final			48
Pardo a la Playa de Madrid, Ctra.	26	C-2	23
Paredes de Nava	109	C-1	17
Parma	54	A-4	43
"	74	A-1	"
Parodia, Avda.	119	A-1	11
Parque, Avda.	130	B-4	52
Parque Agustín Rodríguez Sahagún	49	C-1	39
Parque Ajofrín	93	C-4	37
Parque Alcalde Carlos Arias	118	B-4	24
Parque Alfredo Kraus	34	C-4	33
Parque Almansa	69	C-4	20
Parque de la Almudena	109	B-1	17
Parque de Aluche	118	B-4	47
Parque de la Amistad	173	A-4	21
Parque Amós de Acero	143	A-1	53
Parque Ana Tutor	15	B-4	35
"	29	B-1	"
Parque Antonio Pirala	91	B-3	17
Parque Arcos de Jalón	109	C-1	37
Parque de la Arganzuela	122	A-3	05
Parque Arquitecto Antonio Palacios	76	C-4	22
Parque de Arriaga	92	C-4	17
Parque de Atenas	103	B-3	05
Parque de Atracciones	101	A-3	11
Parque de Azorín	143	C-1	18
Parque de Barajas	75	C-2	42
Parque de Berlín	72	B-1	02
Parque Biológico	128	B-2	32
Parque de Blas de Otero	49	B-2	39

Prefijo Postal 280 — MADRID

Nombre	Plano Parcial	C.P.
Parque de la Bombilla	86 C-3	08
Parque Bosque de los Ausentes	105 B-3	14
Parque de Breogán	91 B-1	28
Parque Caballerizas de Carabanchel Alto	153 C-4	54
Parque de Calero	92 A-1	27
Parque de Canillejas	76 C-4	22
Parque de Caramuel	102 C-4	11
Parque Cerro Almodóvar	119 B-4	47
Parque Cerro de las Balas	69 A-1	40
Parque de Cerro Peñabel	29 B-3	35
Parque Cerro del Tío Pío	125 C-3	38
Parque Charles Darwin	125 C-1	30
Parque Ciudad de los Ángeles	172 C-2	41
Parque Clara Campoamor-Santa Margarita	135 A-3	44
Parque Concejal Martín Vela	4 A-2	48
Parque de Comillas	121 C-4	19
Parque de la Cornisa	103 B-4	05
Parque de las Cruces	136 C-4	44
Parque Cuña Verde de Latina	119 B-4	47
Parque Cuña Verde de O'Donnell	108 B-3	30
Parque de la Dehesa Boyal	173 B-4	21
Parque de la Dehesa de la Villa	49 A-4	40
Parque de Doña Guiomar	33 C-3	33
Parque de Doñana, Calle	152 A-2	54
Parque del Duque de la Ahumada	129 A-1	32
Parque de El Buen Retiro	105 C-3	09
Parque El Capricho	57 C-4	42
Parque de la Elipa	107 C-2	17
Parque Emir Mohamed I	103 B-3	13
Parque Emperatriz María de Austria (Parque Sur)	138 C-4	25
" "	139 A-4	"
Parque de Enrique Tierno Galván	123 C-4	45
Parque de Entrevías	158 C-2	53
Parque Espinillo	157 B-4	41
Parque Eugenia de Montijo	136 C-4	47
" "	137 A-3	"
Parque de Félix Rodríguez de la Fuente	73 A-1	02
Parque El Ferrol	30 A-3	29
Parque Fofó	143 B-3	18
Parque Fontarrón	127 A-4	30
Parque Forestal de Entrevías	159 A-2	18
Parque de la Fuente Carrantona	127 A-4	30
Parque de Garajonai, Calle	152 B-4	54
Parque Güell, Calle	152 A-4	54
Parque Huerta del Obispo (Villaverde)	171 C-4	21
Parque Huerta del Obispo (Tetuán)	50 A-2	39
Parque Isabel Clara Eugenia	34 B-4	33
Parque Juan Carlos I	56 C-2	42
Parque Lineal de Palomeras	145 A-1	18
Parque Lineal del Manzanares	141 B-4	41
" "	157 C-2	"
Parque de la Maceta	110 B-4	32
Parque de Manoteras	33 B-3	33
Parque del Manzanares	120 C-2	19
Parque Mirador Miguel Sarabia	156 B-1	41
Parque Mar Océana	4 A-2	48
Parque Martin Luther King	124 C-2	07
Parque de la Montaña	87 B-4	08
Parque Monte del Clínico	69 A-4	40
Parque de Moratalaz	108 B-4	30
Parque del Movimiento Vecinal	30 C-4	29
Parque Municipal de Fuencarral	9 B-4	34
Parque Norte	31 A-2	29
Parque del Oeste	86 C-2	08
Parque de Ofelia Nieto	69 B-1	40
Parque de Olof Palme	139 C-3	26
Parque Opañel	139 A-2	19
Parque Orlando Zapata Tamayo	52 B-4	16
Parque de la Paloma	139 C-4	26
Parque Palomeras Bajas, Avda.	143 B-4	18
Parque del Paraíso	94 A-3	37
Parque de la Peseta	152 C-4	54
Parque Pinar del Arroyo de Cantarranas	68 C-2	40
Parque Pinar del Arroyo de las Damas	68 B-1	40
Parque Pinar del Arroyo de la Puerta Verde	68 B-1	40
Parque Pinar de Barajas	75 B-2	43
Parque Pinar de las Ciencias	69 A-2	40
Parque Pinar del Jardín Botánico	69 A-3	40
Parque Pinar de las Letras	68 A-2	40
Parque Pinar del Rey	53 C-2	43
Parque Los Pinos	30 B-4	29
Parque Plantas y Flores	154 A-1	25
Parque de Pradolongo	140 A-4	26
Parque Quinta de la Fte. del Berro	91 B-4	28
Parque Quinta de los Molinos	75 C-3	27
Parque de Roma	107 B-2	07
Parque Salón de Pinos	86 B-3	08
" "	103 A-3	11
" "	121 C-3	19
" "	140 C-1	45
Parque de San Blas	94 A-3	37
Parque de San Isidro	120 C-3	19
Parque de Santa Eugenia	146 C-3	31
" "	147 A-3	"
Parque de Santander	70 A-3	03
Parque Sorolla	30 C-4	29
Parque Templo de Debod	87 B-4	08
Parque de la Tinaja	86 C-3	08
Parque Tio Basilio	171 C-3	21
Parque Torre Arias	76 A-3	27
Parque de los Tres Ojos	56 C-2	07
Parque de la Vaguada	29 C-2	29
Parque de Valdebernardo	128 C-3	32
Parque Vallecas-Villa	161 C-2	31
Parque de la Ventilla	30 C-3	29
Parque de la Vicalvarada	111 A-4	32

MADRID — Prefijo Postal 280

NOMBRE	Plano Parcial		C.P.
Parque de Villa Rosa	55	B-1	43
Parque de la Virgen Blanca	69	A-4	40
Parque de la Volatería	154	A-2	25
Parque Zoológico	100	B-4	11
Parra, La	138	B-2	25
Parral, El	73	A-4	28
Párroco Don Emilio Franco	142	C-1	53
"	143	A-1	"
Párroco Eusebio Cuenca	123	A-3	45
Párroco Julio Morate	122	C-3	45
Párroco Luis Calleja, Pza.	76	C-3	22
Párroco Máximo Martínez de Castro	58	C-1	42
Parroquia, La; Pza.	137	C-2	25
Partenón, Avda.	56	C-2	42
Parterre, Pº	105	B-3	09
Parterre, Pza.	153	A-1	44
Participación, La	155	C-2	41
Parvillas Altas	180	A-1	21
Parvillas Altas, Cjón.	180	A-1	21
Parvillas Bajas	171	C-4	21
"	172	A-4	"
"	180	A-1	"
Parvillas, Pza.	180	A-1	21
Pasa, La	104	A-3	05
Pascual Bravo, Gta.	35	C-3	55
Pascual Rodríguez	119	B-1	11
Pasifae	78	A-3	22
Pasionaria, La	65	B-1	23
Paso Villamanrique	146	A-4	31
Pasteur	6	C-1	49
Pastor	69	B-3	03
Pastor Muriel	120	B-1	47
Pastora Imperio	32	B-1	36
Pastores, Los	93	C-3	37
Pastrana	75	A-4	27
Paterna	181	C-2	21
Patilla, La	137	C-4	25
Patines, Los; Gta.	102	A-2	11
Patio Don Román	125	B-2	38
Patio de la Imprenta	106	C-3	07
Patio de la Litografía	106	C-3	07
Patio de Santiago	125	B-1	38
Patones	16	B-4	34
"	30	B-1	"
Patriarca, Cost.	120	A-1	11
Patriarca Eijo Garay	14	B-1	49
Patriarca Eijo Garay, Pza.	102	A-4	11
Patriarca San José	93	C-3	37
Patricio Aguado, Pza.	55	A-2	43
Patricio Martínez, Pza.	117	C-3	24
Patrimonio de la Humanidad	152	A-4	54
Patrocinio Gómez	76	B-2	22
Paul Guinard	68	B-4	40
Paula Montal, Pza.	153	A-1	44
Paula de la Vega	34	B-4	33
Paular, El	109	B-4	30

NOMBRE	Plano Parcial		C.P.
Paular, Pza.	92	A-2	27
Paulina Odiaga			
2 al 18	121	A-4	19
al 38	120	C-4	"
Pavía	103	C-2	13
Pavo Real	64	B-1	23
Payaso Fofó	125	B-4	18
"	143	A-2	"
Paz, La	104	B-2	12
Paz, La; Avda. (M-30)	32	B-4	
" "	52	C-2	
" "	53	A-4	
" "	73	B-3	
" "	91	B-4	
" "	107	B-3	
" "	124	C-2	
" "	125	A-1	
" "	142	A-1	
CÓDIGOS POSTALES			
Avda. Córdoba al Río Manzanares			41
Río Manzanares a la Avda. de la Albufera			18
Avda. de la Albufera a la Avda. del Mediterráneo			38
Avda. del Mediterraneo a la Calle O'Donnell			30
Calle O'Donnell a la Calle de Alcalá			17
Calle de Alcalá a la Avda. de América			27
Avda. de América al Puente de Costa Rica			43
Puente de Costa Rica a la Avda. de Burgos			33
Paz, La; Pje.	89	A-3	01
Paz, La; Pte.	73	B-4	27
Peal	143	A-4	53
Pechuán	72	A-3	02
Pedernal	129	C-1	32
Pedernoso, El	55	B-1	43
Pedralba	110	A-1	37
Pedraza	17	A-3	34
Pedreña	126	B-4	18
Pedrezuela	91	C-3	17
Pedriza, La	73	A-1	02
Pedro Alonso	55	A-2	43
Pedro Antonio de Alarcón	92	C-3	17
Pedro Barreda	70	A-2	39
Pedro Bautista Pino	55	C-4	43
Pedro Bosch	124	A-3	
CÓDIGOS POSTALES			
1 y 2 al puente del F.F. C.C.			45
Puente del F.F. C.C. al final			07
Pedro Callejo	144	A-1	38
Pedro Campos	139	B-1	19
Pedro Casariego, Gta.	20	C-3	55

MADRID

Prefijo Postal 280

NOMBRE	PLANO PARCIAL		C.P.
Pedro Díez, Avda.	138	B-1	19
Pedro Domingo	138	B-2	25
Pedro Escudero	143	C-2	18
Pedro Fernández Labrada	102	C-3	11
Pedro García Méndez	125	B-3	38
Pedro García Ortiz	129	A-4	52
" "	148	A-2	"
Pedro Heredia	91	A-3	28
Pedro Jiménez	180	A-1	21
Pedro Laborde	144	A-2	
CÓDIGOS POSTALES			
1 al 25 y 2 al 52			38
27 y 54 al final			18
Pedro Laborde, Trv.	144	B-1	38
Pedro Marcos, Pza.	126	B-4	38
Pedro Martínez	120	A-3	19
Pedro Mata, Avda.	52	B-2	16
Pedro Medrano	50	B-1	29
Pedro Moreno	51	A-2	20
Pedro Muguruza	51	C-2	36
Pedro Muñoz Seca	105	A-1	01
Pedro Pérez Alonso	28	C-4	35
Pedro Portillo	14	C-4	35
Pedro de Répide	102	B-4	11
Pedro De Ribera	201	A-1	55
Pedro Rico	30	C-1	29
"	31	A-1	"
"	31	B-2	"
Pedro Rogel	70	A-1	39
Pedro Romero	74	C-1	43
Pedro Sáinz Rodríguez	197	A-4	55
Pedro Salinas	53	B-4	43
Pedro Teixeira	51	A-4	20
Pedro Tezano	50	A-3	39
Pedro Unanué	122	C-1	45
"	123	A-2	"
Pedro de Valdivia	71	C-4	06
" "	72	A-4	"
Pedro Villar	50	C-2	20
Pedro Yagüe	122	A-4	19
Pedroches	142	C-4	53
Pedroñeras, Las	55	B-2	43
Pedrosa del Príncipe	162	A-2	31
Pegaso	54	A-2	43
Pego	94	A-4	37
"	110	A-1	"
Peguerinos	28	A-4	35
"	48	B-1	"
Peironcely	142	C-4	53
Pelayo	88	C4	04
"	104	C-1	"
Peleteros, Los	94	B-3	37
Pelicano	138	C-3	25
Peloponeso	110	A-3	17
Péndulo	128	A-4	32
Penélope	39	A-3	42

NOMBRE	PLANO PARCIAL		C.P.
Península, La	86	A-3	08
Pensamiento	50	C-3	20
"	51	A-3	"
Peña Amaya	143	A-2	18
Peña Ambote	146	A-4	31
"	162	A-1	"
Peña del Águila	14	C-4	35
Peña de la Atalaya	142	C-2	53
" "	143	A-2	"
Peña Auseba	16	B-2	34
Peña de Cavero	162	A-1	31
Peña de Cavero, Pza.	162	A-1	31
Peña Cerredo	146	A-4	31
Peña Cervera	162	A-2	31
Peña Citores	16	C-3	34
Peña Corada	143	A-2	18
Peña del Cuervo	15	B-4	35
Peña Dorada	15	C-4	34
Peña Falconera	143	A-2	18
Peña de Francia	104	A-4	05
" "	122	A-1	"
Peña Gorbea	124	C-4	53
"	125	A-4	"
Peña Grande, C°.	7	B-4	35
"	15	B-1	"
"	29	B-4	"
Peña Gudina, Pza.	143	A-2	18
Peña Horcajo, Pza.	29	A-1	35
Peña Labra	125	C-1	38
Peña de la Miel	142	C-3	18
" "	143	A-3	"
Peña Morraz, Pza.	144	A-1	38
Peña Nevada	162	A-2	31
Peña Nofre	125	B-4	53
Peña Nueva	162	A-2	31
Peña de Oroel	146	A-4	31
Peña del Oso	16	B-3	34
Peña Oville	162	A-1	31
Peña Pintada	16	B-3	34
Peña Prieta, Avda.			
1 al 13 y 2 al 24	124	C-3	38
al 51 y al 114	125	A-2	"
Peña Redonda	125	B-4	53
Peña Rivera	162	A-1	31
Peña Rubia	124	C-3	53
Peña Santa	16	B-2	34
Peña Sirio	16	B-3	34
Peña del Sol	16	B-3	34
Peña Sorrapia	162	A-2	31
Peña Trevinca	125	B-4	
"	143	B-1	
CÓDIGOS POSTALES			
1, 2 y 4			53
3 y 6 al final			18
Peña Ubiña	124	C-4	53
Peña de Vargas	162	A-1	31

MADRID
Prefijo Postal 280

P

Nombre	Plano Parcial		C.P.
Peña Veiga	146	A-4	31
Peña Vieja	16	A-2	34
Peña del Yelmo, La	24	C-4	23
Peñablanca, Pza.	92	A-2	27
Peñafiel	120	C-4	19
"	121	A-4	"
Peñalara	72	C-2	02
Peñalara de Aravaca	43	C-3	23
Peñalba	136	A-1	24
Peñarroya	142	C-4	53
Peñas del Arcipreste	15	B-4	35
Peñas del Castillo	162	A-1	31
Peñas Largas	162	A-1	31
Peñaranda de Bracamonte	162	C-3	51
"	163	A-2	"
Peñascales			
1 al 7 y 2 al 8	90	C-4	28
al 47 y al 70	91	A-4	"
Peñota, La	73	A-1	02
Peñuelas, Las	122	B-2	05
Peñuelas, Las; Pza.	122	B-2	05
Peones	94	B-4	37
Peonias, Las	76	B-1	42
Pepe Hillo	74	C-1	43
Pepe Isbert	109	C-1	17
Pepión	153	C-2	54
Peralejo	157	A-1	41
Perales, C°	141	B-4	"
"	157	B-2	"
Códigos Postales			
1 al 5 y 2 al 6			26
7 y 8 al final			41
Perales, P°	119	C-1	11
Perales del Río, C°	181	B-4	21
" "	187	C-1	"
" "	189	B-3	"
Perales del Río a Vallecas, C°	161	C-2	31
Perales de Tajuña	140	C-2	26
Perdida, Plazoleta	101	A-1	11
Perdiz, La	101	B-4	11
Perejil	172	C-3	21
Perelada	144	B-1	38
Pérez Ayuso	72	B-2	02
Pérez Cidón	74	C-3	27
Pérez Cidón, Gta.	74	C-3	27
Pérez Escrich	120	C-4	19
"	121	A-4	"
Pérez Galdós	104	B-1	04
Pérez Galdós, Gta.	106	A-3	09
Pérez Herrera	72	B-2	02
Pérez de Victoria	44	C-3	23
Pérez de Victoria, Trv.	44	C-3	23
Pergamino	128	A-4	32
Periana	157	B-3	41
Pericles	102	B-4	11

Nombre	Plano Parcial		C.P.
Perico El Gordo	121	A-4	19
Perindolas, Las	17	B-1	34
Perla, La; Avda.	157	A-2	41
Perpetua Díaz	140	A-3	26
Perrault, Pte.	121	A-1	05
Perseo	124	C-1	07
"	125	A-1	"
Perseo, Pza.	107	A-4	07
Persuasión	91	C-1	27
Perú, Avda.	105	C-2	09
Perú, Pza.	52	B-3	16
Peruchos, Los	128	A-3	32
Pescadores, Los	94	B-2	37
Pescara	109	C-3	32
Peseta, La; Avda.	152	A-4	54
"	153	B-4	"
Peso Hispano	153	B-3	54
Pesquera del Duero	54	A-3	43
Petirrojo	137	B-1	47
Petróleo	141	A-4	41
Petunias, Las	56	A-4	42
"	76	B-2	"
Peyre	90	C-4	28
Pez			
1 al 3	104	B-1	04
al 29 y al 40	88	B-4	"
Pez Austral	107	A-3	07
Pez Volador			
1 al 19 y 2 al 12	106	C-3	07
al 40	107	A-3	"
Piamonte	88	C-4	04
"	89	A-4	"
Piano	195	A-4	52
Pianoforte	152	A-3	54
Picadero, C°	134	B-1	24
Picasso, Pza.	71	A-2	20
Picaza	119	B-4	47
"	137	B-1	"
Piceas, Las; Avda.	56	A-4	43
"	75	C-1	"
Pico del Águila	72	B-1	02
Pico de Alba	125	B-4	18
Pico Almanzor	125	A-2	38
Pico Almenara	25	B-3	23
Pico Anayet	125	B-2	38
Pico de los Artilleros			
1 al 33 y 2 al 52	108	C-4	30
al 85 y al 154	126	B-2	"
Pico Balaitus	15	A-4	35
"	29	A-1	"
Pico Beriáin	145	C-4	31
Pico de la Brújula	162	A-1	31
Pico Cebollera	124	C-3	53
Pico Cejo	124	C-3	38
"	125	A-3	"

Prefijo Postal 280 MADRID

Nombre	Plano Parcial		C.P.
Pico Chilegua	162	B-1	31
Pico de la Cierva	146	B-4	31
"	162	B-1	"
Pico Clavero	125	A-2	38
Pico Collarada	142	C-2	53
Pico Cuadramón	125	B-2	38
Pico Espiguete	146	A-3	31
Pico de la Golondrina	24	C-4	23
Pico de Javalón	124	B-4	53
"	142	C-1	"
Pico de la Majalasna	29	A-1	35
Pico de la Maliciosa	125	B-4	38
Pico Mampodre	146	A-4	31
Pico Maupas	142	C-1	53
Pico de la Miel	44	B-3	23
Pico Milano	15	C-4	34
Pico Moncayo	125	A-1	38
Pico de Montánchez	146	A-4	31
Pico de la Muela	125	A-4	53
Pico Mulhacén	125	A-2	38
Pico Ocejón	44	B-3	23
Pico Pasapán	16	A-3	3
Pico de Peña Golosa	125	C-2	38
Pico de la Pinareja	29	A-1	35
Pico del Saltadero	125	B-1	38
Pico Salvaguardia, Pza.	29	A-1	35
Pico Teide	143	A-2	18
Pico Tres Provincias	24	B-4	23
"	44	B-1	"
Pico Veleta	125	B-2	38
Picos de Europa	125	B-4	38
Picos de Urbión	145	C-3	31
Piedrabuena	140	C-3	26
Piedrafita del Cebrero, Gta.	29	C-4	29
Piedrahita	137	C-4	25
Piedralaves	48	C-2	35
Piedras, Las	130	C-1	52
Pilar	117		24
Pilar Andrade	22	A-4	23
Pilar Belosillo	132	C-3	52
"	195	B-3	"
Pilar Cavero	74	B-3	27
Pilar Lorengar	173	B-2	21
Pilar de Madariaga Rojo	164	B-3	51
Pilar Millán Astray	106	C-2	09
Pilar Miró, Gta.	53	B-2	33
Pilar Nogueiro	125	B-3	38
Pilar Nogueiro, Trv.	125	B-3	38
Pilar Pérez Lavid	137	C-4	25
Pilar Rueda	125	A-2	38
Pilar de Zaragoza	90	B-1	28
Pilares, Los	39	A-3	42
Pilares, Los; Pza.	39	A-3	42
Pilarica, La	140	B-3	26
Piloo	92	C-1	27

Nombre	Plano Parcial		C.P.
Pilón, Pza.	140	A-4	26
Pimienta, La	172	C-4	21
Pinar	71	B-4	06
"	89	B-1	"
Pinar Chico, Cº	84	A-3	11
Pinar Grande, Cº.	84	A-4	11
Pinar del Rey	33	C-4	33
"	53	C-1	"
Pinar de San José	151	B-4	54
"	152	A-4	"
Pinarejos	119	A-2	47
Pinarillo	72	C-2	02
Pinazo, Los; Pza.	181	A-1	21
Pingarrón, El	125	A-4	53
Pingüino	137	A-4	47
Pinilla, La	45	A-4	23
Pinilla del Valle	72	A-3	02
Pinillas	128	A-3	32
Pinos, Los; Cº.	84	C-4	11
Pinos, Cº.	100	C-1	11
"	101	A-1	"
Pinos Alta	30	C-4	29
"	50	C-1	"
"	51	A-2	"
Pinos Alta, Trv.	50	C-1	29
Pinos Baja	30	C-4	29
"	50	B-1	"
Pinos de Osuna, Los; Pº.	58	A-4	42
"	78	A-1	"
Pinsapo	156	C-3	41
Pinto a Villaverde, Cº. Viejo	185	C-1	21
Pintor Antonio Saura	34	C-1	50
Pintor Brenes	54	A-1	43
Pintor Domínguez	106	C-1	28
Pintor Francisco Llorens	29	B-2	35
Pintor El Greco	68	A-4	40
Pintor Ignacio Zuloaga	20	A-4	50
"	34	A-1	"
Pintor Juan Gris	51	A-4	20
Pintor Lucas, Pza.	139	C-1	26
Pintor Lucio Muñoz	34	A-1	50
Pintor Moreno Carbonero	90	C-1	28
Pintor Ribera			
2 al 6	52	C-4	16
al 33 y al 22	53	C-4	"
al 41 y al 28	73	A-1	"
Pintor Rosales, Pº.			
2 al 66	87	A-3	08
al 74	86	C-2	"
Pintor Sorolla	142	C-2	53
Pintor Sorolla, Gta.	88	C-1	10
Pintores	94	B-4	37
Pinzón, El	137	C-1	25
Pinzón, El; Trv.	119	C-4	25
Piña	152	C-2	44

MADRID

Prefijo Postal 280

Nombre	Plano Parcial		C.P.
Piñonero, Cº	66	B-2	40
Piñoneros, Pº	86	A-4	11
"	102	B-1	"
Piñuecar	179	B-2	21
Pío XII, Avda.	32	B-4	
"	52	B-1	
Códigos Postales			
1 al 81 y 2 al 66			16
83 y 68 al final			36
Pío Baroja	106	B-3	09
Pío Felipe	125	C-4	38
"	143	C-1	"
Pío del Río Hortega	132	C-3	52
Piqueñas, Las	152	B-3	44
Piqueñas, Las; Cº	152	A-3	44
Piquer	53	A-2	33
Piragua, La	78	A-1	42
Pirámides, Las; Gta.	121	C-2	05
Pirineos, Los	49	B-4	40
Pirita, La	141	A-3	41
Pirotecnia, La	130	A-3	
Códigos Postales			
1 al 11 y 2 al 10			32
13 y 12 al final			52
Pirra	78	A-3	22
Piscis	107	A-4	07
"	125	A-1	"
Pista, La	102	C-2	11
Pisueña	77	A-1	42
Pisuerga	71	C-2	02
Pitágoras	95	A-1	22
Píteros	29	B-4	35
Pivijay	34	C-3	33
Pizarra	103	A-4	05
Pizarro	88	A-4	04
"	104	A-1	"
Plan Parcial	156	A-2	41
Planeta	38	C-4	42
Planeta Tierra	124	A-4	45
"	142	A-1	45
Planetario, Avda.	123	C-4	45
"	141	B-1	"
Plantas, Las	65	B-1	23
Plata, La	172	A-4	21
Plata, La; Trv.	172	A-4	21
Plata y Castañar, Pº	171	B-3	21
Plátano	50	C-1	29
Plátanos, Pº	101	B-2	11
"	102	A-1	"
Platea	54	B-3	43
Platería de Martínez, Pza.	105	A-3	14
Platerías	52	A-1	16
Platillos, Los	151	C-1	54
Platino	173	B-4	21
Platón, Pza.	74	A-4	27
Playa de América	38	B-3	42

Nombre	Plano Parcial		C.P.
Playa de Aro	38	B-4	42
Playa de Barlovento	38	A-4	42
"	38	B-1	"
Playa de Bolnuevo	38	B-3	42
Playa de la Caleta	38	A-3	42
Playa de Formentor	38	B-4	42
Playa de Madrid, Ctra.	46	C-1	23
"	47	A-2	"
Playa de Poniente	38	B-3	42
Playa de Riazor	38	B-3	42
Playa de San Juan	38	B-3	42
Playa de San Lorenzo, Gta.	38	B-3	42
Playa de Sardinero	38	B-4	42
Playa de Zarauz	38	B-4	42
Plaza, La	54	B-3	43
Plaza Mayor de Salamanca, La	152	B-3	54
Plaza de Toros, La; Avda.	137	C-2	25
"	138	A-2	"
Pleamar	171	B-3	41
Pleites	21	A-3	23
Pléyades	44	C-2	23
Pléyades, Trv.	44	C-3	23
Plomada, La	94	B-4	37
Plomo	123	A-4	45
"	123	B-4	"
"	141	B-2	"
Plomo, Trv.	123	B-4	45
Plus Ultra	38	C-1	42
Pobla de Segur	53	C-1	33
Población de Campos, Pº	10	C-4	50
Poblado de Orcasitas	155	C-1	26
Poblados, Los; Avda. (M-401)	117	C-4	
" "	136	A-2	
" "	137	A-4	
" "	153	C-4	
" "	154	C-1	
" "	155	C-1	
" "	156	C-2	
Códigos Postales			
1 al 11 y 2 al 10			44
a Eugenia de Montijo			24
a Princesa Juana de Austria			25
resto			41
Poblados, Los; Vía	35	B-4	33
Pobladura del Valle	94	B-4	37
"	109	C-1	"
Poderosas, Las	39	A-3	42
Poema Sinfónico	151	B-1	54
Poeta Claudio Rodríguez	72	C-4	02
Poeta Esteban de Villegas	105	C-4	14
"	106	A-4	"
Poeta Leopoldo de Luis	70	B-1	39
Poeta Manuel del Palacio, Pza.	71	B-2	02
Poeta Rioja, Pza.	138	B-4	25
Poetas, Los	128	A-4	32
Polán	154	C-1	25

Prefijo Postal 280 — MADRID

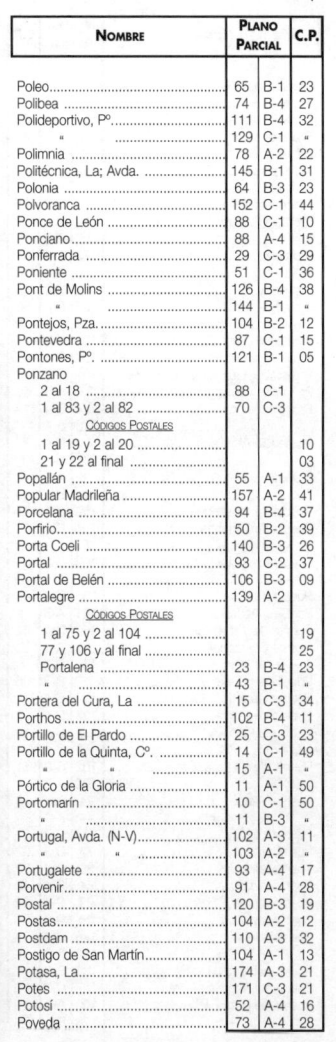

Nombre	Plano Parcial		C.P.
Poleo	65	B-1	23
Polibea	74	B-4	27
Polideportivo, Pº	111	B-4	32
"	129	C-1	"
Polimnia	78	A-2	22
Politécnica, La; Avda.	145	B-1	31
Polonia	64	B-3	23
Polvoranca	152	C-1	44
Ponce de León	88	C-1	10
Ponciano	88	A-4	15
Ponferrada	29	C-3	29
Poniente	51	C-1	36
Pont de Molins	126	B-4	38
"	144	B-1	"
Pontejos, Pza.	104	B-2	12
Pontevedra	87	C-1	15
Pontones, Pº	121	B-1	05
Ponzano			
2 al 18	88	C-1	03
1 al 83 y 2 al 82	70	C-3	
CÓDIGOS POSTALES			
1 al 19 y 2 al 20			10
21 y 22 al final			03
Popallán	55	A-1	33
Popular Madrileña	157	A-2	41
Porcelana	94	B-4	39
Porfirio	50	B-2	39
Porta Coeli	140	B-3	37
Portal	93	C-2	37
Portal de Belén	106	B-3	09
Portalegre	139	A-2	
CÓDIGOS POSTALES			
1 al 75 y 2 al 104			19
77 y 106 al final			25
Portalena	23	B-4	23
"	43	B-1	"
Portera del Cura, La	15	C-3	34
Porthos	102	B-4	11
Portillo de El Pardo	25	C-3	23
Portillo de la Quinta, Cº	14	C-1	49
"	15	A-1	"
Pórtico de la Gloria	11	A-1	50
Portomarín	10	C-1	50
"	11	B-3	"
Portugal, Avda. (N-V)	102	A-3	11
"	103	A-2	"
Portugalete	93	A-4	17
Porvenir	91	A-4	28
Postal	120	B-3	19
Postas	104	A-2	12
Postdam	110	A-3	32
Postigo de San Martín	104	A-1	13
Potasa, La	174	A-3	21
Potes	171	C-3	21
Potosí	52	A-4	16
Poveda	73	A-4	28
Poveda, Pje.	109	B-4	30
Povedilla	90	C-4	09
Poza de la Sal	147	A-4	31
Pozas	88	A-4	04
Pozas, Trv.	88	A-4	04
Pozo	104	B-2	12
Pozo del Tío Raimundo, Cº	160	B-2	31
Pozo del Tío Raimundo, Pza.	159	B-2	53
Pozoblanco	102	C-4	11
Pozohalcón	143	A-4	53
Pozohalcón, Pza.	143	A-4	53
Pozuelo a Aravaca, Cº Viejo	44	C-4	23
"	64	B-1	"
Pozuelo de Zarzón	122	B-3	05
Pradales	119	B-2	47
Prádena del Rincón	72	A-4	02
"	90	A-1	"
Pradera, La	17	B-3	34
Pradera de los Corralillos, La; Gta.	15	B-4	35
Pradera de Navalazor, La; Gta.	14	C-4	35
Pradera de Navalusilla, La; Gta.	15	C-4	35
Pradera de Navarrulaque, La; Gta.	15	B-3	35
Pradera del Salceral, La; Pza.	15	B-4	34
Pradera de Vaquerizas, La; Gta.	15	A-3	35
Pradillo	72	C-2	02
Pradillo, Pje.	72	B-4	02
Prado	104	C-3	14
Prado, Pº	105	A-3	14
Prado Alegre	117	B-3	24
Prado de Rodajos, Cº	99	A-4	11
"	117	B-1	"
Prado Merinero	152	C-4	54
Prado Overa, Cº	155	A-3	44
Prado Zurita	182	A-3	21
Pradolongo	156	A-3	41
Pradolonguillo	155	C-3	41
Pradoluengo	78	C-1	42
Praga, Gta.	55	C-2	43
Prat	128	C-2	32
"	129	A-2	"
Pravia	93	B-3	37
Preciados	104	B-2	13
Preciados, Cjón.	104	B-2	13
Prensa, La	32	C-4	33
Preludio	102	C-2	11
Presa N.º 3	86	A-2	08
Presa N.º 4	86	C-4	08
Presa N.º 5	103	A-2	11
Presa N.º 6	121	A-1	05
Presa N.º 7	121	B-2	19
Presa N.º 8	122	A-3	19
Presa N.º 9	140	C-2	26
Presidente Cárdenas, Pza.	52	A-3	36
Presidente Carmona, Avda.	50	C-4	20
"	70	C-1	"
Presidente García Moreno, Gta.	69	C-3	03

MADRID — Prefijo Postal 280

Nombre	Plano Parcial		C.P.
Pretil de los Consejos	103	C-3	05
Pretil de Santisteban	103	C-3	05
Preventorio	16	C-1	34
Priego	102	B-4	11
Prieto Ureña	52	C-2	16
Prim	105	A-1	04
Primavera, La	104	C-4	12
Primavera, La; Trv.	104	B-4	12
Primavera de Praga, La	107	C-3	30
Primera	52	C-4	16
"	72	C-1	"
Primera, Avda.	78	A-2	22
Primera, Trv.	101	C-3	11
Primero de Octubre	4	A-1	48
Primitiva Gañán	140	A-4	26
Prímula	120	B-4	19
Princesa, La	87	B-2	08
Princesa de Éboli	19	C-3	50
Princesa Juana de Austria, La; Avda. (A-42)			
al km. 5	139	B-3	"
al km. 6	155	A-2	"
al km. 8	171	A-2	"
al km. 9	178	C-2	"
Códigos Postales			
1 y 2 hasta el km. 5,200			26
km. 5,201 al km. 6,500			41
km. 6,501 al km. 9,700			21
Princesa de Kapurtala, La	164	B-3	51
Princesa Micomicona, La	9	B-4	34
Principado	153	B-4	54
Principado de Andorra, Pte.	121	A-1	05
Principal	180	B-3	21
Principal, Avda.	101	C-3	11
Príncipe	104	C-2	12
Príncipe, Cº.	102	B-1	11
Príncipe Anglona	103	C-3	05
Príncipe de Asturias	90	B-3	06
Príncipe Carlos	19	C-3	50
"	20	A-4	"
"	33	C-1	"
Príncipe de Vergara			
1 al 103 y 2 al 110	90	A-1	
al 249 y al 250	72	A-3	
al 287 y al 278	52	B-3	
Códigos Postales			
1 al 47 y 2 al 48			01
49 al 105 y 50 al 106			06
107 al 211 y 108 al 210			02
213 y 212 al final			16
Príncipe de Viana	23	C-4	23
"	24	A-4	"
"	43	C-1	"
Priora, La	104	A-2	13
Proción	43	C-1	23
Profesor Aranguren	68	B-2	40

Nombre	Plano Parcial		C.P.
Profesor José García Santesmases	68	B-1	40
Profesor Juan Iglesias	68	B-1	40
Profesor Martín Almagro Basch	87	B-4	08
Profesor Martín Lagos	69	B-4	40
Profesor Waksman	51	B-4	36
Progreso	152	C-3	44
Promesas, Las; Pza.	156	A-3	41
Prosperidad, La; Pza.	72	B-3	02
Protasio Gómez	74	C-4	27
"	75	A-4	"
Protogina	172	B-4	21
"	180	B-1	"
Provencio, El	55	C-2	43
Provenza, La	127	B-1	30
Provincia, La; Pza.	104	A-3	12
Provincias, Las	102	A-3	11
Provincias, Las; Pº.	101	B-3	11
Provincias, Las; Rda.	101	C-3	11
Provincias Vascongadas, Las; Avda.	22	A-3	23
Provisiones	104	B-4	12
"	122	B-1	"
Prudencio Álvaro	74	B-4	27
"	92	B-1	"
Prunos, Los, Avda.	76	A-1	42
Puebla, La	104	B-1	04
Puebla de Montalbán	152	B-1	44
Puebla de Sanabria	171	C-3	21
"	172	A-3	"
Pueblanueva, La	162	C-2	51
"	163	A-1	"
Pueblo, Pza.	156	B-3	41
Pueblos, Avda.	101	A-3	11
Puente del Arzobispo	162	C-1	51
Puente Colgado, Cº.	18	A-4	21
"	186	B-1	"
Puente del Duero	71	B-3	06
Puente Genil, Pza.	102	C-4	11
Puente de Praga	122	B-4	26
Puente la Reina	10	B-4	50
"	18	C-1	"
Puente de Segovia, Gta.	102	C-3	11
"	103	A-3	"
Puente Viesgo	24	A-4	23
"	44	A-1	"
Puente Vizcaya	171	C-4	21
Puenteáreas	72	C-3	02
Puentecesures	30	C-2	29
Puentecillo	54	B-4	43
Puentedeume	29	C-4	29
Puentedey	162	C-3	51
Puentelarra	146	C-4	31
"	147	A-3	"
Puerta del Ángel, La; Pº.	102	B-2	11
Puerta del Ángel, La; Pza.	102	C-3	11
Puerta del Batán, Pº.	100	A-4	11
" "	118	B-1	"

Prefijo Postal 280 — MADRID

Nombre	Plano Parcial	C.P.
Puerta Bonita	138 A-2	25
Puerta Cerrada, Pza.	104 A-3	05
Puerta de las Columnas, Ctra.	23 B-2	23
Puerta de Hierro, Avda. (A-6)	68 A-2	40
Puerta de Hierro, Gta.	47 B-4	40
Puerta Morera, Gta.	86 B-4	11
Puerta de Moros, Pza.	103 C-4	05
Puerta de Platerías	11 B-1	50
Puerta del Sol, La; Pza.	104 B-2	13
Puerta de Toledo, Gta.	121 C-1	05
Puerto Alazores	145 C-4	31
Puerto Alcolea	124 C-4	53
"	125 A-3	"
Puerto de Almansa	124 B-4	53
" "	142 C-1	"
Puerto de Alsasua	125 C-4	53
Puerto Alto	124 C-4	53
"	142 C-1	"
Puerto de Arlabán	142 C-2	53
" "	143 A-1	"
Puerto de Balbarán	142 C-3	"
" "	143 B-4	"
" "	159 C-1	"
Códigos Postales		
1 al 31 y 2 al final		53
33 al final		18
Puerto de Baños	125 A-4	53
Puerto Barazar, Pza.	155 B-2	41
Puerto de Béjar	141 B-2	45
Puerto de Benasque	146 A-4	31
Puerto de Bermeo	15 C-3	34
Puerto de la Bonaigua	143 A-2	18
Puerto del Bruch	146 B-3	31
Puerto de Canencia	125 B-2	38
Puerto de Canfranc	125 A-3	38
Puerto del Cardoso	143 C-2	18
Puerto de los Carros, Gta.	58 A-1	42
Puerto de Corlite	143 C-2	18
Puerto de Costabona	143 B-3	18
Puerto de Cotos	125 B-2	38
Puerto de la Cruz, Pza.	29 C-2	29
Puerto de la Cruz Verde	141 B-2	45
Puerto del Escudo	145 C-4	31
Puerto de Fuenfría	25 A-3	23
Puerto de Galapagar	162 B-1	31
Puerto de Ibañeta, Pza.	162 A-1	31
Puerto Idiazabal	146 A-3	31
Puerto Lápice	171 B-4	21
Puerto de los Leones	45 A-4	23
Puerto de Lumbreras	146 A-3	31
Puerto de Maderi	142 C-1	53
Puerto de la Magdalena	125 A-2	38
Puerto de la Mano de Hierro	142 C-1	53
Puerto de Maspalomas	29 C-2	29
Puerto del Milagro	143 B-3	18

Nombre	Plano Parcial	C.P.
Puerto de Miravete	141 B-2	45
Puerto del Monasterio	125 A-4	53
Puerto de la Morcuera	142 C-3	18
"	143 A-3	"
Puerto de Navacerrada	125 B-2	38
Puerto de Ory, Pza.	146 A-4	31
Puerto de Pajares	125 A-4	53
Puerto de Panticosa	125 C-4	38
Puerto del Pico	144 A-2	18
Puerto de Piedrafita	124 C-4	53
Puerto de las Pilas	145 C-4	31
Puerto de las Pilas, Trv.	145 C-4	31
Puerto de las Pilas Trv. (part.)	145 C-4	31
Puerto del Pontón, Pza.	146 A-4	31
Puerto de Porzuna	162 A-1	38
Puerto de Pozazal	145 B-4	31
Puerto Príncipe	54 B-1	43
Puerto Real	53 C-3	43
Puerto de Reinosa	146 B-4	31
Puerto de Reinosa, Trv.	146 B-4	31
Puerto del Rey	125 A-1	38
Puerto Rico		
2 al 8	72 B-1	16
al 37 y 50	52 B-4	"
Puerto Rubio, Pza.	124 C-3	53
Puerto Rubio, Trv.	124 C-3	53
Puerto de Sallent	124 C-4	53
Puerto de San Glorio, Trv.	124 C-4	53
Puerto de Santa María	54 A-4	43
" "	74 A-1	"
Puerto de Serrano	141 B-2	45
Puerto de Sollube	143 C-2	18
Puerto de Somiedo	144 A-1	38
Puerto de Somosierra	146 A-4	31
Puerto de Somport	18 C-2	50
Puerto de Suebe	125 A-3	38
Puerto de Tarancón	125 A-2	38
Puerto de Tornos, Pza.	146 A-4	31
Puerto de Urquiolar, Pza.	155 C-2	41
Puerto de Used	145 B-4	31
Puerto Vallarta	75 B-4	27
Puerto de Velate	143 C-3	18
Puerto de Viñamala	143 B-2	18
Puertollano	76 A-4	27
Puigcerdá	89 B-4	01
Puntallana	93 B-3	17
Puñonrostro	104 A-3	05
Purchena	33 B-2	33

MADRID

Prefijo Postal 280

Q

Nombre	Plano Parcial		C.P.
Québec	60	C-4	42
Quero	118	B-4	24
"	136	B-1	"
Querol	33	A-2	33
Quesada	88	B-2	10
Quevedo	104	C-3	14
Quevedo, Gta.	88	B-2	15
Quijada de Pandiellos	142	C-1	53
Quijada de Pandiellos, Trv.	142	C-1	53
Quijorna	161	C-3	51
Quilichao	35	A-4	33
Químicos, Los	94	A-4	37
Quince de Agosto	139	C-2	26
" "	140	A-2	"

Nombre	Plano Parcial		C.P.
Quince de Mayo, Pº.	120	C-2	19
" "	121	A-3	"
Quinta	35	B-2	50
Quinta, Avda.	77	C-2	22
Quinta, La; Cº	7	B-4	49
Quintana	87	B-3	08
Quintanadueñas	18	C-1	50
Quintanapalla	18	C-1	50
"	19	A-1	"
Quintanavides	18	C-1	50
"	19	A-1	"
Quintiliano	72	B-4	02
Quinto	54	A-1	43
Quiñones	88	A-3	15
Quito, Pza.	71	B-2	36

R

Nombre	Plano Parcial		C.P.
Rabanal del Camino	10	B-3	50
Rabasa, Pza.	152	A-1	44
Rabat	109	C-3	30
"	127	C-1	"
Rabe de las Calzadas	10	C-3	50
Rábida, La	49	C-4	39
"	69	C-1	"
Radial R-2 (Madrid-Guadalajara), Conexión M-40	20	C-2	
Radial R-3 (Madrid-Arganda del Rey), Conexión M-40	110	R-3	
Radial R-3 (Madrid-Arganda del Rey), Conexión M-45	131	C-2	
Radial R-5 (Madrid-Navalcarnero), Conexión M-40	153	C-4	
Radial R-5 (Madrid-Navalcarnero), Conexión M-45	168	B-2	
Radio	120	C-4	19
"	121	A-4	"
Rafael Alberti, Avda.	127	A-4	
" " "	144	C-2	
" " "	145	A-1	
Códigos Postales			
1 al 21 y 2 al 18			38
23 y 20 al final			18
Rafael Bergamín	73	B-2	43
Rafael Botí	43	A-2	23
Rafael Caballero	75	A-4	27
Rafael Calvo	89	A-2	10
Rafael Ceballos	51	A-1	29
Rafael Fernández Hijicos	145	A-1	38
Rafael Finat, Avda.			
1 al 17 y 2 al 30	136	A-3	44
al 99 y al 56	135	C-4	"
al 115 y al 68	151	B-1	"

Nombre	Plano Parcial		C.P.
Rafael Herrera	51	C-1	36
Rafael Herrero	70	A-1	39
Rafael de la Hoz	76	B-3	22
Rafael Juan y Seva	91	A-4	28
Rafael de León	163	B-3	51
Rafael López Pando	119	B-1	11
Rafael Marcote	142	C-3	53
Rafael de Penagos	51	A-1	29
Rafael de Riego	123	A-2	45
Rafael Salazar Alonso	106	C-2	07
Rafael Salgado	51	B-4	36
Rafael San Narciso	143	C-2	18
Rafael Vega	55	A-2	43
Rafael Villa	21	C-3	23
"	22	A-4	"
Rafael Zufriategui	55	B-3	43
Rafaela Aparicio	35	B-2	50
Rafaela Bonilla	90	C-2	28
Rafaela Pascual	49	A-2	35
Rafaela Ybarra, Avda.	139	C-3	
" " "	155	C-2	
Códigos Postales			
1 al 101 y 2 al 64			26
103 y 66 al final			41
Raigrás	139	B-4	26
Raimundo Fernández Villaverde			
1 al 57 y 2 al 44	70	B-2	03
al 81 y al 50	71	A-2	"
Raimundo Lulio	88	C-2	10
Ramales, Pza.	103	C-2	13
Rambla, La	58	A-4	42
Ramírez de Arellano	73	C-2	43
Ramírez de Prado	123	B-3	45
Ramírez Tomé	144	A-1	38

Prefijo Postal 280 — MADRID

Nombre	Plano Parcial		C.P.
Ramiro II	70	B-3	03
Ramiro de Maeztu	69	A-2	40
Ramiro Molina	102	A-4	11
Ramón de Aguinaga	91	A-4	28
Ramón Areces	107	A-4	30
Ramón Azorín	119	C-2	47
Ramón y Cajal, Avda.	72	C-1	"
"	73	A-1	"
Códigos Postales			
1 al 99 y 2 al 76			16
101 y 78 al final			43
Ramón y Cajal, Pza.	68	C-3	40
Ramón Calabuig	124	C-4	53
Ramón Camarero	28	C-1	35
Ramón Crespo	48	C-1	35
"	49	A-1	"
Ramón Fernández	33	B-1	33
Ramón Fort	32	C-4	33
"	33	A-4	"
Ramón Gómez de la Serna	28	C-1	35
" "	29	A-1	"
Ramón Luján	140	B-3	26
Ramón de Madariaga	140	A-2	26
Ramón Menéndez Pidal	69	B-2	40
Ramón Patuel	91	C-3	17
Ramón Pérez de Ayala	125	C-2	38
" "	126	A-3	"
Ramón Power	55	C-2	43
Ramón Pulido	28	A-3	35
Ramón Sáinz	138	A-2	25
Ramón de Santillán	52	A-4	16
Ramón Serrano	137	B-2	25
Ramón Vázquez Molezun	36	C-1	55
Ramonet	33	B-4	33
"	53	A-1	"
Ramos Carrión	72	C-3	02
Rancho	156	A-2	41
Raquel Meller	91	B-2	27
Rascafría	14	B-3	49
Rascón	120	C-4	19
Rastro	129	A-2	32
Rastrojos, C°.	161	C-3	31
"	176	C-2	"
Rávena	110	C-2	32
Raya, La	128	A-2	32
Rayo Vallecano de Madrid	146	C-4	51
"	162	C-1	"
Raza, La	76	C-2	22
Real	154	A-4	54
Real, Avda.	129	A-2	32
Real Alcázar de Sevilla	152	A-3	54
Real de Arganda (M-303)	146	C-4	31
" "	147	A-4	"
" "	163	B-1	"

Nombre	Plano Parcial		C.P.
Real Betis	137	C-4	25
"	153	C-1	"
Real Galiana, Cañada	195	B-2	52
Real Madrid	137	C-4	25
"	153	C-1	"
Real de Pinto, Avda.			
1 al 37	172	A-4	21
al 73	180	A-1	"
al 81	179	C-2	"
Realejos	93	B-3	17
Reales Academias, Gta.	30	B-1	29
Rebeque	103	C-2	13
Recajo, Pza.	152	A-1	44
Recalde	92	C-3	17
Recaredo	72	B-4	02
Recesvinto	120	B-4	19
Recodo	104	A-1	13
Recoletos	105	B-1	01
Recoletos, P°.			
1 al 25 y 2 al 12	105	A-1	01
al 39 y al 24	89	A-4	"
Códigos Postales			
impares			04
pares			01
Rector Royo-Villanova	69	B-1	40
Recuerdo, Avda.	52	A-1	36
Red de San Luis, La; Pza.	104	B-1	13
Redecilla del Camino	10	C-3	50
Redentor	152	C-1	44
Redes, Las	94	B-3	37
Redondela, Pza.	30	A-3	29
Redondilla	103	C-3	05
Redrueña	72	C-1	02
Refugio	72	C-2	02
Regalada, La	124	B-1	07
Régil	155	B-2	41
Regimiento	1	C-2	48
Regina Álvarez	29	A-4	35
Regino Sáinz de la Maza	17	C-1	34
Regiones, Las; Pza.	142	B-4	53
Reguera de Tomateros, La	159	B-2	53
Regueros	88	C-4	04
Régulo	45	A-3	23
Reina, La	104	C-1	04
Reina de África, La	143	B-4	18
Reina Cristina, La; P°.	123	C-1	14
Reina Mercedes, La	70	C-1	20
" "	71	A-1	"
Reina Mercedes, La; Puerta	106	A-2	09
Reina Victoria, La; Avda.	70	C-2	03
Reina Victoria, La; Puente	86	C-4	08
Reino de Candaya	9	B-3	34
Reinosa	137	C-3	25
Rejas	81	C-3	22

MADRID

Prefijo Postal 280

R

Nombre	Plano Parcial		C.P.
Relatores	104	B-3	12
Reloj	103	C-1	13
Reloj, Trv.	103	C-1	13
Remodelación, La	156	A-2	41
Remodelación de Almendrales, La	140	B-3	26
Remondo, Pza.	119	A-2	47
Remonta, Pje.	50	C-2	39
Remonta, Pza.	50	C-2	39
Rendición de Breda, La; Pza.	138	B-4	25
Rentería	43	A-1	23
Repelón	34	C-3	33
República Argentina, La; Pza.	71	C-3	02
República Checa, La	110	B-2	32
República de Chile, Pza.	86	A-2	08
República de Cuba, La; Pº	105	C-3	09
República del Ecuador, La; Pza.	52	A-4	16
República de El Salvador, La	72	A-1	16
República Dominicana, La; Pº.	105	C-2	09
República Dominicana, La; Pza.	52	B-2	16
República Eslovaca, La	110	B-2	32
República de Panamá, La; Pº	106	A-2	09
Repujado	94	B-3	37
Repullés y Vargas	102	A-4	11
Requena	103	C-2	13
Resina, La	180	B-3	21
"	181	A-3	"
Resina, La; Cjón.	180	C-3	21
Resinería, La	94	A-4	37
Retablo de Melisendra	9	A-4	34
Retama, La	124	B-4	45
Retamar	54	D-4	43
Retrasos	156	A-2	41
Reus	153	B-2	44
Revenga	119	A-2	47
Reventón	72	C-2	02
Reverencia, La; Pza.	92	C-1	27
Revoltosa	162	A-1	31
Rey, Pº	87	A-4	08
Rey, Pza.	103	B-1	04
"	104	C-1	"
Rey, Puente	103	A-1	08
Rey, Senda	86	A-1	40
Rey Francisco	87	B-3	08
Reyes, Los	88	A-4	15
Reyes Aizquíbel	50	A-1	
Códigos Postales			
1 al 7 y 2 al 10			39
9 y 12 al final			29
Reyes Católicos, Avda.	69	B-4	40
"	87	A-1	"
Reyes Magos	106	B-4	
Códigos Postales			
1 al 3 y 2 al 18			09
5 y 20 al final			07

Nombre	Plano Parcial		C.P.
Reyes Magos, Pza.	106	B-4	07
Riaño	58	C-3	42
"	59	A-3	"
Riaza	44	C-4	23
"	45	A-4	"
Ribadavia	30	A-4	29
Ribadelago	110	A-1	37
Ribadeo, Pza.	29	C-3	29
Ribadesella	93	B-3	37
Ribadumia	76	C-4	22
Ribera de Curtidores, La	104	A-4	05
"	122	A-1	"
Ribera del Loira, La	35	B-4	33
"	55	C-1	"
Ribera del Manzanares, La	86	B-3	08
Ribera del Sena, La	56	A-2	42
Ribota	119	A-1	47
Ricardo de Bastida, Gta.	37	A-1	55
Ricardo Bellver	152	B-1	44
Ricardo Beltrán y Rozpide	139	B-3	26
" "	155	B-1	"
Ricardo Calvo	52	C-3	16
Ricardo Damas	141	A-2	45
Ricardo Goizueta	141	A-2	45
Ricardo Gutiérrez	50	B-3	39
Ricardo León	88	A-4	15
"	104	A-1	"
Ricardo Ortiz			
1 al 57 y 2 al 84	91	B-4	17
al 63	107	C-1	"
Ricardo San Juan	53	C-2	43
Ricardo Sepúlveda	92	A-3	17
Ricardo de la Vega	90	C-2	28
Ricardo Velázquez Bosco, Gta.	75	C-2	27
Ricla	120	A-3	47
Ricla, Pza.	120	A-3	47
Riga	110	B-2	32
Rigel	45	B-3	23
Rimini	110	C-1	32
Rincón de la Solana	129	A-2	32
Rincón de la Victoria	144	C-3	18
Rinconada, La; Pº.	46	A-4	23
Río	103	C-1	13
Río Adaja	64	C-1	23
Río Águeda	64	C-1	23
Río Arauca	144	A-2	18
Río Arlanzón	64	C-1	23
Río Bravo	144	A-2	18
Río Bullaque	16	C-4	34
Río Chico	144	A-2	18
Río Colorado	144	A-2	18
Río Corrientes	144	A-2	18
Río Duero	54	A-3	43
Río Esgueva	54	A-3	43
Río Esla	64	C-1	23

Prefijo Postal 280 — MADRID

Nombre	Plano Parcial		C.P.
Río Esmeralda	144	A-3	18
Río Grande	144	A-1	38
Río Iguazú	144	A-2	18
Río Jacuí	144	A-2	18
Río Magdalena	144	A-2	18
Río Matarraña	75	A-4	27
Río Negro	144	A-2	18
Río Nela	65	A-1	23
Río Nervión	92	C-4	17
"	93	A-3	"
Río Orinoco	143	C-2	18
Río de Oro	138	B-1	19
Río Paraná	144	A-2	18
Río de la Plata	144	A-2	18
Río Salado	144	A-2	18
Río Salor	45	A-4	23
Río San Lorenzo	144	A-2	18
Río San Pedro	144	A-2	18
Río Sella	64	B-1	23
Río Tietar	64	C-1	23
Río Ulla	92	C-2	17
Río Urubamba, Gta.	55	C-1	43
Río Uruguay	144	A-2	18
Río Záncara, Gta.	65	A-1	23
Riobamba	75	A-4	27
Riocabado	120	A-2	47
Rioconejos	110	A-1	37
Riofrío, Pza.	92	A-2	27
Rioja, La	58	B-4	42
Rioja, La; Trv.	58	A-4	42
Riojanos, Los	144	C-2	18
Ríos Rosas	70	A-2	03
Risco de los Claveles	44	C-3	35
Risco de los Gavilanes	15	A-4	35
Risco del Pájaro	72	C-1	02
Risco Peloche	125	C-4	38
Riscos de Polanco	15	A-4	35
Rita Luna	50	A-3	39
Rivas	130	B-3	
Códigos Postales			
1 al 11 y 2 al 10			32
13 y 12 al final			52
Riviera, La	127	C-1	30
Roa	152	C-1	44
Roberto Domingo	91	B-2	28
Robla, La	35	B-1	50
Roble	50	C-2	20
Robledal, Pº.	100	C-3	11
"	101	B-2	"
Robledillo	70	C-3	03
Robledo	50	B-2	39
Robledo de Chavela, Pje.	72	B-4	02
Robles	124	C-3	53
Robregordo	73	A-2	02

Nombre	Plano Parcial		C.P.
Rocacorva	143	A-2	18
Rocafort	181	B-2	21
Rochapea	157	A-2	41
Rocinante	9	A-4	34
Rocío Dúrcal, Pza.	49	C-4	40
Rocío Jurado	35	B-1	55
Roda, La; Avda.	113	C-4	52
"	131	B-1	"
Roda de Bará	15	C-4	34
Rodajos, Ctra.	100	A-3	11
Rodajos, Puerta	99	A-3	11
Rodas	104	A-4	05
Rodeos	152	A-1	44
Rodezno	73	B-2	43
Rodio	123	A-4	45
"	141	B-1	"
Rododendro	66	A-2	23
Rodolfo y Ernesto Halffter, Pza.	72	A-2	02
Rodrigo de Arana	136	A-4	44
Rodrigo de Guevara	104	A-4	05
Rodrigo de Triana	109	B-1	17
Rodrigo Uhagón	139	C-2	26
Rodrigo Uría, Pza.	72	A-2	02
Rodríguez Ayuso	76	B-3	22
Rodríguez Espinosa	143	A-1	53
Rodríguez Illanes	53	A-2	33
Rodríguez Jaén	31	C-4	36
"	51	C-1	"
Rodríguez Lázaro	137	B-4	25
Rodríguez Marín	72	A-2	
Códigos Postales			
1 al 59 y 2 al 84			02
61 y 86 al final			16
Rodríguez San Pedro			
1 al 15 y 2 al 14	88	A-2	15
al 71 y al 66	87	C-2	"
Rodríguez Vega	138	C-3	25
Rodríguez Villarejo	141	A-2	45
Rogelio Enríquez, Pza.	4	A-2	48
Rogelio Folgueras	125	B-4	38
Rogelio Muñoz	34	B-4	33
Rogelio Muñoz, Pje.	34	B-4	33
Rogelio Ossorio	120	A-1	11
Roger de Flor, Pje.	120	B-4	19
Roger de Lauria	120	B-4	19
Rollo	103	C-3	05
Rollo, Pza.	44	C-3	23
Roma	91	A-2	28
Román Alonso	50	A-3	39
Romancero Gitano	171	B-2	21
Romeo y Julieta	143	B-4	18
Romeral	172	C-4	21
Romero, Pje.	71	A-3	03
Romero Girón	51	C-4	36

103

MADRID
Prefijo Postal 280

R

Nombre	Plano Parcial		C.P.
Romero Robledo	87	A-2	08
Romeros, Los; Cº	85	C-4	11
" "	101	A-1	"
Rompedizo	136	A-4	44
"	152	A-1	"
Rompelanzas	104	B-2	13
Roncal	71	C-1	02
Roncesvalles	106	A-4	07
Ronda, Cº	66	A-4	11
"	83	B-3	"
"	99	A-3	"
"	117	B-2	"
Ronda, Trv.	94	C-2	22
"	95	A-2	"
Ronda de la Comunicación	11	B-1	50
Roquetas de Mar	33	B-1	33
Ros de Olano	72	B-3	02
Rosa, La; (Carabanchel)	153	C-2	44
Rosa, La; (Centro)	104	C-3	12
Rosa del Azafrán	172	C-2	41
"	173	A-2	"
Rosa de Castro	55	A-2	43
Rosa Chacel, Pza.	128	A-2	32
Rosa Jardón	52	C-2	16
Rosa Luxemburgo	65	B-1	23
Rosa Menéndez	50	A-3	39
Rosa Sabater	4	A-1	48
Rosa de Silva	51	A-2	20
Rosal	30	A-4	29
Rosales, Los; Avda. (M-301)	157	C-1	"
" " "	173	C-2	"
" " "	182	C 3	"
" " "	183	A-4	"
Códigos Postales			
1 y 2 al km 1,500			41
Km 1,501 hasta 5,700			21
Rosalía de Castro	28	B-1	35
Rosalía Trujillo	74	B-4	27
Rosario	103	B-4	05
Rosario Acuña	91	A-4	28
Rosario Pino	51	A-2	20
Rosario Romero	30	C-4	29
"	50	C-1	"
Rosas de Aravaca, Las	64	B-2	23
" " "	65	A-2	"

Nombre	Plano Parcial		C.P.
Rosendo Conde	50	C-1	29
Rota	33	C-3	33
Roy	138	C-1	19
Rozas de Puerto Real	161	C-1	31
Rubén Darío, Gta.	89	A-2	10
Rubí	172	B-4	21
Rubio	140	C-4	26
Ruda, La	104	A-4	05
Rueca, La; Pje.	94	A-3	37
Rueza	119	A-1	11
Rufino Blanco	90	C-3	28
"	91	A-3	"
Rufino González	75	C-4	37
"	93	C-1	"
Rufino Novalvos, Gta.	138	B-2	25
Rufino Rejón	152	B-2	44
Ruices, Cjón.	125	A-4	53
Ruidera	142	B-3	53
Ruiseñor	137	C-1	25
Ruiseñor, Cº.	102	A-1	11
Ruiz	88	B-3	"
Códigos Postales			
1 al 23 y 2 al 22			04
25 y 24 al final			10
Ruiz de Alarcón	105	A-3	14
Ruiz Jiménez, Gta.	88	A-3	15
Ruiz Ocaña	91	A-1	28
Ruiz Palacios	50	B-2	39
Ruiz Perelló	90	C-3	28
"	91	A-3	"
Rumanía	110	C-1	22
"	111	A-1	"
Ruperto Andrés	49	A-1	35
Ruperto Chapí, Pº.	86	C-2	08
"	87	A-1	"
Rusia	94	C-4	22
"	95	A-4	"
Rute	102	C-3	11
Rutilio Gacis, Pza.	122	C-4	45
Rutilo	157	B-3	41
Ruy González Clavijo	103	A-4	05
Ruzafa	125	B-2	38

S

Nombre	Plano Parcial		C.P.
S'Agaró	144	B-1	38
Saavedra Fajardo	102	C-3	11
Sabadell	16	C-3	34
"	17	A-3	"
Sabal	123	C-3	45

Nombre	Plano Parcial		C.P.
Sabanero	137	C-1	25
Sabino Fernández Campo	146	B-2	31
Sabiote	159	A-1	53
Sabrina	143	C-4	18
"	159	C-1	"

Prefijo Postal 280 — MADRID

Nombre	Plano Parcial	C.P.
Saceral, Pje.	15 B-3	34
Sacramental de San Lorenzo	121 B-4	19
Sacramento	103 C-3	05
Sacrificio	129 B-1	32
Sacrificio, Trv.	129 B-1	32
Sacromonte	156 B-2	41
Safo	6 C-2	49
Sagasta	88 C-3	04
Sagitario	43 C-2	23
Sagrado Corazón, Cta.	52 C-1	
"	53 A-1	
CÓDIGOS POSTALES		
1 al 9 y 2 al 12		16
11 y 14 al final		33
Sagrado Corazón de Jesús, Pza.	72 B-3	02
Sagrados Corazones, Los	101 C-4	11
"	119 C-1	"
Sagrados Corazones, Los; Pza.	71 C-1	36
Sagunto	88 C-2	10
Sahagún	50 A-4	39
Sahara	173 A-2	41
Sáinz de la Calleja	22 A-4	23
Sajonia	111 A-1	22
Sal, La	104 A-2	12
Salado	156 C-2	41
Salamanca	50 B-4	20
"	70 C-1	"
Salas	89 B-1	06
Salas de Barbadillo	92 B-3	17
Salas de los Infantes, Avda.	17 C-4	34
Salasierra	139 C-2	26
Salcedo	17 A-3	34
Salcedo, Cº	2 B-2	48
Saldaña	138 C-1	19
Salesas, Pza.	89 A-4	04
Saliente	106 C-2	07
"	107 A-1	"
Salinas	93 B-3	17
Salinas del Rosío	78 C-2	42
Salitre	104 C-4	12
Sallaberry		
1 al 17 y 2 al 54	121 A-4	19
al 65	139 A-1	"
Salle, La	24 B-4	23
"	44 C-1	"
"	45 A-1	"
Salmedina, La; Avda.	163 B-4	51
"	191 C-1	"
Salmedina, La; Cº	190 B-1	51
Salobreña	156 C-3	41
Salón del Estanque, Pº	105 C-2	09
Salorino	135 A-4	44
Salou		
1 al 21 y 2 al 12	16 A-3	34
al 57 y 28	15 C-3	"

Nombre	Plano Parcial	C.P.
Salsipuedes	180 A-1	21
Salud, La	104 B-1	13
Salustiano Moreno	91 B-2	27
Salustiano Olózaga	105 A-1	01
Salvador	104 A-3	12
Salvador, Gta.	106 A-1	09
Salvador, Pº.	106 A-1	09
Salvador Allende	152 B-4	54
Salvador Alonso	120 A-4	19
Salvador Crespo, Pza.	120 A-1	11
Salvador Dalí, Pza.	90 B-4	09
Salvador Granés	90 C-2	28
Salvador de Madariaga	73 C-4	27
"	91 B-1	"
Salvador Martínez	156 C-3	41
Salvador Martínez Lozano	124 C-4	53
Salvador del Mundo	137 A-4	25
Salvador Vicente Martín	154 B-2	54
Salvatierra	17 A-3	34
Salvia, La	50 C-2	39
Samaca	35 A-4	33
Samaniego	78 C-3	22
"	79 A-3	"
Samaria	106 C-3	09
Sámbara	92 B-1	27
Samboal	17 B-3	34
Samperio	28 A-3	35
San Adolfo	4 A-3	48
San Adrián	172 B-4	21
San Agapito	173 B-3	21
San Agustín	104 C-3	14
San Alberto	104 B-2	13
San Alejandro	121 A-1	05
San Amaro, Pza.	50 C-4	20
San Ambrosio	121 A-1	11
San Anacleto, Pza.	44 C-3	23
San Anastasio	122 B-3	05
San Andrés	88 B-3	04
San Andrés, Cost.	103 C-3	05
San Andrés, Pza.	103 C-3	05
San Andrés de Rabanedo	35 A-2	55
San Aniceto	77 A-3	22
San Anselmo	143 C-2	18
San Antolín	137 A-4	25
San Antón	4 A-2	48
San Antonio	70 B-1	20
San Antonio de la Florida, Gta.	86 C-4	08
San Antonio de Padua	140 B-2	26
San Aquilino	31 B-4	29
"	51 B-1	"
San Armengol	140 C-1	26
San Arturo	4 A-2	48
San Aureliano	179 B-1	21
San Baldomero	92 C-4	17
"	93 A-4	"

MADRID — Prefijo Postal 280

S

Nombre	Plano Parcial		C.P.
San Bartolomé	104	C-1	04
San Basilio	140	A-4	26
San Benigno	120	A-1	11
San Benito	51	A-1	29
San Bernabé	103	C-4	05
San Bernardino	88	A-4	15
San Bernardo			
1 al 21 y 2 al 10	104	A-1	
al 125 y al 132	88	B-2	
Códigos Postales			
1 al 9 y 2 al 6			13
11 y 8 al final			15
San Blas	105	A-4	14
San Blas a Coslada, Ctra. (M-201)	95	B-2	22
" "	96	A-3	"
" "	97	B-4	"
San Bonifacio	180	A-2	21
San Braulio	138	C-1	19
San Bruno	104	A-3	05
San Buenaventura	103	B-3	05
San Cándido	121	A-3	19
San Canuto	120	A-1	11
San Carlos	104	B-4	12
San Casimiro	139	C-2	26
San Cayetano	104	A-4	05
San Cayetano, Pza.	90	C-2	28
San César	49	C-3	39
San Cesáreo	180	B-3	21
San Cipriano	129	B-1	32
San Ciriaco	129	B-1	32
San Cirilo	4	A-2	48
San Claudio	144	C-1	38
"	145	A-1	"
San Clemente	138	B-3	25
San Clemente, Pje.	138	B-3	25
San Clodoaldo	92	A-3	17
San Conrado	121	A-1	11
San Cosme y San Damián	104	C-4	12
San Crispín	102	C-3	11
San Cristóbal	104	A-2	12
San Cristóbal, Pza.	77	C-2	22
San Cristóbal de la Laguna	152	B-4	54
San Cugat del Vallés	16	C-1	34
" "	17	A-1	"
San Dacio	17	B-4	34
San Dalmacio	180	C-3	21
"	181	A-1	"
San Dámaso	121	A-2	19
San Daniel	122	C-4	45
San David	122	A-4	19
San Delfín	122	A-4	19
San Demetrio	121	C-3	19
San Deogracias	152	B-2	44
San Diego	144	A-1	38

Nombre	Plano Parcial		C.P.
San Diego, Avda.			
1 al 67 y 2 al 82	142	C-2	
al 105 y al 136	143	A-3	
Códigos Postales			
1 al 81 y 2 al 118			53
83 y 120 al final			18
San Diego, Pza.	143	C-3	18
San Diego, Trv.	143	A-3	18
San Dimas	88	A-3	15
San Donato	91	C-4	17
San Elías	139	B-3	26
San Eloy, Avda.	77	A-3	22
San Emeterio	137	C-2	25
San Emilio	91	B-3	17
San Enrique	50	C-4	20
San Enrique de Ossó	12	C-4	55
San Epifanio	121	A-2	05
San Erasmo	180	A-4	21
San Ernesto	72	B-2	02
San Estanislao	38	C-4	42
San Esteban de Gormaz	33	A-4	33
" "	53	B-1	"
San Eudaldo	129	B-1	32
San Eugenio	104	C-4	12
San Eulogio	77	A-3	22
San Eusebio	118	B-2	11
San Eustaquio	180	A-4	21
San Evaristo	122	C-4	45
"	123	A-4	"
San Ezequiel	179	B-4	21
San Facundo	144	B-2	38
San Faustino	77	A-2	22
"	77	A-4	"
San Felices	86	B-3	08
San Felipe	50	C-3	20
San Felipe Neri	104	A-2	13
San Feliú de Guixols	126	B-4	38
" "	144	B-1	"
San Félix	122	C-4	45
San Fermín, Avda.	157	B-2	41
San Fermín, Pza.	157	A-2	41
San Fernando	130	C-1	52
San Fernando, Pza.	4	A-3	48
San Fernando, Puente	47	B-3	35
San Fernando, Trv.	52	A-1	36
San Fernando de Jarama	72	B-4	02
" "	90	A-1	"
San Fidel	92	C-3	17
"	93	A-3	"
San Filemón	128	B-1	32
San Filiberto	139	C-2	26
San Florencio	125	B-1	38
San Fortunato	157	B-1	41
San Francisco, Cª.	103	C-4	05

MADRID
Prefijo Postal 280

Nombre	Plano Parcial	C.P.
San Francisco, Pza.	103 C-4	05
San Francisco, Gran Vía	103 C-4	05
San Francisco el Grande	140 A-2	26
San Francisco de Sales, P°.	69 C-3	03
" "	70 A-3	"
San Froilán	140 C-3	26
San Frutos	4 A-3	48
San Fulgencio	120 A-1	11
San Gabriel (part.)	69 B-4	03
San Galo	103 A-4	11
San Gelasio	4 A-4	48
San Gerardo	28 C-4	35
"	29 A-4	"
"	49 A-1	"
San Germán, Pza.	50 C-4	20
San Gervasio	173 C-2	21
San Ginés, Pzo.	104 A-2	13
San Ginés, Pza.	104 A-2	13
San Graciano	122 B-4	26
San Gregorio	88 C-4	04
San Gumersindo	92 A-3	17
San Herculano	76 C-4	22
San Hermenegildo	88 A-3	15
San Higinio	93 A-4	17
San Hilario	77 A-3	22
San Ignacio de Loyola	88 A-4	15
San Ignacio de Loyola, Pza.	23 A-4	23
San Ildefonso	104 A-2	12
San Ildefonso, Pza.	88 B-4	04
San Illán, P°.	120 C-2	19
" "	121 A-2	"
San Isidoro de Sevilla	121 C-1	05
San Isidoro de Sevilla, Pje.	121 C-1	05
San Isidro, C°.	120 C-3	19
San Isidro, Puente	121 A-1	19
San Isidro Labrador	103 C-4	05
San Jaime	145 C-3	31
San Jaime, Pza.	145 C-3	31
San Javier, Pza.	103 C-3	05
San Jenaro	172 B-4	21
"	180 B-1	"
San Jerónimo, C°.	104 C-2	14
" "	105 A-2	"
San Joaquín	88 B-4	04
San Jorge	142 C-2	53
"	143 A-2	"
San José	104 C-3	14
San Juan, Plazuela	104 C-3	14
San Juan de Ávila	52 C-1	33
San Juan Bosco	87 A-2	08
San Juan de la Cruz	90 C-2	28
San Juan de la Cruz, Pza.	71 A-4	03
San Juan de la Cuesta	92 A-2	17
San Juan de Dios, Pje.	106 B-2	09
San Juan de la Mata	118 C-1	11

Nombre	Plano Parcial	C.P.
San Juan de Ortega	10 B-4	50
San Juan de la Peña	146 A-3	31
San Juan de la Salle	71 B-1	36
San Julián	140 B-1	26
San Julián del Camino	10 C-2	50
San Julio	72 A-4	02
San Justo	104 A-3	05
San Lamberto	108 A-1	17
San Lamberto (posterior)	108 A-1	17
San Lamberto, Trv.	108 A-1	17
San Laureano	28 B-2	35
San Lázaro	4 A-3	48
San Leandro	4 A-2	48
San León	118 B-2	11
San Leonardo	87 C-4	15
San Leopoldo	31 A-4	29
"	51 B-1	"
San Liborio	141 A-4	41
San Lorenzo	88 C-4	04
San Lucas	88 C-4	04
"	89 A-4	"
San Luciano	156 C-4	41
San Luis, Avda.	32 C-3	33
" "	33 B-4	"
" "	34 A-4	"
San Luis Gonzaga	120 A-1	11
San Macario	173 B-3	21
San Magín	139 C-2	26
San Mamés	179 B-2	21
San Mansueto	4 A-2	48
San Manuel	118 B-2	11
San Marcelino	137 B-1	47
San Marcelo	91 C-3	17
San Marcos	104 C-1	04
San Mariano	76 C-4	22
"	94 C-1	"
"	95 A-1	"
San Marino	110 C-1	22
"	111 A-1	"
San Mario	141 A-4	41
"	157 A-1	"
San Martín	104 A-2	13
San Martín, Pza.	104 A-2	13
San Martín de Porres	28 C-4	35
"	48 C-1	"
San Martín de Valdeiglesias, Pje.	72 B-4	02
San Martín de la Vega, Gta.	157 A-3	41
San Mateo	88 C-4	04
San Mateo, Trv.	88 C-4	04
San Maximiliano	91 C-4	17
San Máximo	141 A-4	41
"	157 A-1	"
San Melitón	137 B-3	25
San Miguel	144 A-1	38
San Miguel, Pza.	104 A-2	05

MADRID — Prefijo Postal 280

S

Nombre	Plano Parcial		C.P.
San Miguel del Camino	10	C-3	50
San Millán	104	A-3	12
San Millán de la Cogolla, Pº.	10	C-3	50
San Modesto	17	A-4	34
"	31	B-1	"
San Moisés	143	A-3	18
San Narciso	76	C-3	22
"	77	A-3	"
San Nazario	72	C-2	02
"	73	A-2	"
San Nemesio	73	B-1	43
San Neviano	172	B-4	21
San Niceto	120	C-4	19
San Nicolás	103	C-2	13
San Nicolás, Pza.	103	C-2	13
San Nicomedes	139	C-2	26
San Norberto	180	B-2	21
San Olegario	152	B-2	44
San Onofre	104	B-1	04
San Pablo	152	A-1	44
San Paciano	4	A-2	48
San Pancracio	4	A-3	48
San Pantaleón	121	A-4	19
San Pascual	118	B-2	11
San Patricio	120	C-4	19
San Pedro	105	A-3	14
San Pedro, Cº.	85	B-4	11
" "	100	C-1	"
" "	101	A-2	"
San Pedro, Cost.	103	C-3	05
San Pedro, Pje.	73	A-3	02
San Pedro de Cardeña	33	B-3	33
San Pedro Mártir	104	B-3	12
San Pelegrín	4	A-2	48
San Petesburgo	95	B-3	22
San Pol de Mar	86	B-1	39
San Pompeyo	121	A-2	19
San Quintín	103	C-1	13
San Quirico	4	A-2	48
San Rafael, Cjón.	50	B-4	39
San Raimundo	70	B-1	39
San Ramón Nonato	31	B-4	46
San Remigio	77	A-3	22
San Restituto	49	C-2	39
San Ricardo	104	B-2	12
San Roberto	118	B-1	11
San Robustiano	119	C-4	47
San Rogelio	70	A-1	39
San Román del Valle	110	A-1	37
San Romualdo	76	A-4	37
"	94	A-2	"
San Roque	104	B-1	04
San Roque, Cº.	17	C-2	34
San Rosendo	76	C-4	22

Nombre	Plano Parcial		C.P.
San Rufo	103	A-4	11
"	121	A-1	"
San Ruperto	141	A-4	41
San Samuel	91	C-4	17
San Sebastián	104	B-3	12
San Secundino	91	C-4	17
San Serapio	140	C-2	26
San Severo	58	C-2	42
San Silvestre	138	C-1	19
San Simón	104	C-4	12
San Simplicio	157	A-1	41
San Sinesio	137	C-1	25
San Sinforiano	38	C-4	42
"	39	A-4	"
San Sotero	94	A-1	37
San Tarsicio	180	B-2	21
San Telesforo	93	A-4	17
San Telmo	52	A-2	16
San Telmo, Trv.	52	A-2	16
San Teófilo	172	B-4	21
San Timoteo	120	A-1	11
San Toribio	145	A-3	31
San Trifón	139	C-2	26
San Valentín	77	A-3	22
San Valeriano	70	A-1	39
San Valero	125	B-3	38
San Venancio	76	C-3	22
"	77	A-2	"
San Vicente, Cost.	88	A-4	04
San Vicente, Cta.	103	C-1	08
San Vicente, Gta.	103	A-1	08
San Vicente, Puerta	103	A-1	08
San Vicente Ferrer	88	B-4	
Códigos Postales			
1 al 49 y 2 al 60			04
51 y 62 al final			15
San Vicente Mártir	53	A-4	43
San Vicente de Paul, Pza.	138	C-2	25
San Victor, Gta.	122	C-4	45
San Victorino	138	B-3	25
San Vidal	91	C-4	17
San Virgilio	125	A-4	38
San Wenceslao	138	B-3	25
San Zacarías	140	B-1	26
San Zoilo	141	A-4	41
Sánchez Balderas	73	A-3	02
Sánchez Barcáiztegui	124	B-1	07
Sánchez Bustillo	105	A-4	12
Sánchez Díaz	74	C-4	27
"	75	A-4	"
Sánchez Guerrero	53	C-1	43
Sánchez Pacheco	72	C-2	02
Sánchez Preciado	49	C-3	39
Sánchez Preciado, Trv.	49	C-3	39

Prefijo Postal 280 — MADRID

Nombre	Plano Parcial		C.P.
Sanchica	9	B-4	34
Sanchidrián	117	A-4	24
Sanchinarro, C°.	18	C-3	50
"	19	A-3	"
Sancho	119	C-4	25
"	137	C-1	"
Sancho Dávila	91	B-4	28
Sancho Panza	142	C-1	18
Sanchonuño	17	B-3	34
Sanchorreja	118	C-2	11
Sandalia Navas	28	C-2	35
Sandalio López	17	B-2	34
Sándalo	76	B-1	42
Sandoval	88	B-3	10
Sandro Pertini, Gta.	54	C-1	43
Sangarcía	121	B-1	05
Sangenjo	16	C-4	34
"	30	B-1	"
Sanguiño	136	C-3	44
Sania Ramel	152	A-1	44
Sanlúcar de Barrameda	33	C-3	33
Sansón Carrasco	142	C-2	53
Santa Adela	34	A-2	33
Santa Águeda	88	C-4	04
Santa Alicia	142	C-2	
"	143	A-2	
CÓDIGOS POSTALES			
1 al 27 y 2 al 30			53
29 y 32 al final			18
Santa Amalia	125	A-2	38
Santa Ana	104	A-4	05
Santa Ana, Pza.	104	B-3	12
Santa Ana Alta	17	B-2	34
Santa Ana Baja	17	B-2	34
Santa Áurea	120	A-1	11
Santa Aurelia, Pza.	92	A-4	17
Santa Balbina	44	C-4	23
Santa Bárbara	88	C-4	04
Santa Bárbara, Pza.	88	C-4	04
Santa Beatriz	125	A-2	38
Santa Bernardita	65	B-1	23
Santa Brígida	88	C-4	04
Santa Casilda	121	C-1	05
Santa Catalina	104	C-2	14
Santa Catalina (part.)	158	A-3	18
Santa Catalina, Avda.	142	B-4	18
"	158	A-1	"
Santa Catalina de los Donados, Pza.	104	A-2	13
Santa Catalina de Labouré	139	A-2	19
Santa Cecilia	101	B-4	11
Santa Clara	103	C-2	13
Santa Coloma	86	B-3	08
Santa Comba	86	B-3	08
Santa Cristina	171	C-4	21

Nombre	Plano Parcial		C.P.
Santa Cristina, Pza.	102	C-3	11
Santa Cristina, Trv.	171	C-4	21
Santa Cruz, Pza.	104	A-3	12
Santa Cruz de Marcenado	87	C-3	15
"	88	A-3	"
Santa Cruz de Mudela	140	C-2	26
Santa Cruz de Retamar	144	B-3	18
Santa Dorotea	38	C-4	42
Santa Eduvigis	38	C-3	42
Santa Elena	92	A-2	17
Santa Elvira	44	A-4	23
Santa Engracia			
1 al 119 y 2 al 100	88	C-2	
al 171 y 168	70	B-4	
CÓDIGOS POSTALES			
1 al 117 y 2 al 100			10
119 y 102 al final			03
Santa Escolástica	156	C-4	41
Santa Eugenia, Avda.	146	C-3	31
" "	147	B-3	"
Santa Eulalia	50	A-3	39
Santa Eulalia, Cjón.	50	A-3	39
Santa Eva	173	B-3	21
Santa Fé	86	A-2	08
Santa Feliciana	88	C-2	10
Santa Felicidad	92	A-4	17
Santa Felicidad, Pje.	92	A-4	17
Santa Flora	139	B-2	19
Santa Florencia	173	A-4	21
Santa Francisca Javier Cabrini	55	A-2	43
Santa Gema, Pza.	72	A-2	02
Santa Genoveva			
2 al 30	92	A-4	17
al 48	108	A-1	"
Santa Hortensia	72	C-3	02
"	73	A-3	"
Santa Inés	104	C-4	12
"	105	A-4	"
Santa Infancia, La	102	A-4	11
Santa Irene	108	A-2	17
Santa Isabel			
1 al 49 y 2 al 46	104	C-4	12
al 53 y al 62	105	A-4	"
Santa Joaquina de Vedruna	179	B-1	21
Santa Julia	124	C-4	53
Santa Juliana	70	B-1	39
Santa Leonor	75	B-4	37
"	93	B-1	"
Santa Lucía	88	B-4	04
Santa Lucrecia	139	B-2	19
Santa Magdalena Sofía	52	B-1	36
Santa María	104	C-3	14
Santa María (Subida)	121	A-3	19

MADRID

Prefijo Postal 280

S

Nombre	Plano Parcial		C.P.
Santa María, Cº.	176	B-4	31
" "	184	C-1	"
Santa María de la Alameda	72	A-4	02
Santa María de la Cabeza, Gta.	122	C-2	45
Santa María de la Cabeza, Pº.			
1 al 27 y 2 al 26	123	A-1	
al 85 y al 102	122	B-3	
al 117 y al 164	139	C-1	
Códigos Postales			
1 al 85 y 2 al 94			45
87 al final, impares			26
96 al final, pares			19
Santa María Magdalena	52	C-2	16
Santa María del Mar	102	A-4	11
Santa María Micaela	87	C-4	08
Santa María la Real de Nieva	103	B-4	05
" "	121	B-1	"
Santa María Reina	156	C-2	41
Santa María Salomé	145	C-4	31
Santa María Soledad Torres Acosta, Pza.	104	A-1	04
Santa Marta	125	B-2	38
Santa Martina	44	C-3	23
Santa Matilde	70	A-2	39
Santa Mónica	53	A-4	43
Santa Natalia	53	C-3	43
Santa Olalla	86	B-4	08
Santa Petronila	173	A-3	21
Santa Pola	86	A-2	08
Santa Polonia	104	C-3	14
Santa Prioca	92	A-4	17
Santa Rafaela María del Sagrado Corazón	142	B-4	53
Santa Rita	72	C-3	02
Santa Rosa	125	A-2	38
Santa Rosalía	138	B-2	25
Santa Sabina	124	C-1	07
Santa Saturnina	121	B-3	19
Santa Susana	34	B-2	33
Santa Tecla	76	C-3	22
Santa Teresa	88	C-4	04
"	89	A-4	"
Santa Teresa Jornet	153	A-1	44
Santa Teresita, Pza.	120	A-1	11
Santa Úrsula	102	B-3	11
Santa Valentina	50	C-1	29
Santa Virgilia	34	A-3	33
Santander	70	A-3	03
Santanderina	159	B-1	18
Santeras, Las	129	C-4	52
"	148	B-1	"
Santiago	103	C-2	13
Santiago, Cost.	104	A-2	13
Santiago, Pza.	103	C-2	13

Nombre	Plano Parcial		C.P.
Santiago Alió	144	B-2	38
Santiago Alió, Trv.	144	B-1	38
Santiago Amón	173	A-3	21
Santiago Artigas	71	B-2	02
Santiago Bernabéu	71	B-1	36
Santiago de Compostela	16	C-4	
"	29	B-2	
"	30	B-1	
Códigos Postales			
1 al 207			29
2 al 68			34
209 y 70 al final			35
Santiago Cordero	50	B-1	29
Santiago Cordero, Trv.	50	B-1	29
Santiago Cuende	138	B-3	25
Santiago Estévez	120	A-4	19
"	138	A-1	"
Santiago Massarnau	91	B-3	17
Santiago Prieto	139	A-2	19
Santiago Rusiñol	69	B-2	40
Santiago el Verde	104	B-4	05
"	122	B-1	"
Santibáñez de Béjar	77	A-1	42
Santillana del Mar	144	B-1	38
Santísima Trinidad	88	B-1	10
Santiso	11	A-2	50
Santo, Cº.	84	A-4	11
"	100	B-1	"
Santo, Pº.	76	A-1	42
Santo Ángel	53	C-3	43
Santo Ángel, Pjo.	53	C-3	43
Santo Ángel de la Guarda, Avda.	49	C-3	39
Santo Domingo	138	B-2	25
Santo Domingo, Cta.	104	A-1	13
Santo Domingo, Pza.	104	A-1	13
Santo Domingo de la Calzada, Avda.	10	B-2	50
"	11	A-1	"
Santo Domingo Savio	93	A-3	17
Santo Domingo de Silos	71	B-1	36
Santo Tomás	104	A-3	12
Santo Tomé	89	A-4	04
Santocildes	122	B-1	05
Santolinas	53	A-4	16
Santoña	139	C-3	26
Santoña, Trv.	139	B-3	26
Santorcaz	72	A-3	02
Santos de Humosa, Los; Pza.	34	A-4	43
Santos Inocentes, Los	143	B-3	18
Santovenia	86	B-4	08
Santuario	140	C-3	26
Santuario de Tíscar, Gta.	7	C-4	34
Santuario de Valverde, Avda.	8	B-3	34
"	9	B-1	"
Santurce	92	C-4	17
"	93	A-3	"

110

Prefijo Postal 280 — MADRID

Nombre	Plano Parcial		C.P.
Sanz Raso	125	B-4	38
S.A.R. Don Juan Carlos de Borbón y Battemberg, Gta.	56	B-3	42
Sarasate	33	A-3	33
Sardana, Gta.	105	C-2	09
Sardineta, La	17	B-2	34
Sargento Barriga	180	B-1	21
Sarre	110	C-2	32
Sarriá	29	C-3	29
Sasamón, Pza.	17	C-3	34
Sastres	94	A-3	37
Saturnino Calleja	72	C-2	02
Saturnino Morán	119	B-1	47
Saturnino Tejera	137	B-2	25
Saturno	38	C-3	42
"	39	A-4	"
Sauce	72	C-1	16
Sauceda	10	C-4	50
"	11	A-4	50
"	18	A-1	50
Saucejo, El	161	C-1	31
Saúco	50	B-3	39
Sauzal	93	A-3	17
Saxífraga	51	C-2	36
Saxofón	195	A-4	52
Sayago	110	A-1	37
Sebastián Álvaro	117	B-4	24
Sebastián Elcano	122	C-1	12
Sebastián Francisco	77	A-3	22
Sebastián Gómez	140	C-2	26
Sebastián Herrera	122	C-1	12
Seco	124	B-3	07
Secoya, La	153	B-2	54
Secundino Zuazo, Avda.	200	B-2	55
" "	201	A-2	"
Seda, Pje.	94	A-4	37
Sedano	117	B-3	24
Segovia	103	A-3	05
Segovia, Puente	103	A-3	05
Segovia, Rda. 1 al 91 y 2 al 30	103	B-3	05
al 52	121	C-1	"
Segovia Nueva, Pza.	104	A-3	05
Segre	71	C-1	02
Segunda	35	B-2	50
Segunda, Avda.	78	A-2	22
Segunda, Trv.	101	C-2	11
Segundo Anca	22	A-4	23
Segundo de Izpizúa	91	A-4	28
Segura	155	B-3	41
Seis	77	C-2	22
Seis de Diciembre	65	C-1	23
Seis de Diciembre, Pza.	153	A-1	44
Selaya	77	A-3	42
Selma Lagerloff	173	B-2	21

Nombre	Plano Parcial		C.P.
Semilla, La	94	B-4	37
Seminario de Nobles	87	C-3	15
Senda, La	32	C-3	33
Senda del Infante, La	14	C-2	35
"	15	B-4	"
Senda del Rey, La	68	A-3	40
Séneca, Avda.	86	C-1	40
"	87	A-1	"
Señores de Luzón, Los	103	C-2	13
Señores de Luzón, Los; Trv.	103	C-2	13
Seo de Urgel	34	A-4	33
"	53	C-1	"
Sepiolita	129	C-1	32
Septiembre	79	C-3	22
Séptima, Avda.	77	C-2	22
Sepúlveda	102	C-4	11
"	118	C-2	"
"	119	C-1	"
"	120	C-1	"
Sequeros	140	C-2	26
Sequillo	93	A-3	17
Serafín de Asís	119	A-1	11
Serafín Gómez	139	B-1	19
Serafín Ramírez	49	C-1	39
Serbal	65	C-1	23
Serena, La	142	C-4	53
"	143	A-4	"
Serna del Monte, La	29	B-4	35
Serradilla, La	134	C-4	44
"	135	A-4	"
Serrallo	50	B-3	39
Serrallo, Trv.	50	B-3	39
Serramagna	55	A-4	43
Serranía de Ronda	146	A-4	31
Serranillos del Valle	162	B-4	51
Serrano			
1 al 7 y 2 al 20	105	B-1	
al 101 y 124	89	B-3	
al 193 y al 206	71	C-3	
al 211 y 224	72	A-1	
al 229 y 232	52	A-4	
Códigos Postales			
1 al 47 y 2 al 72			01
49 al 143 y 74 al 154			06
145 al 197 y 156 al 214			02
199 y 216 al final			16
Serrano Anguita	88	C-3	04
Serrano Galvache	32	C-4	33
Serrano Jover	87	C-3	15
Serrería	94	A-4	37
Serrota	45	A-4	23
Servando Batanero	92	B-3	17
Servator	54	B-2	43
Seseña	118	A-3	24

MADRID

Prefijo Postal 280

S

Nombre	Plano Parcial		C.P.
Sestao, Pza.	155	B-2	41
Setúbal, Pje.	139	A-3	25
Setúbal, Pza.	138	C-3	25
Severino Aznar Embid	102	A-4	11
Sevilla	104	C-2	14
Sevilla, Gta.	106	A-1	09
Sexta	52	C-4	16
Sexta, Avda.	77	C-2	22
Sextante	44	B-4	23
Sextante, Trv.	44	B-4	23
Sicélidas, Las	55	A-2	43
Sicilia	125	A-2	38
Siderurgia, La	94	A-4	37
Siempreverde, La	136	A-3	44
Siena	92	A-2	27
Siero	93	B-3	37
Sierpe, La	103	C-4	05
Sierra, La	69	B-3	03
Sierra Aitana, La	162	A-1	31
Sierra de Albarracín, La	142	B-2	53
Sierra de Alcaraz, La	142	C-1	53
Sierra de Alcubierre	124	C-1	53
"	142	C-1	"
Sierra de Algodonales	142	C-1	53
Sierra de Almijara	143	B-1	18
Sierra de Alquife, La	142	C-1	
"	143	A-2	
Códigos Postales			
1 al final y 2 al 34			53
36 al final			18
Sierra Alta, La	145	C-3	31
Sierra de Antequera	143	A-2	18
Sierra de Arlá	162	A-2	31
Sierra de Atapuerca	10	C-4	50
"	11	A-3	
Sierra de Ayllón, La; Pza.	146	A-4	31
Sierra Bascuña	142	C-2	53
Sierra Bermeja	143	B-1	18
Códigos Postales			
1 al 27 y 2 al 28			53
29 y 30 al final			18
Sierra de Bobia	162	A-2	31
Sierra del Brezo	162	A-2	31
Sierra Bullones	50	C-1	29
Sierra del Cadí	125	B-4	18
"	143	B-1	"
Sierra de Cameros	125	A-4	53
Sierra Carbonera			
1 al 33 y 2 al 24	125	A-4	53
al 81 y al 88	143	A-1	"
Sierra Carbonera, Pza.	143	A-1	53
Sierra del Castillo	124	C-4	53
Sierra Caurel, Pzas.	162	A-1	31
Sierra de Cazalla	125	B-4	38
Sierra de Contraviesa	142	C-3	53

Nombre	Plano Parcial		C.P.
Sierra de Cuenca	142	C-2	53
Sierra de Cuerda Larga	125	B-2	38
Sierra del Eje	146	A-4	31
Sierra Elvira	125	B-1	38
Sierra Engarcerán	161	C-1	31
Sierra de Encinares, La	146	A-3	31
Sierra Espuña	162	A-1	31
Sierra de la Estrella	124	C-4	53
Sierra Faladora	144	A-1	38
Sierra de Filabres			
1 al 19 y 2 al 30	124	C-3	38
al 101 y al 102	125	A-3	"
Sierra de Gador	146	A-4	31
Sierra de Gador, Pza.	146	A-4	31
Sierra Gistral, Pza.	162	A-1	31
Sierra de Gor, La	146	B-4	31
Sierra Gorda	146	B-3	31
Sierra de Grazalema, La; Pza.	162	B-1	31
Sierra de Gredos	145	C-4	31
Sierra de Guadalupe	145	C-3	31
Sierra de Guadalupe, Trv.	145	C-3	31
Sierra de Gudar	162	A-1	31
Sierra de Javalambre	124	C-3	38
Sierra Llerena	125	A-3	38
Sierra de la Loba	125	B-4	18
"	143	B-1	"
Sierra de Lucena	143	A-2	18
Sierra Madera	142	C-2	53
Sierra Madrona	125	B-3	38
Sierra Magina, Pza.	162	A-1	31
Sierra de Meira	125	A-3	38
Sierra Menera	125	B-4	18
Sierra Ministra, Pza.	125	A-4	53
Sierra de Mira, La	162	A-1	31
Sierra Molina	142	C-2	53
Sierra Monchique	124	C-4	53
Sierra Montilla	162	A-1	31
Sierra Morena	145	C-4	31
Sierra Nevada	143	A-3	18
Sierra de Oncala	125	B-4	18
Sierra Pajarero	43	C-1	23
Sierra de Palomeras	145	C-4	31
" "	161	C-1	"
Sierra Paramera, Gta.	64	C-1	23
Sierra del Pedroso	143	A-2	18
Sierra de Peña Negra	43	C-1	23
Sierra de Pineda	125	B-4	18
" "	143	B-1	"
Sierra de los Porrones	24	C-4	23
Sierra de Puerto Viejo	43	C-1	23
Sierra Queija	146	A-4	31
Sierra del Quintanar	143	C-2	18
Sierra Robledal	143	C-2	18
Sierra del Sabiñar, La	162	A-1	31
Sierra de la Sagra	143	A-2	18
Sierra Salvada	144	A-1	38

112

Prefijo Postal 280 — MADRID

Nombre	Plano Parcial		C.P.
Sierra Santos	162	A-1	31
Sierra del Segura	125	A-1	38
Sierra de la Solana	142	C-2	53
Sierra de Tejada	143	A-3	18
Sierra Toledana	125	B-2	38
Sierra Toledana (trasera)	125	B-1	38
Sierra de Toloño	143	C-1	18
Sierra del Torcal, La	146	B-4	31
Sierra de Tornavacas, La	145	C-4	31
Sierra de Tortejada, La	162	B-1	31
Sierra de Valdemeca	142	C-1	53
Sierra del Valle	143	B-1	18
Sierra Vieja	145	C-4	31
Siete	78	A-2	22
Siete Hermanas, Las; Gta.	101	B-2	11
Siete de Julio	104	A-2	12
Siete de Julio San Fermín	144	A-2	18
Siete Picos, Los	72	C-1	02
Sigerico	120	B-4	19
Siglo Futuro	137	B-4	25
Sigüenza	46	B-3	23
Siguero	27	C-2	35
Sil	72	A-1	02
Sílfide, La	76	C-4	22
Sílice, Gta.	90	C-2	28
Sillería	94	A-4	37
Silos, Los	93	A-2	17
Silva	104	A-1	
Códigos Postales			
1 al 9 y 2 al 8			13
11 y 10 al final			04
Silvano	54	C-3	43
"	55	A-2	"
"	74	A-1	"
Silves	138	C-2	25
Silvina	157	B-3	41
Silvina Ocampo	163	C-4	51
Silvinita	182	B-1	21
Silvio Abad	139	C-3	26
Simacota	35	A-3	33
Simancas	51	A-1	29
Simca	156	A-3	41
Simón Bolívar	54	A-1	43
Simón González	140	C-4	41
Simón Rojas Clemente, P.º	105	B-3	14
Simón Tomé	122	C-2	45
Simón Viñals	17	B-1	34
Simpatía, La	132	C-1	52
Simún	38	A-3	42
Sincelejo	35	A-3	33
Sinesio Delgado	30	C-3	29
"	31	B-3	"
"	48	C-3	"
"	49	A-3	"
"	49	C-1	"

Nombre	Plano Parcial		C.P.
Sinfonía, La	151	B-1	54
Sintra, Gta.	36	C-4	42
Siracusa	111	A-1	22
Sirio	107	A-3	07
"	125	A-1	"
Siro Muela	75	A-4	27
Siroco	37	C-3	42
Sirrach	44	B-4	23
Sisebuto	102	B-3	11
Sisenando, Pza.	102	A-4	11
Sisones, Los	4	A-2	48
Sitio de El Escorial	152	B-2	54
Sobradiel, Rda.	54	C-4	43
"	55	A-4	"
"	74	A-1	"
"	75	A-1	"
Sobrado	11	A-2	50
Sociedad, La	138	C-1	19
Socorro	129	A-2	32
Socuéllamos	140	C-3	26
Sodio	141	B-1	45
Sodupe	22	C-4	23
Sofía	95	B-2	22
"	110	C-2	"
"	111	B-1	"
Sofía Casanova	152	A-1	44
Sófora	51	A-2	20
Sogamoso, Pza.	34	C-3	33
Sol	91	B-4	28
Sol Naciente	74	B-4	27
Solana de Luche, La	102	B-4	11
"	120	B-1	"
Solana de Opañel, La	139	A-1	19
Solano	37	C-3	42
Solara	156	A-3	41
Soldado	4	A-2	48
Soldado José María Rey	120	A-3	19
Soledades, Las	152	C-4	54
Soler y González	104	B-3	12
Solería, La	94	C-3	37
Solidaridad, La; Pza.	155	C-2	41
Solsona	34	A-4	33
Sombra, La	137	C-4	25
Sombrerería	104	C-4	12
Sombrerete	104	B-4	12
Somera	43	B-1	23
Somontes	27	B-3	35
Somontes al Palacio de la Real Quinta, C.º	13	B-2	35
Somontín	33	B-2	33
Somormujo	121	B-3	19
Somorrostro, Pza.	72	B-2	02
Somosaguas, Ctra.	99	C-2	11
"	100	C-2	"
Somosaguas, Puerta	99	A-1	11

113

MADRID Prefijo Postal 280

S

Nombre	Plano Parcial		C.P.
Somosierra	54	A-3	43
Son Bonet	152	A-1	44
Sondeos, Los	130	A-3	52
Sondica	152	A-1	44
Sonseca	137	B-3	25
Sopelana	22	C-4	23
"	42	C-1	"
"	43	A-1	"
Sopetrán	35	B-4	33
Sor Ángela de la Cruz	50	C-3	20
"	51	A-3	"
Sor Juana Inés de la Cruz	6	C-2	49
Sor Justa Domínguez de Vidaurreta, Gta.	72	C-4	28
Sor María de Agreda	92	A-3	17
Sorbe	139	C-1	19
Sorgo	50	A-1	
CÓDIGOS POSTALES			
1 al 43 y 2 al 46			39
45 y 48 al final			29
Soria	122	A-1	05
Sorolla	30	C-3	29
Sort	49	B-4	40
"	69	B-1	"
Sorzano	73	C-1	43
Sotavento	37	C-4	42
Sotillo	54	C-3	43
"	55	A-4	"
Sotillo, C°	118	A-1	34
Soto Hidalgo	50	C-3	42
"	59	A-3	"
Soto, El	141	A-2	45
Soto Palacios, Avda.	17	C-4	34
Soto del Parral	172	C-1	41
" "	173	A-1	"

Nombre	Plano Parcial		C.P.
Soto del Real	17	B-1	34
Soto Yoldi	50	B-1	29
Sotomayor	69	C-3	03
Sous de Plata	153	B-3	54
Stuyck, Avda.	52	B-2	16
Suances	144	B-1	38
Suárez y García	76	B-2	22
Sucre	54	B-1	43
Suecia	95	A-3	22
"	110	C-1	"
"	111	A-1	"
Sueldo	153	B-3	54
Suero de Quiñones	72	A-3	02
Suerte, La; C°	162	B-1	31
Suertes de la Villa, Las	193	B-4	52
" "	195	A-1	"
Suertes, Las; Avda.	162	C-2	51
" "	163	A-2	"
" "	164	B-4	"
Sufragistas, Las; Pza.	173	B-3	21
Suintila	120	C-4	19
Suit, La; Pza.	102	C-2	11
Suiza	111	B-1	22
Sulfato	171	B-4	21
Sur (Las Cumbres)	164	C-3	31
Sur del Aeropuerto de Barajas, Av.	58	C-4	42
" " " "	78	C-1	42
" " " "	79	B-2	42
" " " "	81	A-1	42
Sur, Rda.	142	B-4	53
"	157	C-1	"
"	159	B-1	"
Surata, Pza.	34	C-3	33
"	35	A-3	"
Suspiros del Moro, Los; Trv.	142	C-1	53

T

Nombre	Plano Parcial		C.P.
Tábara	110	A-1	37
Tabatinga	75	B-3	27
Tabernillas	103	C-4	05
Tablada	50	C-3	39
Taburiente	93	B-3	17
Tacona, La	126	C-3	05
Taconera	157	A-2	41
Tahona, La	52	A-1	16
Tahona de las Descalzas, La	104	B-2	13
Taivilla	172	B-4	21
Tajo	71	C-2	02
Tajos Altos	124	C-4	53
Tajuña	102	B-4	11

Nombre	Plano Parcial		C.P.
Tajuya	93	A-2	17
Talamanca del Jarama	162	A-3	51
Talavera	72	A-1	16
Talayuela	135	A-4	44
Talbot	155	C-3	41
Talco	171	C-4	21
"	179	B-1	"
Talgo, Avda.	64	C-2	23
" "	65	A-2	"
Talia	76	B-2	22
Talisio	74	B-4	27
"	92	B-1	"
Talleres, Los; P°	172	B-4	21

Prefijo Postal 280 — MADRID

Nombre	Plano Parcial		C.P.
Tallistas, Los	94	B-4	37
Tamajón	46	A-3	23
Tamalameque	35	A-4	33
Tamarice	136	A-3	44
Tamarindo	124	B-4	45
Tamayo y Baus	89	A-4	04
" "	105	A-1	"
Tambre	71	C-2	02
Taminaca	35	A-3	33
Tampico	75	B-4	27
Tánger	144	B-2	18
Tantalis	54	A-4	43
Tántalo	174	A-3	21
Taoro	93	A-2	17
Tapia de Casariego, La	45	C-1	23
Tapicería, La	94	A-3	37
Taquigrafía, La	94	A-2	37
Tarazona	119	C-3	47
Tardajos	17	C-4	34
Tardobispo	94	A-3	37
Tarifa	138	B-2	25
Tarifa, Pza.	138	B-3	25
Tarragona			
1 al 9 y 2 al 12	122	C-2	45
al 19 y 41 26	123	A-2	"
Tarrasa	139	C-3	26
Tato, El	74	B-1	43
Tauramena	35	A-4	33
Tauro	79	C-2	42
Tauste, Pza.	119	C-3	47
Taivilla	180	A-1	21
Tavira	138	C-3	25
Té	65	B-1	23
Teatro	101	C-3	11
Teatro Romano de Mérida	152	C-3	54
Teba	157	A-3	41
Tecnología, La; Pza.	158	C-4	53
Tegucigalpa	75	B-3	27
Tejadillo	45	A-3	23
Tejar de la Pastora	125	A-2	38
Tejares	121	A-3	19
Tejedores, Los	94	A-3	37
Tejo	124	A-3	45
Telares, Los	94	A-3	37
Teleférico, Ctra.	101	C-1	11
Teleférico de las Canteras	195	B-3	52
Telegrafía, La	153	A-2	44
Telémaco	74	C-2	27
"	75	A-2	"
Téllez	124	A-2	07
Téllez, Trv.	123	C-2	07

Nombre	Plano Parcial		C.P.
Tembleque			
1 al 83 y 2 al 106	118	B-3	24
al 115 y al 146	136	A-1	"
Templarios, Pza.	33	B-3	33
Templo	127	B-2	30
Tenería, La	129	A-2	32
Tenerife	70	A-2	39
Teniente Alcalde Pérez Pillado, Pza.	70	A-4	03
Teniente Compairet	140	A-3	26
Teniente Coronel Noreña	141	A-2	45
Teniente Muñoz Díaz	143	C-1	19
Teniente Ochoa Olalla	120	B-3	19
Teobaldo	137	C-4	25
Teodoredo	120	C-4	19
Teodoro Anasagasti y Algán	132	C-2	52
Tercera (Chamartín)	52	C-4	16
Tercera, Avda.	78	A-2	22
Tercera, Trv.	101	C-2	11
Tercio, El	120	B-4	19
Teresa Cabarrús	153	A-1	44
Teresa Claramunt	14	C-3	35
Teresa López Valcárcel	141	A-1	45
Teresa Maroto	124	C-4	53
Teresa Orozco (part.)	45	B-2	23
Teresita González Quevedo	50	C-4	20
Ternera, La	104	A-1	13
Terriente	179	C-1	21
Tertulia, La	157	A-4	41
"	173	A-1	"
Teruel	70	B-1	20
Teseo	74	C-3	27
"	75	A-2	"
Teseo, Cº.	76	A-2	27
Tesoro	88	B-4	04
Tetuán	104	B-2	13
Tetuán, Pza.	133	C-3	24
Teudis	120	C-3	19
Tezanos	77	A-1	42
Thader	153	B-1	20
Thaler	154	A-3	54
Tiberiades	55	A-2	53
Tiburón	156	A-3	41
Tiedra	161	C-1	31
Tielmes, Pje.	127	A-1	30
Tiemblo, El	48	B-1	35
Tiempos Modernos	143	A-2	18
Tierra de Melide, Pº.	10	C-2	50
"	11	A-3	"
Tierruca, La	144	A-2	18
Tierruca, La; Pje.	144	A-2	18
Tifón	38	A-4	42
"	58	A-1	"
Tijola	33	B-2	33
Tijuana	54	B-1	43

115

MADRID

Prefijo Postal 280

T

Nombre	Plano Parcial		C.P.
Tilos, Los	53	A-4	16
Tilos, Los; P.º	4	A-1	48
Timanfaya	109	A-3	30
Timbales, Los	152	A-1	54
Timón	38	C-4	42
Timoteo Domingo	92	B-2	17
Timoteo Martín	162	A-1	31
Timoteo Pérez Rubio	142	B-2	53
Tinaja, La	65	B-1	23
Tinajo	93	B-3	17
Tinamús	139	A-1	19
Tineo	161	B-1	31
Tintas, Las	137	C-1	25
Tintín y Milú	58	C-2	42
Tintoreros, Los	104	A-3	05
Tirajana	93	B-3	17
Tirma	93	A-2	17
Tiro de Pichón, Ctra.	13	B-3	35
Tirso de Molina, Pza.	104	B-3	12
Tirvia	49	B-4	40
Tiscar	143	A-4	53
Titán	124	A-4	45
"	142	A-1	45
Titania	53	C-3	43
Titanio	129	B-2	32
Titulcia	106	B-4	07
Tizas, Las; Pza.	140	A-3	26
Tiziano	70	B-1	20
Tobago	75	A-3	27
Toboso, El	120	A-4	19
Toledo			
1 al 115 y 2 al 98	104	A-4	05
al 171 y al 174	121	C-1	"
Toledo, Puente	121	C-2	19
Toledo, Rda.	122	A-1	05
Tolerancia, La	132	C-1	52
Tolima	35	B-4	33
Tolosa	155	B-1	41
Tolú	35	A-4	33
Tomás Aparicio	33	C-3	33
Tomás Borrás	122	C-4	45
Tomás Bretón			
1 al 11 y 2 al 14	122	C-3	45
al 39 y al 48	123	A-3	"
Tomás Esteban	142	C-1	53
"	143	A-1	"
Tomás García	125	A-4	53
"	143	A-1	"
Tomás López	90	C-4	09
Tomás Meabe	121	B-4	19
Tomás Redondo	35	B-4	33
Tomás Sanz	101	C-2	11
Tomasa Ruiz	121	C-3	19
Tomelloso	140	C-4	26

Nombre	Plano Parcial		C.P.
Tomillar	58	C-2	42
Tomillo	65	B-1	23
Topacio	173	B-3	21
Topete	70	B-1	39
Toques	10	C-2	50
Torcal	157	B-3	41
Torcas, Las	77	A-1	42
Tordegrillos	179	B-1	21
Tordesillas	152	B-3	44
Tordo	120	A-4	19
Tordomar	54	C-1	43
Toreno	35	A-1	55
Torero	122	A-4	26
Toreros, Los; Avda.			
1 al 29 y 2 al 16	90	C-2	28
al 51 y al 36	91	A-2	"
Torija	104	A-1	13
Tormes	71	C-3	02
Tornado	38	A-4	42
"	58	A-1	"
Tornillería, La	94	A-4	37
Toro	103	C-3	05
Toronga, La	54	B-4	43
Toros, Los; Rda.	101	C-2	11
Torpedero Tucumán	52	B-2	16
Torquemada	54	C-1	43
Torre, La	102	B-2	11
Torre Arias	76	C-3	22
Torre de Don Miguel	160	B-2	31
Torre de Juan Abad	162	B-2	31
Torre del Oro, La; Pza.	157	A-1	41
Torreadrada	25	B-4	23
Torrebeleña	27	B-2	35
Torrecilla, P.º	102	B-1	11
Torrecilla del Leal	104	C-3	12
Torrecilla del Puerto	74	A-1	43
Torredonjimeno	162	B-2	31
Torregalindo	52	C-3	16
Torregrosa	34	A-4	43
Torrejón de la Calzada	113	B-4	52
" "	131	A-1	"
Torrelaguna			
1 al 55 y 2 al 42	74	A-4	27
al 91 y al 58	73	C-2	"
al 127	53	B-4	"
Códigos Postales			
1 al 75 y 2 al 58			27
77 y 60 al final			43
Torrelaguna, Gta.	74	A-4	27
Torrelaguna, Trv.	74	A-4	27
Torreparada, C.º	2	C-2	48
"	4	C-3	"
Torrelara	52	C-2	16

Prefijo Postal 280 — MADRID

Nombre	Plano Parcial		C.P.
Torrelodones, Pza.	72	B-1	16
Torrelodones a El Pardo, Ctra.	1	B-4	48
" " "	3	C-1	"
Torremocha	172	C-3	21
Torremolinos	144	C-3	18
Torreperogil	142	C-4	53
Torres, Las	50	B-1	39
Torres Miranda	122	C-3	45
Torresandino	54	C-1	43
Torrevieja	173	B-2	21
Torrijos	51	A-2	29
Torrox	157	B-3	41
Torta, La	152	A-3	54
Tortajada	179	C-1	21
Tórtola, La	138	A-1	19
Tortosa	123	A-1	45
Tortosa, Pje.	123	A-1	45
Toscana	110	C-1	32
Tossa	126	B-4	38
Totana	33	C-4	33
Totanes	172	C-3	41
Totuma	34	C-3	33
Tracia	75	B-4	37
"	93	C-1	"
Trafalgar	88	B-2	10
Trajano, Avda.	49	A-2	35
Tramontana, La	38	A-3	42
Transmonte	94	A-4	37
"	110	A-1	"
Transversal	53	A-4	16
Transversal Sexta	180	C-3	21
Tranvía, Cjón.	49	B-4	40
Tranvía de Arganda	145	A-3	31
Tranvía Blanco	145	A-4	31
Traviesa, La	103	C-3	05
Trébol	50	B-2	39
Trece Rosas, Las; Pº.	92	B-4	17
" "	108	A-1	"
Trefacio	55	A-1	43
Trefilería, La	94	A-4	37
Tremis	153	B-4	54
Tremp	49	B-4	40
"	69	B-1	"
Tren, Rda.	65	C-2	23
Tren de Arganda	128	A-1	32
Trentín	153	B-4	54
Tres	77	C-2	22
Tres Cantos, Los	195	B-3	52
Tres Cruces	104	B-1	13
Tres Esquinas, Las; Pza.	39	A-2	42
Tres Olivos, Los; Pza.	9	B-4	34
Tres Peces, Los	104	C-4	12
Treseta, La	153	C-3	54
Treapadorno	78	C-1	42

Nombre	Plano Parcial		C.P.
Trevélez	156	B-3	41
Treviana	73	B-2	43
Treviño	70	B-3	03
Triacastela	10	C-2	50
Triana	52	B-2	16
Triana, Trv.	119	C-1	47
Tribaldos			
1 al 31 y 2 al 38	55	B-1	43
al 54	54	C-1	"
Tribulete	104	B-4	12
"	122	B-1	"
Trifón Pedrero	122	A-4	19
Trifón Pedrero, Trv.	122	A-4	19
Trillo	174	A-3	21
Trillo, Gta.	100	C-2	11
"	101	A-2	"
Trinitarias, Cost.	104	C-3	14
Trinquete	33	B-4	33
Triquet	124	C-2	07
Tristana	143	C-3	18
Tritón	53	B-4	43
Triunfo	102	B-4	11
Trole	145	A-3	31
Trombones, Los	152	A-2	54
Trompas, Las	152	A-2	54
Trompetas, Las	152	A-2	54
Trones	136	A-2	44
Trópico	38	C-3	42
"	39	A-4	"
Troya	94	C-1	22
Trueba	124	C-3	07
Trueba, Avda.	92	B-3	17
Trueba y Fernández	52	A-4	16
Trujillos	104	A-2	13
Trujillos, Trv.	104	A-2	13
Tubas, Las	152	C-4	54
Tubilla, Pza.	17	C-3	34
Tucán	137	C-1	25
Tucurinca	34	C-4	33
"	35	A-4	"
Tudela de Duero	54	A-3	43
Tudelilla	70	A-1	39
Tudescos, Los	104	A-1	04
Tulga	120	B-4	19
Tulipán	31	C-3	46
Tulipero	153	A-2	44
Tumaco	75	A-3	27
Tunaima	35	B-4	33
Túnez	127	C-2	30
Tunja	35	A-4	33
Turaco	120	B-1	11
Turba, La	173	C-4	21
Turbaco	35	A-3	33
Turégano	48	B-1	35
Turia	71	C-1	02

MADRID

Prefijo Postal 280

T

Nombre	Plano Parcial		C.P.
Turín	56	B-2	42
Turismundo	102	A-3	11
Turmalina	123	A-3	45
Turquesa, La	173	B-3	21

Nombre	Plano Parcial		C.P.
Tutor	87	B-3	08
Tuy, Pza.	29	C-3	29
Tuya, La	156	C-3	41

U

Nombre	Plano Parcial		C.P.
Úbeda	29	C-1	34
Ubrique	34	A-3	33
Uceda	125	A-4	53
"	143	A-1	"
Ugena	154	C-1	25
Ulises	53	C-4	43
"	54	B-4	"
Ulpiana Benito	51	A-2	20
Umbría	54	A-4	43
Unanimidad, La	157	B-4	41
"	173	B-1	"
Uncastillo	131	B-1	52
Undécima	52	C-1	16
Única	102	A-4	11
Unicornio	64	B-1	23
Unidad, La	155	C-2	41
Unión, La	103	C-2	13
Unión Cárcavas-San Antonio, Pza.	35	B-2	50

Nombre	Plano Parcial		C.P.
Universidad de Alcalá de Henares	152	B-3	54
Uno	77	C-2	22
Uranio	173	C-2	21
Urano	39	A-4	42
Urbano Martín	125	A-4	53
Urgel	120	C-4	19
Uría	33	C-3	33
Urogallo	139	A-1	19
Urola	71	C-2	02
Urquiza, Los	92	B-2	17
Uruguay	52	B-4	16
Uruguay, P°.	106	A-3	09
Urumea	71	C-2	02
Usiacuri	34	C-3	33
"	35	A-3	"
Utebo	138	A-2	25
Utrillas	54	B-2	43

V

Nombre	Plano Parcial		C.P.
Vaciamadrid, C°.	174	C-3	51
"	175	A-4	"
Vado	140	C-2	26
Vado de Santa Catalina	140	C-1	45
Vado de Santiago	171	C-4	21
Vaguada, La; Avda.	71	A-1	20
Vaguada, La; P°.	30	A-1	34
Vainilla	117	A-3	24
Val de Santo Domingo	34	A-4	33
Valcarlos	10	C-4	50
"	11	A-3	"
"	18	C-1	"
Valcotos	45	C-1	23
Valdebernardo	127	B-2	30
Valdecaleras	54	B-2	43
Valdecanillas	93	C-2	37
Valdecarros, C°. (Vallecas)	190	A-2	51
Valdeculebras, Avda.	164	C-4	51
"	192	B-1	"
Valdegovia	17	B-4	34
Valdegrulla, C°.	6	A-3	49
Valdehiguera, C°.	35	C-2	55
Valdelaguna	122	A-3	05

Nombre	Plano Parcial		C.P.
Valdelamasa	72	B-1	02
Valdelasierra	122	A-3	05
Valdelinares	25	C-4	23
Valdemaqueda, Pje.	72	B-4	02
Valdemarín, Avda.	24	C-4	23
" "	25	C-4	"
" "	44	C-1	"
" "	45	A-1	"
Valdemorillo	141	A-1	45
Valdepeñas	49	B-4	40
Valdeperdices, Gta.	145	B-4	31
"	161	B-1	"
Valderaduey	28	C-4	35
Valderrebollo	161	C-1	31
Valderrey	49	B-1	
Códigos Postales			
1 al 31 y 2 al 44			35
33 y 46 al final			39
Valderribas	124	B-1	07
Valderribas, C°.	125	A-3	03
Valderrobres	76	C-3	22
"	77	A-4	"

118

Prefijo Postal 280 — MADRID

Nombre	Plano Parcial	C.P.
Valderrodrigo	29 A-4	
"	49 A-1	
Códigos Postales		
1 al 33 y 2 al 70		35
35 y 72 al final		39
Valderromán	29 A-4	35
Valdesangil	49 B-1	39
Valdesaz	161 C-2	31
Valdesequillo	49 B-1	39
Valdespina	54 C-1	43
Valdesquí	25 B-4	23
"	45 B-4	"
Valdetorres de Jarama	34 B-4	43
Valdevarnés	49 B-1	39
Valdeverdeja	49 B-1	39
Valdeyeros	28 C-1	35
Valdeza, Cº	84 A-3	11
"	85 A-3	"
"	86 A-4	"
Valdezarza, Cº.	29 B-4	39
"	49 B-1	"
Valdezarza, Cjón.	49 B-1	39
Valdezcaray	25 C-4	23
"	45 C-1	"
Valdilecha, Pje.	127 A-1	30
Valdivieso	45 A-3	23
Valdovín	73 A-2	02
Valencia	104 B-4	12
"	122 C-1	"
Valencia, Rda.	122 B-1	12
Valencia de Don Juan	16 B-4	34
Valentín Aguirre	73 C-4	27
Valentín Beato	75 C-4	37
"	93 C-1	"
Valentín Llaguno	138 B-1	19
Valentín San Narciso	143 C-2	18
Valentín Serrano	28 C-3	35
Valentina Gutiérrez	53 A-4	43
Valentina Morales	35 C-3	50
Valenzuela	105 B-2	14
Valeria	124 C-2	07
Valeriana	153 B-1	44
Válgame Dios	104 C-1	04
Valhondo	38 A-4	42
Valjaroso, Cº	14 B-2	09
Valladolid, Avda.	86 C-3	08
Vallandes	140 B-1	26
Valldemosa	49 C-2	39
Valle, Avda.	69 B-3	03
Valle de Ansó	49 C-1	39
Valle de Añisclo	49 B-1	39
Valle de Arán	49 B-4	40
"	69 B-1	"
Valle de Arce, Gta.	29 C-4	39

Nombre	Plano Parcial	C.P.
Valle del Baztán	49 C-1	39
Valle de Belagua	49 C-2	39
Valle de Bergantiños	49 C-1	39
Valle del Boi	152 A-3	54
Valle de Cachemira	49 C-1	39
Valle de Cardós	49 C-1	39
Valle de Enmedio	15 A-4	35
Valle de la Fuenfría	16 A-1	34
Valle Inclán	135 B-4	44
"	151 B-1	"
Valle de la Jarosa, Pza.	15 A-4	35
Valle de Laciana	16 A-3	34
Valle de Mena	29 B-4	39
Valle de Ordesa	49 C-1	39
Valle de Oro	138 C-2	19
"	139 A-2	"
Valle de Oro, Gta.	138 B-1	19
Valle de Oro, Pje.	138 B-2	19
Valle de Oro, Pza.	138 C-2	19
Valle de Pas	65 A-2	23
Valle de Pinares Llanos	14 C-4	35
"	15 B-4	"
Valle de Pineta	49 C-1	39
Valle Puentes, Cº.	99 C-4	11
Valle del Silencio	49 C-1	39
Valle de Tena	49 C-1	39
Valle de Tobalina	179 B-2	21
Valle de Toranzo	24 A-4	23
"	44 A-1	"
Valleabajo	30 A-4	29
Vallecas, Puente	124 C-3	38
Vallecas a Vaciamadrid, Cº. Viejo	192 C-1	51
Vallecas a Vicálvaro (M-203), Ctra.	148 B-3	31
Valleguerra	93 A-3	17
Vallehermoso		
1 al 81 y 2 al 90	88 A-1	
al 103	70 A-4	
Códigos Postales		
1 al 81 y 2 al 90		15
83 y 92 al final		03
Valliciergo	103 B-3	05
Valls Ferrara	49 B-4	40
Vallter	45 C-3	23
Valmayor	121 C-3	19
Valmojado		
1 al 125	118 C-3	47
al 291	136 B-1	"
Valonia	127 B-1	30
Valores	106 C-3	07
Valpalomero, Cº.	4 C-4	48
Valparaíso, Pza.	52 A-4	16
Valsaín, Pza.	92 A-2	27
Valtravieso	64 C-1	23
Valvanera, Pza.	73 B-2	43
Valvanuz	77 A-1	42

V

119

MADRID

Prefijo Postal 280

V

Nombre	Plano Parcial		C.P.
Valverde	88	B-4	04
"	104	B-1	"
Valverde de Alcalá	72	A-4	02
Vandergoten	123	C-1	14
Vanguardia de la Democracia, Pza.	28	B-1	35
Vaquerías	106	C-2	07
"	107	A-2	"
Vara del Rey	123	B-2	45
Vargas	70	C-4	03
Vargas Heredia	171	B-2	21
Varsovia	64	B-3	23
Vasares, Los; Cº	146	C-4	31
"	147	B-1	"
Vascos, Los	69	C-2	40
Vázquez de Mella	92	C-2	17
Vázquez de Mella, Pza.	104	C-1	04
Vázquez de Mella, Trv.	92	C-1	17
"	93	A-1	"
Vecinos del Pozo, Los	159	B-1	53
Vedia	107	A-1	28
Vedra	143	A-4	53
"	159	A-1	"
Vega, La; Cta.	103	B-3	13
Vega de Pas, La	144	B-1	38
Vegafría	27	C-3	35
Vegetales, Los	94	B-4	37
Veinticinco de Septiembre, Avda.	75	C-3	27
Veintidós de Abril	60	B-4	04
Veintiocho de Marzo, Pza.	17	B-2	34
Velacho Alto	33	B-4	33
Velacho Bajo	33	B-4	33
Velarde	88	B-4	04
Velayos	48	C-1	35
Velázquez			
1 al 15 y 2 al 16	105	C-1	
al 117 y al 130	89	C-1	
al 157 y al 142	71	C-3	
Códigos Postales			
1 al 65 y 2 al 82			01
67 al 123 y 84 al 114			06
125 y 116 al final			02
Velero	78	A-1	42
Veleta, La	44	C-4	23
Vélez Blanco	33	B-2	33
Vélez Málaga	144	C-2	18
Vélez Rubio	33	B-2	33
Velilla, La	129	A-2	32
Vellón, El	28	B-2	35
Vellosilla, Gta.	117	A-3	24
Venancio Martín	125	B-3	38
Vencejo	137	C-2	25
Vendimiador, Pza.	138	B-4	25
Venecia, Pza.	73	A-4	28
Veneras	104	A-1	13
Venezuela, Pº	106	A-2	09

Nombre	Plano Parcial		C.P.
Venta, Puerta	101	A-4	11
Venta, La; Pº	100	C-4	11
"	101	A-4	"
Venta de la Higuera	143	A-4	18
Venta de la Rubia, La; Cº	133	A-4	24
"	149	A-2	"
Venta de la Rubia, La; Ctra.	149	A-2	24
Venta Vieja	21	B-3	23
Ventas, Las	91	C-2	27
Ventas, Puente	91	B-2	27
Ventisquero de la Condesa, Avda.	15	B-2	35
"	29	C-1	"
Ventorrillo	104	A-4	05
"	122	A-1	"
Ventosa, La	103	C-4	05
Ventura Díaz Bernardo	154	C-2	54
Ventura Rodríguez	87	C-4	08
Ventura de la Vega	104	C-2	14
Venturada	75	A-4	27
Venus	39	A-3	42
Veracruz	51	C-4	36
Verano, Pza.	79	B-4	22
Verbena de la Paloma, La; Avda.	157	A-4	41
"	172	C-1	"
Verdad, La	121	B-4	19
Verdaguer y García	73	C-4	27
Verde Viento	171	B-2	21
Verdolaga	117	B-3	24
Vereda, La	32	C-2	33
Vereda del Carmen, La	92	A-3	17
Vereda de la Cebolla	195	B-3	52
Vereda de los Civiles, Cº	84	C-4	11
"	85	A-3	"
Vereda del Pinar, La	111	A-4	32
Vergara	103	C-2	13
Verín, Pza.	30	A-2	29
Verja	139	C-3	26
Verja, Trv.	139	B-3	26
Verona	127	C-2	30
Verónica	105	A-3	14
Versalles	110	C-2	32
Vertedero Mcpal. de la China, Ctra.	174	B-2	51
"	175	A-2	"
Vertiente, La	91	C-3	17
Vesubio	144	B-2	38
Veza	50	C-1	29
Vía, La	139	B-2	19
Vía Carpetana			
1 al 103 y 2 al 134	120	C-1	
al 155 y al 300	119	C-4	
al 201 y al 350	137	C-2	
Códigos Postales			
1 al 15 y 2 al 52			11
17 y 54 al final			47

120

Prefijo Postal 280 — MADRID

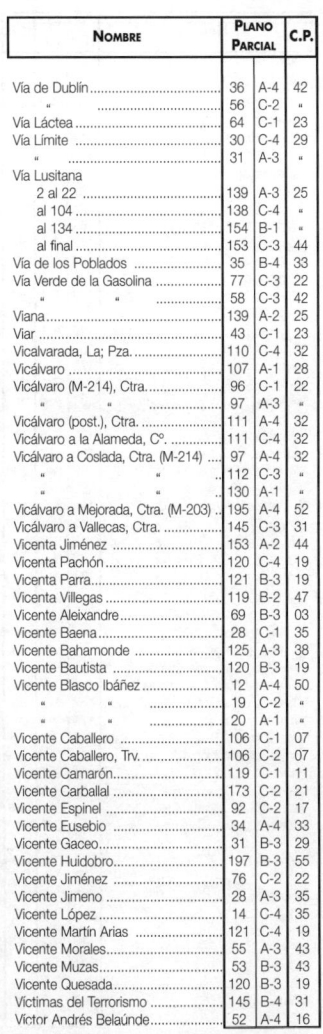

Nombre	Plano Parcial		C.P.
Vía de Dublín	36	A-4	42
"	56	C-2	"
Vía Láctea	64	C-1	23
Vía Límite	30	C-4	29
"	31	A-3	"
Vía Lusitana			
2 al 22	139	A-3	25
al 104	138	C-4	"
al 134	154	B-1	"
al final	153	C-3	44
Vía de los Poblados	35	B-4	33
Vía Verde de la Gasolina	77	C-3	22
" "	58	C-3	42
Viana	139	A-2	25
Viar	43	C-1	23
Vicalvarada, La; Pza.	110	C-4	32
Vicálvaro	107	A-1	28
Vicálvaro (M-214), Ctra.	96	C-1	22
" "	97	A-3	"
Vicálvaro (post.), Ctra.	111	A-4	32
Vicálvaro a la Alameda, C°.	111	C-4	32
Vicálvaro a Coslada, Ctra. (M-214)	97	A-4	32
" "	112	C-3	"
" "	130	A-1	"
Vicálvaro a Mejorada, Ctra. (M-203)	195	A-4	52
Vicálvaro a Vallecas, Ctra.	145	C-3	31
Vicenta Jiménez	153	A-2	44
Vicenta Pachón	120	C-4	19
Vicenta Parra	121	B-3	19
Vicenta Villegas	119	B-2	47
Vicente Aleixandre	69	B-3	03
Vicente Baena	28	C-1	35
Vicente Bahamonde	125	A-3	38
Vicente Bautista	120	B-3	19
Vicente Blasco Ibáñez	12	A-4	50
" "	19	C-2	"
" "	20	A-1	"
Vicente Caballero	106	C-1	07
Vicente Caballero, Trv.	106	C-2	07
Vicente Camarón	119	C-1	11
Vicente Carballal	173	C-2	21
Vicente Espinel	92	C-2	17
Vicente Eusebio	34	A-4	33
Vicente Gaceo	31	B-3	29
Vicente Huidobro	197	B-3	55
Vicente Jiménez	76	C-2	22
Vicente Jimeno	28	A-3	35
Vicente López	14	C-4	35
Vicente Martín Arias	121	C-4	19
Vicente Morales	55	A-3	43
Vicente Muzas	53	B-3	43
Vicente Quesada	120	B-3	19
Víctimas del Terrorismo	145	B-4	31
Víctor Andrés Belaúnde	52	A-4	16

Nombre	Plano Parcial		C.P.
Víctor Gil	29	A-2	35
Víctor González	77	A-2	22
Víctor Hugo	104	C-1	04
Víctor Manuel III	139	A-1	19
Víctor de la Serna			
1 al 21 y 2 al 22	72	B-1	16
al 39 y al 60	52	C-4	"
Victoria, La	104	B-2	12
Victoria, La; Avda.	21	C-4	23
"	22	A-4	"
"	42	C-1	"
"	43	A-1	"
Victoria Kent	132	A-2	52
Victorino Bayo	179	C-1	21
Victorino Berrero	29	B-3	35
Vicus Alvar, Pza.	132	C-2	52
"	195	A-2	"
Vid, La	101	C-4	11
Vidauba, La	136	A-3	44
Vidriales	110	A-1	37
Vidriería, La	94	B-3	37
Vieja de Pinto	172	A-4	21
Vieja de Provincias	102	C-2	11
Viejas, Las	31	C-2	46
Viejo, P°.	102	C-2	11
Viejo de Vicálvaro, C°.	128	A-1	32
Viella	49	B-4	40
Viento	79	B-4	22
Vientos, Los; Gta.	37	C-4	42
Viera y Clavijo	106	B-4	07
Vigil	130	C-2	52
Vigo	124	A-2	07
Vilaflor, Pza.	93	A-2	17
Vilar de Donas	11	A-2	50
Vilches	143	A-4	53
"	159	A-1	"
Vilela (part.)	14	A-1	49
Villa, La	103	C-3	05
Villa, La; Pza.	103	C-2	05
Villa de Arbancón, La	122	A-1	05
Villa de Churriana, La	54	B-2	43
Villa de Guadalupe	152	C-3	54
Villa de Marín, La	30	C-3	29
Villa de Milagros	113	B-4	52
"	131	B-1	"
Villa de París, La; Pza.	89	A-4	04
Villa de Pons, La	33	C-4	33
" "	53	C-1	"
Villa de Vallecas, La; Avda.	162	B-2	31
Villaamil	50	A-2	39
Villablanca	111	A-4	32
"	129	C-1	"
Villablino	46	A-3	23
Villabona	155	C-2	41

121

MADRID

Prefijo Postal 280

V

Nombre	Plano Parcial		C.P.
Villacampa	146	A-4	31
Villacañas	162	A-2	31
Villacarlos	129	A-1	32
Villacarlos (post.)	129	A-1	32
Villacarriedo	117	C-3	24
Villacarrillo	143	A-4	53
"	159	A-1	"
Villacastín	17	B-3	34
Villacid de Campos	128	C-2	32
"	129	A-2	"
Villaconejos, Pje.	109	B-4	30
Villadangos del Páramo	10	B-1	50
Villadiego	135	B-1	24
Villaescusa	109	A-1	17
Villaescusa, Trv.	109	B-1	17
Villafranca	91	A-2	28
Villafranca de los Barros, Pza.	29	C-1	34
Villafranca del Bierzo	35	B-2	50
Villafranca de Montes de Oca	6	A-4	50
Villafruela	17	C-3	34
Villafuerte	173	B-2	41
Villagarcía	118	C-1	11
Villagarcía de Arosa	35	C-3	50
Villager	46	A-3	23
Villagonzalo Pedernales	113	B-4	52
"	131	B-1	"
Villajimena	111	A-4	32
"	129	A-1	"
Villajimena (post.)	129	A-1	32
Villajoyosa	173	A-2	41
Villalar	105	R-1	01
Villalazán	110	A-1	37
Villalba de la Sierra	162	B-2	31
Villalbilla, Pje.	127	A-1	30
Villalcampo	129	A-1	32
Villalcázar de Sirga, Pza.	33	B-3	33
Villalmanzo	129	A-1	32
Villalobos	144	A-3	18
Villalón	137	B-3	25
Villalonso	172	A-3	21
Villalpando	154	B-2	25
Villamanín	101	A-4	11
"	118	C-1	"
"	119	A-1	"
"	119	B-1	"
Villamanta	162	A-3	51
Villamayor de Santiago	162	C-1	51
"	163	A-1	"
Villamiel de Cáceres	77	A-1	42
Villanubla, Pza.	136	A-4	44
"	152	A-1	"
Villanueva	105	C-1	01
Villanueva de Arosa	35	C-3	50
Villanueva de la Sagra	162	C-2	51
Villapalacios	173	B-3	21

Nombre	Plano Parcial		C.P.
Villar del Olmo	161	C-1	31
Villar del Pozo	162	B-2	31
Villarcayo	137	B-3	25
Villardondiego	111	A-4	32
"	129	A-1	"
Villardondiego (post.)	129	A-1	32
Villarejos, Carril	8	C-3	34
"	9	A-3	"
Villarino de los Aires	161	C-1	31
Villarramiel	173	C-3	21
Villarrobledo	124	A-4	45
Villarrosa	173	A-2	41
Villarta	142	A-4	53
Villasandino	101	A-4	11
"	119	A-1	"
Villasilos	109	C-1	17
Villastar	179	C-1	21
Villava	18	B-1	50
Villavaliente	101	A-4	11
"	119	A-1	"
Villavendimio	171	B-4	21
Villaverde, Cº. Viejo	155	C-2	41
Villaverde a Perales del Río	182	A-2	21
Villaverde a Perales del Río, Cº.	182	B-3	21
Villaverde a Vallecas (M-602), Ctra.	138	B-3	
"	145	B-4	
"	158	B-3	
"	160	C-2	
"	161	A-1	
"	173	B-2	
Códigos Postales			
km. 0 al km. 2,500			31
Km. 2,501 al km. 5,500			53
km. 5,500 al final (pares)			41
km. 5,500 al final (impares)			21
Villaverde de la Virgen	35	A-2	55
Villaveza	171	C-4	21
Villaviciosa	117	C-3	24
Villaviciosa de Odón, Cº.	133	B-3	24
Villavieja	101	B-4	11
Villena	173	B-3	21
Villoslada	121	B-1	05
Villuercas	158	C-1	53
"	159	A-1	"
Viloria de La Rioja	10	C-3	50
"	11	A-3	"
Vinaroz	72	B-3	02
Vinca	31	B-4	29
"	51	B-1	"
Vino, Trv.	101	C-3	11
Vinuesa	102	B-4	11
Viña	69	B-3	03
Viña del Mar	197	B-3	55
Viña Virgen	51	A-1	29

Prefijo Postal 280 MADRID

Nombre	Plano Parcial	C.P.
Viñas de El Pardo	25 C-4	23
Viñas del Río	182 A-2	21
Viñedos, Los	129 B-1	32
Viñegra	119 C-2	47
Viñuelas	141 A-1	45
Violas, Las	152 A-3	54
Violeta, La	66 A-1	23
Violetas, Las	172 C-3	21
" "	173 A-4	"
Violetera, La	143 C-3	18
Violín	33 A-2	33
Violonchelos, Los	152 A-3	54
Virgen, La	124 C-3	18
Virgen de África, La	73 C-4	27
" "	91 C-1	"
Virgen de la Alegría, La	91 C-2	27
Virgen de la Alegría, La; Pje.	91 B-2	27
Virgen de la Antigua, La	129 A-2	32
Virgen de Aránzazu, La	17 B-4	34
Virgen Blanca, La; Pza.	157 A-2	41
Virgen de Belén, La	139 A-1	19
Virgen del Camino, La	136 A-4	44
Virgen del Canto, La	92 B-2	27
Virgen de la Capilla, La; Pza.	29 C-1	34
Virgen del Carmen, La; Avda.	34 A-3	33
Virgen del Castañar, La	74 A-4	27
" "	92 A-1	"
Virgen del Castillo, La; Pza.	29 B-1	34
Virgen de la Consolación, La	74 A-4	27
Virgen del Coro, La	91 B-2	27
Virgen del Coro, La; Pje.	91 C-2	27
Virgen de las Cruces, La	141 A-4	41
Virgen de los Desamparados, La	172 C-3	41
Virgen de la Encina, La	141 A-4	41
Virgen del Espino, La	73 C-4	27
Virgen de la Estrella, La; Pza.	106 C-4	07
Virgen del Fresnedo, La	91 C-1	27
Virgen de la Fuencisla, La	74 A-4	27
" "	92 A-1	"
Virgen de la Fuensanta, La	91 C-1	27
Virgen Guadalupana, La; Pza.	72 B-1	16
Virgen de Guadalupe	159 B-1	53
Virgen de los Llanos, La; Pza.	135 A-4	44
Virgen de Lluc, La	74 C-4	27
" "	92 B-1	"
Virgen de Loreto, La	91 C-1	27
Virgen de Lourdes, La	91 C-1	27
Virgen María, La	106 B-4	07
Virgen de la Monjía, La	92 A-1	27
Virgen de la Nieva, La	70 B-3	03
Virgen de las Nieves, La	91 C-1	27
Virgen de la Novena, La	74 A-4	27
Virgen de Nuria, La	92 A-1	27
" "	152 A-1	"
Virgen de la Oliva, La	93 C-2	37

Nombre	Plano Parcial	C.P.
Virgen de los Olmos, La	22 B-4	23
Virgen de la Paloma, La; Pza.	103 C-4	05
Virgen de la Paz, La	91 B-1	27
Virgen de los Peligros, La	104 C-1	13
Virgen de la Peña, La	74 A-4	27
" "	91 C-1	"
Virgen del Portillo, La	74 B-4	27
" "	92 A-1	"
Virgen de la Providencia, La	74 A-4	27
" "	92 A-1	"
Virgen del Puerto, La; Pº.	103 A-2	05
" "	121 A-1	"
Virgen del Puerto, La; Pº. Bajo	103 A-2	05
Virgen del Puig, La	91 B-2	27
Virgen de los Remedios, La	162 A-1	31
Virgen de los Reyes, La	74 A-4	27
" "	92 A-1	"
Virgen de la Roca, La	91 B-1	27
Virgen de la Roca, La; Trv.	91 C-1	27
Virgen del Rocío, La	91 C-1	27
Virgen del Romero, La; Pza.	92 A-1	27
Virgen de los Rosales, La	44 C-4	23
" "	45 B-4	"
Virgen del Sagrario, La	92 B-2	27
Virgen de Sonsoles, La	91 C-1	27
Virgen del Trabajo, La; Pza.	75 C-3	27
Virgen del Val, La	74 A-4	27
" "	91 C-1	"
Virgen de la Vega, La	93 A-2	17
Virgen de las Viñas, La	147 A-3	31
Viriato	88 C-1	10
" "	89 A-1	"
Viridiana	143 C-3	18
Virtudes, Las	88 C-1	10
Viseo	139 A-2	25
Visitación	140 B-3	26
Vista Alegre	138 B-1	19
Vista Bella	137 C-1	25
Vistas a Moraleja	17 C-1	34
Vistillas, Las; Trv.	103 C-4	05
Vital Aza		
1 al 79 y 2 al 94	92 C-2	17
al 87 y al 104	93 A-2	"
Vitigudino	153 A-1	44
Vitruvio	71 B-3	06
Vivero	69 C-2	40
Vivero, Trv.	102 B-3	11
Vivero de la Pilarica	111 B-4	32
" "	129 B-1	"
Vizcaínos	50 C-1	29
Vizcaya	123 A-1	45
Vizconde de Arlessón	142 C-3	18
" "	143 A-3	"
Vizconde de los Asilos	74 C-4	27
" "	75 A-4	"

MADRID

Prefijo Postal 280

V

Nombre	Plano Parcial		C.P.
Vizconde de Matamala	91	A-4	28
Vizconde de Uzqueta	76	C-1	42
Voluntarios Catalanes, Los	50	C-2	39

Nombre	Plano Parcial		C.P.
Voluntarios Macabebes, Los	122	C-4	45
Volver a Empezar	143	B-4	18
Vulcano, Pza.	138	B-4	25

W

Nombre	Plano Parcial		C.P.
Wad-Ras	50	A-4	39
Walia	106	C-4	07
"	124	B-1	"
Walman	22	A-4	23

Nombre	Plano Parcial		C.P.
Walt Disney	101	A-3	11
Watteau	123	A-4	45
Witerico	137	C-4	25
Witiza	120	C-3	19

X

Nombre	Plano Parcial		C.P.
Xaudaró	17	B-3	34

Nombre	Plano Parcial		C.P.
Xilófono	152	A-2	54

Y

Nombre	Plano Parcial		C.P.
Y, Pte.	121	A-1	05
Yanguas	93	C-3	37
Yarumal	34	C-3	33
Yébenes, Los			
1 al 45 y 2 al 76	118	C-4	47
al 221 y al 98	119	A-4	"
al 259 y al 150	137	A-1	"
Yecla	93	C-3	37
Yécora	79	B-2	22
Yelmo	72	C-1	02
Yerma	32	C-3	33
Yeros	30	C-4	29
Yeserías, Las; Pº.	122	A-3	05

Nombre	Plano Parcial		C.P.
Yesero, El	145	B-3	31
Yeseros	103	C-3	05
Yeseros, Cº.	175	B-2	31
"	176	C-1	"
Yeso	65	B-1	23
Yeste	93	C-3	37
Ynzengas	129	B-3	32
Yocasta	78	A-3	22
Yuca	32	B-3	36
Yucatán, Gta.	75	C-1	42
Yuncos	94	A-3	37
Yuste	158	C-1	53

Z

Nombre	Plano Parcial		C.P.
Zabaleta	72	B-3	02
Zabalza	93	C-3	37
Zacarías Homs	53	C-3	43
Zafiro	174	A-4	21
Zafra	93	C-3	37
Zagreb	111	A-1	22
Zahara de los Atunes	34	A-3	33
Zaida	120	A-3	19
"	138	A-1	"
Zalacaín	157	B-2	41

Nombre	Plano Parcial		C.P.
Zalamea	93	C-3	37
Zaldívar	93	C-3	37
Zamarramala	17	B-3	34
Zambrana	78	C-2	22
"	79	A-2	"
Zamora	70	A-1	39
Zamudio	93	C-3	37
Zaorejas	80	C-2	42
"	81	A-2	"
Zapardiel	93	C-3	37

Prefijo Postal 280 — MADRID

Nombre	Plano Parcial		C.P.
Zapatoca	35	B-4	33
Zapola, Pza.	155	B-2	41
Zaragoza	104	A-2	12
Zarapitos	137	C-4	25
Zaratán	93	C-3	37
Zarauz	22	C-4	23
Zarco Hermanos	121	A-4	19
Zarza, La	44	C-3	23
Zarzalejo	70	B-2	20
Zarzamora, La	153	B-1	44
Zarzón, Cº.	100	B-3	11
Zarzón, Ctra.	100	C-3	11
"	118	A-1	"
Zarzón, Pta.	117	B-2	11
Zarzosa, La	93	C-3	37
Zarzuela, La	153	B-2	44
Zarzuela, La; Cº.	24	A-4	23
" "	44	C-2	"
Zarzuela, La; Ctra.	3	C-3	48
" " "	4	A-4	"
Zarzuela, La; Ctra. (part.)	24	C-2	48
" " "	22	B-1	"
Zarzuela, La; Ctra. (part.)	23	B-2	48
" " "	24	A-4	"
" " "	26	B-3	"
Zayas	93	C-3	37
Zazuar	147	A-3	31
Zenit	44	B-2	23
Zenobia Camprubí	35	C-3	50
Zeus	129	C-1	32
Zigia	74	C-4	27
"	92	B-1	"
Zinc	123	A-4	45

Nombre	Plano Parcial		C.P.
Zinias, Las	50	B-3	39
Zipaquirá	35	A-4	33
Zodiaco	39	A-3	42
Zorita de la Frontera	162	C-3	51
Zorrilla	104	C-2	14
"	105	A-2	"
Zorroza	93	A-4	17
Zorzal	138	B-1	19
Zubia	93	C-3	37
Zubieta	93	C-3	37
Zuera	93	C-3	37
Zugazarte	22	B-3	23
Zújar	139	B-1	19
Zumárraga	22	C-4	23
Zumaya	23	B-4	23
"	43	B-1	"
Zúmel	93	C-3	37
Zurbano			
1 al 71 y 2 al 82	89	A-1	
al 95 y al 102	71	A-4	
Códigos Postales			
1 al 75 y 2 al 88			10
77 y 90 al final			03
Zurbarán	88	C-3	10
"	89	A-3	"
Zurgena	93	C-3	37
Zurich	110	C-3	22
"	111	A-1	"
Zurita	104	C-4	12
Zurrón, Pº	58	C-1	42

AUTOBUSES URBANOS

Nº Línea Cabecera - Terminal

Parada — Parada — Recorrido de ida — Parada — Recorrido de ida — Parada
ESTACIÓN DE METRO — Recorrido de vuelta — ESTACIÓN DE CERCANÍAS — Recorrido de vuelta — ESTACIÓN DE RENFE

1 Plaza de Cristo Rey - Prosperidad

Isaac Peral — ARGÜELLES (Princesa) — PZA. DE ESPAÑA (Gran Vía) — GRAN VÍA — BANCO DE ESPAÑA (Alcalá) — VELÁZQUEZ / Velázquez — MANUEL BECERRA — CARTAGENA — Suero Quiñones

ISLAS FILIPINAS — MONCLOA — VENTURA RODRÍGUEZ — STO. DOMINGO — CALLAO — RETIRO — Serrano / SERRANO — LISTA — Av. Toreros / DIEGO DE LEÓN — PROSPERIDAD

2 Pza. Manuel Becerra - Avda. Reina Victoria

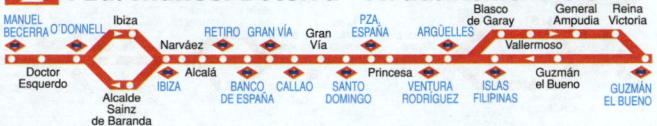

MANUEL BECERRA — O'DONNELL — Ibiza / Narváez — RETIRO — GRAN VÍA — Gran Vía / PZA. ESPAÑA — ARGÜELLES — Blasco de Garay / Vallermoso — General Ampudia — Reina Victoria

Doctor Esquerdo — Alcalde Sainz de Baranda / IBIZA — Alcalá / BANCO DE ESPAÑA — CALLAO — Princesa / SANTO DOMINGO — VENTURA RODRÍGUEZ — ISLAS FILIPINAS — Guzmán el Bueno / GUZMÁN EL BUENO

3 Puerta de Toledo - Plaza de San Amaro

Gran Vía San Francisco — Mayor / PZA. ESPAÑA — SOL / NOVICIADO — GRAN VÍA / BILBAO — CHUECA — ALONSO CANO / ALONSO MARTÍNEZ — Santa Engracia — RIOS ROSAS / ALVARADO — Gral. Perón / Pza. S. Amaro

Bailén / PUERTA DE TOLEDO — STO. DOMINGO — GRAN VÍA — IGLESIA / BILBAO — CANAL — CUATRO CAMINOS — ESTRECHO — Gral. Yagüe

4 Plaza de Ciudad Lineal - Puerta de Arganda

Hermanos García Noblejas — Arcos de Jalón — AVDA. GUADALAJARA — Pza. Vicalvarada / Pº. Artilleros — Calahorra — VICÁLVARO — PUERTA DE ARGANDA

CIUDAD LINEAL — GARCÍA NOBLEJAS — Av. Canillejas a Vicálvaro — Casalarreina — Avda. Daroca — San Cipriano / SAN CIPRIANO — VICÁLVARO

5 Puerta del Sol - Estación de Chamartín

SOL — Alcalá — Paseo Recoletos — Paseo Castellana — Gral. Martínez Campos — ALONSO CANO — General Varela — General Yagüe — Mateo Inurria — Agustín de Foxá — Enrique Larreta — CHAMARTÍN
SEVILLA — BANCO DE ESPAÑA — RECOLETOS — COLÓN — RUBÉN DARIO — IGLESIA — General Moscardó — ALONSO CANO — NUEVOS MINISTERIOS — Orense — CUZCO — PZA. CASTILLA

6 Plaza de Benavente - Orcasitas

TIRSO DE MOLINA — Atocha — Sta. Mª de la Cabeza — Embajadores — Jaime El Conquistador — LEGAZPI — Marcelo Usera — S. Antonio de Padua — Dolores Barranco — Gainza — Guetaria
Plaza Benavente — ANTÓN MARTÍN — ATOCHA — PALOS DE LA FRONTERA — Paseo Delicias — Ferrocarril DELICIAS — Paseo Chopera — Almendrales — ALMENDRALES — Avda. Rafaela Ybarra — Av. de los Poblados

7 Pza. Alonso Martínez - Manoteras

RUBÉN DARIO — Gta. Emilio Castelar — GREGORIO MARAÑÓN — Pº. Castellana — Joaquín Costa — Doctor Arce — Serrano — Cinca — Ppe. Vergara — Arturo Soria — Avda. S. Luis — Vélez Rubio
ALONSO MARTÍNEZ — Miguel Ángel — NUEVOS MINISTERIOS — REPÚBLICA ARGENTINA — Serrano — Concha Espina — CONCHA ESPINA — COLOMBIA — Costa Rica — Cuevas de Almanzora — MANOTERAS

8 Plaza de Legazpi - Valdebernardo

Paseo de las Delicias — Ramírez de Prado — DELICIAS — Méndez Álvaro — Avda. Ciudad de Barcelona — Santa Marta — Peña Prieta — Sierra Toledana — Avda. Moratalaz — Encomienda de Palacios — VALDEBERNARDO
LEGAZPI — Batalla del Salado — PALOS DE LA FRONTERA — MÉNDEZ ÁLVARO — PACÍFICO — PTE. VALLECAS — Sierra Elvira — Arroyo Fontarrón — PAVONES — Tren de Arganda

9 Sevilla - Hortaleza

SEVILLA — Pza. Cibeles — VELÁZQUEZ — Velázquez — NÚÑEZ DE BALBOA — López de Hoyos — ALFONSO XIII — AVENIDA DE LA PAZ — López de Hoyos — Mar de las Antillas
Alcalá — BANCO DE ESPAÑA — RETIRO — Serrano — SERRANO — Pedro de Valdivia — PROSPERIDAD — Av. Ramón y Cajal — Mar Caspio — PARQUE STA. MARÍA

10 Plaza de Cibeles - Palomeras

Pza. Cibeles — Pº. del Prado — Pº. Infanta Isabel — Pº. Reina Cristina — Doctor Esquerdo — Avda. Ciudad de Barcelona — Avda. Monte Igueldo — Arroyo del Olivar — Extremeños — Villalobos — POZO
BANCO DE ESPAÑA — ATOCHA — ATOCHA RENFE — Cavanilles — PACÍFICO — PTE. VALLECAS — Avda. Albufera — NUEVA NUMANCIA — Avda. Palomeras — Rafael Alberti — Av. Buenos Aires

310 Pacífico - Estación El Pozo

Avda. Ciudad de Barcelona — Avda. Monte Igueldo — Martínez de la Riva — Pedro Laborde — Los Leoneses — Buenos Aires

PACÍFICO — PTE. VALLECAS — NUEVA NUMANCIA — Avda. Albufera — Arroyo del Olivar — Javier de Miguel — Lago Calafate — Villalobos — Av. Entrevías

11 Marqués de Viana - Barrio Blanco

Marqués de Viana — Sor Ángela de la Cruz — AV. Alberto Alcocer — ARTURO SORIA — Condesa de Venadito — Madre A. París — Torrelaguna

TETUÁN — CUZCO — COLOMBIA — Costa Rica — Arturo Soria — Hernández de Tejada — Condesa de Venadito

12 Pza. Cristo Rey - Pº. Marqués de Zafra

Pº. S. Fco. de Sales — Guzmán el Bueno — CANAL — José Abascal — María de Molina — AVDA. AMÉRICA — Francisco Silvela — VENTAS — Alcalá — Pza. América Española

Pza. Cristo Rey — ISLAS FILIPINAS — Av. Filipinas — ALONSO CANO — Ríos Rosas — GREGORIO MARAÑÓN — RÍOS ROSAS — DIEGO DE LEÓN — MANUEL BECERRA — Pza. Marqués de Zafra — Sancho Dávila

14 Plaza Conde de Casal - Avda. de Pío XII

Avda. Mediterráneo — Pº Reina Cristina — Paseo Prado — Paseo Recoletos — COLÓN — RUBÉN DARÍO — NUEVOS MINISTERIOS — Paseo Habana — Avda. Burgos

CONDE DE CASAL — ATOCHA RENFE — ATOCHA — BANCO DE ESPAÑA — RECOLETOS — GREGORIO MARAÑÓN — Paseo Castellana — SANTIAGO BERNABÉU — Concha Espina — DUQUE DE PASTRANA — Avda. Pío XII

15 Puerta del Sol - La Elipa

SOL — Alcalá — Av. Felipe II — Narváez — Alc. Sáinz de Baranda — Avda. Marqués de Corbera — Pza. Agustín González

SEVILLA — BANCO DE ESPAÑA — RETIRO — PRÍNCIPE DE VERGARA — GOYA — IBIZA — SÁINZ DE BARANDA — LA ELIPA — Santa Prisca

16 Moncloa - Avda. de Pío XII

MONCLOA — Fernández de los Ríos — Eloy Gonzalo — Pº Gral. Martínez Campos — María de Molina — López de Hoyos — Velázquez — Doctor Arce — Príncipe de Vergara — PÍO XII

Fernando el Católico — QUEVEDO — IGLESIA — Gral. Oráa — Serrano — REPÚBLICA ARGENTINA — CONCHA ESPINA — COLOMBIA — Avda. Pío XII

17 Plaza Mayor - Col. Parque de Europa

Concepción Jerónima — PTA. TOLEDO — Pº. Ermita del Santo — Camino Ingenieros — CARABANCHEL — EUGENIA DE MONTIJO — ALUCHE — Gral. Romero Bassart — LAS ÁGUILAS — AVIACIÓN ESPAÑOLA

LA LATINA — Toledo — Paseo Pontones — CARPETANA — Ntra. Sra. de Fátima — Ocaña — Rafael Finat — Avda. Gral. Fanjul — Fuente del Tiro — Colonia Parque Europa

18 Plaza Mayor - Villaverde Cruce

Duque de Rivas — LA LATINA — Glorieta de Pirámides — Pº. Yeserías — LEGAZPI — HOSPITAL 12 OCTUBRE — Av. Verbena de la Paloma — La del Manojo de Rosas

Toledo — PTA. TOLEDO — PIRÁMIDES — Pº. Chopera — ALMENDRALES — SAN FERMÍN ORCASUR — Alegría de la Huerta — VILLAVERDE BAJO CRUCE

19 Plaza de Cataluña - Plaza de Legazpi

Pza. Cataluña — REPÚBLICA ARGENTINA — Serrano — SERRANO — Alfonso XII — Pº Infanta Isabel — PALOS DE LA FRONTERA — Batalla del Salado — Paseo Delicias

Doctor Arce — Velázquez — RETIRO — ATOCHA RENFE — ATOCHA — PALOS DE LA FRONTERA — DELICIAS — LEGAZPI

NÚEZ DE BALBOA — VELÁZQUEZ

20 Puerta del Sol - Pavones

SEVILLA — RETIRO — Avda. Méndez Pelayo — Plaza Niño Jesus — Camino Vinateros — Cerregidor Diego de Valdefrabaño — Pza. Encuentro — Pza. Corregidor Conde Maceda — Valdebernardo

Alcalá — SOL — BANCO DE ESPAÑA — O'donnell — IBIZA — Avda. Nazaret — ESTRELLA — Avda. Moratalaz — Hacienda de Pavones — Encomienda de Palacios — PAVONES

21 Pº. Pintor Rosales - Barrio El Salvador

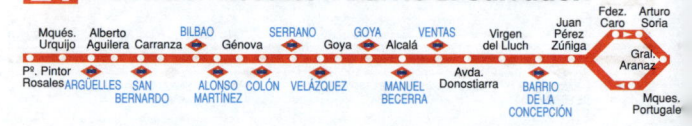

Mqués. Urquijo — Alberto Aguilera — Carranza — BILBAO — Génova — SERRANO — Goya — GOYA — Alcalá — VENTAS — Virgen del Lluch — Juan Pérez Zúñiga — Fdez. Caro — Arturo Soria

Pº. Pintor Rosales — ARGÜELLES — SAN BERNARDO — ALONSO MARTÍNEZ — COLÓN — VELÁZQUEZ — MANUEL BECERRA — Avda. Donostiarra — BARRIO DE LA CONCEPCIÓN — Gral. Aranaz — Mques. Portugale

22 Plaza de Legazpi - Villaverde Alto

ALMENDRALES — SAN FERMÍN ORCASUR — VILLAVERDE BAJO CRUCE — Avda. Real de Pinto — Alberto Palacios — VILLAVERDE ALTO

LEGAZPI — Av. Córdoba — HOSPITAL 12 DE OCTUBRE — Av. Andalucía — CIUDAD DE LOS ÁNGELES — PUENTE ALCOCER — Pza. Ágata — Domingo Párraga

23 Plaza Mayor - El Espinillo

Duque de Rivas — LA LATINA — PIRÁMIDES — Antonio López — González Feito — San Mario — Antequera — Ctra. Villaverde a Vallecas — Alianza — Av. Orovilla — Av. Felicidad — Unanimidad — Av. Los Rosales — Estafeta — Camino de Perales — MARQUÉS DE VADILLO — PTA. TOLEDO — Toledo

24 Atocha - Pozo Tío Raimundo

Avda. Ciudad de Barcelona — MENÉNDEZ PELAYO — Monte Igueldo — Martínez de la Riva — Sierra de Molina — Lagartera — La Mancha — Vecinos del Pozo — Avda. Entrevías — Andaluces del Pozo — Av. Glorietas — Cooperativa Eléctrica — ASAMBLEA DE MADRID-ENTREVÍAS — Conde Rodríguez San Pedro — Manuel Maroto — NUEVA NUMANCIA — Avda. Albufera — PTE. DE VALLECAS — PACÍFICO — ATOCHA RENFE — Mejorana

25 Ópera - Casa de Campo

ÓPERA — Cuesta de San Vicente — Pº Virgen del Puerto — Pº Ermita del Santo — Gallur — CARPETANA — Camarena — Seseña — CASA DE CAMPO — Illescas — Duquesa de Parcent — Avda. Ntra. Sra. Valvanera — Vía Carpetana — Gta. Puente Segovia — PRÍNCIPE PÍO — San Quintín

26 Pza. Tirso de Molina - Diego de León

TIRSO DE MOLINA — Atocha — Pº Reina Cristina — Menéndez Pelayo — Narváez — Conde de Peñalver — DIEGO DE LEÓN — LISTA — GOYA — IBIZA — ATOCHA RENFE — ATOCHA — ANTÓN MARTÍN — Plaza Benavente

27 Gta. Embajadores - Plaza de Castilla

J. Antonio Armona — Ronda de Atocha — Pº Delicias — BANCO DE ESPAÑA — COLÓN — GREGORIO MARAÑÓN — Paseo Castellana — CUZCO — PZA. CASTILLA — SANTIAGO BERNABÉU — NUEVOS MINISTERIOS — RUBÉN DARÍO — RECOLETOS — Pº Recoletos — Paseo Prado — ATOCHA — Gta. Emperador Carlos V — PALOS DE LA FRONTERA — EMBAJADORES

28 Puerta de Alcalá - Barrio de Canillejas

Alcalá — O'Donnell — Alcalde Sáinz de Baranda — ASCAO — Luis Ruiz — Braulio Gutiérrez — Emilio Muñoz — Néctar — Canal del Bósforo — Esfinge — Fenélon — Lucano — San Mariano — Cronos — GARCÍA NOBLEJAS — LA ELIPA — Ascao — Avda. Marqués de Corbera — O'DONNELL — RETIRO

29 Avenida de Felipe II - Manoteras

Príncipe de Vergara — NÚÑEZ DE BALBOA — Príncipe de Vergara — COLOMBIA — PÍO XII — Arturo Soria — Dalia — MANOTERAS

GOYA — PRÍNCIPE DE VERGARA — AVDA. AMÉRICA — CRUZ DEL RAYO — CONCHA ESPINA — Caídos División Azul — PINAR DE CHAMARTÍN — Vélez Rubio — Cuevas de Almanzora

30 Avenida de Felipe II - Pavones

Goya — Doctor Esquerdo — Estrella Polar — Camino Vinateros — Entrearroyos — Pico de los Artilleros — Avda. Doctor García Tapia — Luis de Hoyos Sainz

GOYA — O'DONNELL — SAINZ DE BARANDA — ESTRELLA — Arroyo Media Legua — Hacienda de Pavones — ARTILLEROS — El Cairo — PAVONES

31 Plaza Mayor - Aluche

Concepción Jerónima — Puente Segovia — Paseo Extremadura — Higueras — LUCERO — Alhambra — Gta. Los Cármenes — Los Yébenes — Camarena — Ocaña

Segovia — PUERTA DEL ÁNGEL — ALTO DE EXTREMADURA — Pza. Achicoria — LAGUNA — Duquesa de Parcent — Illescas — ALUCHE

32 Plaza de Benavente - Pavones

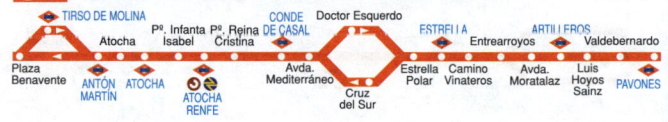

TIRSO DE MOLINA — Atocha — Pº. Infanta Isabel — Pº. Reina Cristina — CONDE DE CASAL — Doctor Esquerdo — ESTRELLA — Entrearroyos — ARTILLEROS — Valdebernardo

Plaza Benavente — ANTÓN MARTÍN — ATOCHA — ATOCHA RENFE — Avda. Mediterráneo — Cruz del Sur — Estrella Polar — Camino Vinateros — Avda. Moratalaz — Luis Hoyos Sainz — PAVONES

33 Príncipe Pío - Casa de Campo

Pº. Virgen del Puerto — PUERTA DEL ÁNGEL — Paseo Robledal — Parque de Atracciones — Paseo Robledal — Zoo

PRÍNCIPE PÍO — Paseo Extremadura — ALTO DE EXTREMADURA — Villamanín — BATÁN — Paseo de la Venta — CASA DE CAMPO

34 Plaza de Cibeles - Avda. General Fanjul

Pº. Prado — Gta. Emperador Carlos V — Ronda de Valencia — ACACIAS — MARQUÉS DE VADILLO — URGEL — OPORTO — Joaquín Turina — Gral. Romero Basart — Mirabel — General Fanjul

BANCO ESPAÑA — ATOCHA — Ronda de Atocha — EMBAJADORES — PIRÁMIDES — General Ricardos — Eugenia de Montijo — Gral. Millán Astray — Oliva de Plasencia — LAS ÁGUILAS

35 Plaza Mayor - Carabanchel Alto

PUERTA DE TOLEDO — MARQUÉS DE VADILLO — URGEL — Pº Gral. Muñoz Grandes — Avda. Ntra. Sra. de Fátima — CARABANCHEL ALTO — Alfredo Aleix — Piqueñas — LA PESETA — Del Real

Colegiata — Toledo — LA LATINA — PIRÁMIDES — Gral. Ricardos — OPORTO — CARABANCHEL — Eugenia de Montijo — Av. Carabanchel Alto — Marianistas — Gómez de Arteche — Camino de las Cruces — Jacobeo Casatejada

36 Atocha - Campamento

Pº Sta. Mª Cabeza — Ronda de Valencia — ACACIAS — Pº Acacias — Pº Imperial — Pº Virgen del Puerto — PTA. DEL ÁNGEL — Paseo Extremadura — Sebastián Álvaro — EMPALME

ATOCHA — EMBAJADORES — PIRÁMIDES — Pº Pontones — Pº Melancólicos — Juan Duque — ALTO DE EXTREMADURA — CAMPAMENTO

37 Gta. Cuatro Caminos - Puente de Vallecas

CANAL — Bravo Murillo — ALONSO MARTÍNEZ — COLÓN — Pº Recoletos — BANCO DE ESPAÑA — ATOCHA — MENÉNDEZ PELAYO — PACÍFICO

CUATRO CAMINOS — Trafalgar — BILBAO — Mejía Lequerica — Bárbara de Braganza — Pº del Prado — RECOLETOS — Avda. Ciudad de Barcelona — PTE. VALLECAS

RÍOS ROSAS — Santa Engracia — ALONSO CANO — ATOCHA RENFE

38 Plaza de Manuel Becerra - Las Rosas

VENTAS — Alcalá — QUINTANA — Hermanos García Noblejas — Pobladura del Valle — SIMANCAS — Albaida — Avda. Niza — Sofía — Pº de Ginebra

MANUEL BECERRA — EL CARMEN — PUEBLO NUEVO — CIUDAD LINEAL — GARCÍA NOBLEJAS — Amposta — Alberique — Mª Sevilla Diago — LAS MUSAS — Julia García Boutan — Suecia — LAS ROSAS

39 Ópera - Colonia San Ignacio de Loyola

Cta. San Vicente — Paseo Virgen del Puerto — Paseo Extremadura — Avda. Aviación — Navalmoral de la Mata — Oliva de Plasencia

ÓPERA — San Quintín — PRÍNCIPE PÍO — PTA. DEL ÁNGEL — ALTO DE EXTREMADURA — CAMPAMENTO — Aldeanueva de la Vera — General Romero Basart — Gral. Saliquet

40 Tribunal - Alfonso XIII

Francisco de Rojas — Eduardo Dato — Pza. Emilio Castelar — GREGORIO MARAÑÓN — Pº Castellana — SANTIAGO BERNABÉU — Alberto Alcocer — Costa Rica — ALFONSO XIII

TRIBUNAL — Barceló — Fuencarral — Luchana — BILBAO — RUBÉN DARÍO — Miguel Ángel — NUEVOS MINISTERIOS — CUZCO — COLOMBIA — Avda. Alfonso XIII

133

41 Atocha - Colonia Manzanares

Pº. Sta. Mª Cabeza	Ronda de Valencia	Ronda de Toledo	Pº Imperial		Pº. Virgen del Puerto	Pº. San Antonio de la Florida			Ribera del Manzanares
ATOCHA	EMBAJADORES	PUERTA DE TOLEDO		Ronda de Segovia		PRÍNCIPE PÍO		San Pol de Mar	Comandante Fortea

42 Plaza de Castilla - Peña Grande

							ANTONIO MACHADO	
Pº. Castellana	VENTILLA	Ribadavia		Avda. Betanzos	PEÑA GRANDE	César Manrique		Islas Aleutianas
PLAZA DE CASTILLA	Avda. Asturias	Sinesio Delgado	Chantada	La Bañeza	Chantada	Joaquín Lorenzo	Doctor Ramón Castroviejo	

43 Avenida de Felipe II - Estrecho

Álcala	Francisco Silvela	Mtnez. Izquierdo	Avda. Bruselas	Corazón de María	Avda. Alfonso XIII	Avda. Ramón y Cajal	Avda. Concha Espina	Avda. Gral. Perón
GOYA	MANUEL BECERRA	DIEGO DE LEÓN	Azcona	PARQUE AVENIDAS	ALFONSO XIII	CONCHA ESPINA	SANTIAGO BERNABÉU	ESTRECHO

44 Plaza del Callao - Marqués de Viana

SANTO DOMINGO	PZA. ESPAÑA	Princesa	MONCLOA	ISLAS FILIPINAS	Gral. Ibáñez de Ibero	Avda. Dr. Federico Rubio y Gali		Marqués de Viana
CALLAO	Gran Vía	VENTURA RODRÍGUEZ	ARGÜELLES	Isaac Peral	Pº. San Francisco de Sales	GUZMÁN EL BUENO	FRANCOS RODRÍGUEZ	Ofelia Nieto

45 Pza. Legazpi - Gta. Pte. García Moreno

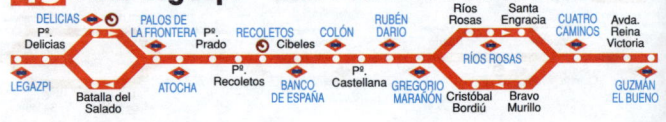

DELICIAS	PALOS DE LA FRONTERA	Pº Prado	RECOLETOS	COLÓN	RUBÉN DARÍO	Ríos Rosas	Santa Engracia	CUATRO CAMINOS	Avda. Reina Victoria
Pº. Delicias			Cibeles			RÍOS ROSAS			
LEGAZPI	Batalla del Salado	ATOCHA	Pº Recoletos	Pº Castellana	GREGORIO MARAÑÓN	Cristóbal Bordiú	Bravo Murillo		GUZMÁN EL BUENO
			BANCO DE ESPAÑA						

46 Sevilla - Moncloa

Alcalá	Gran Vía	SANTO DOMINGO	Cta. San Vicente	La Florida	Senda del Rey	Obispo Trejo		Avda. Arco de la Victoria
SEVILLA	GRAN VÍA	CALLAO	PZA. ESPAÑA	PRÍNCIPE PÍO	Avda. Valladolid	Avda. Séneca	Avda. Martín Fierro	Avda. Juan de Herrera	MONCLOA

47 Atocha - Carabanchel Alto

Áncora — Batalla del Salado — Embajadores — PLAZA ELÍPTICA — USERA — ABRANTES — Besolla — SAN FRANCISCO — Antonia Belzunegui — Eugenia Rodríguez de Sacristán — Alfredo Aleix Montijo — Piqueñas — Cmno. de las Cruces

PALOS DE LA FRONTERA — Pº Delicias — LEGAZPI — Marcelo Usera — OPAÑEL — Avda. Abrantes — PAN BENDITO — Albares de la Ribera — Av. Poblados — CARABANCHEL ALTO — Gómez Marianistas de Arteche

ATOCHA RENFE — DELICIAS

247 Atocha - Colonia San José Obrero

Áncora — Batalla del Salado — Embajadores — USERA — Marcelo Usera — Plaza Fernández Ladreda — Avda. Oporto — Avda. Abrantes — Álvarez Abellán — Clara Campoamor

PALOS DE LA FRONTERA — Pº Delicias — LEGAZPI — PLAZA ELÍPTICA — OPAÑEL — Pelícano — Avefría

ATOCHA RENFE — DELICIAS

48 Pza. Manuel Becerra - Barrio de Canillejas

Francisco Silvela — Martínez Izquierdo — Avda. Donostiarra — José del Hierro — Hnos. García Noblejas — Pobladura del Valle — Avda. Canillejas a Vicálvaro — Lucano — Néctar — Esfinge

MANUEL BECERRA — DIEGO DE LEÓN — Azcona — Virgen del Portillo — Arturo Soria — CIUDAD LINEAL — GARCÍA NOBLEJAS — SAN BLAS — Etruria — Fenelón

49 Plaza de Castilla - Arroyo del Fresno

Bravo Murillo — Veza — Arroyo — Pº Dirección — Av. Monforte de Lemos — Ginzo de Limia — Cardenal Herrera Oria — Ramón Gómez de la Serna — Peña del Águila — Av. Ventisquero de la Condesa

PLAZA DE CASTILLA — VALDEACEDERAS — Capitán Blanco Argibay — Avda. Betanzos — BARRIO DEL PILAR — HERRERA ORIA — AVDA. ILUSTRACIÓN — LACOMA — Senda del Infante

50 Puerta del Sol - Avda. Manzanares

Pza. Benavente — Pza. Pta. Cerrada — Atocha — Juan Duque — Segovia — Pº Melancólicos — Pº San Illán — San Dámaso — Avda. Manzanares

SOL — Pza. Sta. Cruz — Tintoreros — Pº Virgen del Puerto — Pº Ermita del Santo — Pº San Illán

51 Puerta del Sol - Plaza del Perú

SEVILLA — BANCO DE ESPAÑA — VELÁZQUEZ — Velázquez — NÚÑEZ DE BALBOA — Avda. Dr. Arce — REPÚBLICA ARGENTINA — Cinca — COLOMBIA — Plaza del Perú

SOL — Alcalá — RETIRO — SERRANO — REPÚBLICA ARGENTINA — Serrano — Príncipe de Vergara

52 Puerta del Sol - Santamarca

SOL — Alcalá — BANCO DE ESPAÑA — PRÍNCIPE DE VERGARA — NÚÑEZ DE BALBOA — Príncipe de Vergara — Víctor de la Serna — Avda. Ramón y Cajal — Paraguay — Sta. Mª Magdalena — Drácena

SEVILLA — RETIRO — Príncipe de Vergara — AVDA. AMÉRICA — CRUZ DEL RAYO — CONCHA ESPINA — Puerto Rico — Torpedero Tucumán

53 Puerta del Sol - Arturo Soria

SOL — Alcalá — RECOLETOS — COLÓN — VELÁZQUEZ — GOYA — Alcalá — Francisco Altimiras — Biarritz — PARQUE AVENIDAS — Torrelaguna — López de Hoyos

SEVILLA — BANCO DE ESPAÑA — Pº. Recoletos — SERRANO — Goya — MANUEL BECERRA — VENTAS — Avda. Toreros — Julio Camba — Luis Calvo — Avda. Bruselas — Avda. Badajoz — AVDA. DE LA PAZ

54 Atocha - Barrio de Vilano

MENÉNDEZ PELAYO — Avda. Ciudad Barcelona — PTE. VALLECAS — Avda. Albufera — BUENOS AIRES — Benjamín Palencia — Andaluces — MIGUEL HERNÁNDEZ — SIERRA GUADALUPE — VILLA VALLECAS

ATOCHA RENFE — PACÍFICO — NUEVA NUMANCIA — PORTAZGO — Pío Felipe — Av. Pablo Neruda — Av. Rafael Alberti — VALLECAS — CONGOSTO

55 Atocha - Batán

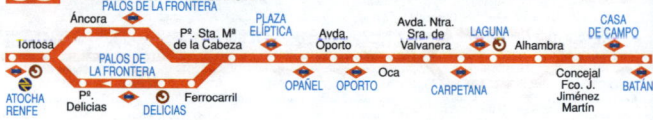

Tortosa — Áncora — PALOS DE LA FRONTERA — Pº. Sta. Mª de la Cabeza — PLAZA ELÍPTICA — Avda. Oporto — Avda. Ntra. Sra. de Valvanera — LAGUNA — Alhambra — CASA DE CAMPO

ATOCHA RENFE — Pº. Delicias — PALOS DE LA FRONTERA — DELICIAS — Ferrocarril — OPAÑEL — OPORTO — Oca — CARPETANA — Concejal Fco. J. Jiménez Martín — BATÁN

56 Diego de León - Puente de Vallecas

Francisco Silvela — Doctor Esquerdo — CONDE DE CASAL — Avda. Ciudad de Barcelona

DIEGO DE LEÓN — MANUEL BECERRA — O'DONNELL — SAINZ DE BARANDA — PACÍFICO — PTE. VALLECAS

57 Atocha - Alto del Arenal

Avda. Ciudad Barcelona — MENÉNDEZ PELAYO — PTE. VALLECAS — Avda. Albufera — Sierra del Cadí — Martínez de la Riva — Pablo Neruda — EL POZO — Buenos Aires — Pablo Neruda

ATOCHA RENFE — PACÍFICO — NUEVA NUMANCIA — Carlos M. Álvarez — ASAMBLEA DE MADRID-ENTREVÍAS — Candilejas — Av. Parque Palomeras Bajas — Mogambo — ALTO DEL ARENAL

58 Puente de Vallecas - Barrio de Sta. Eugenia

- PTE. VALLECAS
- Avda. Albufera
- PORTAZGO
- NUEVA NUMANCIA
- BUENOS AIRES
- MIGUEL HERNÁNDEZ
- ALTO DEL ARENAL
- Avda. Albufera
- VALLECAS
- SIERRA GUADALUPE
- VILLA VALLECAS
- Pza. Sierra Gádor
- Real de Arganda
- Enrique García Álvarez
- SANTA EUGENIA
- Fuentespina
- Avda. Sta. Eugenia

59 Atocha - Colonia S. Cristóbal de los Ángeles

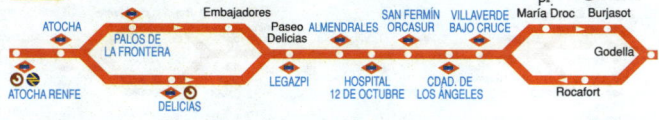

- ATOCHA RENFE
- ATOCHA
- PALOS DE LA FRONTERA
- DELICIAS
- Embajadores
- LEGAZPI
- Paseo Delicias
- HOSPITAL 12 DE OCTUBRE
- ALMENDRALES
- SAN FERMÍN ORCASUR
- CDAD. DE LOS ÁNGELES
- VILLAVERDE BAJO CRUCE
- Pº María Droc
- Rocafort
- Burjasot
- Godella

60 Plaza de la Cebada - Orcasitas

- LA LATINA
- Carrera S. Francisco
- Gran Vía S. Francisco
- Toledo
- PUERTA DE TOLEDO
- Ronda de Toledo
- EMBAJADORES
- Embajadores
- PLAZA ELÍPTICA
- Pº. Sta. Mª de la Cabeza
- Marcelo Usera
- Avda. Rafaela Ybarra
- Leiza
- Guetaria
- Guetaria
- Alzola
- Ordicia
- Avda. de los Poblados
- Av. Rafaela Ybarra
- ORCASITAS
- Simca

61 Moncloa - Narváez

- MONCLOA
- Fernando el Católico
- Fernández de los Ríos
- QUEVEDO
- Eloy Gonzalo
- IGLESIA
- Pº Gral. Martínez Campos
- Gral. Oráa
- Diego de León
- DIEGO DE LEÓN
- Conde de Peñalver
- LISTA
- GOYA
- IBIZA
- Narváez

62 Príncipe Pío - Pto. Serrano

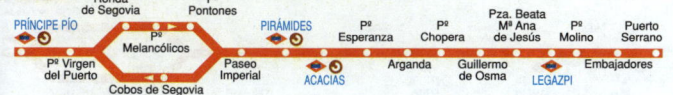

- PRÍNCIPE PÍO
- Pº Virgen del Puerto
- Ronda de Segovia
- Melancólicos
- Cobos de Segovia
- Pontones
- Paseo Imperial
- ACACIAS
- PIRÁMIDES
- Pº Esperanza
- Arganda
- Pº Chopera
- Guillermo de Osma
- Pza. Beata Mª Ana de Jesús
- LEGAZPI
- Pº Molino
- Embajadores
- Puerto Serrano

63 Avenida de Felipe II - Barrio de Sta. Eugenia

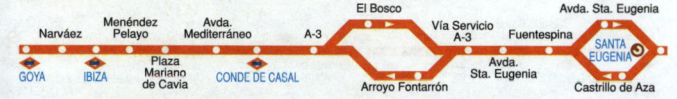

- GOYA
- Narváez
- IBIZA
- Menéndez Pelayo
- Plaza Mariano de Cavia
- Avda. Mediterráneo
- CONDE DE CASAL
- A-3
- Arroyo Fontarrón
- El Bosco
- Vía Servicio A-3
- Avda. Sta. Eugenia
- Fuentespina
- Avda. Sta. Eugenia
- SANTA EUGENIA
- Castrillo de Aza

64 Gta. Cuatro Caminos - Arroyo del Fresno

ALVARADO — Bravo Murillo — Francos Rodríguez — Antonio Machado — Nueva Zelanda — Islas Aleutianas — AVDA. DE LA ILUSTRACIÓN — Gta. Pradera de Corralillos

CUATRO CAMINOS — ESTRECHO — FRANCOS RODRÍGUEZ — Isla de Oza — Dr. José López Ibor — Avda. Cardenal Herrera Oria — Ventisquero de la Condesa — Cerro Minguete — Senda del Infante

65 Pza. Benavente - Colonia Gran Capitán

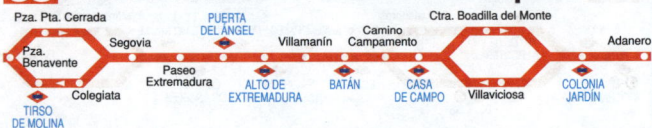

Pza. Pta. Cerrada — Pza. Benavente — Segovia — PUERTA DEL ÁNGEL — Villamanín — Camino Campamento — Ctra. Boadilla del Monte — Adanero

TIRSO DE MOLINA — Colegiata — Paseo Extremadura — ALTO DE EXTREMADURA — BATÁN — CASA DE CAMPO — Villaviciosa — COLONIA JARDÍN

66 Gta. Cuatro Caminos - Fuencarral

CUATRO CAMINOS — ESTRECHO — VALDEACEDERAS — Paseo Castellana — Viejas — Avda. Llano Castellano — Afueras a Valverde — TRES OLIVOS — S. Cugat del Vallés

ALVARADO — Bravo Murillo — TETUÁN — PLAZA DE CASTILLA — Enrique Larreta — Mateo Inurria — Mauricio Legendre — Ntra. Sra. de Valverde — Aldonza Lorenzo — FUENCARRAL — Braille

67 Plaza de Castilla - Barrio de Peñagrande

Paseo Castellana — Avda. Monforte de Lemos — Julio Palacios — Narcis Monturiol — Sangenjo — HERRERA ORIA — AVDA. DE LA ILUSTRACIÓN — Rosalía de Castro — Leopoldo Alas Clarín

PLAZA DE CASTILLA — BEGOÑA — Arzobispo Morcillo — Pedro Rico — Santiago Compostela — Alfredo Marquerie — Valencia de D. Juan — Fermín Caballero — Ramón Gómez de la Serna — Alfonso Rodríguez Castelao

70 Plaza de Castilla - Alsacia

Mateo Inurria — Caídos División Azul — Arturo Soria — Hermanos Gcía. Noblejas — ALSACIA

PLAZA DE CASTILLA — DUQUE DE PASTRANA — ARTURO SORIA — CIUDAD LINEAL — GARCÍA NOBLEJAS — LA ALMUDENA — Avda. Francisco Largo Caballero — Nicolás Salmerón

71 Plaza de Manuel Becerra - Puerta de Arganda

Doctor Esquerdo — Alcalde Sáinz de Baranda — Avda. Doctor García Tapia — VINATEROS — ARTILLEROS — Hacienda de Pavones — Bulevar José Prat — VICÁLVARO Minerva

MANUEL BECERRA — O'DONNELL — Félix Rdguez. de la Fuente — Arroyo Belincoso — Camino de Vinateros — Pico Artilleros — PAVONES — VALDEBERNARDO — PUERTA ARGANDA

72 Diego de León - Hortaleza

Francisco Silvela — Avda. América — Corazón de María — ALFONSO XIII — Padre Claret — Ramón y Cajal — López de Hoyos — Mar Caspio — Avda. Bucaramanga — Zipatoca — Zipaquirá — Avda. Celio Villalba — Mar Negro

DIEGO DE LEÓN — AVDA. AMÉRICA — CARTAGENA — Clara del Rey — Corazón de María — Alfonso XIII — AVENIDA DE LA PAZ

73 Diego de León - Canillas

Francisco Silvela — López de Hoyos — ALFONSO XIII — Padre Claret — Ramón y Cajal — López de Hoyos — Ctra. de Canillas — Mota del Cuervo — Silvano — Las Pedroñeras

DIEGO DE LEÓN — AVDA. AMÉRICA — PROSPERIDAD — Alfonso XIII — AVENIDA DE LA PAZ — CANILLAS

74 Pº. Pintor Rosales - Parque de las Avenidas

Evaristo S. Miguel — Princesa — VENTURA RODRÍGUEZ — STO. DOMINGO — Gran Vía — BANCO DE ESPAÑA — Velázquez — RETIRO — VELÁZQUEZ — Ortega y Gasset — Avda. Toreros — Fco. Altimiras — Biarritz — Pza. Venecia

Pº. Pintor Rosales — Ferraz — PLAZA DE ESPAÑA — CALLAO — GRAN VÍA — Pza. Independencia — SERRANO — Serrano — LISTA — MANUEL BECERRA — DIEGO DE LEÓN — Luis Calvo — PARQUE DE LAS AVDAS.

75 Plaza del Callao - Col. Manzanares

Jacometrezo — Gran Vía — Cuesta de San Vicente — Pº. de la Florida — Ribera del Manzanares

CALLAO — SANTO DOMINGO — PLAZA DE ESPAÑA — PRÍNCIPE PÍO — San Pol de Mar — Comandante Fortea

76 Pza. Beata Mª Ana de Jesús - Villaverde Alto

Pza. Beata Mª Ana de Jesús — ALMENDRALES — SAN FERMÍN -ORCASUR — Avda. Eduardo Barreiros — Villalonso — Pº. Plata y Castañar

LEGAZPI — HOSPITAL 12 DE OCTUBRE — PUENTE ALCOCER

77 Pza. Ciudad Lineal - Colonia Fin de Semana

SUANZES — Alcalá — Av. Cuatro — Calle Once — Av. Cinco — Deyanira — Nanclares de Oca — Samaniego — Fuentelviejo — Diciembre — Fermina Sevillano

CIUDAD LINEAL — TORRE ARIAS — CANILLEJAS — Av. Tres — Av. Dos — Gascueña

78 Gta. Embajadores - Barrio de San Fermín

Embajadores — Paseo Chopera — Marcelo Usera — San Antonio de Padua — Cristo de la Victoria — Avda. Rafaela Ybarra — ORCASITAS — Plaza del Pueblo — Estafeta — San Mario
EMBAJADORES — Jaime El Conquistador — LEGAZPI — Almendrales — Santuario — Avena — Gran Avenida — Avda. Orcasur — Eduardo Barreiros

79 Plaza de Legazpi - Villaverde Alto

ALMENDRALES — SAN FERMÍN-ORCASUR — VILLAVERDE BAJO CRUCE — Resina — San Cesáreo — San Erasmo — VILLAVERDE ALTO — Astilleros — Pza. Ágata
LEGAZPI — HOSPITAL 12 DE OCTUBRE — CIUDAD DE LOS ÁNGELES — SAN CRISTÓBAL — San Eustaquio — San Norberto — Alberto Palacios

81 Oporto - Hospital 12 de Octubre

Avda. Oporto — Marcelo Usera — Gran Avenida — Doctor Tolosa Latour — HOSPITAL 12 DE OCTUBRE
OPORTO — OPAÑEL — PLAZA ELÍPTICA — Avda. Rafaela Ybarra — Expropiación — Avda. Poblados — Av. Andalucía — Av. Córdoba — DOCE DE OCTUBRE

82 Moncloa - Barrio de Peñagrande

Meléndez Valdés — Avda. Reyes Católicos — Pza. Cardenal Cisneros — Avda Complutense — Alfonso Fdez. Clausells — San Martín de Porres — Gta. Fco. Bayou y Subías — Fresnedillas — Alfonso Rodríguez Castelao — Alejandro Casona
MONCLOA — Isaac Peral — Avda. Arco Victoria — CIUDAD UNIVERSITARIA — Avda. Miraflores — José Fentanes — Dr. Ramón Castroviejo — Cantalejos — Arroyo del Fresno — Leopoldo Alas Clarín — Rosalía de Castro

83 Moncloa - Barrio del Pilar

Arcipreste de Hita — Avda. Arco de la Victoria — Ctra. Madrid al Pardo — AVDA. DE LA ILUSTRACIÓN — Fermín Caballero — Monforte de Lemos — Finisterre — Narcis Monturiol — Sangenjo
MONCLOA — Avda. Puerta de Hierro — Avda. Cardenal Herrera Oria — Avda. Betanzos — BARRIO DEL PILAR — Fermín Caballero

85 Atocha - Barrio Los Rosales

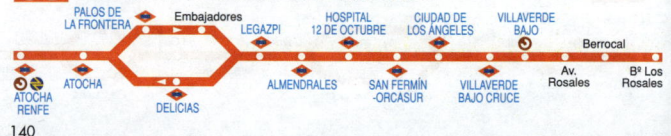

PALOS DE LA FRONTERA — Embajadores — LEGAZPI — HOSPITAL 12 DE OCTUBRE — CIUDAD DE LOS ÁNGELES — VILLAVERDE BAJO — Berrocal
ATOCHA RENFE — ATOCHA — DELICIAS — ALMENDRALES — SAN FERMÍN-ORCASUR — VILLAVERDE BAJO CRUCE — Av. Rosales — Bº Los Rosales

86 Atocha - Villaverde Alto

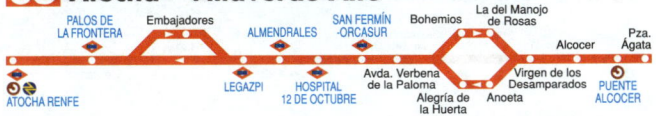

ATOCHA RENFE — PALOS DE LA FRONTERA — Embajadores — LEGAZPI — ALMENDRALES — HOSPITAL 12 DE OCTUBRE — SAN FERMÍN-ORCASUR — Avda. Verbena de la Paloma — Alegría de la Huerta — Bohemios — Anoeta — La del Manojo de Rosas — Virgen de los Desamparados — Alcocer — PUENTE ALCOCER — Pza. Ágata

87 Pza. República Dominicana - Las Cárcavas

Pza. Rep. Dominicana — COLOMBIA — Costa Rica — Emilio Rubín — Emeterio Castaños — Montearagón — MAR DE CRISTAL — PINAR DEL REY — Bucaramanga — Mar Adriático — Manizales — SAN LORENZO — Camino de Montoro — Hermanos Gascón — Marías de Paredes — Camino del Olivar

100 Moratalaz - Valderrivas

Plaza del Encuentro — Hacienda de Pavones — PAVONES — Fuente Carrantona — Avda. Dr. García Tapia — Ctra. Moratalaz a Vicálvaro — Avda. Daroca — VICÁLVARO — Paseo Artilleros — Villablanca — PTA. DE ARGANDA — VICÁLVARO — Minerva — Valderrivas

101 Canillejas - Aeropuerto T1-2-3/Barajas

Área Intermodal Canillejas — CANILLEJAS — Avda. Logroño — Avda. América — Jardines de Aranjuez — Avda. Hispanidad — Pº. Alameda de Osuna — Avda. Hispanidad — Pza. del Mar — Carabela — TERMINAL T-1 — TERMINAL T-2 — AEROPUERTO — TERMINAL T-3 — Zona Industrial del Aeropuerto — Acuario — Plaza Hnos. Falcó y Álvarez de Toledo

102 Atocha - Estación El Pozo

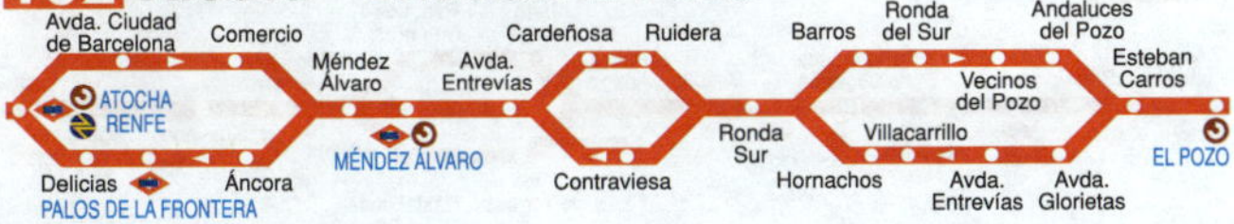

ATOCHA RENFE — Delicias — PALOS DE LA FRONTERA — Avda. Ciudad de Barcelona — Áncora — Comercio — Méndez Álvaro — MÉNDEZ ÁLVARO — Avda. Entrevías — Cardeñosa — Contraviesa — Ruidera — Ronda Sur — Barros — Hornachos — Ronda del Sur — Vecinos del Pozo — Villacarrillo — Avda. Entrevías — Andaluces del Pozo — Esteban Carros — Avda. Glorietas — EL POZO

103 Estación El Pozo - Ecobulevar

Villacarrillo — Cazorla — Av. Entrevías — EL POZO — Barros — Pedroches — La Mancha — Campiña — Vizconde de Arlessón — ASAMBLEA DE MADRID-ENTREVÍAS — Carlos Martín Álvarez — Javier de Miguel — imagen — Pto. Bonaigua — PORTAZGO — Payaso Fofó — BUENOS AIRES — ALTO DEL ARENAL — Avda. Albufera — MIGUEL HERNÁNDEZ — SIERRA GUADALUPE — VALLECAS — VILLA DE VALLECAS — Montes Barbanza — Pto. Porzuna — Cabeza Mesada — Valderebollo

104 Plaza de Ciudad Lineal - Mar de Cristal

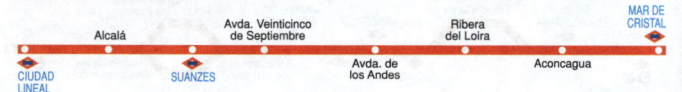

CIUDAD LINEAL — Alcalá — SUANZES — Avda. Veinticinco de Septiembre — Avda. de los Andes — Ribera del Loira — Aconcagua — MAR DE CRISTAL

105 Plaza Ciudad Lineal - Barajas

CIUDAD LINEAL — Hnos. García Noblejas — Julián Camarillo — SUANZES — San Romualdo — Alcalá — TORRE ARIAS — Gutiérrez Canales — CANILLEJAS — Pº. Alameda de Osuna — Avda. Logroño — Plaza Hermanos Falcó — Timón — Gta. de los Vientos

106 Pza. Manuel Becerra - Vicálvaro

MANUEL BECERRA — Avda. Daroca — LA ALMUDENA — Nicolás Salmerón — Pza. Alsacia — ALSACIA — Aquitania — AVDA. GUADALAJARA — Paseo de los Artilleros — Avda. Daroca — SAN CIPRIANO — Villablanca — EL CARMEN — VENTAS — Francisco Largo Caballero — Avda. Guadalajara — Av. Canillejas a Vicálvaro — Calahorra — VICÁLVARO — Forges — Ctra. Vicálvaro-Est. O'Donnell

107 Plaza de Castilla - Hortaleza

PLAZA CASTILLA — Mateo Inurria — DUQUE DE PASTRANA — Caídos de la División Azul — Arturo Soria — Avda. San Luis — Mar Caspio — Mar de las Antillas — PARQUE STA. MARIA — Santa Susana — Santa Adela

108 Oporto - Cementerio de Carabanchel

OPORTO — Valle de Oro — Portalegre — OPAÑEL — Camino Viejo de Leganés — Av. de Abrantes — Besolla — PAN BENDITO — Padre Amigó — María Odiaga — Sombra — Alba de Tormes — Pza. Los Navarros — SAN FRANCISCO — Pº. Castellanos — Antonia Rodríguez Sacristán — Aliseda — Guayaba — Aguacate — Vía Lusitana

109 Pza. Ciudad Lineal - Castillo de Uclés

CIUDAD LINEAL — Alcalá — PUEBLO NUEVO — Gutierre de Cetina — Emilio Ferrari — Vital Aza — ASCAO — Ezequiel Solana — Fernando Gabriel — Gandhi — Hermanos García Noblejas — Castillo de Uclés

110 Pza. Manuel Becerra - Cementerio de la Almudena

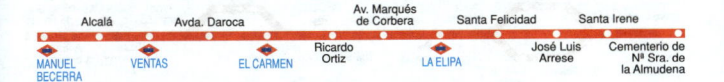

MANUEL BECERRA — Alcalá — VENTAS — Avda. Daroca — EL CARMEN — Ricardo Ortiz — Av. Marqués de Corbera — LA ELIPA — Santa Felicidad — José Luis Arrese — Santa Irene — Cementerio de Nª Sra. de la Almudena

210 Pza. Manuel Becerra - La Elipa

MANUEL BECERRA — Alcalá — VENTAS — Avda. Daroca — EL CARMEN — Ricardo Ortiz — Av. Marqués de Corbera — LA ELIPA — Santa Felicidad — José Luis Arrese — Santa Irene

111 Puente de Vallecas - Entrevías

PTE. VALLECAS — Avda. Monte Igueldo — Avda. Albufera — NUEVA NUMANCIA — Martínez de la Riva — Carlos Martín Álvarez — Pto. Bonaigua — Vizconde de Arlessón — La Imagen — ASAMBLEA DE MADRID-ENTREVÍAS — La Mancha — Pza. Regiones — Ruidera — Ronda del Sur — Hornachos

112 Mar de Cristal - Barrio del Aeropuerto

MAR DE CRISTAL — Emigrantes — CANILLAS — Avda. de los Andes — Avda. Consejo de Europa — CAMPO DE LAS NACIONES — Avda. Partenón — Gta. Ermita Virgen de la Soledad — Vía Dublín — Avda. Logroño — ALAMEDA DE OSUNA — Manuel Aguilar Muñoz — Avda. Cantabria — Plaza del Mar — Trespaderne

113 Mendez Álvaro - Pza. de Ciudad Lineal

MÉNDEZ ÁLVARO — PUENTE DE VALLECAS — Santa Marta — Sierra Toledana — Cerro Negro — Avda. Peña Prieta — Sierra Elvira — Arroyo de la Media Legua — Santa Irene — Santa Felicidad — LA ELIPA — José María de Pereda — Hermanos Machado — QUINTANA — Alcalá — CIUDAD LINEAL — PUEBLO NUEVO

114 Avda. de América - Bº. del Aeropuerto

AVDA. AMÉRICA — Intercambiador Avda. América — Hernández Tejada — Emilio Vargas — Josefa Valcárcel — J. Ignacio Luca de Tena — Telémaco — Gta. Medusa — CANILLEJAS — EL CAPRICHO — Peonías — Canoa — Batel — Carabela — Galeón — ALAMEDA DE OSUNA — Bergantín — Avda. Hispanidad — Avda. Central — Medina de Pomar — Traspaderne

115 Avda. de América - Barajas

Intercambiador Avda. América — Josefa Valcárcel — Glorieta Medusa — Avda. América — Avda. Hispanidad — ALAMEDA DE OSUNA — Pº. Alameda de Osuna — Los Brezos — Avda. Logroño — BARAJAS — Plaza Ntra. Sra. de Loreto

AVDA. AMÉRICA — Guadalajara — Luis de la Mata — CANILLEJAS — Avda. Cantabria — Manuel Aguilar Muñoz — Plaza Hermanos Falcó — Avda. Logroño

116 Gta. Embajadores - Villaverde Cruce

Paseo Acacias — ACACIAS — MARQUÉS DE VADILLO — PLAZA ELÍPTICA — Avda. Poblados — ORCASITAS — Moreja — La del Manojo de Rosas — VILLAVERDE BAJO CRUCE

EMBAJADORES — PIRÁMIDES — Antonio Leyva — Vía Lusitana — Gran Avenida — Fernando Ortiz — Avda. Eduardo Barreiros — Alegría de la Huerta

117 Aluche - Col. San Ignacio de Loyola

Avda. General Fanjul — Avda. de la Aviación — Mirabel

ALUCHE — Avda. Rafael Finat — Gral. Romero Basart

118 Gta. Embajadores - Avda. de la Peseta

Paseo Acacias — ACACIAS — MARQUÉS DE VADILLO — OPORTO — Gta. Valle de Oro — PAN BENDITO — Belzunegui — Antonia Rdguez. Sacristán — Thaler — LA PESETA

EMBAJADORES — PIRÁMIDES — General Ricardos — URGEL — Camino Viejo de Leganés — Besolla — SAN FRANCISCO — Aguacate — Calderilla

119 Atocha - Barrio de Goya

EMBAJADORES — Pº. Sª Mª Cabeza — ACACIAS — General Ricardos — Blasa Pérez — Tercio Fragata — Ntra. Sra. Valvanera — Gta. Los Cármenes — Alhambra — Pablo Sarasate

ATOCHA — Ronda de Valencia — PIRÁMIDES — URGEL — El Toboso — CARPETANA — LAGUNA — Concejal Fco. José Jiménez Martín

120 Plaza de Lima - Hortaleza

Plaza Lima — CONCHA ESPINA — Ramón y Cajal — José Silva — Moscatelar — Silvano — Mota del Cuervo — MAR DE CRISTAL — Pza. Santos Humosa

SANTIAGO BERNABÉU — Concha Espina — AVDA. LA PAZ — ARTURO SORIA — Ulises — ESPERANZA — CANILLAS — Emigrantes — Valdetorres del Jarama

144

121 Campamento - Hospital 12 de Octubre

Seseña — Illescas — CAMPAMENTO — Valmojado — Camarena — ALUCHE — Avda. los Poblados — Antonia Rodríguez Sacristán — SAN FRANCISCO — Avda. los Poblados — Dr. Tolosa Latour — Hospital 12 de Octubre — HOSPITAL 12 DE OCTUBRE

122 Av. de América - Campo de las Naciones

AVDA. AMÉRICA — Intercambiador Avda. América — Avda. Guindalera — Avda. Badajoz — Torrelaguna — Ramírez Arellano — Emilio Vargas — ARTURO SORIA — Moscatelar — CANILLAS — Avda. de los Andes — Avda. Consejo de Europa — Avda. Capital de España Madrid — CAMPO DE LAS NACIONES

123 Plaza de Legazpi - Villaverde Bajo

LEGAZPI — Antonio López — Camino de Perales — San Mario — Estafeta — Avda. Orovilla — Avda. Felicidad — Alianza — Ctra. Villaverde a Vallecas — VILLAVERDE BAJO CRUCE — Campos Ibáñez — VILLAVERDE BAJO — Concepción de la Oliva

124 Gta. Cuatro Caminos - Lacoma

ALVARADO — CUATRO CAMINOS — Bravo Murillo — ESTRECHO — VALDEACEDERAS — TETUÁN — Pº Castellana — PLAZA DE CASTILLA — Avda. Monforte de Lemos — Arzobispo Morcillo — BEGOÑA — Pedro Rico — San Modesto — Avda. Llano Castellano — Avda. Cardenal Herrera Oria — HERRERA ORIA — Valencia D. Juan — Fermín Caballero — Moralzarzal — Lacoma

125 Mar de Cristal - Hospital Ramón y Cajal

MAR DE CRISTAL — Valdetorres del Jarama — Avda. de San Luis — Arturo Soria — Ctra. de Colmenar — PINAR DE CHAMARTÍN — Hospital Ramón y Cajal — RAMÓN Y CAJAL

126 Nuevos Ministerios - Barrio del Pilar

NUEVOS MINISTERIOS — Paseo Castellana — Pza. Lima — SANTIAGO BERNABÉU — Gral. Yagüe — ESTRECHO — Bravo Murillo — Francos Rodríguez — FRANCOS RODRÍGUEZ — Avda. Santo Ángel de la Guarda — Alcalde Martín de Alzaga — VALDEZARZA — Antonio Machado — Sinesio Delgado — Avda. Betanzos — PEÑAGRANDE

127 Gta. Cuatro Caminos - Ciudad de los Periodistas

- CUATRO CAMINOS
- Avda. Reina Victoria
- GUZMÁN EL BUENO
- Avda. Doctor Federico Rubio y Galí
- Avda. Pablo Iglesias
- Francos Rodríguez
- FRANCOS RODRÍGUEZ
- Avda. Santo Ángel de la Guarda
- Alcalde Martín de Alzaga
- VALDEZARZA
- ANTONIO MACHADO
- Antonio Machado
- César Manrique
- Mariano Salvador Maella
- AVDA. ILUSTRACIÓN
- Fermín Caballero
- Ginzo de Limia
- HERRERA ORIA

128 Gta. Cuatro Caminos - Barrio del Pilar

- CUATRO CAMINOS
- Bravo Murillo
- ALVARADO
- ESTRECHO
- Francos Rodríguez
- FRANCOS RODRÍGUEZ
- Ofelia Nieto
- Villaamil
- Camino Chorrillo
- Glorieta Piedrafita del Cebrero
- Avda. Betanzos
- Monforte de Lemos
- BARRIO DEL PILAR

129 Plaza de Castilla - Manoteras

- PLAZA DE CASTILLA
- Mateo Inurria
- DUQUE DE PASTRANA
- Avda. de Burgos
- BAMBÚ
- Avda. San Luis
- PINAR DE CHAMARTÍN
- Arturo Soria
- Roquetas de Mar
- Cuevas de Almanzora
- Alicún
- Vélez Rubio
- MANOTERAS

130 Villaverde Alto - Vicálvaro

- PUENTE ALCOCER
- Dr. Martín Arévalo
- VILLAVERDE BAJO CRUCE
- Ctra. de Villaverde a Vallecas
- Mercamadrid Av. Legazpi
- C.T.M.
- Camino Pozo del Tío Raimundo
- Cmno. de Hormigueras
- SIERRA GUADALUPE
- San Jaime
- VALLECAS
- Avda. Democracia
- VALDEBERNARDO
- Bulevar José Prat
- Bulevar Indalecio Prieto
- Casalarreina
- Camino Viejo de Vicálvaro
- Avda. Daroca
- VICÁLVARO
- Calahorra
- Pº. de los Artilleros

131 Campamento - Villaverde Alto

- CAMPAMENTO
- Seseña
- Escalona
- Padre Piquer
- Avda. de los Poblados
- ALUCHE
- EMPALME
- Antonia Rodríguez Sacristán
- Avda. de los Poblados
- SAN FRANCISCO
- Rafaela Ybarra
- Ctra. Carabanchel a Villaverde
- PUENTE ALCOCER
- Pza. Ágata

132 Moncloa - Hospital La Paz

- MONCLOA
- Meléndez Valdés
- Isaac Peral
- Av. Reyes Católicos
- Av. Arco de la Victoria
- CIUDAD UNIVERSITARIA
- METROPOLITANO
- Avda. Complutense
- Ramiro de Maeztu
- Las Moreras
- FRANCOS RODRÍGUEZ
- VALDEZARZA
- ANTONIO MACHADO
- Antonio Machado
- César Manrique
- PEÑAGRANDE
- Monforte de Lemos
- BARRIO DEL PILAR
- Finisterre
- Arzobispo Morcillo
- Hospital La Paz

133 Plaza del Callao - Mirasierra

CALLAO — Gran Vía — SANTO DOMINGO — PZA. ESPAÑA — VENTURA RODRÍGUEZ — ARGÜELLES — Princesa — MONCLOA — Avda. Puerta de Hierro — Ctra. de El Pardo — Avda. Cardenal Herrera Oria — Fermín Caballero — HERRERA ORIA — Valencia de Don Juan — Nuria — La Masó — Moralzarzal

134 Plaza de Castilla - Montecarmelo

PZA. CASTILLA — Paseo Castellana — BEGOÑA — Arzobispo Morcillo — Avda. Monforte de Lemos — BARRIO DEL PILAR — Ginzo de Limia — HERRERA ORIA — La Masó — Costa Brava — Av. Monasterio de las Huelgas — Av. Monasterio de Silos — MONTECARMELO

135 Plaza de Castilla - Hospital Ramón y Cajal

PZA. CASTILLA — Paseo Castellana — BEGOÑA — Arzobispo Morcillo — Avda. Monforte de Lemos — Pedro Rico — BEGOÑA — San Modesto — Hospital Ramón y Cajal — Antonio Robles — RAMÓN Y CAJAL

136 Pacífico - Madrid Sur

PACÍFICO — Avda. Ciudad de Barcelona — NUEVA NUMANCIA — PUENTE VALLECAS — Avda. Albufera — PORTAZGO — Avda. Buenos Aires — BUENOS AIRES — Pablo Neruda — Santos Inocentes — Parque Palomeras Bajas — El Graduado — Puerto Balbarán — EL POZO

137 Ciudad Puerta Hierro - Fuencarral

Avda. Mártires Maristas — Isla de Oza — Nueva Zelanda — San Martín de Porres — Isla Malaita — Gta. Mariano Salvador Maella — Joaquín Lorenzo — Dr. Ramón Castroviejo — PEÑAGRANDE — Avda. Monforte de Lemos — BARRIO DEL PILAR — Pedro Rico — Avda. Llano Castellano — BEGOÑA — Ntra. Sra. de Valverde — TRES OLIVOS — Aldonza Lorenzo — Braille — FUENCARRAL

138 Plaza de España - Aluche

PLAZA DE ESPAÑA — Cuesta de San Vicente — PRÍNCIPE PÍO — Paseo Virgen del Puerto — PUERTA DEL ÁNGEL — Paseo de Extremadura — Caramuel — Sepúlveda — LUCERO — Valmojado — ALUCHE

139 Dehesa del Príncipe - Carabanchel Alto

Coraceros — CUATRO VIENTOS — Arqueros — Paseo Lanceros — Paseo Húsares — Avda. de la Aviación — Avda. Rafael Finat — General Romero Basart — FANJUL — Avda. General Fanjul — ALUCHE — Avda. de los Poblados — Ronda Don Bosco — Eugenia de Montijo — Camino de las Cruces — Joaquín Turina

140 Pavones - Canillejas

PAVONES — Fuente Carrantona — ALSACIA — Pza. Alsacia — Aquitania — Avda. Guadalajara — AVDA. GUADALAJARA — LAS ROSAS — Suecia — LAS MUSAS — Mª. Sevilla Diago — Avda. Arcentales — Fenelón — Etruria — Lucano — Canal del Bósforo — Ctra. de Canillejas a Vicálvaro — TORRE ARIAS — Alcalá — CANILLEJAS

141 Atocha - Buenos Aires

ATOCHA RENFE — Avda. Ciudad de Barcelona — MENÉNDEZ PELAYO — PACÍFICO — PUENTE VALLECAS — Avda. Peña Prieta — Sierra Toledana — Marismas — Baltasar Santos — Ramón Pérez de Ayala — Pío Felipe — BUENOS AIRES

142 Pavones - Ensanche de Vallecas

PAVONES — Fuente Carrantona — Pablo Neruda — ALTO DEL ARENAL — MIGUEL HERNÁNDEZ — Ctra. Vicálvaro a Vallecas — VALLECAS — VILLA VALLECAS — SIERRA GUADALUPE — Montes de Barbanza — Pto. Porzuna — Fuentidueña — Peña Cervera — CONGOSTO — Granja de San Ildefonso — Av. Centro Milano — Peñaranda de Bracamonte — Av. Las Suertes — Antonio Gades — VALDECARROS

143 Pza. Manuel Becerra - Villa de Vallecas

O'DONNELL — MANUEL BECERRA — Doctor Esquerdo — SÁINZ DE BARANDA — CONDE DE CASAL — Avda. del Mediterráneo (A-3) — Arroyo Fontarrón — El Bosco — Pío Felipe — BUENOS AIRES — ALTO DEL ARENAL — MIGUEL HERNÁNDEZ — Avda. Albufera — SIERRA GUADALUPE — VALLECAS — VILLA DE VALLECAS

144 Pavones - Entrevías

PAVONES — Fuente Carrantona — Pablo Neruda — Andaluces — Rafael Albertí — MIGUEL HERNÁNDEZ — Villalobos — Pablo Neruda — Parque Palomeras Bajas — Pablo Neruda — Candilejas — Martínez de la Riva — Avda. San Diego — Pto. Bonaigua — La Imagen — Vizconde de Arlessón — Hernández Más — ASAMBLEA DE MADRID-ENTREVÍAS

145 Pza. Conde de Casal - Ensanche de Vallecas

- Plaza del Conde de Casal
- SANTA EUGENIA
- Avda. Sta. Eugenia
- Avda. La Gavia
- Av. Ensanche Vallecas
- Cardenal Vicente Enrique y Tarancón
- Antonio Gades
- Pilar de Madariaga Rojo
- CONDE DE CASAL
- Avda. Mediterráneo
- Fuentespina
- LA GAVIA
- LAS SUERTES

146 Plaza del Callao - Los Molinos

- STO. DOMINGO
- GRAN VÍA
- Alcalá
- RETIRO
- GOYA
- VENTAS
- Alcalde López Casero
- José del Hierro
- J. Ignacio Luca de Tena
- CALLAO
- BANCO DE ESPAÑA
- PRÍNCIPE VERGARA
- MANUEL BECERRA
- EL CARMEN
- Virgen del Portillo
- BARRIO DE LA CONCEPCIÓN
- López de Aranda

147 Plaza del Callao - Barrio del Pilar

- CALLAO
- NOVICIADO
- BILBAO
- RUBÉN DARÍO
- Gta. Emilio Castelar
- GREGORIO MARAÑÓN
- Paseo Castellana
- CUZCO
- Sinesio Delgado
- Melchor Fdez. Almagro
- PEÑA GRANDE
- SANTO DOMINGO
- SAN BERNARDO
- IGLESIA
- Luchana
- Eduardo Dato
- Miguel Ángel
- NUEVOS MINISTERIOS
- SANTIAGO BERNABÉU
- PZA. CASTILLA
- BARRIO DEL PILAR
- Av. Betanzos

148 Plaza del Callao - Puente de Vallecas

- SANTO DOMINGO
- Gran Vía
- Gran Vía de San Francisco
- Ronda de Toledo
- Jaime El Conquistador
- LEGAZPI
- Embajadores
- MÉNDEZ ÁLVARO
- CALLAO
- PLAZA ESPAÑA
- Bailén
- PUERTA DE TOLEDO
- EMBAJADORES
- Paseo Chopera
- Paseo Molino
- Avda. Planetario
- PUENTE VALLECAS

149 Tribunal - Plaza de Castilla

- Barceló
- QUEVEDO
- Gral. Álvarez de Castro
- ALONSO CANO
- RÍOS ROSAS
- CUATRO CAMINOS
- General Moscardó
- Capitán Haya
- Fuencarral
- TRIBUNAL
- BILBAO
- CANAL
- Bravo Murillo
- CUATRO CAMINOS
- Raimundo Fernández Villaverde
- NUEVOS MINISTERIOS
- Orense
- PLAZA DE CASTILLA

150 Puerta del Sol - Colonia Virgen del Cortijo

- SEVILLA
- RECOLETOS
- RUBÉN DARÍO
- GREGORIO MARAÑÓN
- SANTIAGO BERNABÉU
- Fray Bernardino Sahagún
- PÍO XII
- Avda. San Luis
- Avda. Manoteras
- SOL
- Alcalá
- BANCO ESPAÑA
- COLÓN
- Paseo Castellana
- NUEVOS MINISTERIOS
- Padre Damián
- Avda. Alfonso XIII
- PINAR DE CHAMARTÍN
- VIRGEN DEL CORTIJO
- FUENTE DE LA MORA

151 Canillejas - Barajas

Área Intermodal Canillejas — Jardines Aranjuez — Pº Alameda de Osuna — Carabela — Corbeta — **ALAMEDA DE OSUNA** — Los Brezos — Bahía Almería — Bahía Pollensa — Valhondo — Playa Zarauz — **BARAJAS**

CANILLEJAS — Avda. América — Avda. Hispanidad — Pza. Mar — Avda. Cantabria — Manuel Aguilar Muñoz — Pº Alameda de Osuna — Avda. Logroño — Bahía Palma — Bahía Concha — Playa Barlovento — Playa América

152 Avda. Felipe II - Méndez Álvaro

Avda. Felipe II — **PRÍNCIPE DE VERGARA** — **IBIZA** — **MENÉNDEZ PELAYO** — **MÉNDEZ ÁLVARO**

GOYA — Alcalá — Menéndez Pelayo — Comercio — Méndez Álvaro

153 Las Rosas - Mar de Cristal

Pº Ginebra — **AVDA. GUADALAJARA** — Pobladura del Valle — Albaida — San Romualdo — Inocencia de Mesa — Alcalá — Vizconde Uzqueta — Conde Posadas — Av. Arroyo del Santo — **CANILLAS** — Emigrantes

Suecia — **LAS ROSAS** — Arcos de Jalón — Av. Hellín — Av. Arcentales — Cronos — **TORRE ARIAS** — Gutiérrez Canales — Sándalo — Av. Prunos — Av. Machupichu — **MAR DE CRISTAL** — Guadalajara — Boj — Av. Los Andes

155 Plaza Elíptica - Aluche

PLAZA ELÍPTICA — Av. Ploblados — Av. Euro — Av. Peseta — Gral. Millán Astray — La Vidauba

Avda. Princesa Juana de Austria — **SAN FRANCISCO** — Maravedí — **LA PESETA** — Ctra. Barrio Fortuna — Gral. Romero Basart — **ALUCHE**

156 Pza. Manuel Becerra - Pza. Legazpi

Pza. Manuel Becerra — **O'DONNELL** — Doctor Esquerdo — **PACÍFICO** — Pedro Bosch — Embajadores — Pº Molino

MANUEL BECERRA — **SAINZ DE BARANDA** — **CONDE DE CASAL** — Av. Planetario — **LEGAZPI**

160 Moncloa - Aravaca

Av. Juan de Herrera — Av. Martín Fierro — Ctra. Castilla — Húmera — Golondrina — Av. Osa Mayor — Araquil — Pico Ocejón

MONCLOA — Av. de Séneca — Arroyo de Pozuelo — **ARAVACA** — Ctra. de Húmera a Aravaca — Av. Osa Mayor — Ana Teresa — Gta. María Reina

161 Moncloa - Estación de Aravaca

- Moncloa
- Av. Juan de Herrera
- Av. Martín Fierro
- Av. de Séneca
- Ctra. de Castilla
- Darío Aparicio
- Av. de Valdemarín
- La Salle
- Blanca de Castilla
- Ana Teresa
- Pléyades
- Araquil
- Av. Osa Mayor
- Ctra. de Húmera a Aravaca
- Golondrina
- Estación de Aravaca

162 Moncloa - El Barrial

- Moncloa
- Av. Arco de la Victoria
- Av. Puerta de Hierro
- Av. Padre Huidobro
- Camino de la Zarzuela
- Cabellera de Berenice
- Príncipe de Viana
- Deusto
- Ntra. Sra. de Begoña
- Amorebieta
- Motrico
- Lasarte
- Guecho
- Paradores
- Casaquemada
- Gobelas
- Acceso a la A-6
- Guecho
- Av. de la Victoria
- El Barrial

172 Mar de Cristal - Telefónica

- Mar de Cristal
- Gta. Mar de Cristal
- Valdetorres del Jarama
- Av. San Luis
- Ctra. Acceso a Estación Hortaleza
- Av. Niceto Alcalá Zamora
- Av. Francisco Pí y Margall
- Blasco Ibáñez
- Ana de Austria
- Av. Niceto Alcalá Zamora
- María de Portugal
- Pto. de Somport
- Av. Camino de Santiago
- Palas de Rey
- Las Tablas
- Av. Camino Santiago
- Ronda de la Comunicación

173 Plaza de Castilla - Sanchinarro

- Plaza de Castilla
- Paseo Castellana
- Begoña
- Av. Burgos
- Av. Francisco Pí y Margall
- Blasco Ibáñez
- Av. Niceto Alcalá Zamora

174 Plaza de Castilla - Sanchinarro Este

- Plaza de Castilla
- Paseo Castellana
- Duque de Pastrana
- Mateo Inurria
- Av. Burgos
- Av. Manoteras
- Av. Burgos
- Bambú
- Oña
- Virgen del Cortijo
- Pza. Alcalde Moreno Torres
- Av. Manoteras
- Av. Niceto Alcalá Zamora
- Antonio Saura

176 Pza. de Castilla - Las Tablas

- Plaza Castilla
- Paseo Castellana
- Begoña
- Avda. de Burgos
- Puerto de Somport
- Avda. Camino de Santiago
- Castiello de Jaca
- Avda. Sto. Domingo de la Calzada
- Las Tablas
- Pº. San Millán de la Cogolla
- Sierra de Atapuerca
- Palas de Rey
- Paseo Tierra de Melide
- Gta. Monte do Gozo

178 Pza. de Castilla - Montecarmelo

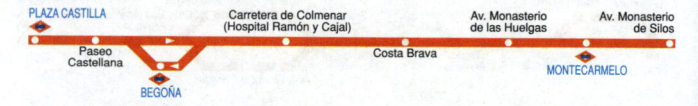

PLAZA CASTILLA — Paseo Castellana — BEGOÑA — Carretera de Colmenar (Hospital Ramón y Cajal) — Costa Brava — Av. Monasterio de las Huelgas — MONTECARMELO — Av. Monasterio de Silos

200 Avenida de América - Aeropuerto

AV. DE AMÉRICA — Avenida América — CANILLEJAS — T-1 SALIDAS / LLEGADAS T-1 — T-2 SALIDAS / LLEGADAS T-2 — T-3 — AEROPUERTO T1-T2-T3 — LLEGADAS T-4 — AEROPUERTO T4

215 Avenida Felipe II - Parque de Roma

GOYA — Narváez — IBIZA — Alcalde Sáinz de Baranda — SÁINZ DE BARANDA — Juan Esplandiú — Parque de Roma

OTRAS LÍNEAS DE EMT

C1 Gta. Cuatro Caminos - Gta. Embajadores

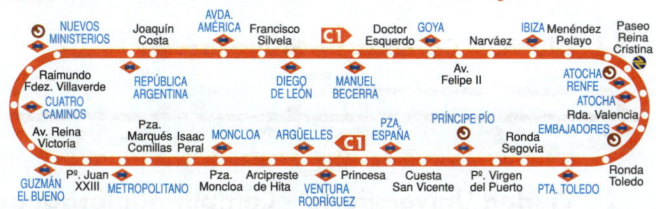

- NUEVOS MINISTERIOS
- Joaquín Costa
- AVDA. AMÉRICA
- Francisco Silvela
- Doctor Esquerdo
- GOYA
- Narváez
- IBIZA
- Menéndez Pelayo
- Paseo Reina Cristina
- Raimundo Fdez. Villaverde
- REPÚBLICA ARGENTINA
- DIEGO DE LEÓN
- MANUEL BECERRA
- Av. Felipe II
- ATOCHA RENFE
- CUATRO CAMINOS
- ATOCHA
- Av. Reina Victoria
- Pza. Marqués Comillas
- Isaac Peral
- MONCLOA
- ARGÜELLES
- PZA. ESPAÑA
- PRÍNCIPE PÍO
- Rda. Valencia
- EMBAJADORES
- Ronda Segovia
- GUZMÁN EL BUENO
- Pº. Juan XXIII
- METROPOLITANO
- Pza. Moncloa
- Arcipreste de Hita
- VENTURA RODRÍGUEZ
- Princesa
- Cuesta San Vicente
- Pº. Virgen del Puerto
- PTA. TOLEDO
- Ronda Toledo

C2 Gta. Embajadores - Gta. Cuatro Caminos

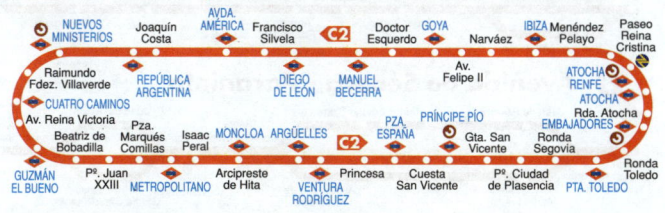

- NUEVOS MINISTERIOS
- Joaquín Costa
- AVDA. AMÉRICA
- Francisco Silvela
- Doctor Esquerdo
- GOYA
- Narváez
- IBIZA
- Menéndez Pelayo
- Paseo Reina Cristina
- Raimundo Fdez. Villaverde
- REPÚBLICA ARGENTINA
- DIEGO DE LEÓN
- MANUEL BECERRA
- Av. Felipe II
- ATOCHA RENFE
- CUATRO CAMINOS
- ATOCHA
- Av. Reina Victoria
- PZA. ESPAÑA
- PRÍNCIPE PÍO
- Rda. Atocha
- EMBAJADORES
- Beatriz de Bobadilla
- Pza. Marqués Comillas
- Isaac Peral
- MONCLOA
- ARGÜELLES
- Gta. San Vicente
- Ronda Segovia
- GUZMÁN EL BUENO
- Pº. Juan XXIII
- METROPOLITANO
- Arcipreste de Hita
- VENTURA RODRÍGUEZ
- Princesa
- Cuesta San Vicente
- Pº. Ciudad de Plasencia
- PTA. TOLEDO
- Ronda Toledo

A Moncloa - Campus de Somosaguas

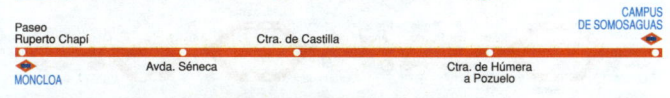

- Paseo Ruperto Chapí
- Ctra. de Castilla
- CAMPUS DE SOMOSAGUAS
- MONCLOA
- Avda. Séneca
- Ctra. de Húmera a Pozuelo

E Pza. Conde Casal - Politécnico de Vallecas

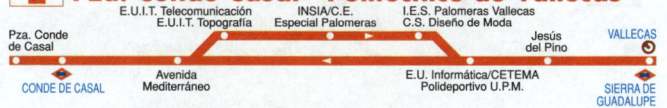

- Pza. Conde de Casal
- E.U.I.T. Telecomunicación
- E.U.I.T. Topografía
- INSIA/C.E. Especial Palomeras
- I.E.S. Palomeras Vallecas
- C.S. Diseño de Moda
- Jesús del Pino
- VALLECAS
- CONDE DE CASAL
- Avenida Mediterráneo
- E.U. Informática/CETEMA Polideportivo U.P.M.
- SIERRA DE GUADALUPE

F Gta. Cuatro Caminos - Ciudad Universitaria

- Avda. Reina Victoria
- Beatriz de Bobadilla
- Ramiro de Maeztu
- Av. Complutense
- Facultad Filosofía B
- CUATRO CAMINOS
- GUZMÁN EL BUENO
- METROPOLITANO
- Avda. Gregorio del Amo
- José Antonio Novais
- Profesor Aranguren

G Moncloa - Ciudad Universitaria

- MONCLOA
- Avda. Arco de la Victoria
- Pza. Cardenal Cisneros
- CIUDAD UNIVERSITARIA
- Avda. Complutense
- Avda. Paraninfo
- Profesor Aranguren
- Filosofía B

H Aluche - Campus de Somosaguas

- ALUCHE
- Maqueda
- CAMPAMENTO
- EMPALME
- Avda. de los Poblados
- Padre Piquer
- COLONIA JARDÍN
- Ctra. de Carabanchel a Aravaca
- Ctra. de Húmera a Pozuelo
- CAMPUS DE SOMOSAGUAS

I Ciudad Universitaria - Campus Somosaguas

- CIUDAD UNIVERSITARIA
- Avda. Puerta de Hierro
- Profesor Aranguren
- Avda. Padre Huidobro
- Ctra. de Castilla
- Arroyo Pozuelo
- Gta. Río Zancara
- Ctra. de Húmera a Aravaca
- Ctra. de Húmera a Pozuelo
- CAMPUS DE SOMOSAGUAS

U Avenida de Séneca - Paraninfo

- Avda. Juan Herrera
- Juan de Herrera
- Avda. de Martín Fierro
- Avenida Séneca
- Pza. Cardenal Cisneros
- Avda. Arco de la Victoria
- Avenida Complutense
- CIUDAD UNIVERSITARIA
- Juan del Rosal
- Prof. José García Santesmanes
- Juan del Rosal

CM500 Pza. Isabel II - Gta. Los Cármenes

- ÓPERA
- Requena
- San Quintín
- Bailén
- Cuesta de San Vicente
- Pº. Virgen del Puerto
- PRÍNCIPE PÍO
- Pta. del Ángel
- PUERTA DEL ÁNGEL
- Pº. Extremadura
- Guadarrama
- Santa Ursula
- Pº. Jesuitas
- Mª del Carmen
- Pº. Olivo
- LUCERO
- Alhambra
- LAGUNA

S.E. Plaza Elíptica - Cementerio Sur

- PLAZA ELÍPTICA
- Tanatorio Sur
- Acceso Cementerio Sur
- Interior Cementerio
- Cementerio Sur

S.E. Pza. de Castilla - Cement. Fuencarral

- PLAZA CASTILLA
- Paseo de la Castellana
- Mauricio Legendre
- Viejas
- Av. Llano Castellano
- Nuestra Señora de Valverde
- Afueras a Valverde
- Cementerio de Fuencarral

✈ EXPRÉS AEROPUERTO 24h

ATOCHA-RENFE — Pza. Cibeles — BANCO DE ESPAÑA — O'Donnell — O'DONNELL — [T-1] SALIDAS [T-2] — AEROPUERTO T1-T2-T3 — LLEGADAS — [T-1] LLEGADAS [T-2] — AEROPUERTO T4 [T-4]

E1 EXPRÉS — Atocha - Embajadores - Plaza Elíptica

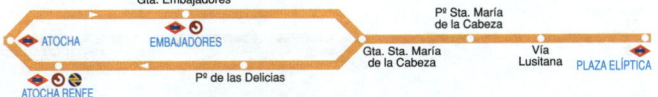

ATOCHA — Gta. Embajadores — EMBAJADORES — Pº de las Delicias — Pº Sta. María de la Cabeza — Gta. Sta. María de la Cabeza — Vía Lusitana — PLAZA ELÍPTICA
ATOCHA RENFE

E2 EXPRÉS — Avenida de Felipe II - Las Rosas

GOYA — Avda. Felipe II — O'DONNELL — Plaza de Alsacia — ALSACIA — Aquitania — Av. de Guadalajara — AVDA. DE GUADALAJARA — LAS ROSAS — Suecia — LAS MUSAS

E3 EXPRÉS — Avenida de Felipe II - Puerta de Arganda

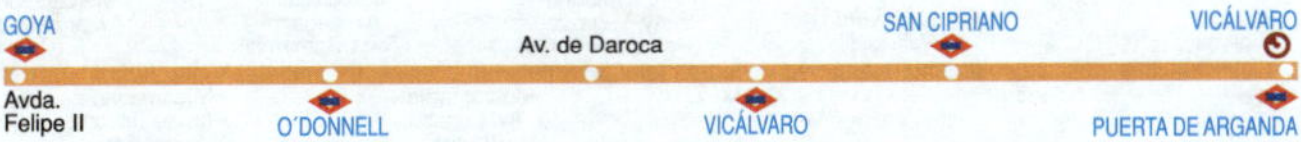

GOYA — Avda. Felipe II — O'DONNELL — Av. de Daroca — VICÁLVARO — SAN CIPRIANO — VICÁLVARO — PUERTA DE ARGANDA

H1 HOSPITAL — Sierra de Guadalupe - Hosp. Infanta Leonor

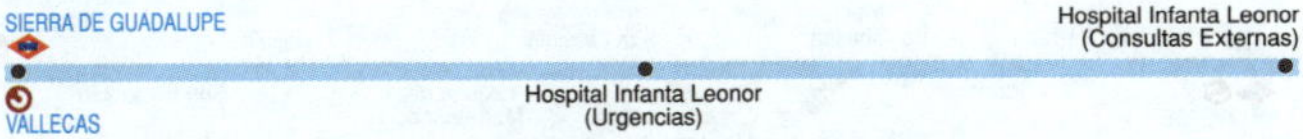

SIERRA DE GUADALUPE — VALLECAS — Hospital Infanta Leonor (Urgencias) — Hospital Infanta Leonor (Consultas Externas)

M1 MINIBÚS — Sevilla - Glorieta de Embajadores

SEVILLA — Pza. Canalejas — Cedacero — Pza. Santa Ana — ANTÓN MARTÍN — Pza. Jacinto Benavente — TIRSO DE MOLINA — Pza. Cascorro — Olivar — Colegiata — LAVAPIES — Miguel Servet — EMBAJADORES — Embajadores

M2 MINIBÚS — Sevilla - Argüelles

SEVILLA — GRAN VÍA — Valverde — Barco — Pza. San Ildefonso — Corredera Baja de San Pablo — Pez — Pza. Juan Pujol — NOVICIADO — NOVICIADO — PLAZA DE ESPAÑA — Trv. Conde Duque — Reyes — Conde Duque — Amaniel — Alberto Aguilera — Serrano Jover — Santa Cruz de Marcenado — ARGÜELLES

T11 Mar de Cristal - Parq. Emp. Cristalia

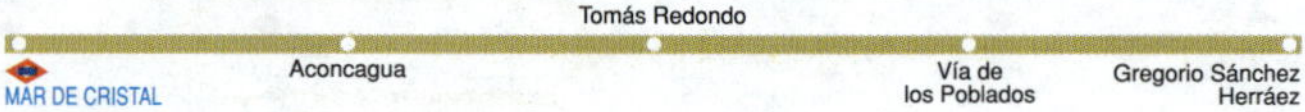

- MAR DE CRISTAL
- Aconcagua
- Tomás Redondo
- Vía de los Poblados
- Gregorio Sánchez Herráez

T23 Pta. Arganda - Pol. Ind. Las Gallegas

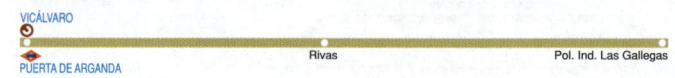

- VICÁLVARO
- PUERTA DE ARGANDA
- Rivas
- Pol. Ind. Las Gallegas

T31 Est. El Pozo - Sierra de Guadalupe

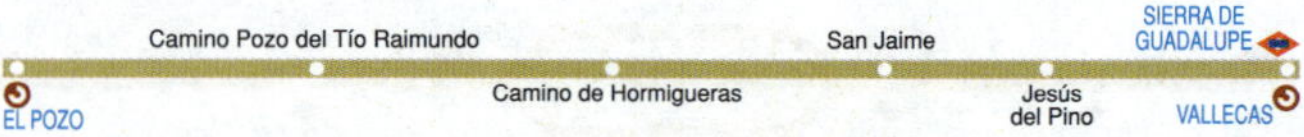

- EL POZO
- Camino Pozo del Tío Raimundo
- Camino de Hormigueras
- San Jaime
- Jesús del Pino
- SIERRA DE GUADALUPE
- VALLECAS

T32 Plaza de Legazpi - Mercamadrid

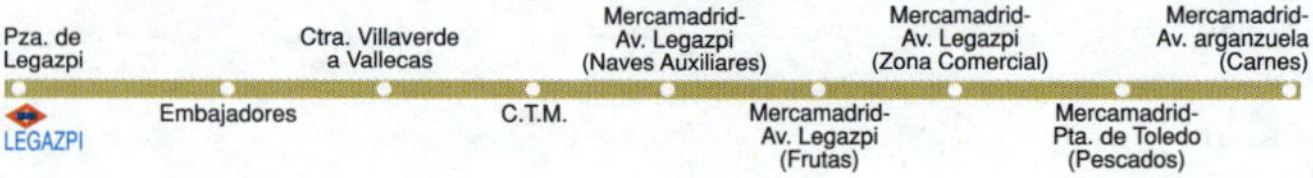

- LEGAZPI
- Pza. de Legazpi
- Embajadores
- Ctra. Villaverde a Vallecas
- C.T.M.
- Mercamadrid-Av. Legazpi (Naves Auxiliares)
- Mercamadrid-Av. Legazpi (Frutas)
- Mercamadrid-Av. Legazpi (Zona Comercial)
- Mercamadrid-Pta. de Toledo (Pescados)
- Mercamadrid-Av. arganzuela (Carnes)

T41 Villaverde Alto - Polígono Ind. La Resina

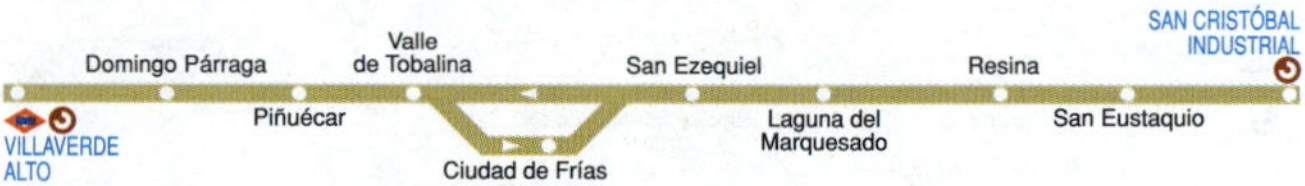

- VILLAVERDE ALTO
- Domingo Párraga
- Piñuécar
- Valle de Tobalina
- Ciudad de Frías
- San Ezequiel
- Laguna del Marquesado
- Resina
- San Eustaquio
- SAN CRISTÓBAL INDUSTRIAL

T61 Estación C. de Fuencarral - Telefónica

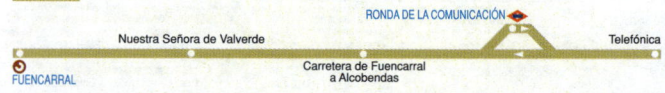

- FUENCARRAL
- Nuestra Señora de Valverde
- Carretera de Fuencarral a Alcobendas
- RONDA DE LA COMUNICACIÓN
- Telefónica

T62 Plaza de Castilla - Estación de Chamartín

- PZA. DE CASTILLA
- Paseo Castellana
- Agustín de Foxá
- CHAMARTÍN
- Paquete Express
- Estación de Chamartín (Correos)
- BAMBÚ

LÍNEAS NOCTURNAS

N1 Plaza de Cibeles - Sanchinarro

- Plaza de Cibeles
- Gta. Emilio Castelar
- Mª de Molina
- Av. Dr. Arce
- Velázquez
- Príncipe de Vergara
- Caidos de la División Azul
- Av. San Luis
- Cuevas de Almanzora
- Av. Fco. Pi y Margal
- Ana de Austria
- Av. Manoteras
- Av. Fco. Pi y Margal
- Pº. de la Castellana
- Serrano
- Av. Pio XII
- Arturo Soria
- Av. Alcalde Conde de Mayalde
- Av. Niceto Alcalá Zamora

N2 Plaza de Cibeles - Hortaleza

- Plaza de Cibeles
- Príncipe de Vergara
- Padre Claret
- Avenida Bucaramanga
- Avenida Celio Villalba
- Camino Montoro
- Santa Virgilia
- López de Hoyos
- Manizales
- Gregorio Schez. Herráez
- Rafaela Aparicio
- Alcalá
- López de Hoyos
- Ramón y Cajal
- Mar Caspio
- Santa Adela
- Alfonso XIII
- Mar de las Antillas

N3 Plaza de Cibeles - Canillas

- Plaza de Cibeles
- Conde de Peñalver
- Martínez Izquierdo
- Condesa de Venadito
- Hernández de Tejada
- Mota del Cuervo
- Avda. de Bruselas
- López de Hoyos
- Pedroñeras
- Alcalá
- Azcona
- Avda. de Badajoz
- Madre Antonia París
- Condesa de Venadito
- Arturo Soria
- Ctra. de Canillas
- Avenida Machupichu
- Silvano

N4 Plaza de Cibeles - Barajas

- Plaza de Cibeles
- Velázquez
- Mª de Molina
- Josefa Valcarcel
- Marquesado de Sta. María
- Medina de Pomar
- Bergantín
- Avda. Cantabria
- Avda. de Logroño
- Pza. Hnos. Falcó
- J. I. Luca de Tena
- Trespaderne
- Pº Recoletos
- Avda. de América
- Angelita Cavero
- Av. Hispanidad
- Manuel Aguilar Muñoz
- Avda. General
- Serrano
- Emilio Vargas
- Telémaco
- Peonías
- Av. de América
- Pza. del Mar

N5 Plaza de Cibeles - Colonia Fin de Semana

- Plaza de Cibeles
- Alcalá
- Avda. de Arcentales
- Lucano
- Néctar
- Avda. Cinco
- Samaniego
- Av. Fermina Sevillano
- Plaza de la Independencia
- Miguel Yuste
- San Mariano
- Alcalá
- Deyanira
- Arcaute
- Av. Dos

N6 Plaza de Cibeles - Las Rosas

- Plaza de Cibeles
- O'Donnell
- Alcalde Sáinz de Baranda
- Francisco Villaespesa
- Pobladura del Valle
- Julia García Boután
- Pº de Ginebra
- Alcalá
- Marqués de Corbera
- Ascao
- Hermanos García Noblejas
- Avda. Canillejas a Vicálvaro
- Suecia

N7 Plaza de Cibeles - Vicálvaro

Plaza de Cibeles — Avda. Daroca — Plaza de Alsacia — Aquitania — Plaza Vicalvarada — Calahorra — San Cipriano — Minerva
Alcalá — Nicolás Salmerón — Avenida Guadalajara — Avda. Canillejas a Vicálvaro — Paseo Artilleros — Avenida Daroca — Jardín de la Duquesa — Villablanca

N8 Plaza de Cibeles - Valdebernardo

Plaza de Cibeles — Menéndez Pelayo — Alcalde Sainz de Baranda — Cmno. de los Vinateros — Plaza Corregidor S. Córdoba — Encomienda de Palacios — Luis de Hoyos Sáinz — Pico Artilleros — Avda. Doctor García Tapia — Bulevar Indalecio Prieto
O'Donnell — Ibiza — Doctor Esquerdo — Arroyo Media Legua — Entrearroyos — Hacienda Pavones — Fuente Carantona — Hacienda Pavones — Bulevar José Prat

N9 Plaza de Cibeles - Ensanche de Vallecas

Plaza de Cibeles — Avda. del Mediterráneo — Avda. El Bosco Mediterráneo — Avda. Sta. Eugenia — Real de Arganda — Montes de Barbanza — Av. Ensanche de Vallecas — Congosto — Av. Gran Vía Sureste
Pº. del Prado — Reina Cristina — Arroyo Fontarrón — Avda. Mediterráneo — Castillo de Aza — Enrique García Alvarez — Fuentespina — Fuentidueña — San Jaime — Granja de San Ildefonso — Avda. Las Suertes

N10 Pza. Cibeles - Palomeras

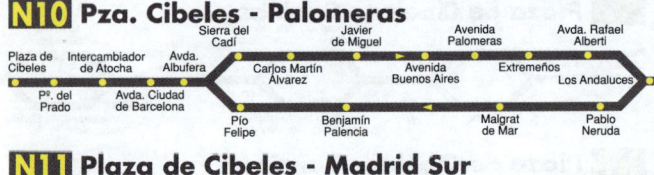

Plaza de Cibeles — Intercambiador de Atocha — Avda. Albufera — Sierra del Cadí — Javier de Miguel — Avenida Palomeras — Avda. Rafael Alberti — Extremeños — Los Andaluces
Pº. del Prado — Avda. Ciudad de Barcelona — Carlos Martín Álvarez — Avenida Buenos Aires — Pío Felipe — Benjamín Palencia — Malgrat de Mar — Pablo Neruda

N11 Plaza de Cibeles - Madrid Sur

Plaza de Cibeles — Intercambiador de Atocha — Comercio — Avenida Entrevías — Cardeñosa — Barros — Ronda del Sur — Avenida Buenos Aires
Pº. del Prado — Méndez Álvaro — Campiña — Pedroches — Sª Contraviesa — Cazorla — Villacarrillo — Avda. Entrevías — Avda. Pablo Neruda

N12 Plaza de Cibeles - Barrio de Los Rosales

Plaza de Cibeles — Gta. Emperador Carlos V — Ronda de Valencia — Paseo de Yeserías — Antonio López — San Mario — Antequera — Avda. Los Rosales — Barrio de Los Rosales
Pza. Cánovas del Castillo — Paseo del Prado — Ronda de Atocha — Pº. de las Acacias — Pº. de la Chopera — Camino Perales — Estafeta — Gta. San Martín de la Vega — Berrocal

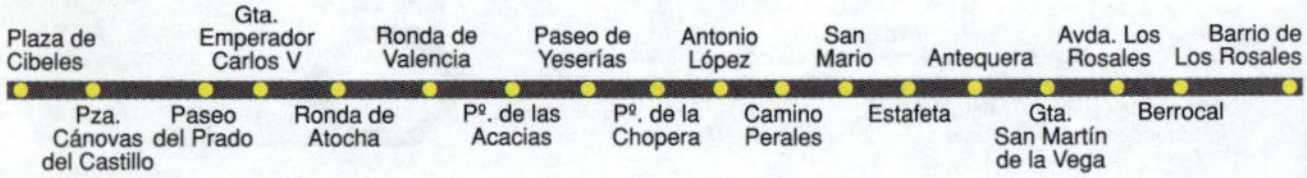

N13 Pza. Cibeles - Col. S. Cristóbal de los Ángeles

Plaza de Cibeles — Batalla del Salado — Pº de las Delicias — Avda. de Andalucía — Villafuerte — Ctra. Villaverde a Vallecas — Avda. de Andalucía — Burjasot — Godella
Pº. del Prado — Pº de las Delicias — Avda. de Córdoba — Avda. Orovilla — Campos Ibáñez — Pilar Lorengar — Juan José Martínez Seco — Rocafort

N14 Plaza de Cibeles - Villaverde Alto

Plaza de Cibeles — Pº. del Prado / Gta. Emperador Carlos V — Pº. Delicias — Sta. Mª. de la Cabeza / Jaime El Conquistador — Ferrocarril — Avda. Córdoba / Pº. de la Chopera — Verbena de la Paloma / Avda. de Andalucía — La del Manojo de Rosas / Alegría de la Huerta — Bohemios / Anoeta — Alcocer / Villalonso — Dr. Pérez Domínguez / Pº Alberto Palacios — Plaza Ágata / Ferroviarios — Resina Astilleros / Domingo Parraga

N15 Plaza de Cibeles - Orcasur

Plaza de Cibeles — Pza. Cánovas del Castillo — Pº. del Prado — Ronda de Atocha — Ronda de Valencia — Pº. de las Acacias — Antonio López — Marcelo Usera — Rafaela Ybarra — Unidad / Avda. de los Poblados — Gran Avenida — Campotejar / Avda. Orcasur — Pza. del Pueblo

N16 Plaza de Cibeles - Avda. de la Peseta

Plaza de Cibeles — Gran Vía / Gran Vía Mayor — Gran Vía de San Francisco / Bailén — Vía Carpetana / Pº de Pontones — Oca / Avda. Ntra. Sra. de Valvanera — Cmno. Viejo de Leganés / Gta. Valle de Oro — Belzunegui / Carcastillo — Antonia Rodríguez Sacristán / Avda. Poblados — Aguacate / Guayaba — Calderilla / Thaler — Av. de la Peseta

N17 Plaza de Cibeles - Carabanchel Alto

Plaza de Cibeles — Cedaceros / Alcalá — Carretas / Puerta del Sol — Pza. Jacinto Benavente / Plaza Santa Cruz — Duque de Rivas — Toledo / General Ricardos — Pº. de Muñoz Grandes — Av. Ntra. Sra. de Fátima / Eugenia de Montijo — Alfredo Aleix / Gómez de Arteche — Piqueñas / Jacobeo — Av. de la Peseta

N18 Plaza de Cibeles - Aluche

Plaza de Cibeles — Gran Vía — Cuesta de S. Vicente — Virgen del Puerto — Plaza Puerta del Ángel — Pº. de Extremadura — Higueras — Alhambra — Duquesa de Parcent — Camarena — Illescas / Maqueda — Tembleque

N19 Plaza de Cibeles - Col. S. Ignacio de Loyola

Plaza de Cibeles — Gran Vía — Cuesta de S. Vicente — Virgen del Puerto — Paseo de Extremadura / Pza. Puerta del Ángel — Paseo de Extremadura / Avda. de la Aviación — Mirabel / Avda. de la Aviación — Oliva de Plasencia / Gral. Millán Astray — Gral. Romero Basart

N20 Plaza de Cibeles - Barrio de Peñagrande

Plaza de Cibeles — Cuesta S. Vicente — Gran Vía / Avda. Valladolid — Pº. de la Florida / Av. Complutense — Av. Juan de Herrera / Navalperal — Av. Miraflores / José Fentanes — Alfonso Fdez. Clausells / Dr. Juan José López Ibor — San Martín de Porres / Islas Aleutianas — Cardenal Herrera Oria — Arroyo del Fresno / Fresnedillas — Alfonso Rguez. Castelao / Leopoldo Alas Clarín — Ramón Gómez de la Serna

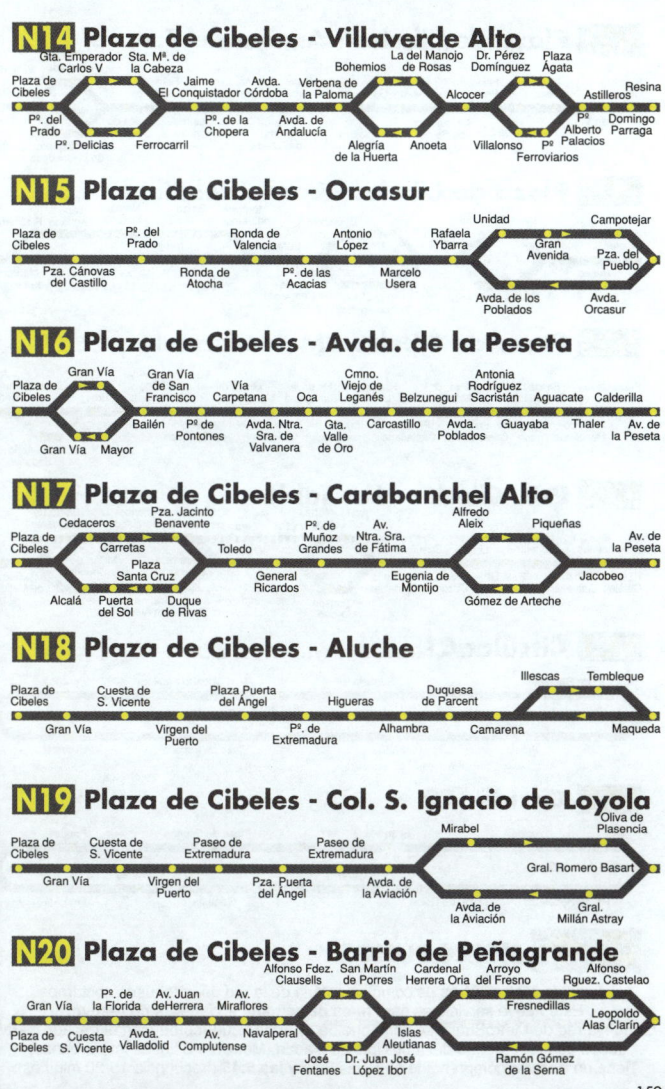

N21 Plaza de Cibeles - Arroyo del Fresno

Plaza de Cibeles — Princesa — Isaac Peral — Dr. Federico Rubio y Galí — Santo Ángel de la Guarda — Antonio Machado — Fermín Caballero — Cerro Minguete — Valle de Pinares Llanos — Ventisquero de la Condesa — Isla de Arosa — César Manrique — Alcalde Martín de Alzaga — Pablo Iglesias — S. Francisco de Sales — Pza. Moncloa — Gran Vía

N22 Plaza de Cibeles - Barrio del Pilar

Plaza de Cibeles — Génova — Santa Engracia — Bravo Murillo — Veza — Pº. Dirección — Monforte de Lemos — Ginzo de Limia — Narcís Monturiol — Antonio López Aguado — Finisterre — Monforte de Lemos — Sanjenjo — Avda. Betanzos — Gta. Piedrafita del Cebrero — Capitán Blanco Argibay — Arroyo — Fuencarral — Sagasta — Paseo Recoletos

N23 Plaza de Cibeles - Montecarmelo

Plaza de Cibeles — Pº. de la Castellana — Pza. Dr. Marañón — Pza. de Lima — Pº. de la Castellana — Ginzo de Limia — Alfredo Marquerie — Costa Brava — Av. Monasterio de Silos — Av. Monasterio de El Escorial — Nuria — Valencia de Don juan — Avenida Asturias — Pza. de Cuzco — Pº. de la Castellana — Gta. Emilio Castelar — Pº. de Recoletos

N24 Pza. Cibeles - Las Tablas

Pza. Cibeles — Pº. de la Castellana — Pza. Dr. Marañón — Pza. Lima — Pº de la Castellana — Pza. Castilla — Av. Monforte de Lemos — Castiello de Jaca — Av. Camino de Santiago — Sierra de Atapuerca — Pº. San Millán de la Cogolla — Pº. Tierra de Melide — Ctra. de Fuencarral a Alcobendas — Afueras a Valverde — Avda. Llano Castellano — Ntra. Sra. de Valverde — Pedro Rico — Arzobispo Morcillo — Gta. Emilio Castelar — Pº. Recoletos

NC1 Circular C1

Pº de Recoletos — Sagasta — Alberto Aguilera — Princesa — Moncloa — Princesa — Plaza de España — Gran Vía — Alcalá — Plaza de Cibeles — Génova — Carranza

NC2 Circular C2

Alcalá — Gran Vía — Plaza de España — Princesa — Arguelles — Alberto Aguilera — Sagasta — Pza. de Colón — Pº. de Recoletos — Plaza de Cibeles — Génova — Carranza

METROBÚHOS

La red de **MetroBúhos** es complementaria de la red de autobuses nocturnos.
Este nuevo servicio es para **fines de semana y vísperas de festivo.**
La nueva red de MetroBúhos se compone de **11 líneas** que reproducen el trazado de las líneas de Metro dentro del municipio de Madrid (MetroSur 3 líneas interurbanas).
Tiene un **horario** comprendido entre las **0:45 y las 5:45** (frecuencia 15-20 minutos).

CERCANÍAS

- **C-2** Guadalajara - Atocha - Chamartín
- **C-3** Aranjuez - Atocha - Chamartín
- **C-3a** San Martín de la Vega - Pinto
- **C-4** Parla - Atocha - Sol - Chamartín - Alcobendas - San Sebastián de los Reyes - Colmenar Viejo
- **C-5** Móstoles El Soto - Atocha Fuenlabrada - Humanes
- **C-7** Alcalá de Henares - Atocha Chamartín - P. Pío - Atocha Chamartín - Fuente de la Mora
- **C-8** Atocha - Chamartín Villalba - El Escorial - Cercedilla
- **C-9** Cercedilla - Cotos
- **C-10** Villalba - Príncipe Pío Atocha - Chamartín - Fuente de la Mora

SEGOVIA

C-8b Cercedilla — Cercedilla Pueblo, Las Heras, Camorritos, Siete Picos, Pto. Navacerrada, Dos Castillas, Vaquerizas

C-9 Colmenar Viejo — Cotos

C-4 Alcobendas-San Sebastián de los Reyes

ÁVILA

C-8a El Escorial — Las Zorreras, San Yago, Villalba

Los Molinos, Collado Mediano, Alpedrete, Los Negrales

Tres Cantos, El Goloso, Valdelasfuentes, Universidad P. Comillas, Cantoblanco Universidad

C-10 / **C-8** Galapagar - La Navata, Torrelodones, Las Matas, Pinar, Las Rozas, Majadahonda, El Barrial, Pozuelo, Aravaca

El Tejar — L7 Pitis — Ramón y Cajal

Fuencarral

C-7 Fuente de la Mora

ZARAGOZA

C-2 Guadalajara

Azuqueca, Meco, Alcalá Universidad, **C-7** Alcalá de Henares, La Garena, Torrejón de Ardoz, San Fernando, Coslada L7, Vicálvaro, Sta. Eugenia, Vallecas, El Pozo, Entrevías-Asamblea de Madrid

Chamartín L1-10, **C-10**

Nuevos Ministerios

Recoletos

Sol L1-2-3

Atocha L1

Príncipe Pío L6-10 Ramal

L3-5 Embajadores, L6 Laguna, L5 Aluche Fanjul, Las Águilas, L10 Cuatro Vientos, S. José de Valderas, L12 Alcorcón, Las Retamas, L12 Móstoles

Pirámides L5, Delicias, Méndez Álvaro L6, Doce de Octubre, Orcasitas, Puente Alcocer, L3 Villaverde Alto, Zarzaquemada, L12 Leganés, Parque Polvoranca, La Serna, L12 Fuenlabrada

Villaverde Bajo

San Cristóbal de los Ángeles, San Cristóbal Industrial, El Casar L12, Getafe Industrial, Las Margaritas Universidad, Getafe Centro, Getafe Sector 3

Pinto, Valdemoro, Ciempozuelos

Parque de Ocio, San Martín de la Vega

C-5 Móstoles-El Soto

Humanes

C-5 TALAVERA

Parla **C-4**

TOLEDO

C-3 Aranjuez CUENCA

C-3a San Martín de la Vega

- ⊃ Correspondencia
- ▶ Conexión con Metro
- P Aparcamiento

Metro
HORARIO: De 6:00 a 1:30
Estación de Cercanías
Estación de Renfe
Aparcamiento
Aeropuerto
Cambio de tren
B1 B2 B3 Cambio tarifario
Hospital Infanta Sofía
Reyes Católicos
Manuel de Falla
Baunatal
Marqués de la Valdavia
La Granja
La Moraleja
Ronda de la Comunicación
Las Tablas
Palas de Rey
María Tudor
Blasco Ibáñez
Antonio Saura
Virgen del Cortijo
Álvarez de Villamil
Fuente de la Mora
ml 1
Mirasierra
Montecarmelo
Tres Olivos
Herrera Oria
Fuencarral
Barrio del Pilar
Begoña
Pitis
Lacoma
Avda. de la Ilustración
Peñagrande
Antonio Machado
Valdezarza
Francos Rodríguez
Ventilla
Valdeacederas
Tetuán
Estrecho
Alvarado
Chamartín
Bambú
Pinar de Chamartín
Manoteras
Praque de Santa María
Hortaleza
San Lorenzo
Mar de Cristal
Aeropuerto T4
Barajas
Aeropuerto
Campo de las Naciones
Canillas
Pinar del Rey
Pío XII
Duque de Pastrana
Plaza de Castilla
Cuzco
Santiago Bernabéu
Colombia
Esperanza
Arturo Soria
Avda. de la Paz
Alfonso XIII
Prosperidad
Concha Espina
Cruz del Rayo
República Argentina
Nuevos Ministerios
Cuatro Caminos
Guzmán el Bueno
Metropolitano
Ciudad Universitaria
Islas Filipinas
Canal
Ríos Rosas
Alonso Cano
Avda. de América
Cartagena
Parque de las Avenidas
Barrio de la Concepción
Alameda de Osuna
Canillejas
El Capricho
Torre Arias
Suanzes
Ciudad Lineal
Barrio del Puerto
Coslada Central
Estadio Olímpico
Pueblo Nuevo
Quintana
Ascao
San Blas
La Rambla
García Noblejas
Simancas
Las Musas
San Fernando
Jarama
Henares
Hospital del Henares
Estación de Aravaca
Berna
Avenida de Europa
Campus de Somosaguas
Dos Castillas
Bélgica
ml 2
Pozuelo Oeste
Somosaguas Centro
Somosaguas
Moncloa
Argüelles
Quevedo
San Bernardo
Bilbao
Iglesia
Gregorio Marañón
Núñez de Balboa
Diego de León
Ventas
El Carmen
Vertura Rodríguez
Noviciado
Rubén Darío
Lista
Manuel Becerra
Plaza de España
Tribunal
A. Martínez
Velázquez
Colón
Serrano
Goya
La Elipa
Alsacia
La Almudena
Avda. Guadalajara
O´Donnell
Las Rosas
Príncipe Pío
Santo Domingo
Chueca
Gran Vía
Príncipe de Vergara
Ibiza
Callao
Retiro
Lago

Metro de Madrid — Líneas y estaciones

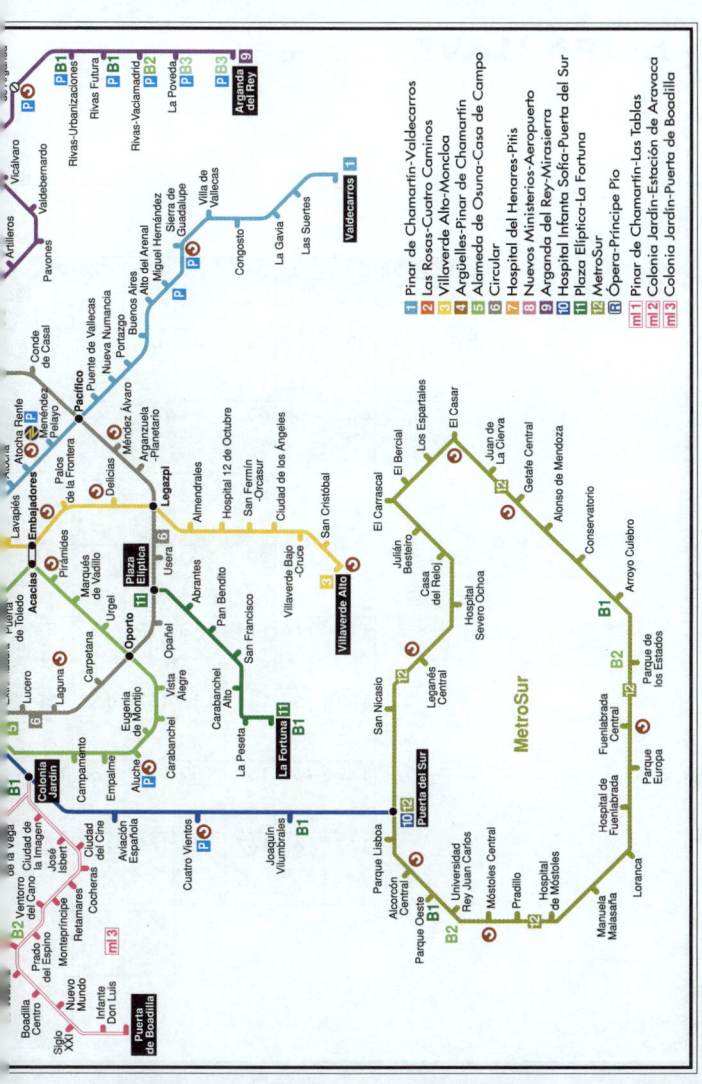

Líneas:

- **1** Pinar de Chamartín–Valdecarros
- **2** Las Rosas–Cuatro Caminos
- **3** Villaverde Alto–Moncloa
- **4** Argüelles–Pinar de Chamartín
- **5** Alameda de Osuna–Casa de Campo
- **6** Circular
- **7** Hospital del Henares–Pitis
- **8** Nuevos Ministerios–Aeropuerto
- **9** Arganda del Rey–Mirasierra
- **10** Hospital Infanta Sofía–Puerta del Sur
- **11** Plaza Elíptica–La Fortuna
- **12** MetroSur
- **R** Ópera–Príncipe Pío
- **ml 1** Pinar de Chamartín–Las Tablas
- **ml 2** Colonia Jardín–Estación de Aravaca
- **ml 3** Colonia Jardín–Puerto de Boadilla

Estaciones (selección visibles en el mapa):

Artilleros, Vicálvaro, Valdebernardo, Pavones, Rivas-Urbanizaciones, Rivas Futura, Rivas-Vaciamadrid, La Poveda, Arganda del Rey, Villa de Vallecas, Sierra de Guadalupe, Congosto, La Gavia, Las Suertes, Valdecarros, Miguel Hernández, Buenos Aires, Alto del Arenal, Portazgo, Nueva Numancia, Puente de Vallecas, Conde de Casal, Pacífico, Atocha Renfe, Menéndez Pelayo, Méndez Álvaro, Arganzuela-Planetario, Palos de la Frontera, Delicias, Embajadores, Lavapiés, Acacias, Pirámides, Puerta de Toledo, Marqués de Vadillo, Oporto, Plaza Elíptica, Usera, Legazpi, Almendrales, Hospital 12 de Octubre, San Fermín-Orcasur, Ciudad de los Ángeles, San Cristóbal, Villaverde Bajo-Cruce, Villaverde Alto, Abrantes, Pan Bendito, San Francisco, Carabanchel Alto, Eugenia de Montijo, Vista Alegre, Carabanchel, Opañel, La Peseta, Carpetana, Laguna, Lucero, Campamento, Empalme, Aluche, Cuatro Vientos, Joaquín Vilumbrales, La Fortuna, Puerta del Sur, Parque Lisboa, Alcorcón Central, Parque Oeste, Universidad Rey Juan Carlos, Móstoles Central, Pradillo, Hospital de Móstoles, Manuela Malasaña, Loranca, Parque Europa, Hospital de Fuenlabrada, Fuenlabrada Central, Parque de los Estados, Arroyo Culebro, Conservatorio, Alonso de Mendoza, Getafe Central, Juan de la Cierva, El Casar, Los Espartales, El Bercial, El Carrascal, Julián Besteiro, Casa del Reloj, Hospital Severo Ochoa, Leganés Central, San Nicasio, Colonia Jardín, Aviación Española, Cuatro Vientos, Cocheras, Retamares, Ventorro del Cano, Ciudad de la Imagen, José Isbert, Prado del Espino, Montepríncipe, Nuevo Mundo, Infante Don Luis, Boadilla Centro, Siglo XXI, Puerta de Boadilla

MetroSur

MAPA LLAVE

1	2
3	4

							7	
					13	14	15	
21	22	23	24	25	26	27	28	29
41	42	43	44	45	46	47	48	49
		63	64	65	66	67	68	69
			83	84	85	86	87	
			99	100	101	102	103	1
115	116	117	118	119	120	121		
133	134	135	136	137	138	139		
149	150	151	152	153	154	155		
165	166	167	168	169	170	171		
				177	178	179		
						185		

Madrid

El esquema que figura junto a estas líneas muestra las 202 divisiones efectuadas en el mapa del municipio de **Madrid** que se inicia en la página siguiente.

EL PARDO

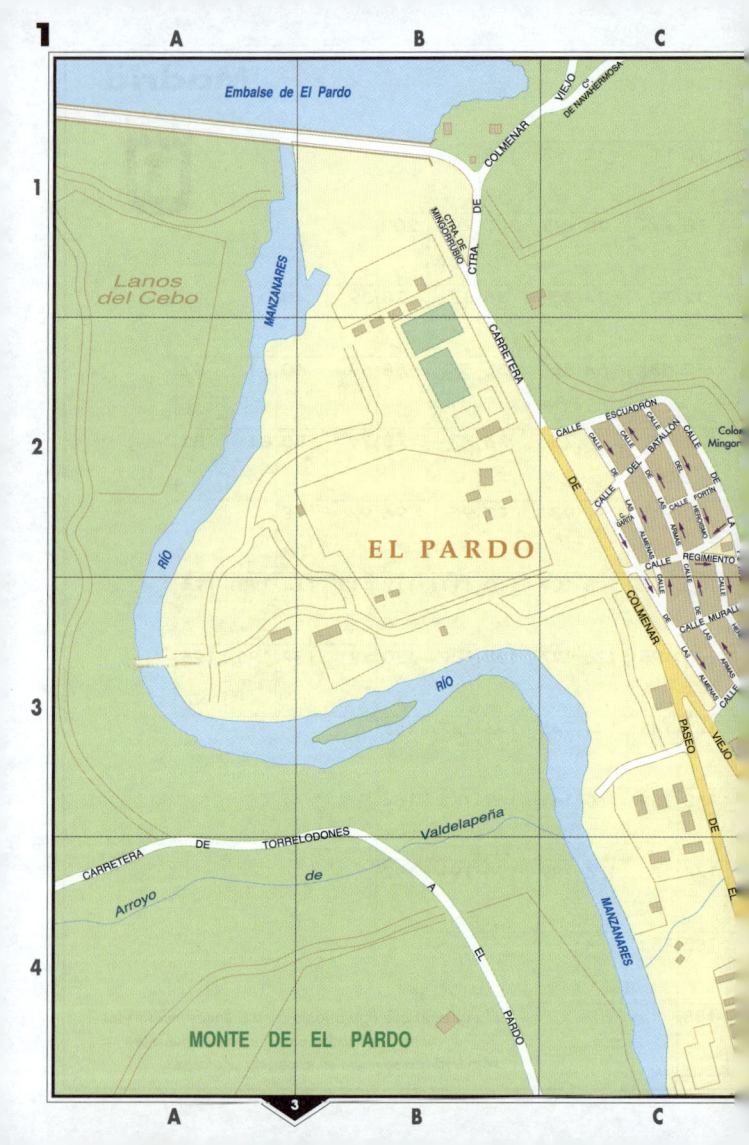

- Embalse de El Pardo
- Llanos del Cebo
- RÍO MANZANARES
- CTRA. DE COLMENAR VIEJO
- Cª DE NAVAHERMOSA
- CTRA. DE MINGORRUBIO
- CARRETERA DE COLMENAR
- PASEO VIEJO DE EL MANZANARES
- CARRETERA DE TORRELODONES A EL PARDO
- Arroyo de Valdelapeña
- MONTE DE EL PARDO
- Colonia Mingorrubio

Calles: ESCUADRÓN, BATALLÓN, REGIMIENTO, MURALLA, PORTA, DE LAS ARMAS, DE LOS SOLDADOS, DE LOS ALFÉRECES

MONTE DE EL PARDO

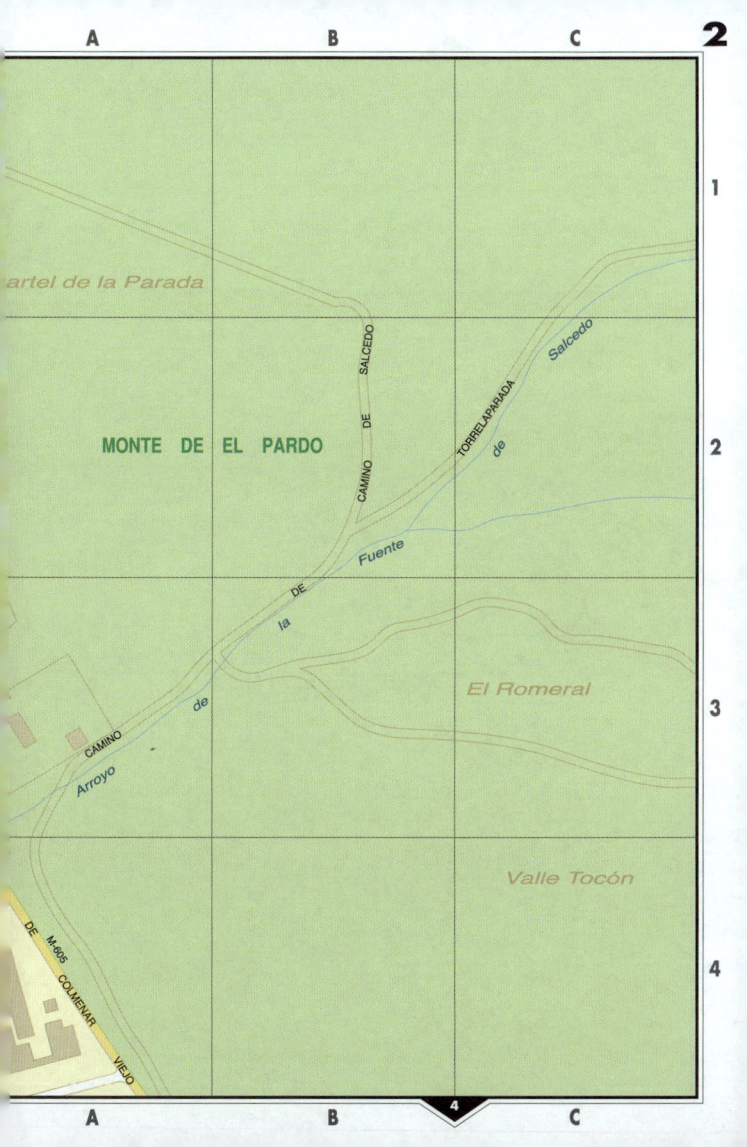

artel de la Parada

CAMINO DE SALCEDO

TORRELAPARADA de Salcedo

Fuente

DE la

CAMINO de

Arroyo

El Romeral

Valle Tocón

DE M-605 COLMENAR VIEJO

A
B
C
1
1
2
3
4
CTRA. DE TORRELODONES A EL PARDO
Río MANZANARES
PASEO
CARRETERA CRISTO DE EL PARDO
CARRETERA DE LA
El Torreón
Pradera de San Francisco
Arroyo del Cristo
MONTE DE EL PARDO
ZARZUELA
Quebrantaherraduras
CAMINO PALACIO DE LA
A
B
C

A
B
C
2
1
2
3
4
MONTE DE EL PARDO
EL PARDO
PALACIO DE EL PARDO
PARQUE MAR OCÉANA
PARQUE CONCEJAL MARTÍN VELA
Colonia San Fernando
CARRETERA DE COLMENAR VIEJO
M-605
M-612
CARRETERA DE EL PARDO A FUENCARRAL
CARRETERA DE MADRID A EL PARDO
AVENIDA DEL PALACIO
AVENIDA DE LA GUARDIA
PASEO DE LOS TILOS
AVDA. DE CERVANTES
PARDO
DE EL PARDO
C. MANUEL ALONSO
PZA. DEL CAUDILLO
C. CARBONEROS
MIRA EL RÍO
CALLE
C. SAN ANTÓN
C. CABALLEROS
EUGENIO PÉREZ
MEDIAVILLA
PZA. R. ENRIQUEZ
CPTAN. SALAS
C. SOLDADO
C. SAN PACIANO
C. SAN QUIRICO
CALLE PRIMERO
CALLE 6 DE
C. SAN GELASIO
C. SAN PELEGRÍN
C. SAN CIRILO
C. SAN GELASIO
PADRE CIPRIANO
GUARDIA CIVIL
C. SAN FRUTOS
LEANDRO
C. SAN MANSUETO
SAN
OCTUBRE
BRUNETE
SAN LÁZARO
PZA. SAN FERNANDO
SAN PANCRACIO
GRAL. URRUTIA
CALLE
C. SAN ADOLFO
CALLE SAN ADOLFO
C. CABO LÓPEZ MTNEZ.
K 5
K 7
CAMINO DE TORRELAPARADA
CAMINO DE LOS CAÑOS QUEBRADOS
Nava
la
Arroyo de Desaguadero Alto
RÍO MANZANARES
CARRETERA DE LA ZARZUELA
Cº VALPALOMERO
CASITA PRÍNCIPE

5

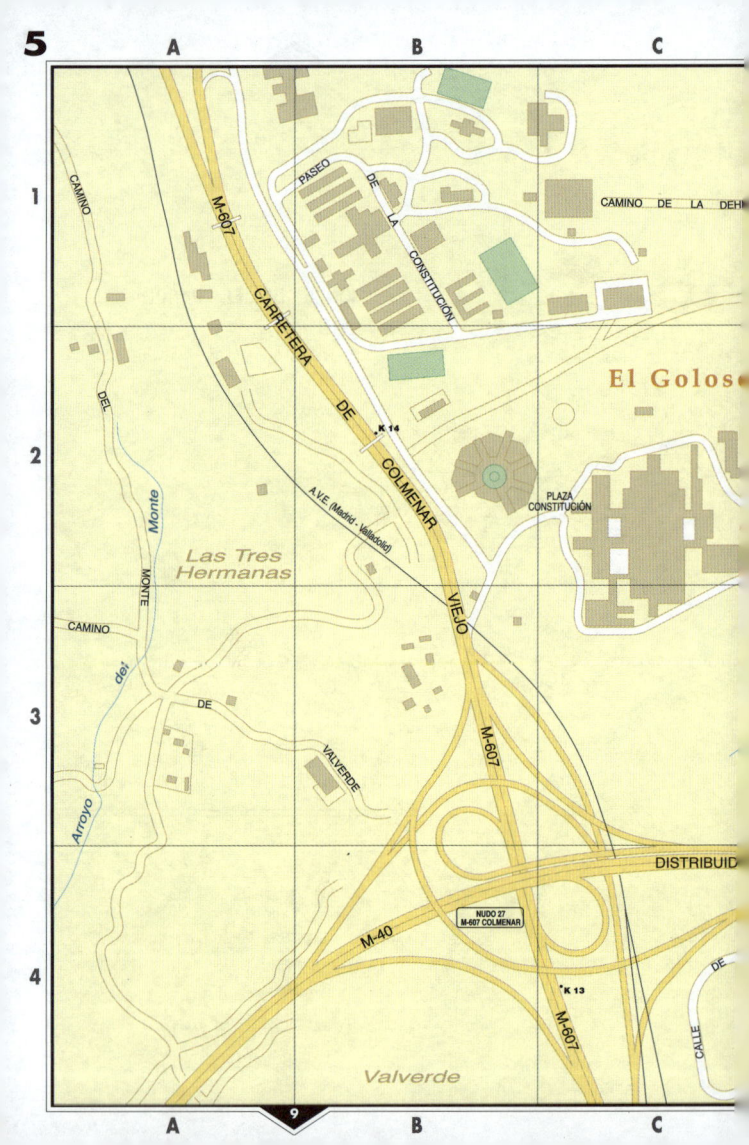

A | B | C

1

CAMINO

M-607

PASEO DE LA CONSTITUCIÓN

CAMINO DE LA DEHE

El Goloso

CARRETERA

K 14

2

DE

COLMENAR

A.V.E. (Madrid - Valladolid)

PLAZA CONSTITUCIÓN

MONTE

Las Tres Hermanas

CAMINO

del

VIEJO

3

DE

Arroyo

VALVERDE

M-607

DISTRIBUID

4

NUDO 27
M-607 COLMENAR

M-40

K 13

M-607

CALLE DE

Valverde

9

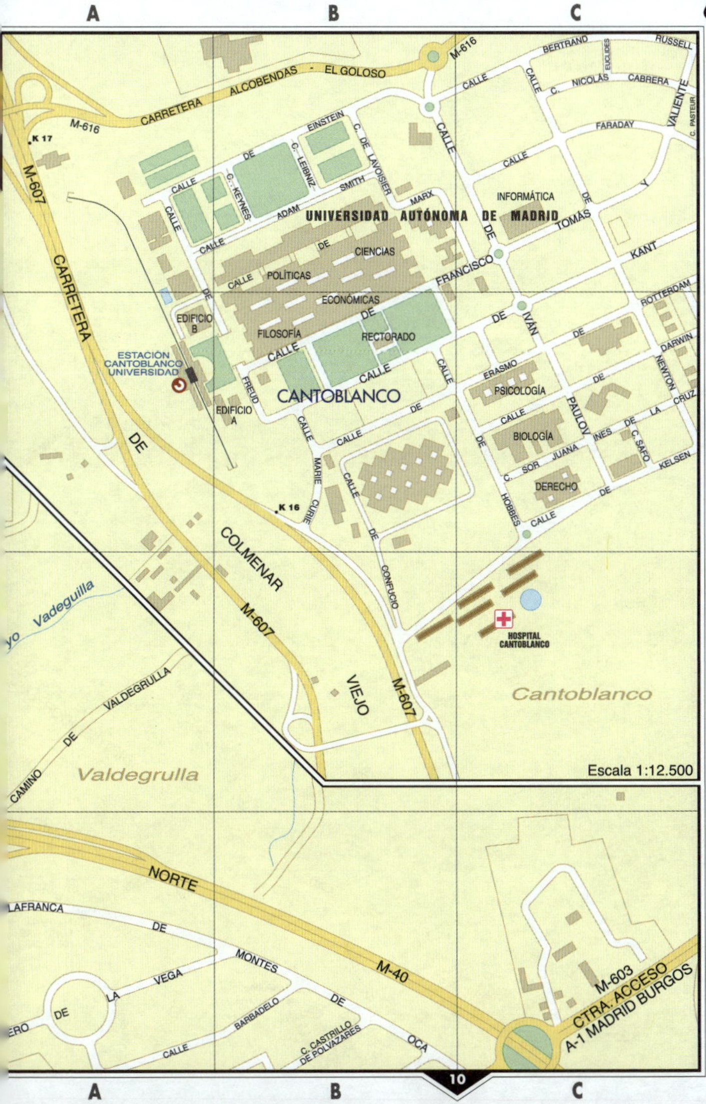

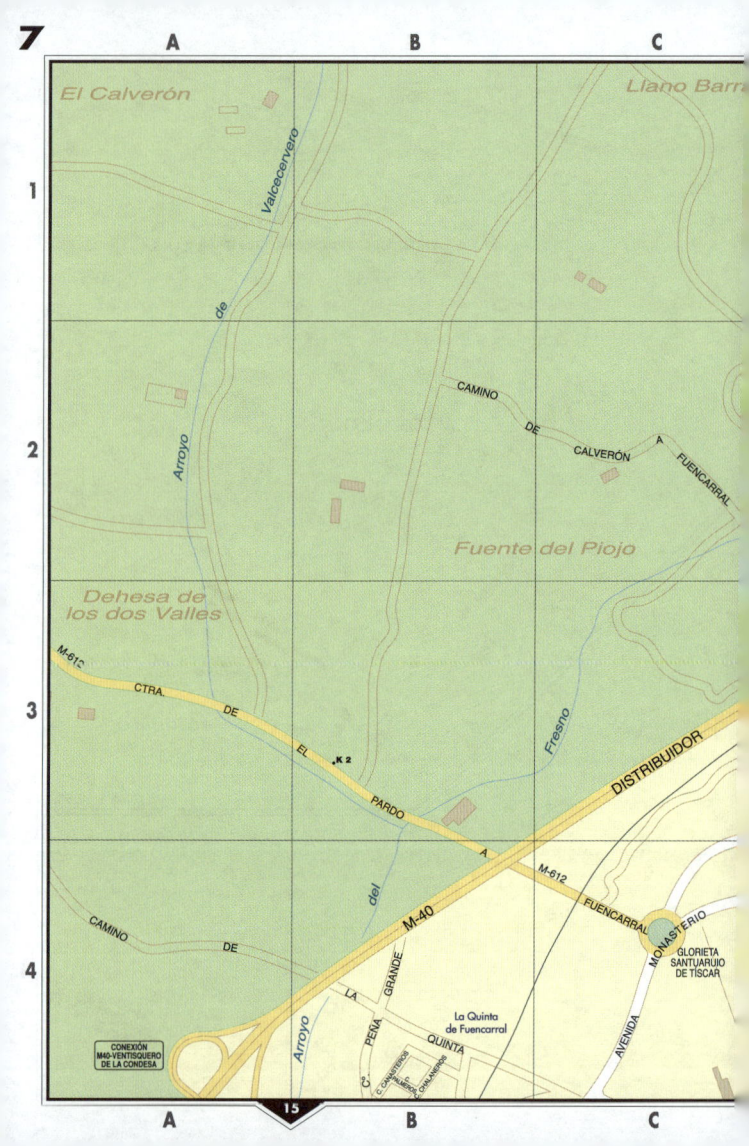

7

El Calverón

Llano Barr...

Valcocervero

Arroyo de

CAMINO DE CALVERÓN A FUENCARRAL

Fuente del Piojo

Dehesa de los dos Valles

M-612

CTRA. DE EL PARDO

K 2

Fresno

DISTRIBUIDOR

A

M-612 FUENCARRAL

CAMINO DE

Arroyo del

M-40

LA PEÑA GRANDE

QUINTA

La Quinta de Fuencarral

MONASTERIO

GLORIETA SANTUARUIO DE TÍSCAR

AVENIDA

CONEXIÓN M40-VENTISQUERO DE LA CONDESA

15

MONTECARMELO

Grid references: A B C / 1 2 3 4

- Arroyo Dos Hermanas
- Monte del
- M-40
- NORTE
- CEMENTERIO MUNICIPAL DE FUENCARRAL
- AVENIDA DE GUADALUPE
- CALLE MONASTERIO DE BATUECAS
- SANTUARIO
- AVENIDA DE LAS HUELGAS
- MONASTERIO DE MONTESCLAROS
- MONASTERIO DE EL PAULAR
- CALLE DE SILOS
- AVENIDA MONASTERIO
- CALLE MONASTERIO
- MONASTERIO DE SUSO Y COLEGIATA DE SAR
- Barriada Alamedillas
- C. LA RÁBIDA
- C. ALGARROBO
- EL PAULAR
- ARACIAS
- MONASTERIO DE OSERA
- MONASTERIO DE SAMOS
- VALVERDE
- MONASTERIO DE CAVEIRO
- ESCORIAL
- SILOS
- MONTECARMELO
- YUSO
- M-607

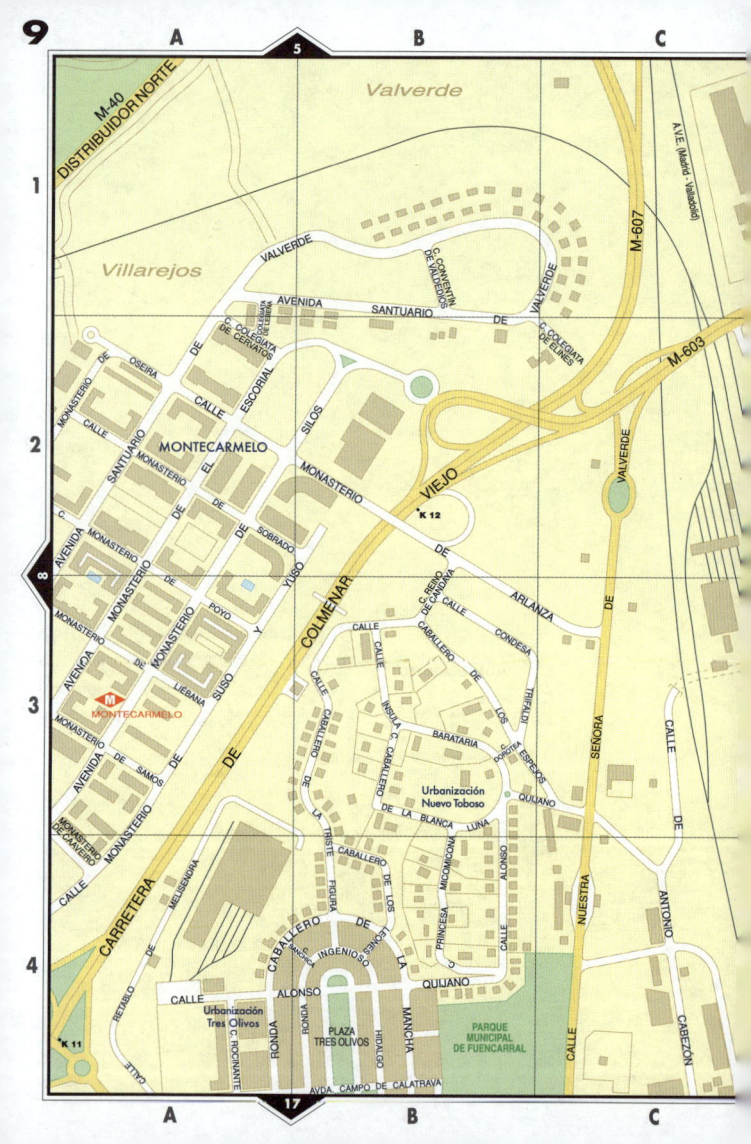

9

Valverde

M-40 DISTRIBUIDOR NORTE

Villarejos

A.V.E. (Madrid - Valladolid)

M-607

M-603

VALVERDE
AVENIDA SANTUARIO DE
C. CONVENTO DE VALVIENDOS
C. COLEGIATA DE ELINES
C. COLEGIATA DE CERVATOS

MONTECARMELO

CALLE ESCORIAL
MONASTERIO DE OSEIRA
SANTUARIO
MONASTERIO EL
MONASTERIO DE SILOS
MONASTERIO VIEJO
K 12

A. MONASTERIO
MONASTERIO DE SOBRADO
MONASTERIO DE YUSO
MONASTERIO DE POYO Y SUSO
MONASTERIO DE LIÉBANA

DE COLMENAR
DE ARLANZA

C. PEDRO DE CANDIA
CALLE CABALLERO
CONDESA
CALLE DE LOS TRIFALDI
INSOLA C. CABALLERO BARATARIA
DOROTEA ESPESOS
QUIJANO

Urbanización Nuevo Toboso

MONTECARMELO

AVENIDA MONASTERIO DE SAMOS
MONASTERIO DE CAVEIRO

CABALLERO DE LA BLANCA LUNA
CABALLERO DE LOS ESPEJOS
CALLE ALONSO

CALLE DE MELIBENDRA
CABALLERO DE LA TRISTE FIGURA
PRINCESA MICOMICONA
CALLE QUIJANO

SEÑORA
CALLE DE ANTONIO
CALLE CABEZÓN

CARRETERA DE
RETABLO DE
CABALLERO INGENIOSO
ALONSO QUIJANO
HIDALGO MANCHA
RONDA DE ROCINANTE

Urbanización Tres Olivos
PLAZA TRES OLIVOS

PARQUE MUNICIPAL DE FUENCARRAL

K 11

AVDA. CAMPO DE CALATRAVA

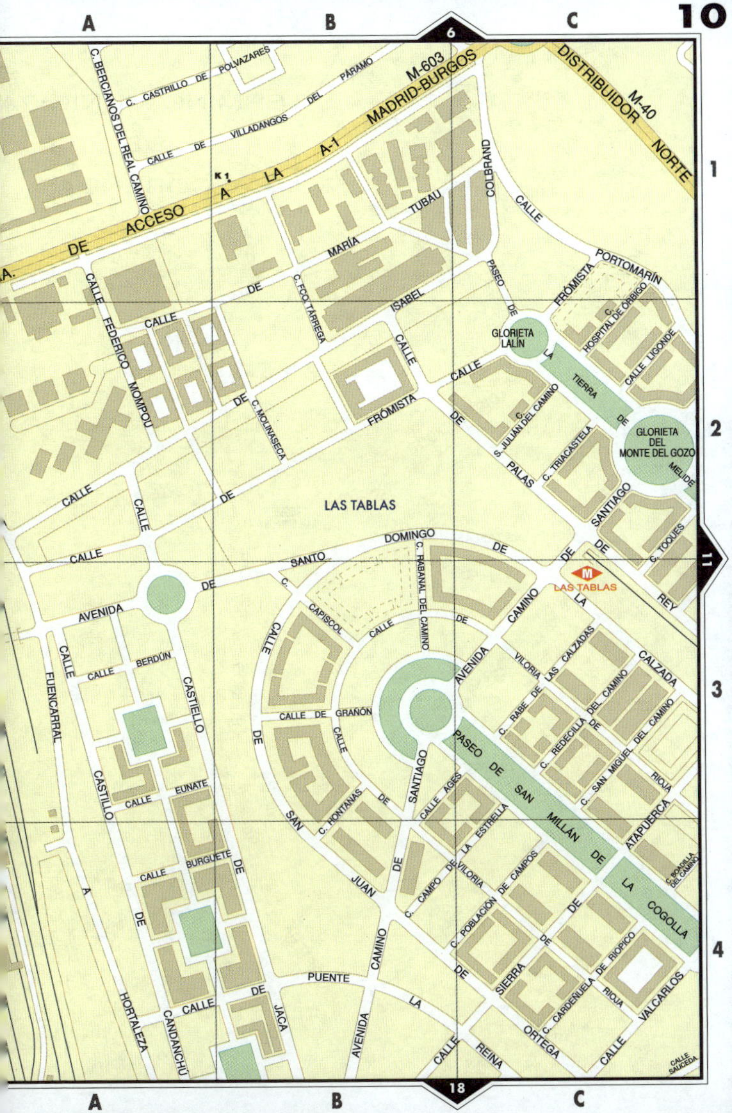
A
B
C
6
18
11
1
2
3
4
DISTRIBUIDOR NORTE
M-40
M-603
MADRID-BURGOS
A. DE ACCESO A LA A-1
C. BERCIANOS DEL REAL CAMINO
C. CASTRILLO DE POLVAZARES
CALLE DE VILLADANGOS DEL PÁRAMO
COLBRAND
TUBAU
CALLE PORTOMARÍN
CALLE DE MARÍA ISABEL
C. FCO. TÁRREGA
CALLE FEDERICO MOMPOU
CALLE DE FRÓMISTA
C. MOLINASECA
PASEO DE LA TIERRA DE
GLORIETA LALÍN
C. HOSPITAL DE ÓRBIGO
CALLE LIGONDE
C. JULIÁN DEL CAMINO
C. TRIACASTELA
GLORIETA DEL MONTE DEL GOZO
MELIDE
CALLE DE PALAS DE REY
LAS TABLAS
CALLE DE SANTO DOMINGO DE LA CALZADA
AVENIDA DE SANTIAGO DE COMPOSTELA
C. TOQUES
C. RABANAL DEL CAMINO
LAS TABLAS
C. CAPISCOL
CALLE DE CAMINO
CALLE BERDÚN
CALLE FUENCARRAL
CASTIELLO
CALLE DE GRAÑÓN
VILORIA DE LAS CALZADAS
C. RABE DE LAS CALZADAS
C. REDECILLA DEL CAMINO
C. SAN MIGUEL DEL CAMINO
RIOJA
PASEO DE SAN MILLÁN DE LA COGOLLA
ATAPUERCA
C. BOADILLA DEL CAMINO
CALLE AGES
CALLE DE SAN JUAN DE
C. HONTANAS
CALLE EUNATE
CASTILLO
CALLE BURGUETE
C. CAMPO DE LA ESTRELLA
VILORIA
C. POBLACIÓN DE CAMPOS
DE SIERRA ORTEGA
C. CARDEÑUELA DE RIOPICO
RIOJA
CALLE VALCARLOS
CALLE SAUCEDA
PUENTE LA REINA
AVENIDA CAMINO
CALLE DE JACA
CALLE CANDANCHÚ
A DE HORTALEZA

11

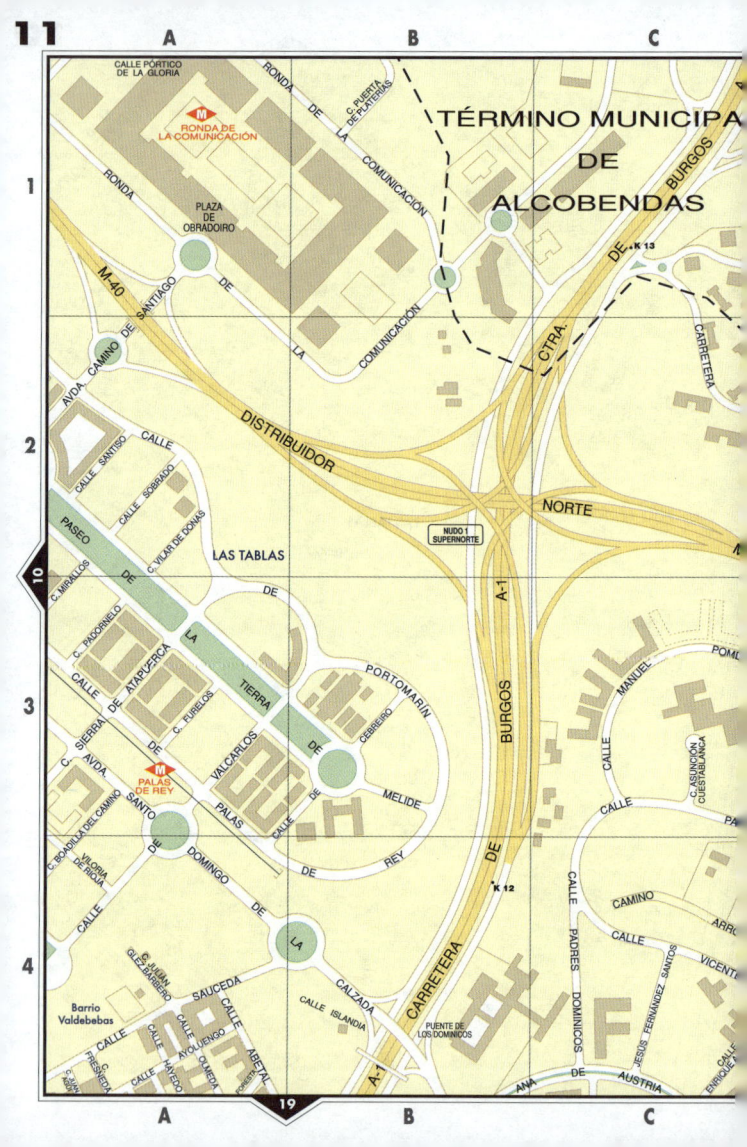

A

CALLE PÓRTICO DE LA GLORIA
RONDA DE LA COMUNICACIÓN
C. PUERTA DE PLATERIAS
RONDA DE LA COMUNICACIÓN (M)
TÉRMINO MUNICIPAL DE ALCOBENDAS
RONDA
PLAZA DE OBRADOIRO
M-40
AVDA. CAMINO DE SANTIAGO
DE LA COMUNICACIÓN
CTRA. DE BURGOS
K 13
CARRETERA
DISTRIBUIDOR
NORTE
PASEO
CALLE SANTISO
CALLE SOBRADO
C. VILAR DE DONAS
LAS TABLAS
NUDO 1 SUPERNORTE
C. MIRALLOS
C. PADORNELO
DE LA TIERRA DE
CALLE SIERRA DE ATAPUERCA
C. FURELOS
PORTOMARÍN
CEBREIRO
AVDA. VALCARLOS
PALAS DE REY (M)
PALAS
MELIDE
CALLE MANUEL
POML
C. BOADILLA DEL CAMINO
SANTO DOMINGO
DE
A-1
BURGOS
CALLE
C. ASUNCIÓN CUESTABLANCA
V. GLORIA DE RIOJA
DE REY
K 12
CAMINO
CALLE
ARRO
CALLE
SAUCEDA
DE LA CALZADA
CALLE ISLANDIA
CARRETERA
PADRES DOMINICOS
CALLE
VICENT
Barrio Valdebebas
GLES. JULIÁN BARRIO
CALLE AYELUENGO
CALLE OLMEDA
CALLE ABETAL
PUENTE DE LOS DOMÍNICOS
A-1
JESÚS FERNÁNDEZ SANTOS
ANA DE AUSTRIA
CALLE ENRIQUE
CALLE FRESNEDA
CALLE MATEYCO

B

C

19

TÉRMINO MUNICIPAL DE ALCOBENDAS

PUENTE DEL ENCINAR

DISTRIBUIDOR NORTE

K 1

CAMINO DE LA HUERTA

CALLE CARO BAROJA

CALLE JULIO

CALLE SAN ENRIQUE

C. ENRIQUE LAFUENTE FERRARI

CAMINO ALTO DE OSSÓ

Urbanización Encinar de los Reyes

DOMINICOS

C. CERRO DEL AIRE

DE VALDEBEBAS

IBÁÑEZ

M-40

CAMINO ARROYO DE VALDEBEBAS

13

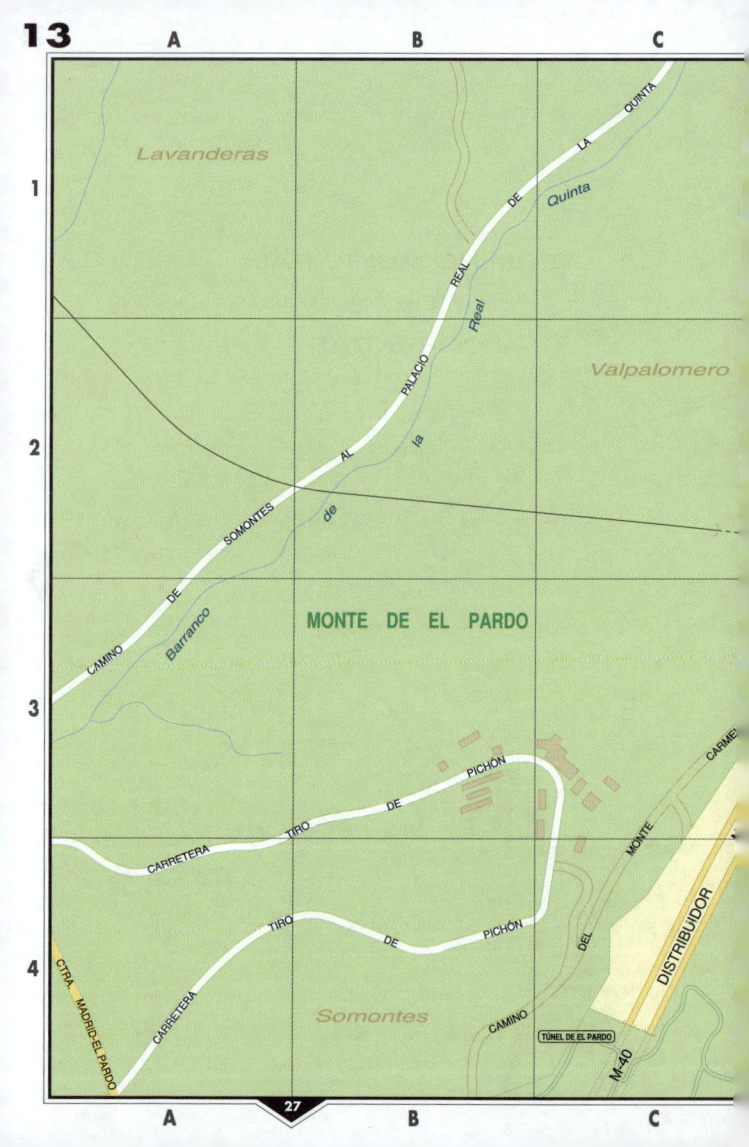

MONTE DE EL PARDO

- Lavanderas
- Valpalomero
- Somontes
- DE LA QUINTA
- Quinta
- AL PALACIO REAL
- de la Real
- CAMINO DE SOMONTES
- Barranco
- TIRO DE PICHÓN
- CARRETERA
- TIRO DE PICHÓN
- CARRETERA
- CTRA. MADRID-EL PARDO
- CAMINO DEL MONTE
- CARMEN
- M-40
- DISTRIBUIDOR
- TÚNEL DE EL PARDO

27

A B C

C. GRANITO DE ORO
Cº. PORTILLO DE LA QUINTA
CAMINO DE VALJAROSO
Valjaroso
CALLE DE CELEORAMA GÓMEZ
K 54
C. PATRIARCA EIJO GARAY
CALLE DE VILELA
C. OTERUELO DEL VALLE
Barrio de Monte Carmelo
C. RASCAFRÍA
C. CELEORAMA GÓMEZ
M-40
DISTRIBUIDOR NORTE
ESTACIÓN DE PITIS
PITIS
FUERTES
MARÍA CASARES
GLORIA
C. LA SENDA DEL INFANTE
C. MENCHU AJAMIL
CALCUTA
K 53
CALLE LÓPEZ "ARGENTINITA"
CALLE ENCARNACIÓN
CALLE DE FEDERICA MONTSENY
CALLE DE GLORIA FUERTES
MARI PEPA COLOMER
MAEZTU
TERESA CLARAMUNT
CALLE DE MADRE TERESA
CALLE MARÍA MONTESSORI
C. MARGARITA NELKEN
ARROYO DEL FRESNO
CALLE DE IRENE DE LA CABA
CALLE DE LILI ÁLVAREZ
AVENIDA DEL ARROYO DEL MONTE
CALLE DEL CERRO DE ÁLAMOS BLANCOS
MIRADOR DE LA REINA
ARROYO DEL FRESNO
CENTRO NACIONAL DE GOLF
CALLE MARÍA GOYRI
ALBA
CALLE DE PEÑA DEL ÁGUILA
Urbanización Arroyo del Fresno
C. CERRO MINGUETE
C. CERRO CARRASQUETA
GLORIETA GRACITA MORALES
C. DEL VALLE
GTA. DE LA PRADERA DE NAVALAZOR
PINARES LLANOS
GTA. IRENE GUTIÉRREZ CABA
C. FAUSTINA MENA
M. ISABEL NAVARRO
C. VICENTE LÓPEZ
Barrio Cruz del Cura
C. CONCEJALES
1
2
3
4

15

28

A B C

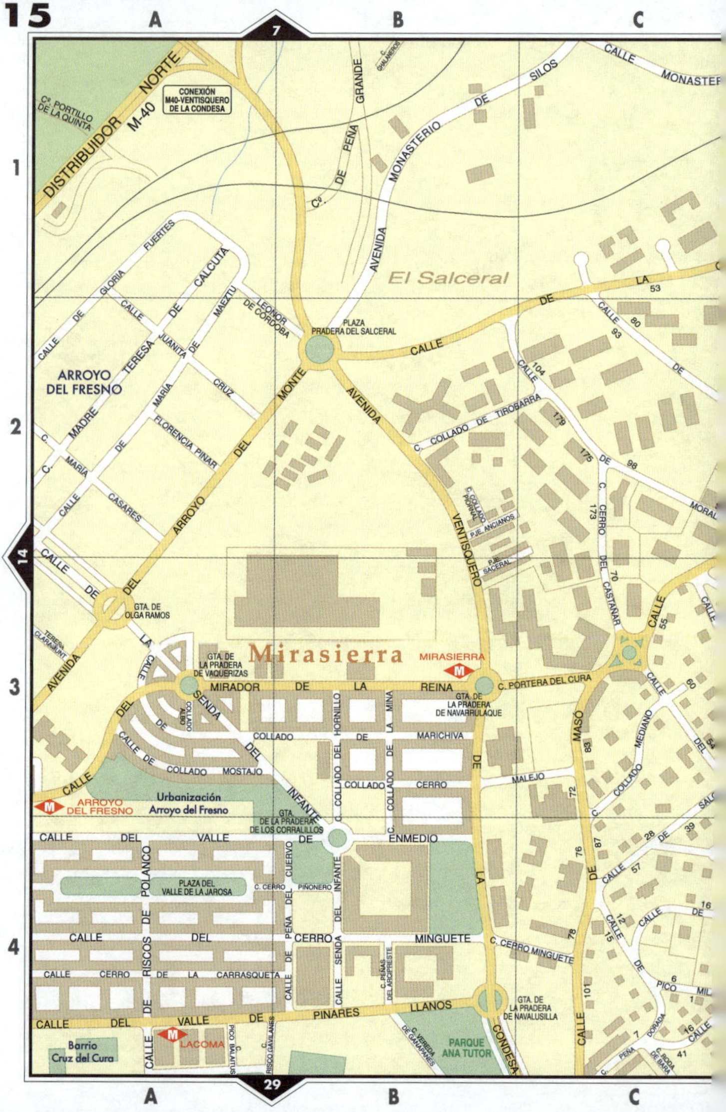
A
B
C
7
1
2
3
4
14
29
DISTRIBUIDOR NORTE
M-40
CONEXIÓN M40-VENTISQUERO DE LA CONDESA
Cº. PORTILLO DE LA QUINTA
Cº. DE PEÑA GRANDE
AVENIDA MONASTERIO DE SILOS
CALLE MONASTERIO
El Salceral
PLAZA PRADERA DEL SALCERAL
CALLE DE LA
53
80
93
104
CALLE DE GLORIA FUERTES
CALLE DE TERESA DE CALCUTA
JUANITA DE MAEZTU
LEONOR DE CORDOBA
CALLE MADRE MARÍA CRUZ
ARROYO DEL FRESNO
C. MARÍA DE FLORENCIA PINAR
C. MARÍA CASARES
AVENIDA DEL ARROYO DEL MONTE
AVENIDA VENTISQUERO DE LA CONDESA
C. COLLADO DE TIROBARRA
179
175
98
C. COLLADO PIORNAL
PJE. ANCIANOS
PJE. SACERAL
C. CERRO DEL CASTAÑAR
173
70
MORAL
CALLE DE LA
GTA. DE OLGA RAMOS
TERESA CLARAMUNT
Mirasierra
MIRASIERRA
GTA. DE LA PRADERA DE VAQUERIZAS
MIRADOR DE LA REINA
C. PORTERA DEL CURA
GTA. DE LA PRADERA DE NAVARRULAQUE
CALLE 55
CALLE 60
SENDA DEL INFANTE
COLLADO ALBO
COLLADO DE MARICHIVA
COLLADO DEL HORNILLO
COLLADO DE LA MINA
CALLE DE COLLADO MOSTAJO
COLLADO CERRO
MALEJO
MASÓ
83
72
COLLADO MEDIANO
DEL 54
SAL
CALLE
ARROYO DEL FRESNO
Urbanización Arroyo del Fresno
GTA. DE LA PRADERA DE LOS CORRALILLOS
C. COLLADO DEL INFANTE
C. COLLADO
DE ENMEDIO
CALLE DEL VALLE
POLANCO
PLAZA DEL VALLE DE LA JAROSA
C. CERRO PIÑONERO
CUERVO
CALLE DE PEÑA DEL
DEL INFANTE
CALLE DEL CERRO MINGUETE
C. CERRO MINGUETE
76
87
39
28
DE
CALLE 57
16
DE
12
CALLE 15
DE
78
RISCOS DE
CALLE CERRO DE LA CARRASQUETA
CALLE SENDA
C. PEÑAS DEL ARCIPRESTE
CALLE DEL VALLE DE PINARES LLANOS
GTA. DE LA PRADERA DE NAVALUSILLA
101
CALLE DE
PICO
6
MIL
1
LACOMA
PICO BALAITUS
C. RISCO GAVILANES
C. VEREDA DE GANAPANES
PARQUE ANA TUTOR
CONDESA
DORADA
16
CALLE
7
PEÑA
C. RODA DE BARA
41
Barrio Cruz del Cura
CALLE

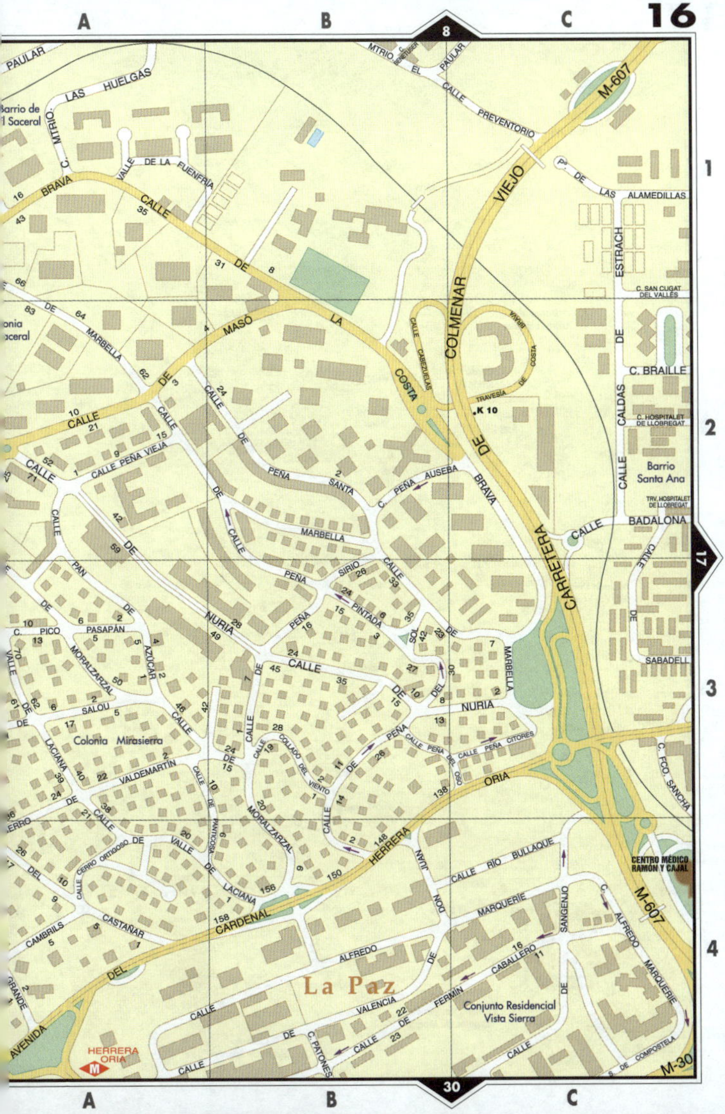
A
B
8
C
1
2
3
4
17
30
PAULAR
LAS HUELGAS
Barrio de
El Saceral
C. MTRIO.
VALLE DE LA FUENFRÍA
CALLE BRAVA
MTRIO. EL PAULAR
CALLE PREVENTORIO
M-607
Pº. DE LAS ALAMEDILLAS
ESTRACH
C. SAN CUGAT DEL VALLÉS
DE MARBELLA
CALLE DE MASÓ
CALLE DE LA COSTA
CALLE CABEZUELAS
COLMENAR
VIEJO
DE
BRAVA DE COSTA
TRAVESÍA
K 10
C. BRAILLE
CALLE CALDAS DE
C. HOSPITALET DE LLOBREGAT
Barrio Santa Ana
TRV. HOSPITALET DE LLOBREGAT
CALLE BADALONA
CALLE DE SABADELL
CARRETERA
BRAVA
CALLE PEÑA VIEJA
CALLE DE PEÑA SANTA
C. PEÑA AUSEBA
CALLE DE NURIA
CALLE DE PAN
MARBELLA
CALLE PEÑA
SIRIO
PINTADA
SOL
DE MARBELLA
PEÑA
C. PICO
PASAPÁN
MORALZARZAL
AZÚCAR
VALLE
CALLE
DE NURIA
DEL
SALOU
Colonia Mirasierra
LACIANA
VALDEMARTÍN
CALLE DE PANTICOSA
COLLADO DEL VIENTO
CALLE PEÑA DEL OSO
CALLE PEÑA CITORES
ORIA
C. FCO. SANCHA
CERRO
CALLE CERRO ORTIGOSO
DE VALLE DE LACIANA
MORALZARZAL
CALLE
HERRERA
JUAN DE NOOD
CALLE RÍO BULLAQUE
MARQUERÍE
SANGENJO
C. ALFREDO MARQUERÍE
CENTRO MÉDICO RAMÓN Y CAJAL
M-607
CASTAÑAR
CAMBRILS
CARDENAL
DEL
ALFREDO
DE
CABALLERO
FERMÍN
DE
La Paz
GRANDE
AVENIDA
CALLE VALENCIA
Conjunto Residencial Vista Sierra
HERRERA ORIA
M
CALLE
DE C. PATONES
CALLE DE
CALLE
S. DE COMPOSTELA
M-30

FUENCARRAL

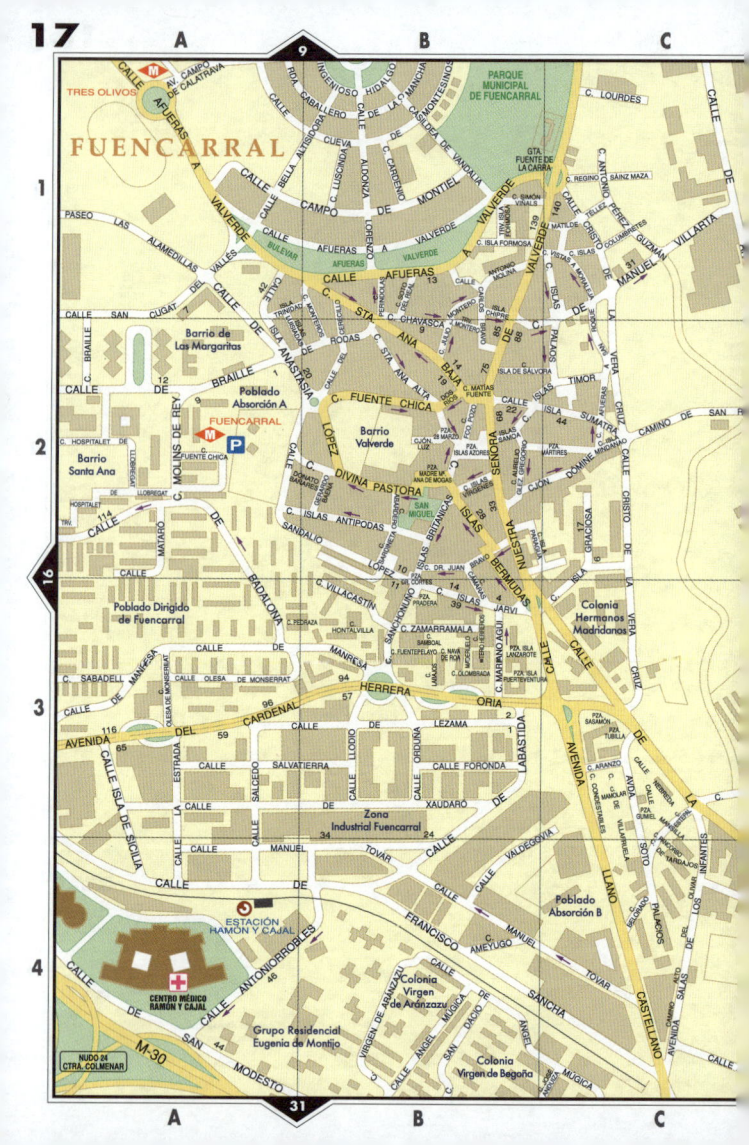

18

Valverde

- CAMINO DE FUENCARRAL
- CALLE DEL CASTILLO DE
- C. DE VILLAVA
- AVENIDA DEL
- C. DE OBANOS
- CAMINO DE
- C. DE ESTELLA
- CALLE DE AZOFRA
- CALLE DE CIRAUQUI
- CALLE DE NAVARRETE
- CALLE DE VALCARLOS
- C. PUENTE LA RENA
- CALLE SAUCEDA
- C. QUINTANILLA
- Barrio de Valdebebas
- C. FORESTA
- CALLE DE QUINTANADUEÑAS
- CALLE DE QUINTANAVIDES
- C. ESPINAL
- CALLE DE FORESTA
- CALLE DE SANTIAGO
- C. DE CANDANCHÚ
- CALLE DE HORTALEZA
- CALLE DEL PUERTO DE SOMPORT
- A-1
- BURGOS
- C. ARROYO DE VALDEBEBAS
- CAMINO DE SANCHINARRO
- Barrio Nazaret
- CARRETERA DE BURGOS
- K 10
- AVENIDA DE MANOTERAS
- CALLE DE OÑA
- Polígono Industrial de Manoteras
- AVENIDA DE MANOTERAS
- CALLE DULCE CHACÓN
- JAVA
- CABEZÓN
- ANTONIO
- Barrio Malmea
- A-1
- NUDO 1 MANOTERAS

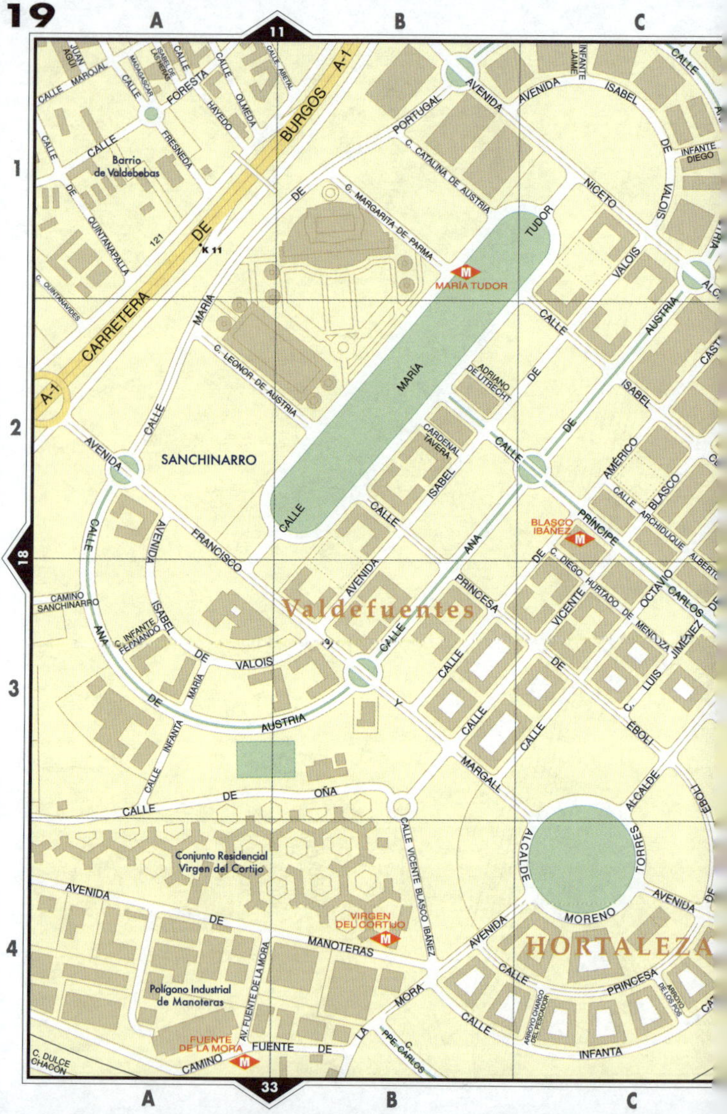
A
B
C
11
1
2
3
4
18
33
Barrio de Valdebebas
CARRETERA DE BURGOS A-1
A-1
K 11
121
SANCHINARRO
MARÍA TUDOR
BLASCO IBÁÑEZ
Valdefuentes
CALLE MARÍA DE PORTUGAL
AVENIDA DE FRANCISCO PI Y MARGALL
AVENIDA ISABEL DE VALOIS
CALLE ANA DE AUSTRIA
C. MARGARITA DE PARMA
C. CATALINA DE AUSTRIA
C. LEONOR DE AUSTRIA
AVENIDA NICETO
CALLE PRÍNCIPE CARLOS
CALLE DE OÑA
CALLE VICENTE BLASCO IBÁÑEZ
ALCALDE MORENO TORRES
Conjunto Residencial Virgen del Cortijo
AVENIDA DE MANOTERAS
VIRGEN DEL CORTIJO
Polígono Industrial de Manoteras
AV. FUENTE DE LA MORA
FUENTE DE LA MORA
CAMINO FUENTE DE LA MORA
C. DULCE CHACÓN
HORTALEZA
CALLE PRINCESA
CALLE INFANTA
CAMINO SANCHINARRO
A
B
C

A
B
C
12
1
2
3
4
199
34
CALLE LUIS MARTÍNEZ FEDUCHI
RADIAL R-2
MADRID - GUADALAJARA
DISTRIBUIDOR NORTE
M-40
K 2
RADIAL R-2 CONEXIÓN
K 3
CALLE VICENTE BLASCO IBÁÑEZ
ALDECOA
ZAMORA
MAYALDE
EUGENIA DE
AVENIDA NICETO ALCALÁ ZAMORA
CALLE DE ROJAS
CALLE FERNANDO
CALLE ISABEL
CALLE CARLOS
C. ALCALDE REDONDO ACEÑA
ALCALDE
C. ALCALDE ÁLVAREZ DE VILLAAMIL
HENCHE DE LA PLATA
ALCALDE ARISTIZÁBAL MANCHÓN
C. ALCALDE CONDE DE MIRASOL
CLARA
C. JULIO CASARES
C. MIGUEL ÁNGEL ASTURIAS
EUGENIA
PRÍNCIPE
PI Y MARGALL
C. PINTOR
ZULOAGA
SANCHINARRO
VALDEBEBAS
AVENIDA DE FRANCISCO JAVIER SAENZ DE OIZA
C. ALBERTO DE PALACIO
GLORIETA PEDRO CASARIEGO

21

MONTE DE EL PARDO

TÉRMINO MUNICIPAL DE LAS ROZAS DE MADRID

Arroyo

CAMINO DE CASA

CALLE QUEMADA
CALLE NAVASECAS
CASA
CALLE EL GOLOSO
VILLA PARADORES
AVENIDA DE CANTOS
C. VENTA
Colonia de Casa Quemada
C. NEGROS
CALLE
CALLE

CTRA. DE LA CORUÑA
K 15
CTRA. DE EL PL° ANTIO
A-6
AVENIDA

Urbanización Alresol
C. FERNANDO ORIOL
Urbanización Madrisol
FEDERICO ABARCA
120
CALLE FEDERICO ORIOL
CALLE VILLA DE LA TORRE
El Plantío
C. CRIS. MORENO
C. RAFAEL VILLA
AVENIDA DE
C. FEDERICO ORIOL
CALLE CUEVAS
DOMINGO SOTELO
CALVO
CABALLERO
CALLE VALLE
CT DE LA ESTACIÓN
39
LA
B8
CALLE JOSÉ
VICTORIA
78
C. MT.

TÉRMINO MUNICIPAL DE MAJADAHONDA

El Rastrojo
CERRO DEL COTO
CASA DEL VALHONDILLO
CARRETERA DE
Arroyo de
CTRA. MONTE DEL PILAR

41

22

MONTE DE EL PARDO

CARRETERA PARTICULAR DE LA ZARZUELA

Arroyo de la Zarzuela

Arroyo de Valhondillo

Colonia Florida

- AVENIDA PROVINCIAS VASCONGADAS
- CALLE DE LAMIACO
- CALLE DE ZUGAZARTE
- CALLE DE GUECHO
- CALLE DE IBAIONDO
- CALLE DE GOBELAS
- C. ONDARROA
- PADRE HUIDOBRO
- CALLE DURANGO
- CALLE RAFAEL
- VILLA ANDRADE
- C. SANZ PULIDO
- C. CARLOS RUIZ
- CALLE PILAR
- LA VICTORIA
- C. OCHANDIANO
- A-6
- CALLE DE ZUMARRAGA
- CALLE AZPEITIA
- CALLE ELGÓIBAR
- CALLE EIBAR
- GUERNICA
- CALLE DE ZARAUZ
- CALLE DE SODUPE
- LASARTE
- MOTRICO
- TOLOSA
- BERRIA
- CALLE LEQUEITIO

23

PALACIO DE LA ZARZUELA

CARRETERA PARTICULAR DE LA ZARZUELA

Arroyo la Zarzuela

CARRET

Canaleta

CARRETERA del Olivillo

Arroyo

Barranco

DE

Los Manchones

MONTE DE EL PARDO

Colonia Florida

PLAZA SAN IGNACIO DE LOYOLA

C. EIBAR · C. MOTRICO · C. AMOREBIETA · AVDA. NTRA. SRA. DE BEGOÑA · C. MONDRAGON · LASARTE · C. BERANGO · CALLE DE DEUSTO · C. AMOREBIETA · ZUMAYA · AVENIDA · CALLE · PRINCIPE · C. BILOBAR

43

24

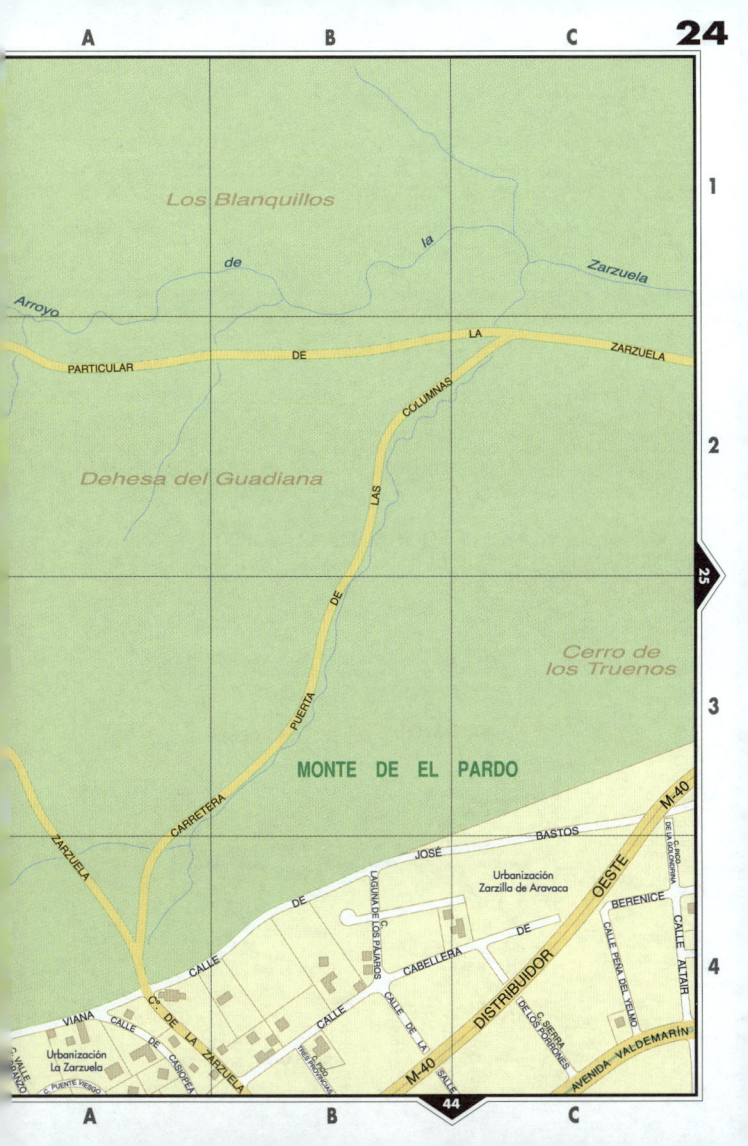

A · B · C

- Los Blanquillos
- Arroyo de la Zarzuela
- PARTICULAR DE LA ZARZUELA
- Dehesa del Guadiana
- CARRETERA DE LAS COLUMNAS
- PUERTA
- Cerro de los Truenos
- MONTE DE EL PARDO
- ZARZUELA
- M-40
- BASTOS
- C/ PASEO DE LA GOLONDRINA
- JOSÉ
- Urbanización Zarzilla de Aravaca
- CALLE DE LAGUNA DE LOS PÁJAROS
- CABELLERA
- BERENICE
- DISTRIBUIDOR OESTE
- CALLE ALTAIR
- CALLE PEÑA DEL TEJO
- VIANA
- Cr. DE LA ZARZUELA
- CALLE DE CASIOPEA
- CALLE DE LA SALLE
- C/ SIERRA DE LOS BOTONES
- Urbanización La Zarzuela
- C. VALDEMARÍN
- C. PUENTE HIERRO
- AVENIDA VALDEMARÍN
- M-40

25 · 44

25

Cercado de Pantorras

Arroyo de la Zarzuela

CAMINO DE LOS PANADEROS

CARRETERA PARTICULAR

MONTE DE EL PARDO

Cerro de los Truenos

M-40 — DISTRIBUIDOR OESTE — M-40

- CALLE DE JOSÉ BASTOS
- C. PICO ALMENARA
- CALLE PORTILLO DE EL PARDO
- Urbanización Zarzilla de Aravaca
- C. PUERTO DE PUERTILLA
- C. CABELLERA DE BERENICE
- C. CERRO DE SAN PEDRO
- C. JOSÉ BASTOS
- CALLE MONTON DE TRIGO
- C. NAVAS DE TORREARRADA
- CALLE FUENTE DEL MOLINO DEL ORO
- CALLE VIÑAS
- Urbanización El Pardo de Aravaca
- AVENIDA DE VALDEMARÍN
- TRV. GANIMEDES
- C. CABEZA LUAR
- CALLE EL CISNE
- REMO VALDESQUI
- Colonia Ayuca
- C. DEL LAVADERO
- C. VALDEGAMA

26

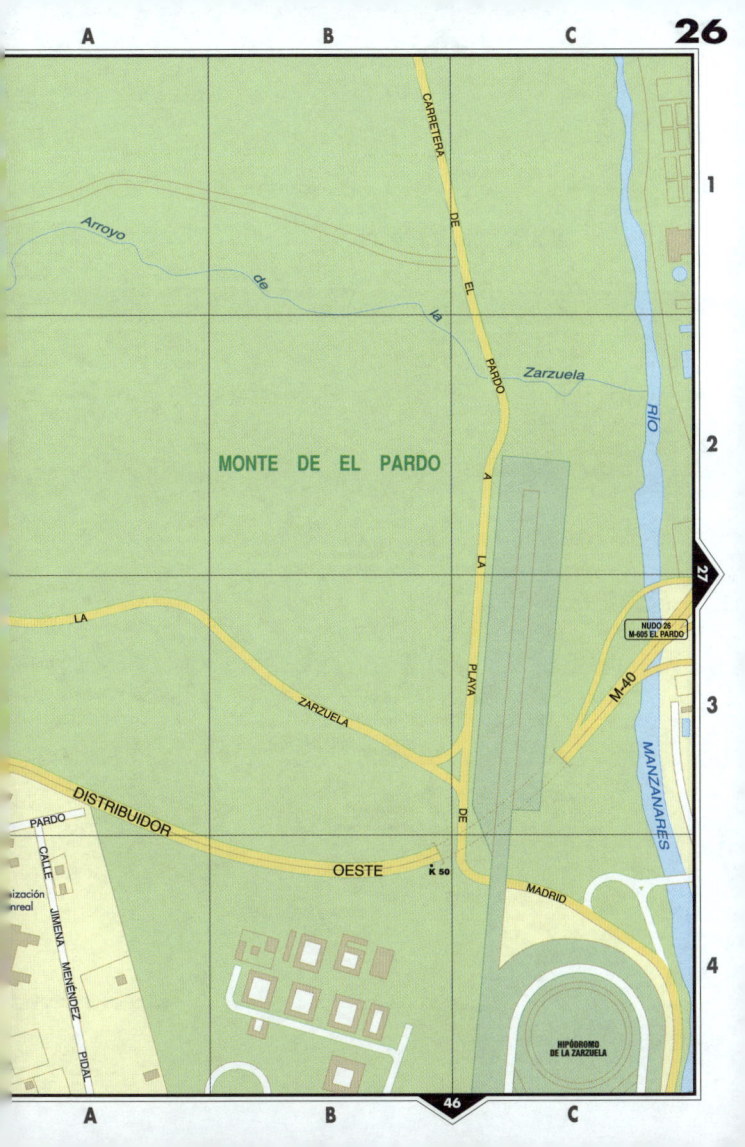

- Arroyo de la Zarzuela
- MONTE DE EL PARDO
- CARRETERA DE EL PARDO A LA PLAYA
- RÍO MANZANARES
- NUDO 26 M-605 EL PARDO
- M-40
- LA ZARZUELA
- DISTRIBUIDOR OESTE
- K 50
- PARDO
- CALLE JIMENA
- MENÉNDEZ PIDAL
- urbanización Monreal
- MADRID
- HIPÓDROMO DE LA ZARZUELA

46

A
B
C
13
26
47
1
2
3
4
M-605
CARRETERA DE MADRID A EL PARDO
Saltadero
MONTE DE EL PARDO
TÚNEL DE EL PARDO
M-40
K 52
CENTRO NAC
DE GOLF
NORTE
DISTRIBUIDOR
K 51
Poblado
San Franc
CALLE SIGUERO
SIGUERO
Urbanizació
Los Robles
CALLE LA ALBERCA
AVDA. FUENTEMILANOS
CALLE DE HONTANARES
CALLE DE SOMONTES
Urbanización
Los Fresnos
CALLE DE NAVALAJENGA
TORREBELENA
CALLE NAVARREDONDA
CALLE DE GREDOS
ARROYOFR
ORIA
CALLE HERRERA
NUDO 26
M-605 EL PARDO
AVENIDA DEL CARDENAL
380
378
C. FUENTEMILANOS
C. VEGAFRIA
CALLE DE VEGAFRIA
C. CANTALEJO
CALLE ARROYOFRESNO
El Paular
CALLE
AVENIDA DE LA ILUSTRA
K 26
FUENTELARREINA
M-30
NUDO 19
CTRA. DE EL PARDO
Ciudad
Puerta de Hierro
CALLE DE NAVALMANZANO
ARROYOFRESNO
Fresno
AVENIDA
CALLE DE
Arroyo del
K 25
REAL CLUB PUERTA DE HIER
LA PLAYA

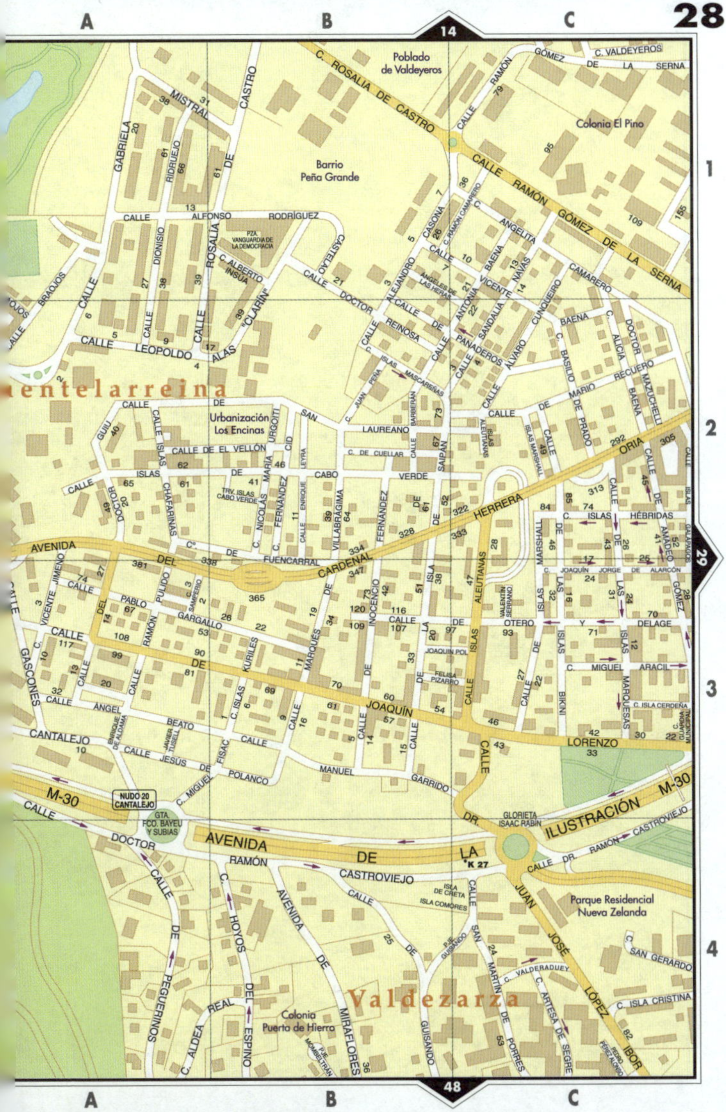
A
B
C
14
1
2
3
4
29
48
Poblado de Valdeyeros
Colonia El Pino
Barrio Peña Grande
Fuentelarreina
Urbanización Los Encinas
Valdezarza
Colonia Puerta de Hierro
Parque Residencial Nueva Zelanda
PZA. VANGUARDIA DE LA DEMOCRACIA
C. ROSALÍA DE CASTRO
CALLE RAMÓN GÓMEZ DE LA SERNA
GÓMEZ DE LA SERNA
C. VALDEYEROS
CALLE GABRIELA MISTRAL
CALLE DE CASTRO
RIDRUEJO
CALLE ALFONSO RODRÍGUEZ CASTELAO
CALLE DIONISIO RIDRUEJO
CALLE ROSALÍA DE CASTRO
C. ALBERTO INSÚA
"CLARÍN"
CALLE LEOPOLDO ALAS
CALLE BRAOJOS
CALLE DOCTOR REINOSA
CALLE ALEJANDRO CASONA
C. RAMÓN CAMARERO
ÁNGELES DE LAS HERAS
CALLE DE PANADEROS
ANTONIA
CALLE VICENTE ANGELITA BAENA
SANDALIA NAVAS
ÁLVARO CUNQUEIRO
CAMARERO
BAENA
C. BASILIO DE PRADO
C. ALICIA
DOCTOR MAZUCHELLI
MARIO RECUERO
C. ISLAS MASCAREÑAS
C. JUAN PEÑA
CALLE DE SAN LAUREANO
BARBERÁN
C. DE CUÉLLAR
CALLE SAIPÁN
ISLAS ALEUTIANAS
ISLAS MARSHALL
CALLE GUIJU
CALLE ISLAS CHAFARINAS
CALLE DE EL VELLÓN
C. NICOLÁS MARÍA URGOITI
C. FERNÁNDEZ CID
CALLE ENRIQUE LEYRA
CALLE ISLAS DE CABO VERDE
TRV. ISLAS CABO VERDE
DOCTOR
VILLABRÁGIMA
FERNÁNDEZ DE
ORIA
HERRERA
AVENIDA DEL CARDENAL HERRERA ORIA
Cº DE FUENCARRAL
CALLE VICENTE JIMENO
CALLE PABLO GARGALLO
C. SAMPERIO
PULIDO
RAMÓN
CALLE ISLAS KURILES
MARQUÉS DE
CALLE INOCENCIO
CALLE DE LA ISLA
JOAQUÍN POL
FELISA PIZARRO
CALLE ISLAS ALEUTIANAS
VALENTÍN SERRANO
C. ISLAS HÉBRIDAS
C. JOAQUÍN JORGE DE ALARCÓN
OTERO Y DELAGE
C. MIGUEL ARACIL
C. ISLA CERDEÑA
C. GUARDIA MUNICIPAL
ISLAS GALÁPAGOS
AMADEO
GÓMEZ
ISLAS MARQUESAS
BIKINI
CALLE DE LAS ISLAS
CALLE DEL DOCTOR
C. GASCONES
CALLE ÁNGEL BEATO
ENRIQUE DE ALDAMA
JAVIER TUSELL
CANTALEJO
CALLE JESÚS DE POLANCO
FISAC
CALLE MANUEL GARRIDO
CALLE DE JOAQUÍN LORENZO
C. MIGUEL
M-30
NUDO 20 CANTALEJO
GTA. FCO. BAYEU Y SUBÍAS
CALLE DOCTOR RAMÓN CASTROVIEJO
AVENIDA DE LA ILUSTRACIÓN
K 27
GLORIETA ISAAC RABÍN
CALLE DR. RAMÓN CASTROVIEJO
ISLA DE CRETA
ISLA COMORES
CALLE DE PEGUERINOS
C. HOYOS DEL ESPINO
AVENIDA DE MIRAFLORES
CALLE DE GUISANDO
PJE. GUISANDO
CALLE SAN MARTÍN DE PORRES
C. VALDERADUEY
C. ARTESA DE SEGRE
JUAN JOSÉ LÓPEZ IBOR
PEDRO PÉREZ ALONSO
C. SAN GERARDO
C. ISLA CRISTINA
C. ALDEA REAL
PJE. MOMBELTRÁN

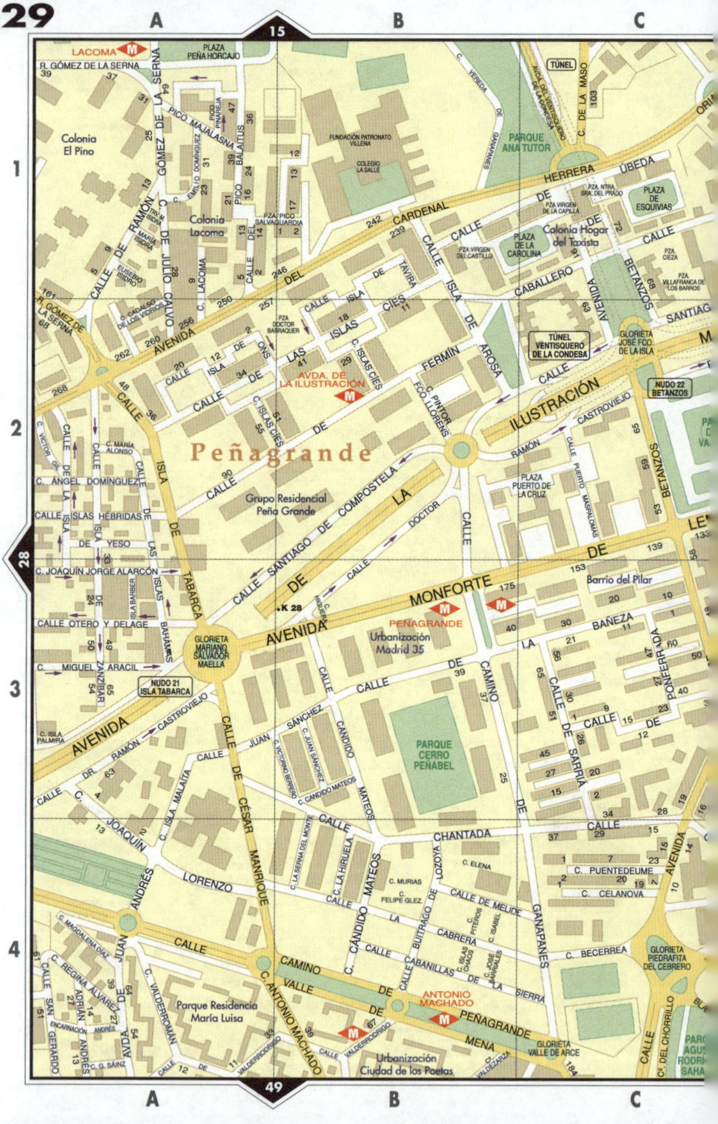
A
B
C
15
1
2
3
4
28
49
LACOMA
PLAZA PEÑA HORCAJO
R. GÓMEZ DE LA SERNA
Colonia El Pino
GÓMEZ DE LA SERNA
PICO MAJALASNA
PICO PINAREJA
PICO BALAITUS
C. EMILIO DOMÍNGUEZ
Colonia Lacoma
PZA. PICO SALVAGUARDIA
C. LACOMA
C. DE JULIO CALVO
CALLE DE RAMÓN
C. CADALSO DE LOS VIDRIOS
FUNDACIÓN PATRONATO VILLENA
COLEGIO LA SALLE
C. VEREDA DE GANAPANES
PARQUE ANA TUTOR
TÚNEL
AVDA. DEL VENTISQUERO DE LA CONDESA
C. DE LA MASO
AVENIDA DEL CARDENAL HERRERA ORIA
ÚBEDA
PLAZA DE ESQUIVIAS
PZA. NTRA. SRA. DEL PRADO
PZA. VIRGEN DE LA CAPILLA
PZA. VIRGEN DEL CASTILLO
PLAZA DE LA CAROLINA
Colonia Hogar del Taxista
CALLE DE CABALLERO
PZA. CIEZA
PZA. VILLAFRANCA DE LOS BARROS
AVENIDA BETANZOS
SANTIAGO
CALLE ISLA DE AROSA
CALLE ISLA DE TAVIRA
CALLE DE LAS ISLAS CÍES
PZA. DOCTOR BARRAQUER
CALLE ISLA DE ONS
C. ISLAS CÍES
AVDA. DE LA ILUSTRACIÓN
CALLE FERMÍN
C. PINTOR FCO. LLORENS
TÚNEL VENTISQUERO DE LA CONDESA
GLORIETA JOSÉ FCO. DE LA ISLA
NUDO 22 BETANZOS
CALLE RAMÓN CASTROVIEJO
ILUSTRACIÓN
Peñagrande
CALLE DE ISLA DE TABARCA
C. MARÍA ALONSO
C. VÍCTOR GIL
C. ÁNGEL DOMÍNGUEZ
CALLE ISLAS HÉBRIDAS
DE YESO
C. JOAQUÍN JORGE ALARCÓN
ISLA BARBER
CALLE OTERO Y DELAGE
ISLAS BAHAMAS
C. MIGUEL ARACIL
ZANZÍBAR
NUDO 21 ISLA TABARCA
C. ISLA PALMIRA
Grupo Residencial Peña Grande
CALLE SANTIAGO DE COMPOSTELA
DE LA
CALLE DOCTOR
PLAZA PUERTO DE LA CRUZ
CALLE PUERTO MASPALOMAS
.K 28
C. HIGUERA
AVENIDA DE MONFORTE DE LEMOS
GLORIETA MARIANO SALVADOR MAELLA
PEÑAGRANDE
Urbanización Madrid 35
Barrio del Pilar
CALLE LA BAÑEZA
PONFERRADA
CAMINO DE GANAPANES
CALLE DE SARRIA
PARQUE CERRO PEÑABEL
AVENIDA RAMÓN CASTROVIEJO
CALLE DR. JUAN SÁNCHEZ
C. JUAN SÁNCHEZ
C. VICTORINO BERRERO
CALLE CÁNDIDO MATEOS
C. CANDIDO MATEOS
CALLE DE CÉSAR MANRIQUE
C. ISLA MALAITA
CALLE C. JOAQUÍN LORENZO
CALLE CHANTADA
C. LA SERNA DEL MONTE
C. LA HIRUELA
C. CÁNDIDO MATEOS
C. MURIAS
C. FELIPE GLEZ
LOZOYA
C. ELENA
CALLE DE MELIDE
CALLE DE BUITRAGO
CALLE LA CABRERA
C. PITEROS
C. ISABEL
C. PUENTEDEUME
C. CELANOVA
JUAN ANDRÉS
C. MAGDALENA DÍAZ
C. REGINA ALVAREZ
CALLE SAN GERARDO
ADRIÁN
ENCARNACIÓN ANDRÉS
C. G. SÁINZ
AVDA.
C. VALDERROMÁN
Parque Residencia María Luisa
C. ISLAS CHAOS
C. JOSÉ BARRIALES
CALLE CABANILLAS DE LA SIERRA
C. BECERREA
GLORIETA PIEDRAFITA DEL CEBRERO
CAMINO DE VALLE DE PEÑAGRANDE
C. ANTONIO MACHADO
ANTONIO MACHADO
MENA
GLORIETA VALLE DE ARCE
C. VALDERRODRIGO
CALLE VALDERRODRIGO
C. VALDEZARZA
Urbanización Ciudad de los Poetas
Cº. DEL CHORRILLO
CALLE

30

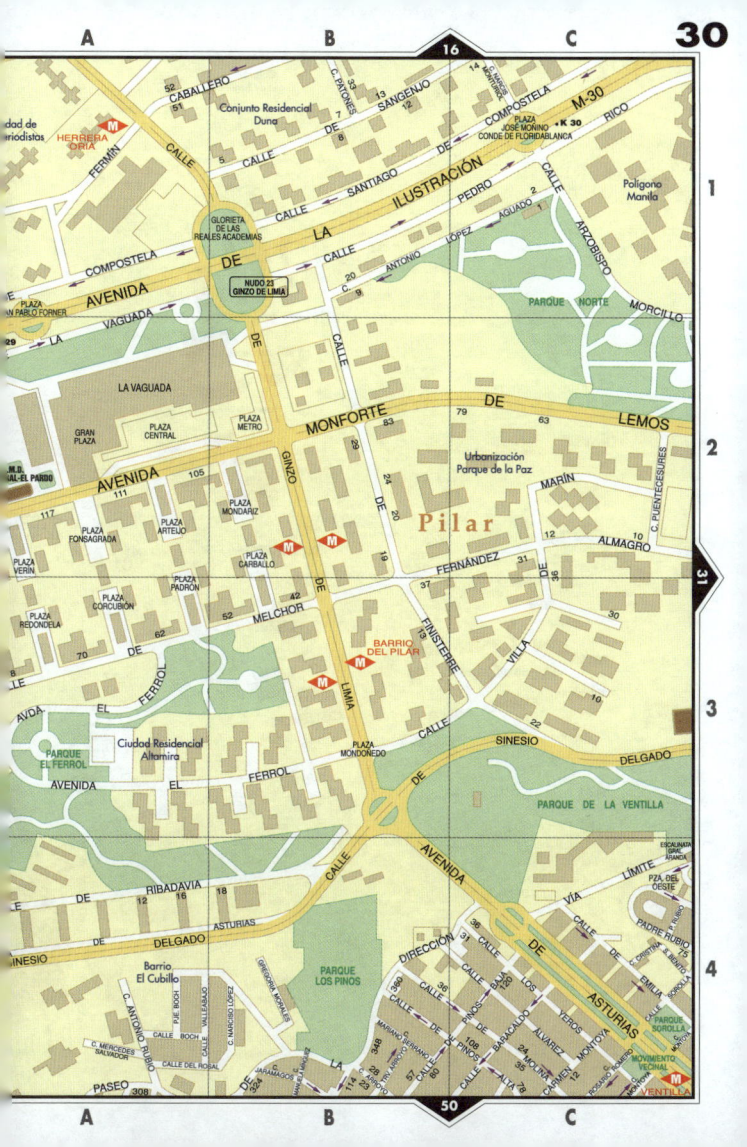

A

HERRERA ORIA (M)
CALLE FERMÍN
AVENIDA COMPOSTELA
PLAZA SAN PABLO FORNER
LA VAGUADA
LA VAGUADA
GRAN PLAZA
PLAZA CENTRAL
AVENIDA 111 105
PLAZA FONSAGRADA
PLAZA ARTEIJO
117
PLAZA VERÍN
PLAZA REDONDELA
PLAZA CORCUBIÓN
PLAZA PADRÓN
70 DE 62
AVDA
PARQUE EL FERROL
Ciudad Residencial Altamira
EL FERROL AVENIDA
DE RIBADAVIA 18 12 16
DE DELGADO
SINESIO
Barrio El Cubillo
C. ANTONIO RUBIO
C. MERCEDES SALVADOR
CALLE BOCH
PJE. ROCH
CALLE NARCISO LÓPEZ
CALLE DEL ROSAL
PASEO 308

B

C. PATONES
CABALLERO 52 53
Conjunto Residencial Duna
51 7 DE 12 SANGENJO
5 CALLE
CALLE SANTIAGO DE LA ILUSTRACIÓN
GLORIETA DE LAS REALES ACADEMIAS
NUDO 23 GINZO DE LIMIA
CALLE 20 ANTONIO LÓPEZ 9
CALLE DE MONFORTE
83 79
29 24 DE 20
PLAZA METRO
PLAZA MONDARIZ
GINZO 19
PLAZA CARBALLO
DE MELCHOR 42 52
BARRIO DEL PILAR (M)
(M) LIMIA
PLAZA MONDOÑEDO
EL FERROL
CALLE DE ASTURIAS
PARQUE LOS PINOS
DIRECCIÓN 31 39
CALLE 36
CALLE 28 LOS
CALLE 36
CALLE 38
MARIANO SERRANO 109
114 28 DE PINOS BARACALDO 24 MOTRIL MONTORO
JARAMAGO

C

14 SANGENJO
COMPOSTELA M-30
PLAZA JOSÉ MOÑINO CONDE DE FLORIDABLANCA · K 30
RICO
Polígono Manila
CALLE ARZOBISPO
PEDRO 2
AGUADO 1
PARQUE NORTE
MORCILLO
DE LEMOS
63
Urbanización Parque de la Paz
Pilar
MARÍN
12 ALMAGRO 10 C. FUENTESAÚCES
FERNÁNDEZ 31
36
VILLA 30
10
22
SINESIO DELGADO
PARQUE DE LA VENTILLA
ESCALINATA ISMAEL ARANCIA
PZA. DEL OESTE
LÍMITE
VIA
PADRE RUBIO
C. EMILIA PARDO BAZÁN
ALVAREZ FEROS
PARQUE SOROLLA
CARMEN
MOVIMIENTO VECINAL
VENTILLA (M)

16 · 31 · 50

31

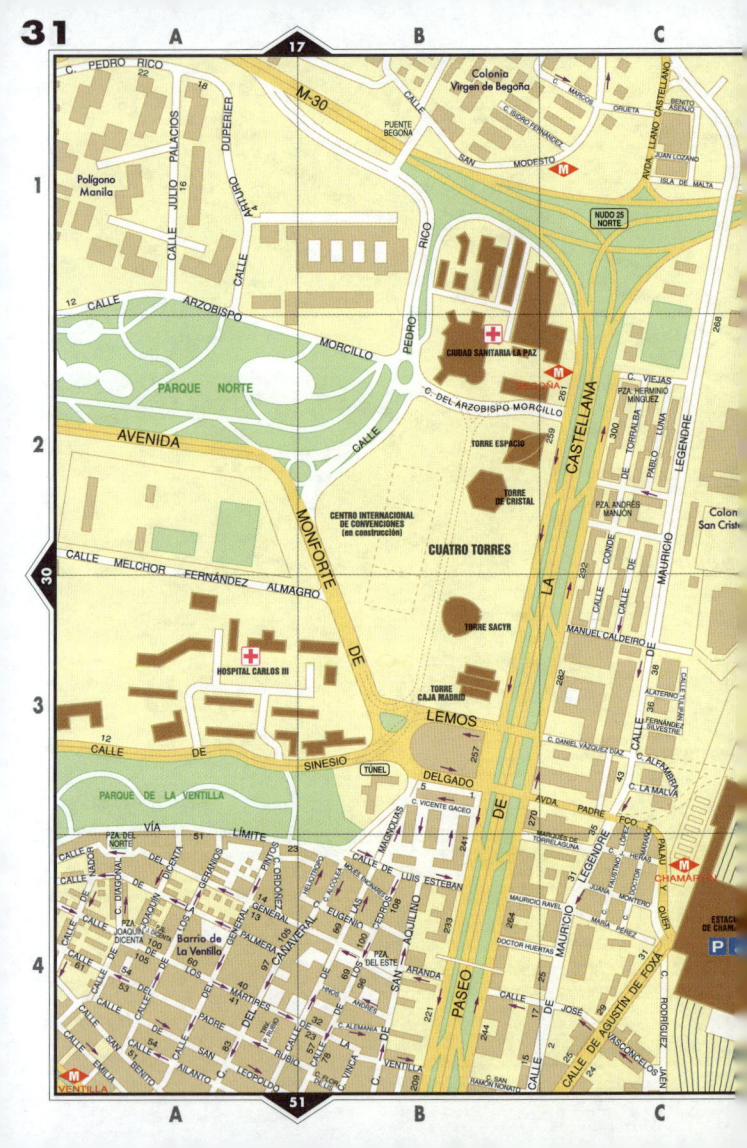

A

- C. PEDRO RICO
- CALLE JULIO PALACIOS
- DUPERIER
- CALLE ARTURO SORIA (?)
- Polígono Manila
- CALLE ARZOBISPO MORCILLO
- PARQUE NORTE
- AVENIDA
- CALLE MELCHOR FERNÁNDEZ ALMAGRO
- HOSPITAL CARLOS III
- CALLE DE SINESIO DELGADO
- PARQUE DE LA VENTILLA
- PZA DEL NORTE
- VÍA LÍMITE
- CALLE INDADOR
- CALLE DIAGONAL
- PZA JOAQUIN DICENTA
- Barrio de La Ventilla
- CALLE EMILIA
- SAN BENITO
- VENTILLA (M)

B

- M-30
- Colonia Virgen de Begoña
- PUENTE BEGOÑA
- C. SIGFRIDO FERNÁNDEZ
- SAN MODESTO (M)
- PEDRO RICO
- CIUDAD SANITARIA LA PAZ (+)
- C. DEL ARZOBISPO MORCILLO
- TORRE ESPACIO
- TORRE DE CRISTAL
- CENTRO INTERNACIONAL DE CONVENCIONES (en construcción)
- CUATRO TORRES
- MONFORTE DE LEMOS
- TORRE SACYR
- TORRE CAJA MADRID
- TÚNEL
- C. VICENTE GACEO
- CALLE DE LUIS ESTEBAN
- MAURICIOS
- CANAVERAL
- CALLE EUGENIO
- PZA DEL ESTE
- SAN AQUILINO
- ARANDA
- MARTIRES
- PADRE RUBIO
- C. ALEMANIA
- LA VENTILLA
- SAN RAMÓN NONATO

C

- C. MARCOS
- DRUETA
- BENITO ABIENDO
- AVDA LLANO CASTELLANA
- JUAN LOZANO
- ISLA DE MALTA
- NUDO 25 NORTE
- C. VIEJAS
- PZA. HERMINIO MÍNGUEZ
- DE TORRALBA
- PABLO LUNA
- LEGENDRE
- PZA. ANDRÉS MANJÓN
- Colon. San Cristo
- LA CASTELLANA
- CONDE DE MAURICIO
- MANUEL CALDEIRO
- C. ALATERNO
- FERNÁNDEZ SILVESTRE
- C. ALMENDRA
- C. LA MALVA
- AVDA PADRE FCO
- MARQUÉS DE TORRELAGUNA
- LEGENDRE
- HERAS
- JUANA
- MONTERO
- PALAU QUER
- CHAMARTÍN (M)
- MAURICIO RAVEL
- MARÍA BERRIZ
- DOCTOR HUERTAS
- ESTACIÓN DE CHAM.
- PASEO
- CALLE DE JOSÉ
- C. RODRÍGUEZ JAÉN
- CALLE DE AGUSTÍN DE FOXÁ
- CALLE DE VASCONCELOS

32

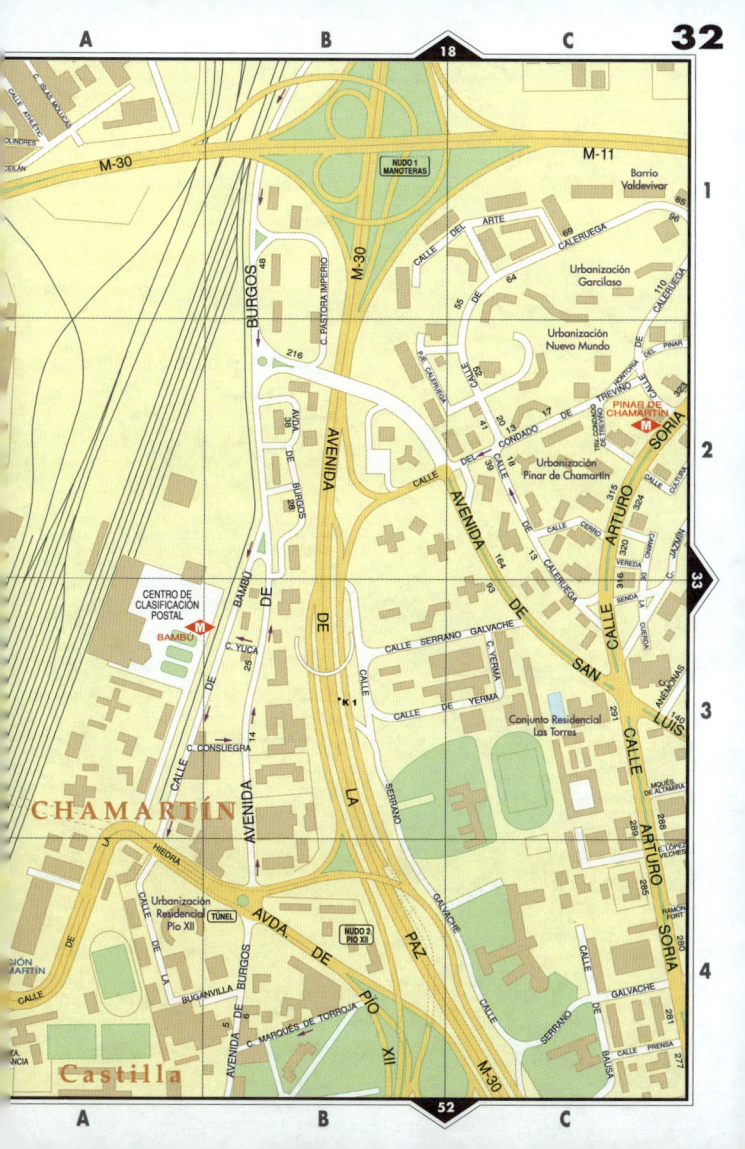

CHAMARTÍN

Castilla

Map references:
- M-30, M-11
- NUDO 1 MANOTERAS
- Barrio Valdevivar
- CALLE DE ARTE
- CALERUEGA
- Urbanización Garcilaso
- Urbanización Nuevo Mundo
- BURGOS
- C. PASTORA IMPERIO
- AVDA. DE BURGOS
- AVENIDA DE BURGOS
- PINAR DE CHAMARTÍN
- CALLE DEL CONDADO
- CALLE DE TREVIÑO
- Urbanización Pinar de Chamartín
- CALLE ARTURO SORIA
- CALLE CERRO
- CALLE VEREDA
- CALLE JAZMÍN
- CALLE SENDA
- CALLE CUESTA
- CENTRO DE CLASIFICACIÓN POSTAL
- BAMBÚ
- C. YUCA
- CALLE SERRANO GALVACHE
- CALLE DE YEMA
- CALLE DE YERMA
- Conjunto Residencial Las Torres
- CALLE SAN LUIS
- CALLE ARENAS
- MOLIÉ DE ALTAMIRA
- C. CONSUEGRA
- CALLE SERRANO
- CALLE HIEDRA
- Urbanización Residencial Pío XII
- TÚNEL
- NUDO 2 PÍO XII
- AVDA. DE PÍO XII
- C. BUGANVILLA
- C. MARQUÉS DE TORROJA
- CALLE GALVACHE
- CALLE ARTURO SORIA
- E. LÓPEZ VILCHES
- RAMÓN FORT
- CALLE BALISA
- CALLE PRENSA

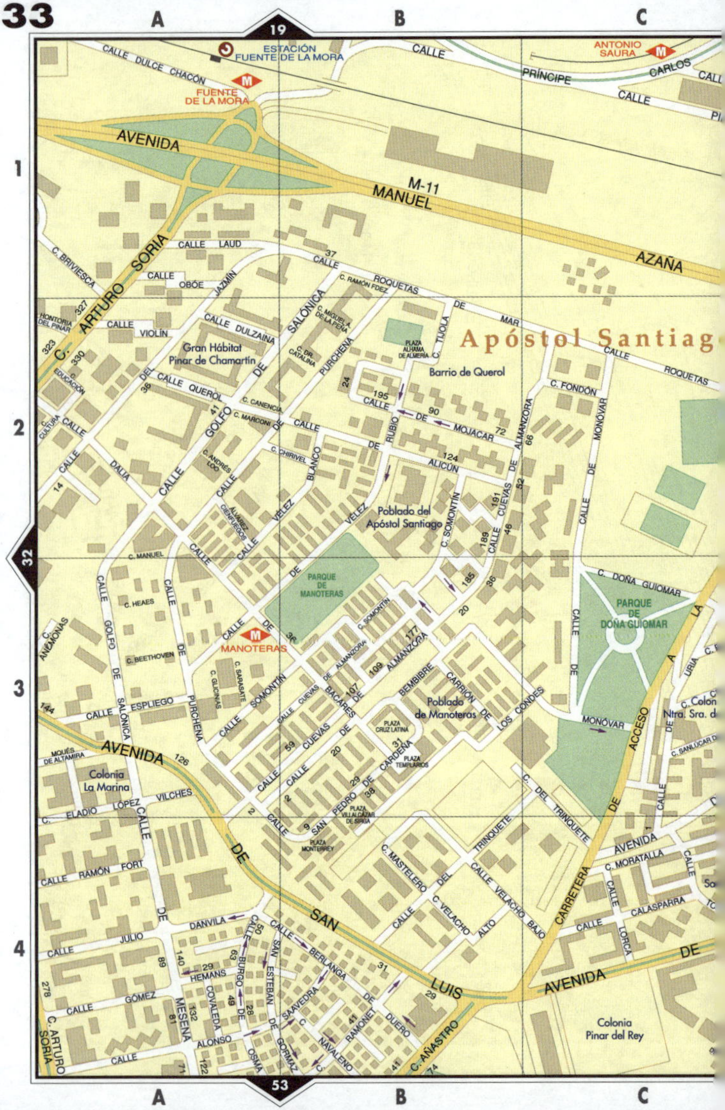
A
B
C
19
1
2
3
4
32
53
ESTACIÓN FUENTE DE LA MORA
FUENTE DE LA MORA
CALLE DULCE CHACÓN
CALLE
PRÍNCIPE
CARLOS
CALLE
ANTONIO SAURA
AVENIDA
M-11
MANUEL
AZAÑA
C. ARTURO SORIA
CALLE LAUD
CALLE OBÓE
C. BRIVIESCA
37
CALLE ROQUETAS DE MAR
C. RAMÓN FDEZ.
JAZMÍN
SALÓNICA
C. MIGUEL A. DE LA PEÑA
HONTORIA DEL PINAR
327
323
330
CALLE VIOLÍN
CALLE DULZAINA
Gran Hábitat Pinar de Chamartín
DE
PURCHENA
C. DR. CATALINA
PLAZA ALHAMA DE ALMERÍA
C. TIJOLA
Apóstol Santiago
CALLE ROQUETAS
Barrio de Querol
C. FONDÓN
EDUCACIÓN
DEL
36
CALLE QUEROL
24
195
CALLE RUBIO
90
CALLE DE MOJACAR
72
ALMANZORA
66
MONÓVAR
C. CULTURA
CALLE
41
GOLFO
C. CANENCIA
C. MARCONI
DE
CALLE
DE
C. CHIRIVEL
BLANCO
124
ALICÚN
C. ANDRÉS LOO
CALLE
DALIA
14
CALLE
CALLE
ÁLVAREZ CIENFUEGOS
VELEZ
VELEZ
Poblado del Apóstol Santiago
C. SOMONTÍN
191
CUEVAS
52
DE
46
CALLE
189
CALLE DE
C. MANUEL
CALLE
DE
PARQUE DE MANOTERAS
185
36
20
C. DOÑA GUIOMAR
PARQUE DE DOÑA GUIOMAR
CALLE
C. HEAES
CALLE
C. ANÉMONAS
GOLFO
CALLE
DE
MANOTERAS
38
C. SOMONTÍN
177
ALMANZORA
109
C. BEETHOVEN
DE
C. SARASATE
C. GLICINAS
SOMONTÍN
DE ALMANZORA
BACARES
107
DE
BEMBIBRE
CARRIÓN
Poblado de Manoteras
DE LOS CONDES
CALLE
ACCESO
A
LA
URIA
C. Colon
Ntra. Sra. d
DE SALÓNICA
144
CALLE ESPLIEGO
PURCHENA
CALLE
CALLE CUEVAS
CUEVAS
DE
59
20
PLAZA CRUZ LATINA
31
CARDEÑA
PLAZA TEMPLARIOS
MONÓVAR
C. SANLÚCAR D
MOJÉS DE ALTAMIRA
AVENIDA
126
Colonia La Marina
CALLE
CALLE
2
29
38
PEDRO
DE
PLAZA VILLALCÁZAR DE SIRGA
C. DEL TRINQUETE
CALLE
VILCHES
C. ELADIO LÓPEZ
CALLE
2
CALLE
9
SAN
PLAZA MONTERREY
TRINQUETE
CARRETERA
AVENIDA
1
C. MORATALLA
CALLE
DE
C. MASTELERO
DEL
CALLE VELACHO BAJO
CALLE RAMÓN FORT
CALLE
SAN
CALLE
C. VELACHO ALTO
CALLE
CALLE
CALASPARRA
LORCA
DANVILA
DE
CALLE
50
CALLE BERLANGA
31
CALLE JULIO
140
63
29
HEMANS
BURGO DE
SAN ESTEBAN
DE
SAAVEDRA
LUIS
29
AVENIDA
DE
89
278
CALLE
GÓMEZ
MESENA
81
132
COVALEDA
49
28
DE GORMAZ
C
NAVALENO
41
RAMONET
DE DUERO
Colonia Pinar del Rey
C. ARTURO SORIA
CALLE
ALONSO
OSMA
71
122
41
C. AÑASTRO
74

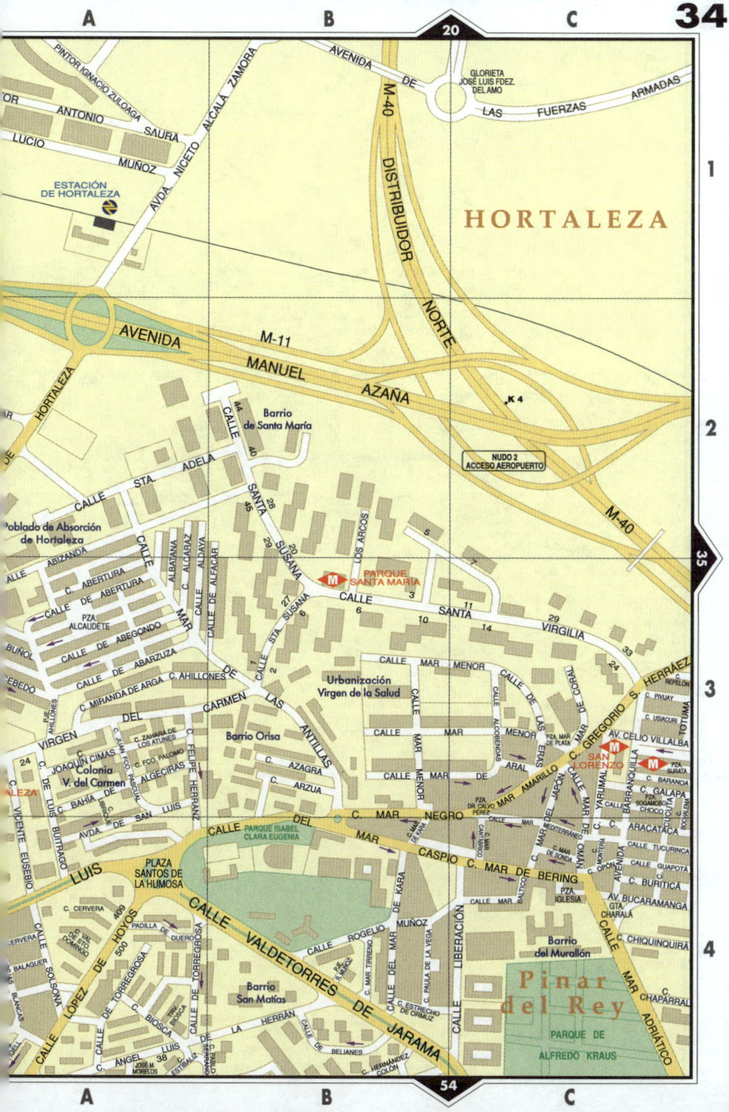
HORTALEZA
Pinar del Rey
PARQUE DE ALFREDO KRAUS
ESTACIÓN DE HORTALEZA
GLORIETA JOSÉ LUIS FDEZ. DEL AMO
AVENIDA DE LAS FUERZAS ARMADAS
M-40
DISTRIBUIDOR NORTE
AVENIDA MANUEL AZAÑA
M-11
NUDO 2 ACCESO AEROPUERTO
K 4
PINTOR IGNACIO ZULOAGA
ANTONIO SAURA
LUCIO MUÑOZ
AVDA. NICETO ALCALÁ ZAMORA
HORTALEZA
Barrio de Santa María
CALLE STA. ADELA
SANTA SUSANA
LOS ARCOS
PARQUE SANTA MARÍA
CALLE SANTA VIRGILIA
Poblado de Absorción de Hortaleza
ABIZANDA
C. ABERTURA
CALLE DE ABERTURA
PZA. ALCAUDETE
CALLE DE ABEGONDO
CALLE DE ABARZUZA
C. AHILLONES
C. MIRANDA DE ARGA
ALBATANA
C. ALGARAZ
ALDAYA
CALLE DE ALFACAR
CALLE MAR DE LAS ANTILLAS
CALLE MAR MENOR
Urbanización Virgen de la Salud
VIRGEN DEL CARMEN
Barrio Orisa
C. AZAGRA
C. ARZUA
Colonia V. del Carmen
C. JOAQUÍN CIMAS
C. ZAHARA DE LOS ATUNES
C. FCO. PALOMO
C. FELIPE HERRANZ
ALGECIRAS
C. BAHÍA DE
AVDA. DE SAN LUIS
C. VICENTE EUSEBIO
C. DE LUIS BUITRAGO
CALLE DE LAS ERAS
CALLE ALCOBENDAS
CALLE DE CORAL
PZA. MAR DE PLATA
C. GREGORIO S. HERRÁEZ
AV. CELIO VILLALBA
SAN LORENZO
MAR AMARILLO
C. MAR NEGRO
CALLE MAR DE ARAL
PZA. DR. CALVO PÉREZ
CALLE MAR CASPIO
C. MAR DE BERING
CALLE DEL JAPÓN
CALLE MAR DE OMÁN
C. YARUMAL
BARRANQUILLA
C. REPELÓN
C. PIVIJAY
C. USIACURI
TOTUMA
C. BARANOA
C. GALAPA
PZA. SOGAMOSO
CHOCO
CUCUTA
C. BOCHALEMA
ARACATACA
CALLE TUCURINCA
CALLE GUAPOTÁ
C. BURITICÁ
AV. BUCARAMANGA
GTA. CHARALÁ
C. CHIQUINQUIRÁ
C. CHAPARRAL
CALLE MAR ADRIÁTICO
PZA. IGLESIA
CALLE MAR BÁLTICO
Barrio del Murallón
CALLE LIBERACIÓN
CALLE DEL MAR TIRRENO
C. PAULA DE LA VEGA
C. ESTRECHO DE ORMUZ
CALLE ROGELIO MUÑOZ
CALLE DEL MAR DE KARA
PARQUE ISABEL CLARA EUGENIA
CALLE LUIS
PLAZA SANTOS DE LA HUMOSA
CALLE VALDETORRES DE JARAMA
Barrio San Matías
C. CERVERA
PADILLA DE DUERO
CALLE LÓPEZ DE HOYOS
C. DE TORREGROSA
CALLE DE TORREGROSA
C. BIOSCA
CALLE SOLSONA
BALAGUER
C. ÁNGEL LUIS
JOSÉ M. MORELOS
C. ESTIBALIZ
CALLE DE LA HERRÁN
CALLE DE BELIANES
C. HERNÁNDEZ COLÓN
20
35
54
A
B
C
1
2
3
4

A
B
C
199
1
2
3
4
34
55
Valdefuente
Barrio Cárcavas
Barrio del Pañuelo
Barrio San Antonio
Urbanización Colombia
Barrio San Lorenzo
AVDA. FUERZAS ARMADAS
C. J. LUIS PECKER
C. EDUARDO HARO TEGGLEN
AVENIDA DE LAS FUERZAS ARMADAS
CALLE MARAGATERÍA
CALLE DE LA ROBLA
CALLE MURIAS DE PAREDES
CALLE MORERUELA
CALLE ROCÍO JURADO
C. JOSÉ GRASES RIERA
C. JOSÉ LUIS COLL
CALLE DE CACABELOS
CALLE MOMBUEY
CALLE HERMANOS GASCÓN
C. ASTORGA
CALLE DE LAS CÁRCAVAS
CALLE DE BURGOS
CALLE DE TORENO
C. SAN ANDRÉS DE RABANEDO
VALVERDE DE LA VIRGEN
C. VILLAFRANCA DEL BIERZO
CALLE CARMEN RICO GODOY
CALLE CENAGALES
CALLE CALÉNDULA
CALLE SEGUNDA
CALLE QUINTA AURORA
CAMINO VIEJO DE CAMINO
DEPORTIVIDAD
REDONDO
PZA. UNIÓN CÁRCAVAS-S. ANTONIO
C. JOSÉ GRANERO
C. MAESTRA DOLORES MARCO
CALLE OJIJÁN
MONTORO
GLORIETA LUIS CUBILLO
GLORIETA ISIDRO GONZÁLEZ VELÁZQUEZ
C. EMMA PENELLA
DANIEL FULLAONDO
CALLE FRANCISCO UMBRAL
M-11
CALLE DE ARIADNA
C. RAFAELA APARICIO
C. CONCHITA MONTES
AVENIDA DE MARUJA MALLO
CALLE HERRAEZ
SÁNCHEZ
GREGORIO
CAMINO VALDEHIGUERA
CAMINO DE VALDEHIGUERA
C. JOSEFINA CARABIAS
CALLE LAVANDA
ARAGONÉS
GRAMA
TORRES
AROSA
CALLE DE CAMBADOS
HIPÓLITO
LÓPEZ
VILLANUEVA DE AROSA
VILLAGARCÍA DE AROSA
CALLE ANTONIO
CALLE MARÍA BLANCHARD
CALLE MARÍA MOLINER
CAMINO DEL OLIVAR
CALLE ISLA DE AROSA
C. VALENTINA MORALES
TRV. A. LÓPEZ TORRES
C. BENITO MUÑOZ
CAMINO ALTO DE HORTALEZA
C. ELENA FORTÚN
C. MARGARITA XIRGU
C. ZENOBIA CAMPRUBÍ
PZA. CARMEN CONDE
GLORIETA MANUEL MUÑ MONASTER
M-40
AVENIDA DE MANUEL AZAÑA
VÍA DE LOS POBLADOS
C. TOMÁS REDONDO
CALLE RIBERA DEL LOIRA
K 5
PZA. BARICHARA
C. BARICHARA
BAYUNCA
COROZAL
GUAJARO
TURBACO
C. USIACURÍ
C. MANATÍ
PZA. ARATOCA
AVDA. CELIO VILLALBA
PLAZA SURATA
C. BARANOA
C. GALAPA
GUAIMARAL
C. ARACATACA
C. TUCURINCA
C. GUAPOTÁ
C. BURITICÁ
MANIZALES
BOYACÁ
IMPALA
C. GAIRA
C. TAMINACA
CALLE CARACOLÍ
CHIMA
SINCELEJO
SIMACOTA
MAGANGUÉ
TOLÚ
CHIMICHAGUA
CASANARE
CHUCURÍ
MOMPOS
CALLE DE ZIPAQUIRA
CURITI
TAMALAMEQUE
GUAYABAL
LURUACO
CARABE
QUILICHAO
DAGUA
ZAPATOCA
AVDA. DE BUCARAMANGA
C. GUAMO
SOPETRÁN
CARAMANTA
GUALANDAY
TOLIMA
CALLE DE CHIQUINQUIRA
C. GUATAVITA
C. PAIPA
ARAUCA
CAQUETÁ
C. CALI
C. CAUCA
C. CÚCUTA
C. CUCUY
C. CUTANGA
C. CACHIRA
C. TUNJA
TUNAIMA
C. CUNDINAMARCA
C. TAURAMENA
C. CHOCONTA
CALLE DEL CHAPARRAL
CALLE SAMACA
C. NEVADO DEL RUIZ
CALLE NEVADO DEL CUMBAL
C. CUMARE
C. CANAPIARE

36

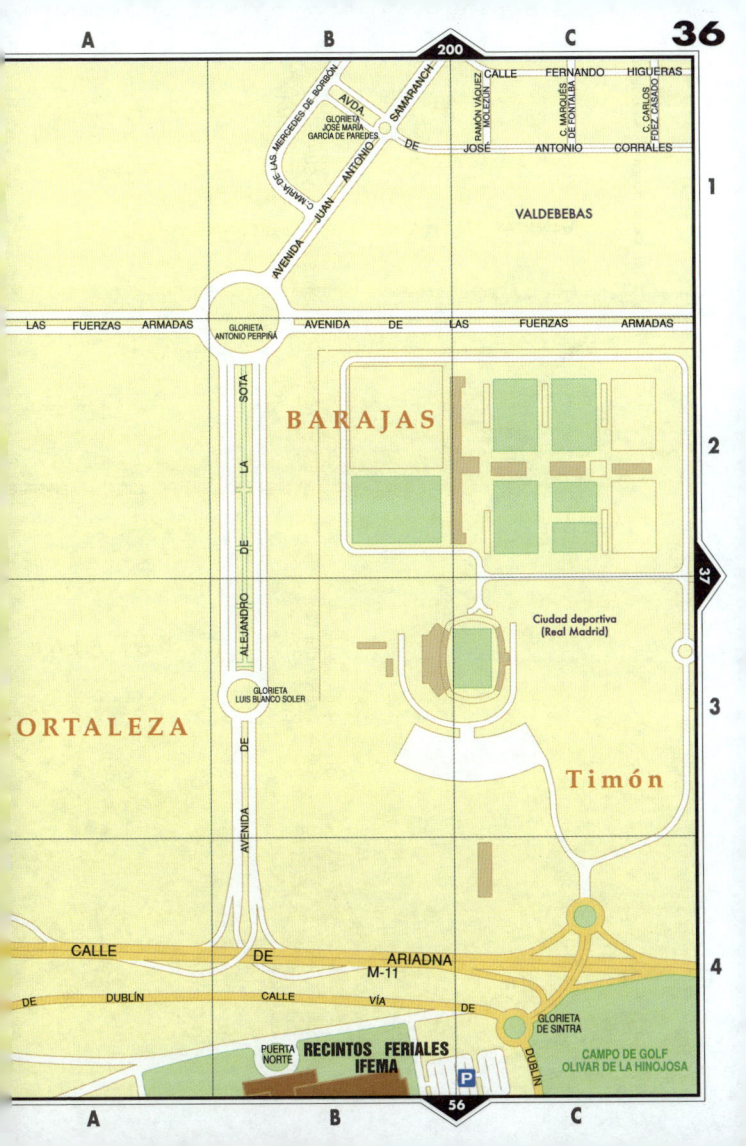

- CALLE FERNANDO HIGUERAS
- AVDA SAMARANCH
- GLORIETA JOSE MARIA GARCIA DE PAREDES
- AVENIDA DE LAS MERCEDES DE BORBÓN
- C/ MARIA DE JUAN ANTONIO
- RAMÓN VÁZQUEZ MOLEZÚN
- C. MARQUÉS DE FONTALBA
- C. CARLOS FDEZ. CASADO
- DE JOSÉ ANTONIO CORRALES

VALDEBEBAS

LAS FUERZAS ARMADAS — GLORIETA ANTONIO PERPIÑÁ — AVENIDA DE LAS FUERZAS ARMADAS

BARAJAS

AVENIDA DE ALEJANDRO DE LA SOTA

GLORIETA LUIS BLANCO SOLER

ORTALEZA

Ciudad deportiva (Real Madrid)

Timón

CALLE DE ARIADNA
M-11

DE DUBLÍN — CALLE — VÍA — DE — GLORIETA DE SINTRA — DUBLÍN

PUERTA NORTE **RECINTOS FERIALES IFEMA**

CAMPO DE GOLF OLIVAR DE LA HINOJOSA

56

37

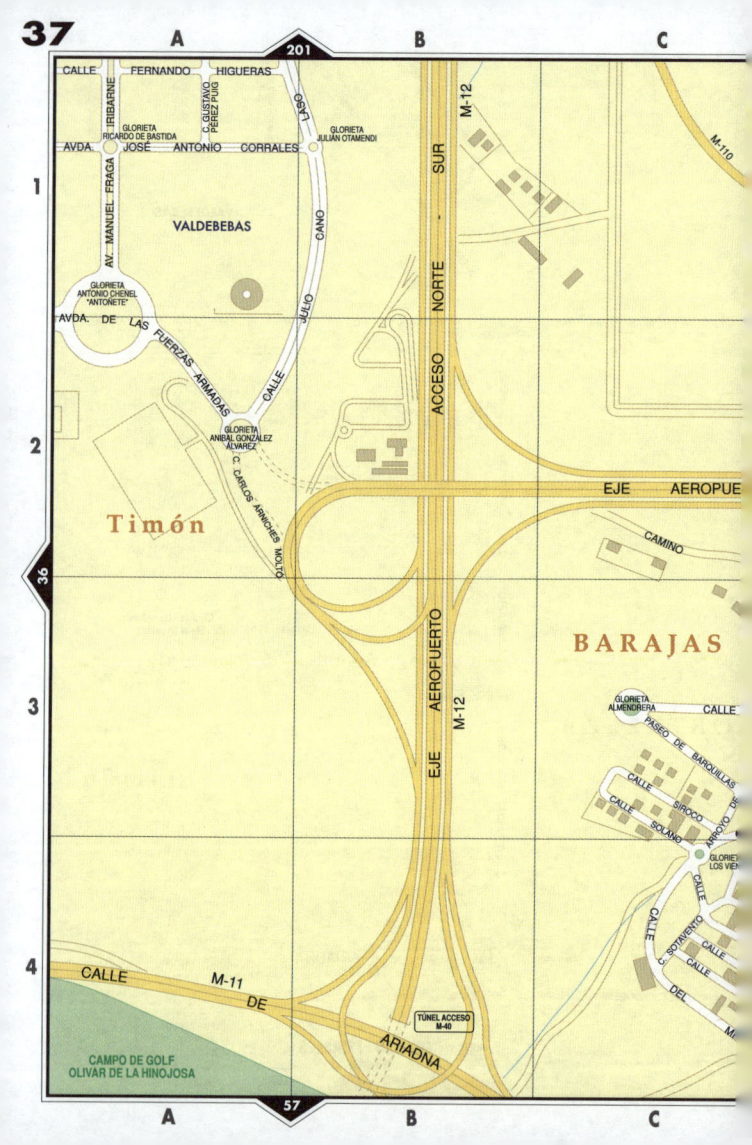

VALDEBEBAS

- CALLE FERNANDO HIGUERAS
- CALLE IRIBARNE
- C. GUSTAVO PÉREZ PUIG
- Glorieta Ricardo de Bastida
- Glorieta Julián Otamendi
- AVDA. JOSÉ ANTONIO CORRALES
- AV. MANUEL FRAGA
- CALLE JULIO CANO
- Glorieta Antonio Chenel "Antonete"
- AVDA. DE LAS FUERZAS ARMADAS
- Glorieta Aníbal González Álvarez
- C. CARLOS ARNICHES MOLTÓ

Timón

ACCESO NORTE - SUR M-12

EJE AEROPUERTO M-12

EJE AEROPUE...

CAMINO

BARAJAS

- Glorieta Almendrera
- CALLE
- PASEO DE BARQUILLAS
- CALLE SIROCO
- CALLE SOLANO
- ARROYO
- Glorieta Los Vien...
- CALLE SOTAVENTO
- CALLE DEL M...

CALLE M-11 DE ARIADNA

TÚNEL ACCESO M-40

CAMPO DE GOLF OLIVAR DE LA HINOJOSA

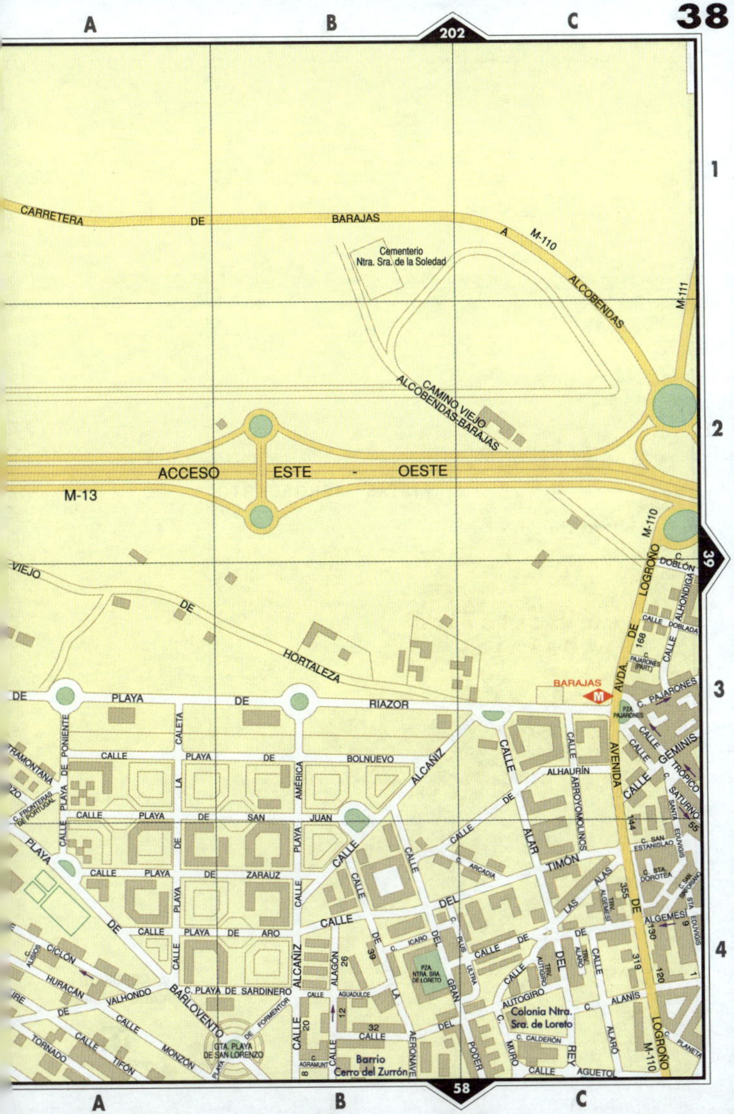
A
B
C
202
1
2
3
4
39
58
CARRETERA DE BARAJAS A ALCOBENDAS
M-110
M-111
Cementerio Ntra. Sra. de la Soledad
CAMINO VIEJO ALCOBENDAS-BARAJAS
ACCESO ESTE - OESTE
M-13
VIEJO DE HORTALEZA
AVDA. DE LOGROÑO
C. DOBLÓN
CALLE ALHÓNDIGA
CALLE DOBLADA
168
C. PAJARONES (PART.)
BARAJAS
PZA. PAJARONES
C. PAJARONES
DE PLAYA DE RIAZOR
CALETA
PLAYA DE PONIENTE
TRAMONTANA
C. FRONTERAS DE PORTUGAL
CALLE PLAYA DE BOLNUEVO
PLAYA LA
AMÉRICA
ALCAÑIZ
CALLE ALHAURÍN
CALLE ARROYOMOLINOS
CALLE DE ALAR
CALLE GEMINIS
TRÓPICO
SATURNO
55
144
C. SAN ESTANISLAO
SANTA EDUVIGIS
C. STA. DOROTEA
C. SAN SINFORIANO
CALLE PLAYA DE SAN JUAN
PLAYA
CALLE
CALLE PLAYA DE ZARAUZ
C. ARCADIA
TIMÓN
LAS ALAS
TRV. ALGEMESÍ
355
ALGEMESÍ
130
9
STA. EDUVIGIS
PLAYA
CALLE DEL
CALLE PLAYA DE ARO
CALLE DE 39
C. ICARO
DEL
C. RUS
ULTRA
CALLE DE
DEL
TRV. AUTOGIRO
TRV. ALARO
CALLE
319
120
1
PLAYA DE BARLOVENTO
C. ALISIOS
CICLÓN
HURACÁN
VALHONDO
DE
C. PLAYA DE SARDINERO
ALCAÑIZ
ALAGÓN
26
PZA. NTRA. SRA. DE LORETO
GRAN
AUTOGIRO
CALLE
ALANÍS
LOGROÑO
M-110
TORNADO
CALLE
CALLE
TIFÓN
MONZÓN
GTA. PLAYA DE SAN LORENZO
DE FORMENTOR
CALLE 20
CALLE AGUADULCE
12
32 CALLE
LA
AERONAVE
DEL PODER
C. MURO
Colonia Ntra. Sra. de Loreto
C. CALDERÓN
REY
ALARO
C. PLANETA
AGRAMUNT
8
Barrio Cerro del Zurrón
CALLE AGUETOL

39

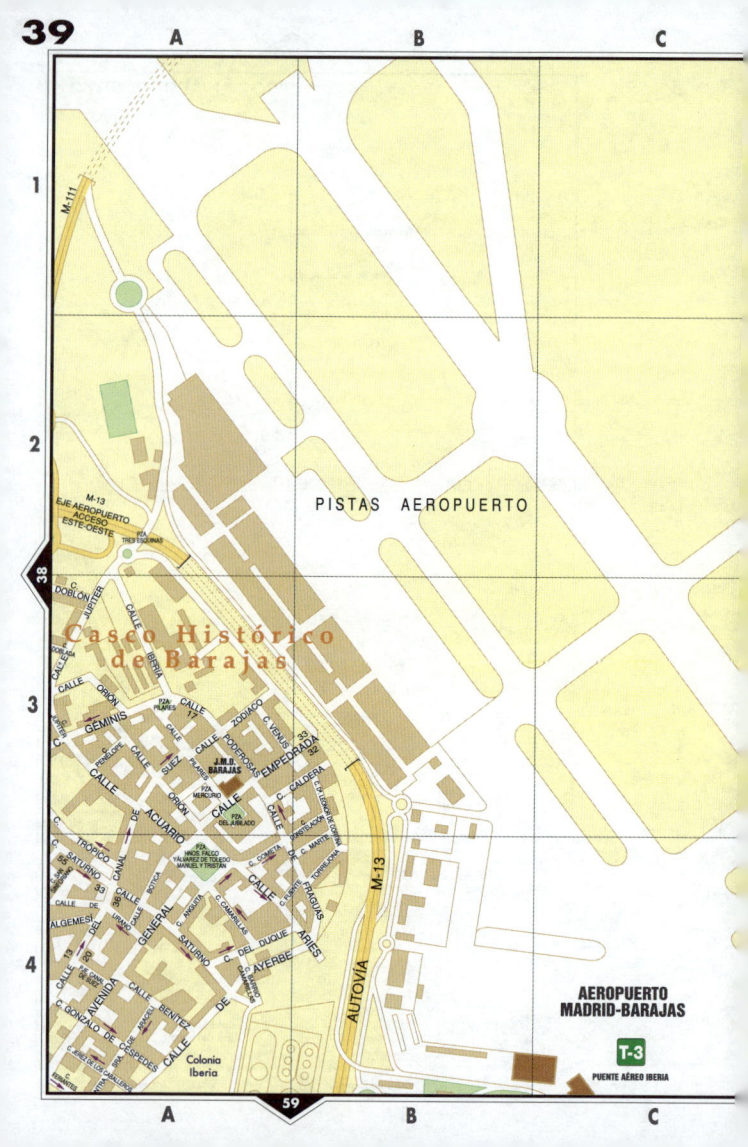

PISTAS AEROPUERTO

Casco Histórico de Barajas

AEROPUERTO MADRID-BARAJAS

T-3 PUENTE AÉREO IBERIA

Colonia Iberia

ACCESOS AL AEROPUERTO

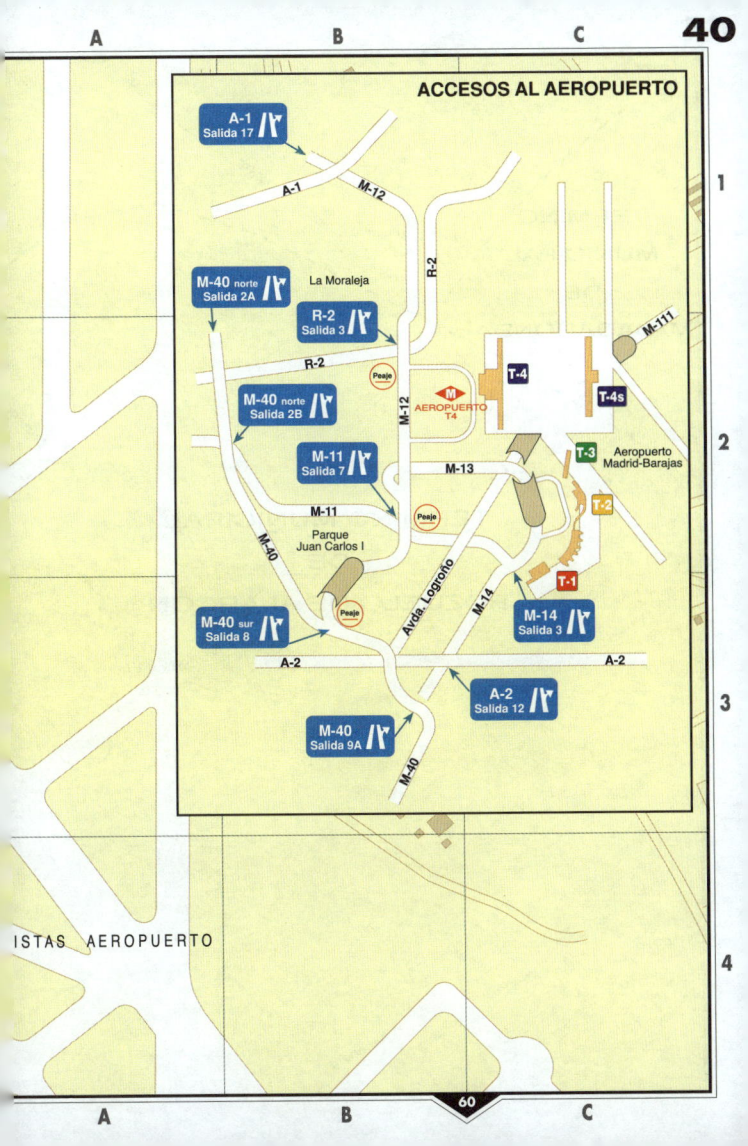

- A-1 Salida 17
- M-40 norte Salida 2A
- R-2 Salida 3
- M-40 norte Salida 2B
- M-11 Salida 7
- M-40 sur Salida 8
- M-14 Salida 3
- A-2 Salida 12
- M-40 Salida 9A

La Moraleja
Parque Juan Carlos I
AEROPUERTO T4
Aeropuerto Madrid-Barajas
T-1, T-2, T-3, T-4, T-4s

A-1, M-12, R-2, M-111, M-13, M-11, M-40, Avda. Logroño, M-14, A-2, Peaje

ISTAS AEROPUERTO

41

TÉRMINO MUNICIPAL DE MAJADAHONDA

CARRETERA DEL MONTE DEL PILAR

Monte El Pilar

TÉRMINO MUNICIPAL DE POZUELO DE ALARCÓN

CARRETERA DE

Barranco

CAMINO DE LOS CALEROS

El Chaparral

Arroyo del Almendro

42

TÉRMINO MUNICIPAL DE POZUELO DE ALARCÓN

- AVENIDA ESCORZONERA
- Rufo
- C. OCHANDIANO
- AVDA. PADRE HUIDOBRO
- CALLE DE SOPELANA
- A-6
- LA VICTORIA
- LOS CALEROS
- CAMINO DE
- Cerro de los Gamos
- NUDO 24 POZUELO
- K 45
- M-40
- DISTRIBUIDOR OESTE
- M-40
- La Escorzonera

A
B
C
23
42
63
1
2
3
4
CALLE AMOREBIETA
C. MONDRAGÓN
C. BARRENCALLE
C. ZUMAYA
C. PORTALENA
C. PRINCIPE DE VIANA
CALLE SIERRA PUERTO VIEJO
C. SIERRA DE PEÑA NEGRA
C. DEL VIAR
CALLE DE SOMERA
RENTERÍA
CALLE
SOPELANA
CALLE DE
AVDA. NTRA. SRA. DE BEGOÑA
C. ZARRA
GTA. GORDEJUELA
C. ARCHANDA
Colonia La Florida
CALLE
C. MUSGO
CALLE DE BASAURI
CALLE SIERRA
PAJAR
PROCIÓN
A-6
AVDA. DE LA VICTORIA
AVENIDA DEL PADRE HUIDOBRO
K 12
ESTACIÓN EL BARRIAL
C. SAGITARIO
CALLE DE ALSASUA
CAMINO
CALLE RAFAEL BOTÍ
CAMINO DE LOS CALEROS
CALLE RAFAEL BOTÍ
OESTE
DISTRIBUIDOR
K 46
NUDO 24 POZUELO
M-40
C. PEÑALARA DE ARAVACA
CARRIL
TÉRMINO MUNICIPAL
DE
POZUELO DE ALARCÓN

A
B
C
24
1
2
3
4
45
64
Urbanización La Zarzuela
C. VALLE DE TORANZO
CALLE PUENTE VIESGO
CALLE DE CASIOPEA
CAMINO
M-40
OESTE
DISTRIBUIDOR
K 47
K 11
C. PICO TRES PROVINCIAS
AVENIDA DE VALDEMARÍN
CALLE DE LA SALLE
CALLE DE GANÍMEDES
CASTILLA
CALLE DE MIGUEL GILA
CALLE ABETO
CALLE AGUARÓN
CALLE BLANCA DE CASTILLA
LA ZARZUELA
C. CARLOS S. JOSÉ
A-6
AVENIDA DEL PADRE HUIDOBRO
NUDO 25 EL BARRIAL
CALLE NADIR
CALLE DEL ZENIT
CALLE ANTARES
CALLE DE ANITA
CALLE DE ANTONIO SANFIZ
PLEYADES
ARAVACA
CALLE DE ANA DE TERESA
CAMINO DEL BARRIAL
LOS CALEROS
CALLE LUZ CASANOVA
CARRETERA
VIZCAÍNO CASAS
FERNANDO LÁZARO
C. CARLOS GARDEL
BALMIS
DR. JOSÉ EUGENIO DE OLAVIDE
DOCTOR
CALLE ALMANZORA
C. DE ARABELL
CALLE CINCO
C. DE ARANZUEQUE
C. ARAMUNT
GTA. MARÍA REINA
CALLE VINDEL
C. DE ESTUDIO
TRV. PLEYADES
C. ARDALES
C. ARCOS DE LA FRONTERA
CRUZ
C. ZARZA
PZA. ROLLO
PZA. CORONA BOREAL
AVDA. DE LA OSA MAYOR
C. PÉREZ
PZA. MARQUÉS CAMARINES
C. OLIVO
PZA. SAN ANACLETO
TRV. CAROLI
VICTORIA
TRV. PÉREZ VICTORIA
C. BERENISA
C. FUENTE ARAVACA
BAJA DE LA IGLESIA
C. SANTA MARTINA
C. SANTA BALBINA
CAROLI
AVENIDA DE LA GALAXIA
CALLE RIAZA
C. ERIDANO
C. MIZAR
ACAMAR
TRV. CAÑO
C. RISCO DE LOS CLAVELES
CALLE DE LA ZARZA
ARASCUES
LAGUNAS
CALLE PICO OCEJÓN
CALLE ARÁNDIGA
CALLE DEL PICO DE LA MIEL
TRV. SEXTANTE
Urbanización Residencial Las Fanegas
CALLE 11
CALLE 43
CALLE 16
CALLE 41
ALMANZORA
TREVIÑO
SANTA ELVIRA
GARCÍA
C. CONIL
CALLE AULENCIA
AVENIDA DE LA OSA MAYOR
Colonia Alfar
CALLE DE ALFAR
SEXTANTE
C. FEDERICO ROMERO
BATALLA DE GARELLANO
CALLE BATALLA DE GARELLANO
CALLE DE SIRRACH
CALLE DE LA BRÚJULA
CALLE DE PERESEJO
C. VIEJO POZUELO-ARAVACA
CALLE ESCULTOR
CALLE DE LA GOLONDRINA
Residencial Nuevo Aravaca
CALLE VELETA
CALLE ANDRÓMEDA
CALLE HÚMERA
C. VIRGEN DE LOS ROSALES

45

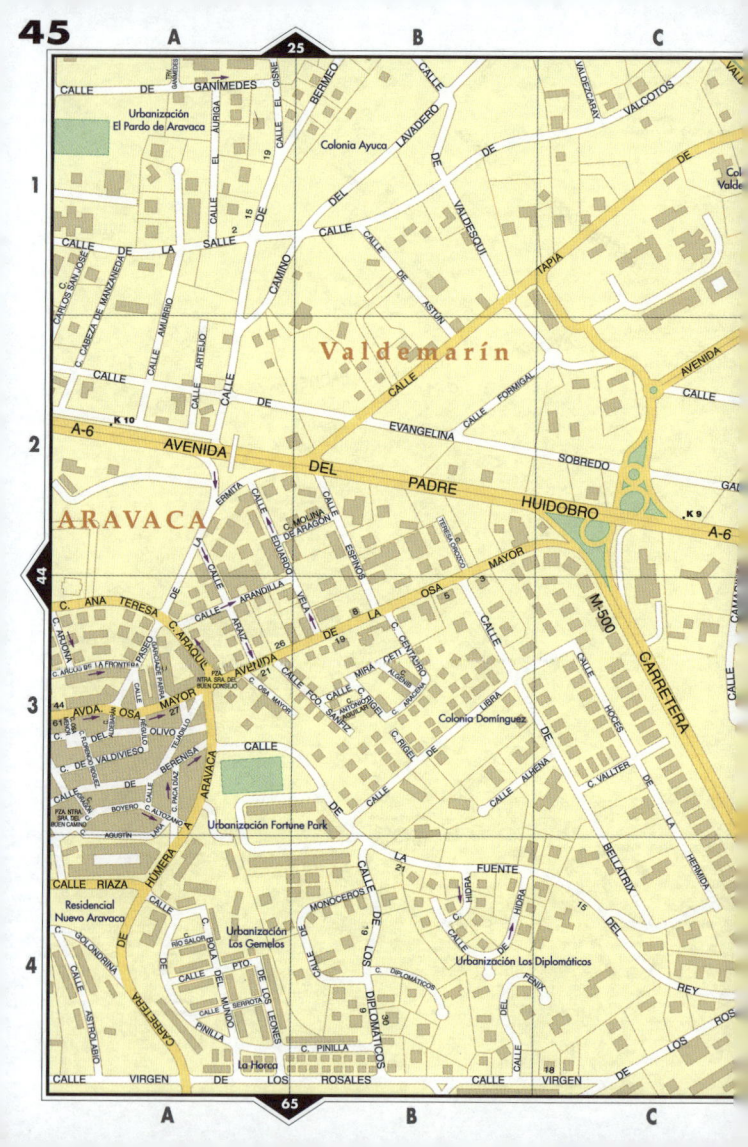

Valdemarín

ARAVACA

Urbanización El Pardo de Aravaca
Colonia Ayuca
CALLE DE GANIMEDES
CALLE AURIGA
CALLE BERMEO
CALLE DEL CISNE
CALLE LAVADERO
CALLE DE VALDEZCARAY
CALLE VALCOTOS
Colonia Valde...
CALLE DE LA SALLE
CALLE DEL CAMINO
CALLE DE VALDESQUI
CALLE DE ASTUN
CALLE DE TAPIA
CARLOS SAN JOSÉ
CALLE CABEZA DE MANZANEDA
CALLE ARTELIO
CALLE AMURRIO
CALLE DE FORMIGAL
AVENIDA
CALLE EVANGELINA
SOBREDO
A-6 K 10
AVENIDA DEL PADRE HUIDOBRO
A-6 K 9
CALLE ERMITA
C. MOLINA DE ARAGÓN
CALLE EDUARDO VELA
CALLE ESPINAR
TERESA BERGANZA
CALLE MAYOR
M-500 CARRETERA
C. ANA TERESA
C. ARANJUEZ
C. ARANDILLA
PZA. NTRA. SRA. DEL BUEN CONSEJO
CALLE MIRA
CETI VALERO
CALLE DE LA OSA
C. CARBONERO
C. ARCOS DE LA FRONTERA
C. BASSO
AVDA. OSA MAYOR
C. DEL OLIVO
C. DE VALDIVIESO
C. BERENISA
C. BOYERO
C. ALTOCAMINO
C. ARAVACA
C. AGUSTIN
PZA. NTRA. SRA. DE BUEN CAMINO
C. FCO. SAN ANTONIO
C.MAYOR
Colonia Domínguez
C. LIBRA
C. RIEL
C. VALTIER
C. ALDEMA
C. HERMIDA
CALLE BELLATRIX
Urbanización Fortune Park
CALLE RIAZA
Residencial Nuevo Aravaca
C. GOLONDRINA
C. DE HOMERA
CARRETERA
C. ASTROLABIO
CALLE DE MONOCEROS
C. FUENTE
C. YAGHI
C. HIDRA
CALLE DE LOS DIPLOMÁTICOS
Urbanización Los Gemelos
Urbanización Los Diplomáticos
C. RÍO SALOR
C. PTO. PINILLA
C. DE LOS LEONES
C. BERROTA
C. DIPLOMÁTICO
C. FENIX
C. DEL REY
CALLE DE LOS ROS
La Horca
C. PINILLA
CALLE VIRGEN DE LOS ROSALES

A
B
C
26
1
2
3
4
47
66
C. DARÍO
CASARIEGO
CALLE DE DARÍO APARICIO
C. DEL NÍSCALO
CALLE CERCIS
Colonia
Las Flores
CABO CAÑABERAL
CALLE
DE ARGENTONA
CALLE DE CERLER
CARRETERA DEL HIPÓDROMO
HIPÓDROMO
DE LA ZARZUELA
CTRA. A LA PLAYA DE MADRID
R. MANZANARES
AVENIDA DEL PADRE HUIDOBRO
A-6
K 8
DE BOLARQUE
C. BOLARQUE
CALLE
Colonia
Camarines
CALLE
CALLE
TAMAJÓN
CALLE CABOALLES
HORCHE
VILLAGER
VILLABLINO
HIENDELAENCINA
CALLE BOLARQUE
C. HORCHE
CALLE SIGÜENZA
CAMPO DE GOLF
Conjunto Residencial
La Rinconada
Urbanización
Las Monjas
DE LA RINCONADA
98
106
69
45
29
BUGANVILLA
PASEO DEL REY
DEL REY
BUGANVILLA
RONDA
CASTILLA
Arroyo de Pozuelo y de Meaques
K 1

47

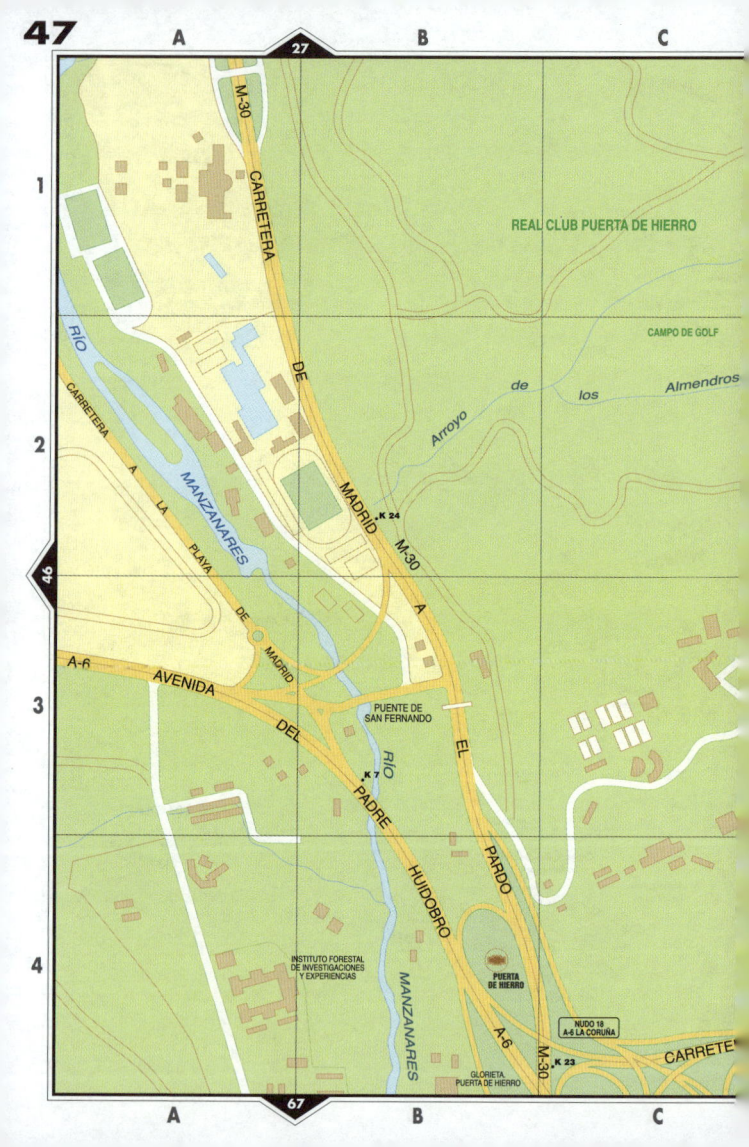

A | B | C

- M-30
- CARRETERA DE MADRID
- RÍO MANZANARES
- CARRETERA A LA PLAYA DE MADRID
- A-6
- AVENIDA DEL PADRE HUIDOBRO
- REAL CLUB PUERTA DE HIERRO
- CAMPO DE GOLF
- Arroyo de los Almendros
- K 24
- M-30
- PUENTE DE SAN FERNANDO
- K 7
- RÍO MANZANARES
- EL PARDO
- INSTITUTO FORESTAL DE INVESTIGACIONES Y EXPERIENCIAS
- PUERTA DE HIERRO
- NUDO 18 A-6 LA CORUÑA
- K 23
- A-6
- M-30
- CARRETE
- GLORIETA PUERTA DE HIERRO

27 | 46 | 67

48

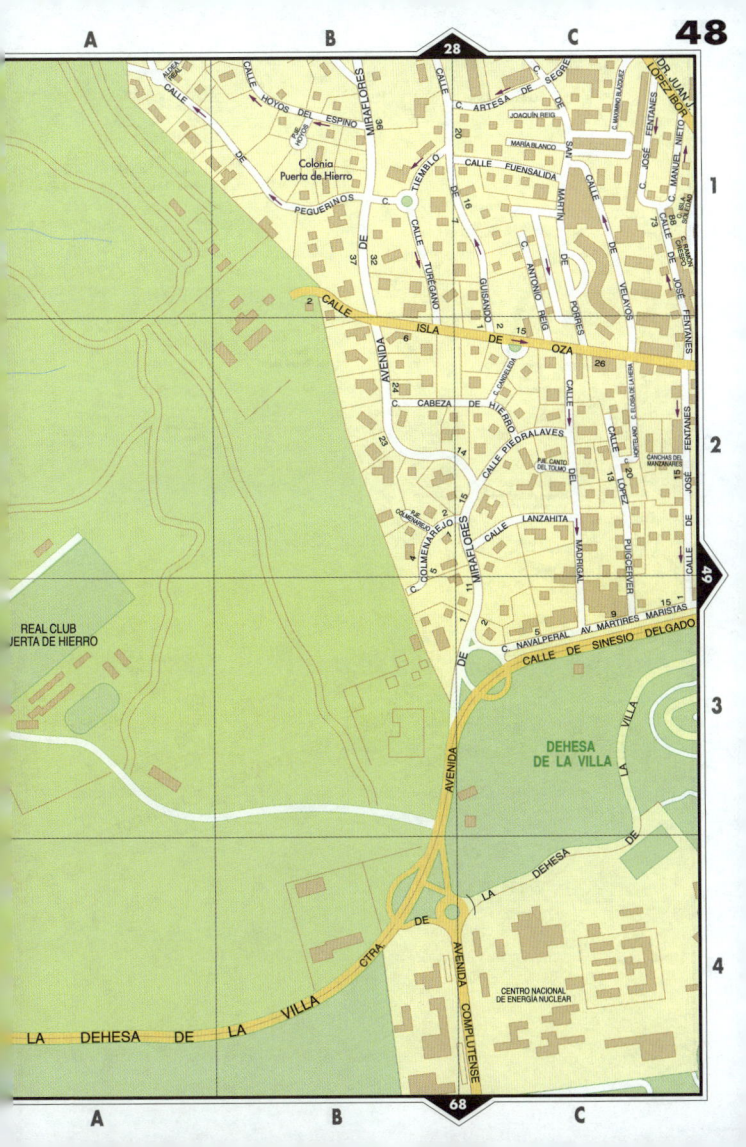

A | B | C

1
- CALLE HOYOS DEL ESPINO
- CALLE DE MIRAFLORES
- C. ARTESA DE SEGRE
- Joaquín Reig
- María Blanco
- CALLE FUENSALIDA
- DR. JUAN J. LÓPEZ IBOR
- MANUEL NETO
- JOSÉ FENTANES
- CALLE DE JOSÉ FENTANES
- Colonia Puerta de Hierro
- PEGUERINOS
- C. TIEMBLO
- CALLE TURÉGANO
- CALLE SAN MARTÍN DE VALDEIGLESIAS
- CALLE ANTONIO REIG
- CALLE DE TORRES
- CALLE DE VELAYOS

2
- AVENIDA DE MIRAFLORES
- CALLE ISLA DE OZA
- C. GUISANDO
- CABEZA DE HIERRO
- CALLE PIEDRALAVES
- P.je CANTO DEL TOLMO
- COLMENAREJO
- CALLE LANZAHITA
- CALLE DEL MADRIGAL
- CALLE LÓPEZ PUIGCERVER
- CANCHAS DEL MANZANARES
- CALLE DE JOSÉ FENTANES

3
- C. NAVALPERAL
- AV. MÁRTIRES MARISTAS
- CALLE DE SINESIO DELGADO
- AVENIDA DE LA DEHESA DE LA VILLA
- DEHESA DE LA VILLA
- REAL CLUB JERTA DE HIERRO

4
- CTRA. DE
- AVENIDA COMPLUTENSE
- CENTRO NACIONAL DE ENERGÍA NUCLEAR
- LA DEHESA DE LA VILLA

A
B
C
29
48
69
1
2
3
4
Colonia Saconia
Barrio Peña Chica
Barrio Belmonte
Barrio del Quemadero
Colonia Virgen de La Paloma
Colonia Valdezarza
VALDEZARZA
PARQUE BLAS DE OTERO
Urbanización Dehesa de la Villa
Colonia Policía Armada
DEHESA DE LA VILLA
CALLE DE SAN ANDRÉS
C. FCO. ANDRÉS
VALLE DE RODRIGO
C. LUISA ANDRÉS
C. RUPERTO ANDRÉS
C. ISLA SOLEDAD
CALLE DE NUEVA ZELANDA
AVDA. DE JUAN ANDRÉS
C. FEDERICO CARLOS SAINZ DE ROBLES
CALLE ISLA DE NELSÓN
CALLE DE AURORA
GERARDO
ANTONIO MACHADO
C. SAN GERARDO
CALLE DE ANTONIO MACHADO
CALLE DE VALDEVARNES
VALDESANGIL
CALLE VALDERREY
CALLE VALDEVERDEJA
C. VALDESEQUILLO
ISLA BISAGOS
CAMINO VALDEZARZA
VALLE ANISCO
CJÓN. VALDEZARZA
C. GREGORIA MDEZ.
PZA. RÍO VALDUEZA
VALLE DEL SILENCIO
ISLAS CÉLEBES
LUIS PERNAS
CALLE VALLE
BERGANTIÑOS
CALLE DE SINESIO DELGADO
CAMINO DEL
CALLE DE SAN RESTITUTO
C. VALLE DE EMERENCIANA
C. DOCTOR BENAOE
ZURILLA
VALLE RAMÍREZ
BAZTÁN
V. CARDOS
PINETA
V. ORDESA
SERAFÍN
V. TENA
VALLE
CACHEMIRA
VALLE DE ANSÓ
CALLE
TÚNEL
CALLE ISLAS ALMIRANTES
C. DE SAN
C. DENIA
CALLE
ARMENTEROS
CALLE ALMOROX
ARCINIEGA
C. ALTEA
C. ISLA DE LONG
PLAZA ALCIRA
CALLE ARTAJONA
C. OCHAGAVÍA
C. AGUILAR DE CAMPOO
CALLE ALCALDE MARTÍN DE ALZAGA
GUARDA
AVDA. DE LA
C. AGUILAFUENTE
CALLE ISLA DE OZA
C. RAMÓN CRESPO
C. ALFONSO FERNÁNDEZ CLAUSELLS
ISIDRO DOMPABLO
ANTOLÍN DOMPABLO
RAFAELA PASCUAL
GRAL. PRIM
MIRADOR DE LA SIERRA
TAGOMAGO
ISLA ALEGRANZA
C. ISLAS MARIANAS
C. MECÁNICO RADA
AVIADOR FRANCO
NUEVA CALEDONIA
AVDA. TRAJANO
C. ISLA MINDORO
ISLA
CALLE
AVENIDA MÁRTIRES MARISTAS
CALLE DE SINESIO DELGADO
CALLE 25
PASEO DEL GRAL. SAGARDÍA RAMOS
GRAL. CADENA
TRV. GRAL. HIERRO MARTÍNEZ
PLAZA ÁNGELES CUSTODIOS
CAMPOS
AVENIDA DEL SANTO ÁNGEL DE LA
CALLE
CTRA. DEHESA DE LA VILLA
CALLE DE FRANCOS RODRÍGUEZ
C. MARÍA AUXILIADORA
C. MARÍA TERESA MAIZ
AVDA. DR. FEDERICO RUBIO Y GALÍ
PL. ROCÍO
FRANCOS RODRÍGUEZ
AVDA. PABLO IGLESIAS
C. MOGUER
CALLE
CALLE DE LA RÁBIDA
CALLE DE LOS PIRINEOS
C. FRANCISCO DE DIEGO
CJÓN. TRANVÍA
C. AMADOR Y FERNANDO
C. VALDEPEÑAS
TREMP
C. FLAMISELL
C. AJALVIR
C. VIELLA
C. VALLS FERRERA
C. TIRVIA
C. SORT
CALLE
C. VALLE DE ARÁN
AMTE. FCO. MORENO
M

A
B
C
30
1
2
3
4
51
70
Valdeacederas
TETUÁN
Berruguete
HUERTA DEL OBISPO
CALLE CAPITÁN BLANCO ARGIBAY
CALLE DE LOS VOLUNTARIOS CATALANES
CALLE DEL MARQUÉS DE VIANA
PASEO DE LA DIRECCIÓN
NIETO
VILLAAMIL
CALLE DE BRAVO MURILLO
SOR ÁNGELA DE LA CRUZ
CALLE DE MERCEDES
CALLE INFANTA MERCEDES
CALLE LOPE DE HARO
CALLE DE FRANCOS RODRÍGUEZ
PLAZA DE LA REMONTA
PZA. CANAL ISABEL II
PLAZA SAN GERMÁN
PLAZA SAN AMARO
PZA. DONOSO
PZA. GUILHOU
PZA. CALICANTO
MUSEO TIFLOLÓGICO (ONCE)
TETUÁN
ESTRECHO
TÚNEL
HUESCA
MADRID
GRAL. YAGÜE
C. GRAL. ORGAZ
C. GRAL. MARGALLO
C. SAN ENRIQUE
CORUÑA
C. LAS MERCEDES
C. SALAMANCA
C. FERNANDO OSSORIO
FULGENCIO MIGUEL
BERRUGUETE
C. MARIANO FERNÁNDEZ
ANASTASIO HERRERO
C. DR. MARIANI
MOLINOS
C. DOLORES
C. PALACIOS
C. MARTÍNEZ
C. Mª LUISA
SERRALLO
ZINIAS
SAÚCO
NUESTRA SEÑORA DEL CARMEN
ALGODONALES
TABLADA
ZAYAS
NARANJO
ARAUCARIA
HIERBABUENA
CACTUS
CUEVAS
SANDINO
HERRERO
GONZALO
AZUCENAS
JUNÍPERO
MIOSOTIS
BENJAMÍN
FERELUZ
ORQUÍDEAS
GENCIANA
NTRA. SRA. DE LOS DOLORES
ALMORTAS
AGAVE
GARDENIAS
ALIGUSTRE
ROBLEDO
BELLVER
PORTONES
PORFIRIO
NENÚFAR
GLADIOLO
C. HERRERA
C. MIRTO
PINOS ALTA
LA VALENTINA
MORANDO
VIZCAÍNOS
MARCELINA
C. BASCONES
C. CLAVELLINAS
C. PLATANO
C. MOQUETAS
GUINDOS
REDENTOR
ARROYO
ALFALFA
PINOS BAJA
JARAMAGOS
CANTUESO
ISABEL SERRANO
SORGO
ALBERDI
AIZQUIBEL
REYES
CALLE DE PANDO
PASEO DE LA DIRECCIÓN
TRV. MATEO AIZQUIBEL
FELIPE MORA
C. COSMOS
ISLA GOMERA
BUSTILLO
ROSA MENÉNDEZ
C. CHUMBERA
STA. EULALIA
PEDRO TEZANO
ALONSO NÚÑEZ
AMBROSIO VALLEJO
MARGARITAS
BURGOS
ROMÁN ALONSO
LUIS MISSÓN
C. CENICIENTOS
JOSÉ CALVO
LORENZANA
VILLAAMIL
CASTILLEJOS
LORENTE
JERÓNIMA
ANTURIO
PAMPLONA
OUDRID
WAD-RAS
SAHAGÚN
BELLAS VISTAS
PASAJE
LORENZA CORREA
ANTONIA DOMÍNGUEZ
JOAQUÍN AFONÍA
C. PARAVICINOS
C. ADRIÁN PULIDO
C. OTAMENDI
C. GOIRI
C. ASUNCIÓN CASTELL
C. MANUEL LUNA
C. ALONSO CASTRILLO
C. PENSAMIENTO
C. FCO. MEDRANO
LÉRIDA
LAZAGA
C. HERMANO GÁRATE
C. DEL LINO
VALLELLANO
CEUTA
C. LAS NAVAS
C. PEDRO VILLAR
LIMONERO
C. SAN FELIPE
C. DEL ROBLE
BALSAMINAS
CJÓN. GARCÍA CEA
C. GENERAL
C. PRESIDENTE
C. TERESITA
CARMONA
RAMÍREZ
CABRERA
GLEZ. QUEVEDO

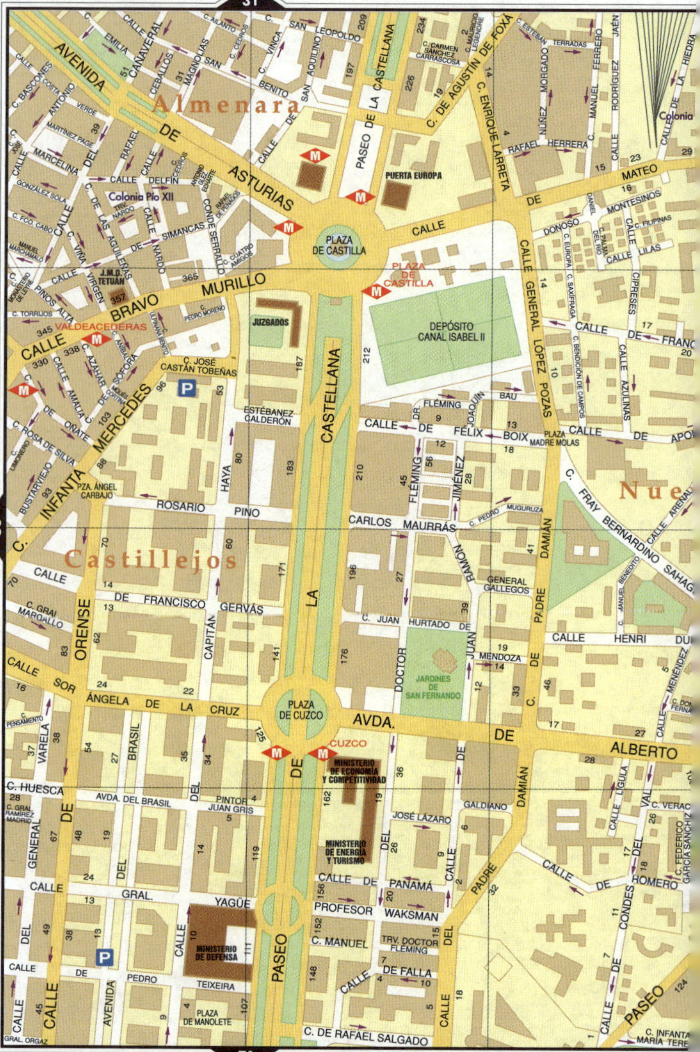

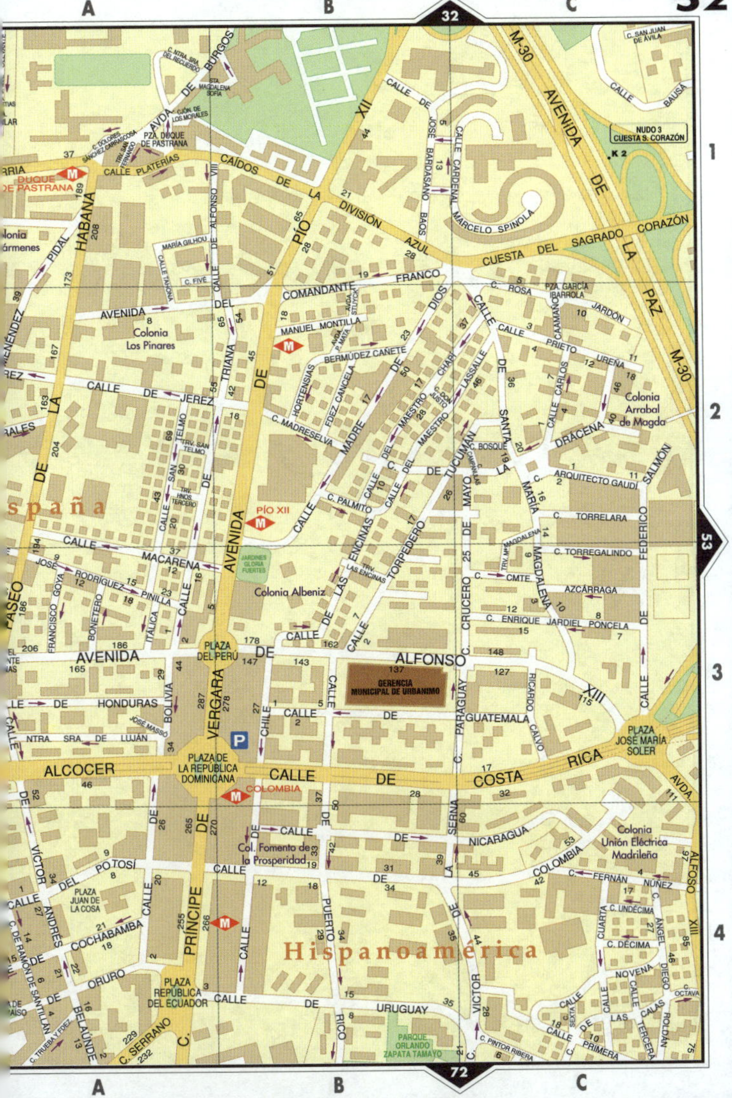
A
B
C
32
53
72
1
2
3
4
NUDO 3 CUESTA S. CORAZÓN
K 2
C. SAN JUAN DE ÁVILA
CALLE BAUSA
M-30
AVENIDA DE LA PAZ
CUESTA DEL SAGRADO CORAZÓN
CALLE CARDENAL MARCELO SPÍNOLA
CALLE JOSÉ BARDASANO BAOS
CALLE DE
AVDA. DE BURGOS
C. NTRA. SRA. DEL RECUERDO
STA. MAGDALENA SOFÍA
CJÓN. DE LOS MORALES
C. DOLORES SÁNCHEZ CARRASCOSA
TRV. SAN FERNANDO
PZA. DUQUE DE PASTRANA
DUQUE DE PASTRANA
CALLE PLATERÍAS
CAÍDOS DE LA DIVISIÓN AZUL
PÍO XII
AVENIDA DE PÍO XII
HABANA
PASEO DE LA HABANA
PIDAL
Colonia Cármenes
MARÍA GILHOU
CALLE TANGER
C. FIVE
CALLE DE ALFONSO VIII
AVENIDA DEL TRIANA
Colonia Los Pinares
COMANDANTE FRANCO
AVDA. STUYCK
MANUEL MONTILLA
AVDA. P. MATA
BERMÚDEZ CAÑETE
HORTENSIAS
FDEZ. CANCELA
CALLE MADRE DE DIOS
MAESTRO CHAPÍ
C. DON JUSTO
MAESTRO LASSALLE
CALLE DE SANTA MARÍA MAGDALENA
C. ROSA
PZA. GARCÍA IBARROLA
JARDÓN
CAAMAÑO
CALLE PRIETO UREÑA
CALLE CARLOS
Colonia Arrabal de Magda
DRÁCENA
C. BOSQUE
CAMPANILLAS
TUCUMÁN
C. ARQUITECTO GAUDÍ
SALMÓN
CALLE FEDERICO SALMÓN
C. TORRELARA
C. TORREGALINDO
TRV. Mª MAGDALENA
C. CMTE. AZCÁRRAGA
C. ENRIQUE JARDIEL PONCELA
CALLE DE JEREZ
C. MADRESELVA
TELMO
TRV. SAN TELMO
CALLE SAN TELMO
TRV. HNOS. TERCERO
CALLE DE HNOS. TERCERO
C. PALMITO
CALLE ENCINAS
CALLE DE LAS ENCINAS
TRV. LAS ENCINAS
TORPEDERO
CRUCERO
C. CRUCERO DE MAYO
España
PÍO XII
JARDINES GLORIA FUERTES
Colonia Albéniz
CALLE MACARENA
JOSÉ RODRÍGUEZ PINILLA
FRANCISCO GOYA
BONETERO
ITÁLICA
CALLE
PLAZA DEL PERÚ
AVENIDA DE ALFONSO XIII
GERENCIA MUNICIPAL DE URBANISMO
PARAGUAY
C. PARAGUAY
RICARDO CALVO
PLAZA JOSÉ MARÍA SOLER
CALLE DE HONDURAS
BOLIVIA
JOSÉ MASSÓ
NTRA. SRA. DE LUJÁN
VERGARA
AVENIDA DE VERGARA
CHILE
CALLE DE GUATEMALA
PLAZA DE LA REPÚBLICA DOMINICANA
ALCOCER
CALLE DE COSTA RICA
COLOMBIA
AVDA.
C. SERNA
CALLE DE NICARAGUA
Colonia Unión Eléctrica Madrileña
C. FERNÁN NÚÑEZ
C. UNDÉCIMA
C. DÉCIMA
CUARTA
C. ÁNGEL
NOVENA
CALLE SEXTA
CALLE TERCERA
C. OCTAVA
DIEGO ROLDÁN
CALAS
LAS
CALLE DE PRIMERA
C. PINTOR RIBERA
ALFONSO XIII
Col. Fomento de la Prosperidad
CALLE DE POTOSÍ
PLAZA JUAN DE LA COSA
CALLE VÍCTOR ANDRÉS BELAÚNDE
C. DE RAMÓN DE SANTILLÁN
COCHABAMBA
ORURO
C. TRUEBA Y FDEZ.
C. SERRANO
C. PRÍNCIPE DE VERGARA
PLAZA REPÚBLICA DEL ECUADOR
CALLE DE URUGUAY
PUERTO RICO
Hispanoamérica
PARQUE ORLANDO ZAPATA TAMAYO
VÍCTOR DE LA SERNA
P
M

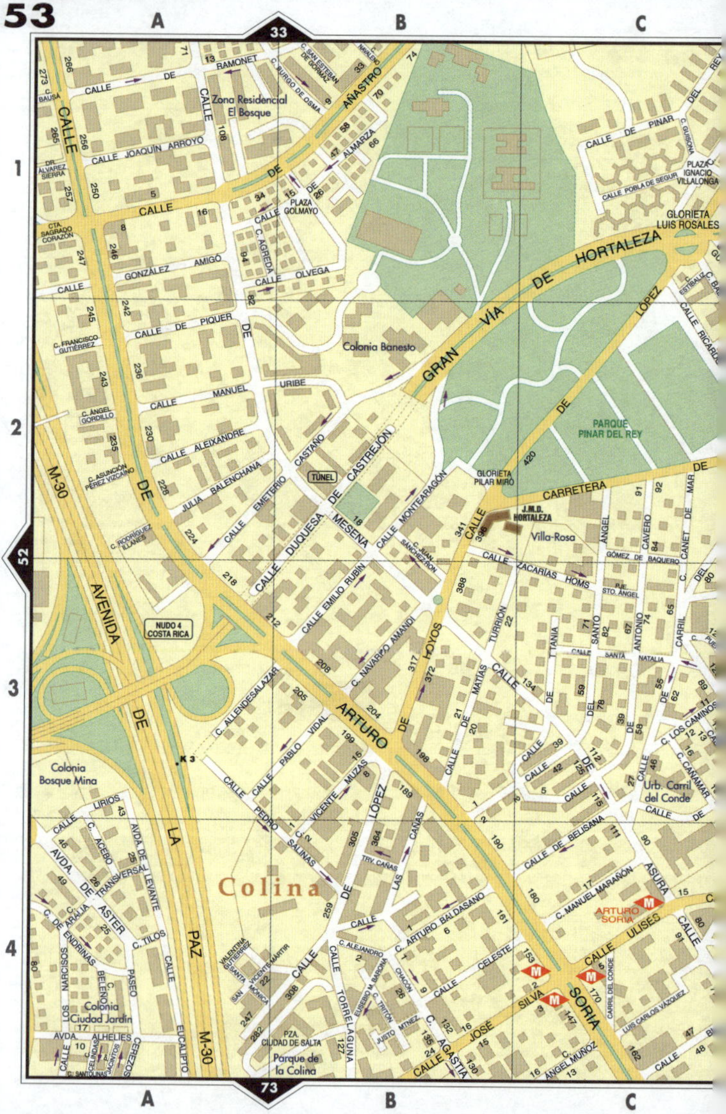
A
B
C
1
2
3
4
33
52
73
Zona Residencial El Bosque
CALLE DE RAMONET
C. SAN ESTEBAN DE GORMAZ
C. BURGO DE OSMA
NAVALENO
CALLE DE AÑASTRO
CALLE JOAQUÍN ARROYO
ALMARZA
PLAZA GOLMAYO
C. AGREDA
CALLE OLVEGA
C. BAUSÁ
DR. ÁLVAREZ SIERRA
CTA. SAGRADO CORAZÓN
CALLE GONZÁLEZ AMIGÓ
CALLE DE PIQUER
C. FRANCISCO GUTIÉRREZ
CALLE DE URIBE
CALLE MANUEL
C. ÁNGEL GORDILLO
CALLE ALEIXANDRE
C. ASUNCIÓN PÉREZ VIZCAÍNO
JULIA BALENCHANA
CALLE EMETERIO
CASTAÑO
DE CASTREJÓN
TÚNEL
CALLE DUQUESA
MESENA
CALLE MONTEARAGÓN
C. JUAN SÁNCHEZ RON
C. RODRÍGUEZ ILLANES
Colonia Banesto
GRAN VÍA DE HORTALEZA
GLORIETA LUIS ROSALES
CALLE DE PINAR
C. GUISONA
PLAZA IGNACIO VILLALONGA
CALLE POBLA DE SEGUR
DEL REY
C. ESTIBALIZ
CALLE RICARDO
DE LÓPEZ
PARQUE PINAR DEL REY
GLORIETA PILAR MIRÓ
CARRETERA DE
J.M.D. HORTALEZA
Villa-Rosa
CALLE ZACARÍAS HOMS
GÓMEZ DE BAQUERO
PJE. STO. ÁNGEL
ÁNGEL CAVERO
C. CANET DE MAR
CALLE TURRIÓN
CALLE SANTO
TANIA
CALLE SANTA NATALIA
ANTONIO
CARRIL
CALLE MATÍAS
DEL
DE
C. LOS CAMINOS
C. CAÑAMAR
Urb. Carril del Conde
CALLE DE BELISANA
ASURA
C. MANUEL MARAÑÓN
ARTURO SORIA
CALLE ULISES
CALLE CELESTE
CARRIL DEL CONDE
LUIS CARLOS VÁZQUEZ
CALLE SILVA
C. ÁNGEL MUÑOZ
CALLE JOSÉ
C. AGASTIA
CALLE DE ARTURO SORIA
CALLE HOYOS
CALLE EMILIO RUBÍN
C. NAVARRIDO AMANDI
C. ALLENDESALAZAR
PABLO VIDAL
CALLE PEDRO SALINAS
VICENTE MUZAS
LÓPEZ
LAS CAÑAS
TRV. CAÑAS
C. ARTURO BALDASANO
C. ALEJANDRO
EUSEBIO M. BARONA
CHACÓN
C. TRITÓN
JUSTO MTNEZ
CALLE TORRELAGUNA
Parque de la Colina
PZA. CIUDAD DE SALTA
SAN VICENTE MARTIR
VALENTINA GUTIÉRREZ
SANTA MÓNICA
Colina
M-30
AVENIDA DE LA PAZ
NUDO 4 COSTA RICA
K 3
Colonia Bosque Mina
CALLE LIRIOS
C. ACEBO
AVDA. DE LEVANTE
TRANSVERSAL
AVDA. DE ASTER
C. ARALIA
C. DE ENDRINAS
C. TILOS
NARCISOS
LOS
C. BELENO
PASEO
Colonia Ciudad Jardín
AVDA. ALHELÍES
C. CELINDAS
JACINTOS
CEREZOS
C. SANTOLINAS
EUCALIPTO

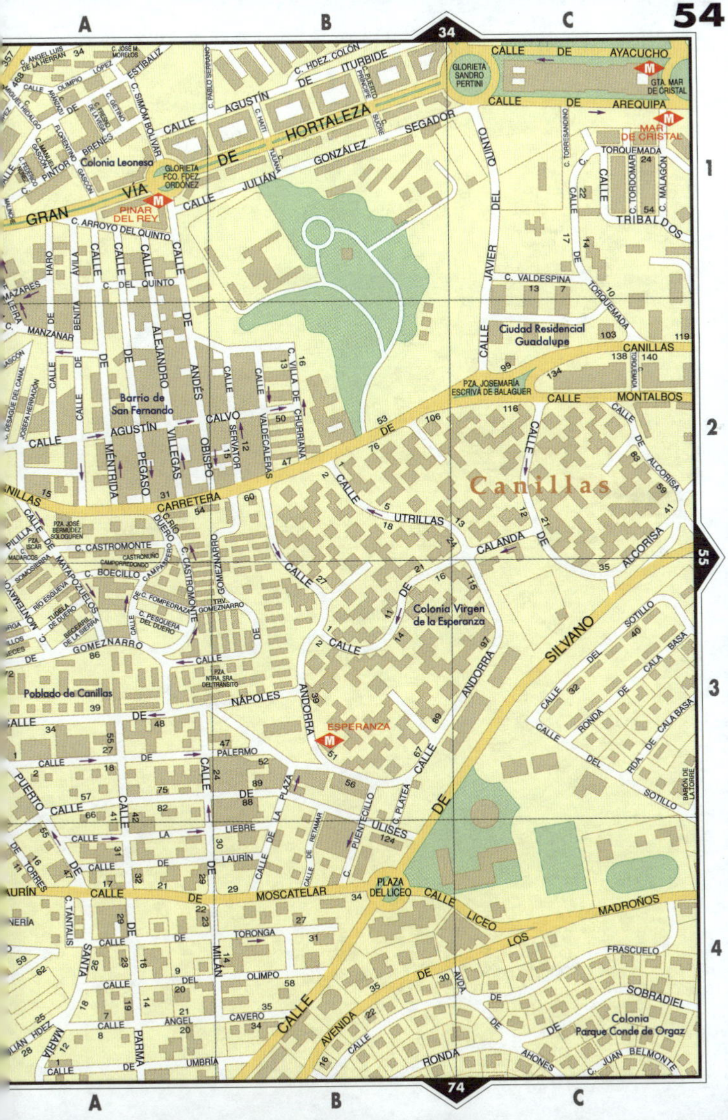
A
B
C
34
1
2
3
4
55
74
CALLE DE AYACUCHO
CALLE DE AREQUIPA
GLORIETA SANDRO PERTINI
GTA. MAR DE CRISTAL
MAR DE CRISTAL
GRAN VÍA DE HORTALEZA
CALLE AGUSTÍN DE ITURBIDE
C. HDEZ. COLÓN
C. PUERTO PRÍNCIPE
C. SUCRE
C. HAITÍ
C. TUTUNA
C. PABLO SERRANO
CALLE JULIÁN GONZÁLEZ SEGADOR
GLORIETA FCO. FDEZ ORDÓÑEZ
PINAR DEL REY
Colonia Leonesa
C. SIMÓN BOLÍVAR
C. ESTÍBALIZ
C. ÁNGEL LUIS DE LA HERRÁN
C. JOSÉ M. MORELOS
C. MIGUEL HIDALGO
CALLE OLIMPIO
C. FLORENTINO
C. MANUEL GASCÓN
C. PINTOR
C. GASCÓN
C. BRENES
C. ARROYO DEL QUINTO
C. DEL QUINTO
CALLE JAVIER DEL QUINTO
C. TORRESANDINO
CALLE TORQUEMADA
C. TORDOMAR
C. MALAGÓN
TRIBALDOS
C. VALDESPINA
Ciudad Residencial Guadalupe
CANILLAS
PZA. JOSEMARÍA ESCRIVÁ DE BALAGUER
CALLE MONTALBOS
Canillas
CALLE DE ALCORISA
CALLE UTRILLAS
CALANDA
Barrio de San Fernando
CALLE AGUSTÍN CALVO
CALLE ALEJANDRO DE ANDÉS
MÉNTRIDA
PEGASO
VILLEGAS
OBISPO
SERVATOR
VALDECALERAS
C. VILLA DE CHURRIANA
CALLE HARO
CALLE ÁVILA
BENITA DE ÁVILA
C. MANZANAR
MAZARES
JOSEFA HERRADÓN
CARRETERA DE CANILLAS
C. DUERO
C. RÍO DUERO
C. CASTROMONTE
C. GOMEZNARRO
PZA. JOSÉ BERMÚDEZ SOLOGUREN
C. BOECILLO
C. CAMPASPERO
C. FOMPEDRAZA
C. PESQUERA DEL DUERO
TRV. GOMEZNARRO
MATAPOZUELOS
RÍO ESGUEVA
TUDELA DE DUERO
BECERRIL DE LA SIERRA
MONTEMAYOR
GOMEZNARRO
Colonia Virgen de la Esperanza
CALLE DE ANDORRA
ESPERANZA
SILVANO
CALLE DEL SOTILLO
RONDA DE CALA BASA
BARÓN DE LA TORRE
PZA. NTRA. SRA. DEL TRÁNSITO
Poblado de Canillas
NÁPOLES
PALERMO
CALLE DE MILÁN
CALLE DE LA LIEBRE
LAURÍN
C. PLATEA
C. PUENTECILLO
ULISES
CALLE DE PUERTO
PLAZA DEL LICEO
CALLE DE MOSCATELAR
CALLE LICEO
CALLE DE LOS MADROÑOS
FRASCUELO
SOBRADIEL
Colonia Parque Conde de Orgaz
AHONES
C. JUAN BELMONTE
RONDA
AVENIDA
CALLE DE SILVANO
AVDA.
TORONGA
OLIMPO
CAVERO
UMBRÍA
C. TÁNTALIS
CALLE SANTA MARÍA
CALLE DEL ÁNGEL
PARMA
JULIÁN HDEZ.
TORRES

55

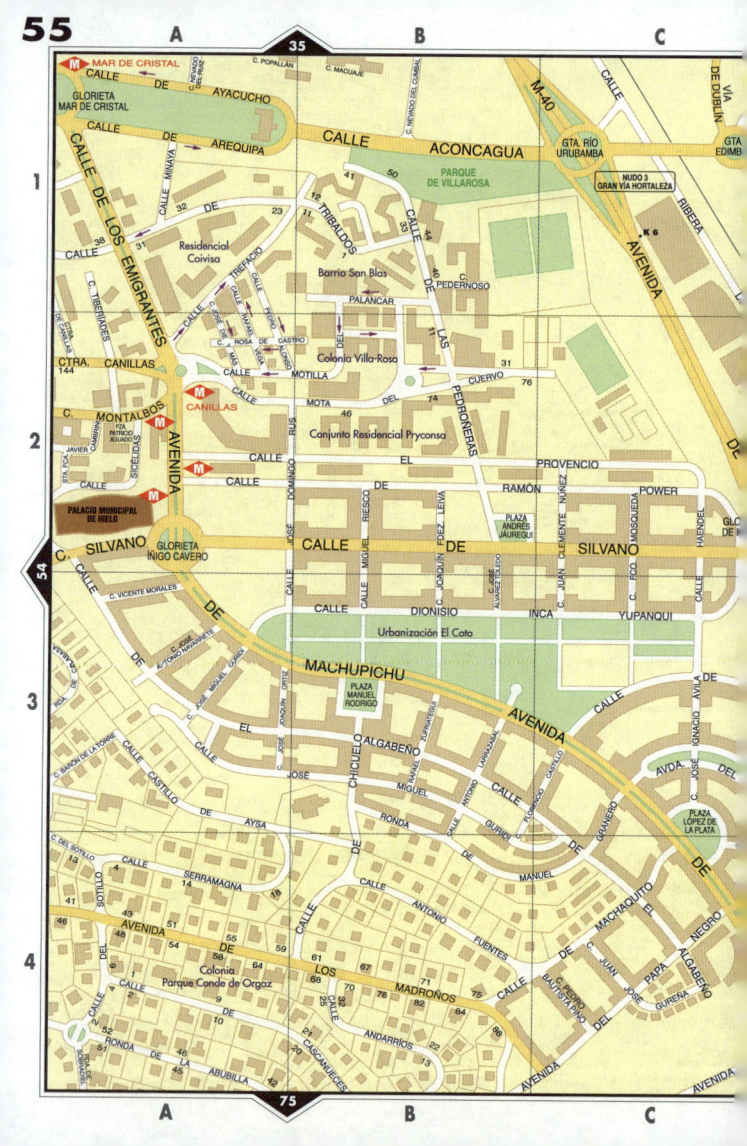

A | B | C

MAR DE CRISTAL
GLORIETA MAR DE CRISTAL
CALLE DE AYACUCHO
C. POPALLAN
C. MACUAJE
C. NEVADO DEL CHIMBAL
M-40
CALLE
VÍA DE DUBLÍN
CALLE DE AREQUIPA
CALLE ACONCAGUA
GTA. RÍO URUBAMBA
GTA EDIMB

1
CALLE DE LOS EMIGRANTES
CALLE MINAYA
TRIBALDOS
PARQUE DE VILLAROSA
NUDO 3 GRAN VÍA HORTALEZA
RIBERA
K 6
AVENIDA
Residencial Coivisa
Barrio San Blas
C. PEDERNOSO
PALANCAR
C. TIBERIADES
CTRA. CANILLAS 144
CALLE TRIFACIO
C. ROSA DE CASTRO
Colonia Villa-Rosa
MOTILLA
CUERVO
LAS
MOTA
PEDROÑERAS
DEL
C. MONTALBOS
PZA PATRICIO AGUADO
CANILLAS

2
AVENIDA
Conjunto Residencial Pryconsa
EL
PROVENCIO
CALLE
RAMÓN
POWER
CALLE
JOSÉ
DOMINGO
RIESGO
LEIVA
JUAN CLEMENTE NÚÑEZ
PLAZA ANDRÉS JÁUREGUI
PALACIO MUNICIPAL DE HIELO
GLORIETA IÑIGO CAVERO
C. SILVANO
CALLE DE SILVANO
GLC DE H
JOAQUÍN
JUÁREZ
C. VICENTE MORALES
CALLE
DIONISIO
INCA
FCO. MOSQUEDA
YUPANQUI

3
Urbanización El Coto
AVENIDA MACHUPICHU
DE
CALLE
CALLE
PLAZA MANUEL RODRIGO
AVENIDA
C. RAMÓN DE LA TORRE
EL
CHICUELO
ALGABEÑO
JOSÉ
CASTILLO
CALLE
JOSÉ
MIGUEL
CALLE
ANTONIO
GURIDY
MANUEL
AVDA. JOSÉ IGNACIO ÁVILA
PLAZA LÓPEZ DE LA PLATA
AYSA
RONDA
GAINERO

4
C. DEL SOTILLO
CALLE
SERRAMAGNA
CALLE
ANTONIO FUENTES
CALLE DE MACHAQUITO
EL
ALGABEÑO
AVENIDA
DE
LOS MADROÑOS
PAPA NEGRO
Colonia Parque Conde de Orgaz
ANDARRIOS
CASCANUECES
ABUBILLA
RONDA DE LA
AVENIDA
AVENIDA
PEDRO BAUTISTA PINO
JUAN
GUTENA

A
B
C
36
PABELLÓN 10
PABELLÓN 9
PABELLÓN 8
PABELLÓN 7
RECINTOS FERIALES
IFEMA
PABELLÓN 6
PABELLÓN 5
PABELLÓN 4
PABELLÓN 3
PABELLÓN 2
PABELLÓN 1
PABELLÓN 14
PABELLÓN 12
ACCESO OESTE
ACCESO ESTE
CALLE VÍA DE DUBLÍN
CAMPO DE GOLF OLIVAR DE LA HINOJOSA
CAMPO DE LAS NACIONES
PUERTA SUR
CAMPO DE LAS NACIONES
GTA. DE HAMBURGO
TÚNEL
AVENIDA DEL PARTENÓN
CALLE TURÍN
CALLE AMSTERDAM
CALLE ESTRASBURGO
CALLE AMBERES
AV. CAPITAL DE ESPAÑA-MADRID
PARQUE JUAN CARLOS I
PASEO OTOÑO
GTA. DE LUXENBURGO
NUDO 4 SILVANO
RIBERA DE LA
CALLE RIBERA DEL LOIRA
RIBERA DEL SENA
PALACIO MUNICIPAL DE CONGRESOS
PASEO DE LAS DOCE ESTRELLAS
GLORIETA SU ALTEZA REAL DON JUAN DE BORBÓN Y BATTEMBERG
AVDA. CONSEJO DE EUROPA
JARDÍN DE LAS LLUVIAS
MANUEL AZAÑA
K 7
TÚNEL
ESTANQUE SUR
NUDO 5 RECINTOS FERIALES
CASTILLO
PALACIOS
PICEAS
AVDA. DE LOS ANDES
C. MAHONIA
CALLE DEL AÑIL
CALLE DEL BOJ
LAS
C. MITRA
C. PETUNIAS
AVDA. LOS ARCES
C. JUAN MTNEZ. ARROYO
C. ENRIQUE DE ARMONÍA
C. PRADA
TÚNEL ACCESO M-12 EJE AEROPUERTO
M-40
GTA. MAR CARIBE
1
2
3
4
57
76

57

CAMPO DE GOLF OLIVAR DE LA HINOJOSA

Olivar de la Hinojosa

CALLE M-11 ARIADNA

TÚNEL

INVIERNO
PASEO
ESTANQUE NORTE

CAMPO DE LAS NACIONES

JARDÍN DE LAS TRES CULTURAS

RÍA

PARQUE JUAN CARLOS I

PASEO CENTRAL
PLAZA CENTRAL
RÍA
PASEO PRIMAVERA

JARDINES MONOTEMÁTICOS

LAGO

PASEO
ESTANQUE SUR
VERANO

CALLE LOG

AUDITORIO

M-110
AVENIDA DE

PARQUE EL CAPRICHO

PASEO DE LA ALAMEDA

A
B
C
38
1
2
3
4
59
78
ARAJAS
Alameda de Osuna
CALLE ARIADNA
M-11
CALLE DEL MISTRAL
C. TORNADO
C. TIFÓN
GLORIETA PTO. DE LOS CARROS
C. BARLOVENTO
C. ALCAÑIZ
C. ALAGÓN
PASEO DEL ZURRÓN
C. AERONAVE
C. MURO
C. ALAR DEL REY
CALLE DE ARTEMISA
C. BLANCANICA
LOGROÑO
M-110
C. DE AYERBE
PÁRROCO MÁXIMO MTNEZ. DE CASTRO
BUSCÓN D. PABLOS
Barriada del Corralejo
CALLE DE BELLATERRA
C. BARILOCHE
C. BALCÓN DE CORRALEJOS
C. BALMASEDA
GTA. ALHABIA
CALLE DE BABILONIA
GTA. ERMITA VIRGEN DE LA SOLEDAD
MÁLAGA
C. BORNOS
C. BAHÍA DE SANTANDER
C. BIELSA
C. BASCUÑANA
CALLE DE SANTA POLA
C. BLANCAFORT
C. BENICARLÓ
C. BARCARROTA
CALLE BENISODA
CALLE DE MARQUÉS
BLANES
CALLE BOIRO
BOROX
BURRIANA
C. LA BAÑA
BAZA
C. BAHÍA DE LA CONCHA
BAHÍA
CALLE BAHÍA DE SANTOÑA
C. BAHÍA GANDO
DE POLLENSA
CALLE DE BERNA
DE BURETA
BRIONES
BASELLA
CALLE DE SAN SEVERO
CALLE DE MILÚ Y TOMILLAR
TINTÍN
Barrio del Ventorro
BAHÍA DE ALCUDIA
BAHÍA DE MAHÓN
PALMA
ALMERÍA
BANDE
BENIFAYÓ
AVENIDA
CALLE DE CARTAGENA
CÁDIZ
CALLE DE LOS SANCHA
Ciudad Residencial Alameda de Osuna
CALLE DE MANUEL AGUILAR
ANTONIO
ALAMEDA DE OSUNA
CALLE DE BREZOS
LA RIOJA
CALLE DEL FUENTE
GASOLINA
CALLE DE RIAÑO
Urbanización Embajada
CALLE SOTO HIDALGO
PZA. GOLETA
JARDINES MARI LUZ NÁJERA
BERGANTÍN
Conjunto Residencial Barajas
VÍA VERDE
CANTABRIA
GALEÓN
HISPANIDAD
CASTILLO DE LA ALAMEDA
IBARRA
JOAQUÍN
C. BENITO MONFORT
CARABELA
MUÑOZ
M ALAMEDA DE OSUNA
GALERA
CORBETA
PASEO
Ciudad Residencial Los Álamos
TRV. RIOJA
C. JOAQUÍN IBARRA
OSUNA
PZA. NAVÍO
CALLE CARABELA
BALANDRO
C. FALÚA
C. CANOA
AVENIDA
AVDA. DE LA HISPANIDAD
M-14
AVDA. SUR AEROPUERTO DE BARAJAS
AVDA. CENTRAL

59

Colonia Iberia

AEROPUERTO

AEROPUERTO MADRID-BARA

T-3 PUENTE AÉREO IB
T-2 VUELOS NACIO
T-1 VUELOS INTERNACIONAL

Urbanización Embajada

TERMINAL DE AUTORIDADES

PISTAS AEROPUERTO

TERMINAL DE CARGA

CALLE AYERBE
C. BUSCÓN
D. PABLOS
CAMINO DEL CUARTEL
M-13 AUTOVIA
CALLE M-11
CALLE DE RIAÑO
CALLE ARIADNA
AVENIDA DE LA HISPANIDAD
M-14
AVDA. CENTRAL
C. ALFA CENTRAL
CALLE CHARLIE

PISTAS AEROPUERTO

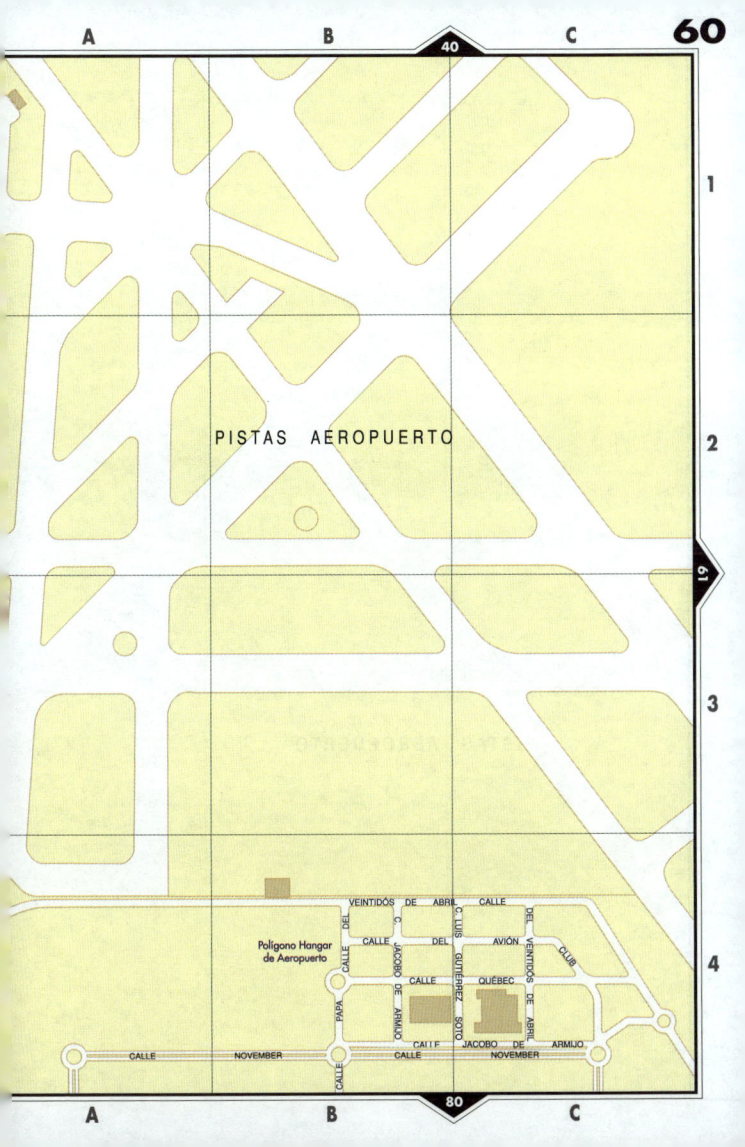

Polígono Hangar de Aeropuerto

CALLE VEINTIDÓS DE ABRIL
C. LUIS GUTIÉRREZ SOTO
CALLE DEL AVIÓN
CALLE VEINTIDÓS DE ABRIL
CLUB
CALLE PAPA
CALLE JACOBO DE ARMIJO
CALLE QUÉBEC
CALLE JACOBO DE NOVEMBER
ARMIJO
CALLE NOVEMBER
CALLE

61

Valdemorillo

PISTAS AEROPUERTO

La Muñoza

62

La Caldera Alta

HANGARES

TÉRMINO MUNICIPAL DE SAN FERNANDO DE HENARES

RÍO JARAMA

CTRA. DE LA MUÑOZA

...s Charcas

82

TÉRMINO MUNICIPAL DE POZUELO DE ALARCÓN

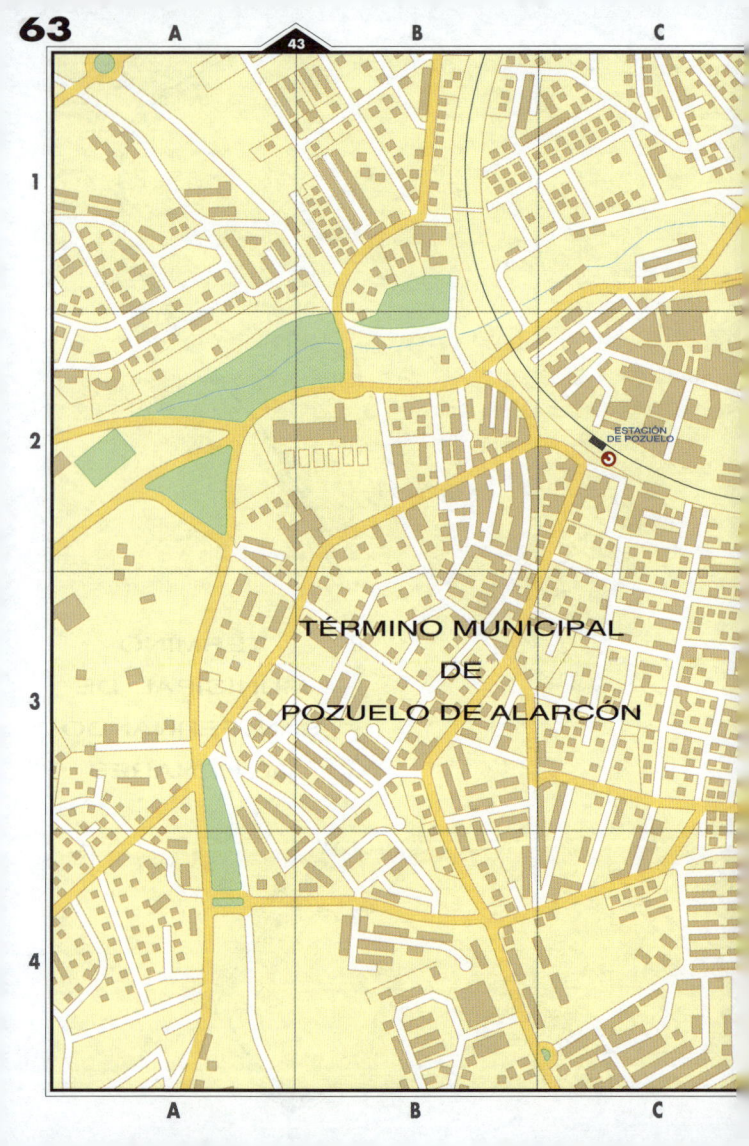

ESTACIÓN DE POZUELO

64

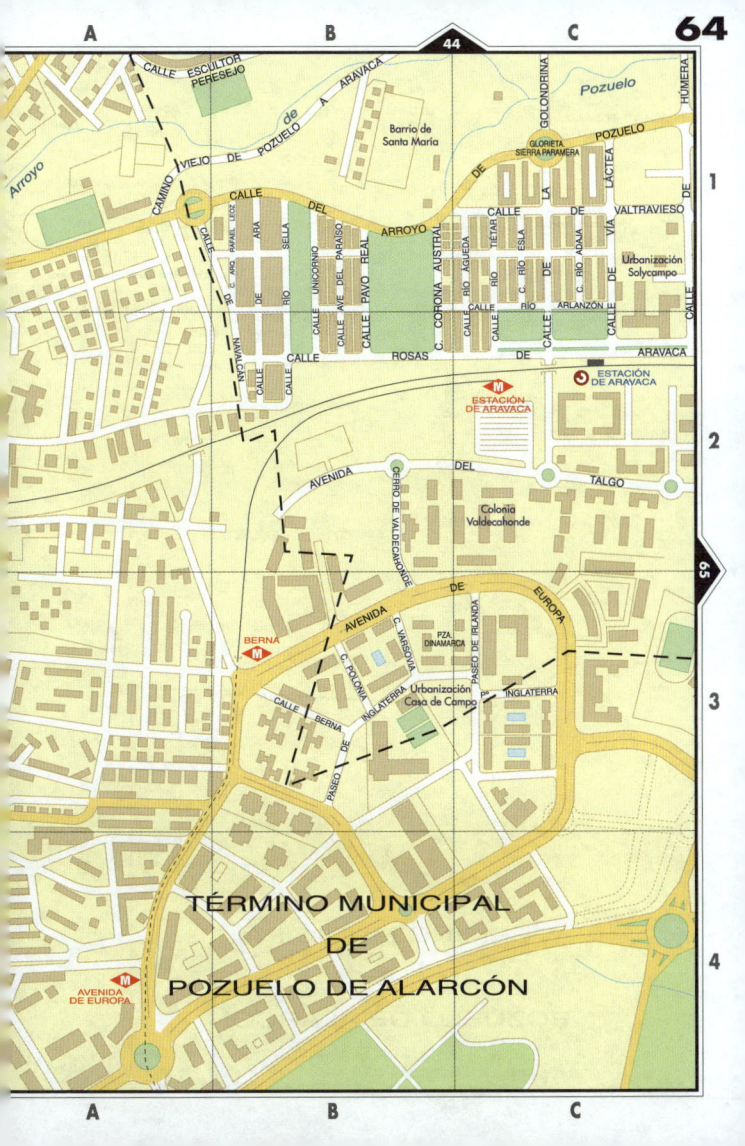

A · B · C

Pozuelo

- Arroyo
- CALLE ESCULTOR PERESEJO
- A ARAVACA
- CAMINO VIEJO DE POZUELO
- Barrio de Santa María
- CALLE GOLONDRINA
- Glorieta Sierra Paramera
- POZUELO
- CALLE LACTEA
- CALLE DE HUMERA
- CALLE DEL ARROYO
- C. CORONA AUSTRAL
- CALLE DE VALTRAVIESO
- CALLE RAFAEL LÓPEZ
- CALLE DE RÍO SELLA
- CALLE APA
- CALLE UNICORNIO
- CALLE AVE DEL PARAÍSO
- CALLE PAVO REAL
- C. RÍO TIETAR
- C. RÍO AGUEDA
- C. RÍO ESLA
- C. RÍO ADAJA
- C. RÍO ARLANZÓN
- CALLE NAVALUENGA
- CALLE ROSAS
- CALLE DE ARAVACA
- Urbanización Solycampo
- ESTACIÓN DE ARAVACA (M)
- ESTACIÓN DE ARAVACA
- AVENIDA DEL TALGO
- CERRO DE VALDECAHONDE
- Colonia Valdecahonde
- AVENIDA DE EUROPA
- BERNA (M)
- C. VARSOVIA
- C. COLONIA
- CALLE BERNA
- PASEO DE INGLATERRA
- PZA DINAMARCA
- PASEO DE IRLANDA
- Urbanización Casa de Campo
- P.º INGLATERRA

TÉRMINO MUNICIPAL DE POZUELO DE ALARCÓN

- AVENIDA DE EUROPA (M)

44 · 65

65

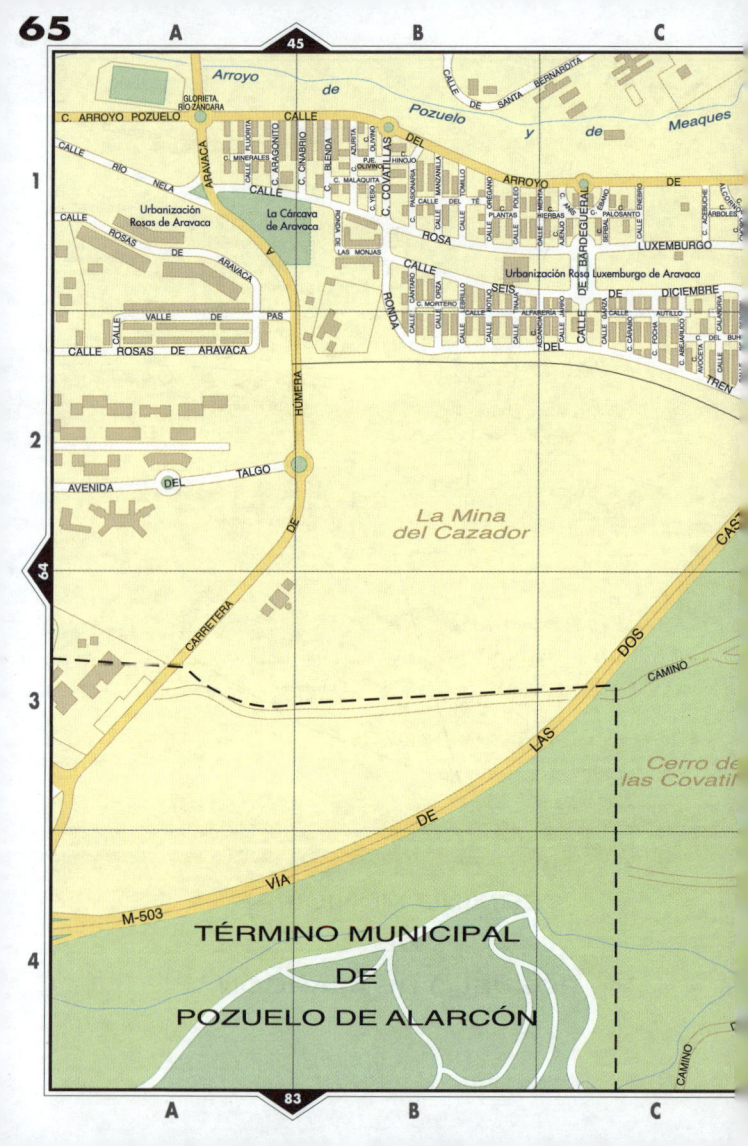

A

- C. ARROYO POZUELO
- Arroyo de Pozuelo
- GLORIETA RÍO ZÁNCARA
- CALLE RÍO NELA
- CALLE
- Urbanización Rosas de Aravaca
- CALLE ROSAS DE ARAVACA
- VALLE DE
- CALLE ROSAS DE ARAVACA
- AVENIDA DEL TALGO
- CARRETERA DE HUMERA
- AVARACA Y PAS

B

- CALLE DE SANTA BERNARDITA
- CALLE DEL ARROYO
- C. MINERALES
- C. ARAGONITO
- C. FLORITA
- C. BLENDA
- C. AJORITA
- C. CINABRIO
- C. OLIVINO
- C. MALAQUITA
- C. YESO
- C. PASIONARIA
- FUE.
- C. HINOJO
- CALLE ROSA
- LAS MONJAS
- CALLE MANZANILLA
- CALLE DEL TÉ
- CALLE ORÉGANO
- CALLE TOMILLO
- CALLE PLANTAS
- CALLE HIERBAS
- CALLE MENTA
- CALLE POLEO
- Urbanización Rosa Luxemburgo de Aravaca
- CALLE FLORIDA
- CALLE SEIS
- CALLE DE DICIEMBRE
- C. CÁNTARO
- C. ORZA
- C. MONTERO
- C. ALFARERÍA
- C. ASADOR
- CALLE
- C. AUTILLO
- C. FOCHA
- CALLE DEL TREN
- La Mina del Cazador
- VÍA DE LAS DOS CAST
- M-503

C

- Meaques
- DE
- LUXEMBURGO
- C. PALOSANTO
- C. ENEBRO
- C. ÁRBOLES
- CALLE DE BARDEGUERAL
- C. HIGUERILLO
- CAMINO
- Cerro de las Covatil...
- CAMINO

TÉRMINO MUNICIPAL DE POZUELO DE ALARCÓN

66

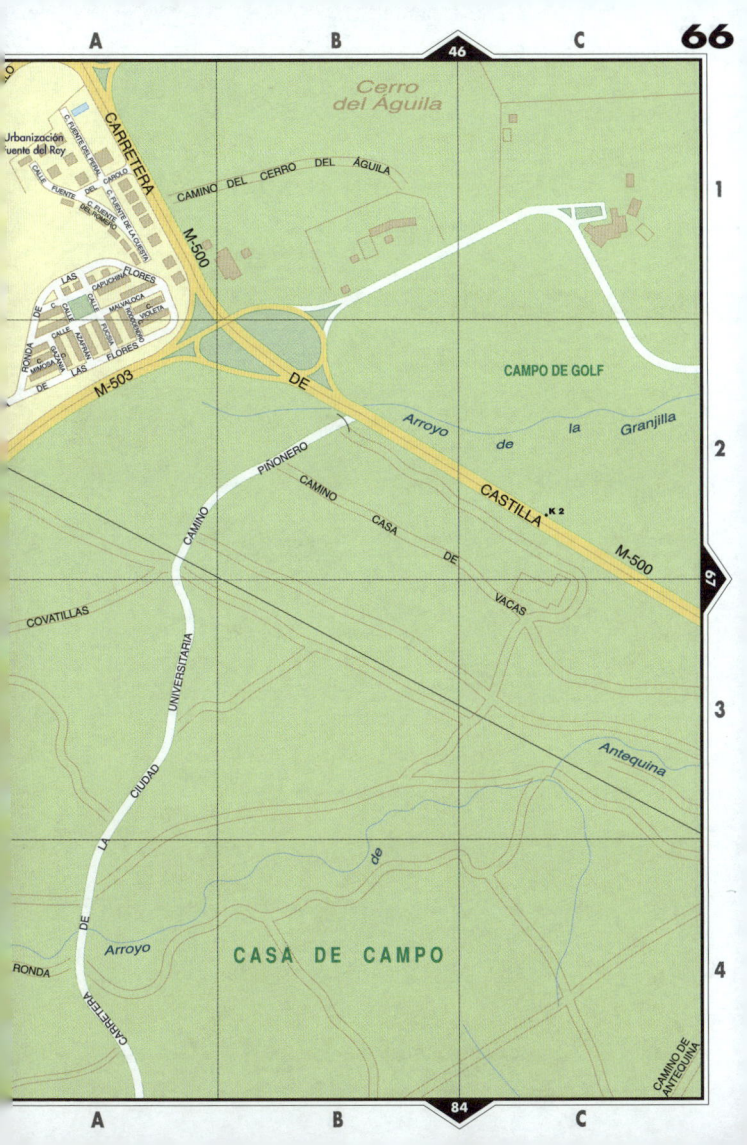

- Cerro del Águila
- Urbanización Fuente del Rey
- CARRETERA M-500
- CAMINO DEL CERRO DEL ÁGUILA
- M-503
- CAMPO DE GOLF
- Arroyo de la Granjilla
- CAMINO PIÑONERO
- CAMINO CASA DE VACAS
- CASTILLA K2
- M-500
- COVATILLAS
- CAMINO DE LA CIUDAD UNIVERSITARIA
- Antequina
- RONDA DE
- CARRETERA
- Arroyo
- CASA DE CAMPO
- CAMINO DE ANTEQUINA

67

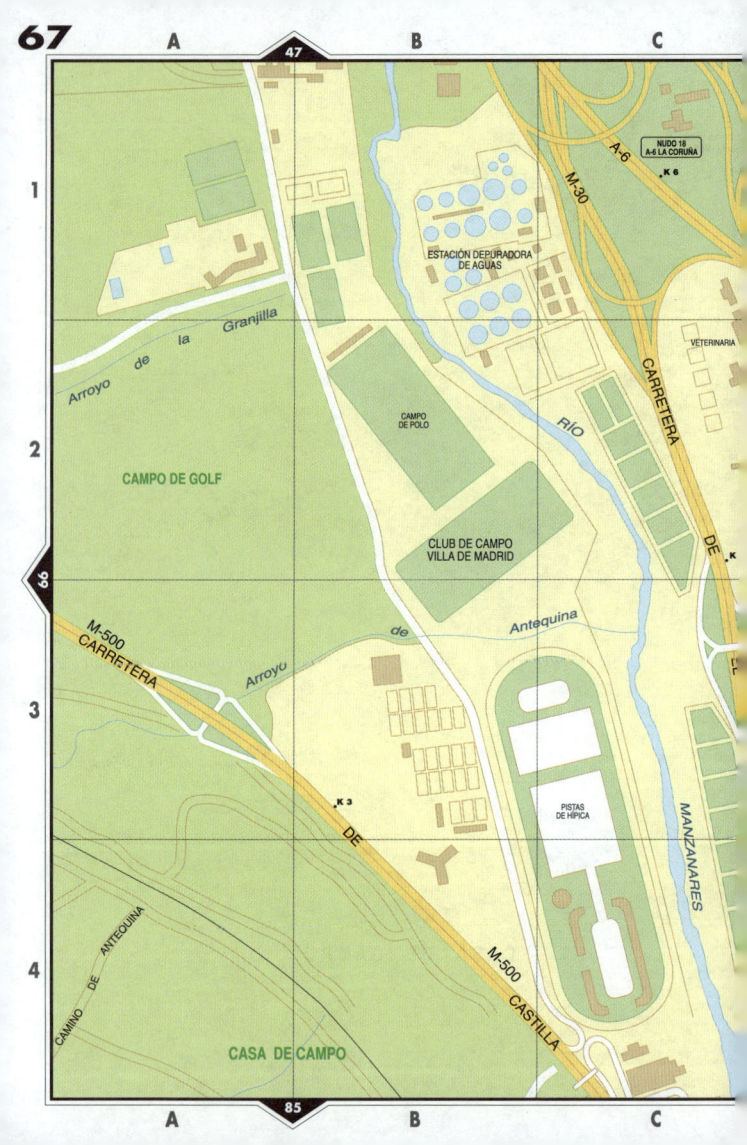

- Arroyo de la Granjilla
- ESTACIÓN DEPURADORA DE AGUAS
- NUDO 18 A-6 LA CORUÑA
- A-6
- M-30
- VETERINARIA
- CARRETERA DE MANZANARES
- CAMPO DE GOLF
- CAMPO DE POLO
- RÍO
- CLUB DE CAMPO VILLA DE MADRID
- Arroyo de Antequina
- M-500 CARRETERA
- PISTAS DE HÍPICA
- CAMINO DE ANTEQUINA
- M-500 DE CASTILLA
- CASA DE CAMPO

Ciudad Universitaria

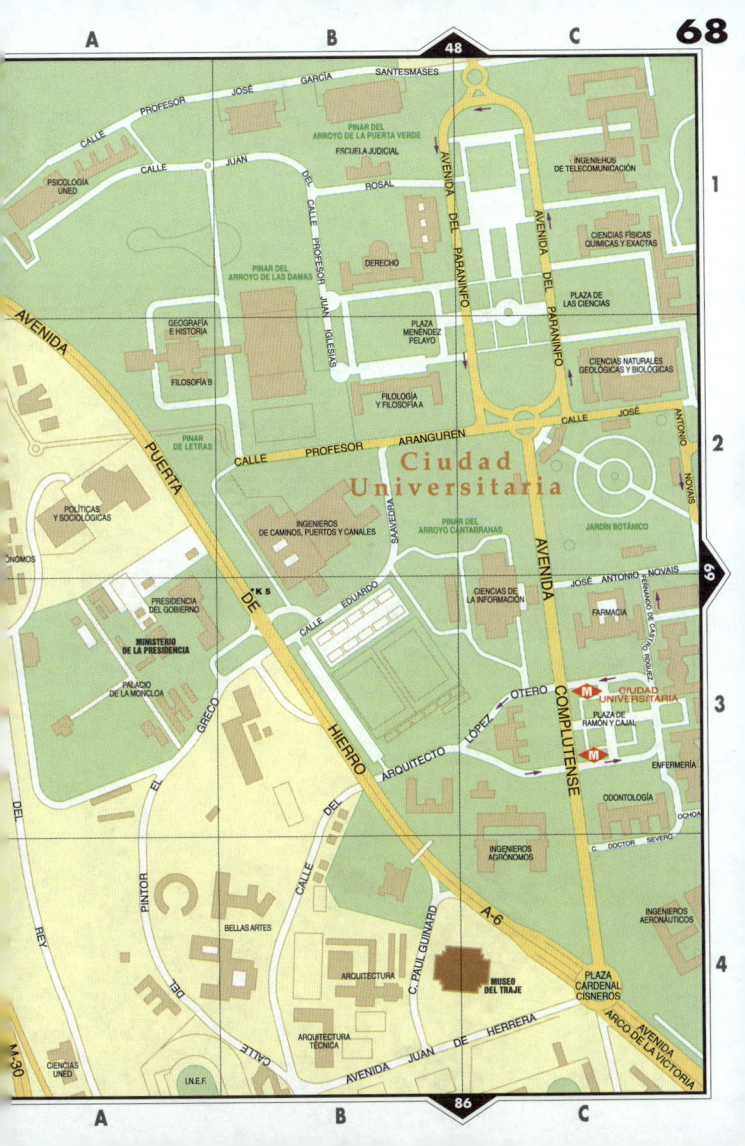

A
B
C
49
1
2
3
4
68
87
DEHESA DE LA VILLA
INSTITUTO NACIONAL DE METEOROLOGÍA
CERRO DE LAS BALAS
CALLE LEONARDO PRIETO CASTRO
INGENIEROS DE MONTES
PINAR DE CIENCIAS FORESTALES
PARQUE DE OFELIA NIETO
C. ALMIRANTE FCO. MORENO
C. VALLE DE ARÁN
AVENIDA DE LAS MORERAS
AVENIDA
C. RECTOR ROYO VILLANOVA
PASEO DE JUAN XXIII
Grupo Parque Almansa
CUESTA AMANIEL
CALLE DE ALMANSA
GLORIETA ELÍAS AHUJA Y ANDRÍA
CALLE DE RAMIRO DE MAEZTU
PARQUE ALMANSA
C. BEATRIZ DE BOBADILLA
C. JUSTO DORADO
CALLE ARAVACA
C. EXPLANADA
CALLE DE LOS VASCOS
C. RAMÓN MENÉNDEZ PIDAL
PLAZA CIUDAD DE VIENA
Conjunto Residencial Ciudad Universitaria Moncloa
CENTRO NACIONAL DE INVESTIGACIONES METALÚRGICAS
PZA. ISLA DE ALBORÁN
CALLE SANTIAGO RUSIÑOL
AVENIDA DE GREGORIO DEL AMO
AVDA. DE LA MONCLOA
METROPOLITANO
C. CONDE DE LA CIMERA
CALLE DE ESTUDIANTES
GUZMÁN EL BUENO
PINAR DEL JARDÍN BOTÁNICO
INSTITUTO DE CARDIOLOGÍA
CALLE DOCTOR SEVERO OCHOA
Ciudad Universitaria
C. DR. JUAN PEDRO MORENO GLEZ.
MEDICINA
PLAZA MARQUÉS DE COMILLAS
VTE. ALEIXANDRE
C. LA GRANJA
C. LA LOMA
GTA. PTE. GARCÍA MORENO
C. DR. TEODORO HERNANDO
DELEGACIÓN PROVINCIAL DE HACIENDA
C. SOTOMAYOR
CALLE DEL GENERAL ASENCIO CABANILLAS
C. CABARRÚS
Colonia Metropolitana
C. SIERRA
C. ATAJO
C. PASTOR
CALLE LOS OLIVOS
C. VIÑA
C. BRISA
C. AMAPOLAS
PASEO
AVENIDA DEL VALLE
GRAL. DÁVILA
CALLE GENERAL RODRIGO
Parque de Las Naciones
PLAZA EUGENIO MARÍA DE HOSTOS
CALLE DE MANUEL BARTOLOMÉ COSSÍO
CALLE DE ISAAC PERAL
CALLE JULIÁN ROMEA
C. GRAL. AMPUDIA
MONCLOA
TRIBUNAL CONSTITUCIONAL
SCARLATTI
C. DOMÉNICO SCARLATTI
C. GAZTAMBIDE
PASEO SAN FRANCISCO
GUZMÁN EL BUENO
CALLE DE JUAN VIGÓN
C. JESÚS MAESTRO
MONTE DEL CLÍNICO
INGENIEROS AERONÁUTICOS
HOSPITAL CLÍNICO UNIVERSITARIO DE SAN CARLOS
PARQUE DE LA VIRGEN BLANCA
INGENIEROS NAVALES
C. PROFESOR MARTÍN LAGOS
C. DOCTOR JIMÉNEZ DÍAZ
CLÍNICA DE LA CONCEPCIÓN
MUSEO DE AMÉRICA
AVDA. REYES CATÓLICOS
PLAZA DE CRISTO REY
C. ISAAC PERAL
HILARIÓN ESLAVA
C. SAN GABRIEL
GAZTAMBIDE
C. CEA BERMÚDEZ
ANDRÉS MELLADO
C. AVIACIÓN ESPAÑOLA
ISLAS FILIPINAS
CALLE
GTA. GUZMÁN EL BUENO
BLASCO DE GARAY
AVENIDA

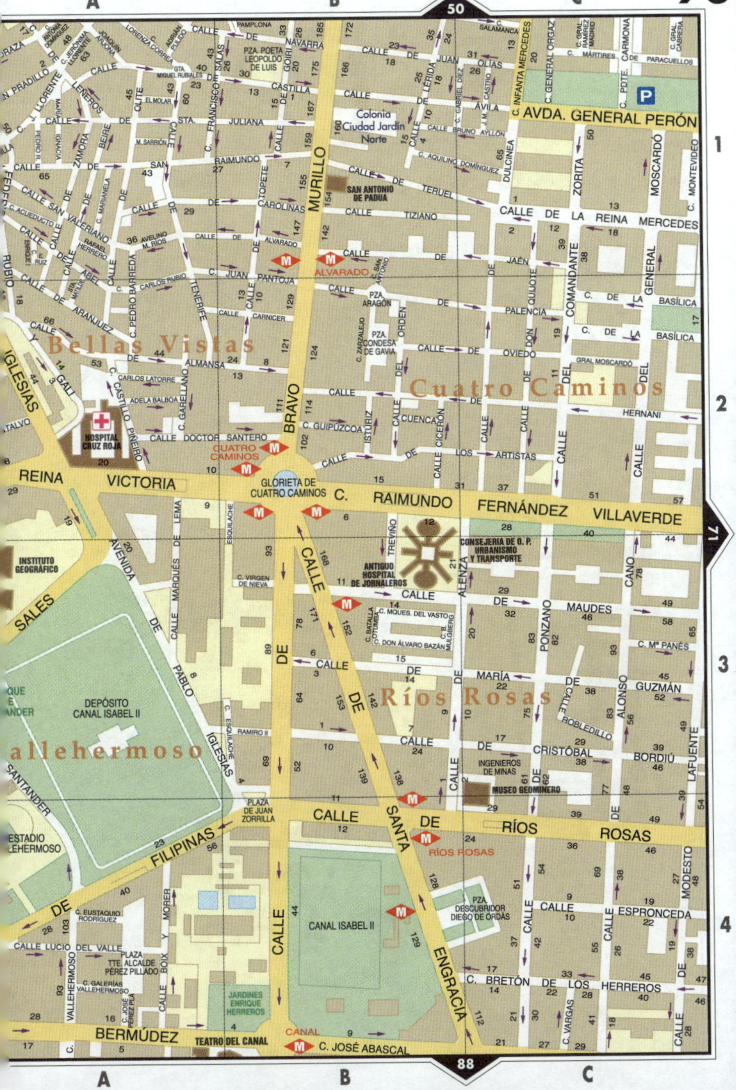
A
B
C
50
88
71
1
2
3
4
Bellas Vistas
Cuatro Caminos
Ríos Rosas
allehermoso
AVDA. GENERAL PERÓN
Colonia Ciudad Jardín Norte
SAN ANTONIO DE PADUA
CALLE DE LA REINA MERCEDES
BRAVO MURILLO
ALVARADO
CALLE DE TERUEL
CALLE TIZIANO
CALLE DE JAÉN
CALLE DE PALENCIA
CALLE DE OVIEDO
HERNANI
ARTISTAS
PZA. ARAGÓN
PZA. CONDESA DE GAVIA
C. GUIPÚZCOA
CUENCA
HOSPITAL CRUZ ROJA
CALLE DOCTOR SANTERO
CUATRO CAMINOS
GLORIETA DE CUATRO CAMINOS
REINA VICTORIA
C. RAIMUNDO FERNÁNDEZ VILLAVERDE
CONSEJERÍA DE O. P. URBANISMO Y TRANSPORTE
ANTIGUO HOSPITAL DE JORNALEROS
INSTITUTO GEOGRÁFICO
AVENIDA DE PABLO IGLESIAS
SALES
DEPÓSITO CANAL ISABEL II
CALLE DE MAUDES
CALLE DE MARÍA DE GUZMÁN
CALLE DE CRISTÓBAL BORDIÚ
CALLE ROBLEDILLO
INGENIEROS DE MINAS
MUSEO GEOMINERO
PLAZA DE JUAN ZORRILLA
CALLE DE RÍOS ROSAS
RÍOS ROSAS
CALLE DE SANTA ENGRACIA
DE FILIPINAS
ESTADIO VALLEHERMOSO
CANAL ISABEL II
PZA. DESCUBRIDOR DIEGO DE ORDÁS
CALLE ESPRONCEDA
C. BRETÓN DE LOS HERREROS
CALLE LUCIO DEL VALLE
PLAZA TTE. ALCALDE PÉREZ PILLADO
JARDINES ENRIQUE HERREROS
BERMÚDEZ
TEATRO DEL CANAL
CANAL
C. JOSÉ ABASCAL

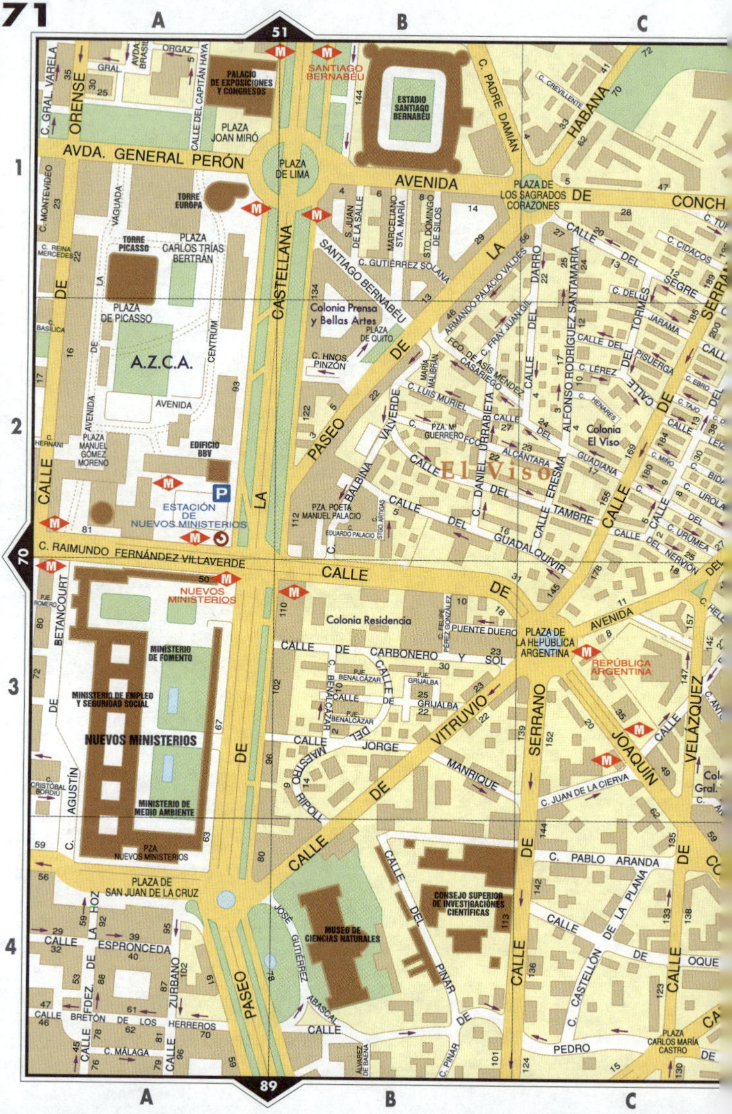

72

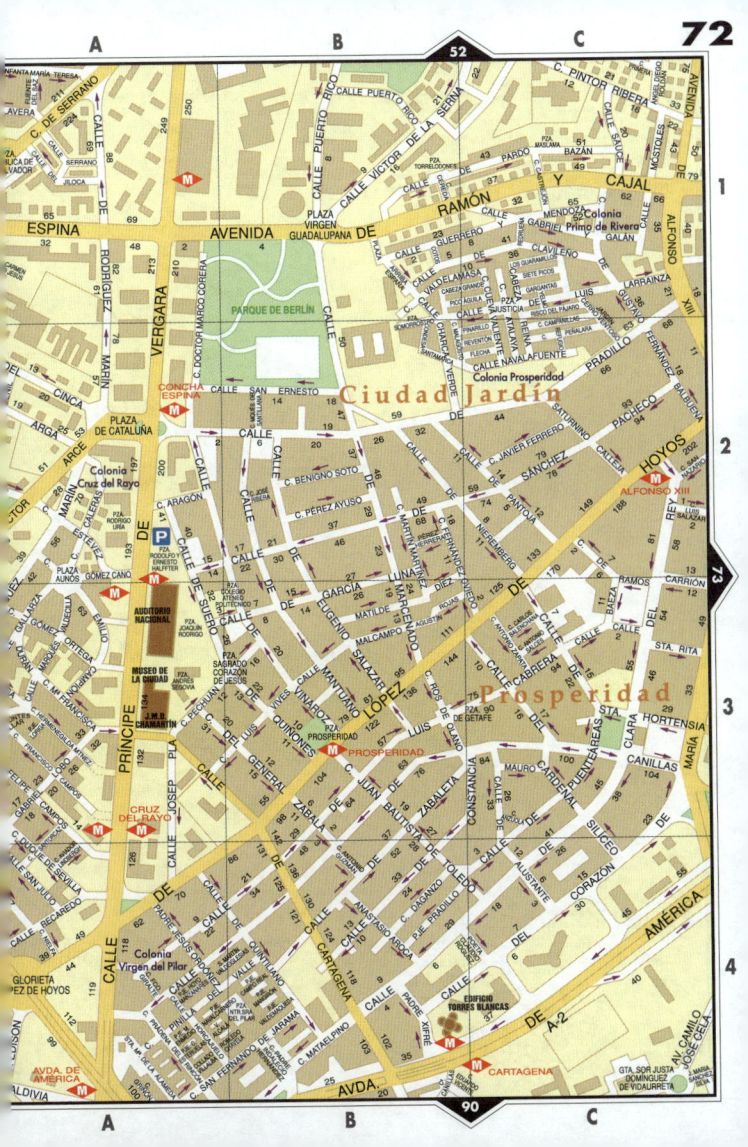

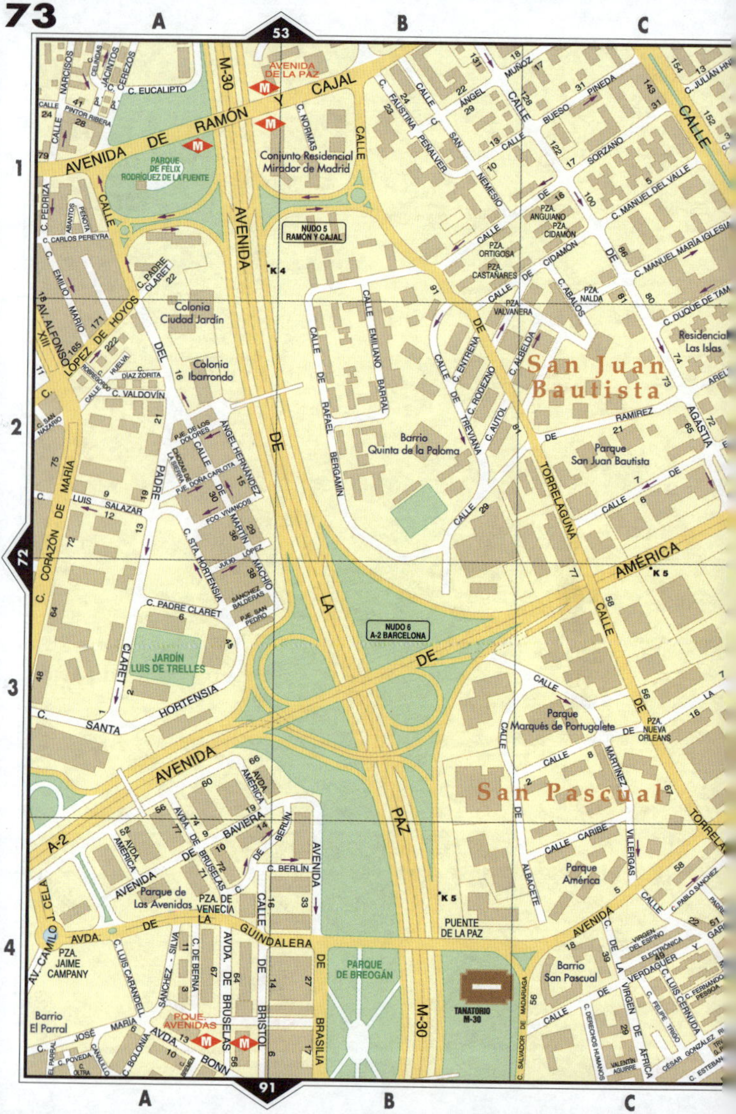
A
B
C
53
72
91
1
2
3
4
AVENIDA DE LA PAZ
AVENIDA DE RAMÓN Y CAJAL
C. EUCALIPTO
PARQUE DE FÉLIX RODRÍGUEZ DE LA FUENTE
Conjunto Residencial Mirador de Madrid
NUDO 5 RAMÓN Y CAJAL
K 4
M-30
C. NORMAS
C. CARLOS PEREYRA
C. PEDRIZA
C. EMILIO MARIO
AV. ALFONSO XIII
LÓPEZ DE HOYOS
C. PADRE CLARET
Colonia Ciudad Jardín
Colonia Ibarrondo
DÍAZ ZORITA
C. VALDOVÍN
C. SAN NAZARIO
C. CORAZÓN DE MARÍA
LUIS SALAZAR
C. STA. HORTENSIA
FCO. VIVANCOS
PJE. DOÑA CARLOTA
ÁNGEL HERNÁNDEZ
MARTÍN
LÓPEZ
MACHIO
SÁNCHEZ BALDERAS
PJE. SAN PEDRO
C. PADRE CLARET
JARDÍN LUIS DE TRELLES
C. SANTA HORTENSIA
CALLE EMILIANO BARRAL
CALLE DE RAFAEL BERGAMÍN
Barrio Quinta de la Paloma
CALLE DE TREVIANA
C. ENTRENA
C. RODEZNO
C. AUTOL
C. ALBELDA
C. ÁBALOS
PZA. NALDA
PZA. VALVANERA
PZA. ORTIGOSA
PZA. CASTAÑARES
PZA. ANGUIANO
PZA. CIDAMÓN
CALLE DE CIDAMÓN
C. NEMESIO
CALLE ÁNGEL MUÑOZ
CALLE FAUSTINA PEÑALVER
C. SAN
BUESO PINEDA
SORZANO
C. MANUEL DEL VALLE
C. MANUEL MARÍA IGLESIAS
C. DUQUE DE TAMAMES
Residencial Las Islas
C. JULIÁN HERNÁNDEZ
San Juan Bautista
RAMÍREZ DE
Parque San Juan Bautista
CALLE DE TORRELAGUNA
AGASTIA
AVENIDA DE AMÉRICA
K 5
NUDO 6 A-2 BARCELONA
A-2
Parque Marqués de Portugalete
PZA. NUEVA ORLEANS
CALLE MARTÍNEZ VILLERGAS
San Pascual
CALLE CARIBE
Parque América
C. ALBACETE
AVDA. AMÉRICA
AVDA. DE BAVIERA
AVDA. DE BRUSELAS
C. BERLÍN
Parque de Las Avenidas
PZA. DE VENECIA
AVENIDA DE LA GUINDALERA
AVENIDA DE LA PAZ
AV. CAMILO J. CELA
PZA. JAIME CAMPANY
C. LUIS CARANDELL
SÁNCHEZ - SILVA
C. DE BERNA
AVDA. DE BRUSELAS
CALLE DE BRISTOL
AVENIDA DE BRASILIA
PARQUE DE BREOGÁN
PUENTE DE LA PAZ
TANATORIO M-30
C. SALVADOR DE MADARIAGA
Barrio San Pascual
CALLE DE LA VIRGEN DE ÁFRICA
VIRGEN DEL ESPINO
ELECTRÓNICA
VERDAGUER Y GARCÍA
C. LUIS CERNUDA
C. FELIPE TRIGO
C. FERNANDO PESSOA
C. DERECHOS HUMANOS
VALENTÍN AGUIRRE
CÉSAR GONZÁLEZ RUANO
C. ESTEBAN
C. PABLO SÁNCHEZ
Barrio El Parral
C. JOSÉ MARÍA
C. BOLONIA
AVDA. BONN
PQUE. AVENIDAS
C. POVEDA
C. OLTRA
CALLE

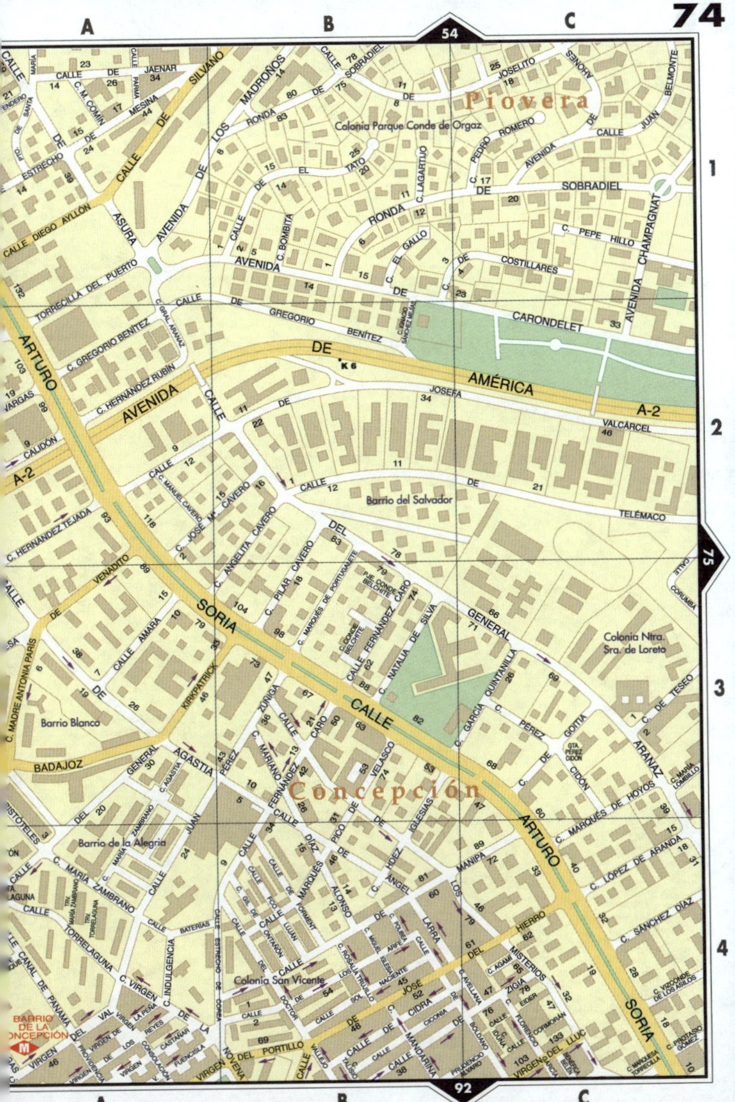
A
B
C
54
75
92
1
2
3
4
Piovera
Colonia Parque Conde de Orgaz
Concepción
Barrio del Salvador
Colonia Ntra. Sra. de Loreto
Barrio Blanco
Barrio de la Alegría
Colonia San Vicente
BARRIO DE LA CONCEPCIÓN
CALLE DE SILVANO
AVENIDA DE LOS MADROÑOS
RONDA DE SOBRADIEL
CALLE DE JAENAR
C. M. COMÍN
ESTRECHO
MESINA
CALLE DIEGO AYLLÓN
ASURA
TORRECILLA DEL PUERTO
C. GRAL. ARANAZ
C. GREGORIO BENÍTEZ
CALLE DE GREGORIO BENÍTEZ
C. HERNÁNDEZ RUBÍN
AVENIDA DE AMÉRICA
A-2
K 6
JOSEFA VALCÁRCEL
CALLE DE TELÉMACO
ARTURO SORIA
CALLE ARTURO SORIA
VARGAS
CALIDÓN
C. HERNÁNDEZ TEJADA
C. MANUEL CAVERO
C. JOSÉ Mª CAVERO
C. ANGELITA CAVERO
C. PILAR CAVERO
C. MARQUÉS DE PORTUGALETE
PJE. CONDE BELCHITE
C. CONDE BELCHITE
CALLE FERNÁNDEZ CARO
C. NATALIA DE SILVA
CALLE DEL GENERAL ARANAZ
CALLE CORUMBA
C. DE TESEO
C. GARCÍA QUINTANILLA
C. PÉREZ GOITIA
GTA. PÉREZ CIDÓN
C. DE CIDÓN
C. MARÍA LOMBILLO
C. MARQUÉS DE HOYOS
C. LÓPEZ DE ARANDA
C. SÁNCHEZ DÍAZ
C. VIZCONDE DE LOS ASILOS
C. PROTASIO GÓMEZ
C. MARQUESA TORRECILLA
C. MADRE ANTONIA PARÍS
CALLE DE VENADITO
CALLE AMARA
KIRKPATRICK
BADAJOZ
CALLE GENERAL AGASTIA
C. AGASTIA
PÉREZ
ZÚÑIGA
C. MARIANO FERNÁNDEZ
CALLE CARO
VELASCO
IGLESIAS
CALLE DÍAZ
PICO DE
C. HDEZ
ÁNGEL
ALONSO
MARQUÉS FORMENT
CALLE DE LOS MANIPA
CALLE DEL HIERRO
MISTERIOS
CALLE LARRA
C. GIL DE
FOO
LUJÁN
ONTAÑÓN
C. MIGUEL ARFE
C. POBLA
C. ROSALIA TRUJILLO
IGLESIA
NACIENTE
SOL
CALLE JOSÉ DEL
C. AVELLANA
C. AGAMÍ
ZIGIA
EIDER
C. FLORENCIO
CORMORÁN
CALLE DEL DOCTOR
CALLE DE CIDRA
CICONIA
C. MANDARINA
BOLDANO
PRUDENCIO ÁLVARO
VIRGEN DEL LLUC
BENITO BELÉN
VIRGEN DEL PORTILLO
CALLE VALLEJO
C. TALISIO
NOVENA
CALLE ESTRECHO DE COREA
C. INDULGENCIA
BATERÍAS
C. VIRGEN DEL VAL
VIRGEN DE LA PEÑA
REYES
CASTAÑAR
FUENCISLA
CONSOLACIÓN
PROVIDENCIA
C. MARÍA ZAMBRANO
TRV. MARÍA ZAMBRANO
TRV. TORRELAGUNA
CALLE TORRELAGUNA
CALLE CANAL DE PANAMÁ
JUAN
C. SANTA
ESTRECHO
CALLE EL TATO
RONDA DE
C. LAGARTIJO
C. PEDRO ROMERO
CALLE JUAN BELMONTE
AVENIDA DE CHAMPAGNAT
CALLE AHONES
JOSELITO
C. PEPE HILLO
C. EL GALLO
C. BOMBITA
AVENIDA DE COSTILLARES
C. IGNACIO SÁNCHEZ MEJÍAS
CARONDELET

A
B
C
55
74
93
1
2
3
4
Colonia Parque Conde de Orgaz
RONDA SOBRADIEL
RONDA AVUTARDA
RONDA DE LA
CARONDELET
ABUBILLA
CALLE ANDARRIOS
C. CASCANUECES
AVENIDA DEL PAPA NEGRO
AVDA. DE LOS ANDES
AVDA. LAS PICEAS
C. JARILLA
CALLE LA ESPUELA
GLORIETA YUCATÁN
PARQUE PINAR DE BARAJAS
PASEO DEL SANTO
A-2
AVENIDA DE AMÉRICA
CALLE DE JOSEFA VALCÁRCEL
PUENTE FELIPE JUVARA
GLORIETA FCO. DE LAS CABEZAS
C. JUAN RIZI
C. TELÉMACO
CALLE DE JUAN IGNACIO LUCA DE TENA
GLORIETA RICARDO VELÁZQUEZ BOSCO
C. DOÑA JUANA I DE CASTILLA
C. DOCTOR ZAMENHOF
Urbanización Jardín Botánico
Salvador
AVENIDA 25 DE SEPTIEMBRE
PZA. LAS OLIVAS
PZA. JUAN ANTONIO SUANZES
CALLE BELICE
CALLE TESEO
CALLE TOBAGO
TUMACO
CALLE DE MIAMI
C. CORUMBA
Conjunto Residencial Iberia
C. MARÍA LOMBILLO
ALEGRÍA
ARANDA
PZA. BARBADOS
TABATINGA
Urbanización Quinta de los Molinos
PARQUE QUINTA DE LOS MOLINOS
MUELA
TEGUCIGALPA
CALLE SIRO
LÓPEZ
ANTIOQUIA
CONRADO DEL CAMPO
SÁNCHEZ DÍAZ
SIRO MUELA
CALLE LARA
ORIZABA
ARÉVALO
ORIA
VALLARTA
PUERTO
Residencial Las Acacias
Colonia Consacas
C. RAFAEL CABALLERO
C. MARTÍNEZ MOLINA
C. VIZCONDE DE LOS ASILOS
CALLE GENERAL ARANAZ
PROTASIO GÓMEZ
VENTURADA
COS
ARZOBISPO
PASTRANA
RÍO MATARRAÑA
RIOBAMBA
TAMPICO
CAMPECHE
IQUITOS
SUANZES
CALLE DE ALCALÁ
C. ESTIGIA
CALLE TRACIA
C. RUFINO GONZÁLEZ
CALLE VALENTÍN BEATO
CALLE MIGUEL YUSTE
PJE. PAQUITÍN
C. ALFONSO GÓMEZ
SANTA LEONOR

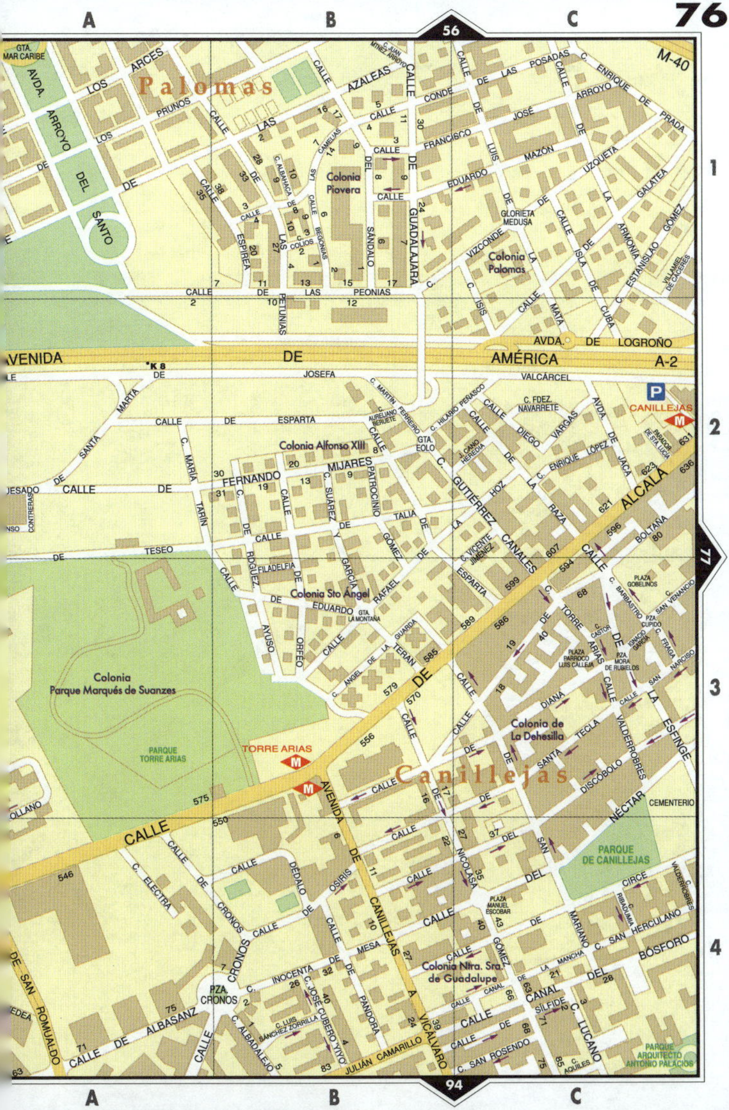
A
B
C
56
1
2
3
4
77
94
Palomas
Canillejas
M-40
GTA. MAR CARIBE
AVDA. ARROYO DEL SANTO
LOS ARCES
LOS PRUNOS
CALLE LAS AZALEAS
CALLE DE GUADALAJARA
C. JUAN MTNEZ. ARROYO
CALLE DE LAS POSADAS
C. ENRIQUE DE PRADA
CALLE ARROYO
CONDE DE JOSÉ FRANCISCO
CALLE DE LUIS MAZÓN
EDUARDO
DE UZQUETA
LA GALATEA
ARMONÍA
ESTANISLAO GÓMEZ
VILLAMIEL DE CÁCERES
Colonia Piovera
C. ALBAHACA
LAS CAMELIAS
CALLE BEGONIAS
CALLE DEL SÁNDALO
CALLE ESPIREA
C. COLIOS
LAS PETUNIAS
CALLE DE LAS PEONIAS
GLORIETA MEDUSA
VIZCONDE DE LA
Colonia Palomas
C. ISIS
CALLE ISLA DE CUBA
CALLE MATA
AVDA. DE LOGROÑO
AVENIDA DE AMÉRICA
A-2
K 8
DE JOSEFA VALCÁRCEL
C. MARTÍN FERREIRO
C. AURELIANO BERUETE
C. HILARIO PEÑASCO
C. FDEZ. NAVARRETE
CALLE DIEGO VARGAS
AVDA. DE JACA
CANILLEJAS
PARADOR DE STA. LUCÍA
P
M
CALLE DE ESPARTA
SANTA MARTA
Colonia Alfonso XIII
GTA. EOLO
J. CANO HEREDIA
C. ENRIQUE LÓPEZ
CALLE DE FERNANDO
MIJARES
C. SUÁREZ
PATROCINIO
CALLE DE LA HOZ
C. GUTIÉRREZ CANALES
DE LA RAZA
ALCALÁ
C. MARÍA TARÍN
CONTRERAS
TALÍA
C. DE RODRÍGUEZ
CALLE DE TESEO
FILADELFIA
GARCÍA
GÓMEZ
C. VICENTE JIMÉNEZ
ESPARTA
BOLTAÑA
PLAZA GOBELINOS
C. BARBASTRO
C. SAN VENANCIO
PZA. CUPIDO
C. CASTOR
IGNACIO GARCÍA
C. FRAGA
C. TORRE ARIAS
PLAZA PARROCO LUIS CALLEJA
PZA. MORA DE RUBIELOS
SAN NARCISO
Colonia Sto Ángel
CALLE DE EDUARDO
GTA. LA MONTAÑA
RAFAEL
AYUSO
ORFEO
CALLE GUARDA
ÁNGEL DE LA
TERÁN
CALLE DE LA ESFINGE
DIANA
Colonia de La Dehesilla
SANTA TECLA
VALDEROBRES
DISCÓBOLO
NÉCTAR
CEMENTERIO
Colonia Parque Marqués de Suanzes
PARQUE TORRE ARIAS
TORRE ARIAS
CALLE DE ALCALÁ
AVENIDA DE CANILLEJAS A VICÁLVARO
OLLANO
C. ELECTRA
CALLE DE CRONOS
DÉDALO
OSIRIS
NICOLASA GÓMEZ
CALLE DEL SAN MARIANO
PARQUE DE CANILLEJAS
CIRCE
C. RIBADUMIA
C. VALDERROBRES
PLAZA MANUEL ESCOBAR
C. SAN HERCULANO
BÓSFORO
MESA DE PANDORA
INOCENTA
C. JOSÉ CUBERO YIYO
Colonia Ntra. Sra. de Guadalupe
LA MANCHA
CANAL
SÍLFIDE
C. LUCANO
PZA. CRONOS
CALLE DE ALBASANZ
C. ALBADALEJO
C. LUIS SÁNCHEZ ZORRILLA
JULIÁN CAMARILLO
C. SAN ROSENDO
C. AQUILES
PARQUE ARQUITECTO ANTONIO PALACIOS
DE SAN ROMUALDO
EDEA
USADO
NSO

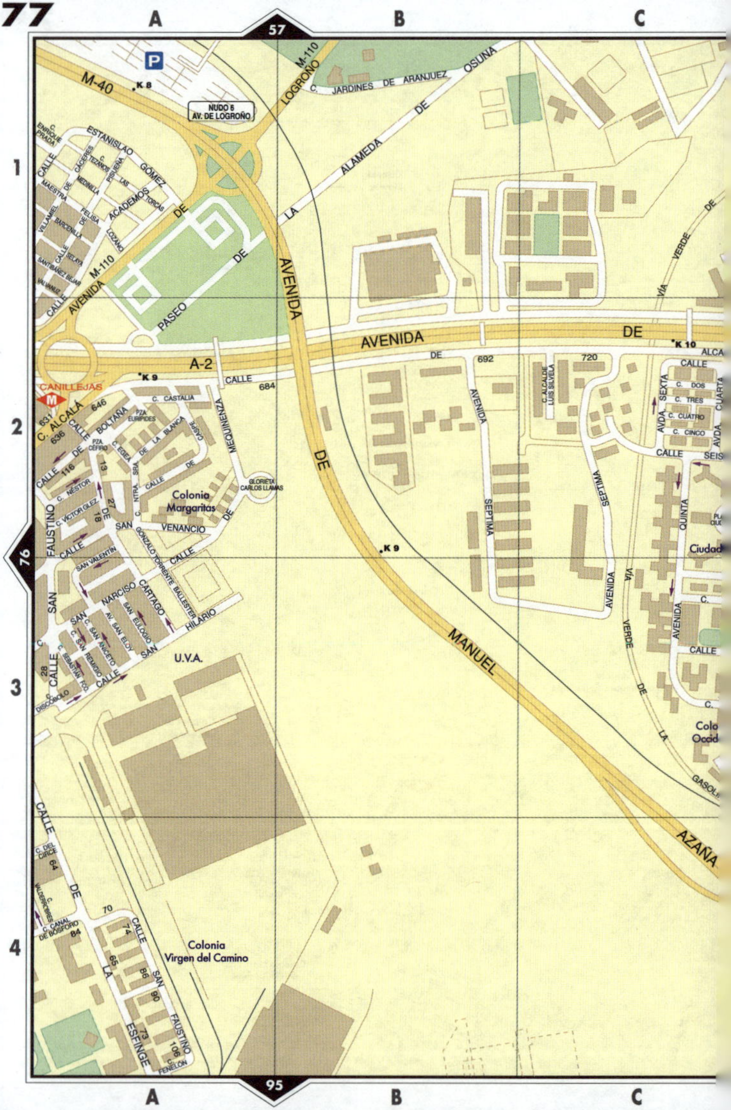
A
B
C
57
95
76
1
2
3
4
M-40
K 8
NUDO 6 AV. DE LOGROÑO
M-110
LOGROÑO
C. JARDINES DE ARANJUEZ
OSUNA
DE
ALAMEDA
LA
DE
PASEO
AVENIDA
M-110
AVENIDA
C. ENRIQUE PRADA
ESTANISLAO
GÓMEZ
CALLE MAESTRA
DE
CÁCERES
C. TEJANOS
MEDINILLA
PISUEÑA
LAS TORCAS
ACADEMOS
LOZANO
PELISA
VILLAMIEL
BARCENILLA
CALLE SELAYA
SANTIBÁÑEZ BEJAR
VALMANZ
CALLE
A-2
AVENIDA
DE
K 10
ALCA
K 9
CANILLEJAS
CALLE
684
DE
692
720
C. ALCALDE LUIS SILVELA
AVENIDA
SEPTIMA
AVENIDA
SEPTIMA
CALLE
C. DOS
C. TRES
C. CUATRO
C. CINCO
AVDA. SEXTA
AVDA. CUARTA
CALLE
SEIS
QUINTA
Ciudad
C.
AVENIDA
CALLE
C.
VÍA VERDE DE LA
VÍA VERDE DE
Colo
Occid
GASOL
C. ALCALÁ
631
636
646
CALLE
BOLTAÑA
C. CASTALIA
PZA EURÍPIDES
PZA CÉFIRO
C. EGEA
NTRA. SRA. DE LA BLANCA
CASPE
MEQUINENZA
116
CALLE
C. NÉSTOR
13
DE
CALLE
DE
GLORIETA CARLOS LLAMAS
Colonia Margaritas
FAUSTINO
C. VÍCTOR GLEZ
18
27
DE
SAN
VENANCIO
GONZALO TORRENTE BALLESTER
CALLE
DE
CALLE
SAN VALENTÍN
NARCISO
CARTAGO
SAN
SAN
C. SAN ANICETO
AV. SAN ELOY
SAN EULOGIO
HILARIO
C. SAN REMIGIO
C. SEBASTIÁN FCO.
CALLE
28
CALLE
C. DISCÓBOLO
SAN
K 9
MANUEL
AZAÑA
U.V.A.
CALLE
C. DEL CIRCE
64
DE
C. VALDEPEÑAS
C. CANAL DE BÓSFORO
84
70
74
CALLE
65
LA
86
SAN
90
ESFINGE
73
FAUSTINO
106
C. FENELÓN
Colonia Virgen del Camino

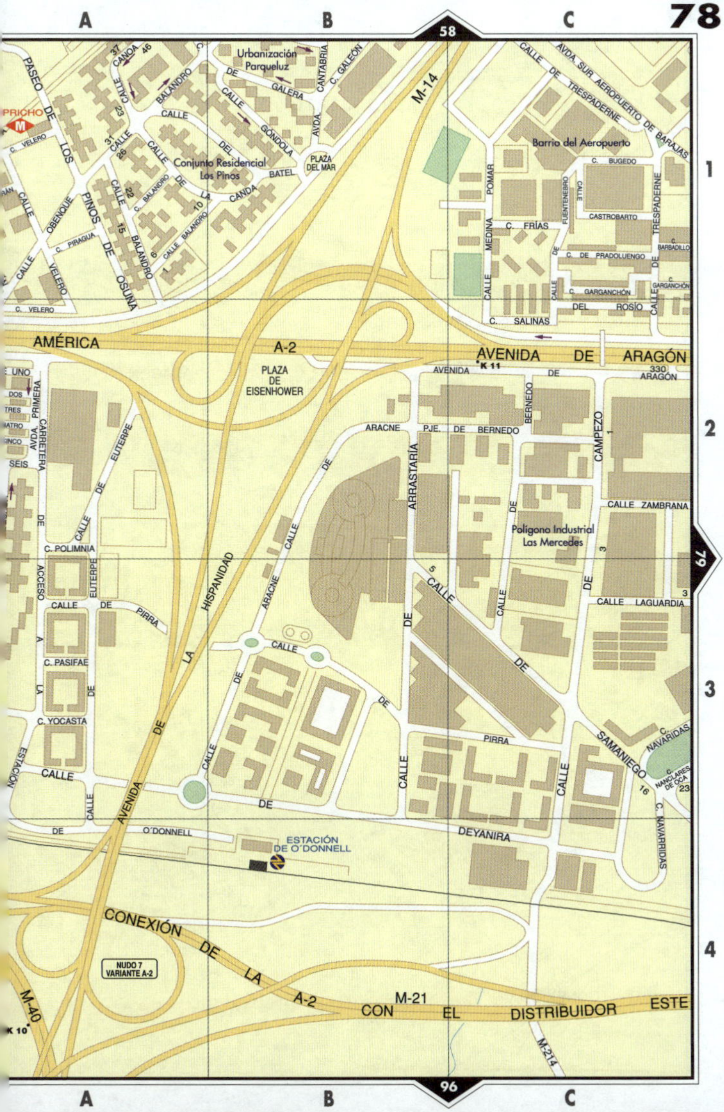
A
B
C
58
1
2
3
4
79
96
Urbanización Parqueluz
Conjunto Residencial Los Pinos
Barrio del Aeropuerto
PASEO DE LOS PINOS DE OSUÑA
C. VELERO
CALLE OBENQUE
C. PIRAGUA
CALLE VELERO
CALLE BALANDRO
CALLE CANOA
CALLE DE GALERA
CALLE GÓNDOLA
C. GALEÓN
AVDA. CANTABRIA
PLAZA DEL MAR
CALLE DEL BATEL
CALLE DE LA CANDA
C. BALANDRO
M-14
CALLE DE TRESPADERNE
AVDA. SUR AEROPUERTO DE BARAJAS
C. BUGEDO
CASTROBARTO
CALLE FUENTENEBRO
CALLE MEDINA DE POMAR
C. FRÍAS
C. DE PRADOLUENGO
C. GARGANCHÓN
C. BARBADILLO
CALLE DEL ROSÍO
C. SALINAS
TRESPADERNE
AMÉRICA
A-2
AVENIDA DE ARAGÓN
K 11
AVENIDA DE ARAGÓN
330
PLAZA DE EISENHOWER
UNO
DOS
TRES
CUATRO
CINCO
SEIS
AVDA. PRIMERA
CARRETERA DE ACCESO A LA ESTACIÓN
CALLE DE EUTERPE
C. POLIMNIA
EUTERPE
CALLE DE PIRRA
C. PASIFAE
C. YOCASTA
CALLE
ARACNE
PJE. DE BERNEDO
BERNEDO
CAMPEZO
CALLE ZAMBRANA
Polígono Industrial Las Mercedes
CALLE LAGUARDIA
CALLE DE ARACNE
ARRASTARÍA
CALLE DE SAMANIEGO
PIRRA
C. NAVARIDAS
C. NANCLARES DE OCA
C. NAVARRIDAS
AVENIDA DE LA HISPANIDAD
CALLE DE O'DONNELL
DEYANIRA
ESTACIÓN DE O'DONNELL
CONEXIÓN DE LA A-2 CON EL DISTRIBUIDOR ESTE
M-21
M-214
M-40
K 10
NUDO 7 VARIANTE A-2

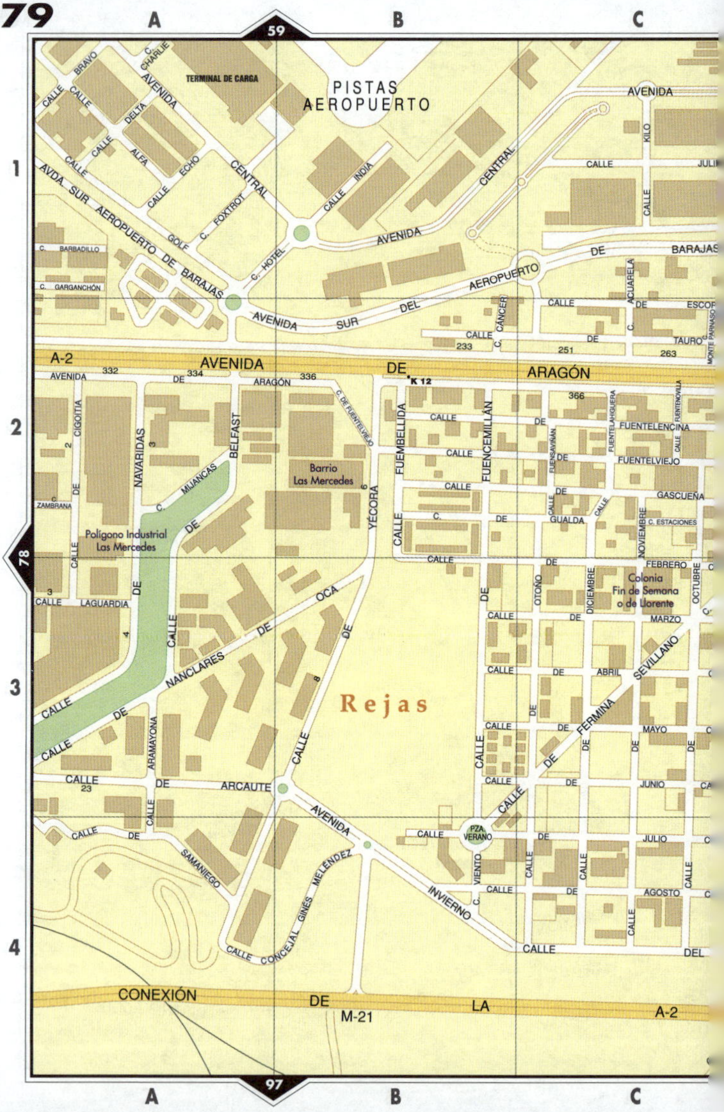
A
B
C
59
1
2
3
4
78
97
TERMINAL DE CARGA
PISTAS AEROPUERTO
AVENIDA CENTRAL
C. CHARLIE
CALLE BRAVO
CALLE DELTA
CALLE ALFA
CALLE ECHO
C. FOXTROT
GOLF
CALLE INDIA
C. HOTEL
AVDA. SUR AEROPUERTO DE BARAJAS
C. BARBADILLO
C. GARGANCHÓN
AVENIDA SUR DEL AEROPUERTO DE BARAJAS
AVENIDA
CALLE KILO
CALLE JULI
CALLE DE ACUARELA
CALLE DE ESCOR
C. CÁNCER
CALLE DE TAURO
C. MONTE PARNASO
233
251
263
A-2
AVENIDA DE ARAGÓN
K 12
332
334
336
366
C. DE FUENTELVIEJO
CIGOITIA
NAVARIDAS
BELFAST
C. MIJANCAS
Barrio Las Mercedes
YÉCORA
FUEMBELLIDA
FUENCEMILLÁN
FUENSAVIÑÁN
FUENTELAHIGUERA
FUENTENOVILLA
CALLE DE FUENTELENCINA
CALLE DE FUENTELVIEJO
CALLE DE GASCUEÑA
C. DE GUALDA
C. ESTACIONES
NOVIEMBRE
ZAMBRANA
Polígono Industrial Las Mercedes
CALLE DE LAGUARDIA
CALLE DE FEBRERO
OTOÑO
DICIEMBRE
OCTUBRE
Colonia Fin de Semana o de Llorente
CALLE DE MARZO
CALLE DE NANCLARES DE OCA
CALLE DE ABRIL
SEVILLANO
Rejas
CALLE DE FERMINA
CALLE DE MAYO
ARAMAYONA
CALLE DE ARCAUTE
23
CALLE DE JUNIO
PZA. VERANO
CALLE DE JULIO
CALLE DE SAMANIEGO
AVENIDA INVIERNO
C. VIENTO
CALLE DE AGOSTO
MELÉNDEZ
CALLE CONCEJAL GINÉS
CALLE DEL
CONEXIÓN DE LA A-2
M-21

80

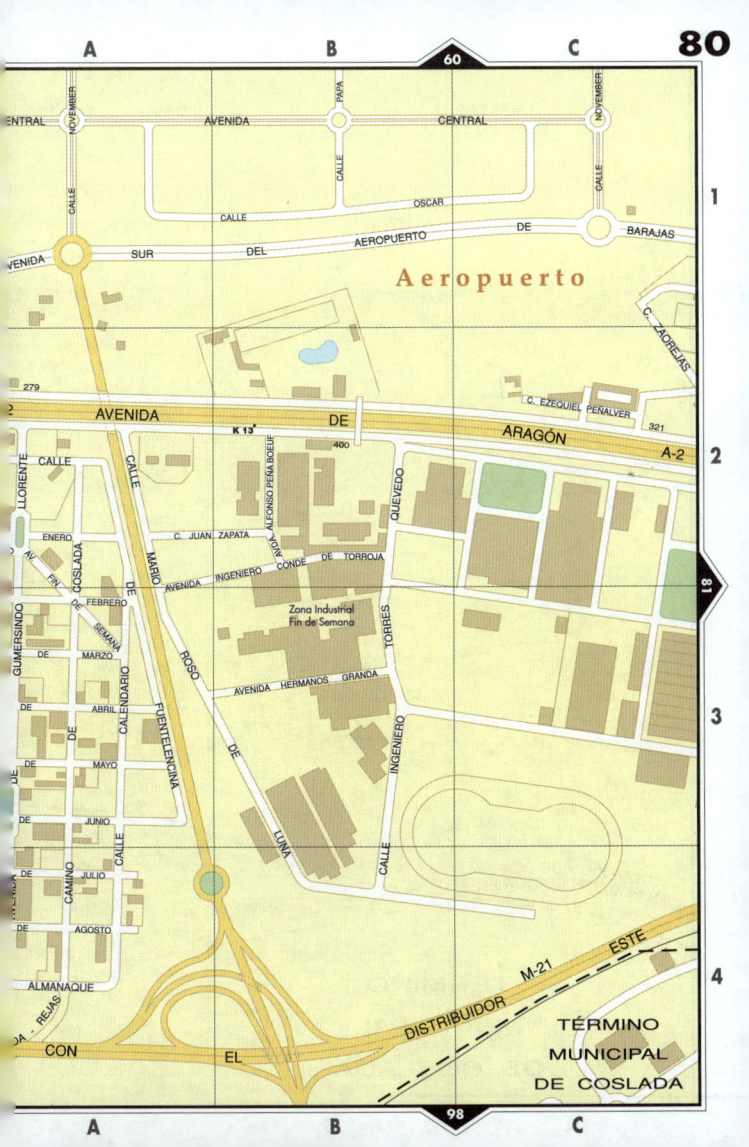

Aeropuerto

81

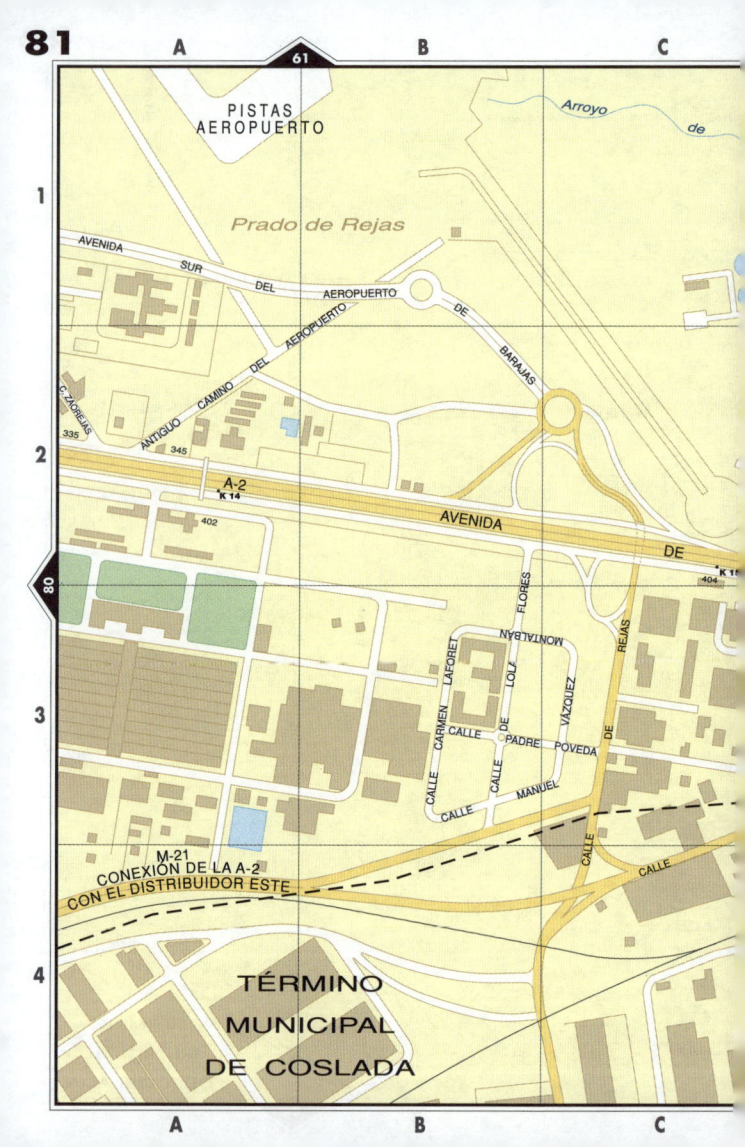

PISTAS AEROPUERTO

Prado de Rejas

AVENIDA SUR DEL AEROPUERTO
DE BARAJAS

ANTIGUO CAMINO DEL AEROPUERTO

C. ZACREAS
335
345

A-2
K 14

AVENIDA DE

K 15
404
402

M-21
CONEXIÓN DE LA A-2
CON EL DISTRIBUIDOR ESTE

CALLE CARMEN LAFORET
CALLE LOLI
CALLE PADRE POVEDA
CALLE MONTALBÁN FLORES
VÁZQUEZ
CALLE MANUEL
CALLE DE REJAS
CALLE
CALLE

Arroyo de

TÉRMINO MUNICIPAL DE COSLADA

82

TÉRMINO MUNICIPAL DE SAN FERNANDO DE HENARES

Prado del Rincón

TÉRMINO MUNICIPAL DE COSLADA

- Rejas
- LA MUÑOZA
- ÓN DEPURADORA DE AGUAS
- Moreras
- CARRETERA DE
- RÍO JARAMA
- ARAGÓN
- A-2 Puente de San Fernando
- CALLE MIGUEL PEÑA
- GALIANA
- ESTACIÓN DE SAN FERNANDO
- K 16
- 62

TÉRMINO MUNICIPAL
DE POZUELO DE ALARCÓN

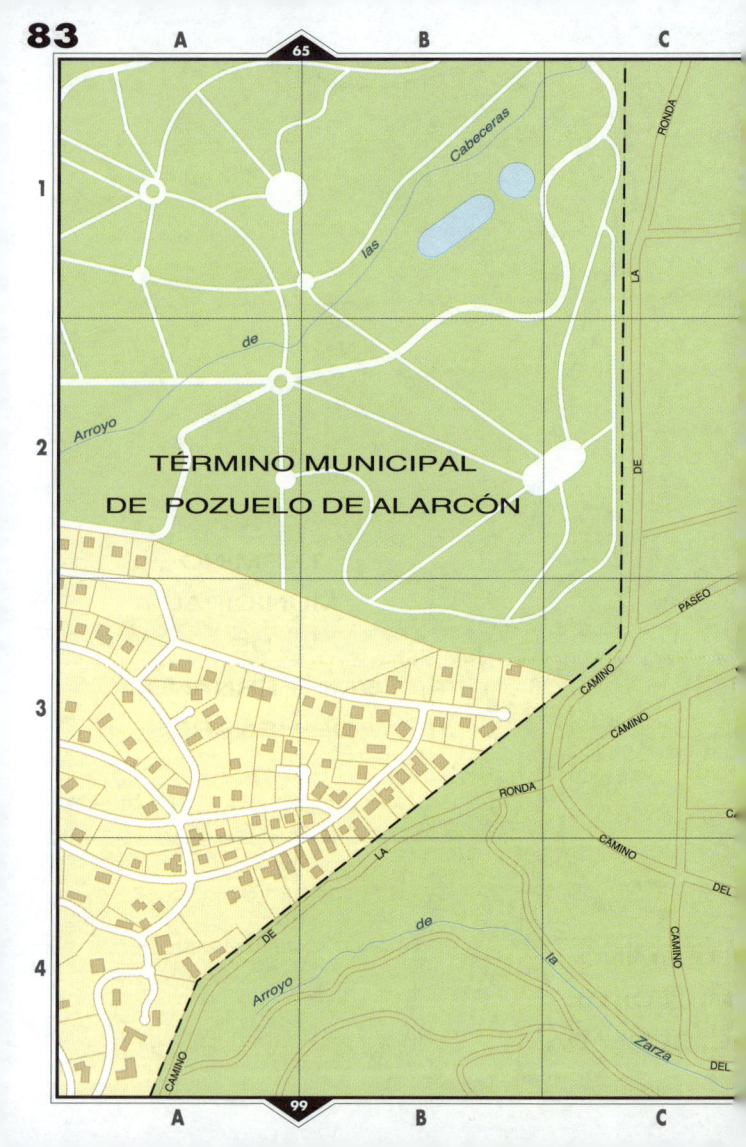

84

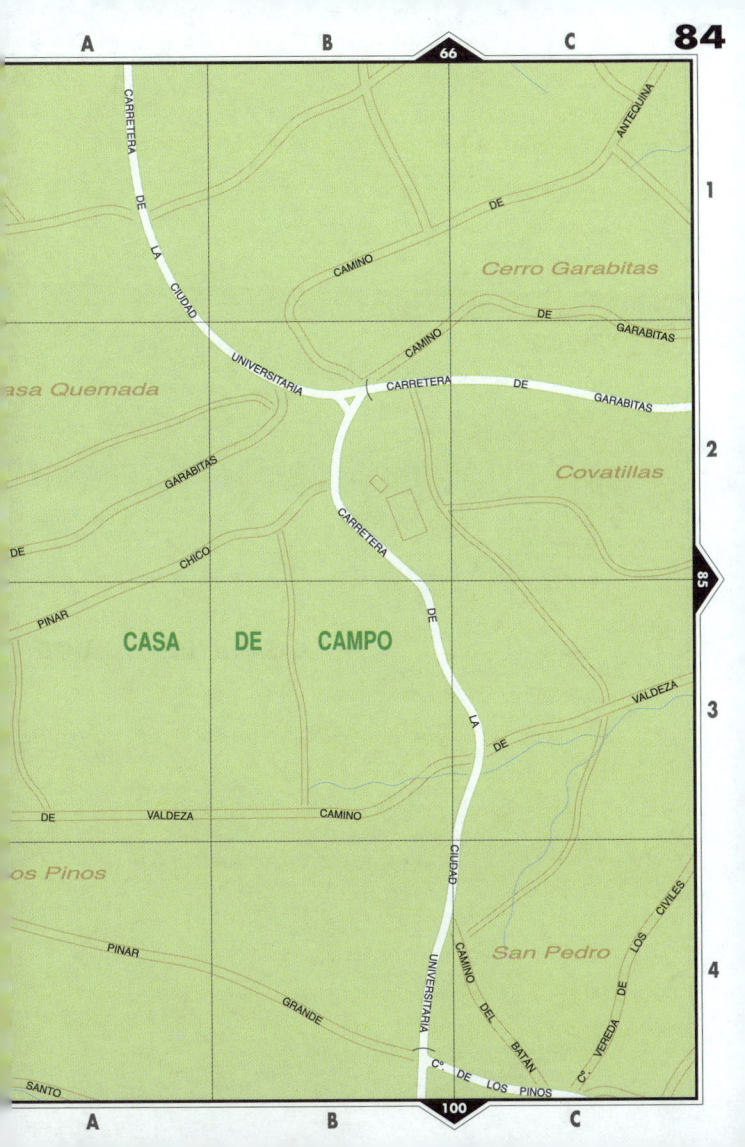

A | B | C

Cerro Garabitas

Casa Quemada

Covatillas

CASA DE CAMPO

Los Pinos

San Pedro

Streets/roads visible:
- CARRETERA DE LA CIUDAD UNIVERSITARIA
- ANTEQUINA
- CAMINO DE GARABITAS
- CARRETERA DE GARABITAS
- GARABITAS
- CHICO
- PINAR
- CARRETERA DE LA DE VALDEZA
- DE VALDEZA
- CAMINO
- PINAR
- GRANDE
- SANTO
- CAMINO DEL BATÁN
- C.º DE LOS PINOS
- VEREDA DE LOS CIVILES
- CIUDAD UNIVERSITARIA

66 | 85 | 100

85

Casa de Campo

- Cerro de Morán
- Cº. Garabitas
- Carretera de Garabitas
- Camino Depósito de Aguas
- Camino de Garabitas
- Carretera M-500 de Paseo
- Cº. de Valdeza
- Arroyo
- Camino Vereda de los Civiles
- Camino de
- Cerro de las Canteras
- Valde
- San Pedro
- Camino de
- Camino de los Romeros

A B C

68

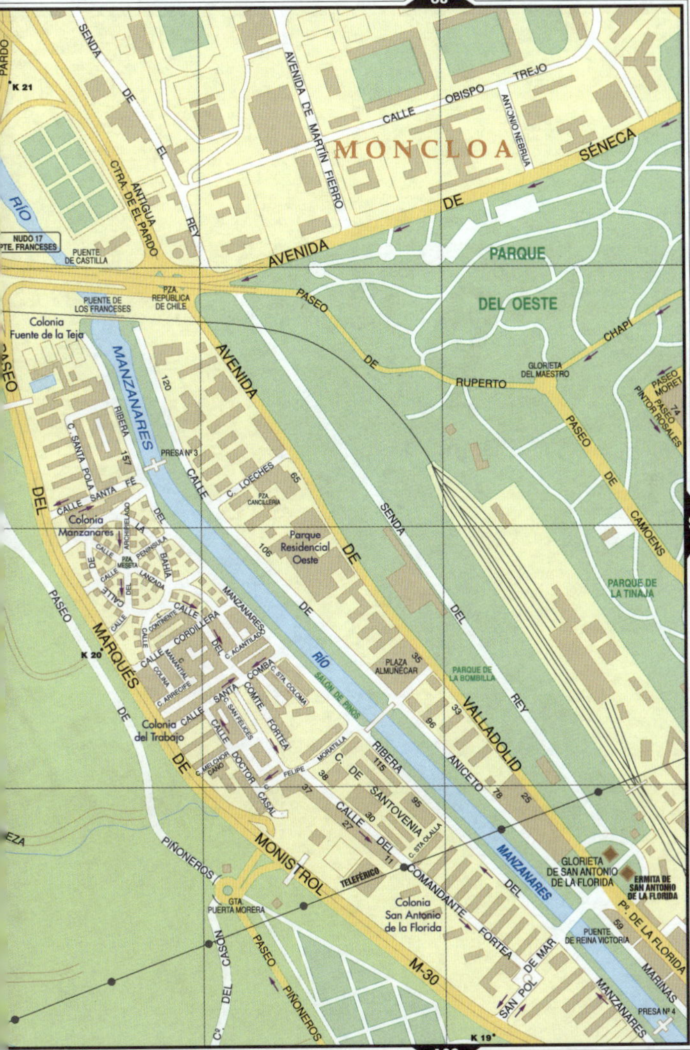

87

1 2 3 4

102

A B C

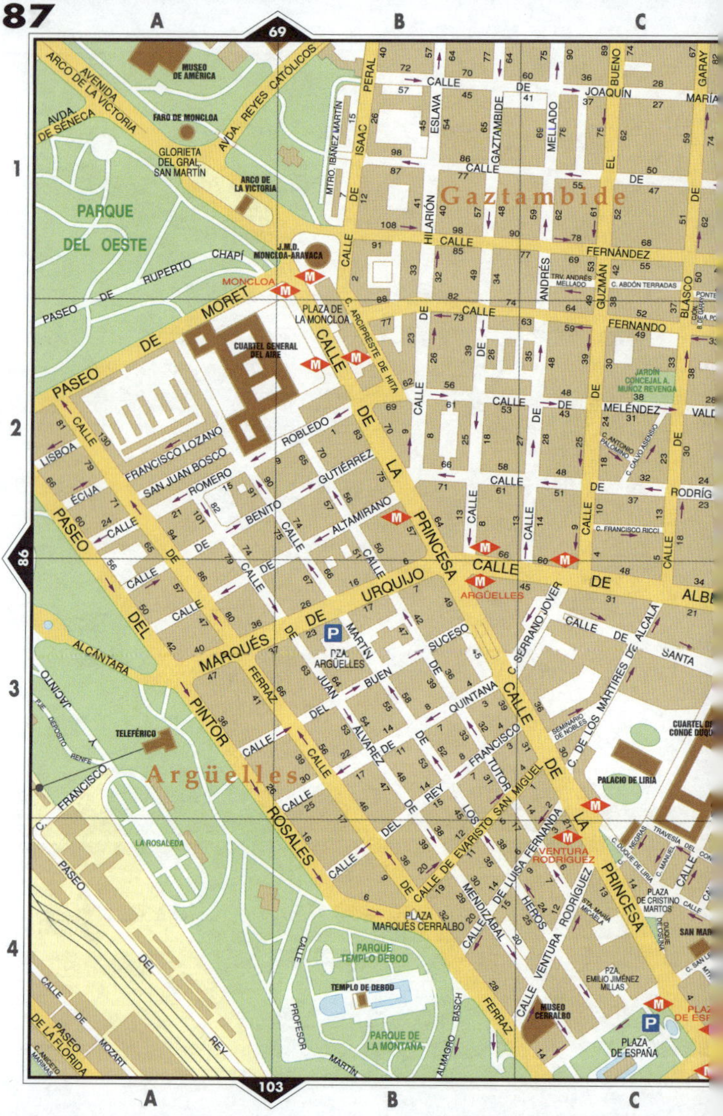

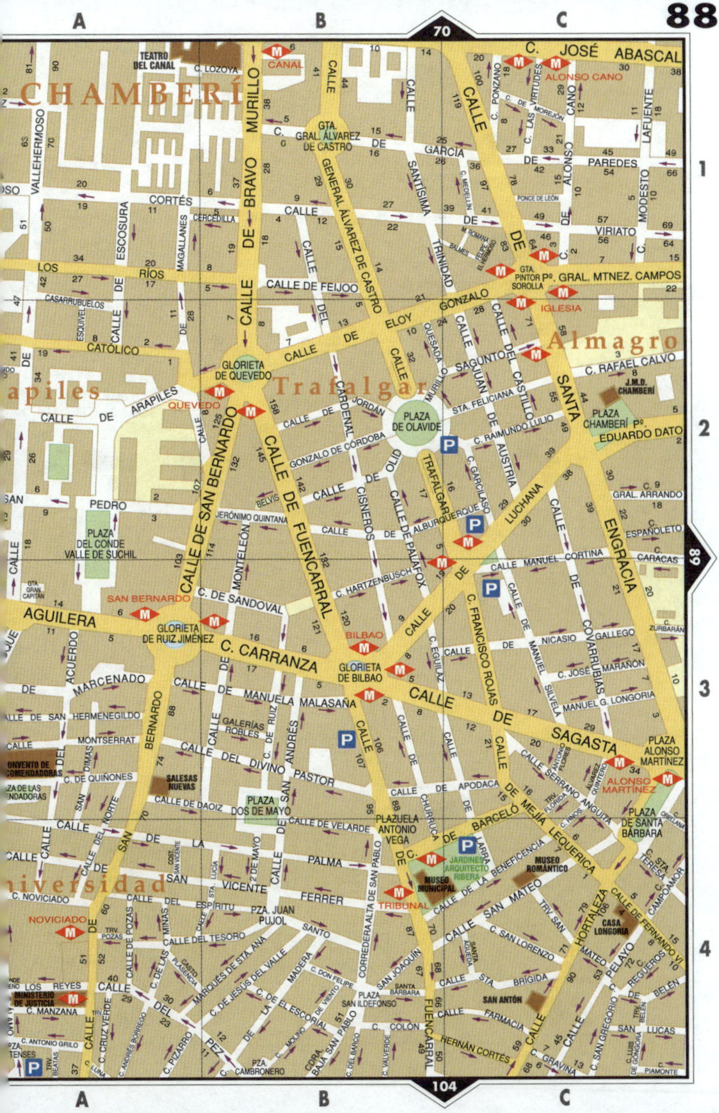

A
B
C
70
68
104
1
2
3
4
CHAMBERÍ
Almagro
Trafalgar
apiles
iversidad
TEATRO DEL CANAL
C. LOZOYA
CANAL
C. JOSÉ ABASCAL
ALONSO CANO
CALLE DE BRAVO MURILLO
GTA. GRAL. ÁLVAREZ DE CASTRO
GENERAL ÁLVAREZ DE CASTRO
CALLE DE GARCÍA DE PAREDES
CALLE DE SANTÍSIMA TRINIDAD
CALLE DE ALONSO CANO
CALLE DE MODESTO LAFUENTE
C. PONZANO
C. DE MOREJÓN
C. LAS VIRTUDES
VALLEHERMOSO
CALLE CORTÉS
CERCEDILLA
ESCOSURA
MAGALLANES
VIRIATO
PONCE DE LEÓN
C. MEDELLÍN
LOS RÍOS
CASARRUBUELOS
ESQUIVEL
CATÓLICO
CALLE DE FEIJOO
GTA. PINTOR SOROLLA
Pº. GRAL. MTNEZ. CAMPOS
IGLESIA
CALLE DE ELOY GONZALO
CALLE DE QUESADA
CALLE JUAN DE AUSTRIA
CALLE DEL CASTILLO
SAGUNTO
C. RAFAEL CALVO
J.M.D. CHAMBERÍ
PLAZA CHAMBERÍ
Pº. EDUARDO DATO
GLORIETA DE QUEVEDO
QUEVEDO
CALLE DE ARAPILES
CALLE DE JORDÁN
CARDENAL CISNEROS
PLAZA DE OLAVIDE
STA. FELICIANA
C. RAIMUNDO LULIO
SANTA ENGRACIA
CALLE DE SAN BERNARDO
CALLE DE FUENCARRAL
GONZALO DE CÓRDOBA
CALLE DE OLID
TRAFALGAR
C. GARCILASO
LUCHANA
C. 9
GRAL. ARRANDO
C. ESPAÑOLETO
C. CARACAS
PEDRO
PLAZA DEL CONDE VALLE DE SUCHIL
JERÓNIMO QUINTANA
BELVIS
CALLE DE ALBURQUERQUE
CALLE DE PALAFOX
CALLE MANUEL CORTINA
CALLE DE MANUEL SILVELA
CALLE DE COVARRUBIAS
MONTELEÓN
C. HARTZENBUSCH
C. FRANCISCO ROJAS
C. DE SANDOVAL
SAN BERNARDO
AGUILERA
GLORIETA DE RUIZ JIMÉNEZ
C. CARRANZA
BILBAO
GLORIETA DE BILBAO
C. EGUILAZ
CALLE DE NICASIO GALLEGO
C. JOSÉ MARAÑÓN
C. ZURBARÁN
MANUEL G. LONGORIA
ACUERDO
MARCENADO
CALLE DE MANUELA MALASAÑA
CALLE DE SAGASTA
PLAZA ALONSO MARTÍNEZ
ALONSO MARTÍNEZ
CALLE DE SAN HERMENEGILDO
MONTSERRAT
GALERÍAS ROBLES
C. DE RUIZ
SAN ANDRÉS
CALLE DEL DIVINO PASTOR
CALLE DE APODACA
CALLE SERRANO ANGUITA
CONVENTO DE COMENDADORAS
C. DE QUIÑONES
SALESAS NUEVAS
CALLE DE DAOIZ
PLAZA DOS DE MAYO
CALLE DE VELARDE
PLAZUELA ANTONIO VEGA
CALLE DE BARCELÓ
C. MEJÍA LEQUERICA
PLAZA DE SANTA BÁRBARA
CALLE DEL NORTE
CALLE DE LA PALMA
SAN VICENTE
C. DE LA BENEFICENCIA
JARDINES ARQUITECTO RIBERA
MUSEO ROMÁNTICO
MUSEO MUNICIPAL
C. STA. TERESA
C. CAMPOAMOR
C. NOVICIADO
CALLE DEL ESPÍRITU SANTO
CALLE FERRER
TRIBUNAL
PZA. JUAN PUJOL
CALLE SAN MATEO
HORTALEZA
CASA LONGORIA
CALLE DE FERNANDO VI
NOVICIADO
TRV. POZAS
CALLE DEL TESORO
CORREDERA ALTA DE SAN PABLO
C. SAN LORENZO
TRV. SAN MATEO
PELAYO
C. REGUEROS
MARQUÉS DE STA. ANA
C. DE JESÚS DEL VALLE
C. DON FELIPE
SAN JOAQUÍN
SANTA BÁRBARA
CALLE STA. BRÍGIDA
SAN ANTÓN
BELÉN
LOS REYES
MINISTERIO DE JUSTICIA
C. MANZANA
C. DE LA CRUZ VERDE
C. DE LAS MINAS
CALLE DEL PEZ
C. DE EL ESCORIAL
PLAZA SAN ILDEFONSO
C. COLÓN
CALLE FARMACIA
HERNÁN CORTÉS
C. GRAVINA
C. SAN GREGORIO
SAN LUCAS
C. ANTONIO GRILO
C. PIZARRO
C. DEL BARCO
C. VALVERDE
PZA. CAMBRONERO
BAJA SAN PABLO
C. PIAMONTE
FUENCARRAL

A
B
C
71
88
105
1
2
3
4
CALLE JOSÉ ABASCAL
PLAZA DEL DOCTOR MARAÑÓN
GREGORIO MARAÑÓN
DELEGACIÓN DEL GOBIERNO
ZURBANO
HOZ
ÁNGEL
MIGUEL
C. SALAS
PASEO DE LA CASTELLANA
CALLE DEL PINAR
C. ÁLVAREZ DE BAENA
CALLE DE LÓPEZ DE HOYOS
CALLE DE MARÍA DE MOLINA
MUSEO LÁZARO GALDIANO
SERRANO
COELLO
VELÁZQUEZ
CALLE DE GARCÍA DE PAREDES
C. HNOS. BÉQUER
CALLE DEL
C. VIRIATO
MUSEO SOROLLA
LAGASCA
Pº. GENERAL MARTÍNEZ CAMPOS
GLORIETA EMILIO CASTELAR
FORTUNY
CALLE DE CLAUDIO COELLO
CALLE RAFAEL CALVO
FERNÁNDEZ DE LA HOZ
Almagro
Castellana
C. ALFONSO X
PTE. ENRIQUE DE LA MATA GOROSTIZAGA
GLORIETA DE RUBÉN DARÍO
PASEO EDUARDO DATO
PZA. ALFREDO MAHOU
MTNEZ DE LA ROSA
INSTITUTO OFTÁLMICO
RUBÉN DARÍO
ALMAGRO
PALACIO DE AMBOAGE
NÚÑEZ DE BALBOA
C. GENERAL ARRANDO
CALLE DE JÉNNER
C. ESPAÑOLETO
C. MARQUÉS DE VILLAMEJOR
C. CARACAS
C. MARQUÉS DE RISCAL
ESQUINZA
CALLE DE
CALLE DE ZURBARÁN
C. MARQUÉS DE VILLAMAGNA
C. BLANCA DE NAVARRA
MONTE
CALLE DE AYALA
PLAZA ALONSO MARTÍNEZ
CALLE FERNANDO EL SANTO
ALONSO MARTÍNEZ
CALLE ORFILA
C. AMADOR DE LOS RÍOS
MINISTERIO DEL INTERIOR
PASEO
PASAJE DE LA PAZ
C. ALCALÁ GALIANO
Recoletos
J.M.D. SALAMANCA
C. CAMPOAMOR
CALLE DE GÉNOVA
MINISTERIO ADMINISTRACIONES PÚBLICAS
C. MARQUÉS DE ZURGENA
JUSTINIANO
ARGENSOLA
GARCÍA GUTIÉRREZ
CALLE DE GOYA
COLÓN
PLAZA DE COLÓN
STA. TERESA
ORELLANA
CASTAÑOS
PLAZA DE LA VILLA DE PARÍS
GENERAL
MUSEO DE CERA
JARDINES DEL DESCUBRIMIENTO
SERRANO
VELÁZQUEZ
STA. BÁRBARA
MQUÉS. DE LA ENSENADA
Pº. RECOLETOS
19 PLAZA DE LAS SALESAS
C. DEL
PALACIO DE JUSTICIA
BARQUILLO
SAN LUCAS
SANTO TOMÉ
C. BÁRBARA DE BRAGANZA
C. CONDE DE XIQUENA
TAMAYO Y BAUS
BIBLIOTECA NACIONAL
MUSEO ARQUEOLÓGICO NACIONAL
C. PUIGCERDÁ
CALLE JORGE JUAN
C. PIAMONTE

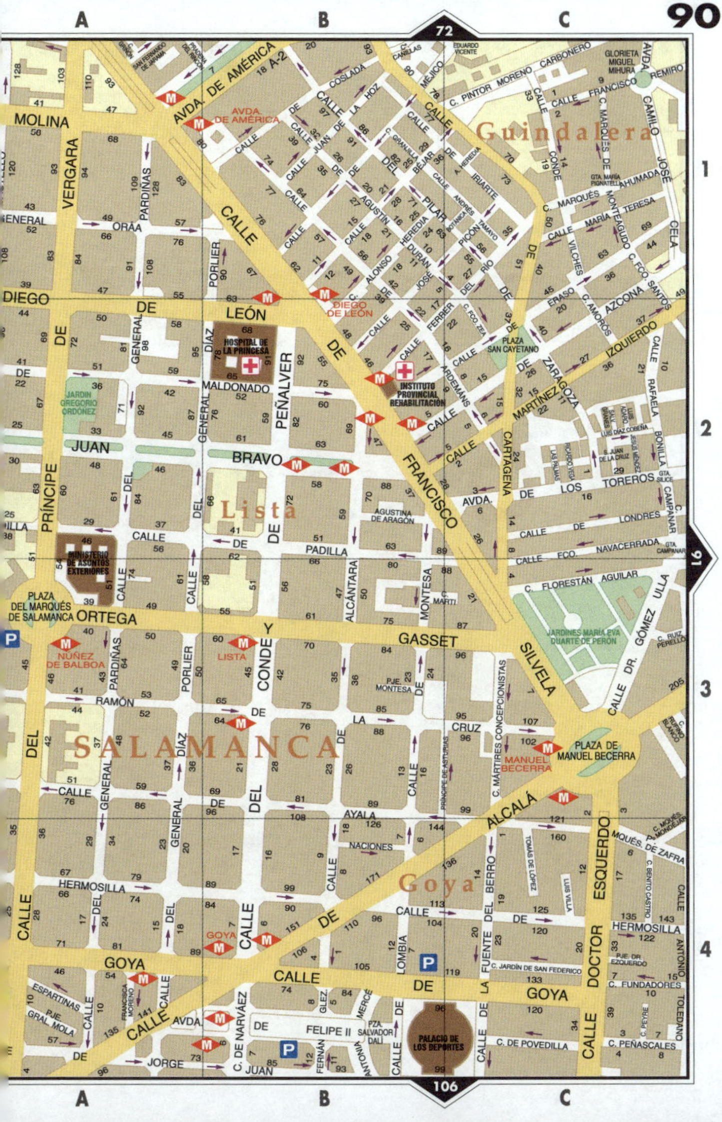
A
B
C
72
106
91
1
2
3
4
MOLINA
VERGARA
ORÁA
PARDIÑAS
PORLIER
DIEGO DE LEÓN
GENERAL
DÍAZ
HOSPITAL DE LA PRINCESA
MALDONADO
PEÑALVER
JARDÍN GREGORIO ORDÓÑEZ
JUAN BRAVO
Lista
PADILLA
MINISTERIO DE ASUNTOS EXTERIORES
PLAZA DEL MARQUÉS DE SALAMANCA
ORTEGA Y GASSET
PRÍNCIPE DE VERGARA
NÚÑEZ DE BALBOA
LISTA
CONDE DE PEÑALVER
RAMÓN DE LA CRUZ
SALAMANCA
AYALA
NACIONES
HERMOSILLA
GOYA
ALCALÁ
Goya
CALLE DE GOYA
AVDA. DE AMÉRICA
CALLE DE FRANCISCO SILVELA
DIEGO DE LEÓN
INSTITUTO PROVINCIAL REHABILITACIÓN
Guindalera
C. PINTOR MORENO CARBONERO
GLORIETA MIGUEL MIHURA
AVDA. CAMILO JOSÉ CELA
CALLE FRANCISCO REMIRO
CALLE MARQUÉS DE MONTEAGUDO
CALLE MARÍA TERESA
C. MARQUÉS AHUMADA
CALLE DE CARTAGENA
PLAZA SAN CAYETANO
MARTÍNEZ IZQUIERDO
ZARAGOZA
AZCONA
AVDA. DE LOS TOREROS
CALLE DE LONDRES
NAVACERRADA
CALLE RAFAELA BONILLA
C. FLORESTÁN AGUILAR
JARDINES MARÍA EVA DUARTE DE PERÓN
CALLE DR. GÓMEZ ULLA
AGUSTINA DE ARAGÓN
ALCÁNTARA
MONTESA
PJE. MONTESA
C. MÁRTIRES CONCEPCIONISTAS
PLAZA DE MANUEL BECERRA
MANUEL BECERRA
DOCTOR ESQUERDO
FUENTE DEL BERRO
LOMBIA
C. JARDÍN DE SAN FEDERICO
C. FUNDADORES
C. DE POVEDILLA
C. PEÑASCALES
PALACIO DE LOS DEPORTES
FELIPE II
AVDA. DE FELIPE II
C. DE NARVÁEZ
JORGE JUAN
ESPARTINAS
PJE. GRAL. MOLA
FRANCISCA MORENO
PZA. SALVADOR DALÍ
ANTONIO TOLEDANO
P

91

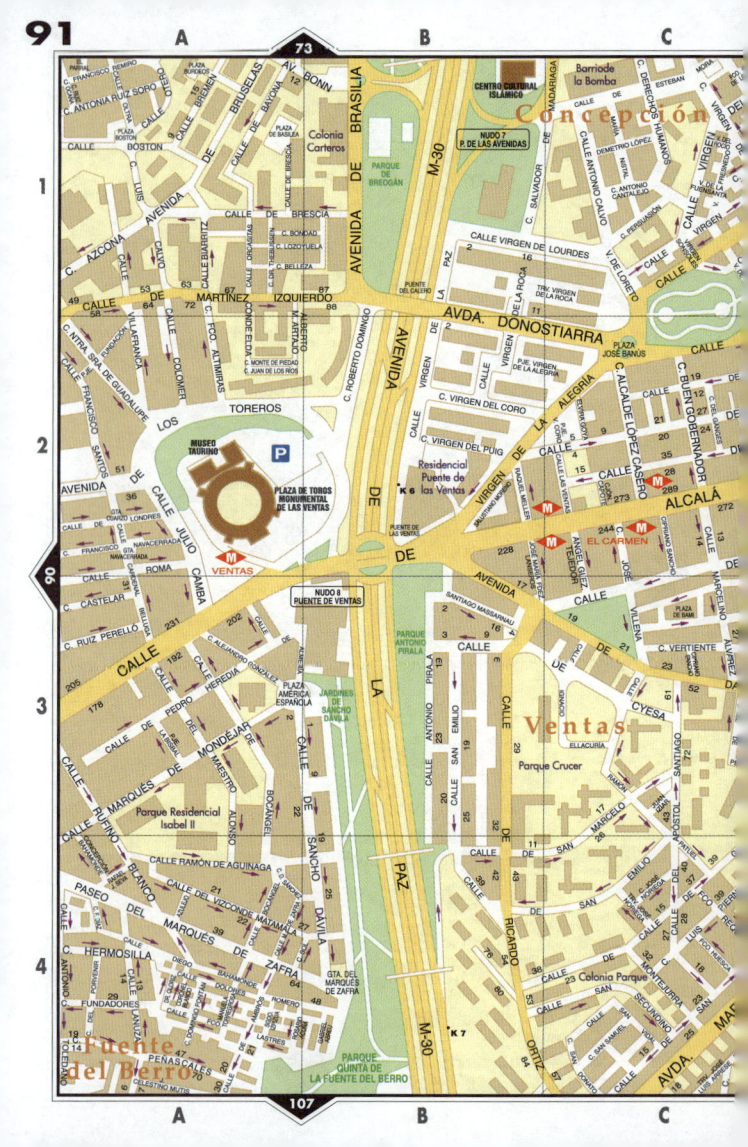

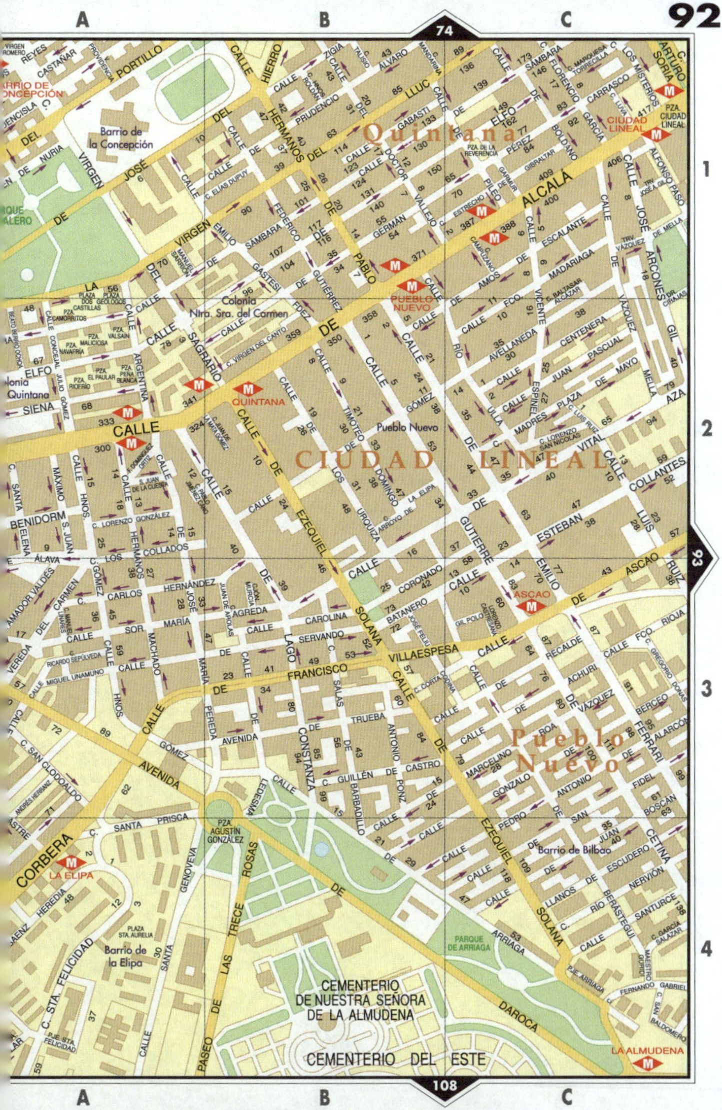

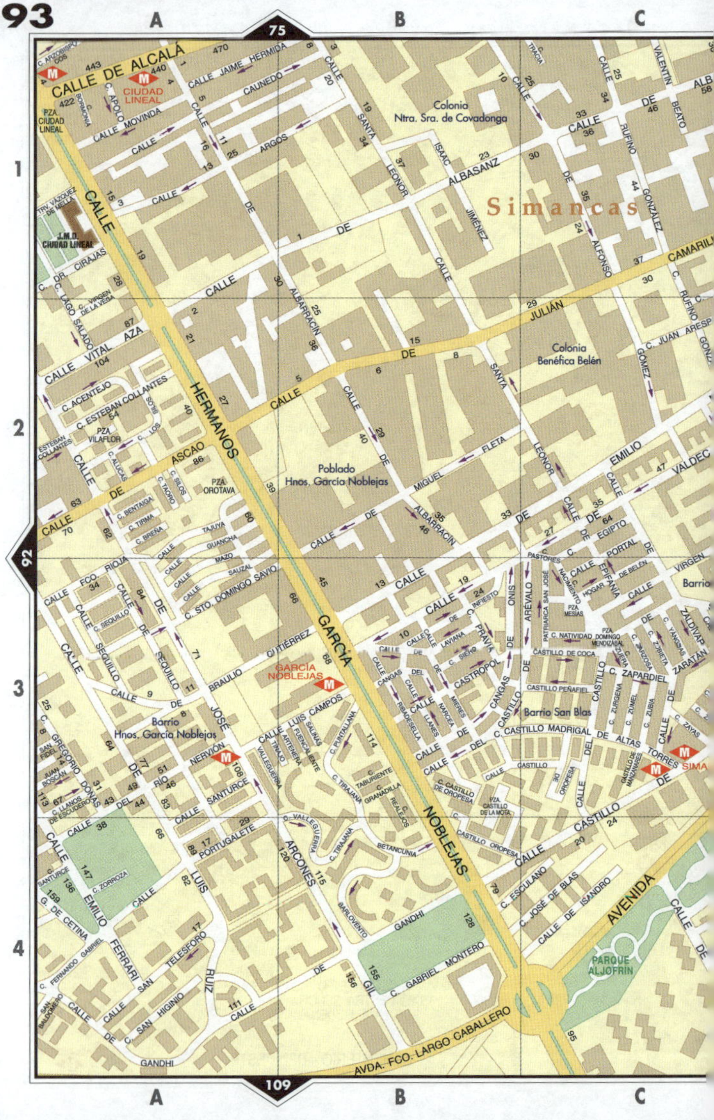
A
B
C
75
1
2
3
4
92
109
CALLE DE ALCALÁ
CIUDAD LINEAL
PZA. CIUDAD LINEAL
C. ARZOBISPO COS
C. BORMIDA
C. APOLO
CALLE MOVINDA
CALLE JAIME HERMIDA
CALLE CAUNEDO
CALLE ARGOS
CALLE DE SANTA LEONOR
Colonia Ntra. Sra. de Covadonga
CALLE DE ISAAC ALBASANZ
CALLE DE JIMÉNEZ
CALLE DE ALFONSO
CALLE DE RUFINO GONZÁLEZ
CALLE DE VALENTÍN BEATO
C. TRACIA
Simancas
CALLE HERMANOS GARCÍA NOBLEJAS
TRV. VÁZQUEZ DE MELLA
J.M.D. CIUDAD LINEAL
C. DR. CIRAJAS
C. LAGO SALADO
C. VIRGEN DE LA VEGA
CALLE VITAL AZA
CALLE DE ALBARRACÍN
CALLE DE JULIÁN CAMARILLO
Colonia Benéfica Belén
C. JUAN ARESPACOCHAGA
CALLE DE GÓMEZ
C. ACENTEJO
C. ESTEBAN COLLANTES
ESTEBAN COLLANTES
PZA. VILAFLOR
C. LOS SILOS
C. ALUCAS
CALLE DE ASCAO
PZA. OROTAVA
C. SILOS
C. TAORO
C. BENTAGA
C. TIRMA
C. BREÑA
TAJUYA
GUANCHA
MAZO
SAUZAL
Poblado Hnos. García Noblejas
CALLE DE MIGUEL FLETA
CALLE EMILIO
CALLE DE EGIPTO
VALDECANILLAS
PASTORES
C. NACIMIENTO
C. HOGAR
PZA. MESÍAS
C. EPIFANÍA
PORTAL DE BELÉN
VIRGEN
Barrio
C. STO. DOMINGO SAVIO
CALLE FCO. RIOJA
C. SEQUILLO
CALLE DE SEQUILLO
CALLE DE BRAULIO GUTIÉRREZ
CALLE DE INFIESTO
CALLE DE LAVIANA
C. SIERO
CALLE DE PRAVIA
CALLE DE CASTROPOL
CALLE DE ONÍS
CALLE DE ARÉVALO
PATRIARCA SAN JOSÉ
C. NATIVIDAD
PZA. DOMINGO MENDIZÁBAL
CASTILLO DE COCA
C. ZUERA
C. ZARZOSA
C. ZOBIETA
C. YÁNGUAS
ZALDÍVAR
ZARATÁN
CALLE DE CANGAS DEL NARCEA
C. RIBADESELLA
CALLE LLANES
NARCEA
MIERES
CASTILLO PEÑAFIEL
C. ZAPARDIEL
C. ZURGENA
C. ZUMEL
C. ZUBIA
Barrio San Blas
GARCÍA NOBLEJAS
C. LUIS CAMPOS
SALINAS
FUENCALIENTE
ARTENARA
TINAJO
VALLEGUERRA
C. PUNTALLANA
C. TABURIENTE
C. TIRAJANA
GRANADILLA
C. REALEJOS
C. CASTILLO MADRIGAL DE ALTAS TORRES
CASTILLO DE MANZANARES
CASTILLO
C. ZAYAS
SIMANCAS
Barrio Hnos. García Noblejas
CALLE DE JOSÉ DEL RÍO
NERVIÓN
SANTURCE
PORTUGALETE
SAN FIDEL
JUAN BOSCÁN
C. GREGORIO DONAS
C. LLANOS DE ESCUDERO
C. CASTILLO DE OROPESA
PZA. CASTILLO DE LA MOTA
CALLE DE OROPESA
CALLE DEL CASTILLO
CASTILLO OROPESA
C. VALLEGUERRA
ARCONES
C. TIRAJANA
BETANCUNIA
BARLOVENTO
CALLE EMILIO FERRARI
C. SANTURCE
C. ZORROZA
G. DE CETINA
C. FERNANDO GABRIEL
CALLE TELESFORO
CALLE LUIS RUIZ
C. ESCULANO
C. JOSÉ DE BLAS
CALLE DE ISANDRO
AVENIDA
CALLE DE
PARQUE ALJOFRÍN
GANDHI
C. GABRIEL MONTERO
CALLE DE GIL
CALLE SAN HIGINIO
SAN BALDOMERO
CALLE DE SAN
GANDHI
AVDA. FCO. LARGO CABALLERO

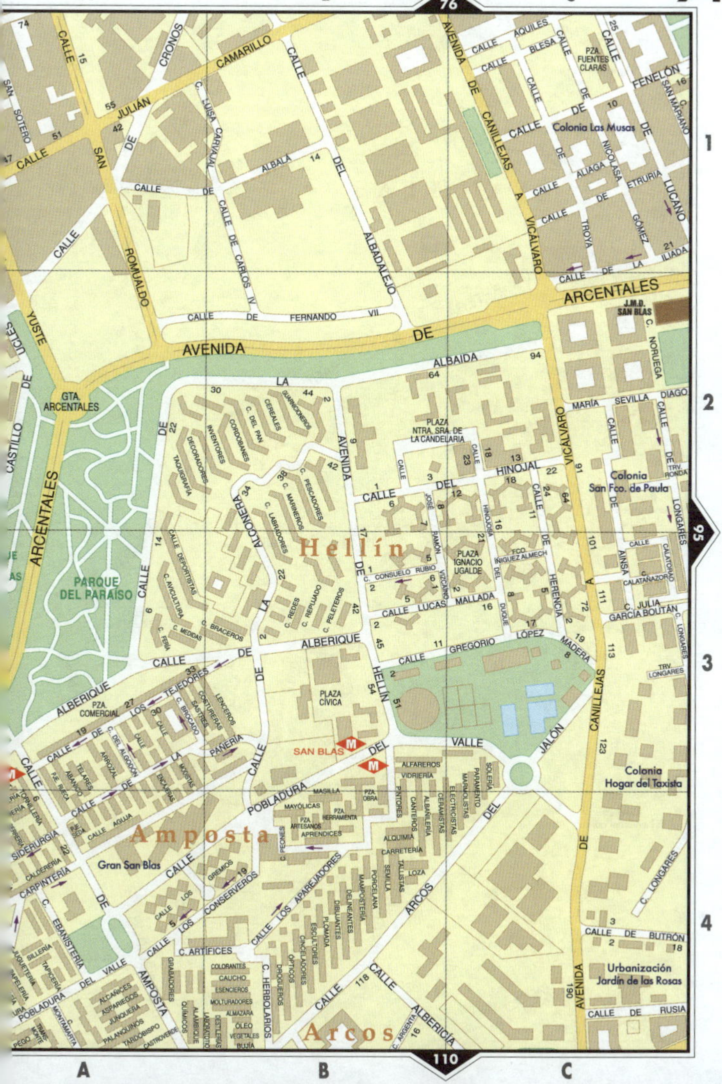
A
B
C
76
1
2
3
4
95
110
AVENIDA DE ARCENTALES
CALLE JULIÁN CAMARILLO
CALLE SAN ROMUALDO
CALLE CRONOS
CALLE SAN SOTERO
C. LUISA CARVAJAL
CALLE DE ALBALÁ
CALLE DEL ALBADALEJO
CALLE DE CARLOS IV
CALLE DE FERNANDO VII
CALLE YUSTE
UCLÉS
CASTILLO DE UCLÉS
GTA. ARCENTALES
PARQUE DEL PARAÍSO
AVENIDA DE CANILLEJAS A VICÁLVARO
CALLE AQUILES
CALLE BLESA
PZA. FUENTES CLARAS
CALLE DE FENELÓN
SAN MARIANO
Colonia Las Musas
CALLE DE NICOLASA GÓMEZ
CALLE DE ALIAGA
CALLE DE ETRURIA
LUCANO
CALLE DE TROYA
CALLE DE LA ILIADA
J.M.D. SAN BLAS
C. NORUEGA
CALLE ALBAIDA
CALLE DE LA GUARNICIONEROS
CEREALES
C. DEL PAN
CORDOBANES
INVENTORES
DECORADORES
TAQUIGRAFÍA
ALCONERA
C. PESCADORES
C. MARINEROS
C. LABRADORES
AVENIDA DE HELLÍN
PLAZA NTRA. SRA. DE LA CANDELARIA
CALLE HINOJAL
CALLE DEL JOSÉ RAMÓN VIZCAÍNO
HINOJOSA DEL DUQUE
CALLE DE HERENCIA
PLAZA IGNACIO UGALDE
FCO. ÍÑIGUEZ ALMECH
C. CONSUELO RUBIO
CALLE LUCAS MALLADA
CALLE GREGORIO LÓPEZ MADERA
Hellín
CALLE DEPORTISTAS
C. AVICULTURA
C. BRACEROS
C. MEDIDAS
C. FERIA
C. REDES
C. REPUJADO
C. PELETEROS
CALLE DE ALBERIQUE
MARÍA SEVILLA DIAGO
CALLE DE AINSA
CALLE DE LONGARES
TRV. RONDA
Colonia San Fco. de Paula
CALLE CALATORAO
C. CALATAÑAZOR
C. JULIA GARCÍA BOUTÁN
C. LONGARES
TRV. LONGARES
PZA. COMERCIAL
CALLE DE LOS TEJEDORES
C. BROCADO
SASTRES
COSTURERAS
LENCEROS
PANERÍA
PLAZA CÍVICA
SAN BLAS
CALLE DEL VALLE
JALÓN
CALLE DE LA MUSTIAS
TELARES
ABANICO
ARROZAL
C. DEL ALGODÓN
ENCAJERAS
CALLE DE POBLADURA DEL VALLE
ALFAREROS
VIDRIERÍA
SOLERÍA
PARAMENTO
MARMOLISTAS
ELECTRICISTAS
CERAMISTAS
ALBAÑILERÍA
CANTEROS
PINTORES
MASILLA
PZA. OBRA
MAYÓLICAS
PZA. HERRAMIENTA
PZA. ARTESANOS
APRENDICES
C. PEONES
ALQUIMIA
CARRETERÍA
TALLISTAS
LOZA
SEMILLA
PORCELANA
MAMPOSTERÍA
DELINEANTES
DIBUJANTES
PLOMADA
ESCULTORES
CINCELADORES
ÓPTICOS
DROGUEROS
Colonia Hogar del Taxista
Amposta
Gran San Blas
CALLE AGUJA
SIDERURGIA
CALDERERÍA
CARPINTERÍA
C. EBANISTERÍA
SILLERÍA
TAPICERÍA
JUGUETERÍA
PAPELERÍA
CALLE DE AMPOSTA
CALLE DE LOS GREMIOS
CALLE DE LOS CONSERVEROS
CALLE DE LOS APAREJADORES
CALLE ARCOS DEL JALÓN
C. ARTÍFICES
GRABADORES
COLORANTES
CAUCHO
ESENCIEROS
MOLTURADORES
ALMAZARA
ÓLEO
VEGETALES
BUJÍA
QUÍMICOS
ALAMBIQUE
LABORATORIO
DESTILERÍAS
C. HERBOLARIOS
CALLE ALBERICIA
C. ARGENTA
Arcos
C. LONGARES
CALLE DE BUTRÓN
Urbanización Jardín de las Rosas
CALLE DE RUSIA
ALCAÑICES
ASPARIEGOS
JUNQUERA
PALANQUINOS
TARDOBISPO
CASTROVERDE
C. MONTAMARTA
TRAV. MONTE PEGO

A
B
C
77
94
111
1
2
3
4
SAN BLAS
ESTADIO DE ATLETISMO DE LA COMUNIDAD DE MADRID
Colonia Virgen del Camino
C. FENELÓN
CALLE 2 DE LAS MUSAS
ETRURIA
C. PITÁGORAS
LA ILIADA
SAN MARIANO
CALLE DE
PLAZA GRECIA
AVDA. DE ARCENTALES
J.M.D. SAN BLAS
C. NORMANDÍA
C. MARÍA
LAS MUSAS
TRV. DE RONDA
Barrio San Francisco de Paula
CARRETERA DE SAN BLAS A COSLADA
CALLE DIAGO
SEVILLA
C. NANTES
C. CATANIA
CALLE DE MÓNACO
CALLE DE LIVERPOOL
CALLE DE SOFÍA
CALABRIA
ESTADIO OLÍMPICO
CALLE BOUTÁN
CALLE DE SUECIA
CALLE JULIA GARCÍA
AVENIDA DE NIZA
CALLE
MANCHESTER
CALLE DE BÉLGICA
CALLE
ESTOCOLMO
C. ALBANIA
SAN PETESBURGO
CALLE DE LOS ALPES
TRV. CARLOS II
CALLE CARLOS II
CALLE DE LONGARES
Urbanización Las Rosas
C. BRETAÑA
BUDAPEST
BUCAREST
CALLE DE
Colonia El Hogar del Taxista
AUSTRIA
BUTRÓN
CALLE 18
CALLE DE
C. RUSIA
AVDA. DE GUADALAJARA
FRANCFORT
C. CALLE CRACOVIA
PASEO DE GINEBRA
LAS ROSAS
ELBA
HELSINKI
OSLO
MOSCÚ
ESTOCOLMO
NUDO 8 COSLADA-LAS MUSAS
M-40
DISTRIBUIDOR ESTE
Barranco
CAMINO

96

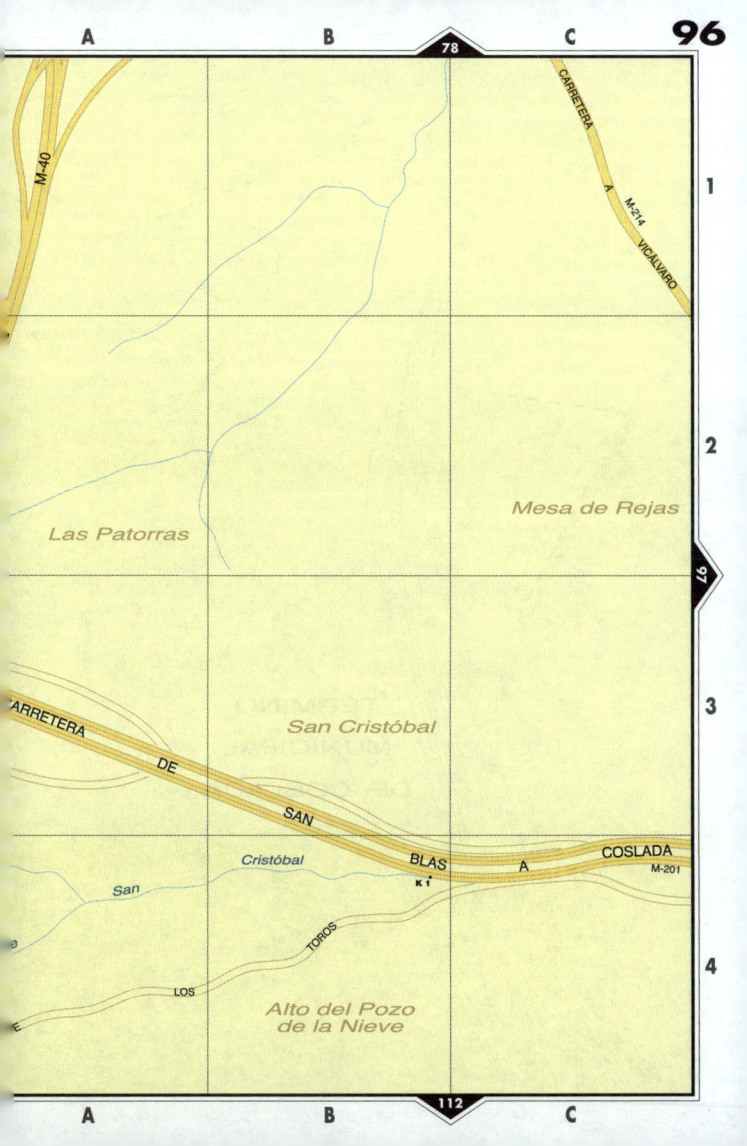

M-40

CARRETERA A M-214 VICÁLVARO

Las Patorras

Mesa de Rejas

CARRETERA DE SAN BLAS

San Cristóbal

A COSLADA M-201

San Cristóbal

LOS TOROS

Alto del Pozo de la Nieve

97

TÉRMINO MUNICIPAL DE COSLADA

- Junco Menudo
- C.º VIEJO DE BARAJAS
- A REJAS
- COSLADA
- CAMINO DE
- M-214 CARRETERA A VICÁLVARO
- CARRETERA DE SAN BLAS A COSLADA
- M-201
- CTRA. DE VICÁLVARO A COSLADA

98

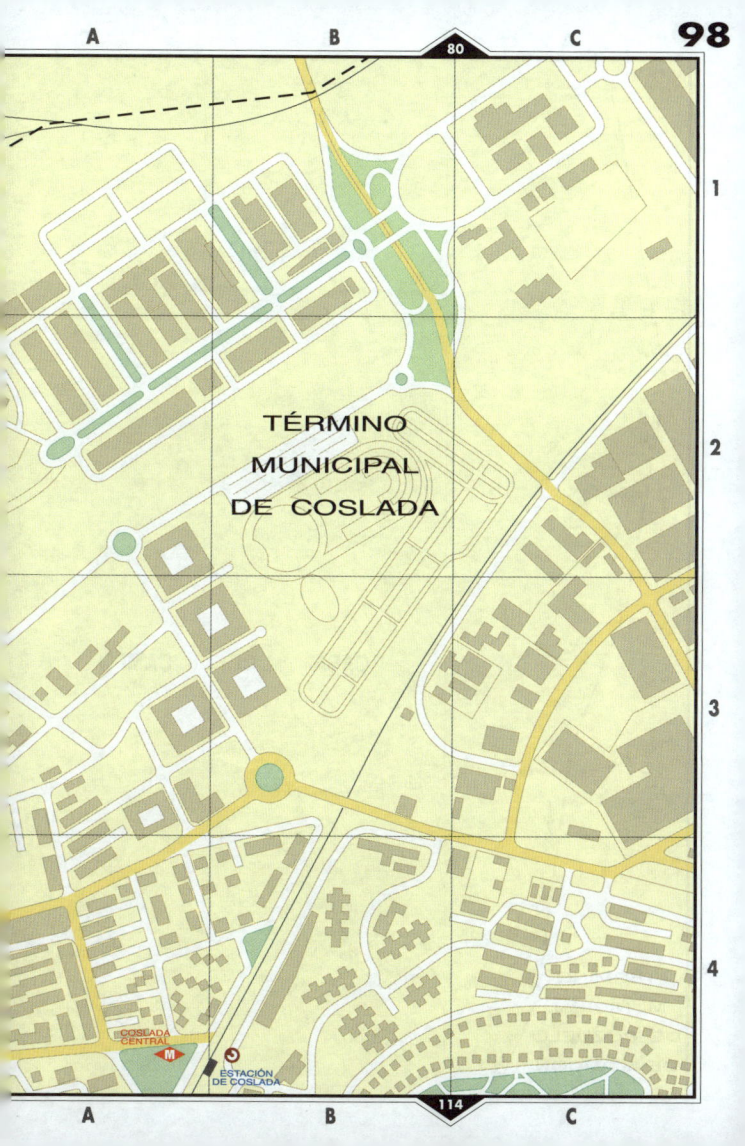

TÉRMINO MUNICIPAL DE COSLADA

COSLADA CENTRAL
ESTACIÓN DE COSLADA

99

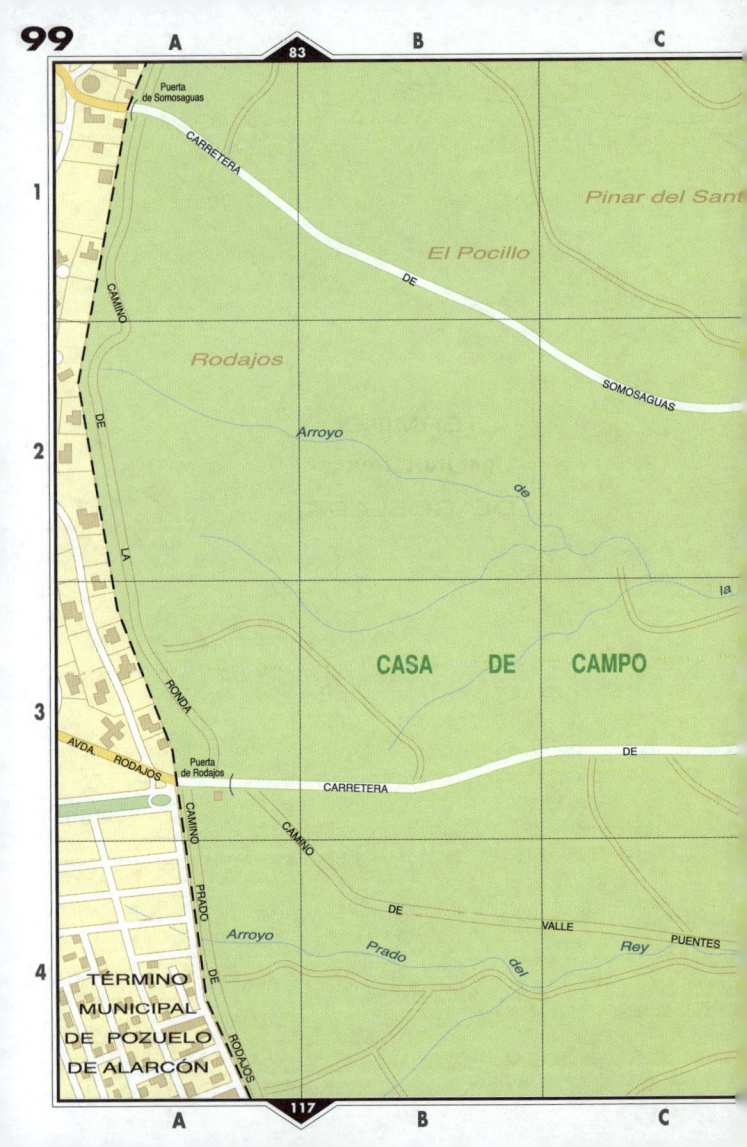

- Puerta de Somosaguas
- CARRETERA DE SOMOSAGUAS
- Pinar del Santo
- El Pocillo
- Rodajos
- Arroyo de la
- CASA DE CAMPO
- AVDA. RODAJOS
- CAMINO DE LA RONDA
- Puerta de Rodajos
- CARRETERA DE
- CAMINO PRADO DE RODAJOS
- Arroyo Prado del Valle Rey PUENTES
- TÉRMINO MUNICIPAL DE POZUELO DE ALARCÓN

100

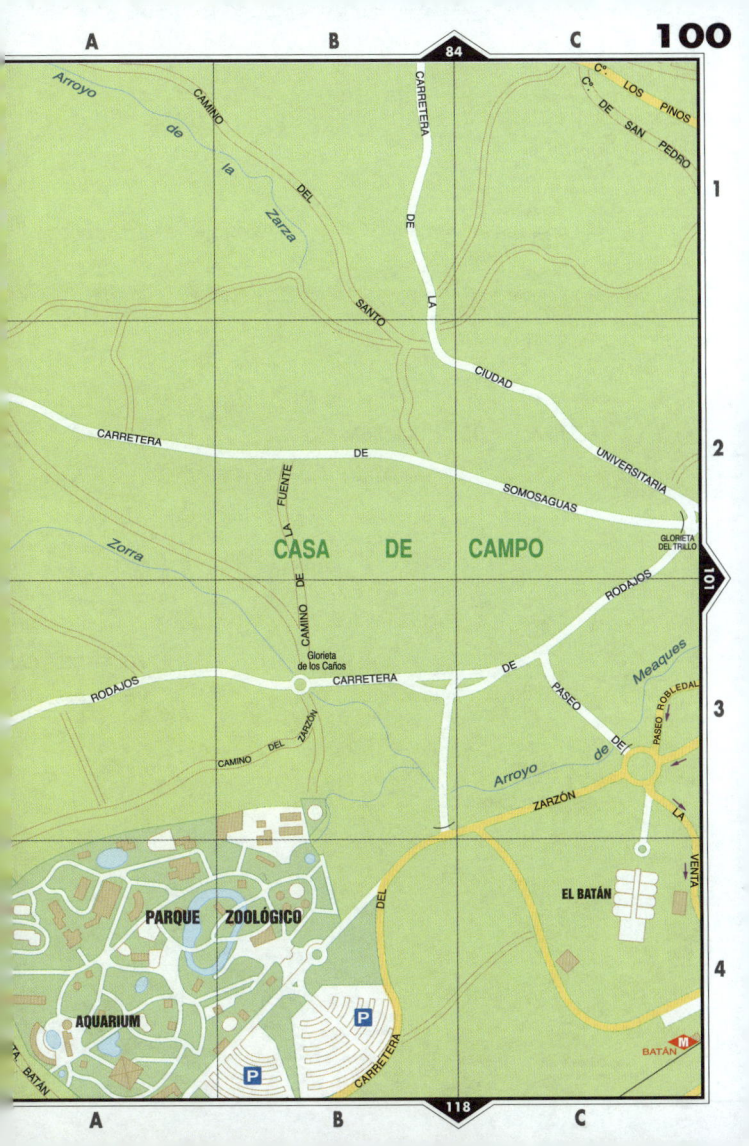

CASA DE CAMPO

- Arroyo de la Zarza
- CAMINO DE LA ZARZA
- CARRETERA DE LA CIUDAD
- Cº LOS PINOS
- Cº DE SAN PEDRO
- CARRETERA DE SANTO
- CARRETERA DE LA FUENTE DE SOMOSAGUAS
- CIUDAD UNIVERSITARIA
- Zorra
- CAMINO DE LA FUENTE
- GLORIETA DEL TRILLO
- RODAJOS
- Glorieta de los Caños
- CARRETERA
- CAMINO DEL ZARZÓN
- PASEO DE MEAQUES
- PASEO DEL ROBLEDAL
- Arroyo de ZARZÓN
- LA VENTA
- PARQUE ZOOLÓGICO
- AQUARIUM
- EL BATÁN
- Tª BATÁN
- CARRETERA DEL BATÁN
- BATÁN M

84 · 101 · 118

101

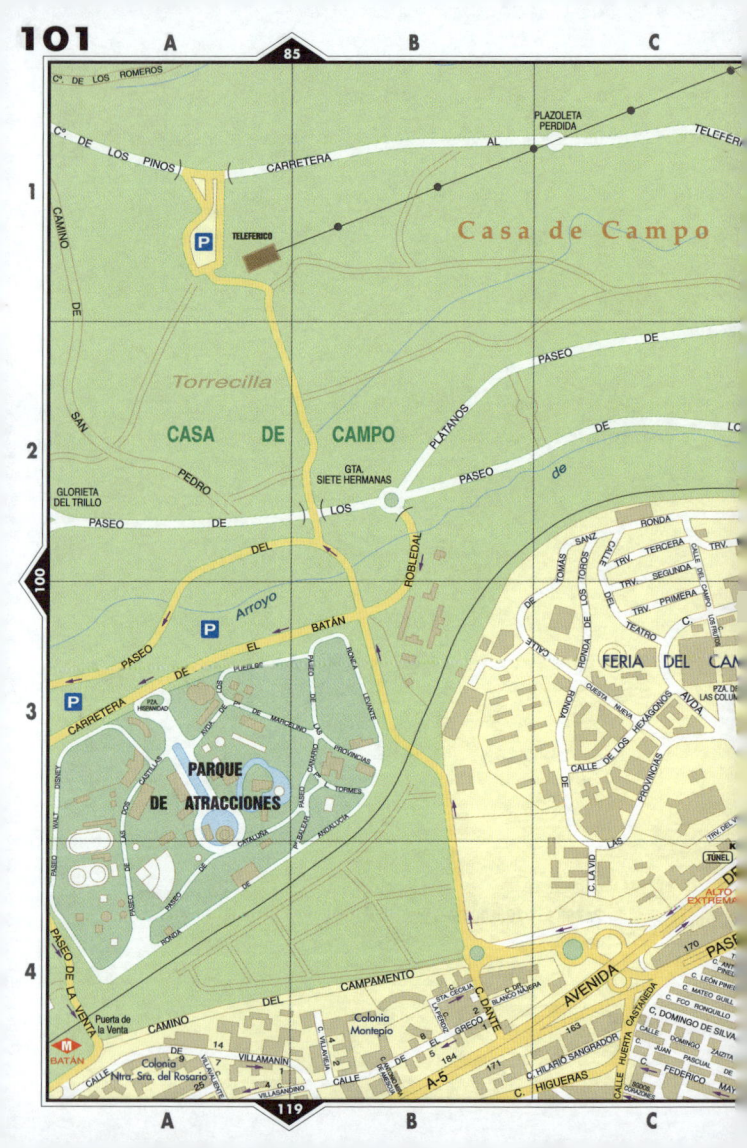

Casa de Campo

- Cª DE LOS ROMEROS
- Cª DE LOS PINOS
- CARRETERA AL TELEFÉRICO
- PLAZOLETA PERDIDA
- TELEFERICO
- CAMINO DE SAN PEDRO
- Torrecilla
- CASA DE CAMPO
- GLORIETA DEL TRILLO
- PASEO DE LOS PLATANOS
- GTA. SIETE HERMANAS
- PASEO DE LOS ROBLEDAL
- PASEO DEL BATÁN
- Arroyo EL BATÁN
- CARRETERA
- PZA HERMANDAD
- PZA LEVANTE
- RONDA DE MARCELINO
- DE LAS PROVINCIAS
- DE CASTILLA
- DE TORMES
- DE CATALUÑA
- DE ANDALUCIA
- PASEO DISNEY
- PASEO WALT
- RONDA
- PARQUE DE ATRACCIONES

Feria del Campo

- RONDA SANZ
- TRV. TERCERA
- TRV. SEGUNDA
- TRV. PRIMERA
- CALLE DEL TEATRO
- CALLE DE LOS TOROS
- RONDA NUEVA
- CUESTA DE LAS COLUMNAS
- PZA. DE LAS COLUMNAS
- AVDA
- CALLE DE LOS HEXÁGONOS
- CALLE DE LAS PROVINCIAS
- C. LA VID
- TUNEL
- ALTO EXTREMA

Puerta de la Venta / Batán

- PASEO DE LA VENTA
- CAMINO DEL CAMPAMENTO
- Colonia Montepío
- Colonia Ntra. Sra. del Rosario
- VILLAMANÍN
- VILLASANDINO
- STA. CECILIA
- C. BLANCO NÁJERA
- C. DANTE
- C. GRECO
- A-5
- C. HILARIO SANGRADOR
- AVENIDA
- C. LEÓN PRIETO
- C. MATEO GUILL
- C. FCO. RONQUILLO
- C. DOMINGO DE SILVA
- C. HUERTA CASTAÑEDA
- C. HIGUERAS
- C. JUAN PASCUAL DE
- C. DOMINGO ZAZITA
- C. FEDERICO MAY

102

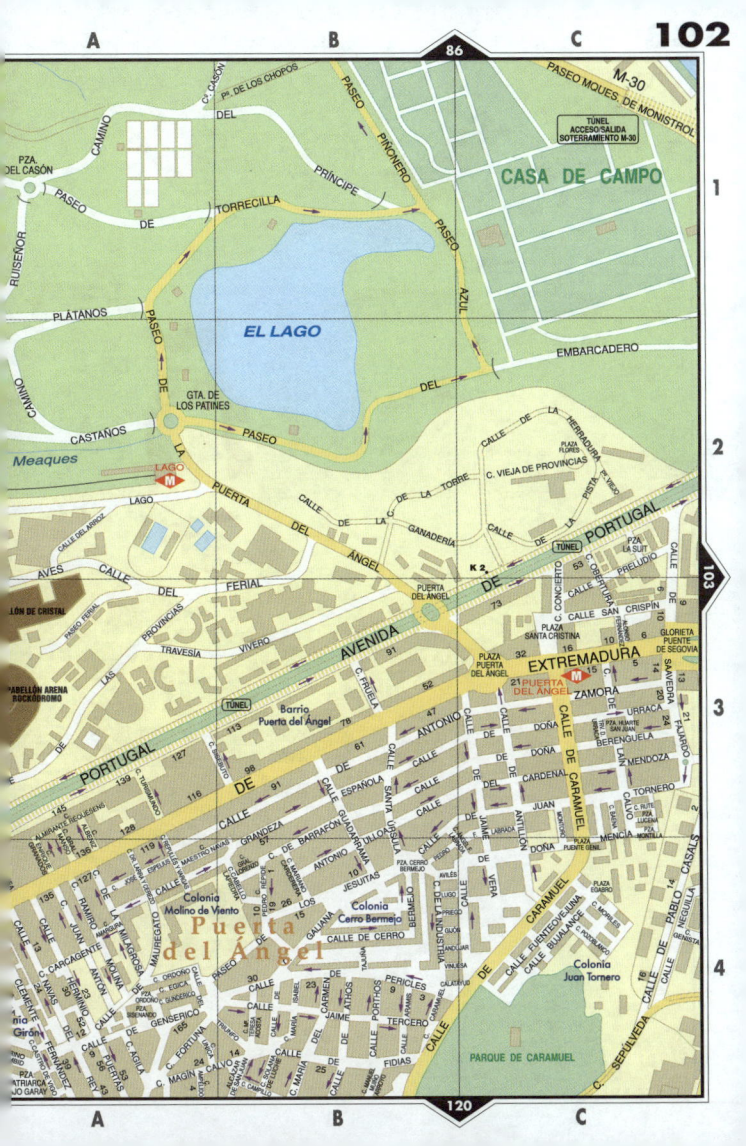

A B C

- PZA. DEL CASÓN
- PLAZA DE LOS CHOPOS
- C. CASÓN
- CAMINO DEL RUISEÑOR
- PASEO DE PLÁTANOS
- CAMINO DE CASTAÑOS
- Meaques
- PASEO DE TORRECILLA
- PASEO DEL PRÍNCIPE PINOCHERO
- PASEO AZUL
- CASA DE CAMPO
- PASEO MQUES. DE MONISTROL
- M-30
- TÚNEL ACCESO SALIDA SOTERRAMIENTO M-30
- EL LAGO
- EMBARCADERO
- GTA. DE LOS PATINES
- LAGO M
- PASEO DE LA PUERTA DEL ÁNGEL
- CALLE DE LA TORRE
- C. VIEJA DE PROVINCIAS
- CALLE DE LA GANADERÍA
- PLAZA FLORES
- PLAZA P. TIRO
- CALLE DE LA HERRADURA
- CALLE DE LA PISTA
- PORTUGAL
- TÚNEL
- CALLE DEL FERIAL
- PASEO FERIAL
- TRAVESÍA VIVERO
- PABELLÓN ARENA ROCKÓDROMO
- LÓN DE CRISTAL
- AVES
- CALLE DE LAS PROVINCIAS
- AVENIDA
- PUERTA DEL ÁNGEL
- C. PRUEBA
- Barrio Puerta del Ángel
- PLAZA PUERTA DEL ÁNGEL
- M PUERTA DEL ÁNGEL
- CALLE ZAMORA
- EXTREMADURA
- PLAZA SANTA CRISTINA
- CALLE SAN CRISPÍN
- GLORIETA PUENTE DE SEGOVIA
- C. CONCIERTO
- C. OBERTURA
- C. PRELUDIO
- DOÑA URRACA
- PZA. H. ARTE SAN JUAN
- DOÑA BERENGUELA
- DOÑA MENDOZA
- FAJARDO
- SAAVEDRA
- CALLE DE ANTONIO
- CALLE DE CARAMUEL
- CALLE DE CARDENAL
- CALLE DE JAIME
- CALVO
- TORNERO
- C. RUTE
- LUCENA
- MONTILLA
- DOÑA MENCÍA
- PLAZA PUENTE GENIL
- AVILÉS
- BERMEJO
- LUGO
- PRIEGO
- IZNÁJAR
- JAULAR
- CALLE FUENTE DE LA HIGUERA
- CALLE BUJALANCE
- PLAZA EGABRO
- Colonia Juan Tornero
- PORTUGAL
- CALLE ESPAÑOLA
- CALLE SANTA ANA
- CALLE ULLOA
- PZA CERRO BERMEJO
- Colonia Molino de Viento
- Puerta del Ángel
- Colonia Cerro Bermejo
- ANTONIO JESUITAS
- BARRAFÓN
- GALIANA
- BERMEJO
- CALLE DE CERRO
- CALLE DE PÓRTICOS
- CALLE PERICLES
- CALLE ATICO
- CALLE TERCERO
- CALLE FIDIAS
- CALLE GENÉSICOS
- CALLE FORTUNA
- CALLE MAGIN
- CALLE MARIA
- PZA.
- PABLO CASALS
- SEPÚLVEDA
- PARQUE DE CARAMUEL
- RAMIRO
- ALMIRANTE REQUESENS
- GRANDEZA
- MAESTRO
- CARCAGENTE
- MOLINA
- CLEMENTE
- FERNÁNDEZ
- TERCERO
- OÑORO
- CARMEN
- JAIME
- FIDIAS
- NEGUILLA
- GENISTA
- PABLO CASALS

86 / 120 / 103

A B C

87

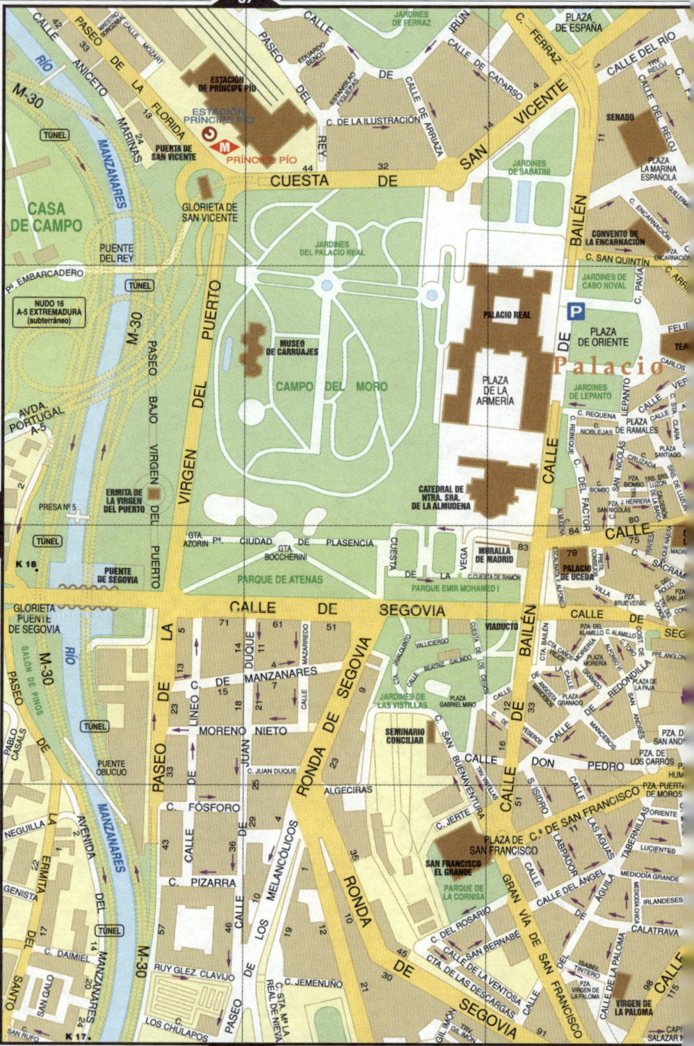

1 2 3 4

102

121

A B C

A
B
C
88
105
122
1
2
3
4
CENTRO
Sol
Cortes
GRAN VÍA
CALLE DE ALCALÁ
CALLE MAYOR
CALLE DEL ARENAL
CARRERA DE SAN JERÓNIMO
CALLE DE ATOCHA
CALLE DE LA MAGDALENA
CALLE DE TOLEDO
CALLE DE EMBAJADORES
CALLE DE FUENCARRAL
CALLE DE HORTALEZA
CALLE DE LA MONTERA
CALLE DE PRECIADOS
CALLE DEL CARMEN
CALLE DE LA PAZ
C. CARRETAS
CALLE DEL PRÍNCIPE
CALLE DE ECHEGARAY
CALLE DEL PRADO
CALLE DE LAS HUERTAS
CALLE DE CERVANTES
C. LOPE DE VEGA
C. MORATÍN
CALLE DE SANTA ISABEL
CALLE DE ARGUMOSA
CALLE DE LAVAPIÉS
CALLE DEL MESÓN DE PAREDES
CALLE RIBERA DE CURTIDORES
CALLE DUQUE DE ALBA
CALLE DE LA CABEZA
CALLE DE SAN BERNARDO
CALLE DE AUGUSTO FIGUEROA
CALLE DE SAN MARCOS
CALLE DE LAS INFANTAS
CALLE DE LA REINA
CALLE DE LOS MADRAZO
CALLE DE JARDINES
CALLE DE HILERAS
CALLE BORDADORES
PLAZA DE CHUECA
CHUECA
PLAZA VÁZQUEZ DE MELLA
PLAZA DEL REY
PLAZA DE STO. DOMINGO
STO. DOMINGO
CALLAO
PLAZA DEL CALLAO
GRAN VÍA
RED DE SAN LUIS
TELEFÓNICA
SAN JOSÉ
LAS CALATRAVAS
MINISTERIO EDUCACIÓN, CULTURA Y DEPORTE
CÍRCULO DE BELLAS ARTES
REAL ACADEMIA DE BELLAS ARTES DE SAN FERNANDO
MTRIO. HACIENDA Y ADMNES. PÚBLICAS
SEVILLA
TEATRO DE LA ZARZUELA
CONGRESO
PZA. DE LAS CORTES
CONVENTO DESCALZAS REALES
PZA. SAN MARTÍN
PLAZA DEL CARMEN
EL CARMEN
ÓPERA
SOL
PUERTA DEL SOL
ESTACIÓN DE SOL
PZA. DE CANALEJAS
PRESIDENCIA C.A.M.
PLAZA MAYOR
J.M.D. CENTRO
PZA. DE LA PROVINCIA
MTRIO. ASUNTOS EXTERIORES Y COOPERACIÓN
PALACIO DE VIANA
PZA. DE JACINTO BENAVENTE
PLAZA DEL ÁNGEL
PLAZA STA. ANA
CASA DE LOPE DE VEGA
SAN SEBASTIÁN
PZA. MATUTE
PZA. ANTÓN MARTÍN
ANTÓN MARTÍN
PZA. PUERTA CERRADA
SAN ISIDRO
PZA. TIRSO DE MOLINA
TIRSO DE MOLINA
LA LATINA
PLAZA DE CASCORRO
PZA. GRAL. VARA DEL REY
PLAZA DE LAVAPIÉS
LAVAPIÉS
PZA. CORRALA
CONVENTO DE SANTA ISABEL

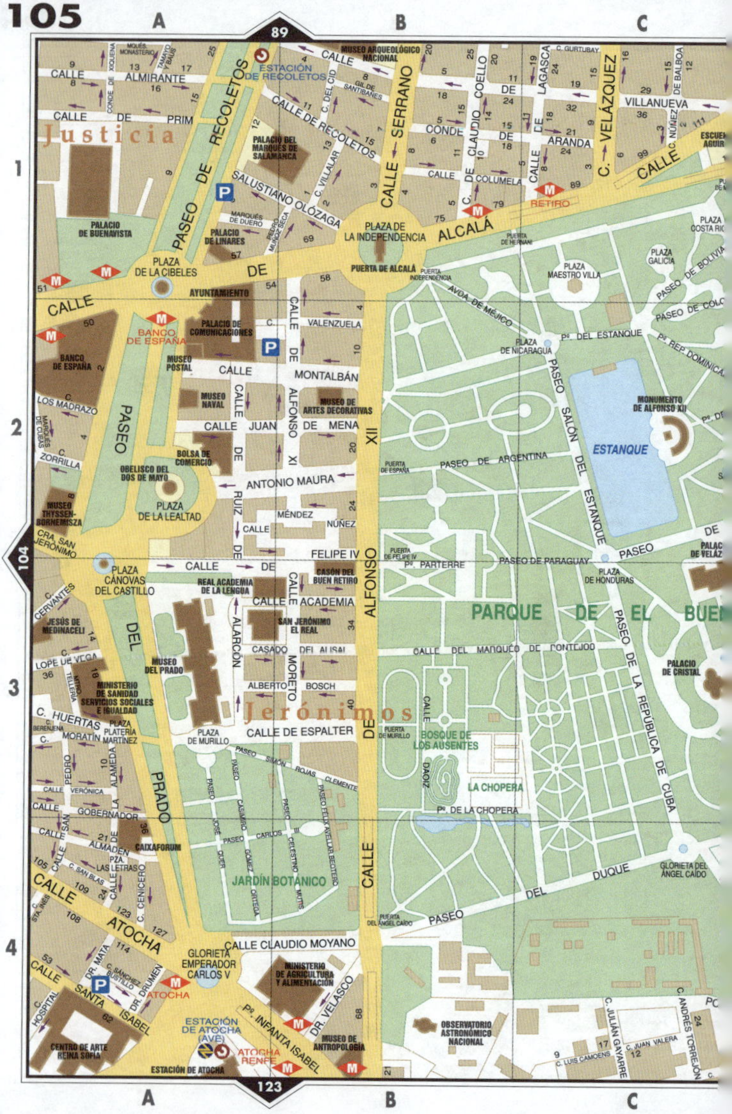
A
B
C
89
1
2
3
4
104
123
Justicia
Jerónimos
CALLE ALMIRANTE
CALLE DE PRIM
CONDE DE XIQUENA
TAMAYO Y BAUS
ESTACIÓN DE RECOLETOS
MUSEO ARQUEOLÓGICO NACIONAL
CALLE VILLANUEVA
C. GURTUBAY
GIL DE SANTIBÁÑEZ
C. DEL CID
CALLE DE RECOLETOS
CALLE SERRANO
CLAUDIO COELLO
LAGASCA
C. VELÁZQUEZ
C. NÚÑEZ DE BALBOA
CONDE DE ARANDA
CALLE DE COLUMELA
PALACIO DEL MARQUÉS DE SALAMANCA
PASEO DE RECOLETOS
SALUSTIANO OLÓZAGA
C. VILLALAR
MARQUÉS DE DUERO
PALACIO DE LINARES
PEDRO MUÑOZ SECA
PLAZA DE LA INDEPENDENCIA
ALCALÁ
RETIRO
PUERTA DE HERNANI
ESCUELA AGUIRRE
PLAZA COSTA RICA
PALACIO DE BUENAVISTA
PLAZA DE LA CIBELES
CALLE DE ALCALÁ
PUERTA DE ALCALÁ
PUERTA INDEPENDENCIA
AVDA. DE MÉXICO
PLAZA MAESTRO VILLA
PLAZA GALICIA
PASEO DE BOLIVIA
PASEO DE COLOMBIA
AYUNTAMIENTO
PALACIO DE COMUNICACIONES
BANCO DE ESPAÑA
C. VALENZUELA
MUSEO POSTAL
CALLE MONTALBÁN
PLAZA DE NICARAGUA
Pº. DEL ESTANQUE
Pº. REP. DOMINICANA
C. LOS MADRAZO
MARQUÉS DE CUBAS
MUSEO NAVAL
MUSEO DE ARTES DECORATIVAS
MONUMENTO DE ALFONSO XII
CALLE JUAN DE MENA
CALLE DE ALFONSO XII
PASEO SALÓN DEL ESTANQUE
ESTANQUE
C. ZORRILLA
BOLSA DE COMERCIO
OBELISCO DEL DOS DE MAYO
PLAZA DE LA LEALTAD
ANTONIO MAURA
PUERTA DE ESPAÑA
PASEO DE ARGENTINA
MUSEO THYSSEN-BORNEMISZA
MÉNDEZ NÚÑEZ
CALLE RUIZ DE ALARCÓN
CRA. SAN JERÓNIMO
FELIPE IV
PUERTA DE FELIPE IV
Pº. PARTERRE
PASEO DE PARAGUAY
PLAZA DE HONDURAS
PALACIO DE VELÁZQUEZ
PLAZA CÁNOVAS DEL CASTILLO
CALLE DE FELIPE IV
REAL ACADEMIA DE LA LENGUA
CASÓN DEL BUEN RETIRO
CALLE ACADEMIA
C. CERVANTES
JESÚS DE MEDINACELI
SAN JERÓNIMO EL REAL
PASEO DEL PRADO
PARQUE DE EL BUEN RETIRO
CASADO DEL ALISAL
CALLE DEL MARQUÉS DE PONTEJOS
C. LOPE DE VEGA
MUSEO DEL PRADO
CALLE MORETO
ALBERTO BOSCH
PALACIO DE CRISTAL
MINISTERIO DE SANIDAD SERVICIOS SOCIALES E IGUALDAD
C. HUERTAS
PLAZA PLATERÍA MARTÍNEZ
C. MORATÍN
PLAZA DE MURILLO
CALLE DE ESPALTER
PUERTA DE MURILLO
BOSQUE DE LOS AUSENTES
PASEO DE LA REPÚBLICA DE CUBA
PASEO SIMÓN ROJAS CLEMENTE
C. PEDRO
CALLE VERÓNICA
LA ALAMEDA
CALLE GOBERNADOR
LA CHOPERA
Pº. DE LA CHOPERA
CALLE DAOIZ
CALLE SAN
CALLE ALMADÉN
CAIXAFORUM
PASEO JOSÉ QUER
PASEO CASIMIRO GÓMEZ ORTEGA
PASEO CARLOS III
PASEO CELESTINO MUTIS
PASEO FÉLIX AVELLAR BROTERO
PZA. LAS LETRAS
C. SAN BLAS
C. CENICERO
JARDÍN BOTÁNICO
GLORIETA DEL ÁNGEL CAÍDO
PASEO DEL DUQUE
CALLE ATOCHA
C. STA. INÉS
PUERTA DEL ÁNGEL CAÍDO
GLORIETA EMPERADOR CARLOS V
CALLE CLAUDIO MOYANO
DR. MATA
C. SÁNCHEZ BUSTILLO
DR. DRUMEN
ATOCHA
MINISTERIO DE AGRICULTURA Y ALIMENTACIÓN
CALLE SANTA ISABEL
HOSPITAL
Pº. INFANTA ISABEL
DR. VELASCO
OBSERVATORIO ASTRONÓMICO NACIONAL
C. JULIÁN GAYARRE
C. ANDRÉS TORREJÓN
C. JUAN VALERA
C. LUIS CAMOENS
ESTACIÓN DE ATOCHA (AVE)
ATOCHA RENFE
MUSEO DE ANTROPOLOGÍA
CENTRO DE ARTE REINA SOFÍA
ESTACIÓN DE ATOCHA

106

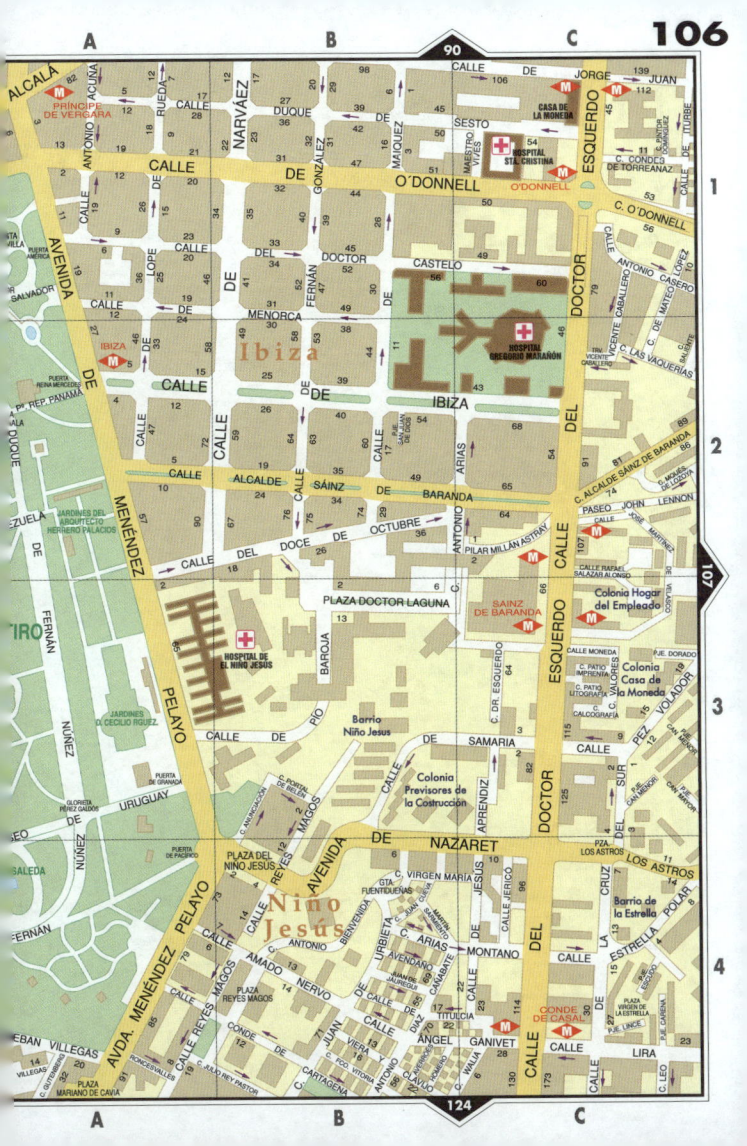

A
B
C
91
125
106
1
2
3
4
Colonia Fuente del Berro
PARQUE QUINTA DE LA FUENTE DEL BERRO
M-30
AVENIDA MARQUÉS DE CORBERA
CALLE DE JORGE JUAN
C. EDUARDO AUNÓS
CONDES DE TORREANAZ
CALLE VICÁLVARO
DE BARANDA
SÁINZ
RTVE TORRESPAÑA
CALLE DE O'DONNELL
C. ANTONIO CASERO
ALCALDE
CALLE DE JUAN ESPLANDIÚ
LOZOYA
PUENTE DE O'DONNELL
NUDO 9 O'DONNELL
RODRÍGUEZ
DE LA FUENTE
FÉLIX
PARQUE DE LA ELIPA
PAZ
VAQUERÍAS
PASEO JOHN LENNON
CALLE MARQUÉS
Colonia Hogar del Empleado
PARQUE DE ROMA
AVENIDA DE LA PAZ
K 8
C. DEL PEZ VOLADOR
CALLE ALCALDE GARRIDO JUARISTI
GLORIETA JOSÉ ANTONIO EGIDO PUERTA
MACHADO
MANUEL
VALDERRABANO
AVENIDA DEL DOCTOR
Barrio Nuevas Pilillas
ARROYO
Estrella
SIRIO
AUSTRAL
P.JE. CAN MENOR
P.JE. CAN MAYOR
ALFREDO
CALLE CARMEN
EUGENIO D'ORS
PRAGA
AMAYA
C. ALCALDE LUIS MARICHALAR
DIEGO
PRIMAVERA
C. ESTRELLA POLAR
PUENTE DE LA ESTRELLA
CALLE DEL CAMINO DE
ESTRELLA
Media Legua
Barrio de la Estrella
CORREGIDOR
CDOR. MENDO ZÚÑIGA
CDOR. DIEGO CABEZA DE VACA
JOSÉ DE PRADO Y PALACIOS
LITUANIA
RAMÓN ARECES
PUENTE DE LA LIRA
C. LIRA
C. PISCIS
PZA. PERSEO
TÚNEL ACCESO / SALIDA BY-PASS SUR
CDOR. RODRIGO RGUEZ.
CALLE DEL ARROYO DE LA MEDIA LEGUA
CALLE ENTRE ARROYOS

108

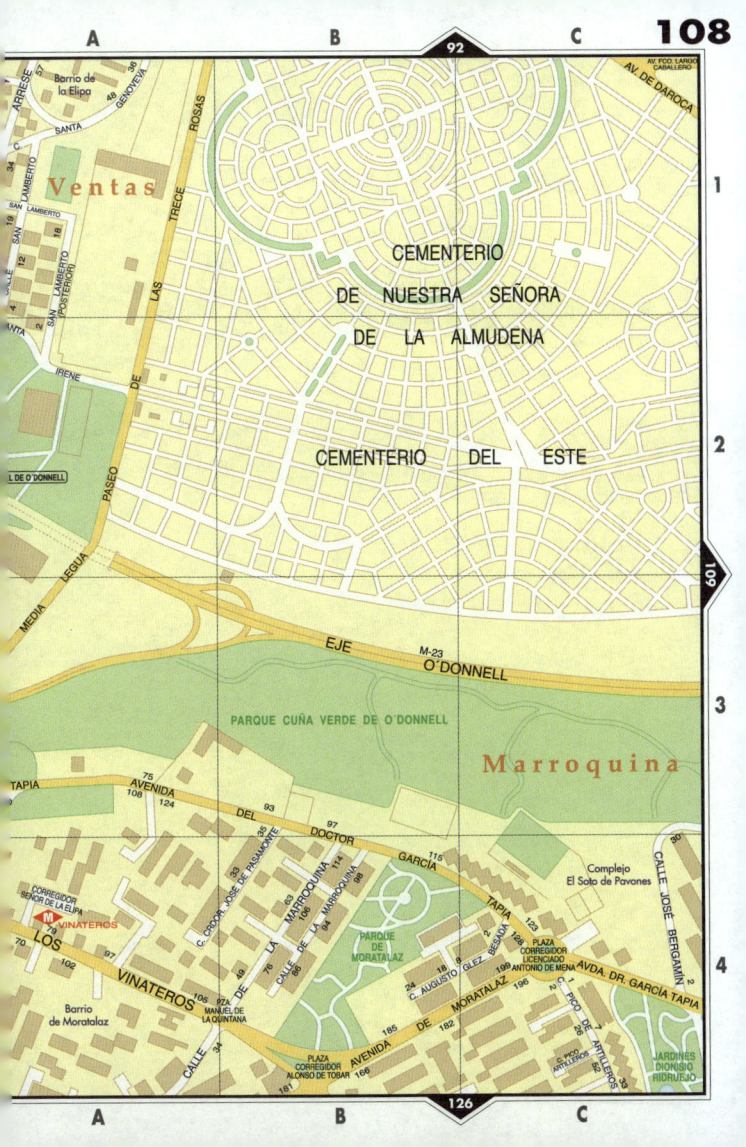

Ventas

CEMENTERIO DE NUESTRA SEÑORA DE LA ALMUDENA

CEMENTERIO DEL ESTE

EJE O'DONNELL M-23

PARQUE CUÑA VERDE DE O'DONNELL

Marroquina

AVENIDA DEL DOCTOR GARCIA TAPIA

PARQUE DE MORATALAZ

Complejo El Soto de Pavones

LOS VINATEROS

Barrio de Moratalaz

PLAZA CORREGIDOR ALONSO DE TOBAR

AVENIDA DE MORATALAZ

PLAZA CORREGIDOR LICENCIADO ANTONIO DE MENA

AVDA. DR. GARCIA TAPIA

JARDINES DIONISIO RIDRUEJO

Barrio de la Elipa

AV. FCO. LARGO CABALLERO

AV. DE DAROCA

A B C
93

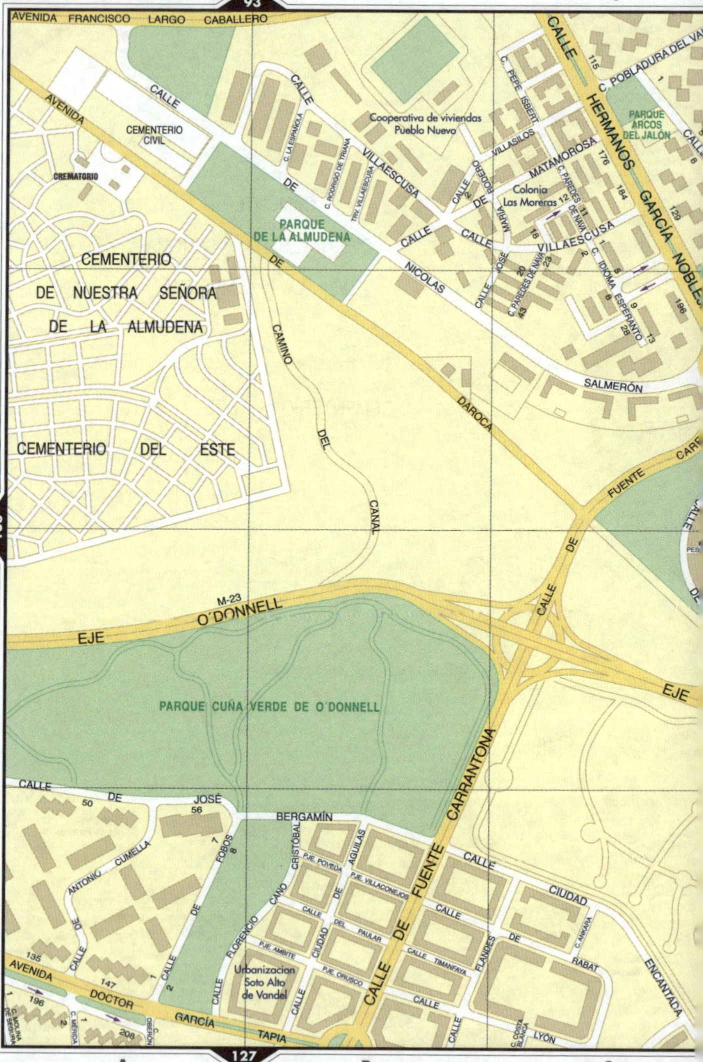

108
127
A B C

110

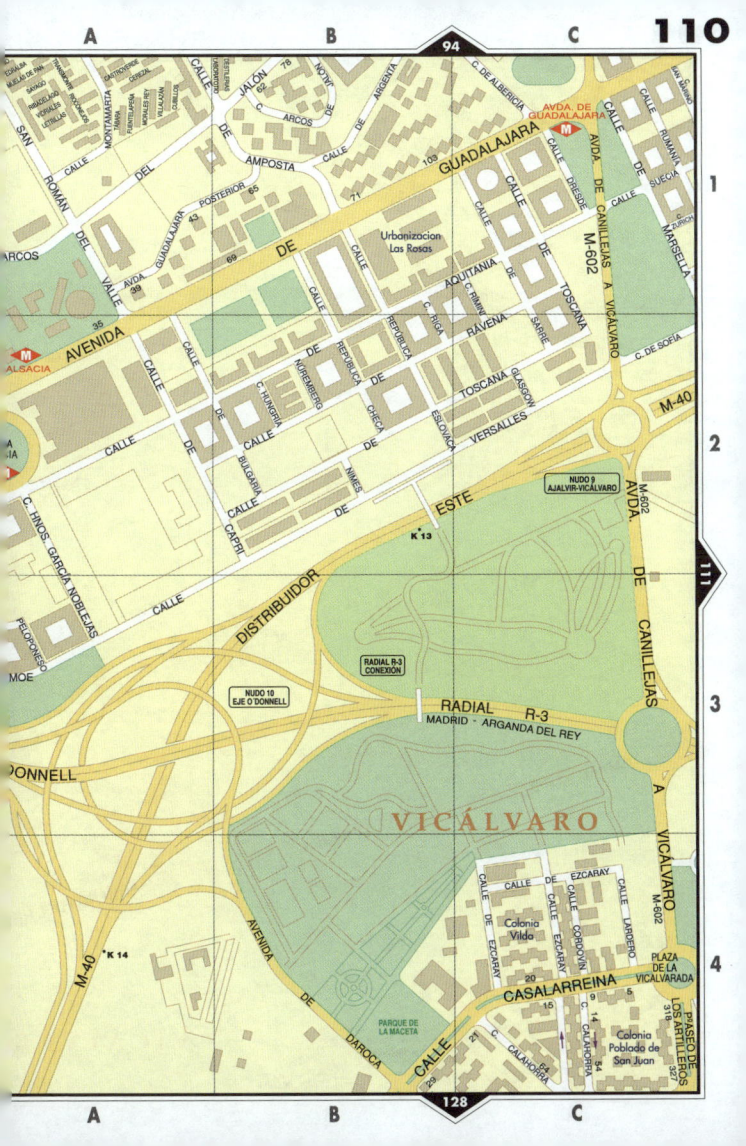

A — B — C

CALLE JALÓN
CALLE DE ARGENTA
C. DE ALBERICIA
AVDA. DE GUADALAJARA
CALLE DE GUADALAJARA
AVDA. DE CANILLEJAS A VICÁLVARO
M-602
MARSELLA
C. DE SUECIA
C. RUMANÍA

Urbanización Las Rosas

AVENIDA — **ALSACIA**
CALLE DE REPÚBLICA DE AQUITANIA
C. DE PARIS — RAVENA
C. CHICA
C. DE SOFÍA
CALLE DE TOSCANA
GLASSON
VERSALLES
ESLOVACA
CHECA
NÚREMBERG
HUNGRÍA
BULGARIA
NIMES
CAPRI

C. HNOS. GARCÍA NOBLEJAS
PELOPONESO
MOE

DISTRIBUIDOR ESTE
K 13
NUDO 9 AJALVIR-VICÁLVARO
AVDA. DE CANILLEJAS A VICÁLVARO
M-602

NUDO 10 EJE O'DONNELL
RADIAL R-3 CONEXIÓN
RADIAL R-3
MADRID - ARGANDA DEL REY

O'DONNELL

VICÁLVARO

CALLE DE EZCARAY
CALLE DE CÓRDOVA
CALLE LARDERO
Colonia Vilda
PLAZA DE LA VICALVARADA

M-40 • K 14
AVENIDA DE DAROCA
PARQUE DE LA MACETA
CASALARREINA
C. CALAHORRA
Colonia Poblado de San Juan
PASEO DE LOS ARTILLEROS

128

111

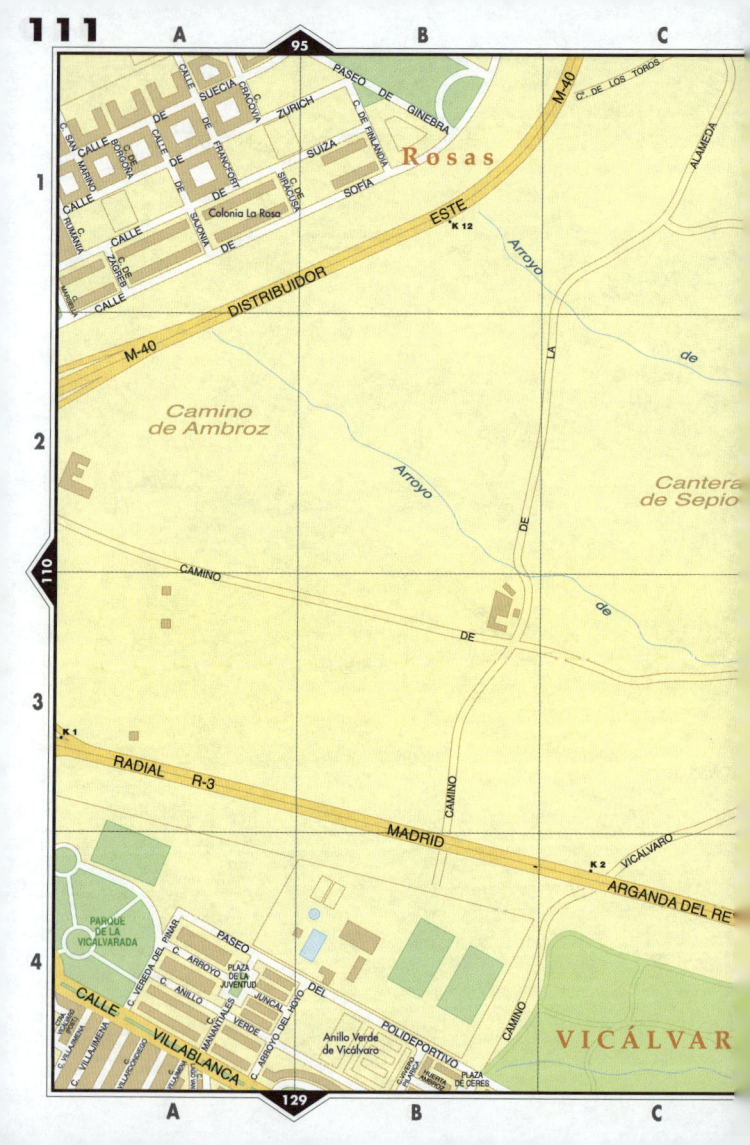

Rosas

- CALLE SAN MARINO
- CALLE SUECIA
- CALLE DE BUDAPEST
- CALLE DE CRACOVIA
- PASEO DE GINEBRA
- ZURICH
- C. DE FINLANDIA
- CALLE DE FRANCFORT
- SUIZA
- SOFIA
- CALLE DE ROMA
- CALLE DE SOFIA
- CALLE DE ZAGREB
- Colonia La Rosa
- ESTE K 12
- M-40
- C. DE LOS TOROS
- ALAMEDA
- DISTRIBUIDOR
- Camino de Ambroz
- Arroyo
- Arroyo de LA
- Cantera de Sepio
- CAMINO
- DE
- K 1
- RADIAL R-3
- MADRID
- CAMINO
- K 2 VICÁLVARO
- ARGANDA DEL REY
- PARQUE DE LA VICALVARADA
- PASEO
- C. VEREDA DEL PINAR
- C. ARROYO
- C. ANILLO
- VERDE
- MANANTIALES
- JUNCAL
- PLAZA DE LA JUVENTUD
- DEL
- POLIDEPORTIVO
- PLAZA DE CERES
- CALLE VILLABLANCA
- C. VILLAMEJIA
- Anillo Verde de Vicálvaro
- VICÁLVAR

112

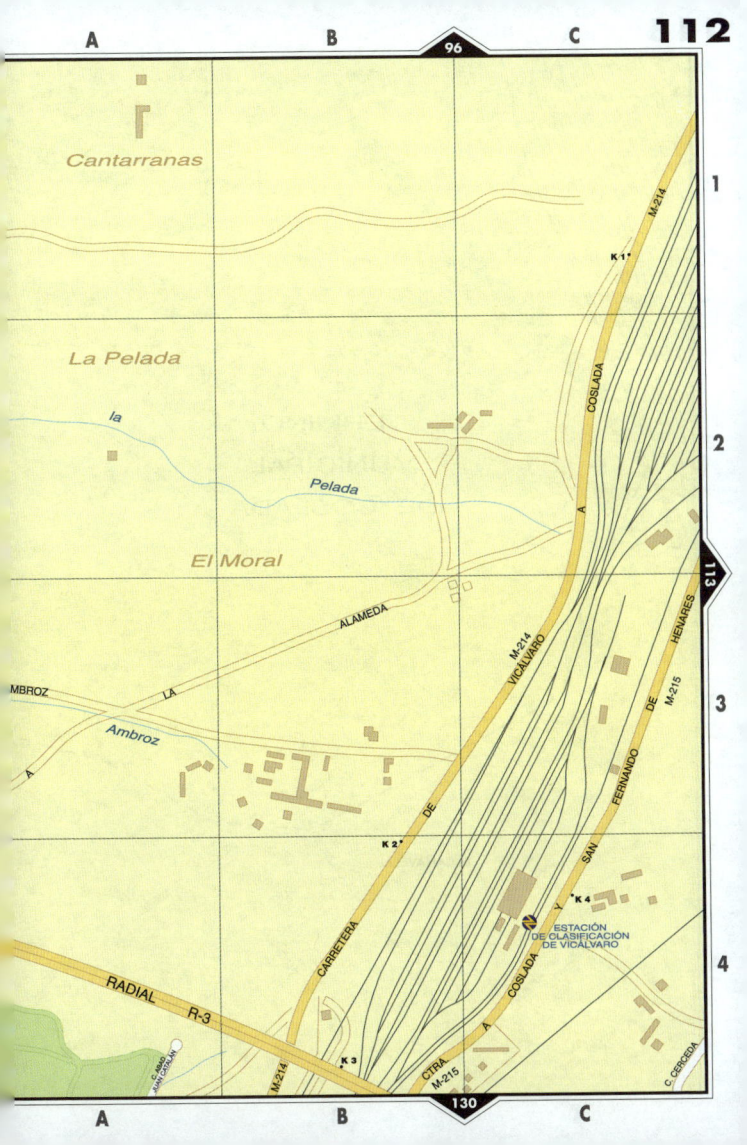

- Cantarranas
- La Pelada
- la Pelada
- El Moral
- ALAMEDA
- MBROZ
- LA
- Ambroz
- A
- RADIAL R-3
- CARRETERA DE VICÁLVARO
- M-214
- COSLADA
- SAN FERNANDO DE HENARES
- M-215
- CTRA. M-215
- COSLADA A
- ESTACIÓN DE CLASIFICACIÓN DE VICÁLVARO
- C. CERECEDA

113

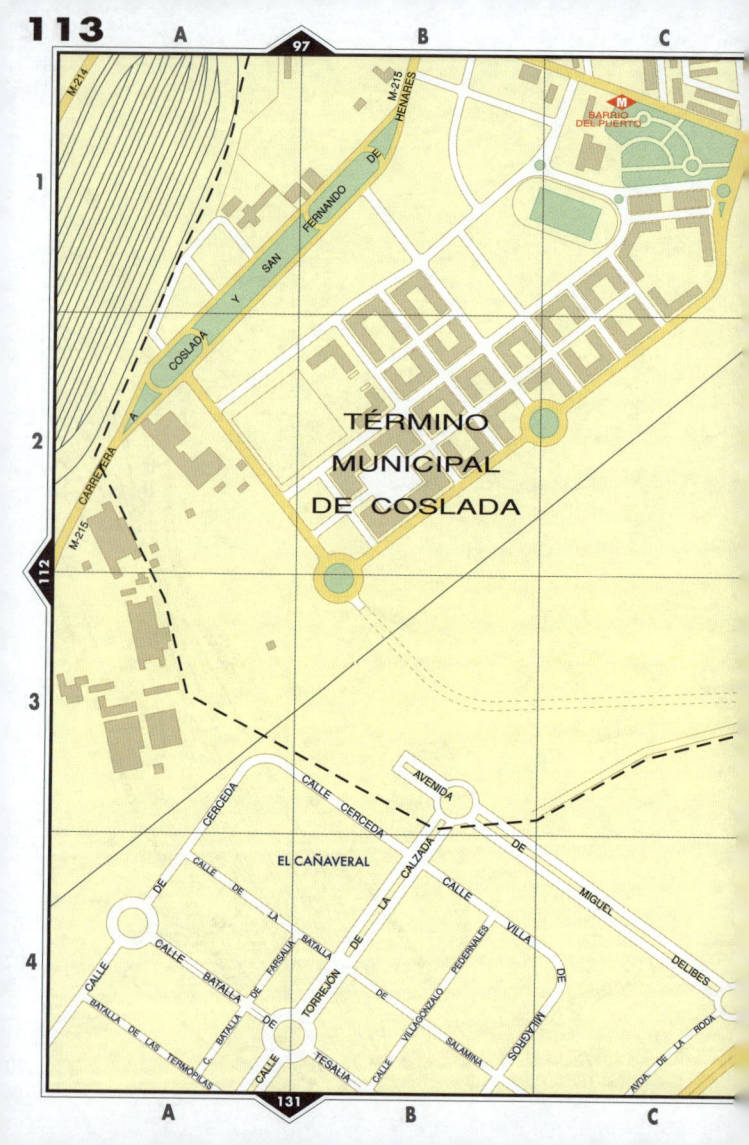

TÉRMINO MUNICIPAL DE COSLADA

BARRIO DEL PUERTO

EL CAÑAVERAL

M-214
M-215
COSLADA Y SAN FERNANDO
M-215 HENARES
A CABEZERA
M-215

CALLE CERCEDA
AVENIDA
CALLE CERCEDA
CALLE DE LA CALZADA DE
CALLE DE MIGUEL DELIBES
CALLE DE LA BATALLA DE FARSALIA
CALLE BATALLA DE
CALLE DE TORREJÓN
CALLE DE TESALIA
CALLE VILLAGONZALO
PEDERNALES
VILLA DE
SALAMINA
DE MILAGROS
AVDA. DE LA RODA
BATALLA DE LAS TERMÓPILAS
C. BATALLA DE

114

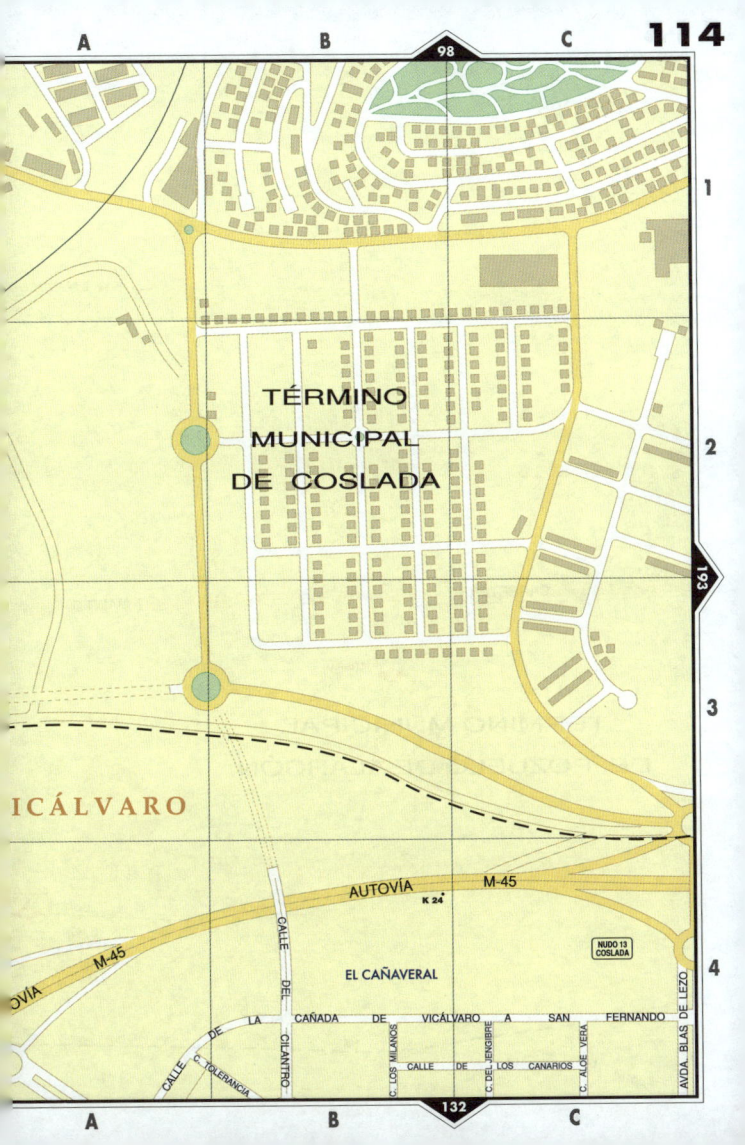

TÉRMINO MUNICIPAL DE COSLADA

ICÁLVARO

AUTOVÍA M-45
K 24
M-45
NUDO 13 COSLADA
EL CAÑAVERAL
CALLE DE LA CAÑADA DE VICÁLVARO A SAN FERNANDO
C. DE LA TOLERANCIA
CALLE DEL CILANTRO
C. LOS MILANOS
CALLE DEL JENGIBRE
C. LOS CANARIOS
C. ALOE VERA
AVDA. BLAS DE LEZO

Casa Blanca

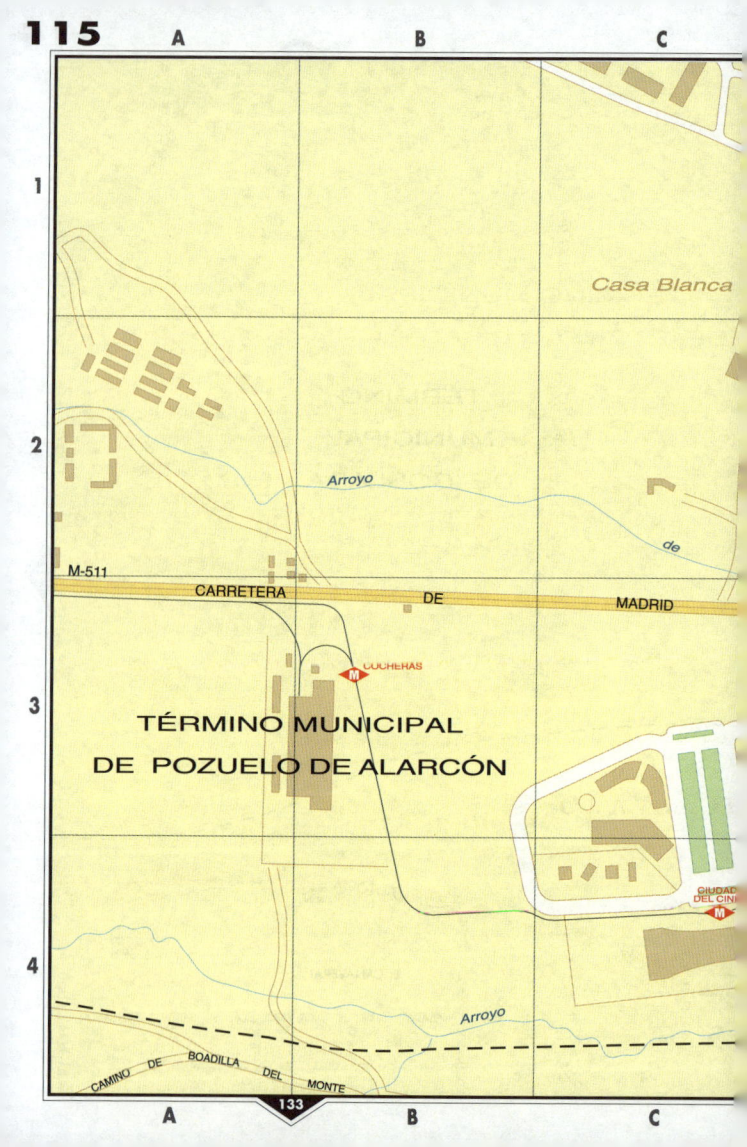

Arroyo

de

M-511 CARRETERA DE MADRID

COCHERAS

TÉRMINO MUNICIPAL
DE POZUELO DE ALARCÓN

CIUDAD DEL CINE

Arroyo

CAMINO DE BOADILLA DEL MONTE

116

TÉRMINO MUNICIPAL DE POZUELO DE ALARCÓN

Prado de la Vega

RTVE PRADO DEL REY

CARRETERA DE CARABANCHEL ARAVACA

M-502

COLONIA DE LOS ÁNGELES

PRADO DE LA VEGA

Retamares

los

BOADILLA DEL MONTE

K 1

M-511

CIUDAD DE LA IMAGEN

TELEMADRID

CIUDAD DE LA IMAGEN

Meaques

JOSÉ ISBERT

Los Meaques

de

CAMINO DE BOADILLA DEL MONTE

117

134

A
B
C
99
116
135
1
2
3
4
Cerro del Espino
CAMINO
PRADO
DE
RODAJOS
CARRETERA
DEL
de
CASA
TÉRMINO
MUNICIPAL
DE
POZUELO DE ALARCÓN
Puerta del Zarzón
Arroyo
M-502
CARRETERA
DE
K 1
M-511
CTRA. DE MADRID A BOADILLA DEL MONTE
Conjunto Residencial Prado del Rey
CARRETERA A BOADILLA DEL
M-511
CARABANCHEL
A
ARAVACA
M-502
Colonia Santa Mónica
FUENTESAUCO
VILLACARRIEDO
GALICIA
C. DELAZOR
MIRLO
VILLAVICI
Colonia Casa de
COLONIA JARDÍN
Colonia Arroyo de Meaques
C. DONDIEGO
C. VERDOLAGA
CARDENCHA
CERRAJA
SAN PEDRO
SANCHIDRIÁN
Colonia Jardín
Colonia Algeba
CARTAYA
CARPESA
PZA. CARMONA
PZA. PATRICIO MTNEZ.
K 6
EXTREMA
Urbanización Santa Clara
MOSQUETA
GTA. VELLOSILLA
VAINILLA
DIGITAL
ARENAS
Colonia Gran Capitán
C. ADANERO
C. MINGORRIA
CALLE MIRUEÑA
SANCHIDRIAN
C. DARIO GAZAPO
Campamento
Colonia del Cruce
CEFERINO
DOS
MANUEL
DANIEL
GARCÍA
SEGOVIA
CINE
SEBASTIÁN
ÁLVARO
C. CONCEPCIÓN ÁVILA
ÁVILA
PASEO DE EXTREMADURA
A-5
AVENIDA DE LOS PORLADOS
M-401
Colonia Caja de Ahorros
HERMANOS
PICADO
C. DEL PILAR
C. ALEJANDRO NAVARRO
PZA. DANIEL ZUAZO
C. M. BOFARULL
PZA. ANDRÉS SOLOAGA
CAMPAMEN
AVDA.
C. CAYETANO RDGUEZ.
CARRACEDO
CARRASCO

118

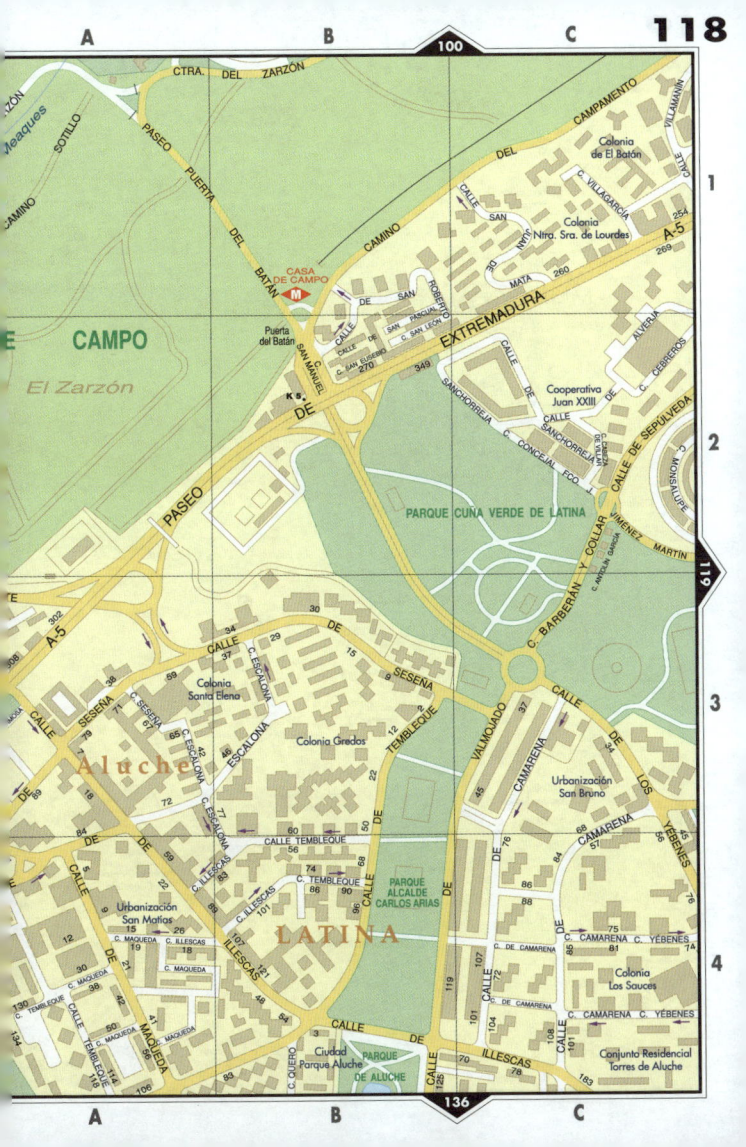

A · B · 100 · C

Map references (top to bottom, left to right):

- CTRA. DEL ZARZON
- PASEO PUERTA DEL (CAMINO)
- Meaques
- Sotillo
- CAMINO DEL CAMPAMENTO
- CALLE VILLAMANIN
- Colonia de El Batán
- C. VILAGARCÍA
- CALLE SAN...
- Colonia Ntra. Sra. de Lourdes
- MATA 260 · 254 · 269 · A-5
- CASA DE CAMPO (M)
- CALLE DE SAN ROBERTO
- SAN PASCUAL
- ALVERJA
- CAMPO
- El Zarzón
- Puerta del Batán
- C. SAN EUSEBIO 270
- SAN MANUEL
- C. SAN LEÓN
- EXTREMADURA
- 949
- CALLE DE
- SANCHORREJA
- Cooperativa Juan XXIII
- C. GEBREROS
- CALLE DE SEPÚLVEDA
- MONSALUPE
- PASEO
- C. CONCEJAL FCO.
- SANCHORRE...
- PARQUE CUÑA VERDE DE LATINA
- JIMENEZ MARTIN
- C. BARBERAN Y COLLAR
- C. ANGULA GARCIA
- 119
- A-5 302
- 308
- CALLE DE SESEÑA
- 34 · 30
- 29 · 15
- CALLE ESCALONA
- 59
- Colonia Santa Elena
- 71 · SESEÑA 38
- 7 · 18 · 42 · ESCALONA
- Aluche
- 9
- 12 · TEMBLEQUE
- Colonia Gredos
- VALMOJADO 37
- CALLE DE CAMARENA
- CALLE DE LOS YEBENES
- 45
- Urbanización San Bruno
- 72
- 22
- 50
- CALLE TEMBLEQUE
- 56
- 74 · TEMBLEQUE · 90
- 86
- 68 · CAMARENA · 76
- 57
- 84
- 5
- ILLESCAS
- PARQUE ALCALDE CARLOS ARIAS
- 88
- C. YEBENES
- LATINA
- Urbanización San Matías
- 75
- C. MAQUEDA
- C. ILLESCAS
- 19 · 18
- 101
- 86
- 85 · CAMARENA · 74
- Colonia Los Sauces
- 12
- 30
- MAQUEDA
- CALLE DE CAMARENA
- C. CAMARENA · C. YEBENES
- 130
- 50 · C. MAQUEDA 38
- 119
- 108
- TEMBLEQUE · 98
- 106
- CALLE DE
- 101 · 104
- 78 · 163
- 3
- Ciudad Parque Aluche
- CALLE DE ILLESCAS
- 70
- Conjunto Residencial Torres de Aluche
- C. QUERO
- PARQUE DE ALUCHE
- 125

A · B · 136 · C

A
B
C
101
1
2
3
4
118
137
Conjunto Ntra. Sra. del Rosario
C. VILLAVALIENTE
VILLASANDINO
C. DE LA PARODIA
VILLAVALIENTE
C. VILLAMANÍN
PASEO DE EXTREMADURA
A-5
OLIVILLO
CALLE ALMAZÁN
CALLE CEBREROS
PZA. DE LOS FRANCISCANOS
C. SERAFÍN DE ASÍS
C. VILLAMANÍN
Urbanización Surbatán
CALLE CARLINA
C. CARMEN BARRIOS
C. RUEZA
CEBREROS
CALLE DE SEPÚLVEDA
LUCERO
C. RAFAEL LÓPEZ PANDO
C. JARAIZ DE LA VERA
C. ENRIQUE
C. DE HERVÁS
BORRAS
CALLE HUERTA CASTAÑEDA
C. DE LOS BARRIONUEVO
Patriarca Eijo Garay
C. CORIA
C. PASCUAL RDGUEZ.
C. DURATÓN
CALLE ALMAZÁN
CALLE DE HIGUERAS
CALLE DE LOS
Colonia Los Olivos
PASEO DE CEBREROS
AVDA.
Santo Lucero
CALLE DE PALMÍPEDO
SATURNINO MORÁN
CALLE ALHAMBRA
TRV. TRIANA
CALLE FRANCISCA ARMADA
Colonia Castañeda
CALLE FUENTES
CALLE RAMÓN AZORÍN
CALLE CARLOS
CALLE RIBOTA
C. CASCAJARES
PRADALES
CALLE LUCERO
PJE. LUCERO
GARCÍA BERNARDINA
MORÁN
ALEJANDRINA
CALLE LUIS PANDO
PZA. ACHICORIA
CALLE CAYETANO PANDO
HIGUERAS
CALLE DE PINAREJOS
REVENGA
CALLE DE COCA
C. VICENTA VILLEGAS
Lucero
CALLE DE MONSALUPE
CALLE LATINA
CALLE BERLANAS
CARBONERAS
CASTROSERNA
PZA. REMONDO
C. DE CASTUERA
CALLE ANTONIA CALVO
FAUSTINA CALVO
VACAS
GREGORIO
CALLE DE LA
CALLE HURTUMPASCUAL
C. BREA DE TAJO
CALLE MUÑICO
JOSÉ FRANCISCO
Conjunto Residencial Prado Alto
CALLE DEL CONCEJAL
ESTACIÓN DE LAGUNA
LAGUNA
PARQUE CUÑA VERDE DE LATINA
CALLE CUART DE POBLET
Poblado de Los Cármenes
CALLE DE CULLERA
CALLE CUART DE POBLET
Colonia Antonio Blasco
Poblado Mínimo de Caño Roto
Cármene
CALLE DE ESCALONILLA
CALLE DUQUESA DE PARCENT
GLORIETA LOS CÁRMENES
Poblado Dirigido de Caño Roto
PZA. GELSA DE EBRO
C. BORJA
CALLE ATECA
AVENIDA NUESTRA SRA. DE VALVANERA
PARQUE CERRO ALMODOVAR
Poblado Cerro Almodóvar
CALLE DE LOS YÉBENES
C. YÉBENES
Urbanización Campo Florido
CALLE MARCELINO
C. LOS ARRAYANES
CALLE LAGUNA
C. SAN ROBUSTIANO
CARPETANA
VÍA
C. ALBENTOSA
MAURELO
CASTILLO
C. LEÓN V DE ARMENIA
C. JOSEFA HONRADO
C. LUIS FEITO
JOSÉ
TRV. PINZÓN

A B C

102
121
138
1
2
3
4
PARQUE CARAMUEL
Urbanización Parque San Bernardo
Colonia Luche
Colonia del Olivar
Barrio de Goya
PARQUE CUÑA VERDE DE LATINA
CEMENTERIO DE SAN ISIDRO
ERMITA DE SAN ISIDRO
PARQUE DEL MANZANARES
PASEO QUINCE DE MAYO
PASEO DE SAN ILLÁN
PASEO DE LA ERMITA DEL SANTO
PASEO DE LOS OLIVOS
CALLE DE SEPÚLVEDA
AVENIDA DE LOS CAPRICHOS
CALLE DE CARAMUEL
VÍA CARPETANA
CALLE JIMÉNEZ MARTÍN
CALLE GOTARRENDURA
CALLE LUISA MURIEL
CALLE FAUSTINO OSORIO
CALLE CHISPEROS
C. FUENDETODOS
CALLE DE CAMPILLO
Colonia Sta. María Micaela
Colonia Ntra. Sra. de la Luz
PARQUE DE SAN ISIDRO
CAMINO DE SAN ISIDRO
San Isidro
Barrio Tercio del Terol
PLAZA ROGER DE FLOR
Opañel
URGEL
CALLE GRAL. RICARDOS
CALLE DEL TOBOSO
CALLE DE ALGORTA
CALLE DE ZAIDA
CALLE DEL GORRIÓN
CALLE DE RECESVINTO
CALLE DE CHINDASVINTO
CALLE DE ALARICO
CALLE DE FRAGATA
CALLE DE BRIHUEGA
CALLE DEL COMANDANTE FONTANES
CALLE DE PAULINA ODIAGA
CALLE DEL RÍO URGEL
CALLE DE CARLOS DABÁN
CALLE DE JOSÉ MONTALVO
CALLE DE MÚR
CALLE DE SOLDADO JOSÉ MARÍA REY
CALLE DE ERVIGIO
CALLE DE SIGÉRICO
CALLE DE TERCIO
CALLE DE ALCAUDÓN
PLAZA JULIO CORTÁZAR

A B C

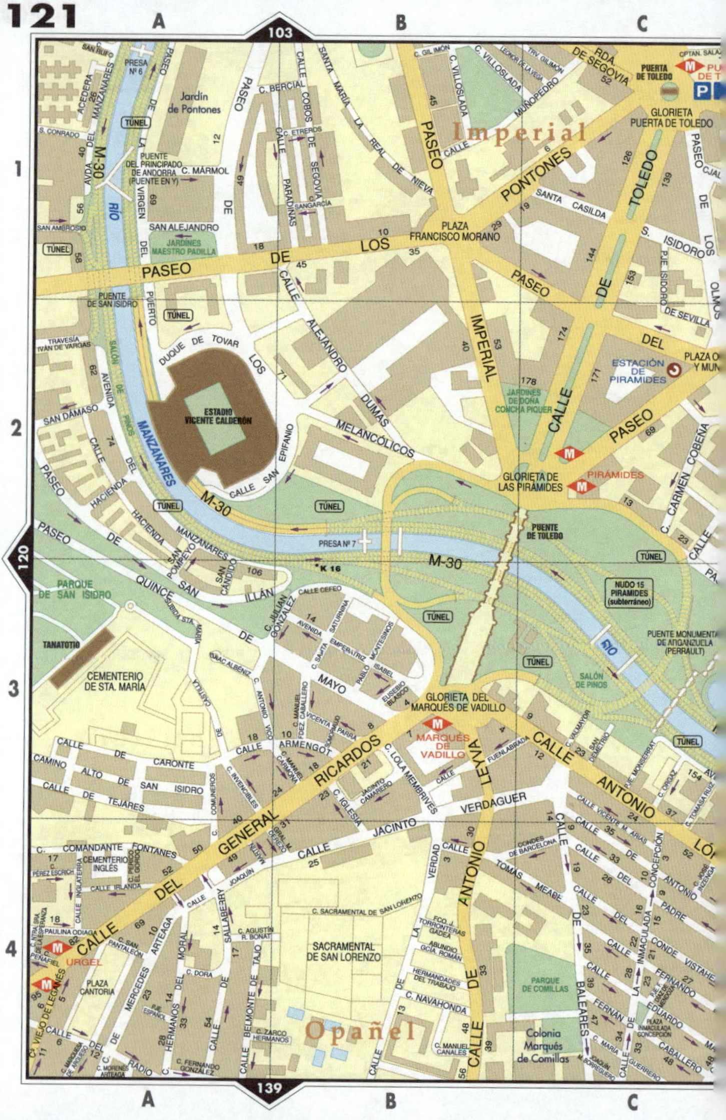

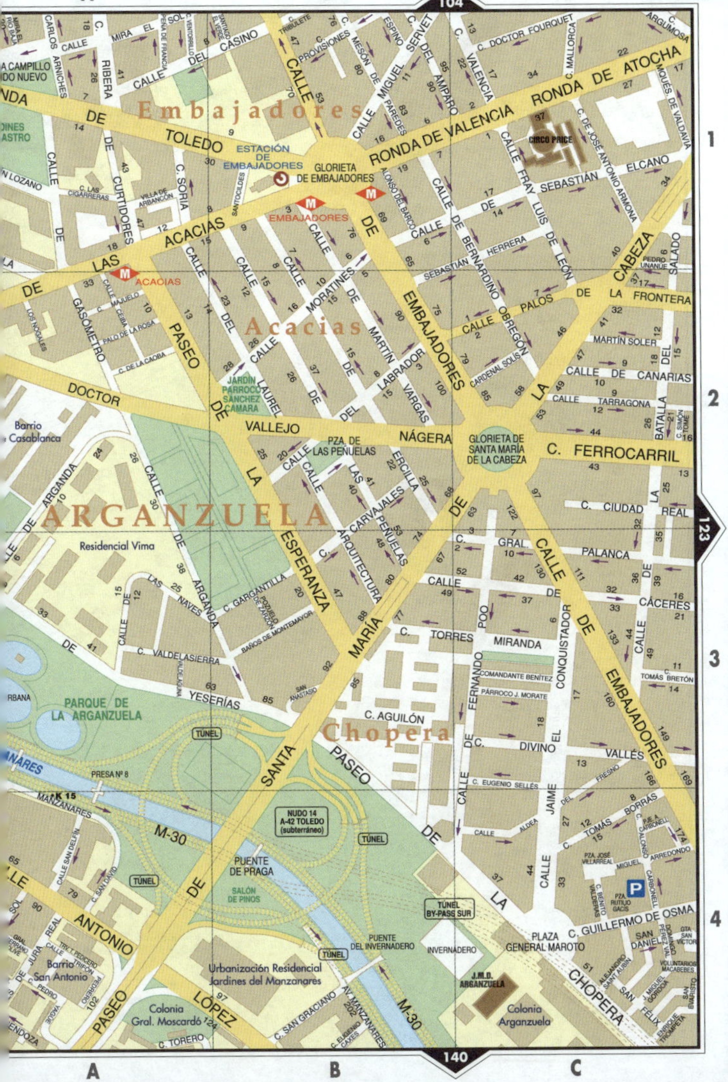
A
B
C
104
140
123
1
2
3
4
Embajadores
Acacias
ARGANZUELA
Chopera
RONDA DE TOLEDO
RONDA DE VALENCIA
RONDA DE ATOCHA
ESTACIÓN DE EMBAJADORES
GLORIETA DE EMBAJADORES
EMBAJADORES
ACACIAS
PASEO DE LAS ACACIAS
CALLE DE EMBAJADORES
PASEO DOCTOR VALLEJO NÁGERA
GLORIETA DE SANTA MARÍA DE LA CABEZA
PASEO DE SANTA MARÍA DE LA CABEZA
C. FERROCARRIL
PASEO DE LA CHOPERA
PASEO DE LA ESPERANZA
CALLE DE ARGANDA
CIRCO PRICE
CALLE MIRA EL SOL
CALLE DEL CASINO
CALLE DE LA RIBERA DE CURTIDORES
CALLE DE LOS CARLOS ARNICHES
C. DOCTOR FOURQUET
C. MALLORCA
C. VALENCIA
C. DEL AMPARO
CALLE MIGUEL SERVET
CALLE DE FRAY LUIS DE LEÓN
CALLE DE BERNARDINO OBREGÓN
CALLE DE SEBASTIÁN HERRERA
CALLE PALOS DE LA FRONTERA
ELCANO
MARTÍN SOLER
CALLE DE CANARIAS
CALLE TARRAGONA
C. CIUDAD REAL
GRAL. PALANCA
CALLE DE CÁCERES
C. TORRES MIRANDA
CALLE DEL CONQUISTADOR
C. DIVINO VALLÉS
C. AGUILÓN
CALLE FERNANDO POO
C. EUGENIO SELLÉS
CALLE JAIME EL CONQUISTADOR
C. TOMÁS BORRÁS
C. GUILLERMO DE OSMA
PLAZA GENERAL MAROTO
JARDÍN PÁRROCO SÁNCHEZ CÁMARA
PZA. DE LAS PEÑUELAS
CALLE LAUREL
CALLE DEL LABRADOR
CALLE DE MORATINES
CALLE DE MARTÍN DE VARGAS
CALLE ERCILLA
C. GARGANTILLA
C. VALDELASIERRA
CALLE DE LAS NAVES
YESERÍAS
Barrio Casablanca
Residencial Vima
PARQUE DE LA ARGANZUELA
PRESA Nº 8
MANZANARES
M-30
TÚNEL
NUDO 14 A-42 TOLEDO (subterráneo)
PUENTE DE PRAGA
SALÓN DE PINOS
PUENTE DEL INVERNADERO
INVERNADERO
TÚNEL BY-PASS SUR
J.M.D. ARGANZUELA
Colonia Arganzuela
Urbanización Residencial Jardines del Manzanares
Colonia Gral. Moscardó
PASEO DE ANTONIO LÓPEZ
Barrio San Antonio
C. TORERO
C. SAN GRACIANO
AV. MANZANARES
C. CAXES
CALLE SAN DELFÍN
C. SAN DAVID
SAN DANIEL
SAN FÉLIX
C. GASÓMETRO
C. DE LA CAOBA
PALO DE LA ROSA
C. SORIA
C. LAS CIGARRERAS

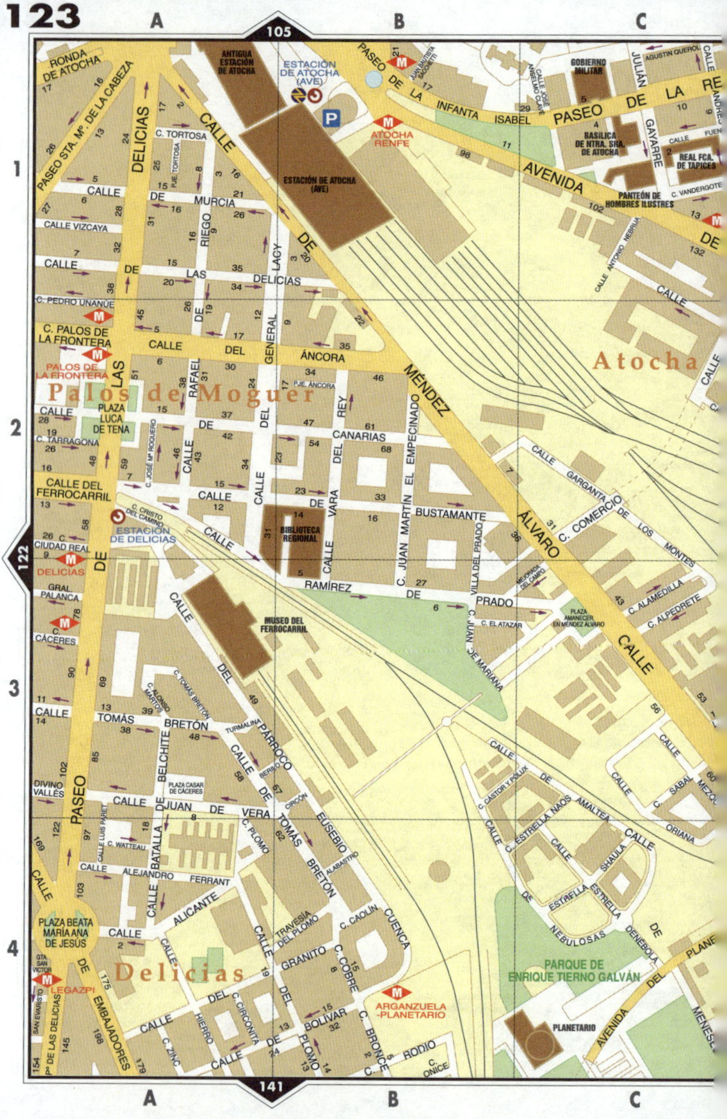
A
B
C
105
141
122
1
2
3
4
RONDA DE ATOCHA
PASEO STA. Mª DE LA CABEZA
DELICIAS
C. TORTOSA
PJE. TORTOSA
ANTIGUA ESTACIÓN DE ATOCHA
ESTACIÓN DE ATOCHA (AVE)
ESTACIÓN DE ATOCHA (AVE)
PASEO DE LA INFANTA ISABEL
ATOCHA RENFE
CALLE JOSÉ ANSELMO CLAVÉ
JUAN BAUTISTA SACHETTI
GOBIERNO MILITAR
PASEO DE LA REINA
JULIÁN GAYARRE
AGUSTÍN QUEROL
BASÍLICA DE NTRA. SRA. DE ATOCHA
REAL FCA. DE TAPICES
C. VANDERGOTE
PANTEÓN DE HOMBRES ILUSTRES
AVENIDA
CALLE ANTONIO NEBRIJA
CALLE DE MURCIA
CALLE VIZCAYA
CALLE DE LAS DELICIAS
RIEGO
LACY
C. PEDRO UNANUE
C. PALOS DE LA FRONTERA
PALOS DE LA FRONTERA
CALLE DEL ÁNCORA
GENERAL
PJE. ÁNCORA
Palos de Moguer
Atocha
CALLE MÉNDEZ ÁLVARO
RAFAEL DE RIEGO
PLAZA LUCA DE TENA
C. TARRAGONA
C. JOSÉ Mª ROQUERO
CALLE DE CANARIAS
REY
VARA DEL REY
C. JUAN MARTÍN EL EMPECINADO
CALLE DEL FERROCARRIL
C. CRISTO DEL CAMINO
ESTACIÓN DE DELICIAS
CALLE DE VARA DE BUSTAMANTE
BIBLIOTECA REGIONAL
C. CIUDAD REAL
DELICIAS
GRAL. PALANCA
CALLE RAMÍREZ DE PRADO
VILLA DEL PRADO
MEJORADA DEL CAMPO
CALLE GARGANTA DE LOS MONTES
C. COMERCIO
C. ALAMEDILLA
C. ALPEDRETE
PLAZA AMANECER EN MÉNDEZ ÁLVARO
C. EL ATAZAR
C. JUAN DE MARIANA
MUSEO DEL FERROCARRIL
C. CÁCERES
CALLE DEL PÁRROCO
C. TOMÁS BRETÓN
C. ALONSO MARTOS
CALLE TOMÁS BRETÓN
TURMALINA
BELCHITE
PLAZA CASAR DE CÁCERES
DIVINO VALLÉS
CALLE JUAN DE VERA
CALLE DE TOMÁS BRETÓN
BERILO
CIRCÓN
EUSEBIO
C. PLOMO
C. LUIS PARET
C. WATTEAU
BATALLA DE BELCHITE
CALLE ALEJANDRO FERRANT
ALABASTRO
CALLE DE CÁSTOR Y PÓLUX
CALLE DE AMALTEA
C. ESTRELLA NAOS
CALLE SHAULA
CALLE ESTRELLA
SABAL
ORIANA
CALLE ALICANTE
PLAZA BEATA MARÍA ANA DE JESÚS
PASEO DE LAS DELICIAS
TRAVESÍA DEL PLOMO
C. CAOLÍN
CUENCA
CALLE GRANITO
C. COBRE
DE ESTAFLLA
NEBULOSAS
DENEBOLA
PARQUE DE ENRIQUE TIERNO GALVÁN
Delicias
GTA. SAN VICTOR
LEGAZPI
SAN EVARISTO
Pº DE LAS DELICIAS
EMBAJADORES
CALLE DEL HIERRO
C. ZINC
C. CIRCONITA
CALLE DE BOLÍVAR
PLOMO
C. BRONCE
RODIO
C. ÓNICE
ARGANZUELA -PLANETARIO
PLANETARIO
AVENIDA DEL PLANETARIO
MENESES

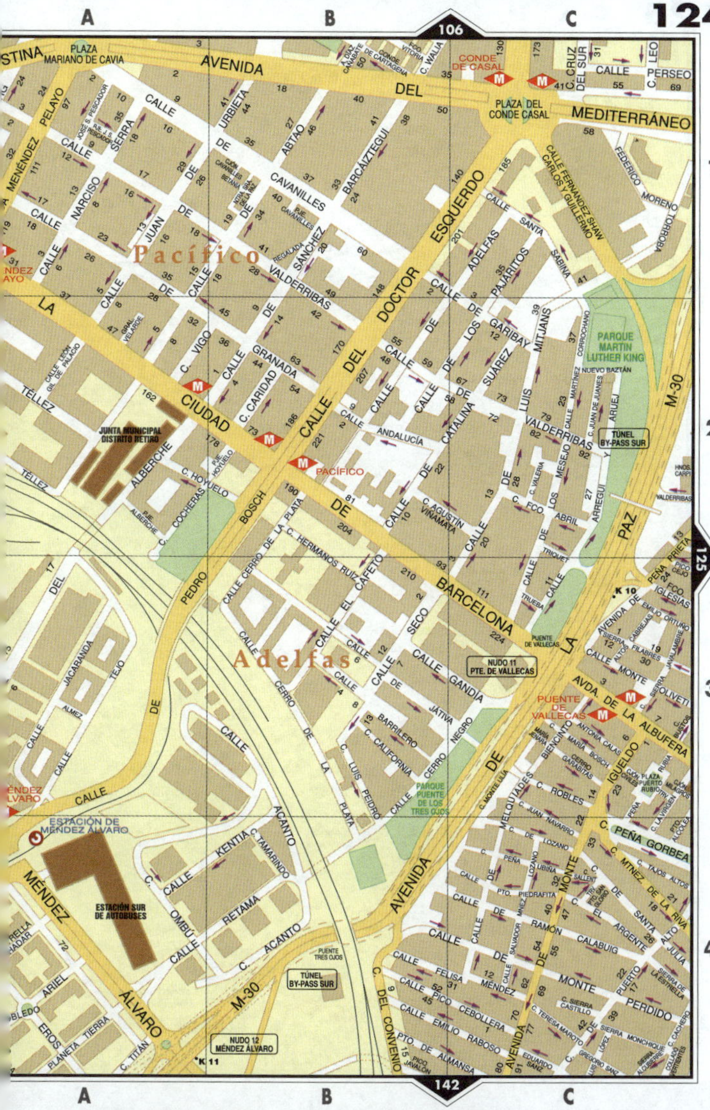
A
B
C
106
142
125
1
2
3
4
Pacífico
Adelfas
AVENIDA DEL MEDITERRÁNEO
PLAZA MARIANO DE CAVIA
CONDE DE CASAL
PLAZA DEL CONDE CASAL
CALLE DE CAVANILLES
CALLE DE NARCISO SERRA
CALLE DE JUAN DE URBIETA
CALLE DE VALDERRIBAS
CALLE DE GRANADA
CALLE DEL DOCTOR ESQUERDO
CALLE FERNÁNDEZ SHAW
CARLOS Y GUILLERMO
FEDERICO MORENO TORROBA
CALLE SANTA SABINA
CALLE DE LOS PAJARITOS
CALLE DE GARIBAY
CALLE DE ADELFAS
CATALINA SUÁREZ
LUIS MITJANS
PARQUE MARTIN LUTHER KING
NUEVO BAZTÁN
TÚNEL BY-PASS SUR
AVENIDA DE LA PAZ
M-30
AVENIDA CIUDAD DE BARCELONA
JUNTA MUNICIPAL DISTRITO RETIRO
ALBERCHE
C. HOYUELO
COCHERAS
PACÍFICO
CALLE DE PEDRO BOSCH
C. CARIDAD
CALLE ANDALUCÍA
C. AGUSTÍN VIÑAMATA
CALLE DE FCO. ABRIL
CALLE CERRO DE LA PLATA
C. HERMANOS RUIZ
CALLE EL CAFETO
CALLE SECO
CALLE GANDÍA
JÁTIVA
BARRILERO
C. CALIFORNIA
C. LUIS PEIRDRO
CALLE CERRO NEGRO
PARQUE PUENTE DE LOS TRES OJOS
NUDO 11 PTE. DE VALLECAS
PUENTE DE VALLECAS
AVDA DE LA ALBUFERA
CALLE MONTE IGUELDO
C. PEÑA GORBEA
AVENIDA DE MONTE IGUELDO
MELQUIADES BIENCINTO
PEÑA PRIETA
CALLE DE MÉNDEZ ÁLVARO
ESTACIÓN DE MÉNDEZ ÁLVARO
ESTACIÓN SUR DE AUTOBUSES
CALLE KENTIA
C. TAMARINDO
CALLE OMBÚ
RETAMA
C. ACANTO
JACARANDA
TEJO
ALMEZ
PUENTE TRES OJOS
NUDO 12 MÉNDEZ ÁLVARO
K 10
K 11
AVENIDA C. DEL CONVENIO
CALLE DE RAMÓN CALABUIG
CALLE FELISA MÉNDEZ
CALLE PICO CEBOLLERA
CALLE EMILIO RABOSO
PTO. DE ALMANSA
MONTE PERDIDO
PLANETA TIERRA
C. TITÁN
ARIEL
EROS

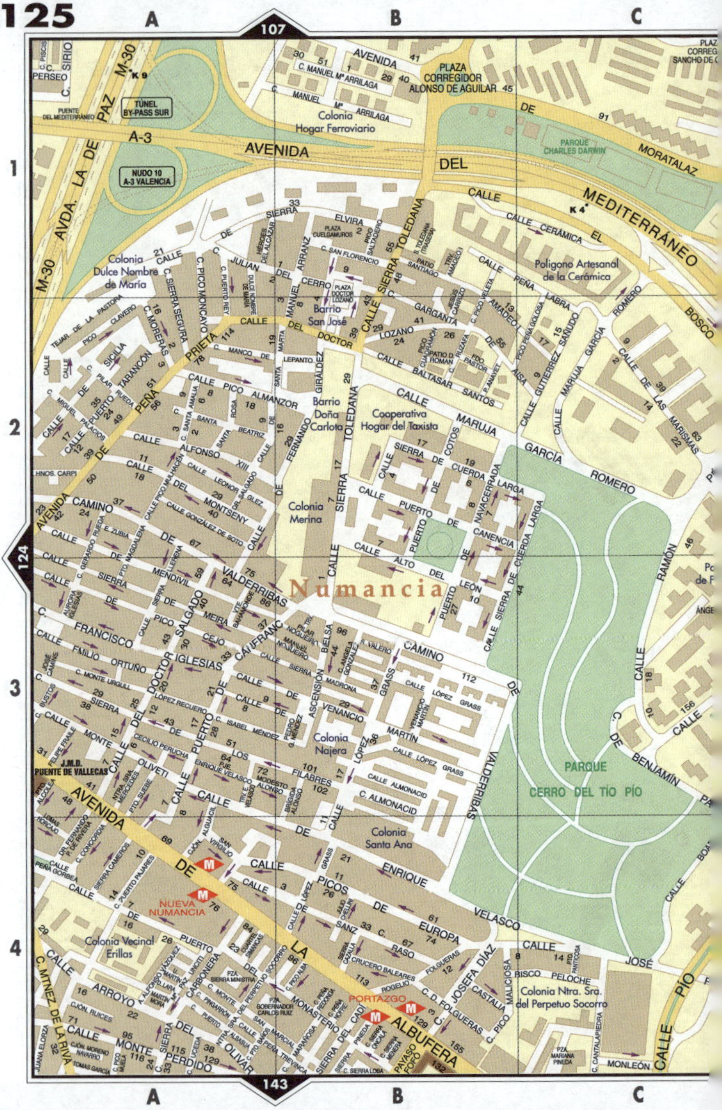

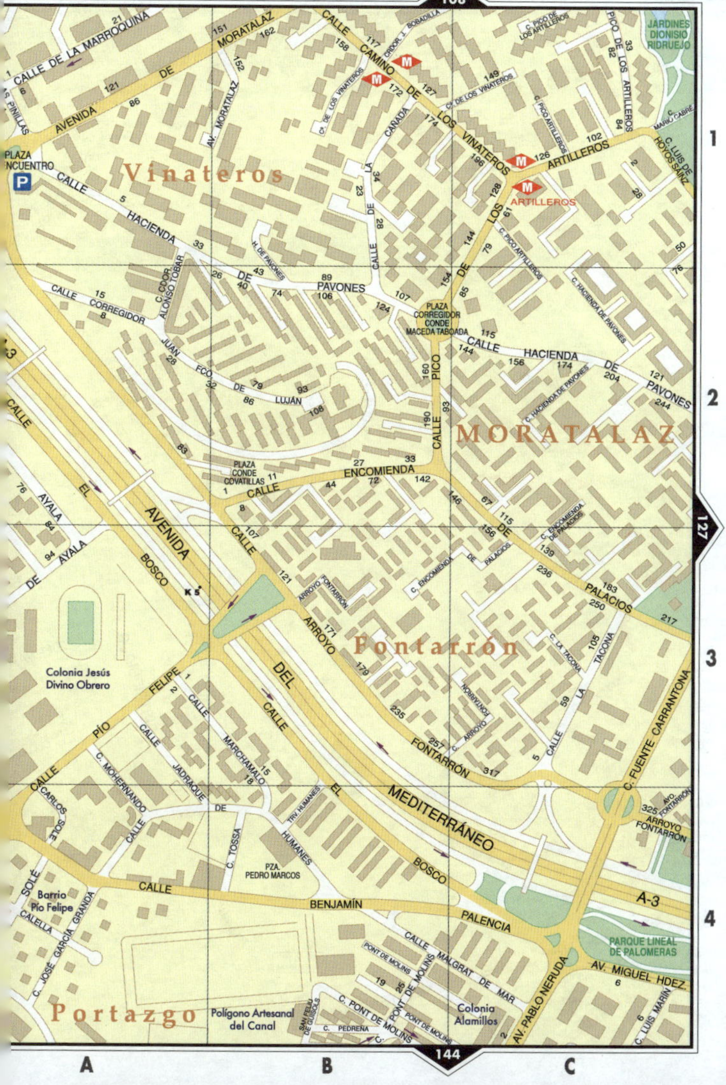
A
B
C
108
1
2
3
4
127
144
Vinateros
MORATALAZ
Fontarrón
Portazgo
Colonia Jesús Divino Obrero
Barrio Pío Felipe
Polígono Artesanal del Canal
Colonia Alamillos
JARDINES DIONISIO RIDRUEJO
PARQUE LINEAL DE PALOMERAS
PLAZA ENCUENTRO
PLAZA CORREGIDOR CONDE MACEDA TABOADA
PLAZA CONDE COVATILLAS
PZA. PEDRO MARCOS
ARTILLEROS
CALLE DE LA MARROQUINA
AVENIDA DE MORATALAZ
AV. MORATALAZ
CALLE CAMINO DE LOS VINATEROS
C. DE LOS VINATEROS
CDOR. J. BOBADILLA
C. PICO DE LOS ARTILLEROS
PICO DE LOS ARTILLEROS
ARTILLEROS
C. LUIS DE HOYOS SAINZ
C. MARIO CABRÉ
CALLE DE LA CAÑADA
CALLE HACIENDA DE PAVONES
H. DE PAVONES
C. HACIENDA DE PAVONES
C. CDOR. ALONSO TOBAR
CALLE CORREGIDOR JUAN FCO. DE LUJÁN
CALLE PICO DE LOS
C. PICO ARTILLEROS
CALLE ENCOMIENDA DE PALACIOS
C. ENCOMIENDA DE PALACIOS
CALLE ARROYO FONTARRÓN
ARROYO FONTARRÓN
AYO. FONTARRÓN
C. LA TACONA
CALLE LA TACONA
C. FUENTE CARRANTONA
AVENIDA DEL MEDITERRÁNEO
A-3
CALLE EL BOSCO
CALLE DE AYALA
CALLE PÍO FELIPE
CALLE MARCHAMALO
CALLE JADRAQUE
C. MOHERNANDO
CALLE CARLOS SOLÉ
CALLE DE HUMANES
TRV. HUMANES
C. TOSSA
CALLE BENJAMÍN PALENCIA
CALLE MALGRAT DE MAR
PONT DE MOLINS
C. PONT DE MOLINS
SAN FELIU DE GUIXOLS
C. PEDREÑA
AV. PABLO NERUDA
AV. MIGUEL HDEZ.
C. LUIS MARÍN
CALELLA
C. JOSÉ GARCÍA GRANDA
PINILLAS
KS

Pavones

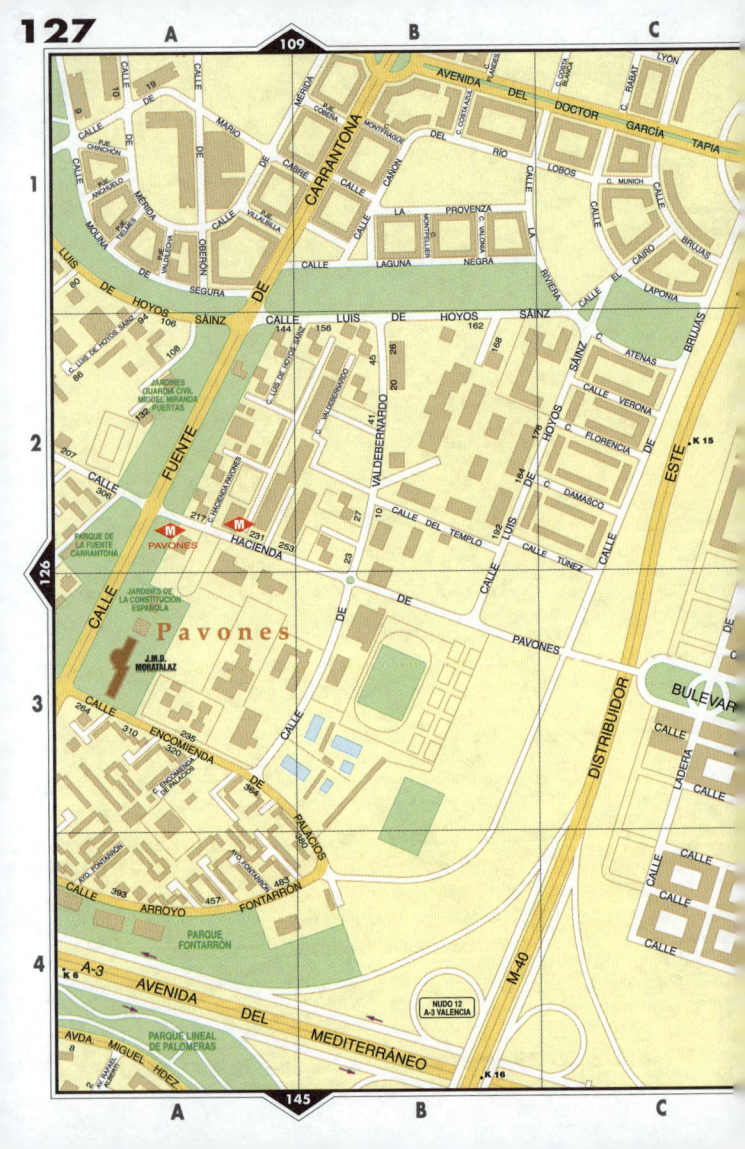

A
B
C
110
1
2
3
4
129
146
Horcajo
CARRETERA DE MORATALAZ A VICÁLVARO
CAMINO VIEJO DE VICÁLVARO
NUDO 11 MORATALAZ-VICÁLVARO
PLAZA DE ALOSNO
C. DE CASALARREINA
C. LUMBRERAS
PZA. MUNILLA
AVENIDA DE DAROCA
CALAHORRA
C. CALAHORRA
PASEO DE LOS ARTILLEROS
CAMPUS DE VICÁLVARO
C. CLAVIJO
C. ENCISO
CALLE DEL HERCE
C. SAN FILEMÓN
CALLE GALLO
CAMINO VIEJO DE VICÁLVARO
Colonia Ciudad del Sol
VICÁLVARO
C. CASTELLANA
CALLE PARAÍSO
C. CRISTO
CALLE DE LA GUÍA
CALLE PARQUE BIOLÓGICO
DE ARRIBA
C. LAS LAVANDERAS
LOS FUENTE DE LA
LAVADERO VIEJO
GALLEGOS
FUENTE DE LOS 5 CAÑOS
PRAT
AVENIDA DE LA AURORA BOREAL
AVENIDA DE LA DEMOCRACIA
CALLE TREN DE ARGANDA
PLAZA DE LOS DÁVILAS
C. BICICLETA
CALLE DE LOS JUGLARES
C. FAISANES
PAVONES
PRIETO
PLAZA ROSA CHACEL
PZA. JUAN CARLOS ONETTI
VALDEBERNARDO
DE INDALECIO
DE LA RAYA
VICÁLVARO
PLAZA JUAN ROF CARBALLO
Urbanización Valdebernardo Norte
PARQUE DE VALDEBERNARDO
DE LOS PINILLAS
CALLE DE LOS MOCETES
CORDEL
JOSÉ PRAT
CALLE ALPUJARRAS
DEHESA DE VICÁLVARO
AVENIDA DE LAS COMUNIDADES
C. MARMOLINA
LOS POETAS
ISLA DE HIERRO
CALLE COPÉRNICO
PERGAMINO
PÉNDULO
AVDA. DE LA DEMOCRACIA
FAUNIA (PARQUE BIOLÓGICO)

129

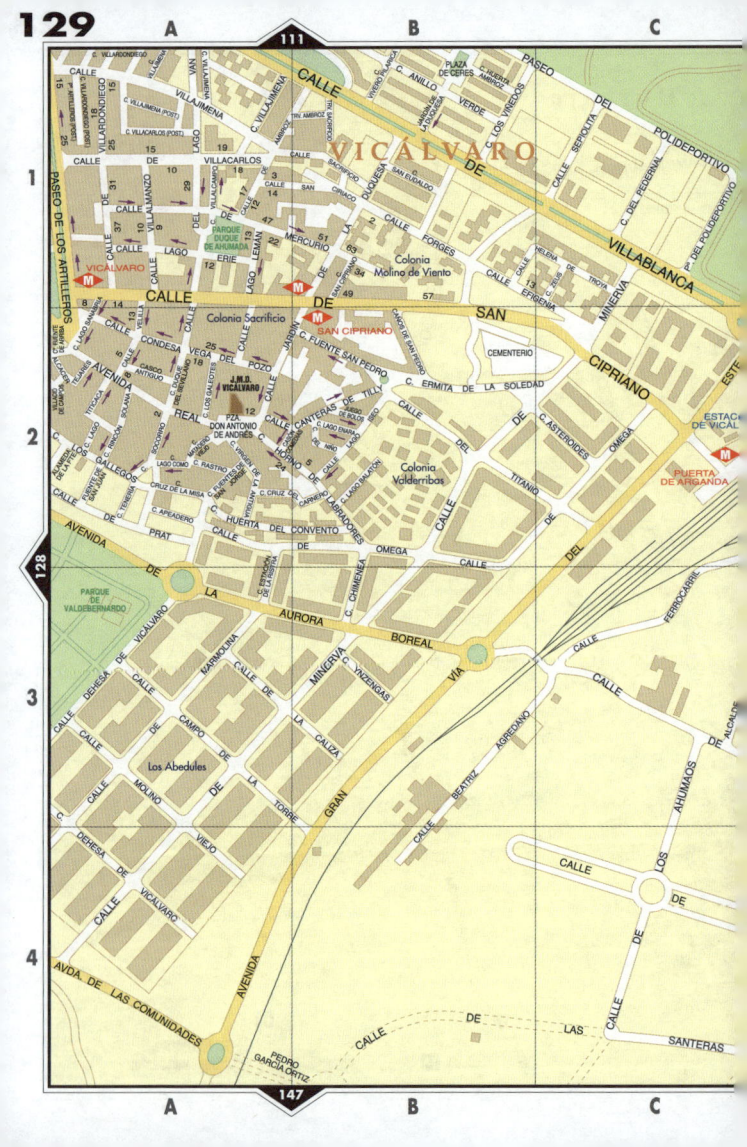

VICALVARO

Ambroz

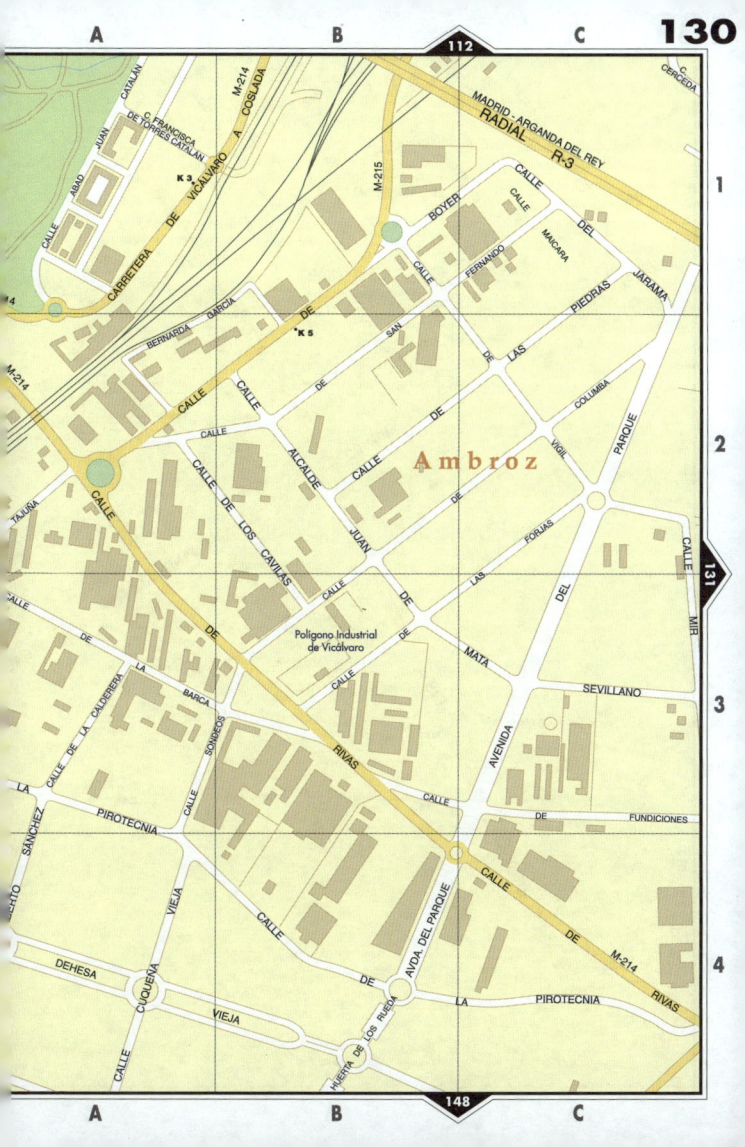

131

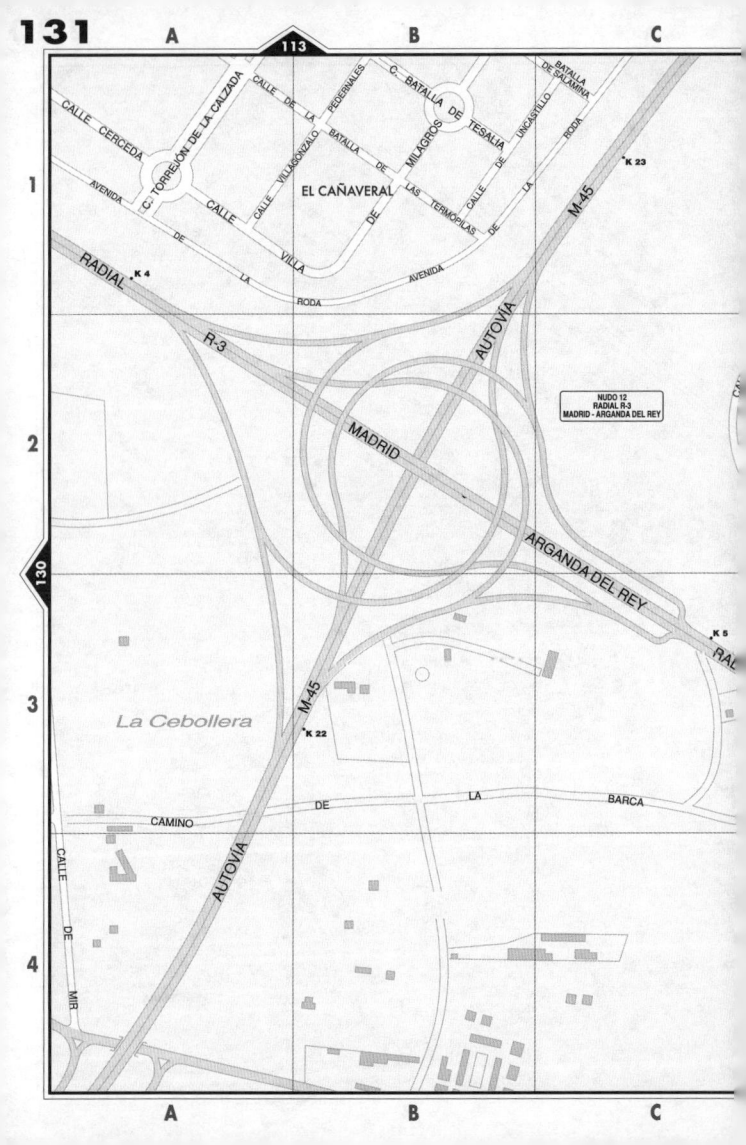

El Cañaveral / La Cebollera

Streets and roads:
- CALLE CERCEDA
- AVENIDA DE LA RODA
- C. TORREJÓN DE LA CALZADA
- CALLE DE LA VILLA
- CALLE VILLAGONZALO
- CALLE DE LA BATALLA DE MILAGROS
- C. PEDERNALES
- C. BATALLA DE TESALIA
- BATALLA DE SALAMINA
- CALLE DE LAS TERMÓPILAS
- CALLE DE LA RODA
- CALLE DE LINCASTILLO
- RADIAL R-3
- AUTOVÍA MADRID - ARGANDA DEL REY
- M-45
- CAMINO DE LA BARCA
- CALLE DE MIR

Labels:
- NUDO 12 — RADIAL R-3 — MADRID - ARGANDA DEL REY
- K 4, K 22, K 23, K 5
- 113, 130

132

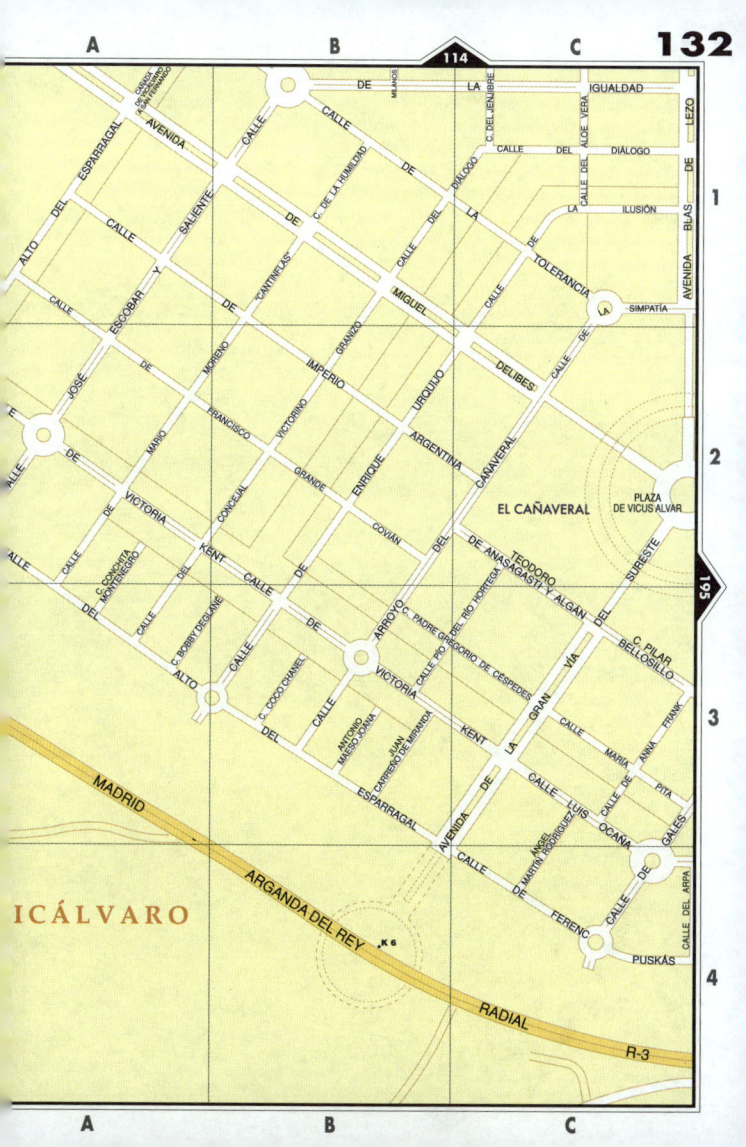

Map index references

Column A:
- ALTO DEL ESPARRAGAL
- CALLE
- CALLE DE ESCOBAR Y MORENO
- CALLE DE JOSÉ MARIO
- CALLE DE VICTORIA
- CALLE DEL ALTO
- CALLE DEL ALTO
- MADRID
- ICÁLVARO

Column B:
- AVENIDA
- CALLE
- CALLE SALIENTE
- C. DE LA HUMILDAD
- CALLE DE CANTINFLAS
- CALLE FRANCISCO GRANDE
- CALLE IMPERIO
- CALLE GRANIZO
- CALLE VICTORINO CONCEJAL
- CALLE ENRIQUE
- KENT
- CALLE DE
- COVIÁN
- C. CONCHITA MONTENEGRO
- C. BOBBY DEGLANÉ
- C. COCO CHANEL
- CALLE DE
- ANTONIO MASSOJONIA
- JUAN CARREÑO DE MIRANDA
- ARROYO DE LA VICTORIA
- CALLE PADRE GREGORIO DE CÉSPEDES
- ESPARRAGAL
- AVENIDA
- CALLE
- ARGANDA DEL REY
- K 6
- RADIAL R-3

Column C:
- DE LA MUNICIÓN
- C. DEL JENJIBRE
- IGUALDAD
- ALOE VERA
- CALLE DEL DIÁLOGO
- CALLE DE LA ILUSIÓN
- CALLE DE LA TOLERANCIA
- LA SIMPATÍA
- MIGUEL
- DELIBES
- CALLE DE CAÑAVERAL
- ARGENTINA
- EL CAÑAVERAL
- PLAZA DE VICUS ALVAR
- TEODORO DE ANASAGASTI Y ALGÁN
- PÍO NORTEGA
- GRAN VÍA
- C. PILAR BELLOSILLO
- KENT
- CALLE MARÍA ANNA FRANK
- CALLE LUIS OCAÑA
- CALLE PITA
- CALLE DE GALES
- ÁNGEL MARTÍN RODRÍGUEZ
- CALLE DE FERENC
- CALLE DEL ARPA
- PUSKÁS
- AVENIDA BLAS DE LEZO

Routes: 114, 195, R-3

133

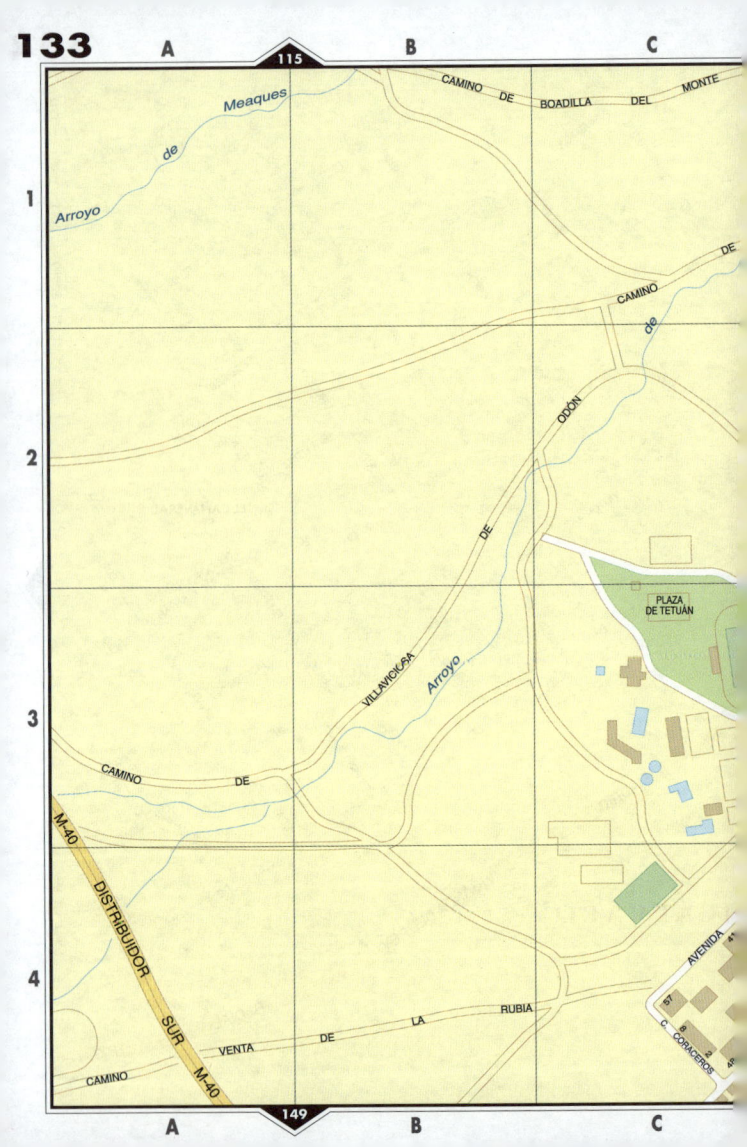

- Arroyo de Meaques
- CAMINO DE BOADILLA DEL MONTE
- CAMINO DE ODÓN
- Arroyo DE VILLAVICIOSA
- PLAZA DE TETUÁN
- CAMINO DE
- M-40 DISTRIBUIDOR SUR
- VENTA DE LA RUBIA
- CAMINO M-40
- AVENIDA
- C. CORACEROS

A
B
C
116
1
2
3
4
135
150
CAMINO DE VILLAVICIOSA DE ODÓN
Valchico
CAMINO DEL PICADERO
Dehesa de Tetuán
AVIACIÓN ESPAÑOLA
M
392
461
A-5
C. FRAY JOSÉ CERDEIRIÑA
465
C. FUENTE DEL TIRO
BONET
Colonia Parque de Europa
396
CALLE FUENTE DE LIMA
1
FAUSTINO CORDÓN
C. FUENTE DEL TIRO
7
22
483
K 8
AVENIDA DE EXTREMADURA
LOS ARQUEROS
3
9
19
CALLE DE LOS GRANADEROS
5
1
2
8
HÚSARES
Campamento
Colonia Santa Margarita
Colonia Dehesa del Príncipe
AVENIDA DEL CAMPO
C. OCHO AMIGOS
C. FCO. LEZCANO
503
CALLE MEDINA
AVDA. GRAL. FANJUL
163
175
CALLE DE LA DE
50
42
32
Barrio San Ignacio de Loyola
C. SERRADILLA
PASEO DE LOS LANCEROS
21
4
5
1
2
24
PASEO DE LOS
30
38
46
519
531
C. ESTACIÓN
CALLE GARCÍA MORATO
543
ALABARDEROS
10
24
M
ESTACIÓN DE CUATRO VIENTOS
CUATRO VIENTOS
K 9
A-5
10
4
2
MONROY
11
5
AVIACIÓN
A
B
C

135

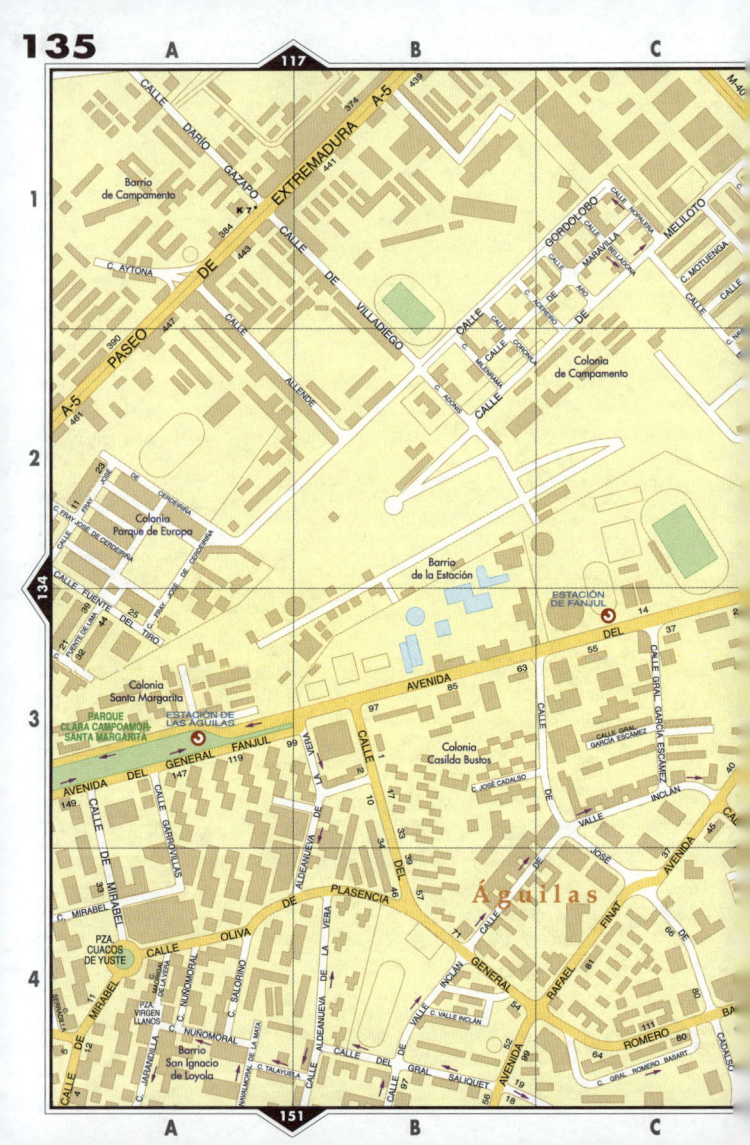

A

- Barrio de Campamento
- CALLE DARIO GAZAPO
- C. AYTONA
- PASEO DE EXTREMADURA A-5
- Colonia Parque de Europa
- CALLE FUENTE DEL TIRO
- C. FRAY JOSE DE GERBEDERA
- Colonia Santa Margarita
- PARQUE CLARA CAMPOAMOR-SANTA MARGARITA
- AVENIDA DEL GENERAL FANJUL
- CALLE DE MIRABEL
- C. MIRABEL
- PZA. CUACOS DE YUSTE
- CALLE OLIVA
- CALLE JAPANQUILLA
- VIRGEN LLANOS
- C. NUNOMORAL
- Barrio San Ignacio de Loyola
- C. TALAYUELA

B

- CALLE A-5
- CALLE DE VILLADIEGO
- CALLE ALLENDE
- C. ADAJA
- Barrio de la Estación
- ESTACIÓN DE LAS ÁGUILAS
- CALLE CARBOVILLAS
- CALLE DE ALDEANUEVA DE LA VERA
- CALLE DE PLASENCIA
- C. SALORINO
- CALLE DEL GRAL. SALIQUET

C

- CALLE GORDOLOBO
- CALLE MARAVILLA
- C. MOTUENGA
- CALLE MELILOTO
- C. ROBLEDA
- C. ROMERO
- C. CORONIL
- C. ESPINAL
- Colonia de Campamento
- ESTACIÓN DE FANJUL
- AVENIDA DEL VALLE
- Colonia Casilda Bustos
- CALLE GRAL. GARCIA ESCAMEZ
- CALLE JOSE CADALSO
- CALLE INCLAN
- **Águilas**
- AVENIDA RAFAEL FINAT
- C. VALLE INCLAN
- AVENIDA GENERAL ROMERO
- C. GRAL. ROMERO BASART
- CADALSO

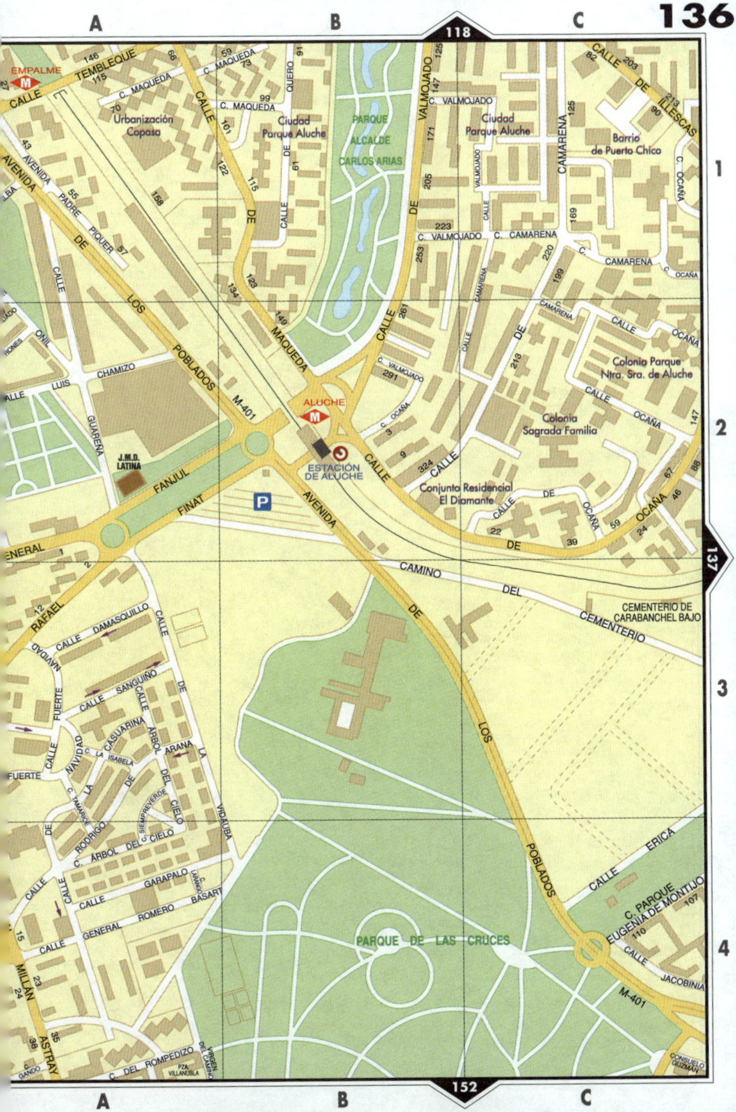
A
B
C
118
152
137
1
2
3
4
EMPALME
CALLE TEMBLEQUE
C. MAQUEDA
Urbanización Copasa
CALLE DE MAQUEDA
QUERO
Ciudad Parque Aluche
PARQUE ALCALDE CARLOS ARIAS
CALLE DE VALMOJADO
C. VALMOJADO
Ciudad Parque Aluche
CAMARENA
C. CAMARENA
CALLE DE ILLESCAS
Barrio de Puerto Chico
C. OCAÑA
AVENIDA PADRE PIQUER
AVENIDA DE LOS POBLADOS
M-401
ALUCHE
ESTACIÓN DE ALUCHE
CALLE CHAMIZO
GUAREÑA
ONIL
LUIS
J.M.D. LATINA
FANJUL
FINAT
GENERAL
RAFAEL
CALLE DE CAMARENA
CALLE OCAÑA
Colonia Parque Ntra. Sra. de Aluche
Colonia Sagrada Familia
Conjunto Residencial El Diamante
CALLE DE OCAÑA
CAMINO DEL CEMENTERIO
CEMENTERIO DE CARABANCHEL BAJO
CALLE DAMASQUILLO
NAVIDAD
FUERTE
SANGUIÑO
CASUARINA
C. LA ISABELA
ARANA
CALLE ÁRBOL DEL CIELO
CALLE DE LA VIDAUBA
RODRIGO
C. SIEMPREVERDE
C. TAMARICE
GARAPALO
BASART
ROMERO
CALLE GENERAL
MILLÁN ASTRAY
C. DEL ROMPEDIZO
PZA. VILLANUBLA
VIRGEN DEL CAMINO
PARQUE DE LAS CRUCES
CALLE ERICA
C. PARQUE EUGENIA DE MONTIJO
CALLE JACOBINIA
CONSUELO GUZMÁN

A
B
C
119
136
153
1
2
3
4
Parque Nuestra Señora de Aluche
HOSPITAL CENTRAL DE LA DEFENSA (GOMEZ ULLA)
CARABANCHEL
GTA. DEL EJÉRCITO
VISTA ALEGRE
Vista Alegre
Conjunto Residencial Eurohogar 5
EUGENIA DE MONTIJO
Parque Eugenia de Montijo
CEMENTERIO DE CARABANCHEL BAJO
Ntra. Sra. de los Remedios
Puerta Bonita
J.M.D. CARABANCHEL
PZA. CARABANCHEL
PZA. PARROQUIA
PZA. CONDE ELETA
Urbanización Parque Eugenia de Montijo
Colonia de la Prensa
GTA. GARCÍA PLAZA
Colonia Torres Garrido
AVDA. DE LOS POBLADOS
M-401
CALLE NUESTRA SEÑORA DE LA LUZ
CALLE GENERAL RICARDOS
CALLE MONSEÑOR ÓSCAR ROMERO
PASEO MUÑOZ GRANDES
AVENIDA EUGENIA DE MONTIJO
CALLE DE LA VÍA CARPETANA
CALLE DE OCAÑA
CAMINO DE LOS INGENIEROS
CALLE GUABAIRO
CALLE DE FÁTIMA
CALLE ALBA DE TORMES
CALLE PADRE AMIGO
CALLE LA ÉPOCA
CALLE LA PATILLA
C. DE LA SOMBRA
CALLE PINGÜINO
CALLE CODORNIZ
CALLE ERICA
CALLE JACOBINA
C. DEL DÁTIL
Pº. LOS CASTELLANOS
CALLE DE LOS YÉBENES
C. ILLESCAS

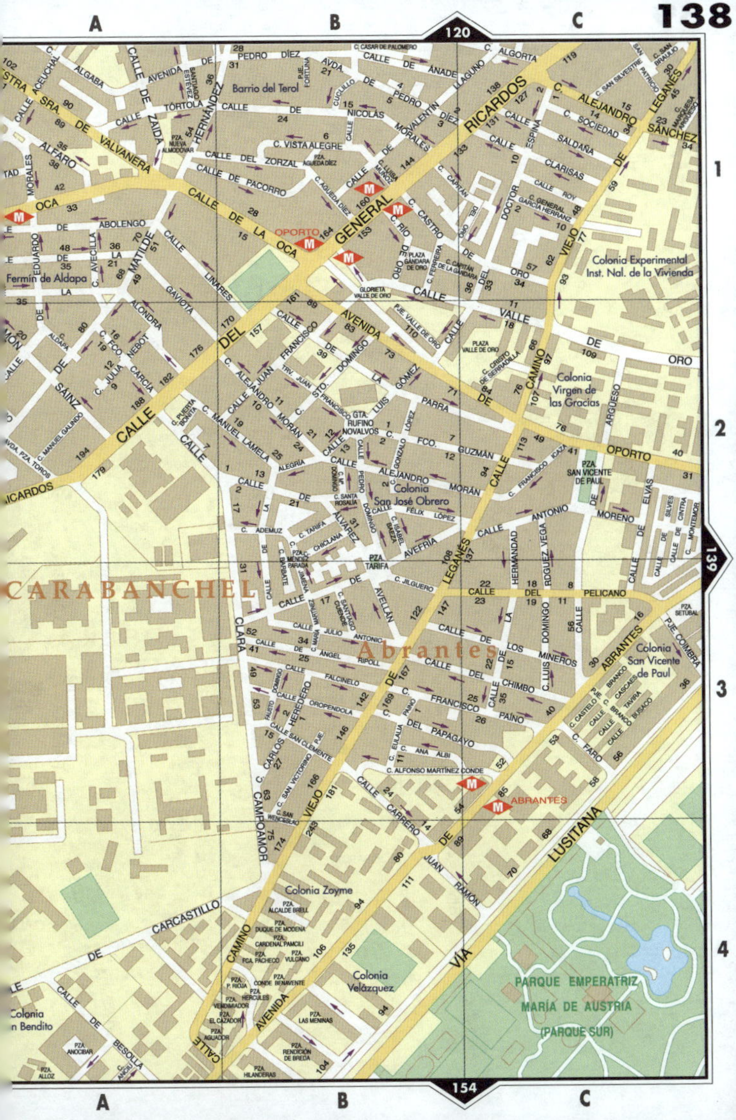
A
B
C
120
154
139
1
2
3
4
CARABANCHEL
Abrantes
Barrio del Terol
Colonia Experimental Inst. Nal. de la Vivienda
Colonia Virgen de las Gracias
Colonia San José Obrero
Colonia San Vicente de Paul
Colonia Zoyme
Colonia Velázquez
Fermín de Aldapa
OPORTO
ABRANTES
PARQUE EMPERATRIZ MARÍA DE AUSTRIA (PARQUE SUR)
CALLE DEL GENERAL RICARDOS
CALLE DE LA OCA
AVENIDA DE OPORTO
CALLE DEL VALLE DE ORO
CAMINO VIEJO DE LEGANÉS
CALLE DEL PELICANO
VÍA LUSITANA
AVENIDA DE ABRANTES
CALLE DE CARCASTILLO
CALLE DE ZAIDA
CALLE DE MATILDE HERNÁNDEZ
CALLE DE PEDRO DÍEZ
CALLE DE NICOLÁS MORALES
CALLE DE ALEJANDRO SÁNCHEZ
CALLE DE FRANCISCO MORÁN
CALLE DE CLARA CAMPOAMOR
CALLE DE LOS MINEROS
CALLE DEL CHIMBO
CALLE DE FRANCISCO PAÍNO
CALLE DEL PAPAGAYO
CALLE DE JUAN RAMÓN
CALLE DE CARRERO
C. ALFONSO MARTÍNEZ CONDE
CALLE DE ANTONIO MORENO
CALLE DE BESOLLA
PZA. TARIFA
PZA. SAN VICENTE DE PAUL
GLORIETA VALLE DE ORO
PLAZA VALLE DE ORO
PLAZA GÁNDARA DE ORO

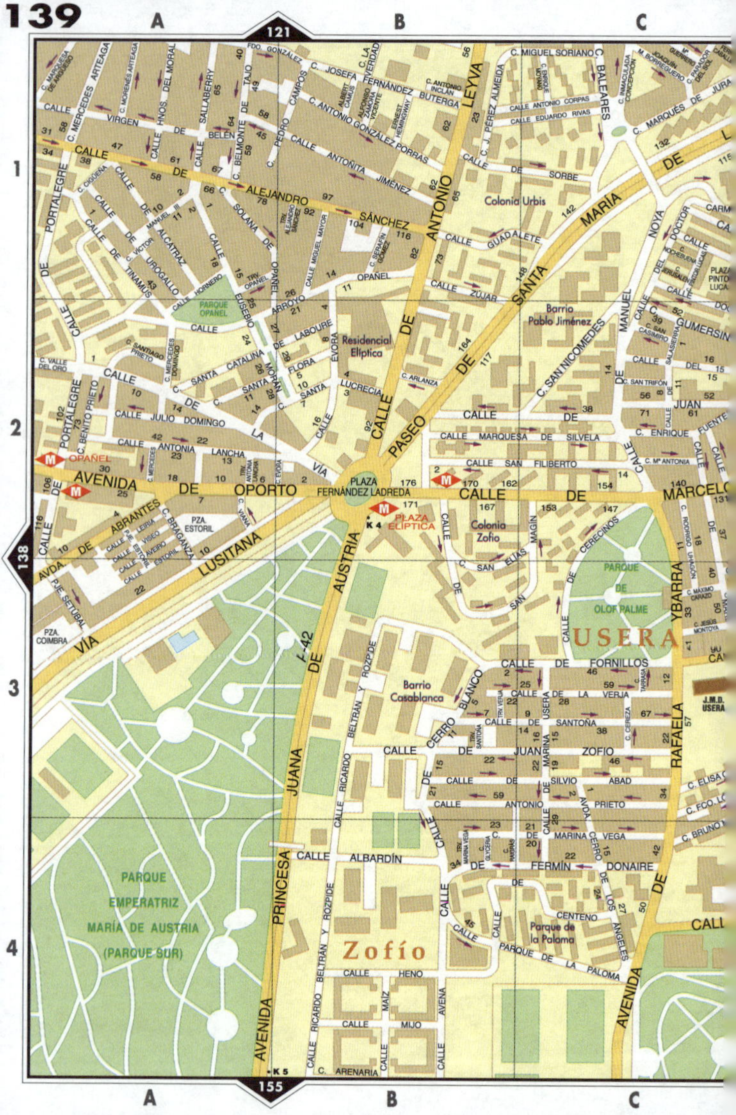
A
B
C
121
138
155
1
2
3
4
USERA
Zofío
Colonia Urbis
Barrio Pablo Jiménez
Residencial Elíptica
Colonia Zofío
Barrio Casablanca
Parque de la Paloma
PARQUE OPAÑEL
PARQUE DE OLOF PALME
PARQUE EMPERATRIZ MARÍA DE AUSTRIA (PARQUE SUR)
PLAZA FERNÁNDEZ LADREDA
PLAZA ELÍPTICA
OPAÑEL
J.M.D. USERA
PZA. ESTORIL
PZA. COIMBRA
CALLE DE ALEJANDRO SÁNCHEZ
CALLE VIRGEN DE BELÉN
CALLE DE ANTOÑITA JIMÉNEZ
CALLE DE ANTONIO LEYVA
PASEO DE SANTA MARÍA
CALLE DE GUADALETE
CALLE SORBE
CALLE DE ZÚJAR
CALLE DE OPAÑEL
CALLE DE EUSEBIO
CALLE DE LA VÍA
CALLE DE JULIO DOMINGO
AVENIDA DE OPORTO
CALLE DE MARCELO USERA
VÍA LUSITANA
AVDA. DE ABRANTES
AVENIDA PRINCESA JUANA DE AUSTRIA
A-42
CALLE DE FORNILLOS
CALLE DE LA VERJA
CALLE DE SANTOÑA
CALLE DE JUAN ZOFÍO
CALLE DE SILVIO ABAD
CALLE ANTONIO PRIETO
CALLE DE MARINA VEGA
CALLE DE FERMÍN DONAIRE
CALLE DE CENTENO
CALLE PARQUE DE LA PALOMA
AVENIDA DE RAFAELA YBARRA
CALLE ALBARDÍN
CALLE RICARDO BELTRÁN Y ROZPIDE
CALLE HENO
CALLE MIJO
C. ARENARIA
CALLE MAÍZ
CALLE AVENA
CALLE DE PORTALEGRE
CALLE MARQUESA DE SILVELA
CALLE SAN FILIBERTO
CALLE DE MANUEL NOYA
CALLE DE GUMERSINDO
CALLE DE SAN ELÍAS
CALLE DE CERRO BLANCO
AVDA. CERRO DE LOS ÁNGELES
K 4
K 5

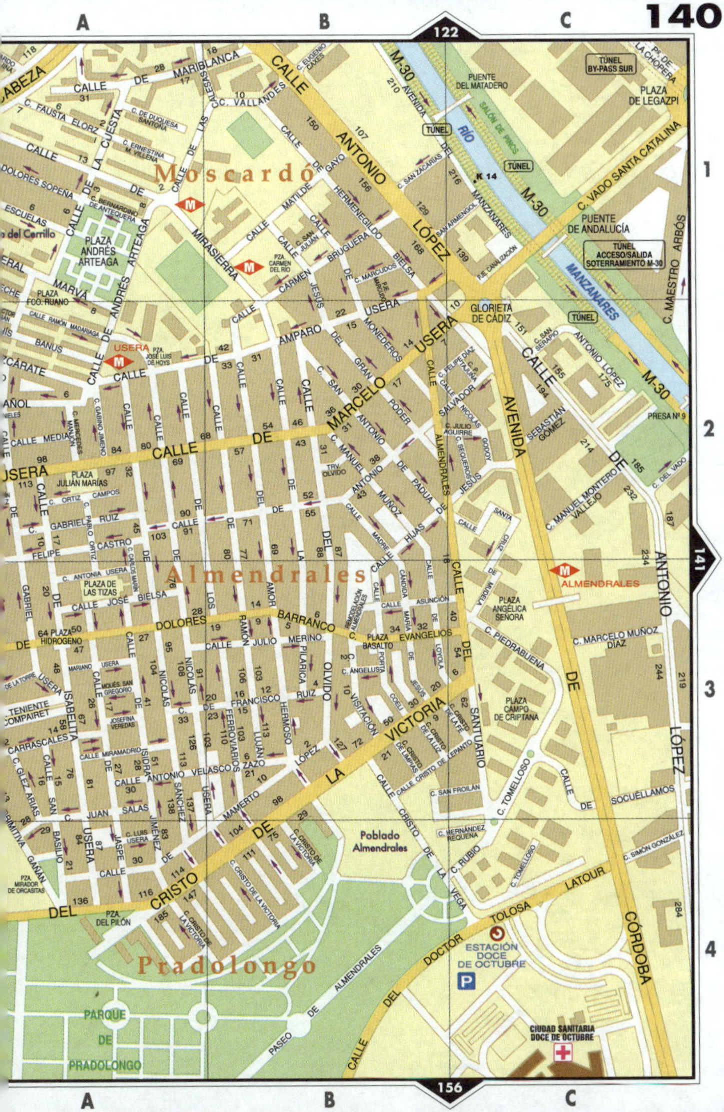
A
B
C
122
156
141
1
2
3
4
Moscardó
Almendrales
Pradolongo
Poblado Almendrales
PARQUE DE PRADOLONGO
CALLE ANTONIO LÓPEZ
AVENIDA DE CÓRDOBA
CALLE DE MARCELO USERA
CALLE DE USERA
CALLE DE LA VICTORIA
CALLE DEL CRISTO DE LA VICTORIA
CALLE DE DOLORES BARRANCO
CALLE DE ALMENDRALES
CALLE DEL DOCTOR TOLOSA LATOUR
PASEO DE ALMENDRALES
CALLE CRISTO DE LA VEGA
CALLE DE MARIBLANCA
AVENIDA MANZANARES
RÍO MANZANARES
M-30
SALÓN DE PINOS
PUENTE DEL MATADERO
PUENTE DE ANDALUCÍA
PLAZA DE LEGAZPI
Pº DE LA CHOPERA
C. VADO SANTA CATALINA
C. MAESTRO ARBÓS
TÚNEL BY-PASS SUR
TÚNEL
TÚNEL ACCESO/SALIDA SOTERRAMIENTO M-30
GLORIETA DE CÁDIZ
PRESA Nº 9
PLAZA ANDRÉS ARTEAGA
PLAZA FCO. RUANO
PLAZA JULIÁN MARÍAS
PLAZA DE LAS TIZAS
PLAZA HIDRÓGENO
PLAZA BASALTO
PLAZA ANGÉLICA SEÑORA
PLAZA CAMPO DE CRIPTANA
PZA. CARMEN DEL RÍO
PZA. JOSÉ LUIS DE HOYS
PZA. DEL PILÓN
PZA. MIRADOR DE ORCASITAS
USERA
ALMENDRALES
ESTACIÓN DOCE DE OCTUBRE
CIUDAD SANITARIA DOCE DE OCTUBRE
C. MANUEL MONTERO VALLEJO
C. MARCELO MUÑOZ DÍAZ
C. PIEDRABUENA
C. TOMELLOSO
C. HERNÁNDEZ REQUENA
C. SIMÓN GONZÁLEZ
CALLE DE SOCUÉLLAMOS
CALLE SANTUARIO
CALLE SEBASTIÁN GÓMEZ
C. CRISTO DE LEPANTO
C. SAN FROILÁN
CALLE DE EVANGELIOS
CALLE DE JULIO MERINO
CALLE DE ANTONIO VELASCO ZAZO
CALLE DE MIRASIERRA
CALLE DE AMPARO USERA
CALLE DE HERMENEGILDO BIELSA
CALLE DE JOSÉ BIELSA
CALLE DE GABRIEL USERA
CALLE DE ISABELITA USERA
C. DE LA CUESTA DE ANDRÉS ARTEAGA
CALLE DOLORES SOPEÑA
CALLE DE MONEDEROS
CALLE DEL GRAN SAN ANTONIO DE PADUA
CALLE DE LOS NOVIOS
K 14

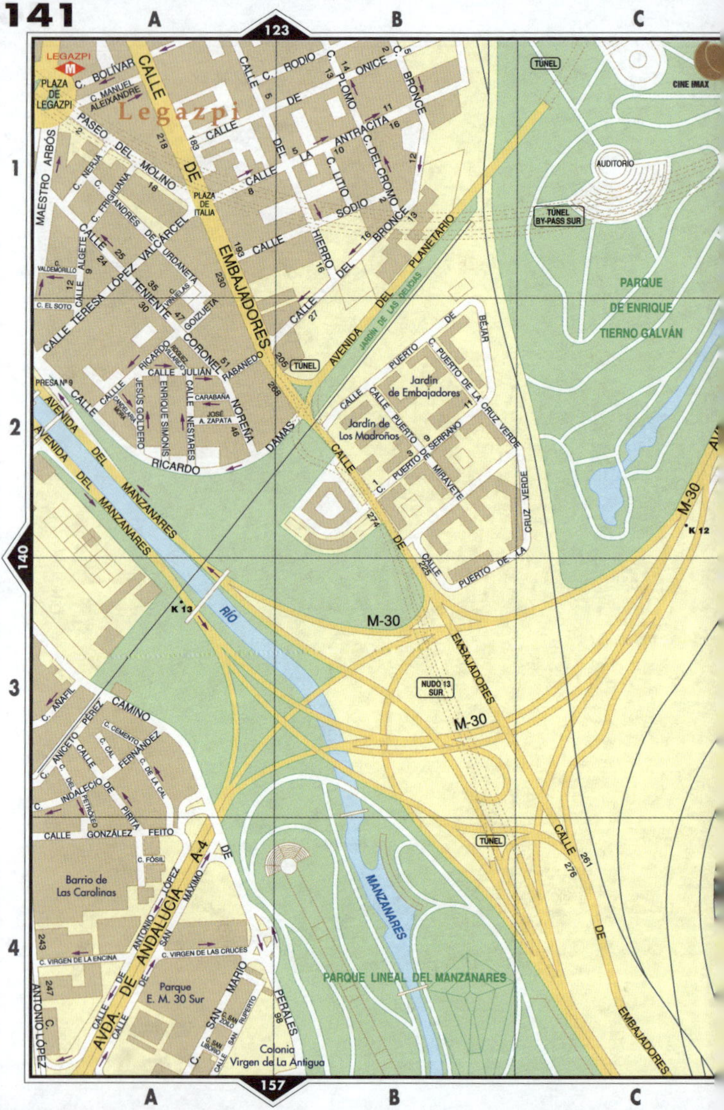
A
B
C
1
2
3
4
123
157
140
LEGAZPI
M
PLAZA DE LEGAZPI
Legazpi
C. BOLÍVAR
C. MANUEL ALEIXANDRE
CALLE DE EMBAJADORES
PASEO DEL MOLINO
MAESTRO ARBÓS
C. NERJA
C. FRIGILIANA
C. ANDRÉS
PLAZA DE ITALIA
CALLE DE RODIO
CALLE DEL PLOMO
C. ONICE
C. BRONCE
ANTRACITA
C. LITIO
C. DEL CROMO
SODIO
HIERRO
CALLE DEL BRONCE
CALLE
AVENIDA DEL PLANETARIO
JARDÍN DE LAS DELICIAS
TÚNEL
TÚNEL BY-PASS SUR
AUDITORIO
CINE IMAX
PARQUE DE ENRIQUE TIERNO GALVÁN
CALLE ALGETE
C. VALDEMORILLO
C. EL SOTO
CALLE TERESA LÓPEZ VALCÁRCEL
DE URDANETA
TENIENTE CORONEL NOREÑA
C. VINUELAS
GOIZUETA
RICARDO
CALLE JULIÁN RABANEDO
CARABAÑA
JOSÉ A. ZAPATA
CALLE NESTARES
ENRIQUE SIMONÍS
JESÚS GOLDERO
CANDELARIA MORA
PRESA Nº 9
CALLE RICARDO
DAMAS
AVENIDA DEL MANZANARES
AVENIDA DE PUERTO DE BÉJAR
Jardín de Embajadores
Jardín de Los Madroños
C. PUERTO DE LA CRUZ VERDE
CALLE PUERTO DE MIRAVETE
SERRANO
CRUZ VERDE
CALLE PUERTO DE LA
M-30
K 12
K 13
RÍO
NUDO 13 SUR
EMBAJADORES
C. AÑAFIL
CAMINO PEREZ FERNÁNDEZ
ANICETO
C. CEMENTO
C. CAL
C. DE LA CAL
C. DEL INDALECIO
PETRÓLEO
PIRITA
CALLE GONZÁLEZ FEITO
C. FÓSIL
Barrio de Las Carolinas
A-4
AVDA. DE ANDALUCÍA
ANTONIO LÓPEZ
SAN MÁXIMO
C. VIRGEN DE LA ENCINA
C. VIRGEN DE LAS CRUCES
Parque E. M. 30 Sur
MARIO
C. SAN ZOILO
RUPERTO
PERALES
Colonia Virgen de La Antigua
C. ANTONIO LÓPEZ
MANZANARES
PARQUE LINEAL DEL MANZANARES
CALLE DE EMBAJADORES
TÚNEL

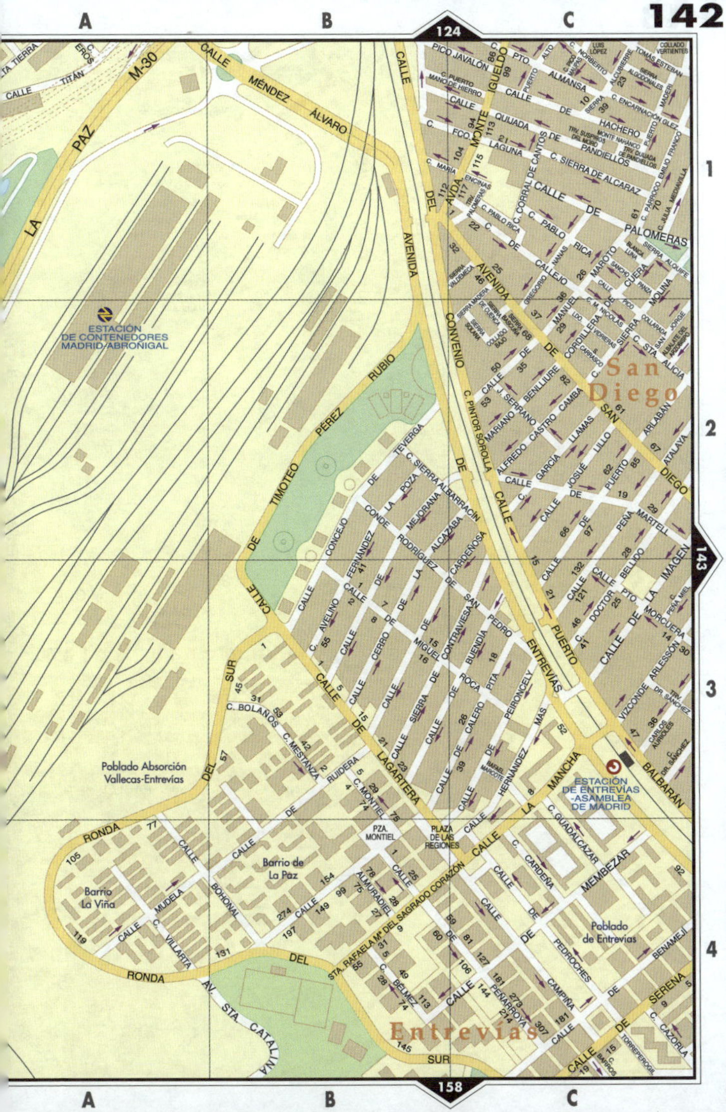

A
B
C
124
143
158
1
2
3
4
ESTACIÓN DE CONTENEDORES MADRID-ABROÑIGAL
ESTACIÓN DE ENTREVÍAS -ASAMBLEA DE MADRID
San Diego
Entrevías
Poblado Absorción Vallecas-Entrevías
Barrio de La Paz
Barrio La Viña
Poblado de Entrevías
PZA. MONTIEL
PLAZA DE LAS REGIONES
M-30
CALLE DE LA PAZ
CALLE MÉNDEZ ÁLVARO
AVENIDA DEL CONVENIO
CALLE DE TIMOTEO PÉREZ RUBIO
AVDA. MONTE IGUELDO
AVENIDA DE SAN DIEGO
CALLE DE PALOMERAS
C. SIERRA DE ALCARAZ
CALLE DE HACHERO
C. CORRAL DE CANTOS
C. PINTOR SOROLLA
CALLE PUERTO DE BALBARÁN
CALLE DE LA IMAGEN
CALLE DE LA MANCHA
CALLE DE LAGARTERA
CALLE DE PUERTO DE ENTREVÍAS
CALLE DE PEDROCHES
CALLE DE MEMBEZAR
CALLE DE SERENA
RONDA DEL SUR
AV. STA. CATALINA
STA. RAFAELA Mª DEL SAGRADO CORAZÓN
CALLE DEL CONDE DE RODRÍGUEZ SAN PEDRO
C. SIERRA ALBARRACÍN
C. GUADALCÁZAR
CALLE DE CAMPIÑA
PEÑARROYA
BELMEZ
ALMURADIEL
C. MESTANZA
C. BOLAÑOS
C. MONTIEL
MUDELA
VILLARTA
BOHONAL
C. CAZORLA
BENAMEJÍ
TORREPEROGIL

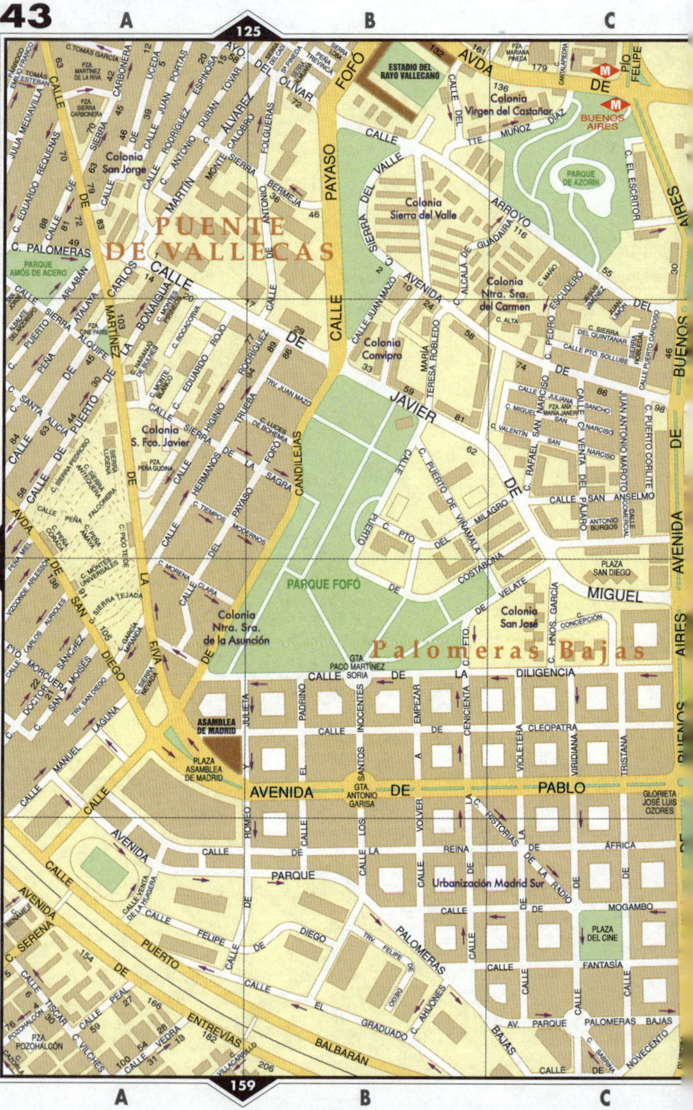

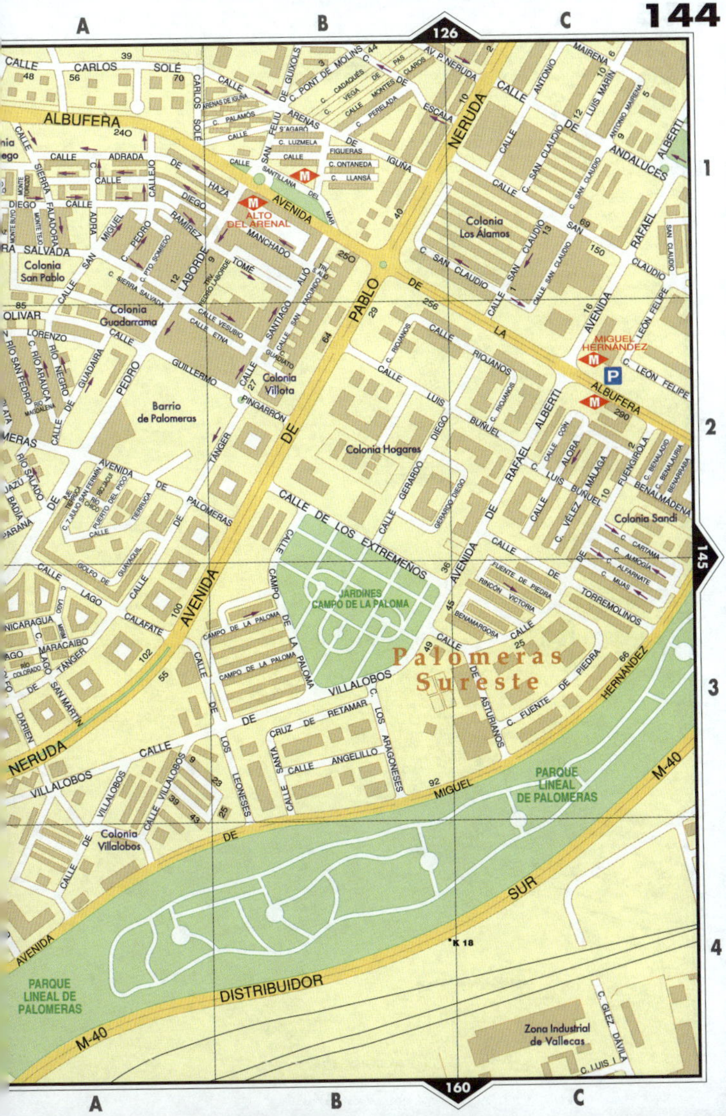
A
B
C
126
160
145
1
2
3
4
ALBUFERA
CALLE CARLOS SOLÉ
AVENIDA DE PABLO NERUDA
AVENIDA DE LA ALBUFERA
ALTO DEL ARENAL
MIGUEL HERNÁNDEZ
Colonia San Pablo
Colonia Guadarrama
Colonia Villota
Barrio de Palomeras
Colonia Hogares
Colonia Los Álamos
Colonia Sandi
Colonia Villalobos
JARDINES CAMPO DE LA PALOMA
Palomeras Sureste
PARQUE LINEAL DE PALOMERAS
CALLE DE LOS EXTREMEÑOS
CALLE DE VILLALOBOS
AVENIDA DE MIGUEL HERNÁNDEZ
CALLE SAN CLAUDIO
CALLE DE RAFAEL ALBERTI
CALLE DE ANDALUCES
CALLE DE PEDRO LABORDE
CALLE DE GUILLERMO PINGARRÓN
CALLE DE LUIS BUÑUEL
CALLE DE RIOJANOS
CALLE DE DIEGO MANCHADO
CALLE DE TORREMOLINOS
CALLE FUENTE DE PIEDRA
CALLE CRUZ DE RETAMAR
CALLE DE LOS LEONESES
CALLE DE LOS ARAGONESES
CALLE SAN CLAUDIO
CALLE LEÓN FELIPE
CALLE DE BENALMÁDENA
AVENIDA DE PALOMERAS
CALLE DE TÁNGER
CALLE DE CALAFATE
DISTRIBUIDOR SUR
M-40
K 18
Zona Industrial de Vallecas
C. GLEZ. DÁVILA
C. LUIS I

A
B
C
127
144
161
1
2
3
4
NUDO 12
A-3 VALENCIA
NUDO 13
AV. ALBUFERA
A-3
AVENIDA
M-40
SUR
DISTRIBUIDOR
K 7
K 17
AVENIDA RAFAEL ALBERTI
123
CALLE DE RAFAEL FERNÁNDEZ HUICOS
27
CALLE DE SAN CLAUDIO
129
JARDÍN CAMPO DEL TORO
CALLE DE ANDALUCES
34
C. SAN CLAUDIO
AVENIDA DE MIGUEL HERNÁNDEZ
46
50
PARQUE LINEAL DE PALOMERAS
CALLE LEÓN FELIPE
C. LEÓN FELIPE
LEÓN FELIPE
18
CALLE
AVENIDA
302
CASABERMEJA
AVENIDA DE LA POLITÉCNICA
UNIVERSIDAD POLITÉCNICA
CAMPUS SUR
CALLE ALAN TURING
SUR
AVENIDA DEL CAMPUS
TELECOMUNICACIONES
TOPOGRAFÍA
CALLE MERCATOR
C. NIKOLA TESLA
INFORMÁTICA
DISEÑO Y MODA
ESCUELA MAESTRÍA INDUSTRIAL
AVENIDA
AVENIDA
CALLE DE LA ARBOLEDA
Barrio de San Antón
DE LA ALBUFERA
441
438
451
C. BRUNO ABÚNDEZ
CALLE G
TRV. G
CALLE BRUNO ABÚNDEZ
CTRA. VICÁLVARO A VALLECAS
C. JESÚS DEL PINO
SIERRA DE GUADALUPE
M
ARCANDA
CALLE COCHERÓN DE LA VILLA
C. TORIBIO
C. TROLE
TRANVÍA DEL
C. CHARLEROI
C. CANGREJO
C. JARDINERA
CALLE DEL TROLE
C.
CALLE
YESERO
EL
C. TRANVÍA BLANCO
C. LA MAQUINILLA
CALLE SAN
DE
CALLE
TERRORISMO
PALESTINA
DEL
C. VÍCTIMAS
CAMINO DE LOS TALLERES
CALLE
TRV. SIERRA DE GUADALUPE
23
SAN JAIME
PZA. SAN JAIME
SIERRA
CALLE NTRA. SRA. DE
C. STA. MARÍA SALOMÉ
CALLE PICO
SIERRA
C. MUELLE
CALLE PUERTO DE POZAZAL
03
17
C. GUTIÉRREZ Y MICHEL
CTRA. VILLAVERDE A VALLECAS
311
320
M-602
299
M-602
C. SIERRA DE GREDOS
TRV. PTO. DE PILAS
16
C. PUERTO
9
PUERTO
BERIAIN
ALAZORES
MORENA
C. SIERRA DE TORNAVACAS
CALLE DE LAS PILAS
19
20
TRV. PUERTO DE PILAS
26
27
59
60
SIERRA
CALLE PUERTO USED
Zona Industrial de Vallecas
CALLE Cº. DE HORMIGUERAS
173
176
180
GLORIETA VALDEPERDICES
CALLE DE
ROZAS PTO. REAL
VILLAR DEL OLMO
C. MONTE SANTO

146

- DEMOCRACIA
- CALLE LA
- CALLE CISNEROS
- DEL MEDITERRÁNEO
- A-3
- CALLE SABINO FERNÁNDEZ CAMPO
- CALLE LEOPOLDO CALVO SOTELO
- HOSPITAL INFANTA LEONOR
- FAUNIA (PARQUE BIOLÓGICO)
- ESTACIÓN DE SANTA EUGENIA
- AVENIDA GRAN VÍA DEL ESTE
- GRAN VÍA DEL ESTE
- AVDA. DE SANTA EUGENIA
- AVDA. DE AZA
- CASTRILLO
- Casco Histórico de Vallecas
- CAMINO DE
- CALLE AGUSTÍN GARCÍA MALLA
- CESAR PASTOR LLOPIS
- C. DIEGO OLIVERA VICTORIO
- CLAUDIO FERRERO FERRERO
- PZA. CONVIVENCIA
- Poblado de Absorción de Vallecas U.V.A.
- CAMINO DE SANTA EUGENIA
- Parque de Santa Eugenia
- PUENTEARPA
- PARQUE DE SANTA EUGENIA
- CALLE ALVAREZ
- FELIPE
- CALLE PUERTO FATOUL
- Colonia Urpisa
- CALLE PUERTO BRUCH
- CALLE DE SIERRA GORDA
- PZA. ENRIQUE DE MESA
- PZA. ANTONIO MARÍA SEGOVIA
- Colonia Vilda
- COLONIA EUGENIA
- HOSPITAL VIRGEN DE LA TORRE
- CALLE SIERRA
- MONTE MONTJUICH
- PZA. MARTÍNEZ OLMEDILLA
- CALLE PUENTEARPA
- PZA. SIERRA GADOR
- C. PUERTO
- CALLE REAL DE
- ARGANDA
- M-303
- VILLA DE VALLECAS
- Colonia en de La Torre
- CALLE FEDERICO GARCÍA LORCA
- CALLE MONTES DE TOLEDO
- C. MARÍA PÉREZ MEDEL
- TRV. PUERTO DE REINOSA
- Residencial Nueva Delhi
- AVDA. DEL ENSANCHE DE VALLECAS
- RAYO VALLECANO MADRID
- Colonia Virgen del Rosario
- CEMENTERIO
- PZA. MALAGANA
- JUAN
- MANPORRE
- MONTES
- PZA. PUERTO PONTÓN

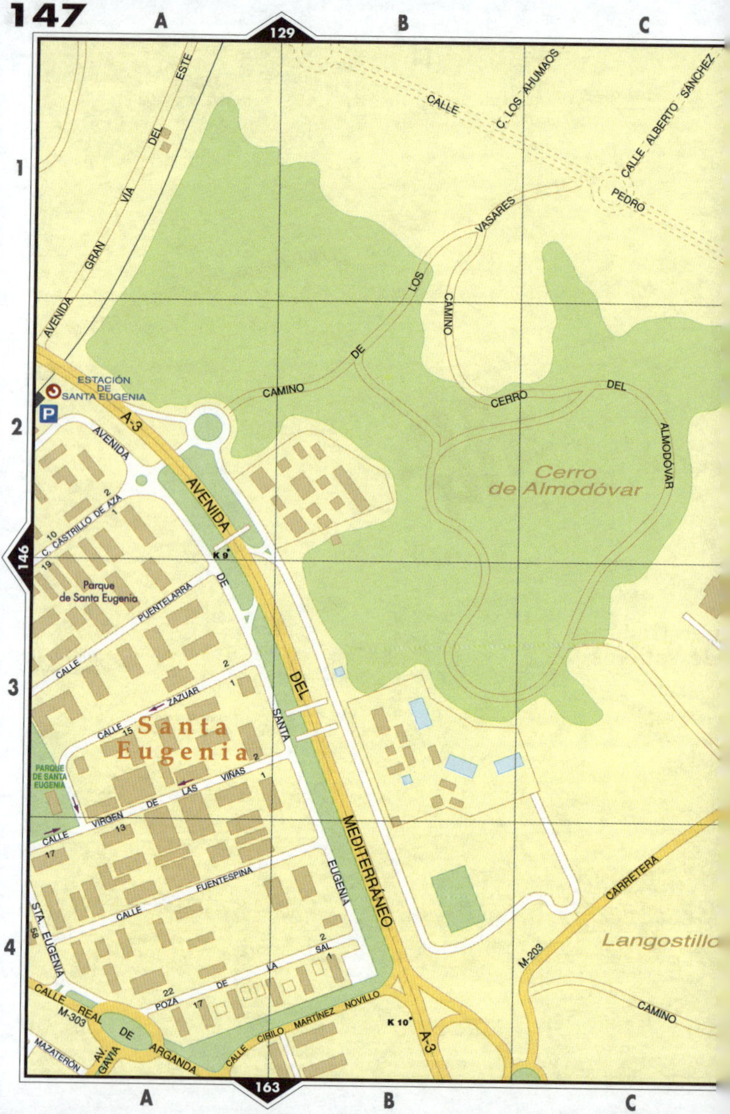
A
B
C
129
1
2
3
4
146
163
AVENIDA GRAN VÍA DEL ESTE
CALLE C. LOS AHUMAOS
CALLE ALBERTO SÁNCHEZ
PEDRO
VASARES
CAMINO DE LOS
CAMINO
ESTACIÓN DE SANTA EUGENIA
A-3
AVENIDA
CERRO DEL ALMODÓVAR
Cerro de Almodóvar
C. CASTRILLO DE AZA
Parque de Santa Eugenia
K 9
CALLE PUENTELARRA
AVENIDA DEL MEDITERRÁNEO
CALLE ZAZUAR
Santa Eugenia
DE SANTA EUGENIA
PARQUE DE SANTA EUGENIA
CALLE VIRGEN DE LAS VIÑAS
CALLE FUENTESPINA
STA. EUGENIA
POZA DE LA SAL
CALLE REAL DE ARGANDA
M-303
MAZATERÓN
AV. GAVIA
CALLE CIRILO MARTÍNEZ NOVILLO
K 10
CARRETERA
M-203
Langostillo
CAMINO

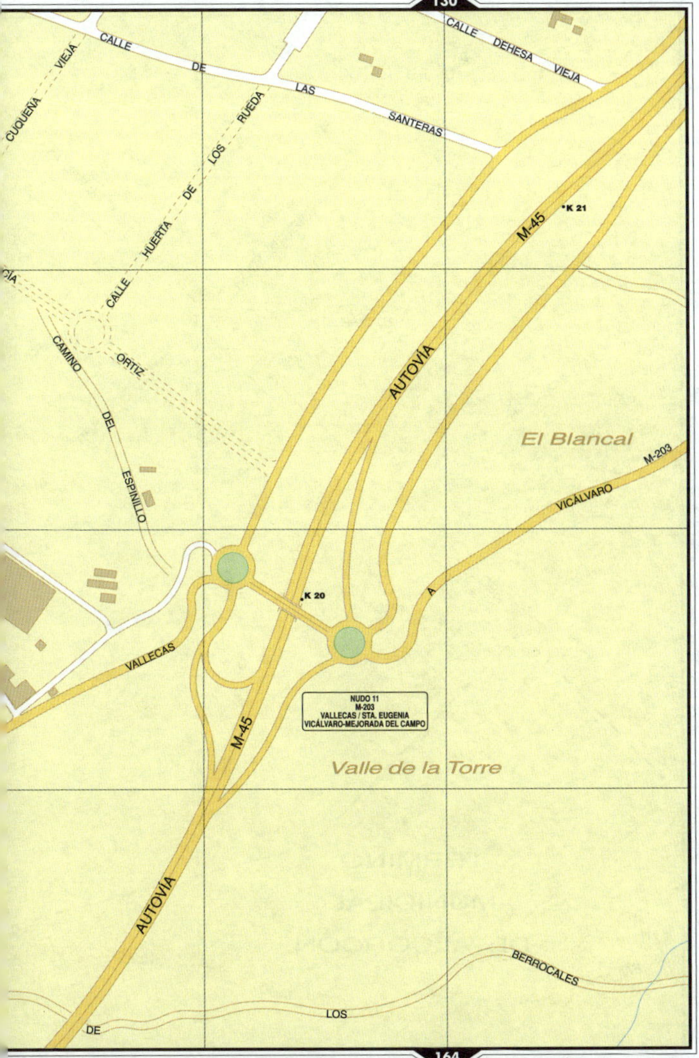
A
B
130
C
1
2
3
4
164
CALLE DE LAS SANTERAS
CALLE DEHESA VIEJA
CUQUEÑA VIEJA
CALLE HUERTA DE LOS RUEDA
CAMINO DEL ESPINILLO
ORTIZ
M-45
K 21
AUTOVÍA
El Blancal
M-203
VICÁLVARO
A
VALLECAS
K 20
NUDO 11
M-203
VALLECAS / STA. EUGENIA
VICÁLVARO-MEJORADA DEL CAMPO
M-45
Valle de la Torre
AUTOVÍA
BERROCALES
LOS
DE

149

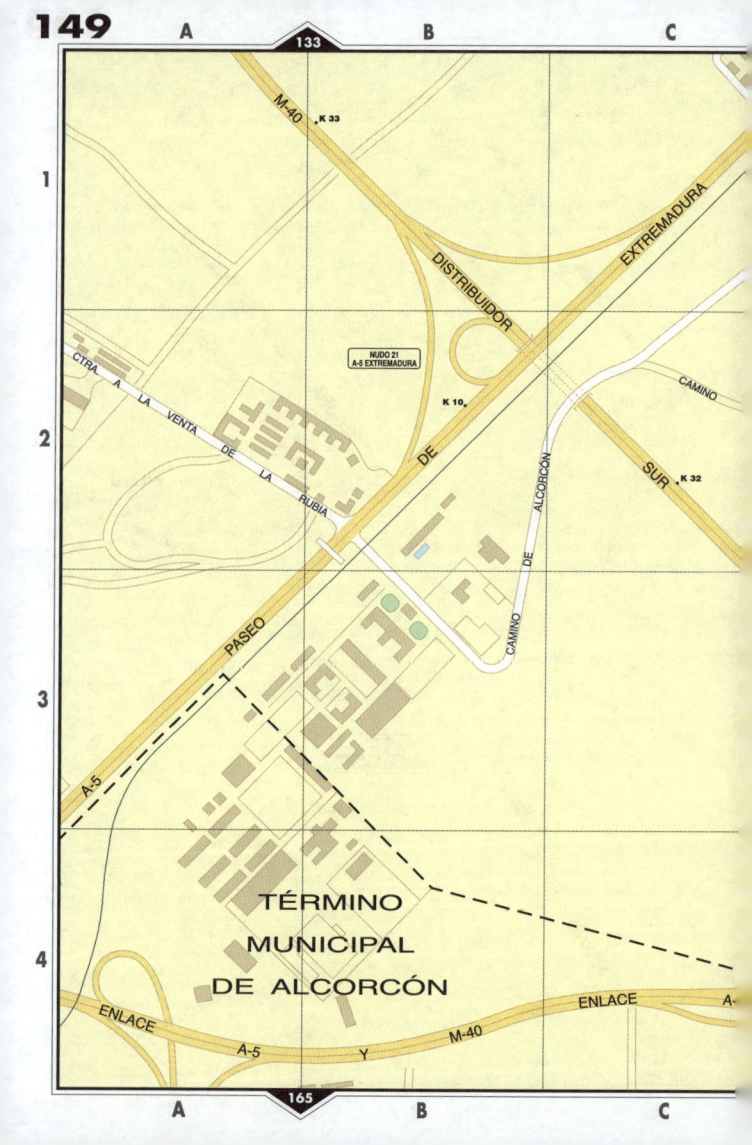

M-40 K 33

DISTRIBUIDOR EXTREMADURA

CTRA A LA VENTA DE LA RUBIA

NUDO 21
A-5 EXTREMADURA

K 10

CAMINO

CAMINO DE ALCORCÓN

SUR K 32

PASEO

A-5

TÉRMINO MUNICIPAL DE ALCORCÓN

ENLACE A-5 Y M-40 ENLACE A-

150

AEROPUERTO MADRID - CUATRO VIENTOS

ALCORCÓN A CARABANCHEL BAJO

Cuatro Vientos

DISTRIBUIDOR

NUDO 21
A-5 EXTREMADURA

K 31

SUR

M-40

M-40

151

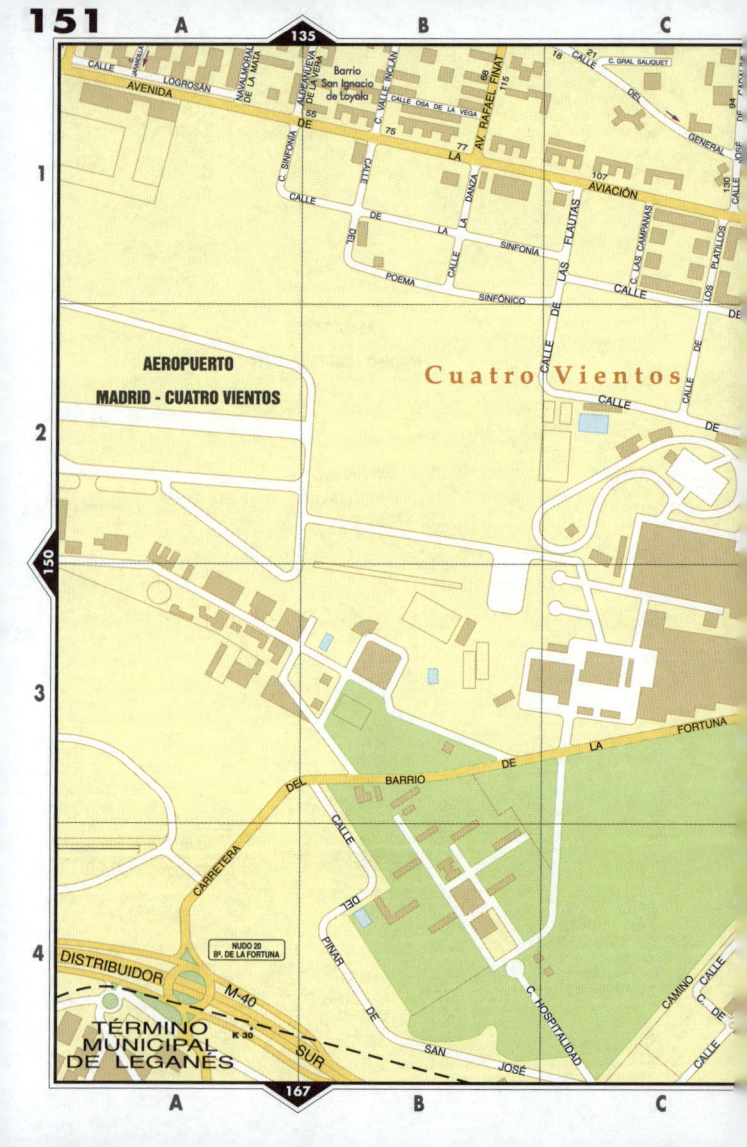

Cuatro Vientos

AEROPUERTO MADRID - CUATRO VIENTOS

TÉRMINO MUNICIPAL DE LEGANÉS

- Calle Logrosán
- Avenida
- Calle Navalvillar de la Mata
- Avenida Nueva de la Vega
- Barrio San Ignacio de Loyola
- Calle Osa de la Vega
- Av. Rafael Finat
- Calle
- C. Gral Saliquet
- General
- C. Sinfonía
- Calle Valle Inclán
- Calle de la Danza
- Calle de las Flautas
- Calle de las Campanas
- Aviación
- Calle de los Platillos
- Calle del Poema Sinfónico
- Calle de la Fortuna
- Barrio
- Calle del Pinar
- Carretera
- NUDO 20 Bº DE LA FORTUNA
- DISTRIBUIDOR M-40
- Calle de San José
- C. Hospitalidad
- Camino
- Calle

152

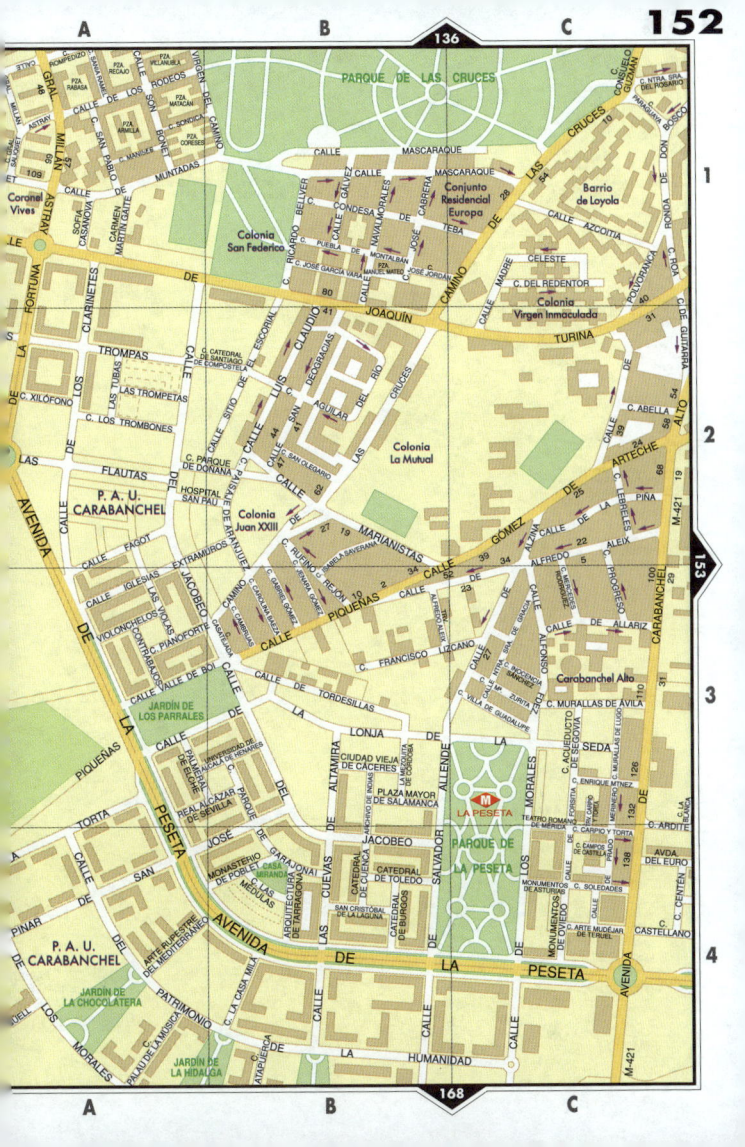

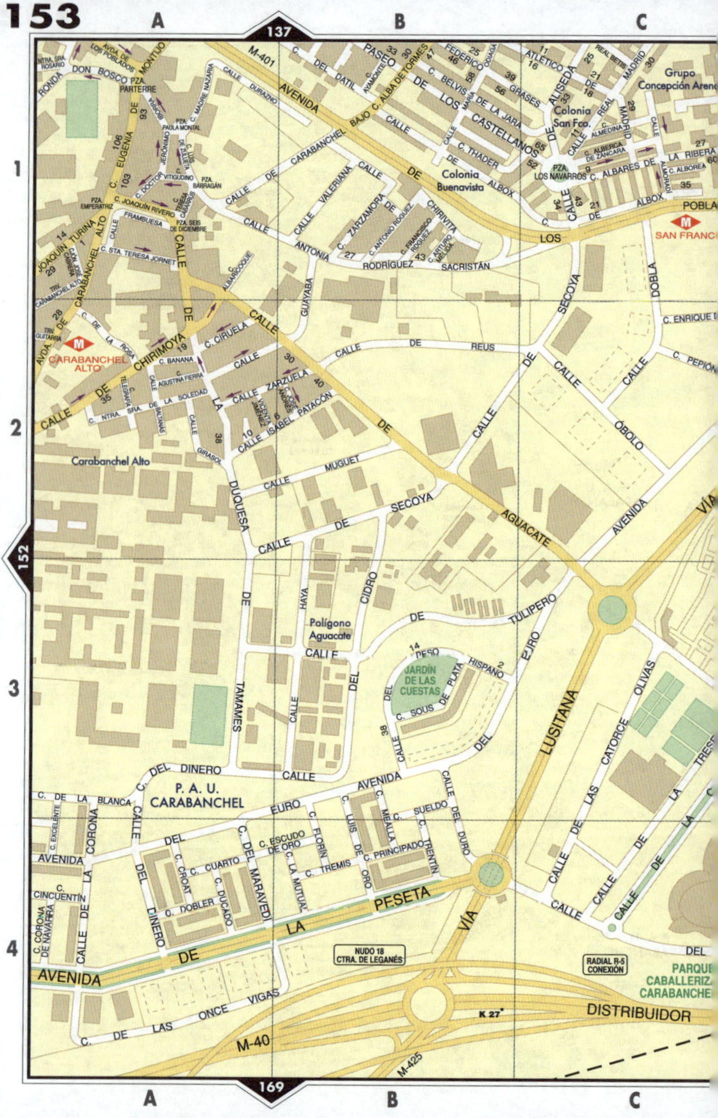
A
B
C
137
152
169
1
2
3
4
M-401
AVENIDA DE LOS POBLADOS
PASEO BAJO
C. ALBA DE TORMES
C. DEL DÁTIL
C. AYAMONTE
FEDERICO
C. BELVIS
MARÍA DE LA JARA
ODIAGA
GRASES
ATLÉTICO
REAL BETIS
ALISEDA
C. DE MADRID
Grupo Concepción Arenal
Colonia San Fco.
Colonia Buenavista
CALLE DE LOS CASTELLANOS
C. THADER
C. ALMEDINA
C. ALBERCA DE ZÁNCARA
PZA. LOS NAVARROS
C. ALBARES DE LA RIBERA
C. ALBOREA
ALMORADÍ
CALLE DE ALBOX
POBLADOS
SAN FRANCISCO
NTRA. SRA. ROSARIO
AVDA. DE LOS POBLADOS
MONTIJO
RONDA DON BOSCO
PZA. PARTERRE
EUGENIA DE MONTIJO
BORJA
C. MADRE NAZARIA
CALLE DURAZNO
PZA. PAULA MONTAL
JERÓNIMO
C. LUIS DE ZULUETA
C. DOCTOR
VITIGUDINO
PZA. BARRAGÁN
C. JOAQUÍN RIVERO
PZA. EMPERATRIZ
C. TERESA CARABIAS
FRAMBUESA
PZA. SEIS DE DICIEMBRE
CALLE DE CARABANCHEL
CALLE VALERIANA
CALLE ZARZAMORA
C. ANTONIO RGUEZ
C. FRANCISCO RGUEZ
C. ARTURO MÉLIDA
CHIRIVITA
CALLE ANTONIO RODRÍGUEZ
SACRISTÁN
JOAQUÍN TURINA
CARABANCHEL ALTO
C. STA. TERESA JORNET
C. ALBARICOQUE
GUAYABA
SECOYA
DOBLA
C. ENRIQUE
C. PEPIÓN
CALLE DE REUS
CALLE ÓBOLO
CALLE DE CHIRIMOYA
C. CIRUELA
C. BANANA
AGUSTINA FIERRA
TELÉGRAFA
C. NTRA. SRA. DE LA SOLEDAD
SALTANAS
CALLE ZARZUELA
VICENTA JIMÉNEZ
C. JOSÉ ANDRÉS
CALLE ISABEL PATACÓN
GIRASOL
CALLE DE AGUACATE
AVENIDA
VÍA
Carabanchel Alto
CARABANCHEL ALTO
AVDA. DE CARABANCHEL ALTO
TRV. GUITARRA
TRV. CARABANCHEL ALTO
CLLON. JOSÉ CABRERA
CALLE MUGUET
CALLE DE SECOYA
DUQUESA DE TAMAMES
HAYA
CIDRO
Polígono Aguacate
CALLE DE TULIPERO
EJRO
PESO
HISPANO
JARDÍN DE LAS CUESTAS
PLATA
C. SOUS
DEL
LUSITANA
OLIVAS
CATORCE
TRES
CALLE DE LAS
CALLE DEL DINERO
P. A. U. CARABANCHEL
C. DE LA BLANCA
C. EXCELENTE
CORONA
AVENIDA DEL EURO
CALLE DEL DURO
C. SUELDO
C. MEALLA
C. LUIS DE ORO
C. FLORÍN
C. ESCUDO DE ORO
C. TREMIS
C. PRINCIPADO
TRENTÍN
C. LA MUTUAL
C. DEL MARAVEDÍ
C. CUARTO
C. CROAT
C. DUCADO
C. DOBLER
C. CINCUENTÍN
CALLE DE LA CORONA
C. CORONA DE NAVARRA
AVENIDA DE LA PESETA
DINERO
NUDO 18 CTRA. DE LEGANÉS
RADIAL R-5 CONEXIÓN
PARQUE CABALLERIZA CARABANCHEL
DISTRIBUIDOR
K 27
C. DE LAS ONCE VIGAS
M-40
M-425

154

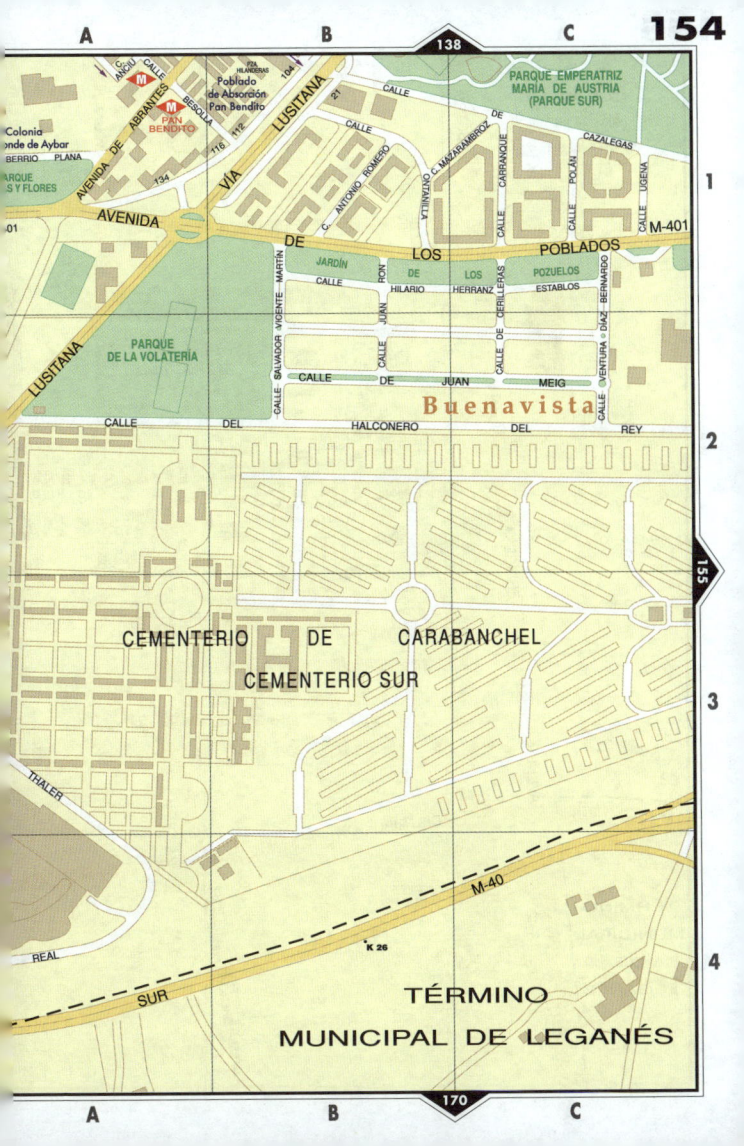

A1
- C. ANQU
- CALLE DE ABRANTES
- BESOLA
- M PAN BENDITO
- Colonia Conde de Aybar
- BERRIO PLANA
- PARQUE S Y FLORES
- AVENIDA
- 01

B1
- PZA. HILANDERAS
- Poblado de Absorción Pan Bendito
- VIA LUSITANA
- CALLE
- C. ANTONIO ROMERO
- AVENIDA DE

C1
- PARQUE EMPERATRIZ MARÍA DE AUSTRIA (PARQUE SUR)
- CAZALEGAS
- CALLE DE CARRANQUE
- CALLE POLÁN
- CALLE UGENA
- M-401
- LOS POBLADOS

A2
- LUSITANA

B2
- PARQUE DE LA VOLATERÍA
- CALLE SALVADOR VICENTE MARTÍN
- JARDÍN DE HILARIO
- CALLE JUAN
- HONT HERRANZ
- LOS CEBILLEJAS
- CALLE DE
- CALLE DEL HALCONERO

C2
- POZUELOS ESTABLOS
- CALLE VENTURA DÍAZ BERNARDO
- Buenavista
- DEL REY

A3 / B3 / C3
- CEMENTERIO DE CARABANCHEL
- CEMENTERIO SUR

A4
- THALER
- REAL

B4 / C4
- M-40
- K 26
- SUR
- TÉRMINO MUNICIPAL DE LEGANÉS

155

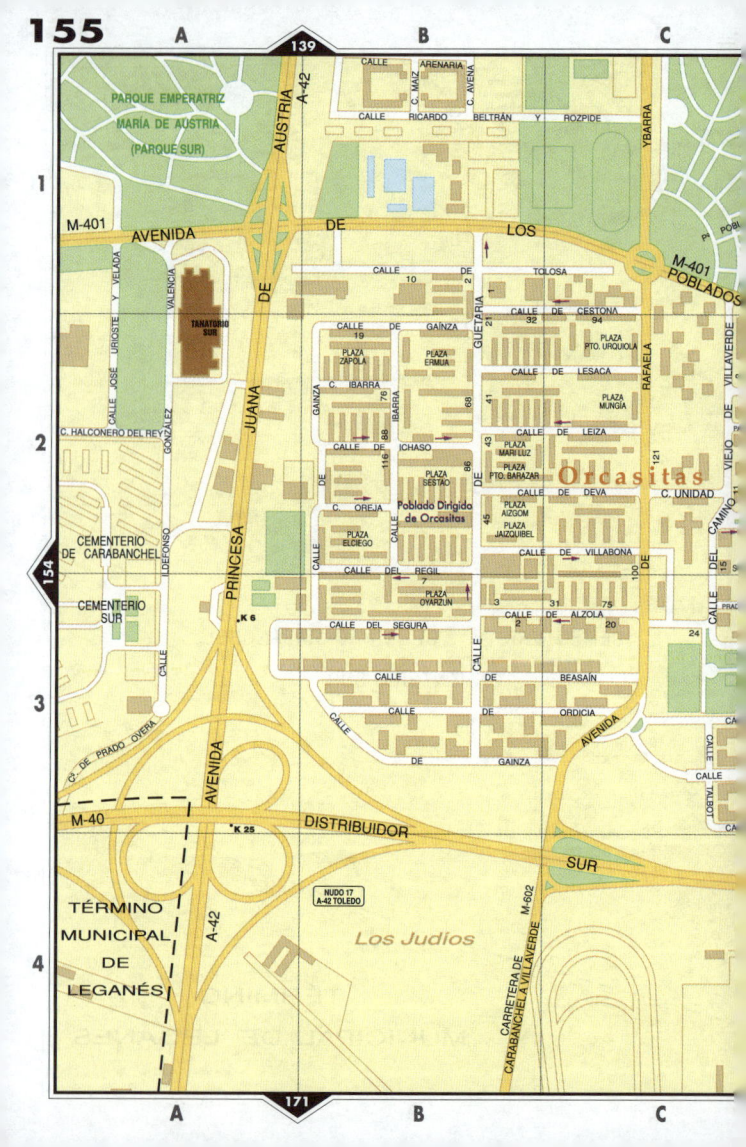

Map index

- PARQUE EMPERATRIZ MARÍA DE AUSTRIA (PARQUE SUR)
- CALLE ARENARIA
- C. MAÍZ
- C. AVENA
- CALLE RICARDO BELTRÁN Y ROZPIDE
- AUSTRIA
- A-42
- YBARRA
- M-401 AVENIDA DE LOS POBLADOS
- CALLE JOSÉ URIOSTE Y VELADA
- VALENCIA
- TANATORIO SUR
- C. HALCONERO DEL REY
- GONZÁLEZ
- CALLE 10 DE TOLOSA
- GUETARIA
- CALLE 32 DE CESTONA
- PLAZA PTO. URQUIOLA
- CALLE 19 DE GAINZA
- PLAZA ZAPOLA
- PLAZA ERMUA
- CALLE DE LESACA
- PLAZA MUNGIA
- RAFAELA
- C. IBARRA
- IBARRA
- PLAZA DE LEIZA
- JUANA
- CALLE 116 DE ICHASO
- PLAZA BESTAO
- PLAZA MARI LUZ
- PLAZA PTO. BARAZAR
- *Orcasitas*
- VILLAVERDE
- DEFONSO
- C. OREJA
- Poblado Dirigido de Orcasitas
- PLAZA AIZGOM
- CALLE DE DEVA
- C. UNIDAD
- CEMENTERIO DE CARABANCHEL
- PLAZA ELDIEGO
- PLAZA JAIZQUIBEL
- CALLE DE VILLABONA
- CAMINO
- CEMENTERIO SUR
- PRINCESA
- CALLE DEL REGIL
- PLAZA OYARZUN
- 154
- K 6
- CALLE 3 DE ALZOLA 75 20
- 24
- PRAC
- CALLE DEL SEGURA
- CALLE DE BEASAIN
- CALLE DE ORDICIA
- Cº DE PRADO OVERA
- CALLE DE GAINZA
- AVENIDA
- CALLE TALBOT
- M-40 DISTRIBUIDOR SUR
- K 25
- A-42
- NUDO 17 A-42 TOLEDO
- M-602
- TÉRMINO MUNICIPAL DE LEGANÉS
- Los Judíos
- CARRETERA DE CARABANCHEL A VILLAVERDE

139 / 171

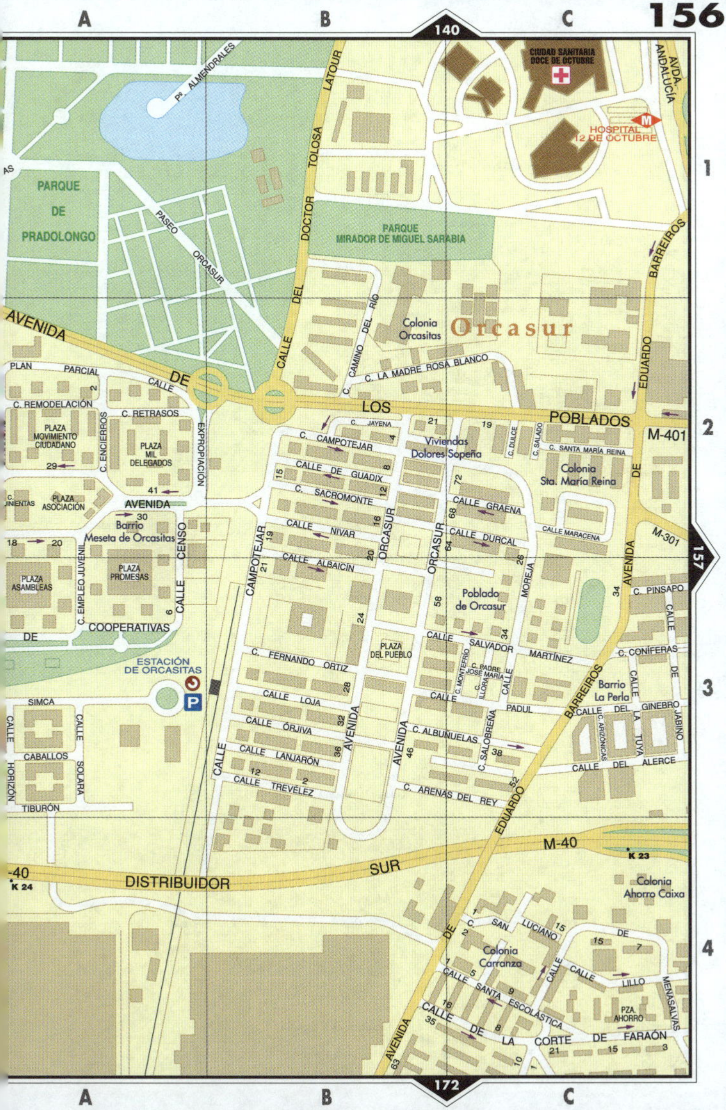
A
B
C
140
172
157
1
2
3
4
CIUDAD SANITARIA DOCE DE OCTUBRE
HOSPITAL 12 DE OCTUBRE
AVDA. ANDALUCÍA
Pº. ALMENDRALES
PARQUE DE PRADOLONGO
PASEO ORCASUR
CALLE DEL DOCTOR TOLOSA LATOUR
PARQUE MIRADOR DE MIGUEL SARABIA
Colonia Orcasitas
Orcasur
CAMINO DEL RÍO
C. LA MADRE ROSA BLANCO
AVENIDA DE LOS POBLADOS
AVENIDA DE EDUARDO BARREIROS
M-401
M-301
PLAN PARCIAL
CALLE EXPROPIACIÓN
C. REMODELACIÓN
C. RETRASOS
PLAZA MOVIMIENTO CIUDADANO
C. ENCIERROS
PLAZA MIL DELEGADOS
PLAZA ASOCIACIÓN
AVENIDA DE COOPERATIVAS
Barrio Meseta de Orcasitas
CALLE CENSO
PLAZA PROMESAS
PLAZA ASAMBLEAS
C. EMPLEO JUVENIL
ESTACIÓN DE ORCASITAS
SIMCA
CALLE CABALLOS
CALLE HORIZÓN
CALLE SOLARA
TIBURÓN
C. JAYENA
C. CAMPOTEJAR
CALLE DE GUADIX
C. SACROMONTE
CALLE NIVAR
CALLE ALBAICÍN
CALLE CAMPOTEJAR
AVENIDA ORCASUR
Viviendas Dolores Sopeña
C. DULCE
C. SALADO
C. SANTA MARÍA REINA
Colonia Sta. María Reina
CALLE GRAENA
CALLE DURCAL
CALLE MARACENA
MOREJA
Poblado de Orcasur
C. PINSAPO
CALLE SALVADOR MARTÍNEZ
C. CONÍFERAS
CALLE DE JABINO
Barrio La Perla
PLAZA DEL PUEBLO
C. FERNANDO ORTIZ
C. MONTEFRÍO
C. PADRE JOSÉ MARÍA
C. ILLORA
CALLE PADUL
CALLE DEL GINEBRO
C. ARIZÓNICAS
CALLE LA TUYA
CALLE DEL ALERCE
CALLE LOJA
CALLE ÓRJIVA
CALLE LANJARÓN
CALLE TREVÉLEZ
C. ALBUÑUELAS
C. SALOBREÑA
C. ARENAS DEL REY
M-40
DISTRIBUIDOR SUR
K 23
K 24
Colonia Ahorro Caixa
C. SAN LUCIANO
Colonia Carranza
CALLE SANTA ESCOLÁSTICA
CALLE DE LILLO
MENASALVAS
PZA. AHORRO
CALLE DE LA CORTE DE FARAÓN

A
B
C
141
156
173
1
2
3
4
GLORIETA DE MÁLAGA
A-4
AVENIDA DE ANDALUCÍA
C. SAN MÁXIMO
C. SAN MARIO
CALLE CARABELOS
CALLE DE CARABELOS
CAMINO 102
98
CALLE DE LA GIRALDA
CALLE DEL GENERALIFE
C. ELIZONDO
CALLE ALCAZABA
PZA. TORRE DEL ORO
PZA. MINARETE
PZA. LOS OJOS DE LAS MEZQUITAS
Colonia Andalucía
CALLE MEZQUITA
C. SAN SIMPLICIO
TACONERA
17
23
19
SAN FORTUNATO
San Fermín
PARQUE LINEAL DEL MANZANARES
RÍO MANZANARES
CARRETERA
C. ÁNGEL DÍAZ ZAMORANO
Barrio de San José
C. PERALEJO
NAVASCUÉS
CALLE DE ESTAFETA
CALLE POPULAR
FITERO
PZA. VIRGEN BLANCA
PLAZA SAN FERMÍN
AVDA. SAN FERMÍN
CALLE DE SAN FERMÍN
ZALACAÍN
AMAYA
LECUMBERRI
ELIZONDO
BARRANCA
ROCHAPEA
TACONERA
OTEIZA
CORELLA
LODOSA
CALLE DE LOS FUEROS
Colonia San Fermín
CALLE LA MADRILEÑA
AVENIDA DE ANTEQUERA
SAN FERMÍN-ORCASUR
M
CALLE CAMPO PERLA
CALLE ALAJATE
CUEVAS BAJAS
CALLE ALOZAINA
CALLE ALGAIDA
CALLE DE ADORA
CAMINO DE PERALES
CAJA MÁGICA
PZA. LEIRE
CALLE MONTANA
C. CASARABONELA
C. ARCHIDONA
C. TORCAL
PZA. IRABIA
MOTRIL
C. TEBA
CALLE DE TORROX
M-301
AVENIDA DE LOS ROSALES
GTA. SAN MARTÍN DE LA VEGA
CALLE DEL ALERCE
CALLE MAGACELA
AVENIDA DE OROVILLA
CALLE CORINDÓN
CALLE PERIANA
OLIGISTO
RUTILO
CALLE SILVINA
C. OLIGISTO
16
23
25
22
30
Colonia Torregrosa
NUDO 16 AV. ANDALUCÍA
ESTACIÓN DEPURADORA
M-40
TANATORIO M-40
PARQUE ESPINILLO
K 22
CALLE DE LA TERTULIA
CALLE DEL CÍRCULO
AV. OROVILLA
Urbanización El Espinillo
C. DEL CONSENSO
CALLE DE LA UNANIMIDAD
C. COALICIÓN
C. AFECTO
LA CORTE DE FARAÓN
AV. VERBENA DE LA PALOMA

158

PARQUE DE ENTREVÍAS

PARQUE FORESTAL DE ENTREVÍAS

SANTA CATALINA MERCANCÍAS

CALLE DE BARROS
CALLE DE YUSTE
CALLE VILLUERCAS
RONDA
MONTÁNCHEZ
CALLE ANDÉVALO
CALLE DE HORNACHOS
CATALINA
AVENIDA DE SANTA CATALINA
APEADERO DE SANTA CATALINA
Colonia Santa Catalina
EMBAJADORES
M-602 EMBAJADORES
CALLE DE
A. VILLAVERDE
M-602 VALLECAS
CTRA. VILLAVERDE
M-30 / M-40
C. ESTACIÓN DEPURADORA DE AGUAS SANTA CATALINA
A-4
ENTRE
ACE

AVENIDA DEL CONOCIMIENTO
C. CIENTO DOS
C. CIENTO TRES
C. CIENTO CUATRO
C. CIENTO CINCO
C. CIENTO SEIS
C. CIENTO SIETE
CIENTO UNO
AVENIDA DE LA INNOVACIÓN
PLAZA DE LA TECNOLOGÍA
M-40

NUDO 14 MERCAMADRID
NUDO 15 SUPERSUR

142 · 159 · 174 · K 21

A
B
C
143
175
158
1
2
3
4
AVENIDA DE ENTREVÍAS
CALLE PUERTO BALBARÁN
ESTACIÓN DE EL POZO
C. CAMINO
RONDA DEL SUR
CALLE DE VILLACARRILLO
CALLE MARTOS
C. VILCHES
C. VEDRA
CALLE CAZORLA
CALLE DE VILLUERCAS
C. IBROS
C. ALCORES
C. GUARROMÁN
C. SABIOTE
C. ALJARAFE
CALLE DE BARROS
AVENIDA 6
C. DEPÓSITO DEL AGUA
POZO
CALLE DEL
C. CARBURO
C. NAJARRA
PADRE LLANOS
CALLE CABO DE CREUS
CARROS
COOPERATIVA ELÉCTRICA VIRGEN DE GUADALUPE
VECINOS
C. SANTANDERINA
AVENIDA DE LAS GLORIETAS
AVDA. PADRE LLANOS
Barrio del Pozo del Tío Raimundo
EJE SURESTE CONEXIÓN
SUR
K 19
PARQUE DE ENTREVÍAS
AVENIDA DE JOAQUÍN GARRIGUES WALKER
CALLE LELE DEL POZO
MACHICHACO
PLAZA POZO DEL TÍO RAIMUNDO
ESTEBAN
CALLE REGUERA DE TOMATEROS
CALLE REGUERA DE TOMATEROS
C. CABO MACHICHACO
CALLE CABO
C. ANDALUCES DEL POZO
CALLE CABO DE TARIFA
DE
CALLE
DISTRIBUIDOR SUR
PARQUE FORESTAL DE ENTREVÍAS
M-40
NUDO 14 MERCAMADRID
TRAVESÍA DE JOAQUÍN GARRIGUES WALKER
CALLE DE EMBAJADORES
M-602
CARRETERA DE
AVENIDA DEL CONOCIMIENTO
AVDA. INNOVACIÓN
C. CIENTO UNO
CIENTO DOS
K 20
DISTRIBUIDOR
P
CENTRO DE TRANSPO
DE MADRI
MERCAMADRID

160

1

CALLE LUIS
CALLE
HORMIGUERAS 141 / 144
CALLE GONZALEZ 156
DAVILA
CASAS DE
CAMINO TORRE 97 106 135 134
Zona Industrial de Vallecas
GAMONAL
MIRAVETE
M-602
CAMINO DEL POZO DEL TIO
CALLE
CALLE DON MIGUEL
CARRETERA DE VILLAVERDE
A VALLECAS

2

RAIMUNDO
VALLECAS
M-602

3

EJE SURESTE
CAMINO DE LA CHINA

4

M-31
Arroyo de la Gavia
Cº DE LA MAGDALENA

161

A / B / C

- Calle C.º de Hormigueras
- 163 / 164
- Zona Industrial de Vallecas
- M-602
- CARRETERA DE VILLAVERDE A VALLECAS
- GLORIETA VALDEPERDICES
- CALLE
- CALLE DE HENARES
- CALLE DE TINEO
- CALLE CASTEJÓN
- BULEVAR DE LA NATURALEZA
- CALLE ALMONTE
- CALLE VALDERREBOLLO
- CALLE EL SALCEDO
- CALLE NAVAMURES
- ROZAS DE PUERTO REAL
- CALLE MARTÍN MUÑOZ DE LAS POSADAS
- SIERRA
- CABEZA
- MESADA
- VILLAR DE PALOMEQUE
- VILLAR DE LOS A.
- CALLE PUERTO
- PARQUE VALLECAS
- CALLE HONRUBIA
- AVENIDA DEL BULEVAR
- Colonia Cerro de la Bendita
- CALLE
- CINCOVIL
- MAYORAZGO
- RASTROJOS
- Arroyo de la Gavia
- CAMINO DE LOS
- CAMINO DE LA MAGDALENA
- C.º DE LAS CANTERAS
- El Panderuelo
- La Gavia

145 / 160 / 189

A
B
C
146
190
163
1
2
3
4
CEMENTERIO
Colonia Virgen de La Piedad
VILLA DE VALLECAS
Urbanización Congosto
CONGOSTO
LA GAVIA
P. A. U. VALLECAS
Barrio del Vilano
Barrio Sartenilla
CAMINO DE LA SUERTE
AVENIDA DEL ENSANCHE DE VALLECAS
AVENIDA DE LA GAVIA
AVENIDA DEL MAYORAZGO
AUTOVÍA M-45
CALLE DEL CONGOSTO
PORZUNA
PEÑA DE VARGAS
PEÑAS LARGAS
EULOGIO
PEDRERO
SORRAPIA
BREZO
BOBIA
PALAZUELOS
RIVERA
CERVERA
PEÑA NUEVA
C. VILLACAÑAS
CULLA
PEDROSA DEL PRÍNCIPE
C. CONGOSTO
C. VILLAR DEL POZO
C. TORREDONJIMENO
TORREDONJIMENO
C. TORRE DE JUAN ABAD
VILLALBA DE LA SIERRA
SAN JUAN
MUELA
CALLE RAYO VALLECANO DE MADRID
C. VILLAMAYOR DE SANTIAGO
ARZOBISPO EL BARRACO
CALLE PUENTE DEL ARZOBISPO
CALLE DE ENTREPEÑAS
CALLE DEL BARRANCO
LAS SUERTES
SAGRA
DE LA NOVILLO
CALLE VILLANUEVA DE LA CAÑADA
PUEBLANUEVA
CALLE LA ADRADA
CORRAL DE ALMAGUER
SARTENILLA
BAÑOS DE VALDEARADOS
BRACAMONTE
PUENTEDEY
C. ALTO DE LA SARTENILLA
CALLE CERRO MILANO
ZORITA DE LA FRONTERA
ENTREPEÑAS
AVENIDA SIERRA DE JARAMA
CALLE DE LA GRANJA
VILLAMANTA
BATRES
ALAMEDA
TALAMANCA
CANENCIA
ESTREMERA
C. EL BOALO
SAN ILDEFONSO
VALLE
ALTO DEL VALLE
SERRANILLOS DEL VALLE
PEÑARANDA
FUENTIDUEÑA
MALPICA DE TAJO
AGUA
AVENIDA VILLA DE VALLECAS
C. PEÑA NEVADA
C. SIERRA ARLA
C. ESPERANZA GARCÍA
SIERRA SANTOS
SIERRA MONTILLA
C. MILMARCOS
C. BUBIERCA
C. MONTES ALBERES
SIERRA SABIÑAR
PZA. SIERRA GRAZALEMA
CHILEGUA
C. SIERRA TORTEJADA
GALAPAGAR
FEDERICO G. LORCA
MONTE AYA
C. PICO DE LA CIERVA
K 17

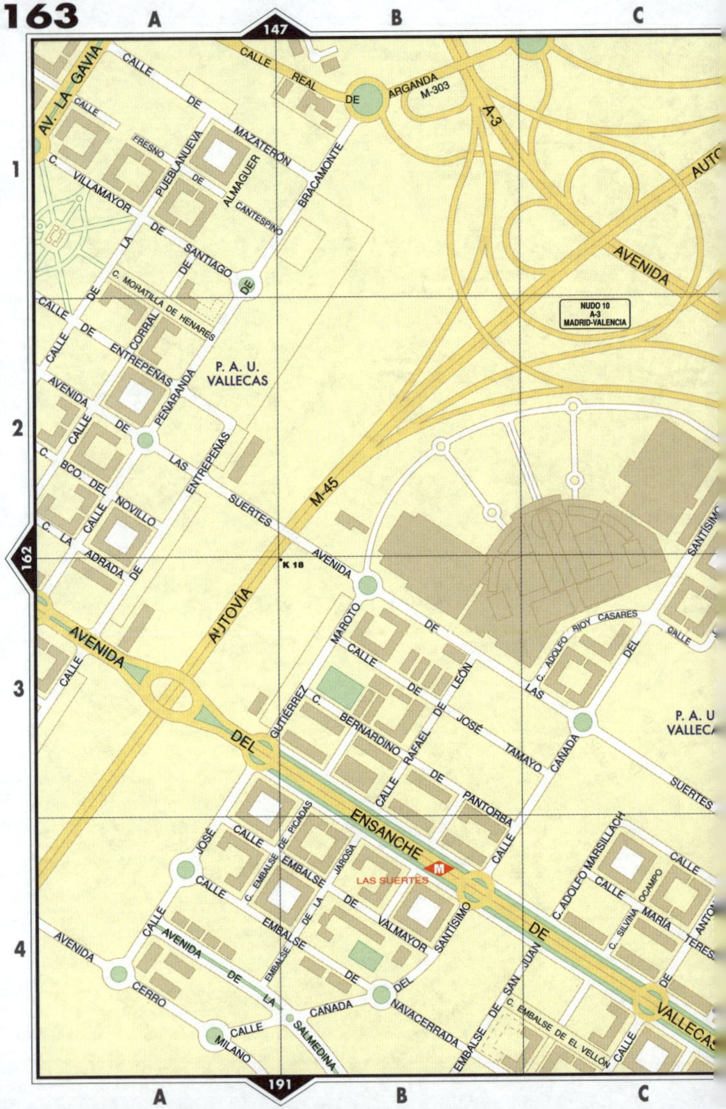
A
B
C
147
1
2
3
4
162
191
AV. LA GAVIA
CALLE DE MAZATERÓN
CALLE
C. VILLAMAYOR
FRESNO
PUEBLANUEVA
DE
ALMAGUER
CANTESPINO
CALLE REAL DE ARGANDA
M-303
A-3
AUTO
BRACAMONTE
DE
SANTIAGO
DE
LA
C. MORATILLA DE HENARES
CALLE DE LA CORRAL DE ENTREPEÑAS
PEÑARANDA
CALLE
AVENIDA DE LAS SUERTES
ENTREPEÑAS
P. A. U. VALLECAS
AVENIDA
NUDO 10
A-3
MADRID-VALENCIA
M-45
CALLE
C. BCO. DEL NOVILLO
C. LA ADRADA
CALLE DE
K 18
AUTOVÍA
SANTÍSIMO
AVENIDA DE LAS
MAROTO
CALLE DE LEÓN
C. ADOLFO RIOY CASARES
CALLE
DEL
AVENIDA DEL ENSANCHE DE VALLECAS
CALLE
GUTIÉRREZ
C. BERNARDINO
RAFAEL DE JOSÉ TAMAYO
CAÑADA
P. A. U
VALLECA
SUERTES
CALLE DE PANTORBA
CALLE
LAS SUERTES
JOSÉ
CALLE
DE PICADAS
C. EMBALSE
EMBALSE
JAROSA
DE LA
DE VALMAYOR
SANTÍSIMO
C. ADOLFO MARSILLACH
CALLE
OCAMPO
MARÍA
TERESA
ANTON
C. SILVINA
CALLE EMBALSE
CALLE
AVENIDA DE LA
AVENIDA CERRO
EMBALSE
DE
DEL CAÑADA
NAVACERRADA
CALLE MILANO
SALMEDINA
EMBALSE DE SAN JUAN
C. EMBALSE DE EL VELLÓN
CALLE
DE

164

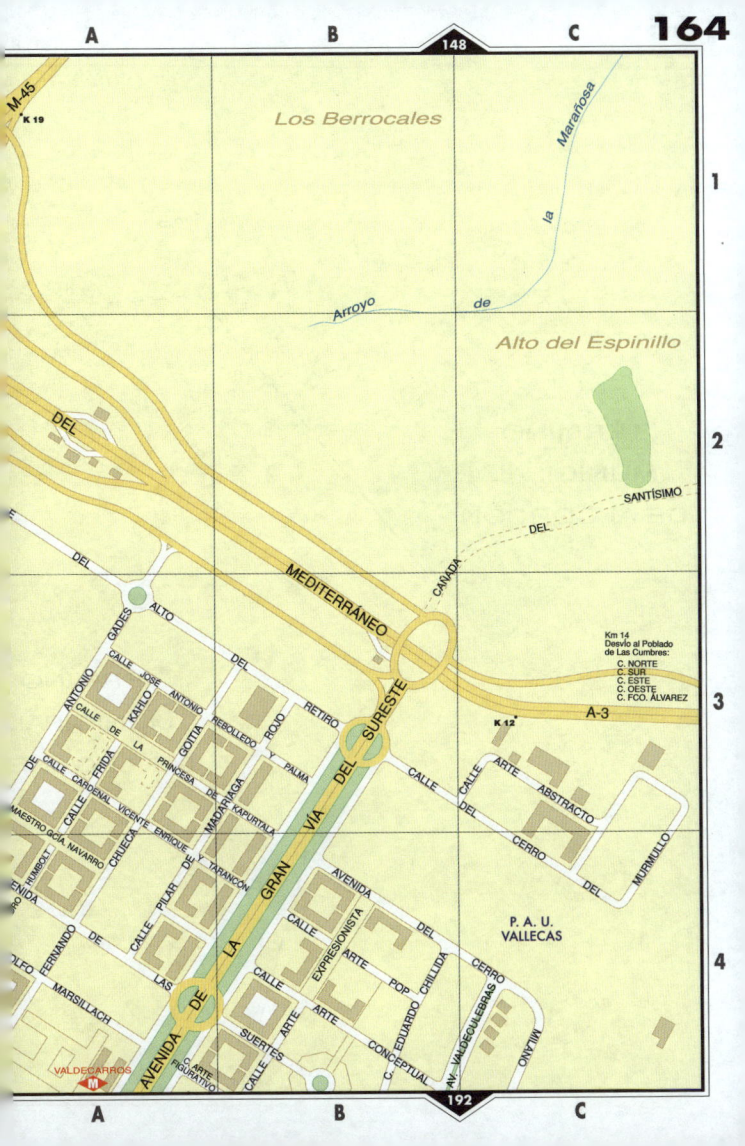

Los Berrocales

Arroyo de la Marañosa

Alto del Espinillo

M-45
K 19

DEL

MEDITERRÁNEO

CAÑADA DEL SANTÍSIMO

Km 14
Desvío al Poblado
de Las Cumbres:
C. NORTE
C. SUR
C. ESTE
C. OESTE
C. FCO. ÁLVAREZ

A-3
K 12

CALLE ANTONIO GADES
CALLE JOSE ANTONIO REBOLLEDO
CALLE FRIDA KAHLO
CALLE DE LA PRINCESA
CALLE CARDENAL VICENTE ENRIQUE Y TARANCÓN
CALLE GOITIA
CALLE MADARIAGA KAPURTALA
ROJO
RETIRO
PALMA
DEL ALTO
VÍA DEL SURESTE
CALLE ARTE ABSTRACTO
CALLE DEL CERRO
DEL MURMULLO

MAESTRO GCIA. NAVARRO
CALLE CHUECA
CALLE PILAR DE LAS
AVENIDA FERNANDO DE
...OLFO MARSILLACH
GRAN VÍA DEL SURESTE
AVENIDA DE LA
CALLE EXPRESIONISTA
AVENIDA DEL ARTE POP
CALLE ARTE CONCEPTUAL
C. ARTE FIGURATIVO
CALLE SUERTES
CALLE EDUARDO CHILLIDA
DEL CERRO
MILANO
AV. VALDEGUILLERAS

P. A. U.
VALLECAS

VALDECARROS Ⓜ

165

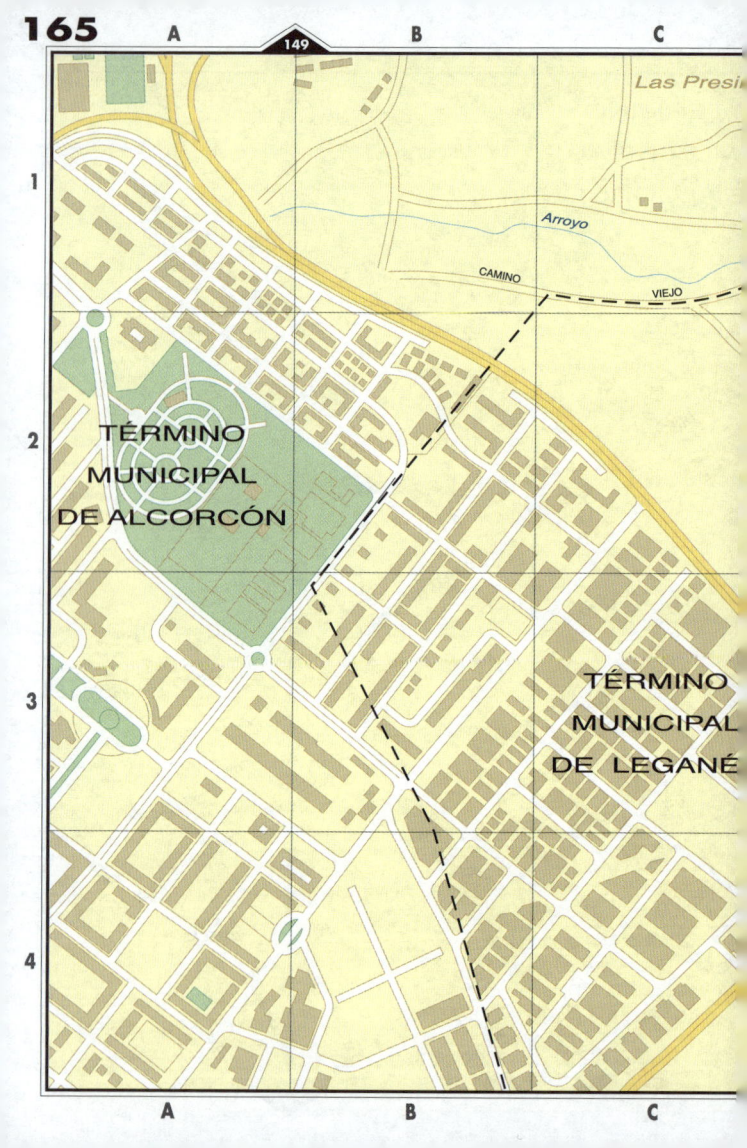

Las Presi...
Arroyo
CAMINO VIEJO

TÉRMINO MUNICIPAL DE ALCORCÓN

TÉRMINO MUNICIPAL DE LEGANÉ

166

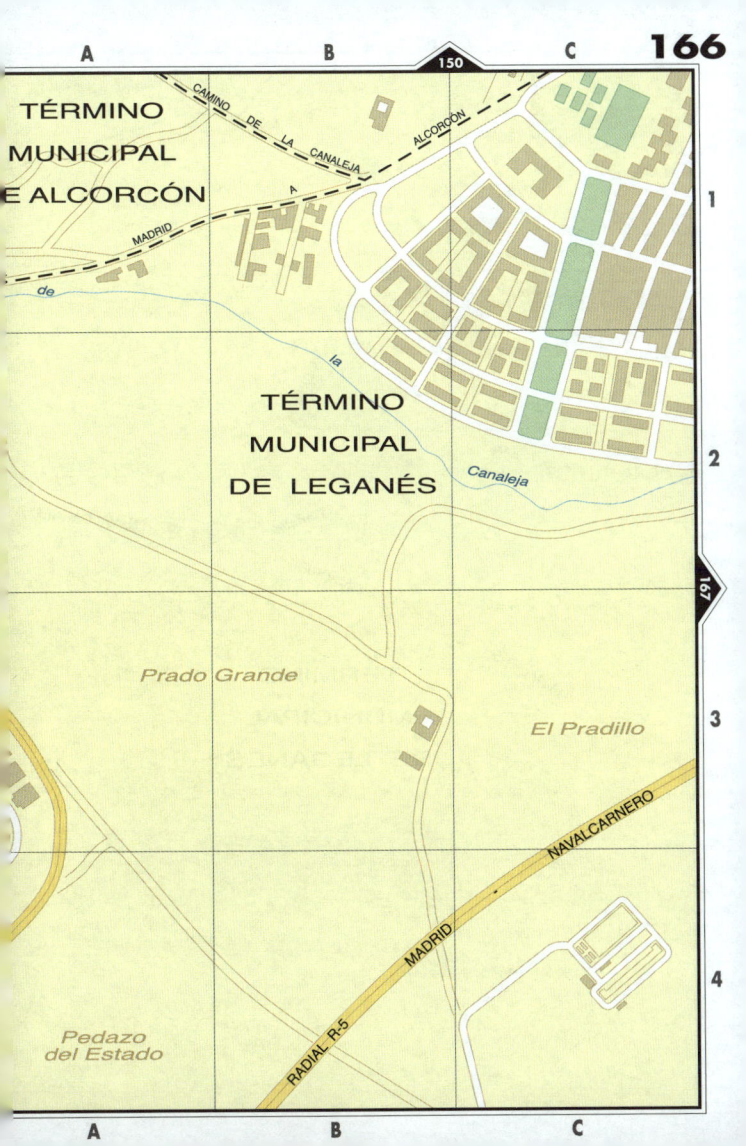

TÉRMINO MUNICIPAL DE ALCORCÓN

CAMINO DE LA CANALEJA

ALCORCÓN

MADRID

de

la

TÉRMINO MUNICIPAL DE LEGANÉS

Canaleja

Prado Grande

El Pradillo

NAVALCARNERO

MADRID

RADIAL R-5

Pedazo del Estado

167

- C. PINAR DE SAN JOSÉ
- M-40
- CARRETERA DE LA FORTUNA
- LA FORTUNA
- Los Charcos
- Arroyo de la Canaleja
- NAVALCARNERO
- MADRID
- RADIAL R-5
- Vía Muerta
- **TÉRMINO MUNICIPAL DE LEGANÉS**
- Los Charcos
- El Pradillo

168

Map of Término Municipal de Leganés showing:

- **Streets/areas (top)**: Calle La Torta, C. Arapuerca, Jardín Cuartel Grande, Salvador Allende, De Los Morales
- **Roads**: Distribuidor Sur, M-40, M-45, M-421, Radial R-5, Carretera de Leganés a Madrid, Carretera de Madrid a Navalcarnero, Carabanchel
- **Nudos (junctions)**:
  - NUDO 1 — M-40 / A-5
  - NUDO 2 — RADIAL R-5 MADRID-NAVALCARNERO
  - NUDO 3 — M-421 / M-425 CARABANCHEL-LEGANÉS
  - NUDO 19 — AV. CARABANCHEL
- **Kilometer markers**: K 28, K 1
- **Places/areas**: Los Frailes, Arroyo de Butarque, Butarque, La Mora
- **Page links**: 152 (top), 169 (right)

169

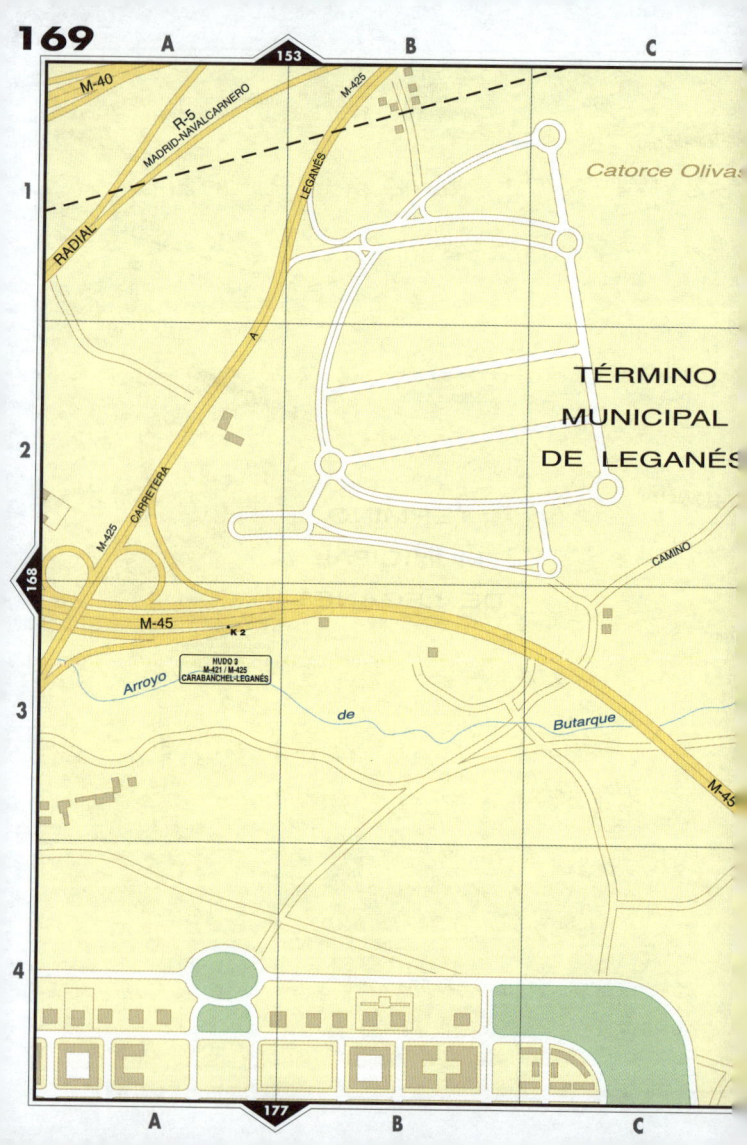

Catorce Olivas

TÉRMINO MUNICIPAL DE LEGANÉS

M-40
R-5 MADRID-NAVALCARNERO
RADIAL
LEGANÉS
M-425
CARRETERA
M-425
CAMINO
M-45
HUDO 3
M-421 / M-425
CARABANCHEL-LEGANÉS
Arroyo de Butarque
M-45

170

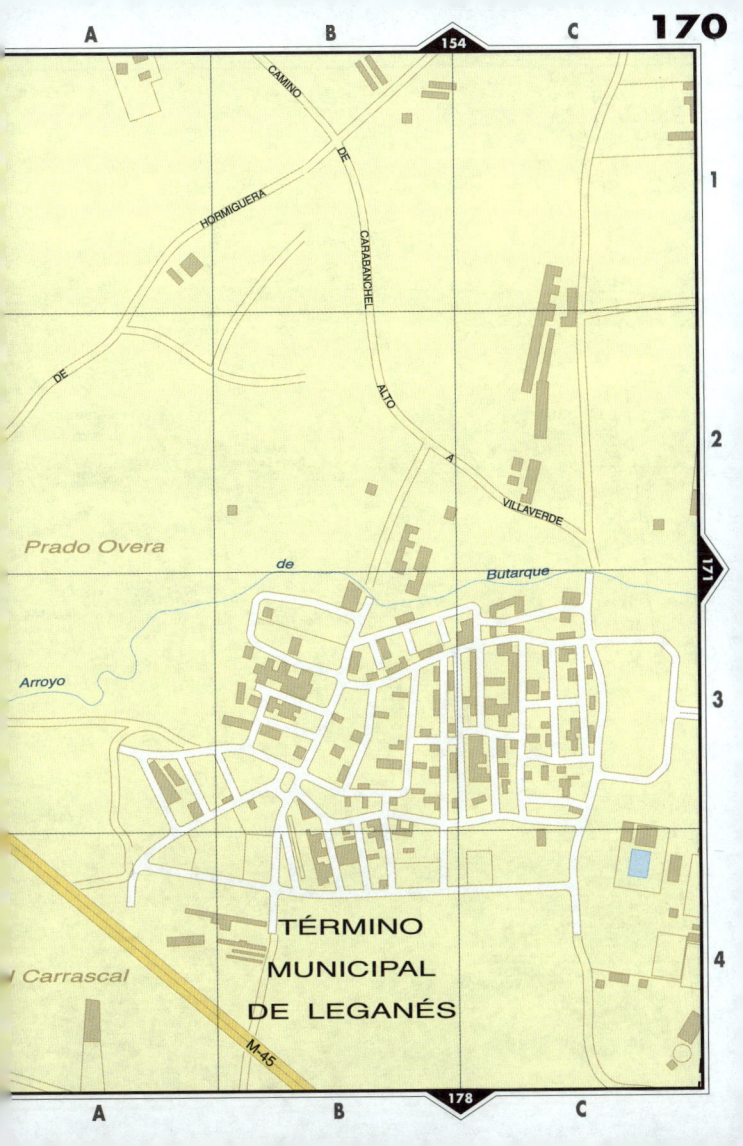

CAMINO DE HORMIGUERA

CARABANCHEL ALTO A VILLAVERDE

Prado Overa

de Butarque

Arroyo

Carrascal

M-45

TÉRMINO MUNICIPAL DE LEGANÉS

171

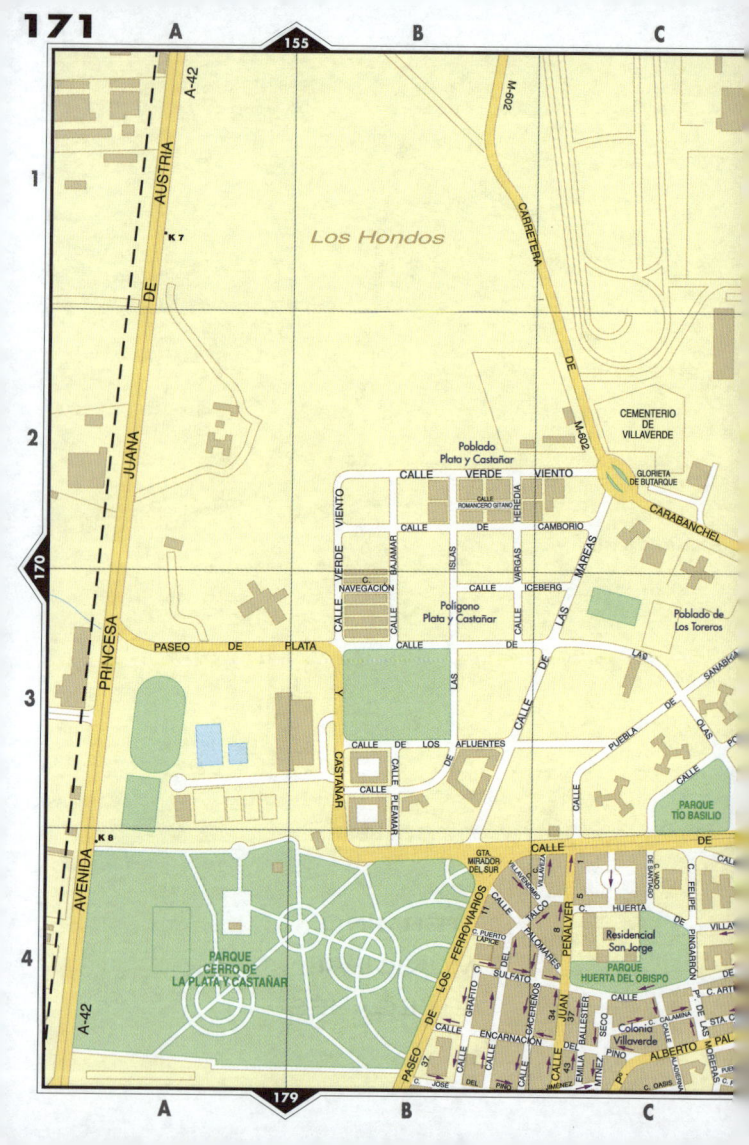

Los Hondos

Poblado Plata y Castañar

CALLE VERDE VIENTO
CALLE ROMANCERO GITANO
CALLE DE CAMBORIO
CALLE VERDE
C. BALMAR
C. NAVEGACIÓN
CALLE DE ISLAS
CALLE VARGAS
CALLE ICEBERG
CALLE DE LAS MAREAS

CEMENTERIO DE VILLAVERDE

GLORIETA DE BUTARQUE

CARRETERA DE M-602

CARABANCHEL

Poligono Plata y Castañar

Poblado de Los Toreros

PASEO DE PLATA

CALLE Y CASTAÑAR
CALLE PLEAMAR
CALLE DE LOS AFLUENTES
CALLE DE LAS
PUEBLA DE OLAS
SANABRIA
CALLE

PARQUE TIO BASILIO

AVENIDA DE PRINCESA

A-42
AVENIDA DE JUANA DE AUSTRIA
A-42

K 7
K 8

GTA MIRADOR DEL SUR
CALLE DE
PLATAFORMA
CALLE DE LOS FERROVIARIOS
CALLE PALOMARES
CALLE PEÑALVER
PUERTO LÁPICE
C. FELIPE
HUERTA
PINGARRON
C. VILLA
CALLE
CALLE SULFATO
GRAFFITO
CACHARREROS
CALAMINA
C. ARTE
PARQUE HUERTA DEL OBISPO
Residencial San Jorge
CALLE JUAN BALLESTER
SECO
PINO
Colonia Villaverde
ALBERTO DE
STA C
P.º MOREN
C. OASIS

PARQUE CERRO DE LA PLATA Y CASTAÑAR

PASEO DE CALLE ENCARNACIÓN
EMILIA MTEZ.
JOSE
DEL
JIMENEZ

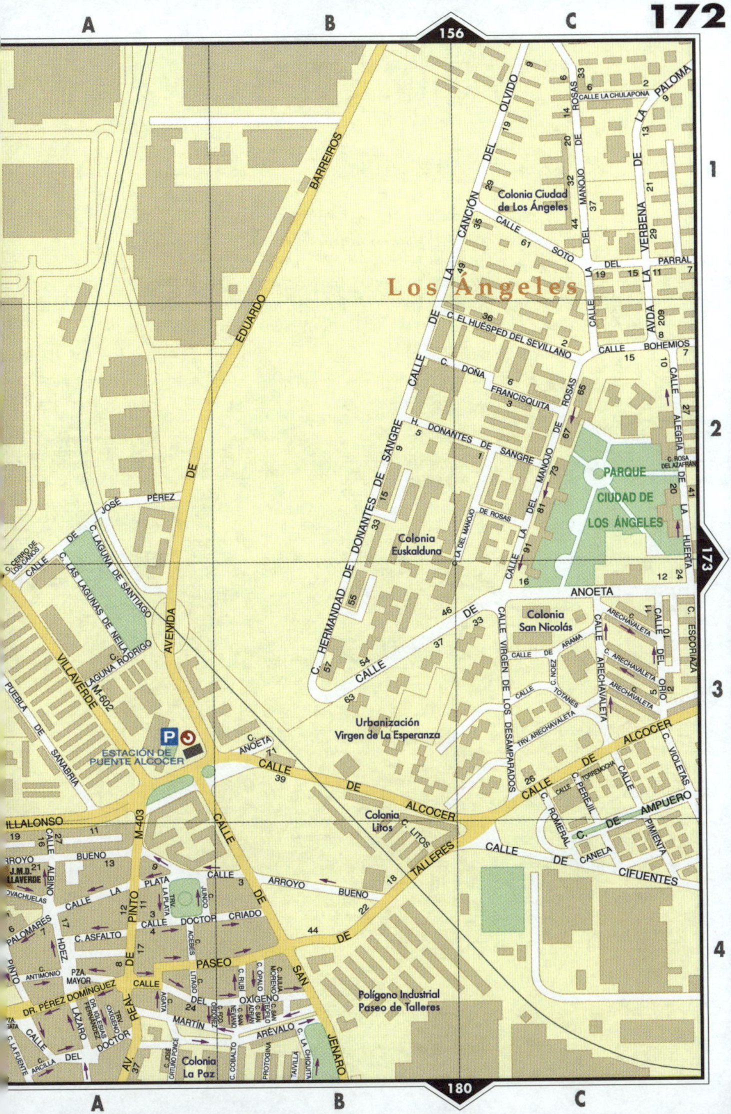
A
B
156
C
1
2
3
4
173
180
Los Ángeles
Colonia Ciudad de Los Ángeles
CALLE LA CHULAPONA
CALLE DE LA PALOMA
ROSAS DE MANOJO
CALLE DE LA VERBENA
CALLE SOTO DEL PARRAL
CALLE DEL OLVIDO
CALLE DE LA CANCIÓN
C. EL HUÉSPED DEL SEVILLANO
CALLE BOHEMIOS
AVDA
C. DOÑA FRANCISQUITA
ROSAS DE MANOJO
CALLE DE LA ALEGRÍA DE LA HUERTA
C. ROSA DEL AZAFRÁN
PARQUE CIUDAD DE LOS ÁNGELES
H. DONANTES DE SANGRE
C. HERMANDAD DE DONANTES DE SANGRE
CALLE
Colonia Euskalduna
C. LA DEL MANOJO DE ROSAS
CALLE DE LA
ANOETA
Colonia San Nicolás
CALLE DE ANOETA
CALLE VIRGEN DE LOS DESAMPARADOS
CALLE DE ARAMA
C. NOEZ
C. TOTANES
CALLE ARECHAVALETA
C. ARECHAVALETA
TRV. ARECHAVALETA
CALLE DEL ORIO
C. ESCORIAZA
Urbanización Virgen de La Esperanza
AVENIDA DE EDUARDO BARREIROS
CALLE JOSÉ PÉREZ
C. CERRO DE LOS CAÑOS
C. LAGUNA DE SANTIAGO
C. LAS LAGUNAS DE NEILA
C. LAGUNA RODRIGO
VILLAVERDE
M-602
PUEBLA DE SANABRIA
ESTACIÓN DE PUENTE ALCOCER
C. ANOETA
CALLE DE ALCOCER
Colonia Litos
C. LITOS
CALLE DE ALCOCER
C. TORREMOCHA
C. PEREJIL
C. VIOLETAS
CALLE DE AMPUERO
C. ROMERAL
C. PIMIENTA
CALLE DE CANELA
CALLE DE CIFUENTES
VILLALONSO
CALLE ALBINO
J.M.D. VILLAVERDE
BUENO
CALLE ARROYO BUENO
M-403
CALLE PLATA
TRV. LA PLATA
C. JUNCO
CALLE LA
CALLE DOCTOR CRIADO
C. ASFALTO
ACEBES
PALOMARES
HDEZ.
PINTO
C. ANTIMONIO
PZA MAYOR
DR. PÉREZ DOMÍNGUEZ
LÁZARO
DR. IGLESIAS FERNÁNDEZ
TRV. OXÍGENO
DOCTOR
AV. REAL DE PINTO
PASEO
CALLE
C. LITAGO
C. ÁGATA
C. RUBÍ
C. ÓPALO
C. JULIA MORENO
DEL OXÍGENO
MARTÍN
ARÉVALO
CALLE DE SAN JENARO
PASEO DE TALLERES
Polígono Industrial Paseo de Talleres
C. LA FUENTE
ARCILLA
DEL
C. JOSÉ ORTUÑO PONCE
Colonia La Paz
C. COBALTO
PROTOGINA
C. LA CHIQUITA

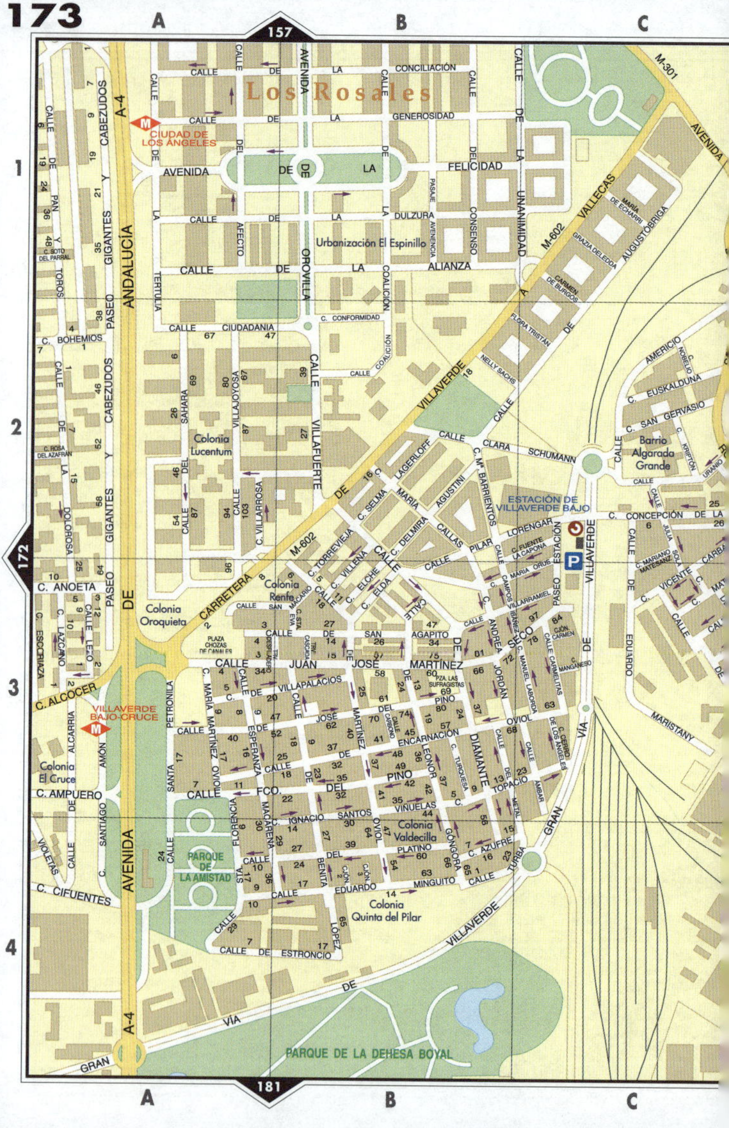

157
172
181
A
B
C
1
2
3
4
Los Rosales
Urbanización El Espinillo
Colonia Lucentum
Colonia Oroquieta
Colonia Renfe
Colonia El Cruce
Colonia Valdecilla
Colonia Quinta del Pilar
Barrio Algarada Grande
CIUDAD DE LOS ÁNGELES
VILLAVERDE BAJO-CRUCE
ESTACIÓN DE VILLAVERDE BAJO
PARQUE DE LA AMISTAD
PARQUE DE LA DEHESA BOYAL
AVENIDA DE ANDALUCÍA
A-4
M-301
M-602
CARRETERA DE VILLAVERDE A VALLECAS
GRAN VÍA DE VILLAVERDE
CALLE DE LA CONCILIACIÓN
CALLE DE LA GENEROSIDAD
AVENIDA DE LA FELICIDAD
CALLE DE LA DULZURA
CALLE DE LA ALIANZA
CALLE CIUDADANIA
C. CONFORMIDAD
CALLE COALICIÓN
CALLE DEL AFECTO
CALLE DE LA TERTULIA
AVENIDA DE OROVILLA
CALLE DEL CONSENSO
PASAJE AVENENCIA
CALLE DE LA UNANIMIDAD
CALLE VILLAFUERTE
C. VILLARROSA
CALLE VILLAJOYOSA
CALLE DEL SAHARA
PASEO GIGANTES Y CABEZUDOS
C. BOHEMIOS
CALLE DE PAN Y TOROS
C. SOTO DEL PARRAL
C. ROSA DEL AZAFRÁN
CALLE DE LA DOLOROSA
C. ANOETA
C. ESCORIAZA
C. LAZCANO
CALLE LEZO
C. ALCOCER
CALLE ALCARRIA
AMÓN
C. AMPUERO
C. SANTIAGO
VIOLETAS
C. CIFUENTES
CALLE SANTA PETRONILA
C. MARÍA MARTÍNEZ OVIOL
CALLE ESPERANZA
STA. FLORENCIA
MACARENA
CALLE JUAN JOSÉ MARTÍNEZ SECO
CALLE DE VILLAPALACIOS
CALLE DE SAN AGAPITO
PLAZA CHOZAS DE CANALES
DESPLADERO
CALLE DEL PINO
ENCARNACIÓN
CALLE LEONOR
DIAMANTE
C. TURQUESA
CALLE DEL METAL
TOPACIO
AMBAR
C. AZUFRE
GÓNGORA
PLATINO
CALLE MINGUITO
EDUARDO
CALLE DE ESTRONCIO
CALLE BENITA LÓPEZ
CALLE FCO. DEL SANTOS
IGNACIO
VIÑUELAS
OVIOL
PZA. LAS SUFRAGISTAS
C. ANDREA JORDÁN
C. MANUEL LABORDA
CALLE CARMELITAS
C. CERRO DE LOS ÁNGELES
C. MANGANESO
CJÓN. CARMEN
PASEO ESTACIÓN
VILLARRAMIEL
CAMPOS
C. MARÍA ORUE
C. FUENTE LA CAPONA
LORENGAR
PILAR
CALLAS
C. DELMIRA
AGUSTINI
C. Mª BARRIENTOS
MARÍA LAGERLOFF
C. SELMA
CALLE CLARA SCHUMANN
NELLY SACHS
FLORA TRISTÁN
CARMEN DE BURGOS
GRAZIA DELEDDA
MARÍA DE ECHARRI
AUGUSTÓBRIGA
C. TORREVIEJA
C. VILLENA
C. ELCHE
C. ELDA
C. SAN MACARIO
C. STA. EVA
CALLE DE EDUARDO MARISTANY
C. CONCEPCIÓN DE LA
C. MARIANO MATESANZ
JULIA SOL
VICENTE CARBA
C. EUSKALDUNA
C. SAN GERVASIO
C. KRIPTÓN
URANIO
AMERICIO
C. NOBELIO

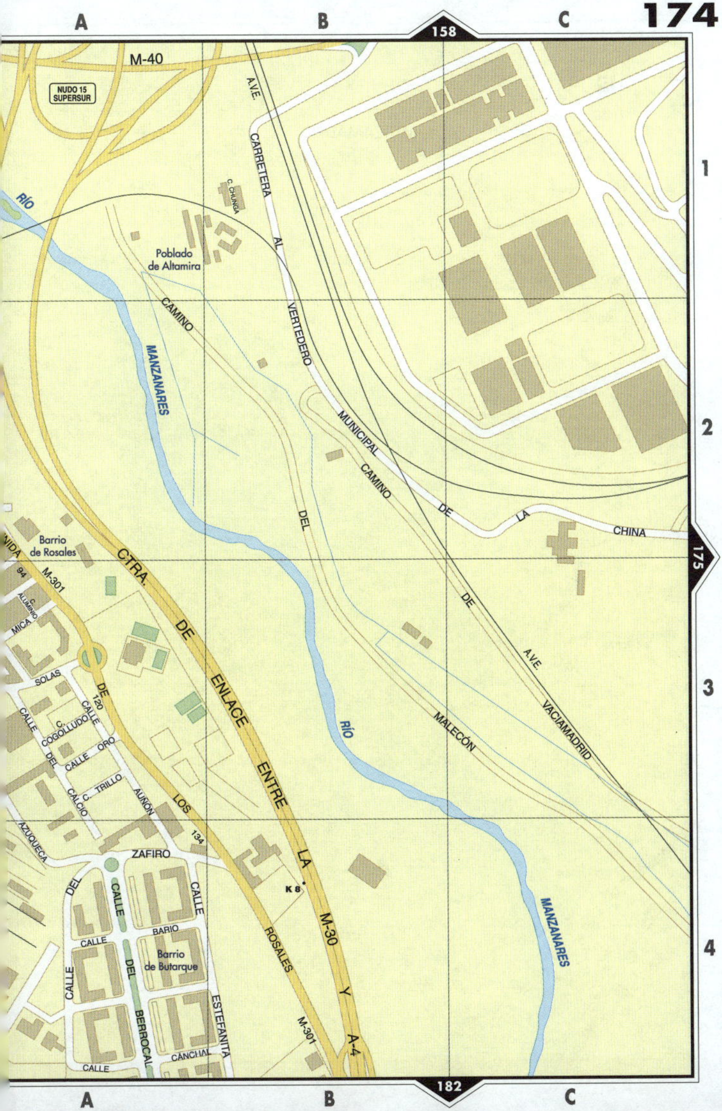
A
B
C
158
182
175
1
2
3
4
M-40
NUDO 15 SUPERSUR
A.V.E.
CARRETERA AL VERTEDERO
C. CHUNGA
Poblado de Altamira
RÍO MANZANARES
CAMINO DEL MALECÓN
MUNICIPAL
CAMINO DE LA CHINA
CAMINO DE A.V.E. VACIAMADRID
Barrio de Rosales
CTRA. DE ENLACE ENTRE LA M-30 Y A-4
M-301
94
C. ALUMINIO
MICA
SOLAS
DE LOS ROSALES
120
134
CALLE COGOLLUDO
C. COGOLLUDO
CALLE DEL ORO
CALLE TRILLO
C. CALCIO
AUÑÓN
AZUQUECA
ZAFIRO
CALLE DEL BERROCAL
CALLE BARIO
CALLE ESTEFANITA
Barrio de Butarque
CANCHAL
CALLE
K 8
RÍO
MANZANARES

175

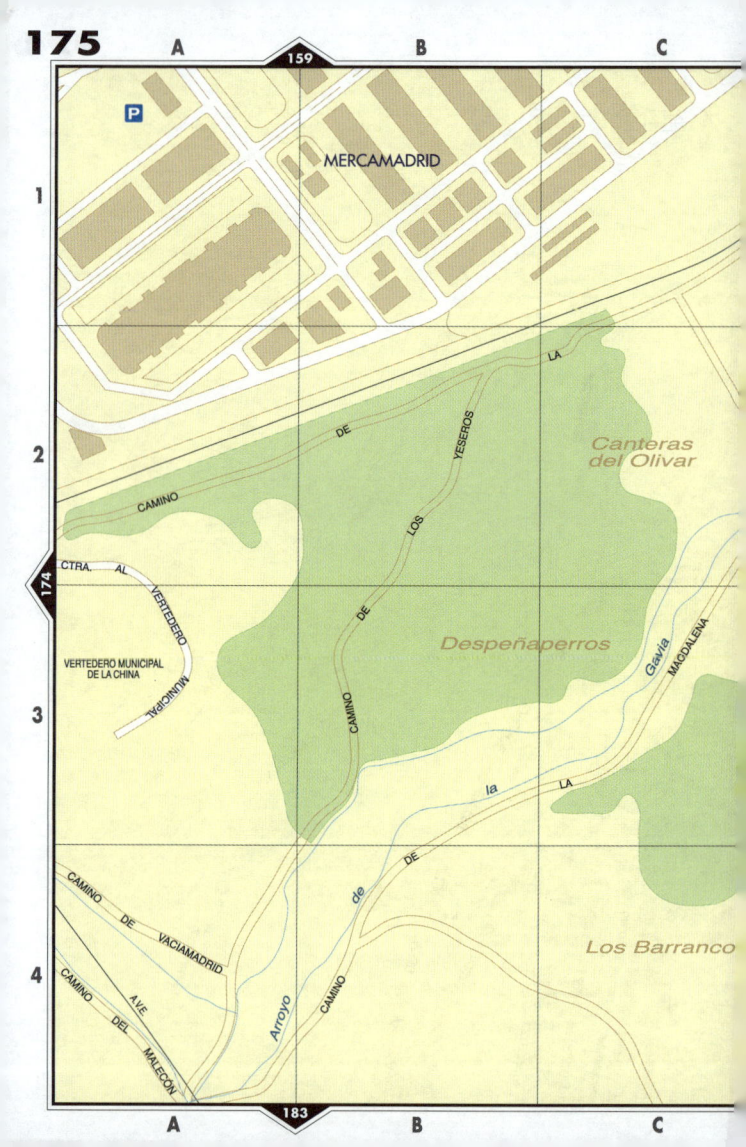

MERCAMADRID

Canteras del Olivar

Despeñaperros

CAMINO

CTRA. AL VERTEDERO

VERTEDERO MUNICIPAL DE LA CHINA

VERTEDERO MUNICIPAL

CAMINO DE LOS YESEROS

CAMINO DE

Gavia MAGDALENA

la LA

Los Barranco

CAMINO DE VACIAMADRID

CAMINO DEL MALECÓN

AVE.

Arroyo

CAMINO DE

176

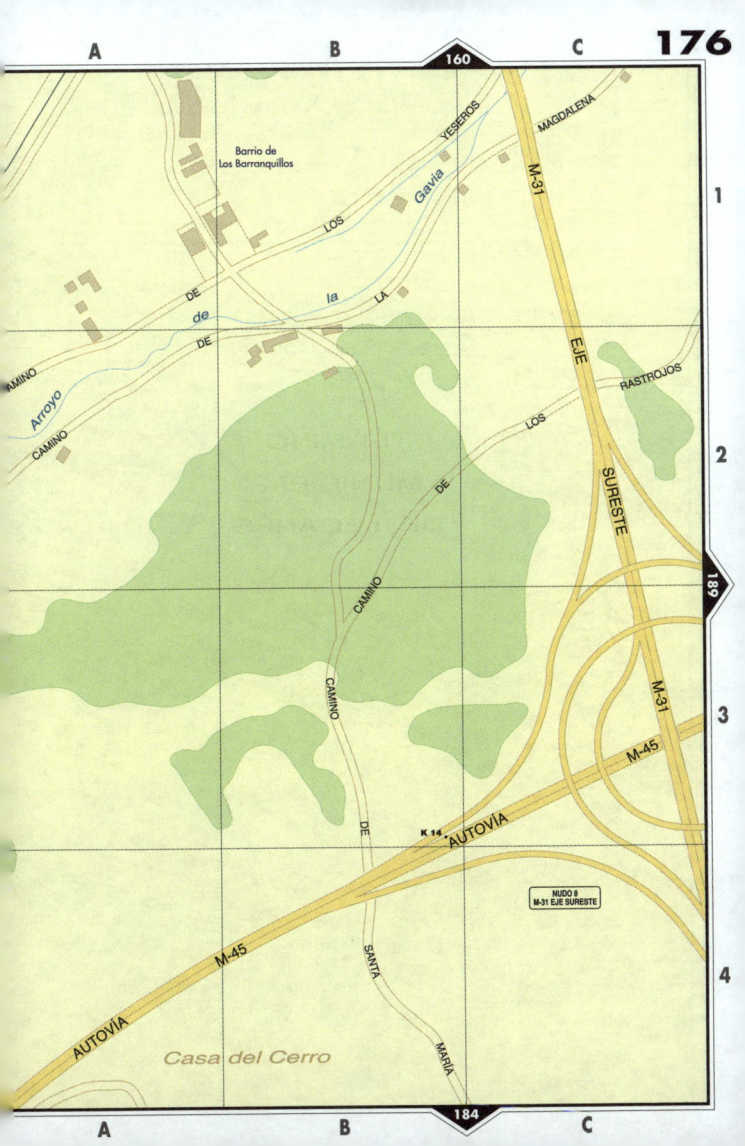

A · B · C

- Barrio de Los Barranquillos
- Arroyo de la Gavia
- Camino de los Yeseros
- Magdalena
- M-31
- Eje Sureste
- Rastrojos
- Camino de los...
- Camino de Santa María
- Autovía M-45
- M-31 / M-45 Autovía
- K 14
- NUDO 8 M-31 EJE SURESTE
- Casa del Cerro

160 / 189 / 184

177

ESTACIÓN DE ZARZAQUEMADA

TÉRMINO MUNICIPAL DE LEGANÉS

178

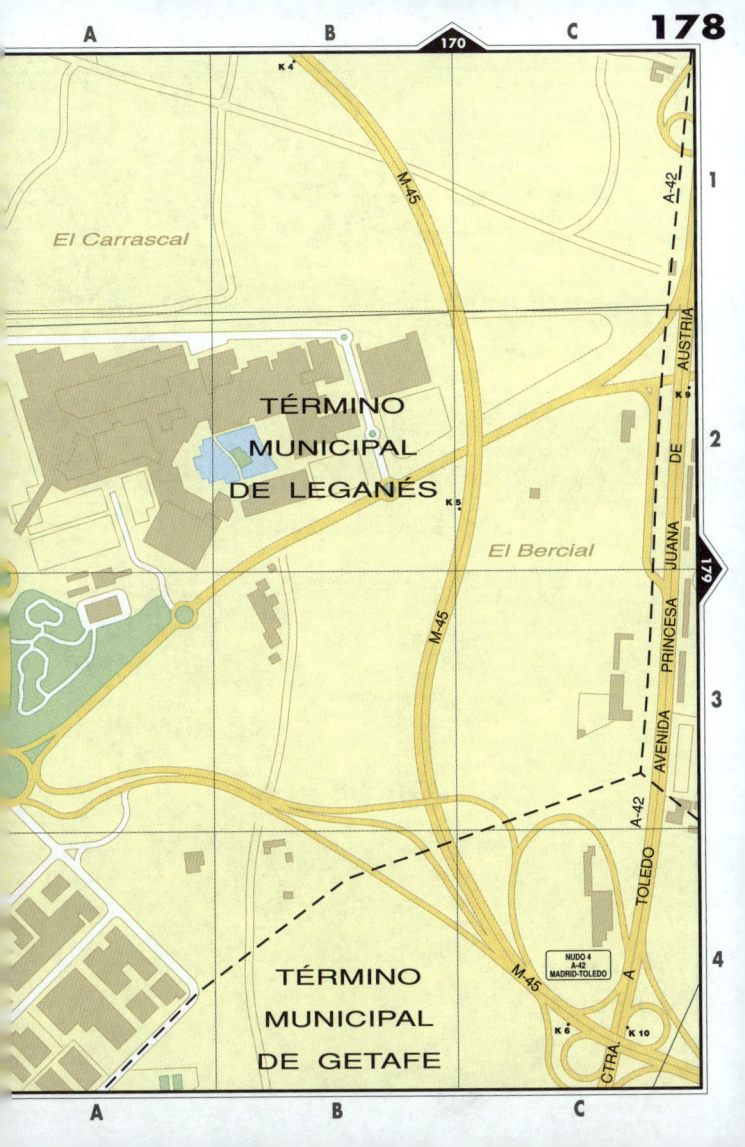

El Carrascal

TÉRMINO MUNICIPAL DE LEGANÉS

El Bercial

TÉRMINO MUNICIPAL DE GETAFE

NUDO 4
A-42
MADRID-TOLEDO

179

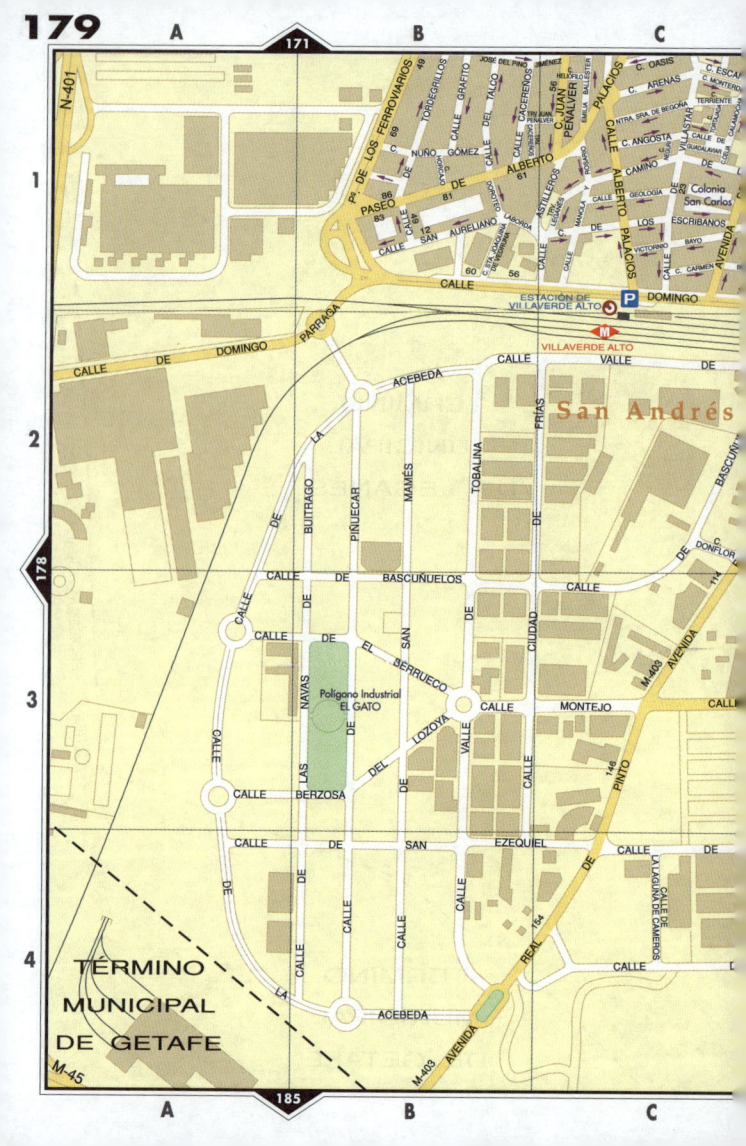

180

181

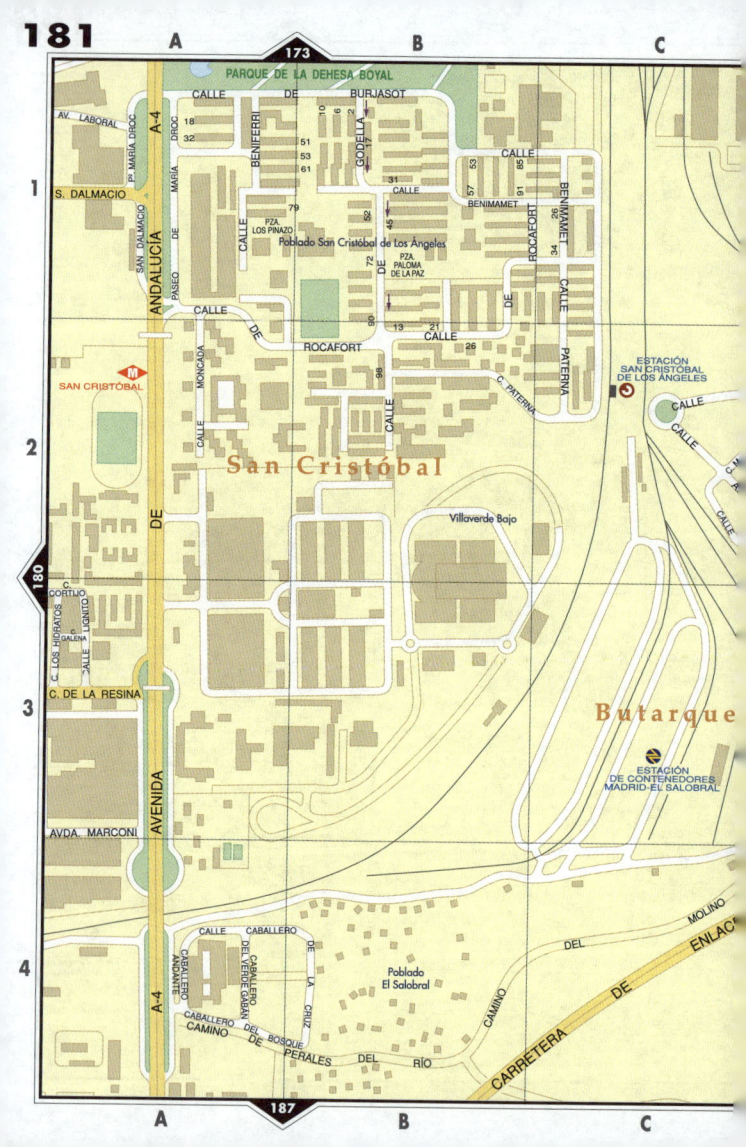

PARQUE DE LA DEHESA BOYAL

CALLE DE BURJASOT

AV. LABORAL
S. DALMACIO
P.ª MARÍA DROC
SAN DALMACIO
PASEO DE ANDALUCÍA
A-4

CALLE BENFERRI
CALLE GODELLA
CALLE
CALLE BENIMAMET
CALLE ROCAFORT
CALLE BENIMAMET
CALLE PATERNA

PZA. LOS PINAZO
Poblado San Cristóbal de Los Ángeles
PZA. PALOMA DE LA PAZ

CALLE DE ROCAFORT
CALLE
C. PATERNA

M SAN CRISTÓBAL

ESTACIÓN SAN CRISTÓBAL DE LOS ÁNGELES

CALLE MONCADA

San Cristóbal

Villaverde Bajo

C. CORTIJO
C. LOS HIDRATOS
CALLE GALENA
C. LIGNITO
C. DE LA RESINA

Butarque

ESTACIÓN DE CONTENEDORES MADRID-EL SALOBRAL

AVDA. MARCONI
AVENIDA DE A-4

CALLE CABALLERO DEL VERDE GABÁN
CALLE ALBAITE
CABALLERO DE LA CRUZ
CAMINO
CABALLERO DEL BOSQUE
PERALES DEL RÍO
CAMINO
CARRETERA DE ENLACE
MOLINO DEL

Poblado El Salobral

174

A B C

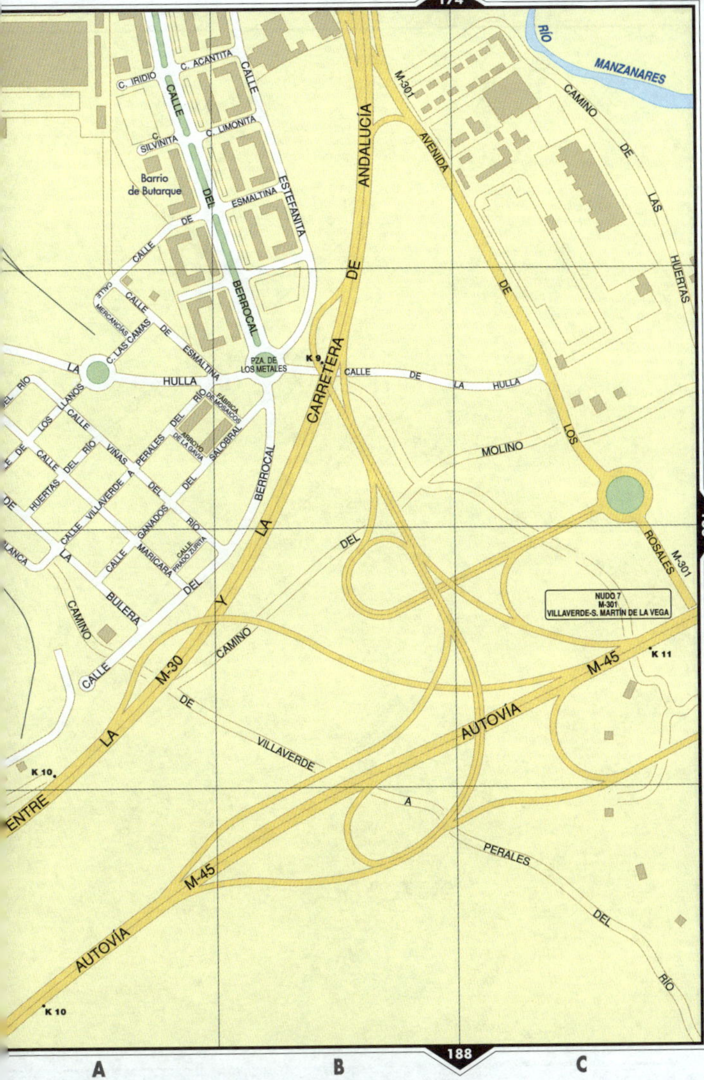

1 2 3 4

183

A B C

188

183

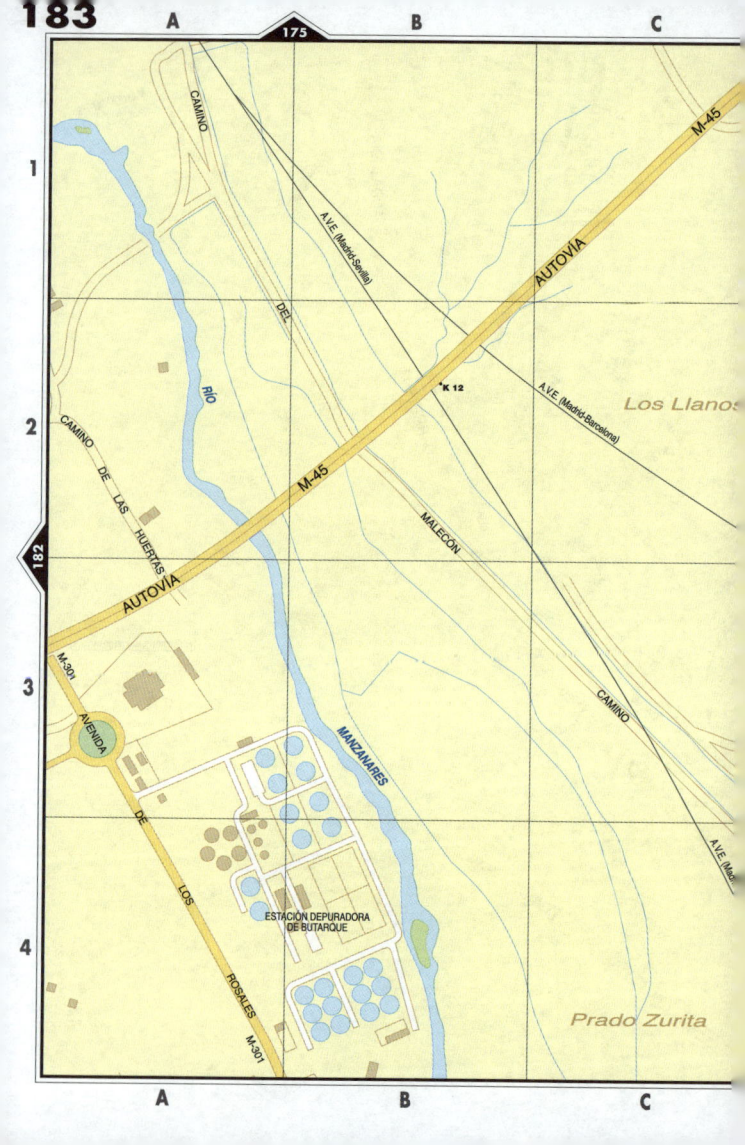

- CAMINO
- A.V.E. (Madrid-Sevilla)
- RÍO DEL
- AUTOVÍA M-45
- K 12
- A.V.E. (Madrid-Barcelona)
- Los Llanos
- CAMINO DE LAS HUERTAS
- M-45
- MALECÓN
- AUTOVÍA
- M-301
- AVENIDA
- CAMINO
- MANZANARES
- A.V.E. (Mad.)
- DE LOS ROSALES
- M-301
- ESTACIÓN DEPURADORA DE BUTARQUE
- Prado Zurita

184

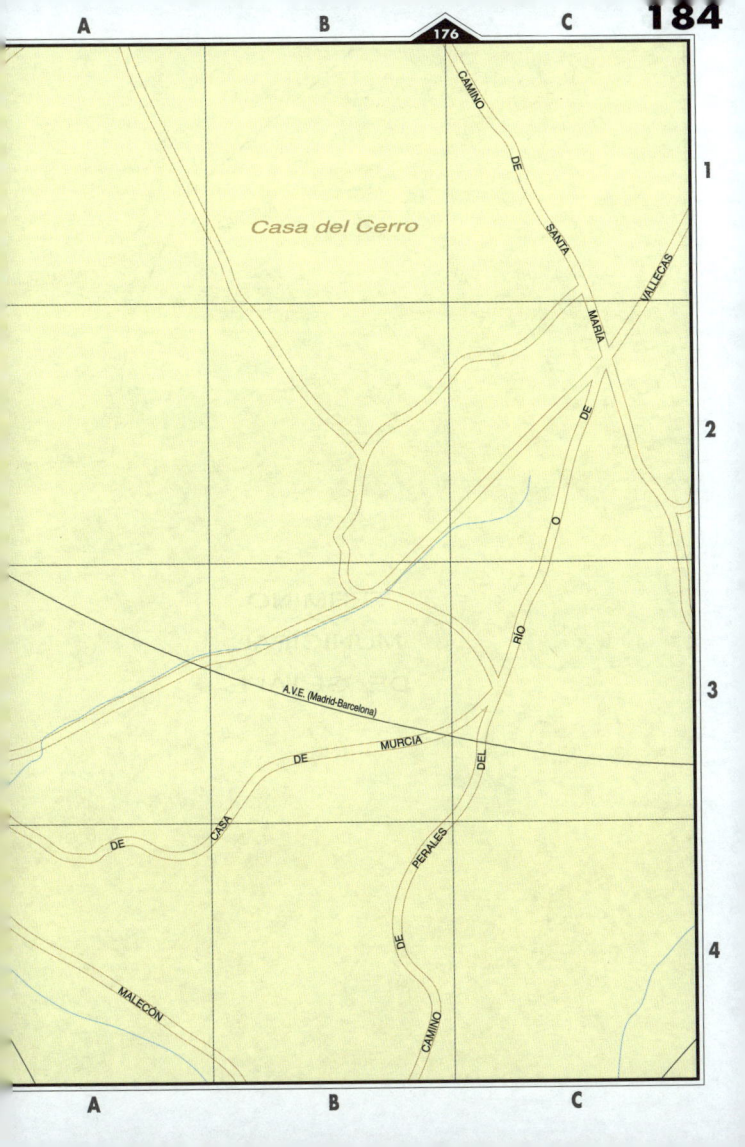

Casa del Cerro

CAMINO DE SANTA MARÍA DE VALLECAS

RÍO

A.V.E. (Madrid-Barcelona)

DE MURCIA

CASA

DEL

PERALES

DE

CAMINO

MALECÓN

185

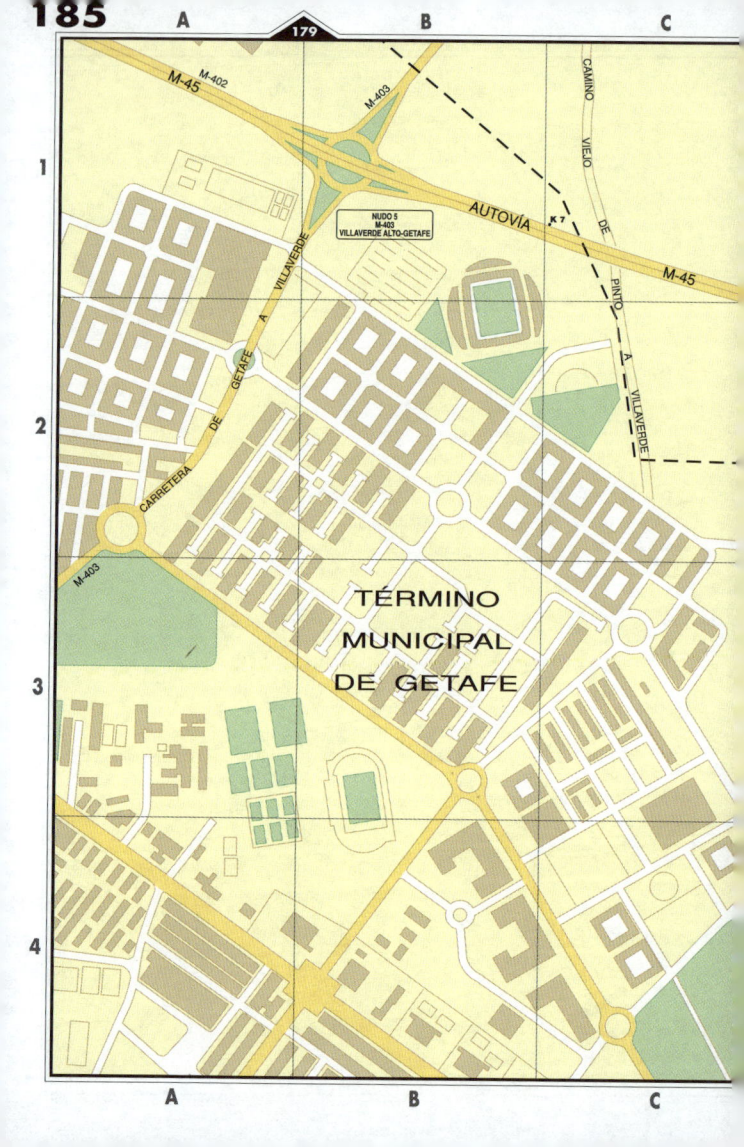

- M-45
- M-402
- M-403
- AUTOVÍA
- NUDO 5 M-403 VILLAVERDE ALTO-GETAFE
- CAMINO VIEJO DE PINTO A VILLAVERDE
- M-45
- CARRETERA DE GETAFE A VILLAVERDE
- M-403

TÉRMINO MUNICIPAL DE GETAFE

186

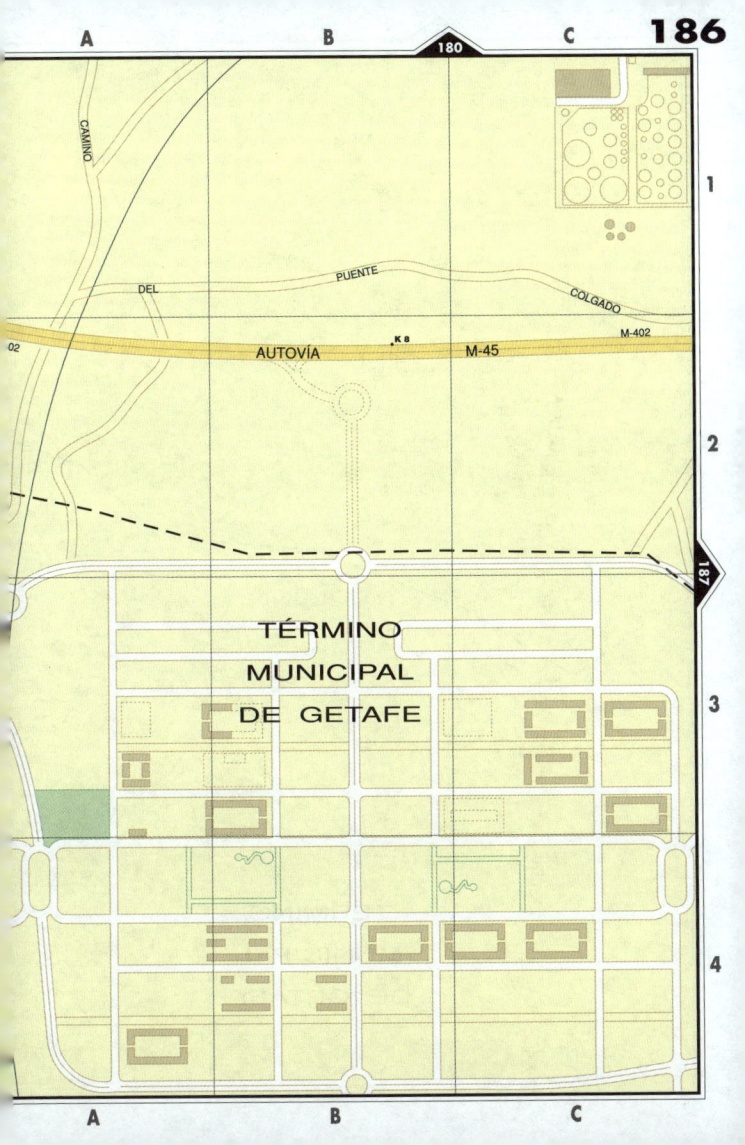

CAMINO DEL PUENTE COLGADO

AUTOVÍA M-45 M-402

TÉRMINO MUNICIPAL DE GETAFE

187

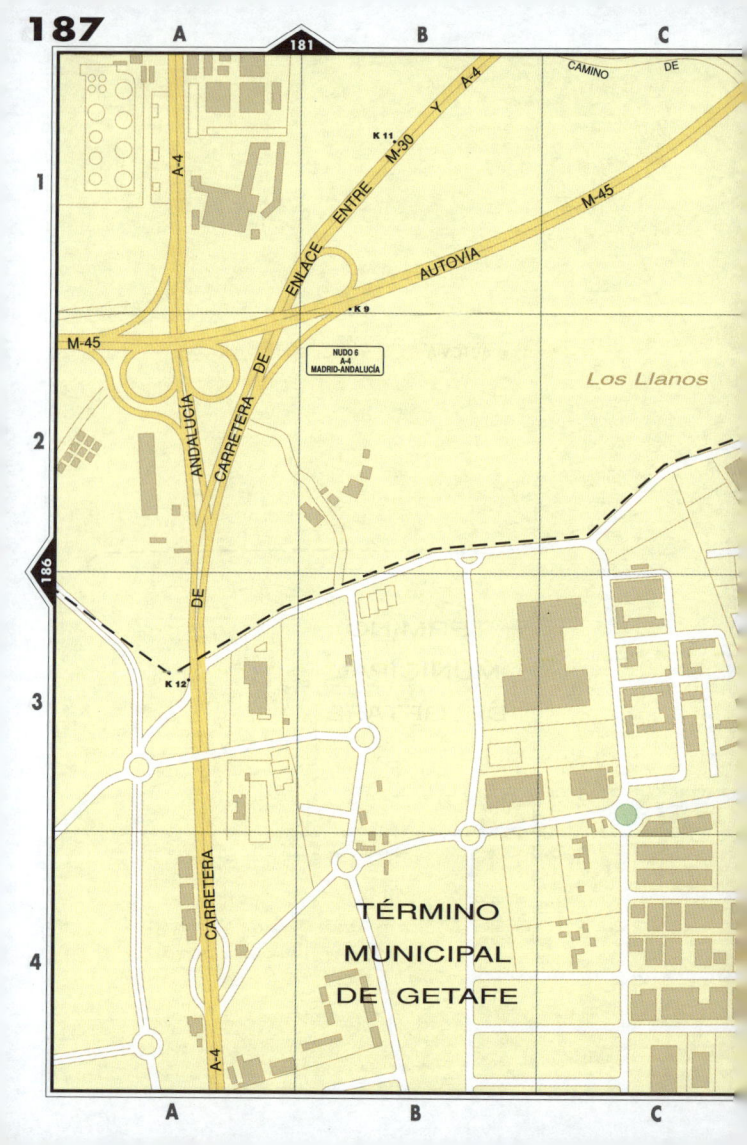

CAMINO DE

A-4
M-30 Y
K 11
ENLACE ENTRE
AUTOVÍA
M-45
K 9
NUDO 6
A-4
MADRID-ANDALUCÍA
M-45
CARRETERA DE ANDALUCÍA
Los Llanos
K 12
A-4 CARRETERA

TÉRMINO MUNICIPAL DE GETAFE

188

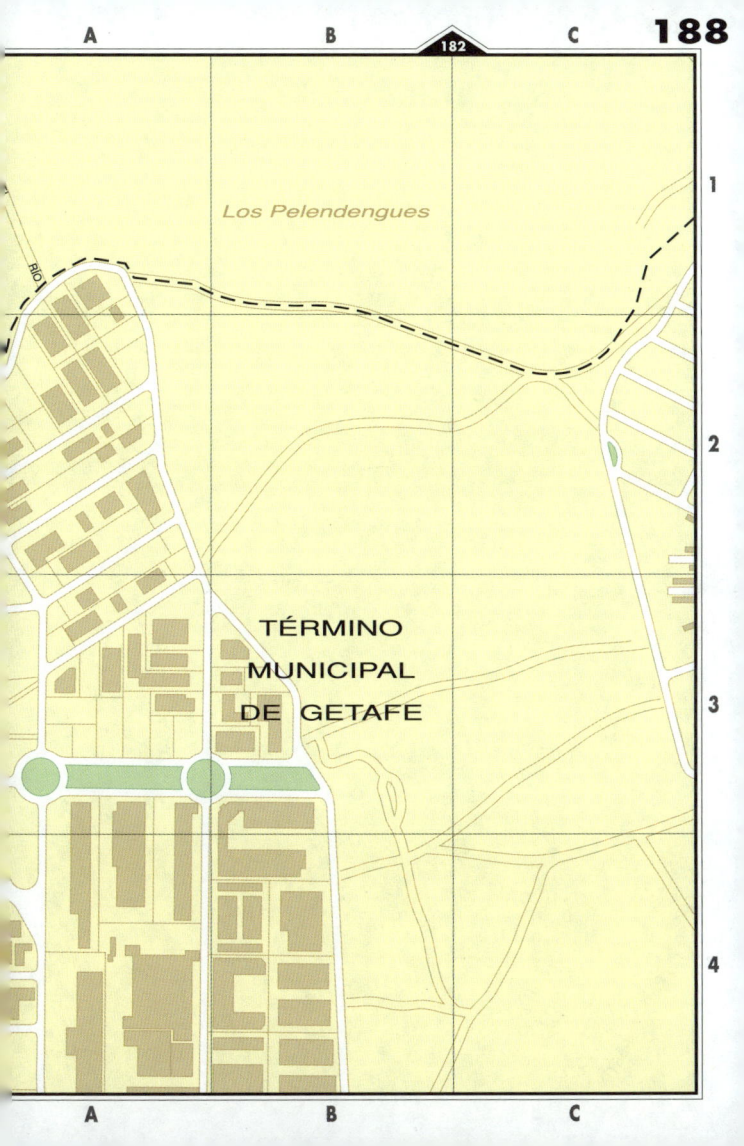

Los Pelendengues

TÉRMINO
MUNICIPAL
DE GETAFE

189

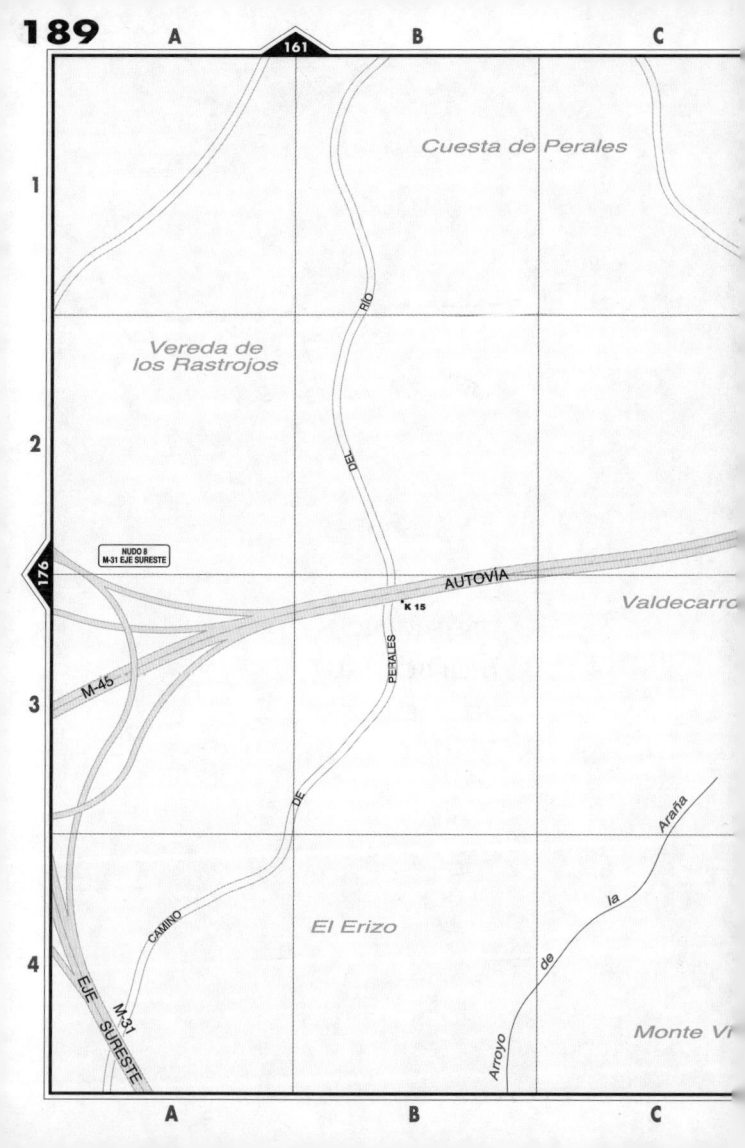

161

176

Cuesta de Perales

Vereda de
los Rastrojos

NUDO 8
M-31 EJE SURESTE

RÍO

DE

PERALES

AUTOVÍA

K 15

Valdecarro

M-45

CAMINO

DE

El Erizo

Arroyo   de   la   Araña

EJE SURESTE

M-31

Monte Vi

190

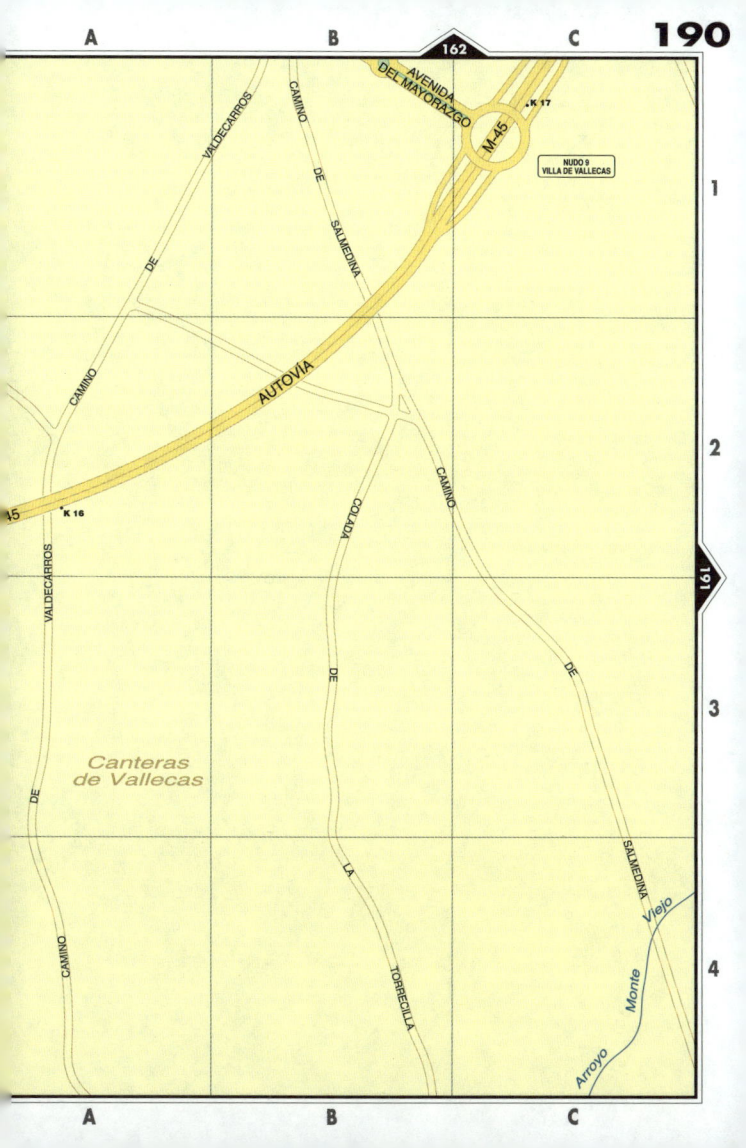

- AVENIDA DEL MAYORAZGO
- 162
- M-45
- NUDO 9 VILLA DE VALLECAS
- K 17
- CAMINO DE VALDECARROS
- CAMINO DE SALMEDINA
- AUTOVÍA
- CAMINO DE VALDECARROS
- K 16
- A-5
- COLADA DE LA TORRECILLA
- CAMINO DE SALMEDINA
- Canteras de Vallecas
- Arroyo Monte Viejo

191

191

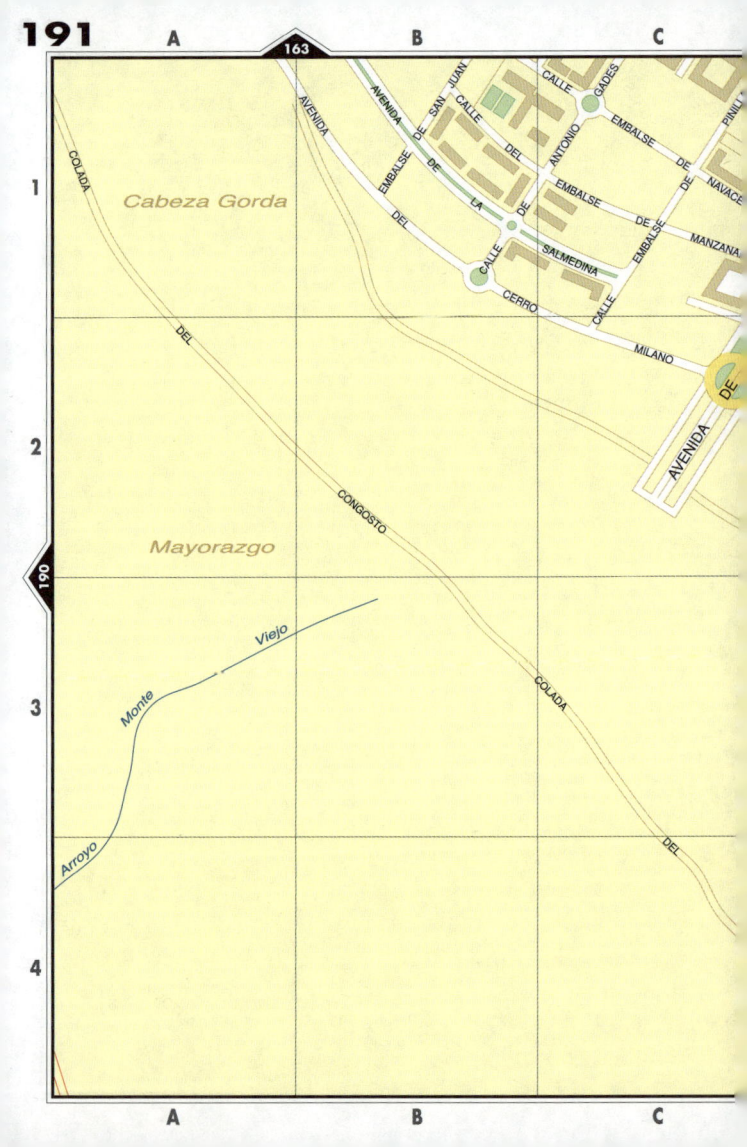

Cabeza Gorda

COLADA DEL

AVENIDA 163

AVENIDA EMBALSE DE SAN JUAN
EMBALSE DE LA
CALLE DE ANTONIO
CALLE GADES
CALLE EMBALSE DE PINILLA
EMBALSE DE NAVACE
SALMEDINA
CERRO
CALLE EMBALSE DE MANZANA
MILANO
AVENIDA DE

CONGOSTO

Mayorazgo

Monte Viejo

COLADA

Arroyo

DEL

192

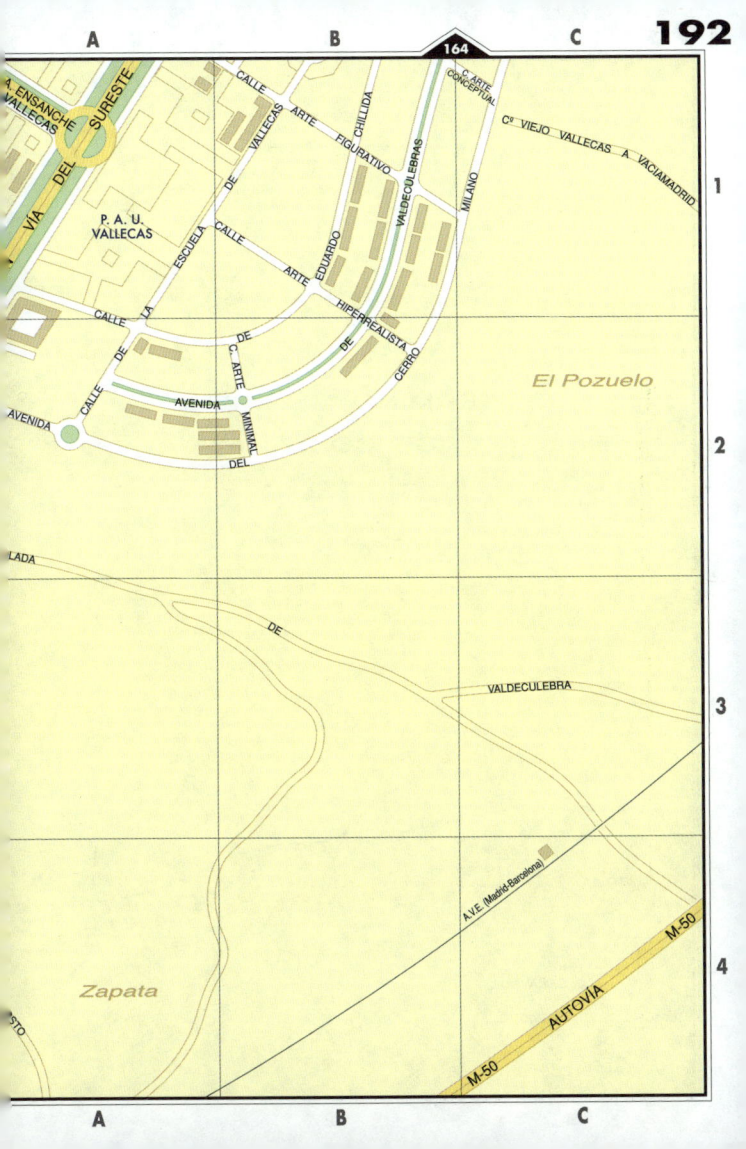

- A. ENSANCHE VALLECAS
- VÍA DEL SURESTE
- P.A.U. VALLECAS
- CALLE DE VALLECAS
- CALLE ARTE FIGURATIVO
- ARTE CHILLIDA
- VALDECULEBRAS
- C. ARTE CONCEPTUAL
- MILANO
- Cº VIEJO VALLECAS A VACIAMADRID
- CALLE ESCUELA DE ARTE
- EDUARDO
- HIPERREALISTA
- CALLE LA DE
- C. ARTE MINIMAL
- AVENIDA
- CERRO DE
- El Pozuelo
- LADA
- DE
- VALDECULEBRA
- A.V.E. (Madrid-Barcelona)
- M-50
- AUTOVÍA M-50
- Zapata
- STO

193

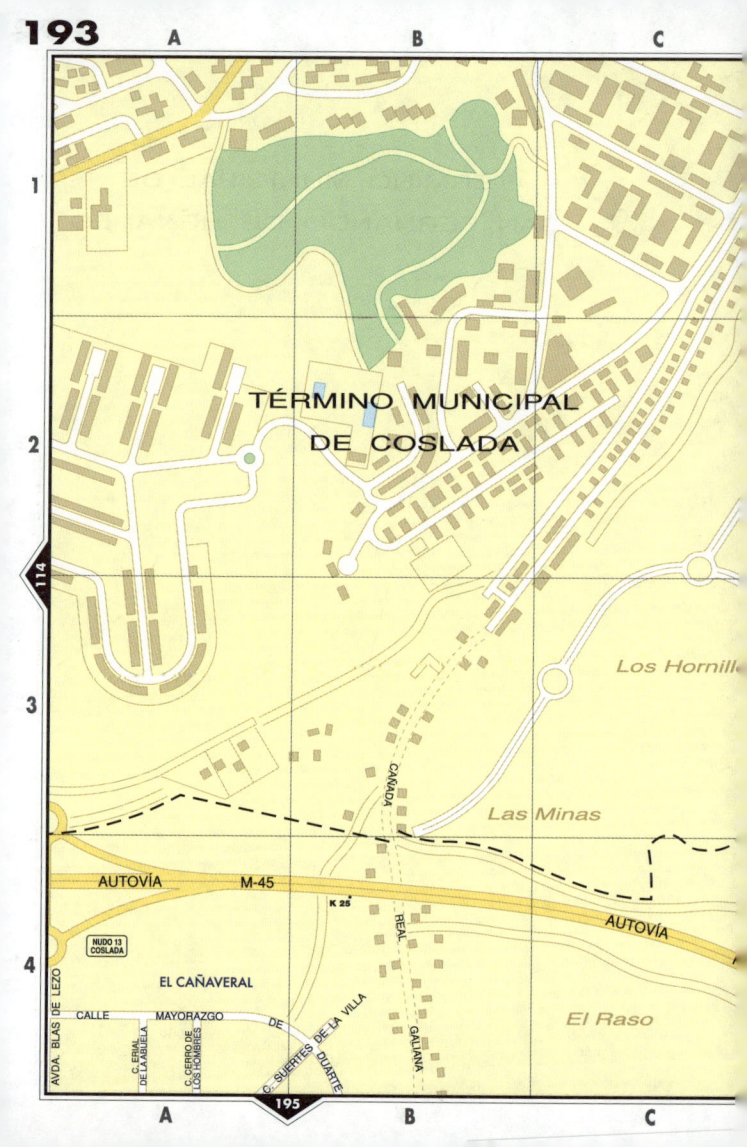

TÉRMINO MUNICIPAL DE COSLADA

Los Hornillos

Las Minas

AUTOVÍA M-45

AUTOVÍA

NUDO 13 COSLADA

K 25

EL CAÑAVERAL

El Raso

CALLE MAYORAZGO DE

AVDA. BLAS DE LEZO
C. ERIAL DE LA ABUELA
C. CERRO DE LOS HOMBRES
C. SUERTES DE LA VILLA DUARTE
CAÑADA REAL GALIANA

195

194

TÉRMINO MUNICIPAL DE SAN FERNANDO DE HENARES

HOSPITAL DEL HENARES

M HOSPITAL HENARES

La Amarguilla

Cerro de la Herradura

K 26

AUTOVÍA M-45

M-50

196

195

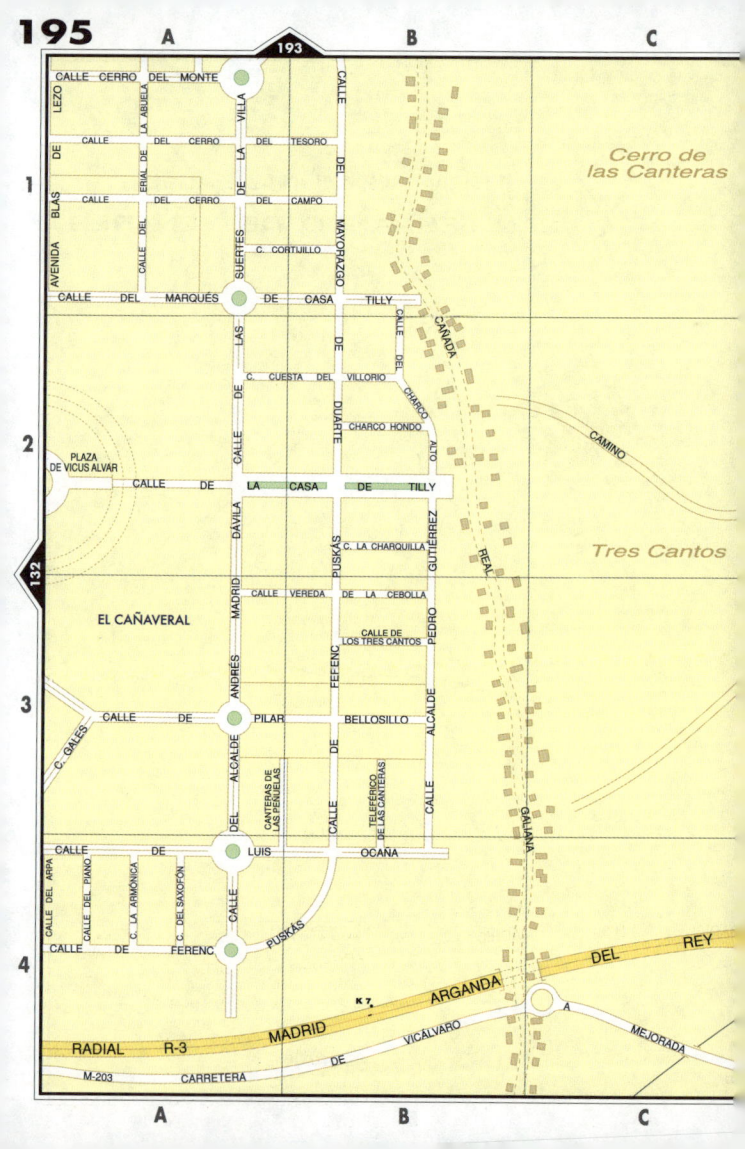

A - B - C

193 (road marker top)
132 (road marker left)

Streets and places:

- CALLE CERRO DEL MONTE
- CALLE DE LA ABUELA
- CALLE DEL CERRO
- CALLE DEL TESORO
- CALLE DEL CAMPO
- CALLE DE LA VILLA
- CALLE DEL MAYORAZGO
- LEZO
- AVENIDA DE BLAS
- ERIAL DE CERRO
- CALLE DE LAS SUERTES
- C. CORTIJILLO
- CALLE DEL MARQUÉS DE CASA TILLY
- C. CUESTA DEL VILLORIO
- CALLE DEL CHARCO ALTO
- CHARCO HONDO
- CAÑADA
- Cerro de las Canteras
- PLAZA DE VICUS ALVAR
- CALLE DE LA CASA DE TILLY
- CALLE DE DUARTE
- CALLE DAVILA
- CALLE PUSKAS
- C. LA CHARQUILLA
- CALLE GUTIÉRREZ
- CAMINO
- Tres Cantos
- EL CAÑAVERAL
- CALLE MADRID
- CALLE VEREDA DE LA CEBOLLA
- CALLE DE ANDRÉS FERENC
- CALLE DE LOS TRES CANTOS
- CALLE ALCALDE PEDRO
- C. GALES
- CALLE DE PILAR BELLOSILLO
- CANTERAS DE LAS PEÑUELAS
- TELEFÉRICO DE LAS CANTERAS
- CALLE ALCALDE
- REAL
- CALLE DEL ARPA
- CALLE DEL PIANO
- C. LA ARMONICA
- C. DEL SAXOFON
- CALLE DE FERENC
- CALLE LUIS OCAÑA
- CALLE PUSKAS
- GALIANA
- ARGANDA DEL REY
- RADIAL R-3
- MADRID
- CARRETERA DE VICÁLVARO
- A MEJORADA
- M-203

196

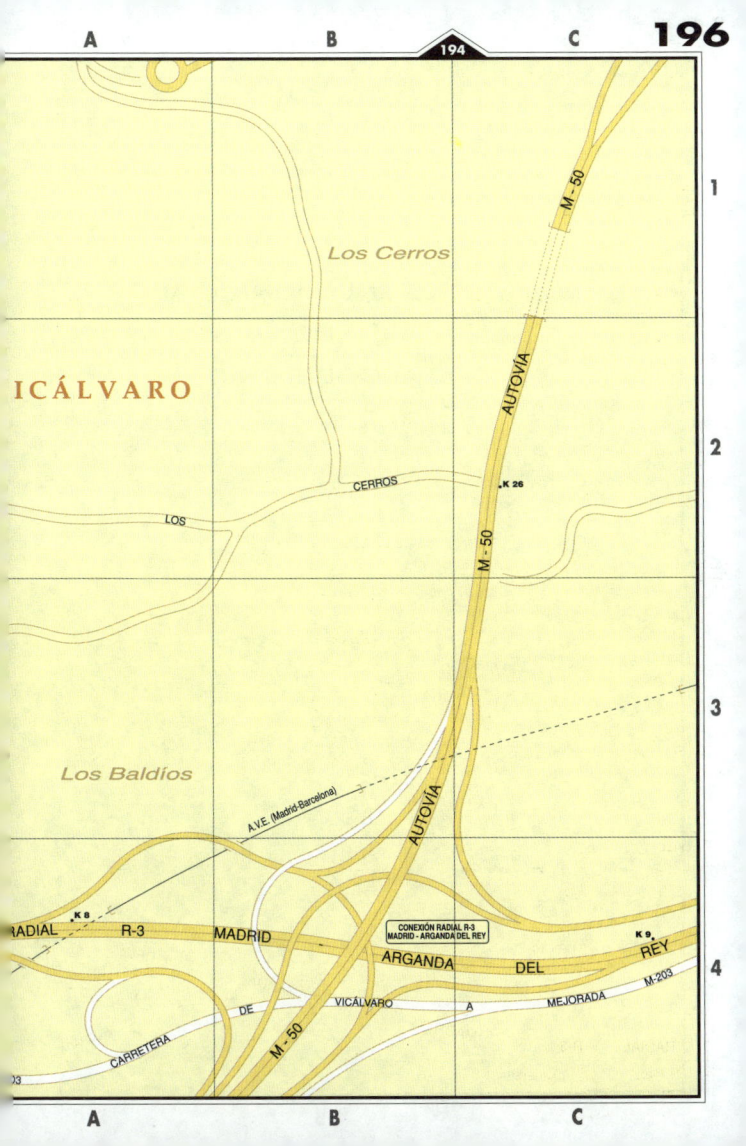

194

VICÁLVARO

Los Cerros

Los Baldíos

A.V.E. (Madrid-Barcelona)

M-50 Autovía

K 26

K 8

R-3 MADRID

CONEXIÓN RADIAL R-3
MADRID - ARGANDA DEL REY

K 9

ARGANDA DEL REY

CARRETERA DE VICÁLVARO A MEJORADA M-203

M-50

LOS CERROS

197

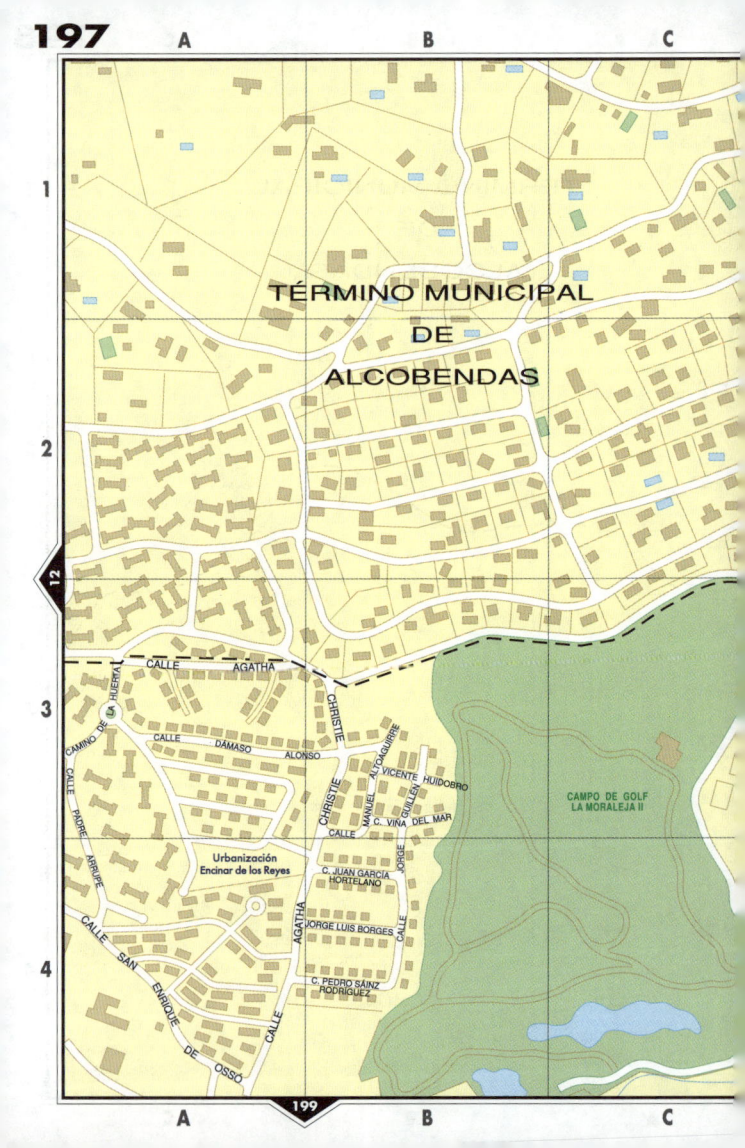

TÉRMINO MUNICIPAL DE ALCOBENDAS

- Calle Agatha
- Camino de la Huerta
- Calle Dámaso Alonso
- Calle Christie
- Manuel Altolaguirre
- Vicente Huidobro
- Calle Cullen
- C. Viña del Mar
- Calle Padre Arrupe
- Urbanización Encinar de los Reyes
- C. Juan García Hortelano
- Calle Jorge
- Jorge Luis Borges
- C. Pedro Sainz Rodríguez
- Calle San Enrique de Ossó
- Calle Agatha

CAMPO DE GOLF LA MORALEJA II

198

TÉRMINO MUNICIPAL
DE
ALCOBENDAS

aldefuentes

HORTALEZA

C. PEDRO DE RIBERA
RADIAL R-2

199

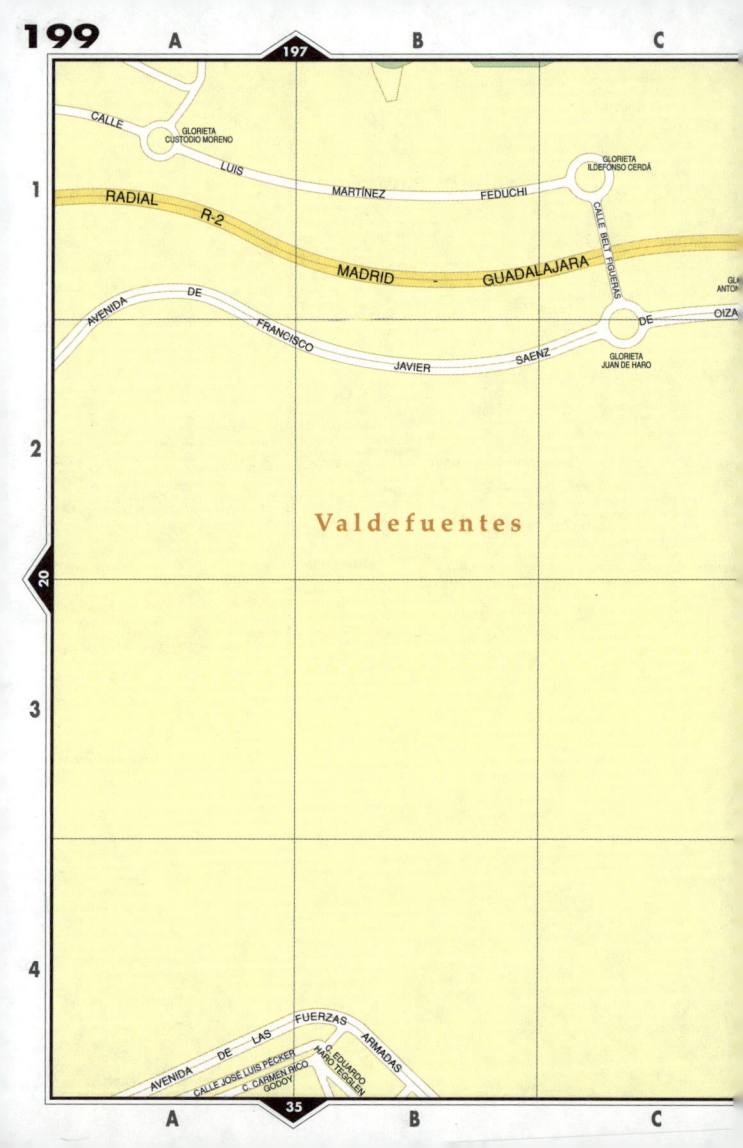

Valdefuentes

- CALLE
- GLORIETA CUSTODIO MORENO
- LUIS MARTÍNEZ FEDUCHI
- GLORIETA ILDEFONSO CERDÁ
- RADIAL R-2
- MADRID - GUADALAJARA
- CALLE BEU FIGUERAS
- AVENIDA DE FRANCISCO JAVIER SAENZ DE OIZA
- GLORIETA JUAN DE HARO
- GL. ANTON
- AVENIDA DE LAS FUERZAS ARMADAS
- CALLE JOSE LUIS PECKER
- C. CARMEN RICO GODOY
- G. EDUARDO HARO TECGLEN

200

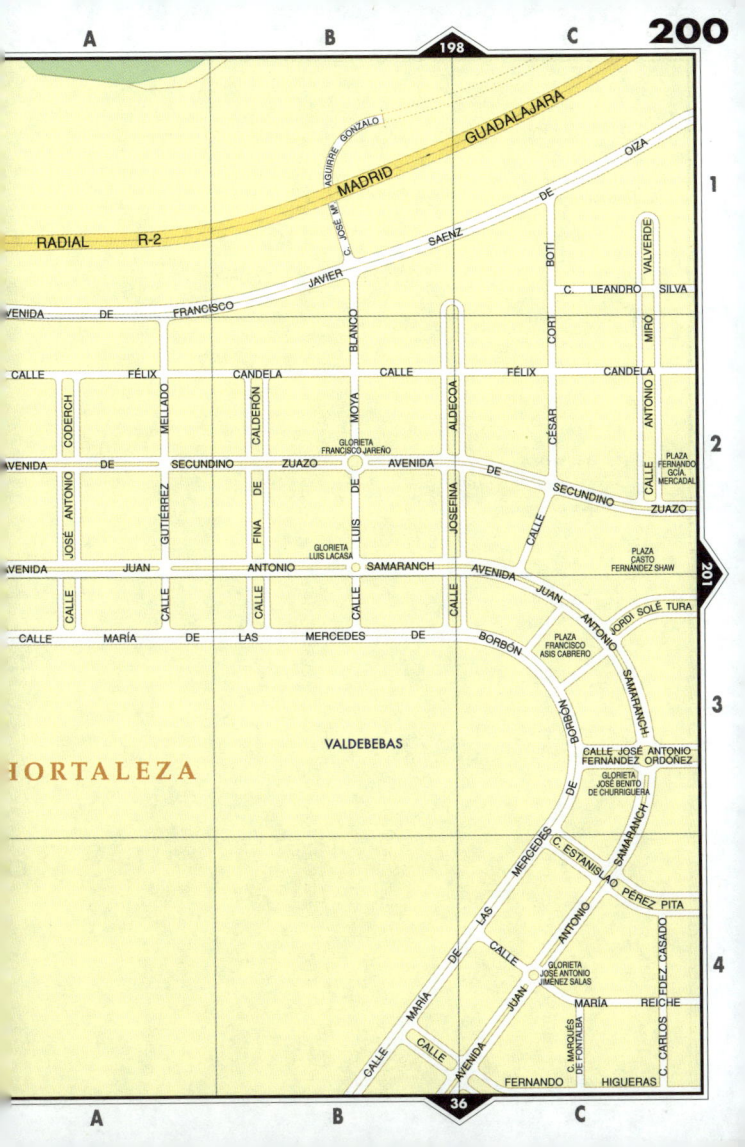

A | B | C

MADRID — GUADALAJARA

RADIAL R-2

AGUIRRE GONZALO
C. JOSÉ M.ª
OIZA
JAVIER SAENZ
BOTI
C. LEANDRO SILVA
VALVERDE

AVENIDA DE FRANCISCO

CALLE FÉLIX CANDELA CALLE FÉLIX CANDELA
CODERCH MELLADO CALDERÓN MOYA ALDECOA CESAR ANTONIO MIRÓ
PLAZA FERNANDO GCÍA MERCADAL

AVENIDA DE SECUNDINO ZUAZO AVENIDA DE SECUNDINO ZUAZO
GLORIETA FRANCISCO JAREÑO
JOSÉ ANTONIO GUTIÉRREZ FINA DE LUIS JOSEFINA

GLORIETA LUIS LACASA

AVENIDA JUAN ANTONIO SAMARANCH AVENIDA JUAN ANTONIO
PLAZA CASTO FERNÁNDEZ SHAW
JORDI SOLÉ TURA

CALLE MARÍA DE LAS MERCEDES DE BORBÓN
PLAZA FRANCISCO ASÍS CABRERO

HORTALEZA

VALDEBEBAS

SAMARANCH
CALLE JOSÉ ANTONIO FERNÁNDEZ ORDÓÑEZ
GLORIETA JOSÉ BENITO DE CHURRIGUERA
BORBÓN
DE
MERCEDES
LAS
DE
C. ESTANISLAO PÉREZ PITA
SAMARANCH
CALLE ANTONIO
GLORIETA JOSÉ ANTONIO JIMÉNEZ SALAS
MARÍA REICHE
JUAN
AVENIDA
CALLE
CALLE
FERNANDO
C. MARQUÉS DE FONTALBA
FDEZ CASADO
C. CARLOS HIGUERAS

36

201

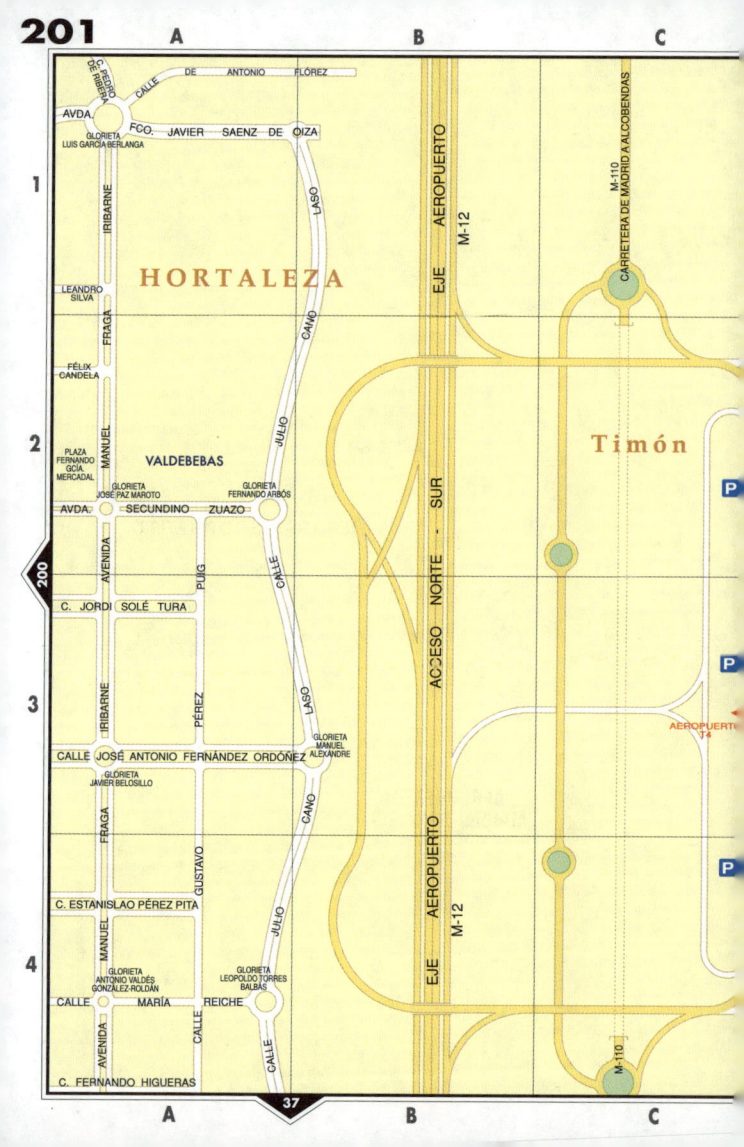

HORTALEZA

VALDEBEBAS

Timón

- CALLE DE ANTONIO FLÓREZ
- AVDA. C. FCO. JAVIER SAENZ DE OIZA
- GLORIETA LUIS GARCIA BERLANGA
- IRIBARNE
- LEANDRO SILVA
- FRAGA
- FÉLIX CANDELA
- MANUEL
- PLAZA FERNANDO GCÍA. MERCADAL
- GLORIETA JOSÉ PAZ MAROTO
- GLORIETA FERNANDO ARBÓS
- AVDA. SECUNDINO ZUAZO
- AVENIDA
- PUIG
- C. JORDI SOLÉ TURA
- CALLE
- IRIBARNE
- PÉREZ
- LASO
- GLORIETA MANUEL ALEXANDRE
- CALLE JOSÉ ANTONIO FERNÁNDEZ ORDÓÑEZ
- GLORIETA JAVIER BELOSILLO
- FRAGA
- GUSTAVO
- CANO
- C. ESTANISLAO PÉREZ PITA
- MANUEL
- JULIO
- GLORIETA ANTONIO VALDÉS GONZÁLEZ-ROLDÁN
- GLORIETA LEOPOLDO TORRES BALBÁS
- CALLE MARÍA REICHE
- AVENIDA
- CALLE
- C. FERNANDO HIGUERAS

- EJE AEROPUERTO M-12
- CARRETERA DE MADRID A ALCOBENDAS M-110
- ACCESO NORTE - SUR
- AEROPUERTO T4
- EJE AEROPUERTO M-12
- M-110

200

37

202

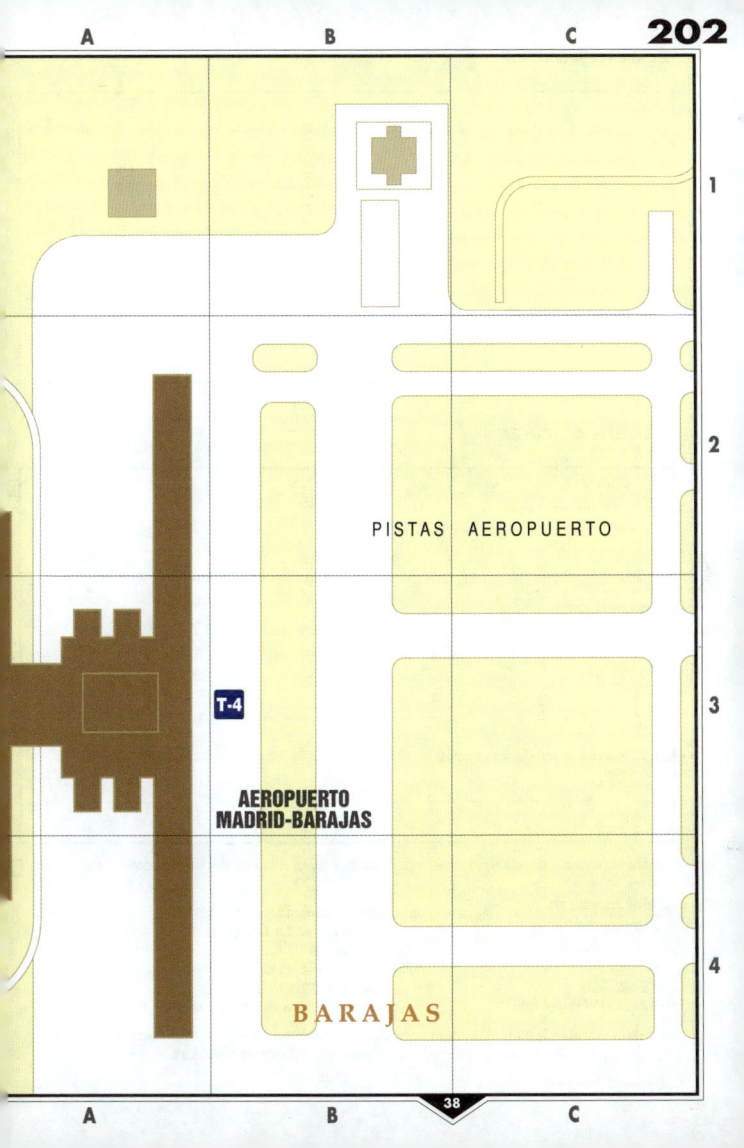

T-4

AEROPUERTO MADRID-BARAJAS

PISTAS AEROPUERTO

BARAJAS

SUGERENCIAS

OBSERVACIONES

Agradecemos al público usuario su colaboración en la localización de posibles errores u omisiones.

Para hacernos llegar sus sugerencias u observaciones, puede hacerlo:
Por correo: **Ediciones La Librería**
Mayor, 80
28013 - Madrid
Por Fax: **91 542 58 89**
Por correo electrónico: **info@edicioneslalibreria.es**

Si desea conocer algo más sobre nuestras publicaciones, puede visitar nuestra página web:
www.edicioneslalibreria.es